情報処理技術者試験対策書

令和6年 春期

ネットワークスペシャリスト

2024

総仕上げ問題集

● アイテックIT人材教育研究部 [編著]

JN105473

iTEC
人間力を、企業力に

内容に関するご質問についてのお願い

　この度は本書籍をご購入いただき誠にありがとうございます。弊社では本書の内容に関するご質問を受け付けております。書籍内の記述に，誤りと思われる箇所がございましたら，お問い合わせください。正誤のお問い合わせ以外の，学習相談，受験相談にはご回答できかねますので，ご了承ください。恐れ入りますが，質問される際には下記の事項を確認してください。

● ご質問の前に

　弊社 Web サイトで「正誤表」をご確認ください。
　最新の正誤情報を掲載しております。

https://www.itec.co.jp/learn/errata/

● ご質問の際の注意点

　弊社ではテレワークを中心とした新たな業務体制への移行に伴い，全てのお問い合わせを Web 受付に統一いたしました。お電話では承っておりません。ご質問は下記のお問い合わせフォームより，書名（第○版第△刷），ページ数，質問内容，連絡先をご記入いただきますようお願い申し上げます。

アイテック Web サイト　お問い合わせフォーム

https://www.itec.co.jp/contact

回答まで，1 週間程度お時間を要する場合がございます。
あらかじめご了承ください。

● 本書記載の情報について

　本書記載の情報は 2023 年 9 月現在のものです。内容によっては変更される可能性もございますので，試験に関する最新・詳細な情報は，「独立行政法人 情報処理推進機構」の Web サイトをご参照ください。

https://www.ipa.go.jp/shiken/index.html

刊行にあたって

　AI，IoT，ビッグデータ関連技術の進化に伴い，政府が策定した Society 5.0（ソサエティ 5.0）によるスマート社会の実現やデジタルトランスフォーメーションの実施が具体的に進んでいます。この動向に合わせて，情報処理技術者試験の出題内容も毎回新しくなり，また難易度も一昔前と比べてかなり上がってきています。情報処理技術者試験は，全体で 13 試験が現在実施されています。それぞれの試験ごとに定められた対象者像，業務と役割，期待する技術水準を基に出題内容が決められ，必要な知識と応用力があるかどうか試験で判定されます。

　情報処理技術者試験に合格するためには，午前試験で出題される試験に必要な知識をまず理解し，午後試験の事例問題の中で，学習した知識を引き出し応用する力が必要です。特に午後の試験は，出題された問題を読んで解答に関連する記述や条件を把握し，求められている結果や内容を導いたり，絞り込んだりする力が必要で，これは問題演習と復習を繰り返す試験対策学習を通じて，身に付けていくことが最短の学習方法といえます。

　この総仕上げ問題集は，試験対策の仕上げとして，実際に出題された直近の試験問題で出題傾向を把握しながら問題演習を行い，試験に合格できるレベルの実力をつけることを目的としています。問題の解説が非常に詳しいと好評を頂いていた「徹底解説 本試験問題シリーズ」の特長をそのまま生かし，知識確認と実力診断も行えるように，さらに内容を充実させた新しい問題集です。

　具体的な内容として，まず，基礎知識を理解しているかを Web 上で問題を解いて確認できる，分野別 Web 確認テストを実施します。基本的な内容を出題していますが，高度試験で求められる専門知識を理解するには，基礎となる応用情報技術者の知識を十分に理解する必要があります。解答できなかった問題がある分野は理解度が不足していると考えて確実に復習をしてください。

　次に，過去の試験で実際に出題された問題で演習をします。「徹底解説 本試験問題シリーズ」の特長を継承し直近 5 期分の本試験問題を収録（ダウンロードでの提供含む）していますので，分野を絞って問題演習したり，模擬試験のように時間を決めて解いたりしながら，実力を上げてください。できなかった問題は復習した後，時間をおいて再度解きなおすことが大切です。

　最後に，総合的に合格できる実力があるかを試すために，本試験 1 期分に相当する実力診断テストを実際の試験時間に合わせて受験します。本番の試験までに最後の追込み学習に活用してください。

　合格を目指す皆さまが，この総仕上げ問題集を十分に活用して実力を付け，栄冠を勝ち取られますことを，心から願っております。

2023 年 9 月
アイテック IT 人材教育研究部

本書の使い方

　本書は，『総仕上げ問題集』という名前が示すように，試験に合格できる実力をしっかり身に付けていただくための総仕上げの学習を目的とした実践的な問題集で，次の三つの部で構成されています。

第1部：基礎知識が理解できているかどうかを確認する「分野別 Web 確認テスト」

第2部：過去の試験で実際に出題された直近5期分（ダウンロードコンテンツでの提供含む）の「本試験問題」

第3部：本試験を想定して実力を知ることのできる「実力診断テスト」

　それぞれの内容と学習方法は，次のとおりです。

■第1部　分野別 Web 確認テスト

　第1章の分野別 Web 確認テストで，各分野の基礎知識が理解できているかを確認しましょう。

　合格の栄冠を勝ち取るためには，午前試験で出題される知識を確実に理解していることが大前提です。総仕上げ学習を進めるに当たって，まず午前試験レベルの基礎知識が理解できているか，分野別の代表的な問題で確認しましょう。

（学習方法）

① 次の URL に Web ブラウザからアクセスし，それぞれの分野の Web テストをクリックしてください。

https://www.itec.co.jp/support/download/soshiage/webtest/2024hnw/index.html

---

ネットワークスペシャリスト　総仕上げ問題集

午前Ⅰ問題知識確認

・基礎理論・コンピュータシステム
・技術要素（データベース・ネットワーク・セキュリティ）
・開発技術（ヒューマンインタフェースとマルチメディア含む）
・マネジメント分野
・ストラテジ分野

午前Ⅱ問題知識確認

・LAN 関連とネットワーク全般
・IP と TCP/UDP
・アプリケーションプロトコル
・ネットワーク機器
・セキュリティ分野

---

② 「開始」ボタンを押した後に，選択した分野について，最低限抑えておくべき午前Ⅰ・午前Ⅱ試験レベルの知識確認問題（各分野数問）の選択式問題が出題されます。誰にも苦手な分野はありますし，学習した内容を忘れてしまうこともあると思います。この確認テストでは基本的で必須知識といえる内容を出題していますので，基礎知識が定着しているかを確認しましょう。

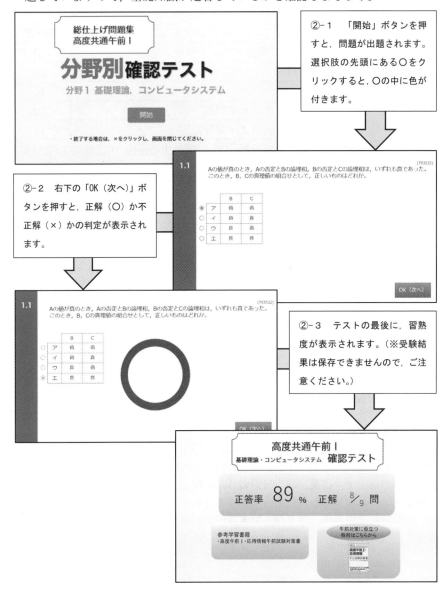

②-1 「開始」ボタンを押すと，問題が出題されます。選択肢の先頭にある〇をクリックすると，〇の中に色が付きます。

②-2 右下の「OK（次へ）」ボタンを押すと，正解（〇）か不正解（×）かの判定が表示されます。

②-3 テストの最後に，習熟度が表示されます。（※受験結果は保存できませんので，ご注意ください。）

出題分野

午前問題の分野 No.や分野名から，どの中分類から出題されているのかが
分かるようになっています。苦手な分野を細分化して，効率よく復習する
ようにしましょう！

●午前Ⅱ

分野 No.	分野名	中分類
1	LAN 関連とネットワーク全般	10
2	IP と TCP/UDP	10
3	アプリケーションプロトコル	10
4	ネットワーク機器	10
5	セキュリティ分野	11

※中分類は，第 2 部　出題分析「(2) 午前の出題範囲」に記載されています。

●【1】LAN 関連とネットワーク全般

No.	問題タイトル	出典
1	ZigBee の特徴	H29 秋 NW01
2	IP 電話の音声品質を表す指標	H29 秋 NW15
3	IEEE 802.11a/g/n/ac で用いられる多重化方式	R03 春 NW03
4	QoS のトラフィック制御方式	R03 春 NW06
5	呼量の計算	R04 春 NW01
6	誤りが発生する電文の個数	R05 春 NW06

分野別確認問題リスト

　午前Ⅱの出典は本試験からの出題を意味しています。
「H29 秋 NW01」（平成 29 年度秋期 ネットワークスペシャリスト試験 午前Ⅱ問 1）
「R03 春 NW03」（令和 3 年度春期 ネットワークスペシャリスト試験 午前Ⅱ問 3）
　午前Ⅰの出典にある FE，AP などの略号については，「1　ネットワークスペシャリ
スト試験の概要」の図表 1 を参照してください。

③　テストの結果，知識に不安が残る分野があれば，午前試験の学習に戻って理
解を深めた上で，再度，該当分野の Web 確認テストを受験しましょう。Web
確認テストは繰り返し何度でも受験することができます。
④　該当分野を復習後，第 2 部・第 3 部の本試験を想定した問題演習に進みまし
ょう。

第2章（「第2部　本試験問題」に取り組む前に）では，本試験問題の分析結果を，統計資料を交えてご紹介しています。アイテック独自の徹底した分析を通して，試験対策のツボを見つけましょう。

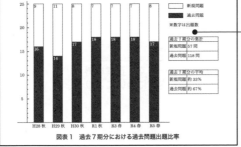

様々な観点から本試験を分析！

「過去問題」，「分野」，「頻出度」，「重点テーマ」などの観点から，本試験問題を午前，午後それぞれに徹底的に分析しています。長年に渡るIT教育の実績に基づいたプロの視点と，蓄積された膨大な試験問題の資料に基づいています。

本試験問題の統計データ

アイテックでは，本試験ごとに出題された問題の統計資料を作成しています。第2章ではそれらを活用して，分析の根拠としてご紹介しています。効率的な学習方法を見つけ出しましょう。

■第2部　本試験問題

　本書では，最近の出題傾向を理解するための重要な直近3期分の本試験問題と，その詳細な解答・解説を収録しています。また，4期前と5期前の本試験問題と解答・解説もダウンロードしてご利用いただけます（詳細はP.11参照）。実際の本試験問題を解き，解答・解説で必要な知識や解法のポイントを確認しましょう。

（学習方法）
① 本試験を意識して問題演習にチャレンジしてください。最初のうちは制限時間を気にせずにじっくりと問題に向き合うように解き進めましょう。また，本番を想定する段階になったら，ダウンロードコンテンツの「本試験問題の解答シート」（詳細はP.10参照）を有効活用しましょう。

② 問題を解いた後は，必ず解説をじっくりと読んで，出題内容と関連事項を理解してください。特に午後問題は，正解を確認するだけでなく，問題を実際の事例として捉えるようにしましょう。そうすることで，解答を導く過程と根拠を組み立てられるようになります。

● **問3 ア**　　　　　　　　　　　　　OSPFに関する記述（R5春-NW 午前Ⅱ問3）

　　OSPF（Open Shortest Path First）の経路選択方式は，エリアの概念を採り入れ，ルータなどのネットワーク機器を接続する回線（リンク）速度をコストに換算し，コスト最小のルートを選択する方式であることから，リンクステート方式と呼ばれている。したがって，（ア）が正しい。
　　その他の記述には，次のような誤りなどがある。
　イ：OSPFは，AS（Autonomous System；自律システム）内でやり取りされるルーティングプロトコルのため，IGP（Interior Gateway Protocol）に分類される。EGP（Exterior Gateway Protocol）は，AS間においてやり取りされるルーティングプロトコルであり，EGPに分類されるものは，BGP（Border Gateway Protocol）である。
　ウ：この記述は，静的経路制御方式の説明であり，動的経路制御方式であるOSPFは該当しない。
　エ：OSPFは，コストに基づく経路制御方式である。

アイテックが誇る詳細な解答・解説で理解を深めよう！

単に正解についての説明だけでなく，関連する技術やテーマ，正解以外
の選択肢についても解説しているので，問われている内容についてより
深く理解できます。

③ 問題演習は一度解いて終わりではなく，合格水準に到達できるまで，繰り返し問題を解くようにしてください。
④ 試験日が近づいたら，制限時間を意識して解き進めるようにしましょう。

■第3部　実力診断テスト

　本試験を想定した問題演習を通じて，確実に合格レベルまで実力をアップするための総仕上げの学習をしましょう。

　第2部の本試験問題による演習で合格レベルの得点が取れるようになったら，過去の出題傾向から分析して作問した，アイテックオリジナルの実力診断テストにチャレンジしましょう。

（学習方法）

① 本番の試験を受験するつもりで，問題演習にチャレンジしてください。制限時間を意識して解き進めて，一つでも多くの正解を出せるように，落ち着いて問題の記述を理解するようにしましょう。また，ダウンロードコンテンツの「実力診断テストの解答用紙」（詳細は P.11 参照）を有効活用しましょう。

② 問題を解いた後は，解答一覧（解答例の後ろ）に掲載されている，配点表で採点してみましょう。

問番号	設問番号	配点	小計	得点
問1	[設問1]	ア～キ：2点×7	50点	2問解答＝100点
	[設問2]	(1) 6点，(2) 4点×2，(3) 6点		
	[設問3]	(1) 項番：2点，理由：5点		
		(2) 項番，機器名（完答）：3点，理由：6点		
問2	[設問1]	(1) ア～ウ：3点×3，(2) 利点：5点，	50点	
		懸念点：6点×2		
	[設問2]	(1) 3点，(2) エ：4点，オ：5点		
	[設問3]	(1) 4点，(2) カ，キ：4点×2		
問3	[設問1]	ア～エ：2点×4	50点	
	[設問2]	(1) 6点，(2) 6点		
	[設問3]	(1) 5点，(2) 5点，(3) 5点，(4) 5点		
	[設問4]	変更した内容：5点，追加した内容：5点		
			合　計	100点

　配点表を活用すれば，現在の自分の実力を把握できます。

③ 解説はダウンロードコンテンツとして提供しています（詳細は P.12 参照）。ダウンロードをした上で，解説をじっくりと読んで，出題内容と関連事項を理解してください。

　以上の学習を通じて，知識に不安のある分野があれば，基礎知識の学習に戻ってしっかり復習をしましょう。その上で，第2部・第3部の問題を繰り返し解くことで，学習した知識が合格への得点力に変わります。

　この総仕上げ問題集を十分に活用し，合格を目指していきましょう。

ダウンロードコンテンツのご案内

　学習に役立つダウンロードコンテンツを多数ご用意しました。ぜひご活用ください。

【1】本試験問題の解答シート（PDFファイル）

For 第2部　本試験問題

　直近5期分の本試験問題の「午前問題マークシート」と「午後問題解答シート」をご用意いたしました。こちらは，本試験の解答用紙を，受験者の情報を基にして，アイテックオリジナルで再現したものです。

　実際に解答をマークしたり，書き込んだりしながら，問題を解いてみましょう。特に，「午後問題解答シート」は，手書きで解答を記入することで，制限時間内に解答を書き込む感覚を，本番前に身に付けるのに有効です。本番で焦ることのないよう，対策をバッチリとしておきましょう。

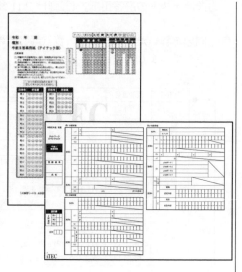

⬇ ご利用方法

・アイテックのホームページ（https://www.itec.co.jp/learning_download）にアクセスして，「総仕上げ問題集」の解答シートをダウンロードしてください。

※平成30年度秋期試験，令和元年度秋期試験は「徹底解説」からダウンロードしてください。

【2】本試験問題（H30 秋，R1 秋）の解答・解説と実力診断テストの解答用紙（PDF ファイル）

For 第 2 部　本試験問題　第 3 部　実力診断テスト

◎本試験問題（H30 秋，R1 秋）の解答・解説

・平成 30 年度秋期試験
・令和元年度秋期試験

の解答・解説がダウンロードできます。

※問題 PDF もダウンロードできます。

◎実力診断テストの解答用紙

　「本試験問題の解答用紙」と同様に，本書に掲載している実力診断テストの午後問題の解答シートをご用意いたしました。アイテックオリジナルの実力診断テストを解く際，本番に近い状況を作り出すのに，お役立てください。

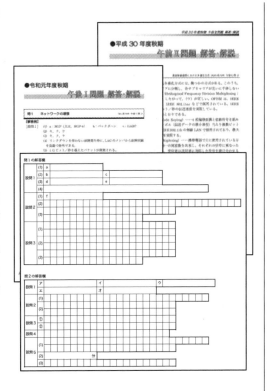

📥 ご利用方法

① https://www.itec.co.jp/support/download/soshiage/answer/2024hnw/index.html　に Web ブラウザからアクセスしてください。
② 下記の情報を入力して，ダウンロードしてください。

> ユーザー名：soshiagenw
> パスワード：E83uSVan

※こちらのダウンロードコンテンツのご利用期限は 2024 年 9 月末日です。

【3】実力診断テストの解答・解説 (PDFファイル)

For 第3部 実力診断テスト

※必ず，第1部〜第3部の学習後にダウンロードしてください。

問題を解き終わったら，解答・解説でしっかりと復習を行いましょう。

※実力診断テストの解答は本書（問題の直後）にも掲載されています。

不正解だった問題の復習はもちろんのこと，正解した問題も正解までのプロセスや誤答選択肢の解説を読むことで，問題を解くための知識を増やすことができます。

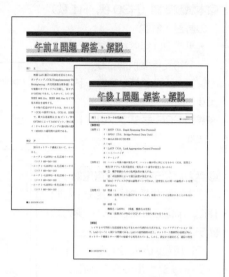

⬇ ご利用方法

① https://questant.jp/q/nw_soshiage24 に
   Webブラウザからアクセスしてください。
② 本書に関する簡単なアンケートにご協力ください。
   アンケートのご回答後，解答・解説をダウンロードいただけます。
③ ダウンロードしたzipファイルを解凍して，ご利用ください。

※毎年，4月末，10月末までに弊社アンケートにご回答いただいた方の中から抽選で10名様に，Amazonギフト券3,000円分をプレゼントしております。ご当選された方には，ご登録いただいたメールアドレスにご連絡させていただきます。当選者の発表は，当選者へのご連絡をもって代えさせていただきます。
※ご入力いただきましたメールアドレスは，当選した場合の当選通知，賞品お届けのためのご連絡，賞品の発送のみに利用いたします。
※こちらのダウンロードコンテンツのご利用期限は2024年9月末日です。

目次

刊行にあたって
本書の使い方
ダウンロードコンテンツのご案内

■試験制度解説編

■第1部　分野別 Web 確認テスト

■第2部　本試験問題

■第3部　実力診断テスト

商標表示
各社の登録商標及び商標，製品名に対しては，特に注記のない場合でも，これを十分に尊重いたします。

総仕上げ問題集

試験制度解説編

試験制度とはどのようなものなのか，解説します。

・試験制度の概要，試験の時期・時間，出題範囲，
　出題形式などの情報をまとめてあります。

・受験の際のガイドとして活用してください。

1-1　情報処理技術者試験の目的

　情報処理技術者試験は,「情報処理の促進に関する法律」に基づき経済産業省が,情報処理技術者としての「知識・技能」が一定以上の水準であることを認定している国家試験です。独立行政法人 情報処理推進機構（以下,IPA）によって実施されています。

　情報処理技術者試験の目的は次のとおりです。

> ・情報処理技術者に目標を示し,刺激を与えることによって,その技術の向上に資すること
> ・情報処理技術者として備えるべき能力についての水準を示すことにより,学校教育,職業教育,企業内教育等における教育の水準の確保に資すること
> ・情報技術を利用する企業,官庁などが情報処理技術者の採用を行う際に役立つよう客観的な評価の尺度を提供し,これを通じて情報処理技術者の社会的地位の確立を図ること

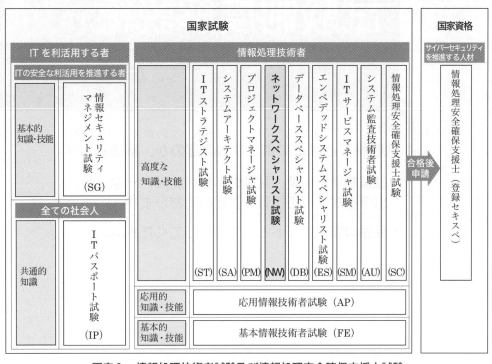

図表1　情報処理技術者試験及び情報処理安全確保支援士試験

1-2　ネットワークスペシャリスト試験の概要

(1)　ネットワークスペシャリスト試験の対象者像

　ネットワークスペシャリスト試験の対象者像は,次のように規定されています。業務と役割,期待する技術水準, レベル対応も示されています。

対象者像	高度 IT 人材として確立した専門分野をもち,ネットワークに関係する固有技術を活用し, 最適な情報システム基盤の企画・要件定義・開発・運用・保守において中心的な役割を果たすとともに, 固有技術の専門家として, 情報セキュリティを含む情報システムの企画・要件定義・開発・運用・保守への技術支援を行う者
業務と役割	ネットワークシステムを企画・要件定義・設計・構築・運用・保守する業務に従事し,次の役割を主導的に果たすとともに, 下位者を指導する。 ①　ネットワーク管理者として, ネットワークサービス活用を含む情報システム基盤のネットワーク資源を管理する。 ②　ネットワークシステムに対する要求を分析し, 効率性・信頼性・安全性を考慮した企画・要件定義・設計・構築・運用・保守を行う。 ③　情報セキュリティを含む情報システムの企画・要件定義・開発・運用・保守において, ネットワーク関連の技術支援を行う
期待する技術水準	目的に適合したネットワークシステムを構築・維持するため, 次の知識・実践能力が要求される。 ①　ネットワーク技術・ネットワークサービスの動向を広く見通し, 目的に応じた適用可能な技術・サービスを選択できる。 ②　企業・組織, 又は業務システムの要求 (情報セキュリティを含む) を的確に理解し, ネットワークシステムの要求仕様を作成できる。 ③　要求仕様に関連するモデリングなどの設計技法, プロトコル技術, 信頼性設計, セキュリティ技術, ネットワークサービス, コストなどを評価して, 最適な論理設計・物理設計ができる。 ④　ネットワーク関連企業 (通信事業者, ベンダー, 工事業者など) を活用して, ネットワークシステムの設計・構築・運用・保守ができる。
レベル対応(*)	共通キャリア・スキルフレームワークの 人材像:テクニカルスペシャリストのレベル4の前提条件

図表2　ネットワークスペシャリスト試験の対象者像

　図表 2 の (*) レベルは,「人材に必要とされる能力及び果たすべき役割 (貢献) の程度によって定義する」とされており, レベル 4 では,「高度な知識・ス

キルを有し，プロフェッショナルとして業務を遂行でき，経験や実績に基づいて作業指示ができる。また，プロフェッショナルとして求められる経験を形式知化し，後進育成に応用できる」と定義されています。

（2） 試験時間と出題形式

試験時間，出題形式，出題数，解答数は次のとおりです。

実施時期	午前Ⅰ 9：30〜10：20 (50分)	午前Ⅱ 10：50〜11：30 (40分)	午後Ⅰ 12：30〜14：00 (90分)	午後Ⅱ 14：30〜16：30 (120分)
春	共通問題 多肢選択式 (四肢択一) 30問出題 30問解答	多肢選択式 (四肢択一) 25問出題 25問解答	記述式 3問出題 2問解答	記述式 2問出題 1問解答

図表3　試験時間，出題形式，出題数，解答数

（3） 午前試験の出題範囲

午前Ⅰの試験では，高度試験に共通して必要とされる知識が問われます。具体的には，多肢選択式（四肢択一）によって評価されますが，出題範囲は，図表4で示しているように「1 基礎理論」〜「9 企業と法務」の広い範囲にわたるため，まんべんなく学習する必要があります。午前Ⅰ試験が合格点に達しない場合は，専門知識が問われる午前Ⅱ試験以降は採点されません。ネットワークスペシャリスト試験における午前Ⅰ試験の合格率は60%前後で推移していますから，決して気を抜くことはできません。

午前Ⅱの試験では，受験者の能力がネットワークスペシャリストにおける“期待する技術水準”に達しているかどうか，専門知識が問われることで評価されます。具体的には，多肢選択式（四肢択一）によって，技術知識の評価が行われます。出題範囲は，大分類の「2 コンピュータシステム」，「3 技術要素」，「4 開発技術」です。午前Ⅱ試験の合格率は80%前後で推移しているので，特段の対策は必要でありませんが，初めてネットワークスペシャリスト試験にチャレンジされる方で，特に午前Ⅰ試験から受験される方は，午前Ⅰ試験の対策を含め，基本的な知識を十分に把握するようにしましょう。

分野	大分類	中分類		情報セキュリティマネジメント試験（参考）	基本情報技術者試験（科目A）	応用情報技術者試験	午前I（共通知識）	高度試験・支援士試験 午前II（専門知識）								情報処理安全確保支援士試験
								ITストラテジスト試験	システムアーキテクト試験	プロジェクトマネージャ試験	ネットワークスペシャリスト試験	データベーススペシャリスト試験	エンベデッドシステムスペシャリスト試験	ITサービスマネージャ試験	システム監査技術者試験	
テクノロジ系	1 基礎理論	1	基礎理論													
		2	アルゴリズムとプログラミング													
	2 コンピュータシステム	3	コンピュータ構成要素						○3				◎3	○3	◎4	○3
		4	システム構成要素	○2					○3				◎3	○3	◎3	○3
		5	ソフトウェア		○2	○3	○3						◎4			
		6	ハードウェア										◎4			
	3 技術要素	7	ヒューマンインタフェース													
		8	マルチメディア													
		9	データベース	○2					○3			◎4		○3	○3	○3
		10	ネットワーク	○2					○3		◎4			○3	○3	◎4
		11	セキュリティ[1]	◎2	◎2	○3	◎3	◎4	◎4	○3	◎4	◎4	◎4	◎4	◎4	◎4
	4 開発技術	12	システム開発技術						◎4	○3	○3	○3	◎4	○3	○3	○3
		13	ソフトウェア開発管理技術						○3	◎3	○3	○3	◎3			○3
マネジメント系	5 プロジェクトマネジメント	14	プロジェクトマネジメント	○2						◎4				◎4		
	6 サービスマネジメント	15	サービスマネジメント	○2						○3				◎4	○3	○3
		16	システム監査	○2										○3	◎4	○3
ストラテジ系	7 システム戦略	17	システム戦略	○2	○2	○3	○3	◎4	○3							
		18	システム企画	○2				◎4	◎4	○3				○3		
	8 経営戦略	19	経営戦略マネジメント					◎4						○3	○3	
		20	技術戦略マネジメント					◎4						○3		
		21	ビジネスインダストリ					◎4						○3		
	9 企業と法務	22	企業活動	○2				◎4							○3	
		23	法務	◎2				○3		○3					◎3	◎4

共通キャリア・スキルフレームワーク

注記1　○は出題範囲であることを，◎は出題範囲のうちの重点分野であることを表す。
注記2　2，3，4は技術レベルを表し，4が最も高度で，上位は下位を包含する。
注1)　"中分類11：セキュリティ"の知識項目には技術面・管理面の両方が含まれるが，高度試験の各試験区分では，各人材像にとって関連性の強い知識項目をレベル4として出題する。

図表4　試験区分別出題分野一覧表

（4） 午後試験の出題範囲

　午後の試験も，午後Ⅰ，午後Ⅱという二つの試験が行われ，受験者の能力がネットワークスペシャリストにおける"期待する技術水準"に達しているかどうかについて，課題発見能力，抽象化能力，課題解決能力などの技能が問われることで評価されます。具体的には，数十字で解答する記述式の問題によって，評価が行われます。

　なお，午後の試験の出題範囲は図表5に示すとおりです。

ネットワークスペシャリスト試験

（午後Ⅰ：記述式，午後Ⅱ：記述式）

① **ネットワークシステムの企画・要件定義・設計・構築に関すること**

　　ネットワークシステムの要求分析，論理設計，物理設計，信頼性設計，性能設計，セキュリティ設計，アドレス設計，運用設計，インプリメンテーション，テスト，移行，評価（性能，信頼性，品質，経済性ほか），改善提案など

② **ネットワークシステムの運用・保守に関すること**

　　ネットワーク監視，バックアップ，リカバリ，構成管理，セキュリティ管理　など

③ **ネットワーク技術に関すること**

　　ネットワークシステムの構成技術，トラフィック制御に関する技術，待ち行列理論，セキュリティ技術，信頼性設計，符号化・データ伝送技術，ネットワーク仮想化技術，無線 LAN 技術　など

④ **ネットワークサービス活用に関すること**

　　市場で実現している，又は実現しつつある各種ネットワークサービスの利用技術，評価技術及び現行システムからの移行技術　など

⑤ **ネットワークアプリケーション技術に関すること**

　　電子メール，ファイル転送，Web 技術，コンテンツ配信，IoT/M2M　など

⑥ **ネットワーク関連法規・標準に関すること**

　　ネットワーク関連法規，ネットワークに関する国内・国際標準及びその他規格　など

図表5　午後の試験の出題範囲

(5) シラバス

平成21年(2009年)3月27日，IPAからネットワークスペシャリスト試験（レベル4）のシラバスが公開されました。シラバス（講義実施要綱）とは，出題範囲を詳細化し，それぞれに求められる知識の幅と深さを体系的に整理・明確化したものです。具体的には，情報処理技術者試験における知識・技能の細目を示し，各項目の学習目標，内容，用語例等から構成されています。

ネットワークスペシャリスト試験のシラバスは，大項目とその小項目（項目名，概要，要求される知識，要求される技能）を例示しています。大項目は，「ネットワークシステムの要件定義」，「ネットワークシステムの設計」，「ネットワークシステムの構築とテスト」，「ネットワークシステムの運用・保守」，「ネットワークシステムの管理」，「ネットワークシステムの評価」，「個別情報システム開発のコンサルティング」という7項目に分けられています。これらの項目の相互関係は，一般に図表6のようになります。

なお，シラバスの詳細については，IPAのホームページに掲載されています。

「ネットワークスペシャリスト試験（レベル4）」シラバス（Ver. 4.0）

令和元年（2019年）11月5日

https://www.ipa.go.jp/shiken/syllabus/gaiyou.html

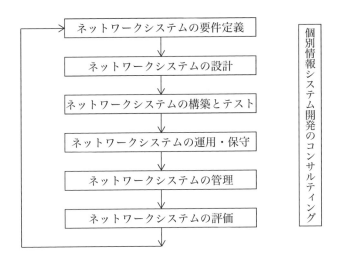

図表6　ネットワークシステム開発業務プロセス

（6）採点方式・配点・合格基準

① 採点方式については，素点方式が採用されます。

② 各時間区分（午前Ⅰ，午前Ⅱ，午後Ⅰ，午後Ⅱの試験）の得点が全て基準点以上の場合に合格となります。

③ 配点（満点）及び基準点は図表7のとおりです。

④ 試験結果に問題の難易差が認められた場合には，基準点の変更を行うことがあります。

時間区分	配点	基準点
午前Ⅰ	100点満点	60点
午前Ⅱ	100点満点	60点
午後Ⅰ	100点満点	60点
午後Ⅱ	100点満点	60点

図表7　配点及び基準点

⑤ 問題別配点割合は，次のとおりです。

午前Ⅰ			午前Ⅱ			午後Ⅰ			午後Ⅱ		
問番号	解答数	配点割合	問番号	解答数	配点割合	問番号	解答数	配点割合	問番号	解答数	配点割合
1～30	30	各3.4点(*)	1～25	25	各4点	1～3	2	各50点	1, 2	1	100点

(*) 得点の上限は100点とする。

図表8　問題別配点割合

⑥ 「多段階選抜方式」が採用されています。

・午前Ⅰ試験の得点が基準点に達しない場合には，午前Ⅱ・午後Ⅰ・午後Ⅱ試験の採点が行われずに不合格とされます。

・午前Ⅱ試験の得点が基準点に達しない場合には，午後Ⅰ・午後Ⅱ試験の採点が行われずに不合格とされます。

・午後Ⅰ試験の得点が基準点に達しない場合には，午後Ⅱ試験の採点が行われずに不合格とされます。

(7) 免除制度

高度試験及び支援士試験の午前Ⅰ試験については，次の①～③のいずれかを満たせば，その後2年間，受験が免除されます。

① 応用情報技術者試験に合格する。

② いずれかの高度試験又は支援士試験に合格する。

③ いずれかの高度試験又は支援士試験の午前Ⅰ試験で基準点以上の成績を得る。

免除希望者は，IPAのホームページで確認してください。

(8) 情報公開

① 試験問題

問題冊子は持ち帰ることができます。また，IPAのホームページでも公開されます。

② 解答例

多肢選択問題……正解が公開されます。

記述式問題……解答例又は解答の要点，出題趣旨が公開されます。

③ 個人成績

合格者の受験番号がホームページに掲載されます。また，成績照会ができます。

④ 統計情報

得点別の人数分布など，試験結果に関する統計資料一式が公開されます。

⑤ 採点講評

午後試験を対象とし，受験者の解答の傾向，解答状況に基づく出題者の考察などをまとめた採点講評が公開されます。

(9) 試験で使用する用語・プログラム言語など

　試験で使用する情報技術に関する用語及び定義は，原則として，一般に広く定着しているものを用いることを優先するとされています。ただし，専門性が高い用語であって日本産業規格（JIS）に制定されているものについては，その規定に従うとされています。また，次に示された以外のものについては，問題文中で定義されることになります。

記号・図など	
情報処理用流れ図など	JIS X 0121
決定表	JIS X 0125
計算機システム構成の図記号	JIS X 0127
プログラム構成要素及びその表記法	JIS X 0128
データベース言語	
SQL	JIS X 3005 規格群
表計算ソフトなどのソフトウェアパッケージ	
表計算ソフト	「表計算ソフトの機能・用語」 平成 27 年（2015 年）4 月に一部改訂。

図表9　試験で使用する情報技術に関する用語・プログラム言語など

2　受験ガイド

2-1　試験を実施する機関

　「独立行政法人 情報処理推進機構　デジタル人材センター　国家資格・試験部」が試験を実施します。

　　　　〒113-8663　　東京都文京区本駒込2-28-8

　　　　文京グリーンコートセンターオフィス

　　　　ホームページ https://www.ipa.go.jp/shiken/index.html

2-2　試験制度の運用時期

　春期は4月中旬の日曜日に実施されます。

　案内書の公開と出願，解答例発表，合格発表の時期はいずれも予定です。

実施時期	出願 （予定）	解答例発表 （予定）	合格発表 （予定）
春期 4月 中旬の日曜日	案内書公開 1月中旬 〜 受付終了 2月上旬	多肢選択式 は即日 午後試験は 6月下旬	6月下旬

図表10　試験制度の運用時期

2-3　案内書の公開から合格発表まで

(1)　個人申込み

　・インターネットの利用

　　　IPAのホームページ上ではじめにマイページアカウントを作成し，受験の申込みができます。受験手数料の支払い方法は，クレジットカードによる支払いのほかに，ペイジーやコンビニエンスストアでの支払いも可能です。

(2)　障害をお持ちの方などへの対応

　希望者は特別措置を受けることができます。その際，申請が必要となります。

（3） 合格発表方法

合格者の受験番号は次のようにして発表されます。

・IPA のホームページに掲載

・官報に公示

また，合格発表日は事前に IPA のホームページに掲載されます。

（4） 合格証書の交付

経済産業大臣から情報処理技術者試験合格証書が交付されます。

（5） 受験手数料

受験手数料は，7,500 円（消費税込み）です。

詳しくは，IPA のホームページで確認してください。

試験前・試験後もアイテックのホームページは情報が満載

試験制度に関する変更及び追加事項があった場合は，アイテックのホームページでもご案内いたします。

また，午前試験の結果を分野別に評価できる自動採点サービスも行う予定です。

株式会社アイテック https://www.itec.co.jp/

3　試験に向けて

3-1　ネットワークスペシャリスト試験について

　ネットワークを取り巻く環境は，年々変化してきています。最近のネットワーク構成技術では，仮想化技術の進展によって仮想サーバ，仮想スイッチのほか，VDI やクラウドサービスなどの利用が盛んに行われるようになっています。また，ネットワークセキュリティに対する重要性は相変わらず高く，ネットワーク技術者に対する社会の期待も大きいものがあります。ネットワーク技術者としての実力を証明する公的な試験が，ネットワークスペシャリスト試験です。

　参考までに，令和3年（2021年）度秋期から令和5年（2023年）度春期までのネットワークスペシャリスト試験の応募者数，受験者数，合格者数の推移を図表 11 に示します。平成 20 年（2008年）度までは，合格することが大変厳しいことなどから，応募者数は年々漸減する傾向にありました。また，平成 23 年（2011年）度は東日本大震災などの影響もあり，大きく減少しましたが，それでも 2 万人以上の応募者を集めていました。しかし，平成 27 年（2015年）度以降，2 万人を割り込むようになっていますが，プロフェッショナル試験に位置付けられているネットワークスペシャリストの資格を取得すれば，公的にその実力を認められることになります。この資格は，ぜひ取得しておきたいものです。

年　　度	応募者数	受験者数	合格者数
令和 3 年度春期	12,690 (-30.8%)	8,420 (66.4%)	1,077 (12.8%)
令和 4 年度春期	13,832　(9.0%)	9,495 (68.6%)	1,649 (17.4%)
令和 5 年度春期	15,239　(10.2%)	10,395 (68.2%)	1,482 (14.3%)

（　）内は，順に前年度対比増減率，受験率，合格率

図表 11　合格者数などの推移

3-2　午前の試験

　午前の試験は，午前Ⅰ（共通知識），午前Ⅱ（専門知識）という二つの試験が実施されます。午前Ⅰ試験は，各高度試験に共通した試験で，出題数は 30 問，試験時間は 50 分です。合格基準点は満点の 60%（18 問の正解）です。また，午前Ⅱ試験の出題数は 25 問，試験時間は 40 分です。合格基準点は午前Ⅰと同様に満点の 60%（15 問の正解）です。

最初に，午前Ⅰ試験と午前Ⅱ試験の合格率を図表 12 に示します。

年　　度	午前Ⅰ試験	午前Ⅱ試験
令和 3 年度春期	62.6%	84.3%
令和 4 年度春期	64.1%	86.1%
令和 5 年度春期	60.0%	83.7%

図表 12　午前Ⅰ試験と午前Ⅱ試験の合格率

　ネットワークスペシャリストに対する午前Ⅰ試験は，令和 5 年度春期で 14 回目の試験となりました。午前Ⅰ試験と午前Ⅱ試験の合格率を比較すると，午前Ⅰ試験の合格率が，午前Ⅱ試験の合格率よりもかなり低くなっています。そこで，初めてネットワークスペシャリスト試験にチャレンジされる方は，午前Ⅰ試験の対策から始める必要があります。なお，午前Ⅰ試験には免除制度があるので，この制度を利用できるように，応用情報技術者試験に合格するか，いずれかの高度試験又は情報処理安全確保支援士試験の午前Ⅰ試験に合格しておくとよいでしょう。

　次に，午前Ⅰ試験の出題分野です。これは，図表 4 で示したように，テクノロジ系（基礎理論，コンピュータシステム，技術要素，開発技術），マネジメント系（プロジェクトマネジメント，サービスマネジメント），ストラテジ系（システム戦略，経営戦略，企業と法務）の全分野にわたるので，幅広い分野に関する知識が要求されます。情報処理技術者試験は，毎年春期と秋期に実施されます。そこで，午前Ⅰ試験の出題傾向を知るには，令和 4 年度春期から令和 5 年度春期試験までの 3 期にわたる分野別の出題数の傾向（図表 13）を見ておくとよいでしょう。なお，午前Ⅰ試験で出題される 30 問は，応用情報技術者試験で出題された 80 問の中から抽出されていることが特徴です。

　午前Ⅰ試験の分野別の出題数は，基本的にテクノロジ系が 17 問，マネジメント系が 5 問，ストラテジ系が 8 問という比率になっています。このように，午前Ⅰ試験の出題範囲は極めて広いので，日ごろから情報処理技術全般に関する知識を修得するとともに，出題数が多いテクノロジ系やストラテジ系に関連する過去問題を多く解いておきましょう。しかし，午前Ⅰの出題分野の全分野に関し時間を費やしていくことは，あまりお勧めできません。例えば，論理回路の問題などは，考え方を理解するのに少し時間がかかります。こうした問題に時間をかけて

分　野	大分類	令和4年度春期	令和4年度秋期	令和5年度春期
テクノロジ系 （17問）	基礎理論	3	3	3
	コンピュータシステム	4	4	4
	技術要素	8	8	8
	開発技術	2	2	2
マネジメント系（5問）	プロジェクトマネジメント	2	2	2
	サービスマネジメント	3	3	3
ストラテジ系 （8問）	システム戦略	3	3	3
	経営戦略	3	3	3
	企業と法務	2	2	2
合　計		30	30	30

図表13　午前Ⅰ試験　分野別出題数

も意味がありません。捨てる分野の問題を決めながら，効率的に学習していくことも必要になります。

　次は，午前Ⅱ試験です。その出題分野は，技術要素のうち，ネットワークとセキュリティが出題の重点分野になっているほか，コンピュータシステムのうち，コンピュータ構成要素とシステム構成要素，開発技術のうち，システム開発技術とソフトウェア開発管理技術の分野からも出題されます。令和3年度春期から令和5年度春期までにおける午前Ⅱ試験の分野別出題数を，図表14に示します

大分類	中分類	令和3年度春期	令和4年度春期	令和5年度春期
技術要素	ネットワーク	15	15	15
	セキュリティ	6	6	6
コンピュータシステム	コンピュータ構成要素	1	1	1
	システム構成要素	1	1	1
開発技術	システム開発技術	1	1	1
	ソフトウェア開発管理技術	1	1	1
合　計		25	25	25

図表14　午前Ⅱ試験　分野別出題数

午前Ⅱ試験の分野別出題数は、これまでの傾向から判断すると、技術要素のうち、ネットワーク分野とセキュリティ分野とを合わせて 21 問、コンピュータシステムと開発技術とを合わせて 4 問となっており、この比率はこれからも変化することはないでしょう。なお、平成 25 年（2013 年）10 月に IPA（独立行政法人情報処理推進機構）から情報処理技術者試験の出題構成の見直しが発表され、「情報セキュリティ」に関する出題の強化・拡充が実施された結果、ネットワークスペシャリスト試験においても平成 26 年（2014 年）度から、ネットワーク分野からの出題数が 15 問になり、セキュリティ分野からの出題数が 6 問になっています。

　いずれにしても、午前Ⅱ試験では、大半の問題がネットワークとセキュリティ分野から出題されるので、午前Ⅰ試験のように特段の対策は必要ないと考えられます。図表 12 に示したように、令和 5 年度春期の合格率は 83.7%であり、かなり高い合格率でした。しかし、過去問題からの出題数が少なく、新規問題の出題数が多くなると、一般に合格率が低下する傾向が見られます。このため、初めてネットワークスペシャリスト試験を受験される方は、基本的な技術知識を十分に把握しておくことが必要です。例えば、弊社刊行の「ネットワーク技術の教科書」などを参考に学習を進め、午後試験と合わせて十分に準備されることをお勧めします。そして、令和 6 年度春期の試験では、令和 5 年度春期の午前Ⅱ試験で出題された問題と同じ問題は出題されないので、平成 30 年度秋期から令和 4 年度春期に出題された、ネットワークスペシャリスト試験、並びに情報処理安全確保支援士試験（以下、SC 試験という）の午前Ⅱ試験の問題を解いて十分に理解しておくとよいでしょう。そうすれば、出題の大半を占めるレベル 3 の問題の多くに正解することができるようになります。

　ネットワークスペシャリスト試験に合格するには、午後Ⅰ、午後Ⅱの試験でも合格基準点をクリアすることが必要です。このため、午前Ⅱ試験で出題されるようなレベル 4 の対策をいくら実施したとしても、その効果が午後試験に役立つ知識になるとは限りません。したがって、午後試験にとって役立つように、ネットワークとセキュリティ技術の基本知識について、十分に修得していくことの方が重要です。例えば、IP ルーティングの仕組みをはじめ、DNS、電子メールの転送などの基本的な技術に関しては、幅広く、しかもその詳細技術に至るまで、十分に把握していくことが必要です。午後試験を見据えながら、重要な技術項目の修得に努めるようにしましょう。

3-3　午後の試験

　午後Ⅰ試験の試験時間は 90 分です。出題数は 3 問で，その中から 2 問を選択します。配点割合は 1 問当たり 50 点ですから，満点は 100 点になります。そして，合格基準点は 60 点です。一方，午後Ⅱ試験の試験時間は 120 分です。出題数は 2 問で，そのうちの 1 問を選択して解答します。配点は 100 点満点で，合格基準点は 60 点です。

　午後試験の出題内容は，最近の技術動向などを反映したテーマからの出題になりますので，問題に記述された内容を理解できるだけの技術力や洞察力が要求されます。そのため，TCP/IP やインターネット技術をはじめ，仮想化技術，ネットワークセキュリティ，クラウドサービスなどに関連する基本的な技術知識を十分に身に付けておくことが必要です。こうした技術知識を基にして，設問で問われていることを確認しながら，解答を作成していくようにすれば，合格することはそれほど難しいというわけではありません。

　しかし，午後試験でどのような問題が出題されても，十分に実力を発揮できるようになるには，ネットワーク全般に関する基礎技術を十分に固めておくことが必要です。基本がしっかりしていなければ応用が全く利かないので，新しい観点からの問題には冷静に対応できなくなります。例えば，過去問題と同じような解答を求めている問題であっても，問題で記述されている背景や条件が少し異なると，正解を思い付かなくなってしまいます。そこで，ネットワークスペシャリスト試験では，次のような分野について十分に学習を積み重ね，どのような問題が出題されても対応できるだけの技術力を養っておくことが，合格への近道といえます。

① 有線 LAN と無線 LAN

　　CSMA/CD, MAC フレーム, CSMA/CA, TKIP, CCMP, WPA2, WPA3, PMK の共有，事前認証，IEEE 802.11ac, IEEE 802.11ax（Wi-Fi 6）など

② IP と TCP/UDP

　　IP アドレス，CIDR，ルーティングテーブル，アドレス変換，ICMP（ping 試験の方法など），IP マルチキャスト，IGMP, PIM, DHCP, VRRP, TCP, UDP など

③ アプリケーションプロトコル

　　DNS の仕組み（キャッシュ，DNS サーバの信頼性対策，DNS キャッシュポイズニング，DNS リフレクタ攻撃，DNSSEC など），電子メール配送の仕組み，

電子メールのセキュリティ (SMTP-AUTH, SPF, DKIM, DMARC, S/MIME, OP25B, IP25B, オープンリレー対策, 迷惑メールフィルタリングなど), HTTP, クッキーの仕組み, プロキシサーバ, 負荷分散方法, VoIP (SIP, RTP, 優先制御, 帯域制御, 音声品質の確保など), SNMP, NTP, IoT で利用される軽量プロトコルなど

④ ネットワーク機器

LAN スイッチ (スイッチングハブ) の機能・動作, 仮想スイッチ, 仮想 NIC, 物理 NIC, NIC チーミング, スパニングツリー (STP), RSTP, リンクアグリゲーション, VLAN, VXLAN, ルータの機能・動作・設定方法, ルーティングプロトコル (RIP, OSPF, BGP-4), TRILL, IP-SAN, ネットワーク仮想化, SDN (オーバーレイ方式, ホップバイホップ方式, OpenFlow など), NFV, SD-WAN, 広域イーサネット, IP-VPN など

⑤ ネットワークセキュリティ

IPsec, TLS, VPN, ファイアウォールの設定, IEEE 802.1X／EAP, RADIUS, IDS, IPS, WAF, 暗号化技術, 認証技術 (デジタル署名, ワンタイムパスワード, タイムスタンプ, メッセージ認証, パスワードレス認証方式, 2 段階認証, 多要素認証など), デジタル証明書の検証方法, サーバ証明書の種類, ハッシュ関数など

⑥ ネットワークの設計・運用

ネットワークにおけるボトルネックやバックアップの考え方, ネットワーク構成法, 必要帯域 (回線速度) の検討, トラフィック計算, 待ち行列計算, データ転送量, 移行方式の検討, 故障切分け, 保守運用のノウハウなど

さらに, 午後試験は, 出題内容が一つの技術に絞ったものよりも, 複合的な観点から出題されます。この傾向は, 午後 II 試験では特に顕著になります。IP ルーティング, インターネット利用・接続技術, TCP/IP における各プロトコルの詳細, セキュリティ技術などを中心として, ネットワークシステムの設計・構築, 移行や運用管理技術など, 相互に関連した総合問題に対応できる技術力を養っていくことが必要になります。しかし, 試験対策という意味では, 問題文に記述された範囲内で考えることが原則ですから, まず, 問題で記述された内容を正しく理解できるだけの基本的な技術力を身に付けることが重要です。これが基本技術をマスターすることの必要性にもなります。こうした基本技術をベースにして設

問で何が問われているかを明確にし，解答作成に当たっての条件などを的確に抽出した上で，そこから論理的に考えていく能力を磨いていくとよいでしょう。

また，午後Ⅱ試験は，数十字程度の記述式で解答する設問が多くなります。記述内容については，考え方や根拠を明確に示すほか，キーワードをしっかりと押さえた解答を作成することが大きなポイントです。さらに，ネットワークに関する応用能力を養っていくという意味では，過去問題を数多く解いてネットワークに対する勘所をつかむことも必要です。あくまでも基本技術の理解を十分に確立させないことには，自分の力としてなかなか発揮できず，午後問題の解答が作成できないという事態に陥ってしまいます。したがって，前述の①から⑥までの基本技術を十分にマスターすることから始めてください。しかし，この基本技術の修得については，かなりの時間が必要になりますから，あらかじめ多くの学習時間を見込んでおくことが必要です。また，一度理解しても，繰り返し技術知識をインプットしていかないと，すぐに忘れてしまいます。工夫をしながら継続的に学習していく姿勢を確立していくようにしましょう。

3-4　令和5年度春期の試験データ

(1)　午前Ⅰ試験

共通知識として幅広い出題範囲の全分野から 30 問が出題される試験です。今回（令和5年度春期）の分野別出題数はテクノロジ分野が 17 問，マネジメント分野が5問，ストラテジ分野が8問でこれまでと同じでした。出題された問題は，従来どおり全て同時期に実施された応用情報技術者試験の午前問題 80 問から選択された問題になっています。以前から重点的に出題されているセキュリティ分野の問題が最も出題数が多く，今回もこれまでと同じ4問の出題でした。

新傾向といえる問題は次の3問でしたが，前回（令和4年度秋期）の6問と比べて少なくなっています。参考までに，午前Ⅰ試験問題の選択元になっている応用情報技術者試験（80問）の新傾向問題は16問（前回15問）でほぼ同じでした。

・問 15　特定の IP セグメントからだけアクセス許可するセキュリティ技術
・問 17　サーバプロビジョニングツールを使用する目的
・問 24　システム要件定義プロセスにおけるトレーサビリティ

新傾向問題以外の内容としては，従来からよく出題されてきた定番といえる過去問題が17問程度あり，前回よりも多くて解答しやすかったといえます。

問題の出題形式は，文章の正誤問題が19問（前回16問），用語問題が2問（前

回5問），計算問題が2問（前回5問），考察問題が7問（前回4問）で，文章・考察問題が増え，用語・計算問題が減っています。今回は問3のクイックソートのような少し難しい問題もありましたが，全体として定番問題が多く，従来よりもやや易しかったといえます。

　高度試験の午前Ⅰは出題範囲が広いので，対策としては，基本情報技術者や応用情報技術者試験レベルの問題を日ごろから少しずつ解いて必要な基礎知識を維持し，新しい知識を吸収していくことが大切です。

　出題内容を分野別に示します。「」は新傾向問題，下線を引いた問題は過去に出題された内容と同じ問題です。

・テクノロジ分野……論理演算, 正規分布のグラフ, クイックソートの結果, CPUの平均CPI, スケールイン, ハッシュ表探索時間, 組合せ回路, コンピュータグラフィックス, UMLの多重度, イーサネットフレームの宛先情報, ハンドオーバー, C&Cサーバの役割, デジタルフォレンジックスの手順, サブミッションポート導入目的, 「特定セグメントのアクセス許可」, モジュール結合度, 「サーバプロビジョニングツール」

・マネジメント分野……プロジェクト憲章, 作業完了日数, JIS Q 20000-1におけるレビュー実施時期, 予備調査, 監査手続で利用する技法

・ストラテジ分野……ROI, 「トレーサビリティ」, RFI, バランススコアカードの戦略マップ, エネルギーハーベスティング, アグリゲーションサービス, 経費に算入する費用, 派遣元事業主の講ずべき措置

　出題される内容の多くは，過去の基本情報技術者試験や応用情報技術者試験で出題された基本的な問題です。高度試験で専門分野の力を発揮するのは午前Ⅱ試験からですが，試験対策として過去の応用情報技術者試験の午前問題を，余裕をもって7割以上正解できるよう確実に実力を付けてください。

　そのために，過去に出題された問題を解いてみて，理解できていない内容を中心に学習することをお勧めします。また，AI，IoT，ビッグデータ，アジャイル関連は新しい用語の出題が今後も予想されるので，日ごろからこれらの話題には注目し，内容を把握しておきましょう。

（2）　午前Ⅱ試験

　25問のうち，分野別の出題数は，「技術要素」から21問，「コンピュータシス

テム」から 2 問,「開発技術」から 2 問という比率でした。この比率はほぼ例年どおりですから,これからも変更されることはないでしょう。

技術要素

技術要素からの出題範囲は,ネットワーク,セキュリティの 2 分野です。分野別の出題数は,令和 5 年度春期試験もネットワークが 15 問,セキュリティが 6問という比率でした。次年度以降も,この出題比率がベースになっていくことには変わりないでしょう。

ネットワーク分野の 15 問は,令和 4 年度春期試験に比べ新規問題の出題数が 5問から 6 問に増加しています。新規問題は,問 3（OSPF に関する記述）,問 4（TCPの輻輳制御アルゴリズムに該当するもの）,問 8（CoAP の特徴）,問 10（複数のVLAN ごとにスパニングツリーを実現するプロトコル）,問 11（VLAN タグが挿入される位置）,問 14（ローカル 5G の特徴）の 6 問です。一方,過去問題の 9問は,令和 3 年度春期が 2 問,平成 30 年度秋期が 1 問,平成 28 年度秋期が 2問,平成 27 年度秋期が 1 問,平成 26 年度秋期が 1 問,平成 25 年度秋期が 1 問,平成 18 年度秋期が 1 問というように,各年度にかなり分散されていますが,難度の高い問題はほとんどなく,正解が得られやすいと思います。

セキュリティ分野の 6 問については,新規問題は,問 18（インラインモードで動作するシグネチャ型 IPS の特徴）だけで,残りの 5 問は過去問題からの出題です。その内訳は,令和 3 年度春期 NW 試験が 3 問,平成 30 年度秋期 NW 試験が1 問,平成 28 年度秋期 NW 試験が 1 問で,いずれもレベル 3 の問題といえます。このため,セキュリティ技術の動向をはじめ,SC 試験を含めた過去問題を十分に学習していれば,問題なく正解できると考えられます。

コンピュータシステム

コンピュータ構成要素からは問 22（メモリインタリーブの説明）,システム構成要素からは問 23（クラウドサービスで提供される FaaS に関する記述）という問題でした。問 22 は基本的な知識問題ですし,問 23 は新規問題でしたが,選択肢の内容を確認していけば正解できると思われます。

開発技術

システム開発技術からは問 24（SysML の説明）,ソフトウェア開発管理技術か

らは問 25（マッシュアップの例）が出題されていました。問 24 の SysML は，広く知られている用語と限らないので，レベル 4 の問題といえます。一方，問 25 マッシュアップは，よく知られているので，比較的易しい問題と思われます。

(3) 午後 I 試験

午後 I 試験は，Web システムの更改（問 1），IP マルチキャストによる映像配信の導入（問 2），高速無線 LAN の導入（問 3）というテーマによって問題が出題されていました。今回の午後 I 問題は，令和 4 年度春期試験で出題されたネットワークセキュリティに関するものはほとんど見られず，最近の技術動向を反映した問題から構成されていました。

NW 試験の午後 I 問題は，例年，設問数が多く設定されているので，正解できる設問で確実に得点し，合格基準点をクリアする点数を積み重ねていくことが必要です。また，それぞれの問題に取り組む際には，ネットワーク及びセキュリティに関する幅広い技術知識を有していることが要求され，日ごろからしっかりと学習しておくことが必要です。このほか，問題で記述された内容や条件を十分に考慮しながら解答を作成していくことが，合格基準点をクリアするための必要条件となります。なお，午後 I の難易度を全体的に評価すると，例年より，少し難度が上がったと評価されます。

問 1　Web システムの更改

本問では，Web システムの更改に伴うシステムの構成変更に当たって，システムの一部をクラウドサービスに移行するとともに，通信の効率化のために HTTP/2 プロトコルを導入することを題材にしたものです。出題の中心は HTTP/2 ですから，HTTP/1.1 と HTTP/2 の互換性に関することに加え，HTTP/2 の特徴的な機能，TLS を用いた暗号化コネクション上で HTTP/2 通信を行う方式などに関する知識が要求されます。このため，HTTP/2 に関する知識の有無によって，どれだけ得点できるかが大きく左右されると思われます。

問 2　IP マルチキャストによる映像配信の導入

本問は，河川などに設置した IP カメラから市庁舎の大型モニターへリアルタイムに配信する映像配信システムを題材に，IPv4 マルチキャスト通信の方式を考察するものです。このため，マルチキャストパケットにおけるソースの IP アド

レス, 宛先となるグループアドレスの考え方, マルチキャストプロトコルの IGMP
と, PIM-SM をはじめ, IGMPv2 と IGMPv3 との違いなどの専門的な知識が要
求されます。この問題も, マルチキャスト通信に関する専門的な知識の有無によ
って, 正解できる設問に差が大きく出るものと考えられます。

問 3　高速無線 LAN の導入

本問は, 新校舎ビルに高速無線 LAN 規格の Wi-Fi 6 を採用したシステムを導
入するケースを題材にしたものです。IEEE 802.11n（Wi-Fi 4）以降に採用され
た無線 LAN の高速通信技術の MIMO やチャネルボンディング, トライバンドに
関する技術用語, 電波干渉を回避する対策のほか, 無線アクセスポイントのバッ
クボーン回線システムの構成についての問題が出題されています。無線 LAN に
関する問題は, 平成 29 年度（2017 年度）午後 II 問 2 として出題されたのが最後
で, 今回までに一度も出題されたことがなかったことから, 対策が十分にできて
いない分野と想定されます。しかし, NW 試験では, もう出題されることがない
と思われる分野から出題されることがあるので, 日ごろから幅広い分野に対する
理解を深めていくことが必要であると, 改めて認識させられる問題であったと思
われます。

(4)　午後 II 試験

今回の午後 II 試験は, プロキシサーバの設定に関するもの, DNS のゾーンファ
イル, BGP を利用したマルチホーミング接続, インターネット接続の切替えに伴
う設定の変更, LB でソース NAT を行わない場合と行う場合のパケットの流れ,
仮想 IP アドレスの利用方法, LB がもつセッション維持機能, ヘルスチェック機
能に関する事項, SAML 2.0 による認証連携に関する問題などが出題されていま
した。SAML 2.0 を除くと, 基本的なネットワーク技術の問題といえます。この
ため, 日ごろからネットワーク全般に関する幅広い知識を, 深く掘り下げて学習
してきた受験者にとっては, 取り組みやすい問題であったと思われます。

NW 試験の午後 II 問題は, 問題分量が 10 ページ以上にわたるほか, 問題の記
述内容が略語を用いて説明されていることが多いので, まず, 問題の全体像を的
確に把握していくことが必要になります。そして, 合格基準点をクリアするには,
設問で問われていることをよく確認した上で, 問題の条件を加味しながら丁寧に
解答を作成していくことが要求されます。ネットワークセキュリティを含むネッ

トワーク技術全体に関する技術知識をしっかり押さえた上で，問題の記述内容を十分に把握しながら設問に取り組んでいけば，合格基準点をクリアすることはそれほど難しくないと考えられます。

問1　マルチクラウド利用による可用性向上

　本問は，IaaS事業者をもう1社追加してマルチクラウド環境にする場合のネットワーク構成の検討を題材にしたものです。設問1は，プロキシサーバの利用方法に関するもので，利用するプロキシサーバをDNSの機能によって制御する方法や，プロキシサーバの監視についてはTCP監視が必要になること，リソースレコードのTTLの値を小さくする目的，PACファイルなどについて問われています。設問2は，BGPを利用してマルチホーミング接続を検討するもので，BGPの用語や経路制御の仕組みのほか，BGPの導入を行った後にVRRPの導入を行うべき理由，pingコマンドの試験で確認すべき事項，想定される障害の発生箇所などを答えるものです。設問3は，インターネット接続を本社経由からD社閉域NW経由に切り替える方法を検討するもので，やや実務的な知識が要求されるものです。BGPに関する知識を十分に有していれば，取り組みやすい問題であるといえます。

問2　ECサーバの増強

　本問は，問題のテーマが示すように，ECサーバを1台から3台に増強する事例を題材としたものです。設問1は，DNSのゾーン情報に関する穴埋め問題です。設問2は，サーバ証明書の検証方法と，パケットが流れる経路を答えるものです。設問3は，サーバの増強策の方式名，2台ではなく3台構成にする目的，LBでソースNATを行う場合と行わない場合において，観測されるIPアドレスを答えるものです。設問4では，LBで使用される仮想IPアドレス，HTTPヘッダーのX-Forwarded-Forフィールドを利用する目的，増設サーバにサーバ証明書をインストールするための方法などが問われています。設問5では，LBのセッション維持機能とヘルスチェック機能について問われています。設問6では，SAML 2.0による認証連携に関して様々なことが問われています。全体的に基本的な設問が多かったので，ネットワーク全般に関する技術知識を十分身に付けていれば，比較的容易に合格基準点をクリアできると考えられます。

総仕上げ問題集

第1部

分野別Web確認テスト

テストの出題分野，問題リスト，復習ポイントを
確認しましょう。

第1章

分野別 Web 確認テスト

1 分野別 Web 確認テストとは？

　本書の使い方（P.4）でもご紹介したように，第2部，第3部の問題演習の前に基礎知識を理解しているか確認するために，Web ブラウザ上で実施いただくテストです。テストを受けた結果，基礎知識に不足がある場合は，復習をしてから再度テストを受けるようにしましょう。全ての分野で十分得点できるようになったら，本書の第2部，第3部に進みましょう。

　アクセス方法と使い方は P.4～P.6 をご確認ください。

2 出題分野

出題分野は次のとおりです。

●午前Ⅰ

分野 No.	分野名	中分類
1	基礎理論・コンピュータシステム	1～6
2	技術要素（データベース・ネットワーク・セキュリティ）	9～11
3	開発技術（ヒューマンインタフェースとマルチメディア含む）	7, 8, 12, 13
4	マネジメント分野	14～16
5	ストラテジ分野	17～23

※中分類は，第2部　出題分析の「(2) 午前の出題範囲」に記載されています。

●午前Ⅱ

分野 No.	分野名	中分類
1	LAN 関連とネットワーク全般	10
2	IP と TCP/UDP	10
3	アプリケーションプロトコル	10
4	ネットワーク機器	10
5	セキュリティ分野	11

●午前 I

【1】基礎理論・コンピュータシステム

No.	問題タイトル	出典
1	AI の機械学習における教師なし学習	R01 秋 AP04
2	逆ポーランド表記法による表現	R02 秋 AP03
3	スタックのデータ出力順序	R03 春 AP05
4	ディープラーニングの学習に GPU を用いる利点	R03 春 AP10
5	メモリインタリーブの説明	H30 春 AP11
6	物理サーバのスケールアウト	H30 春 AP14
7	システムの信頼性設計	R03 春 AP13
8	タスクの状態遷移	R03 春 AP17

【2】技術要素（データベース・ネットワーク・セキュリティ）

No.	問題タイトル	出典
1	第 1，第 2，第 3 正規形の特徴	H30 秋 AP28
2	媒体障害発生時のデータベースの回復法	R01 秋 AP29
3	スイッチングハブの機能	R02 秋 AP33
4	ネットワークアドレス	H31 春 AP34
5	UDP になく TCP に含まれるヘッダフィールドの情報	R03 秋 AP34
6	ディジタル署名でできること	R02 秋 AP40
7	チャレンジレスポンス認証方式	R01 秋 AP38
8	クロスサイトスクリプティング対策に該当するもの	H30 秋 AP41
9	JPCERT コーディネーションセンターの説明	R03 春 AP42
10	WAF の説明	H31 春 AP45

【3】開発技術（ヒューマンインタフェースとマルチメディア含む）

No.	問題タイトル	出典
1	オブジェクト指向言語のクラス	H28 秋 AP47
2	UML のアクティビティ図の特徴	R02 秋 AP46
3	有効なテストケース設計技法	H30 秋 AP49
4	アジャイル開発手法のスクラムの説明	R02 秋 AP49
5	アクセシビリティを高める Web ページの設計例	H30 春 AP24
6	レンダリングに関する記述	H31 春 AP25

【4】マネジメント分野

No.	問題タイトル	出典
1	EVM の管理対象	R02 秋 AP52
2	アクティビティの所要時間を短縮する技法	R01 秋 AP53
3	RTO と RPO に基づくデータのバックアップの取得間隔	R04 春 AP55
4	問題管理プロセスにおいて実施すること	H31 春 AP54
5	起票された受注伝票に関する監査手続	R01 秋 AP60
6	事業継続計画の監査結果で適切な状況と判断されるもの	R04 春 AP58

【5】ストラテジ分野

No.	問題タイトル	出典
1	プログラムマネジメントの考え方	R03 秋 AP63
2	SOA の説明	R02 秋 AP63
3	非機能要件の使用性に該当するもの	R04 春 AP65
4	企業の競争戦略におけるフォロワ戦略	R03 春 AP68
5	RPA の説明	R01 秋 AP71
6	チャットボットの説明	H30 秋 AP72
7	IoT 活用におけるディジタルツインの説明	H31 春 AP71
8	企業システムにおける SoE の説明	R02 秋 AP72
9	特定電子メール法における規制の対象	R03 春 AP79
10	下請代金支払遅延等防止法で禁止されている行為	H31 春 AP79

●午前 II

【1】 LAN 関連とネットワーク全般

No.	問題タイトル	出典
1	ZigBee の特徴	H29 秋 NW01
2	IP 電話の音声品質を表す指標	H29 秋 NW15
3	IEEE 802.11a/g/n/ac で用いられる多重化方式	R03 春 NW03
4	QoS のトラフィック制御方式	R03 春 NW06
5	呼量の計算	R04 春 NW01
6	誤りが発生する電文の個数	R05 春 NW06

【2】 IP と TCP/UDP

No.	問題タイトル	出典
1	Gratuitous ARP の説明	H28 秋 NW06
2	TCP のウィンドウサイズの説明	H28 秋 NW12
3	IPv6 アドレスに関する記述	H29 秋 NW08
4	UDP を使用するプロトコル	H29 秋 NW10
5	デフォルトゲートウェイの障害回避プロトコル	R01 秋 NW10
6	IPv4 の ICMP メッセージの説明	R04 春 NW06
7	IP アドレスの集約化	R04 春 NW09
8	TCP でフラグメント化されることなく送信できる最大長	R05 春 NW05
9	ESP のトンネルモード	R05 春 NW09

【3】 アプリケーションプロトコル

No.	問題タイトル	出典
1	DNS の資源レコード	H27 秋 NW01
2	WebSocket プロトコルの特徴	H28 秋 NW15
3	MX レコードに関する記述	H29 秋 NW06
4	SMTP に関する記述	H29 秋 NW09
5	FTP コネクションに関する記述	H29 秋 NW14
6	URL の TCP ポート番号	H30 秋 NW14
7	WebDAV の特徴	R05 春 NW13

【4】ネットワーク機器

No.	問題タイトル	出典
1	OSPF の仕様	H27 秋 NW04
2	OpenFlow プロトコルの説明	H29 秋 NW13
3	BGP-4 の説明	R01 秋 NW05
4	Automatic MDI/MDI-X の説明	R03 春 NW01
5	MPLS の説明	R03 春 NW11
6	スパニングツリープロトコルに関する記述	R04 春 NW04

【5】セキュリティ分野

No.	問題タイトル	出典
1	メッセージ認証符号	H27 秋 NW16
2	プロキシサーバ又はリバースプロキシサーバによるセキュリティ強化策	H27 秋 NW18
3	OP25B によるセキュリティ上の効果	H27 秋 NW19
4	SAML の説明	H28 秋 NW16
5	無線 AP のプライバシセパレータ機能の説明	H28 秋 NW21
6	ディジタルフォレンジックスに該当するもの	H29 秋 NW18
7	DNSSEC の機能	H29 秋 NW19
8	マルウェアによる被害を防止する VDI の使用形態	H29 秋 NW20
9	https で行うように指示する HTTP レスポンスヘッダ	H30 秋 NW18
10	ポートスキャンにおける状態の判定方法	R01 秋 NW19
11	前方秘匿性の性質	R03 春 NW18
12	NTP サーバの踏み台攻撃に対する対策	R05 春 NW17

分野別 Web 確認テストを解き終わったら，解答結果ページに表示される正答率を下記の表にメモしておきましょう。

午前 I

分野 No.	正答率
1	％
2	％
3	％
4	％
5	％

午前 II

分野 No.	正答率
1	％
2	％
3	％
4	％
5	％

【習熟度目安】

●正答率 80%以上●
この分野の基本事項はほぼ理解できていると思われます。正解できなかった問題についてしっかり復習しておきましょう。

●正答率 50%以上 80%未満●
この分野の基本事項について，理解できていない内容がいくつかあります。理解不足と思われる内容については，**次のページにある復習ポイント**を他のテキストなどで復習の上，分野別 Web 確認テストに再挑戦しましょう。

●正答率 50%未満●
この分野の基本事項について，理解できていない内容が多くあります。ネットワークスペシャリスト試験の問題は，応用情報技術者レベルの内容が理解できていないと解答できない場合が多いので，まずは**次のページの復習ポイント**の基礎知識を確実に理解してください。その後，分野別 Web 確認テストに再挑戦しましょう。

全ての分野で 80%以上の正答率になったら，第 1 部第 2 章を読んで本試験の傾向と学習ポイントをつかみ，第 2 部，第 3 部に進みましょう。

―分野別復習ポイント―

午前 I

分野1：基礎理論・コンピュータシステム

- 基礎理論…論理演算，誤り検出，BNF，逆ポーランド記法，AI（機械学習，ディープラーニング），確率・統計，待ち行列理論，データ構造（配列，リスト，スタック，キュー，木），アルゴリズム（整列，探索）
- コンピュータ構成要素…CPU の動作，各種レジスタの役割，パイプライン，CPU の高速化，キャッシュメモリ，入出力インタフェース，GPU
- システム構成要素…システム構成，バックアップ方式，性能計算，稼働率，信頼性設計，仮想化
- ソフトウェア…タスク管理，割込み（外部割込み，内部割込み），仮想記憶（FIFO，LRU），OSS
- ハードウェア…論理回路，フリップフロップ，記憶素子（DRAM，SRAM），センサー，IoT（省電力）

分野2：技術要素（データベース・ネットワーク・セキュリティ）

- データベース…E-R 図，クラス図，正規化，関係演算（射影・選択・結合），SQL（CREATE 文，SELECT 文），トランザクション処理，障害回復処理，ビッグデータ，ブロックチェーン，NoSQL
- ネットワーク…LAN 間接続（ゲートウェイ，ルータ，ブリッジ，リピータ），無線通信，LPWA，伝送時間・伝送量の計算，TCP/IP 関連プロトコル（SMTP，POP，IMAP，DHCP，FTP，MIME，ARP，RARP，NTP ほか），IP アドレス，サブネットマスク
- セキュリティ…脅威，暗号化（共通鍵暗号，公開鍵暗号），認証方式，各種マルウェアと対策，各種サイバー攻撃（ブルートフォース，クロスサイトスクリプティング，SQL インジェクションほか），不正アクセス，ISMS，リスク分析，リスク対応，ファイアウォール，IDS/IPS，バイオメトリクス認証，セキュアプロトコル（IPsec，SSL/TLS，SSH ほか）

分野3：開発技術（ヒューマンインタフェースとマルチメディア含む）

- ・開発技術…開発プロセス，オブジェクト指向（カプセル化，クラス，継承，UMLの各種図），レビュー・テスト技法，アジャイル（XP，ペアプログラミング，スクラム，イテレーション）
- ・ヒューマンインタフェース…コード設計，ユーザビリティ，アクセシビリティ
- ・マルチメディア…データ形式（JPEG，MPEGほか），コンピュータグラフィックス，VR，AR）

分野4：マネジメント分野（プロジェクトマネジメント，サービスマネジメント，システム監査）

- ・プロジェクトマネジメント…PMBOK，スコープ，WBS，アローダイアグラム（クリティカルパス，終了時刻），見積り（ファンクションポイント法）
- ・サービスマネジメント…サービスレベル合意書（SLA），インシデント管理，変更管理，問題管理，サービスデスク，システムの運用（バックアップ），ファシリティマネジメント，DevOps
- ・システム監査…監査人の立場・責任，予備・本調査，監査技法，監査手続，監査証跡，内部統制

分野5：ストラテジ分野（システム戦略，経営戦略，企業と法務）

- ・システム戦略…エンタープライズアーキテクチャ，BPM，RPA，SOA，SaaS，BCP（事業継続計画），AI・IoT・ビッグデータの活用
- ・システム企画…投資対効果，要件定義，非機能要件，調達，情報提供依頼書（RFI），提案依頼書（RFP），グリーン調達
- ・経営戦略マネジメント…競争戦略，PPM，マーケティング戦略，バランススコアカード，CSF，CRM，SCM，ERP
- ・技術戦略マネジメント…イノベーションのジレンマ，リーンスタートアップ，デザイン思考，技術進化過程，ロードマップ
- ・ビジネスインダストリ…MRP，eビジネス（ロングテール，コンバージョン，SEO，フィンテック），RFID，IoT（エッジコンピューティング）
- ・企業活動…グリーンIT，BCP，クラウドファンディング，線形計画法，ゲーム理論，デルファイ法，損益分岐点，営業利益，経常利益，財務指標
- ・法務…著作権，不正競争防止法，労働者派遣法，請負，個人情報保護法，不正アクセス禁止法，刑法，製造物責任法

午前 II

分野 1：LAN 関連とネットワーク全般

CSMA/CD, CSMA/CA, 衝突ウィンドウ時間, MAC アドレス, NIC, 1000BASE-T, IEEE 802.11a/b/g/n/ac/ax, WPA2, WPA3, Wi-Fi, メッシュ Wi-Fi, SSID (ESSID), 隠れ端末問題, IEEE 802.1X, Bluetooth, BLE, ZigBee, Wi-SUN, PPP, PPPoE, PPTP, L2TP, ARP, RARP, 伝送速度（ビット／秒）, ビット誤り率, 呼量, 呼損率, アーラン, M/M/1, 音声品質（R 値, ジッタ, パケット損失率, 遅延など）, ネットワーク制御（アドミッション制御, シェーピング, ポリシング, フロー制御, ウィンドウ制御など）

分野 2：IP と TCP/UDP

IPv4, IPv6, ToS, Diff-serv, フラグメンテーション, IP アドレス, ブロードキャストアドレス, マルチキャストアドレス, ユニキャストアドレス, サブネットマスク, IP アドレスの集約化 (スーパネット化), CIDR, NAT, NAPT, CGN, STUN, IPv4/IPv6 トランスレーション, IPv4/IPv6 デュアルスタック, 6to4, ICMP, ping, traceroute, IGMP, IPsec, AH, ESP, IKE, SA（セキュリティアソシエーション）, セレクタ, VRRP, マスタルータ, バックアップルータ, RSVP, TCP, シーケンス番号, 確認応答番号, UDP, SSL/TLS, DTLS

分野 3：アプリケーションプロトコル

DNS, 権威 DNS サーバ, キャッシュ DNS サーバ, フルサービスリゾルバ, スタブリゾルバ, DNS フォワーダー, 資源レコード（A, MX, NS, PTR, SOA, TXT など）, URL, FQDN, DNS ラウンドロビン, DNS リフレクタ攻撃, DNS キャッシュポイズニング攻撃, DNSSEC, SMTP, SMTP コマンド（HELO, EHLO, MAIL FROM, RCPT TO, DATA, QUIT など）, POP3, IMAP4, OP25B, IP25B, SMTP-AUTH, SPF, DKIM, DMARC, MIME, S/MIME, PGP, HTTP, HTTPS, セッション ID, クッキー属性（Domain, Expires, Secure, HttpOnly など）, HSTS, WebDAV, WebSocket, SOAP, FTP（制御コネクション, データ転送コネクション）, アクティブモード, パッシブモード, TFTP, SNMP, trap PDU, RMON, MIB, コミュニティ, NTP, UTC（協定世界時）, stratum, SIP, SIP メソッド（INVITE, ACK, BYE, REGISTER など）, SDP, RTP, RTCP, RADIUS, DHCP, 軽量プロトコル（CoAP, MQTT）

分野4：ネットワーク機器

リピータ，ブリッジ，ルータ，レイヤー2スイッチ，レイヤー3スイッチ，ファイアウォール，負荷分散装置，プロキシサーバ，リバースプロキシ，Automatic MDI/MDI-X，STP，BPDU，ルートブリッジ，ルートポート，指定ポート（代表ポート），非指定ポート（ブロッキングポート），リンクアグリゲーション，スタック接続，ポートミラーリング，VLAN，ポートVLAN，タグVLAN，IEEE 802.1Q，VLAN-ID（VID），アクセスポート，トランクポート，PoE，PoE＋，DHCPスヌーピング，IGMPスヌーピング，ルーティングプロトコル（RIP，OSPF，BGP），ホップ数，コスト，LSA，LSDB，エリア，ABR（エリア境界ルータ），AS，4バイトAS番号，EBGP，IBGP，パス属性（AS_PATH，NEXT_HOP，MED，LOCAL_PREFなど），TRILL，IS-IS，MPLS，ラベル，PEルータ，CEルータ，仮想スイッチ，仮想NIC，SDN，SD-WAN，オーバーレイ方式，VXLAN，ホップバイホップ方式，OpenFlow，NFV

分野5：セキュリティ分野

マルウェアの種類，マルウェア検出手法（パターンマッチング法，ビヘイビア法，ヒューリスティック法など），ルートキット，SQLインジェクション，OSコマンドインジェクション，HTTPヘッダーインジェクション，ディレクトリトラバーサル，セッションハイジャック，中間者攻撃，DoS攻撃，DDoS攻撃，ICMP Flood攻撃，SYN Flood攻撃，Smurf攻撃，リフレクタ攻撃，サイドチャネル攻撃，テンペスト攻撃，アドレススキャン，ポートスキャン，共通鍵暗号方式，公開鍵暗号方式（公開鍵，秘密鍵），ハッシュ関数，利用者認証，多要素認証（記憶，所有，生体），FIDO（パスワードレス認証），デジタル署名，MAC（メッセージ認証符号），ITU-T X.500，デジタル証明書，ルート証明書，サーバ証明書，クライアント証明書，CA（認証局），CRL，OCSP，ダークネット，デジタルフォレンジックス，前方秘匿性（Forward Secrecy），ステートフルパケットインスペクション，耐タンパ性，CRIRT

第2章

「第2部　本試験問題」に取り組む前に

　情報処理技術者試験を長年分析してきたアイテックだからこそ，その結果から見えてきたことがあります。過去問題の演習に入る前に，本章で，アイテックの試験合格のためのノウハウを確認しましょう！

1　過去問題を押さえて午前試験を突破！

■1　過去問題からの出題が6割以上を占めています

　アイテックでは本試験ごとに，過去問題を含めた重複問題の調査を，種別横断的に行っています。図表1は，重複問題調査に基づいて，過去7期分のネットワークスペシャリスト本試験（以下，NW試験）の午前Ⅱ試験で，過去に出題された問題と同じ問題（改題を含む）がどの程度含まれていたかを示したものです。

　ここで過去に出題された問題とは，NW試験で出題されたものだけではなく，他の種別で出題された問題も含みます。実施時期によって多少の差はあるものの，平均すると約65％の割合で出題されています。つまり，本番で過去問題を全て解くことができれば，突破基準である60点を超える可能性が高くなるのです。

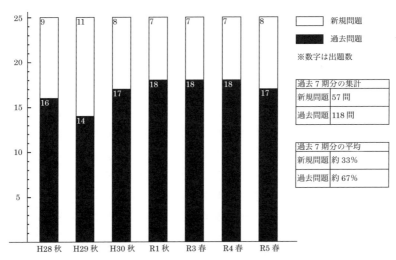

図表1　過去7期分における過去問題出題比率

■2 分野と種別の関係は？

前節で「過去に出題された問題とは，NW 試験で出題されたものだけではなく，他の種別で出題された問題も含みます」と書きましたが，過去に他種別で出題されていたのと同じ問題が NW 試験で出題されるとはどういうことなのでしょうか。それを理解するには，種別と分野の関係を知る必要があります。

まず，P.19 の「図表 4　試験区分別出題分野一覧表」から抜粋した図表 2 をご覧ください。

出題分野　　　　　試験区分	高度試験
	午前Ⅱ（専門知識）
共通キャリア・スキルフレームワーク	試験ネットワークスペシャリスト
中分類	
1　基礎理論	
2　アルゴリズムとプログラミング	
3　コンピュータ構成要素	○3
4　システム構成要素	○3
5　ソフトウェア	
6　ハードウェア	
7　ヒューマンインタフェース	
8　マルチメディア	
9　データベース	
10　ネットワーク	◎4
11　セキュリティ	◎4
12　システム開発技術	○3
13　ソフトウェア開発管理技術	○3
⋮	

図表 2　NW 試験出題分野一覧表（一部抜粋）

太枠で囲まれている「ネットワークスペシャリスト試験」の列は，NW 試験の午前Ⅱ試験の出題範囲です。「○3」及び「◎4」と記入されている行の左方に表示されている分野（図表 2 中では「中分類」）の問題が本試験で出題されます。丸の横にある数字は技術レベルを示しており，「○3」と表記されている分野は「レベル 3」の問題，「◎4」が表記されている分野は「重点分野」として，「レベル 4」の問題が出題されます。上の図表 2 にあるとおり，NW 試験では「10　ネットワーク」，「11　セキュリティ」が重点分野で，これらの分野では専門性が高い「レベル 4」の問題が出題されます。なお，このレベル表記は「試験制度解説編」で説明した共通キャリア・スキルフレームワークと連動しており，「高度 IT 人材のレベル 4」に求められる技術レベルを指しています。

　さて，図表 3 をご覧ください。「ネットワークスペシャリスト試験」の列で，「○3」が付けられている「4　システム構成要素」や「13　ソフトウェア開発管理技術」には，他のいくつかの種別の列でも「○3」と記入されていることが分かると思います（図表 3 中太枠で囲まれた行）。前述のとおり，各種別の列で丸印が記入されている分野は，本試験の午前 II 試験の出題範囲です。つまり，NW 試験で出題された「4　システム構成要素」の問題は，「IT サービスマネージャ試験」や「システムアーキテクト試験」といった 4 種別でも出題されるということであり，それらの種別で出題された問題が NW 試験に出題されることもあるということです。

　また，例えば「◎4」が付けられている「10　ネットワーク」分野は，「情報処理安全確保支援士試験」（以下，SC 試験）でも「◎4」が付けられており，SC 試験でも同じく「レベル 4」問題として出題されます。同様に，「11　セキュリティ」分野も，SC 試験を含む他種別で「レベル 4」問題として出題されます（図表 3 中二重線で囲まれた行）。

試験区分	高度試験・支援士試験								
	午前 II（専門知識）								
出題分野 共通キャリア・スキルフレームワーク 中分類	ITストラテジスト試験	システムアーキテクト試験	プロジェクトマネージャ試験	ネットワークスペシャリスト試験	データベーススペシャリスト試験	エンベデッドシステムスペシャリスト試験	ITサービスマネージャ試験	システム監査技術者試験	情報処理安全確保支援士試験
1 基礎理論									
2 アルゴリズムとプログラミング									
3 コンピュータ構成要素		○3		○3	○3	◎4	○3		
4 システム構成要素		○3		○3	○3	○3			
⋮									
9 データベース		○3			◎4		○3	○3	○3
10 ネットワーク		○3		◎4			○3	○3	◎4
11 セキュリティ	◎4	◎4	○3	◎4	◎4	◎4	◎4	◎4	◎4
12 システム開発技術		◎4	○3	○3	○3	◎4		○3	○3
13 ソフトウェア開発管理技術		○3	○3	○3	○3	○3			○3
⋮									

図表 3　試験区分別出題分野一覧表（一部抜粋）

■3 レベル4とレベル3，それぞれの対策

アイテック IT 人材教育研究部では本試験の午前問題に関して毎回独自の分析を加え，全問題を分野別に分類しています。この分析に基づいて，過去7期分の本試験午前Ⅱ試験で出題された問題のレベル4とレベル3の割合を示したものが図表4です。

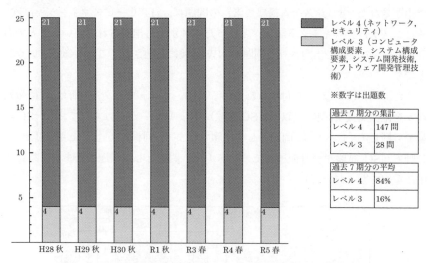

図表4　過去7期分におけるレベル4及びレベル3の出題比率

NW 午前Ⅱ試験では，高度技術者レベルであるレベル4の「ネットワーク」，「セキュリティ」分野から，25問中21問，全体の84%が出題されています。このことから，レベル4の分野をマスターすれば，突破基準である60点超えは余裕をもって実現可能な目標であることが実感できるでしょう。

NW 午前Ⅱ試験のレベル3問題は，コンピュータ構成要素（中分類3），システム構成要素（中分類4），システム開発技術（中分類12），ソフトウェア開発管理技術（中分類13）の4分野から出題されます。過去7期の出題傾向を見ると，平成28年度秋期～令和5年度春期ではレベル3の問題は各分野から1問ずつの出題でした。出題される問題数は少ないですが，午前試験を突破するためには幅広い知識を身に付ける必要があります。レベル3の問題は，共通する分野がレベル3分野として含まれる他の種別でも出題され，同一種別内で複数回出題されることがほとんどありません。

■4　過去問題は○期前が狙い目!?

　午前Ⅱ試験において，過去問題の出題割合が多いことについてはご理解いただけたかと思います。しかし，一口に「過去問題を学習する」といっても，どれだけ遡ればいいのでしょうか。過去問題は大量にあり，学ぶべき分野も広大で，「そんなに午前ばかりに時間を掛けていられないよ」，という方も大勢いると思います。

　そこで，ここでは当該回から「何期前の本試験の過去問題（改題を含む）が出題されているか」について，過去7期分のNW本試験午前Ⅱ問題の分析結果をご紹介します。

	R5 春	R4 春	R3 春	R1 秋	H30 秋	H29 秋	H28 秋
R4 秋	0						
R4 春	0	*R4 春*					
R3 秋	1	0					
R3 春	5	0	*R3 春*				
R2	0	1	0				
R1 秋	1	3	0	*R1 秋*			
H31 春	0	1	0	0			
H30 秋	3	2	6	0	*H30 秋*		
H30 春	0	0	1	3	0		
H29 秋	0	4	3	6	0	*H29 秋*	
H29 春	0	1	0	1	4	0	
H28 秋	3	1	6	2	4	0	*H28 秋*
H28 春	0	0	0	0	1	4	0
H27 秋	1	1	1	2	1	4	0
H27 春	0	1	0	0	0	1	2
H26 秋	1	0	1	1	3	3	0
H26 春	0	0	0	0	0	1	1
H25 秋	1	0	0	0	2	0	2
H25 春	0	0	0	0	0	0	0
H24 秋	0	0	0	1	0	0	5
H24 春	0	0	0	0	0	0	2
H23 秋	0	1	0	0	0	0	1
H23 春	0	0	0	0	0	0	0
H22 秋	0	0	0	0	0	0	1
H22 春	0	0	0	0	1	0	0
H21 秋	0	0	0	1	0	0	0
H21 春	0	0	0	0	0	0	1

注記：数字は出題数を示し，出題数にはNW試験以外の試験区分からの問題も含まれる。

図表5　過去7期分における過去問題の出典年度

　過去問題として多く出題されている期に注目してみると，その年によってばらつきはありますが，おおむね図表5の太枠で囲まれている箇所，つまり4期前，6期前，8期前などからまんべんなく出題されている傾向を読み取ることができます。

この傾向が続くとするならば，過去問題の演習においても，該当年度の過去問題を押さえておくことが効率的であることになります。

■5　頻出問題に注目！

実は，過去問題の中には何度も出題されている問題があります。この何度も出ている問題は良問あるいは定番問題と呼ばれ，該当分野の中で受験者に確実に身に付けておいてほしい知識です。出題される可能性が高い問題といえるでしょう。

午前試験突破のポイント！

①　過去問題の出題は6割以上！

過去問題の出題率は 6 割を超えています。過去問題を制するものは試験を制す！　演習問題を繰返し解いて実力を身に付けていきましょう。

②　種別と分野の関係を理解して学習効率を上げよう！

出題割合の多い分野と少ない分野があることを理解しておきましょう。また，過去問題は他種別から出された問題も出題されるため，幅広く学習しておきましょう。他種別で習得した知識は，実際の本番でも知識として活かされるでしょう。出題範囲を理解して，午後試験でも活用できるようにしておきましょう。

③　レベル4とレベル3

レベル 4 問題は，過去 7 期では毎回 21 問も出題されています。まずは，ネットワークスペシャリスト人材に求められる主要な知識を問う，レベル 4 の問題演習を中心に進めましょう。レベル 3 には 4 分野が含まれ，そこから 4 問程度の出題となりますので，レベル 3 問題対策の重要度は相対的に低いと言えますが，過去問題を一度は確認しておきましょう。

④　狙いを絞るなら4期，6期，8期前などの試験問題！

NW 試験の場合は 4 期前から遡って，6 期前，8 期前などの試験からも複数問出題されています。試験直前には該当年度の問題を重点的に演習しておきましょう。

2　重点テーマを知ろう！　午後試験を突破するために

■1　午後Ⅰ・午後Ⅱ問題のテーマと出題傾向

　NW 試験の午後Ⅰ・午後Ⅱの過去問題は，次のように出題のテーマごとに六つに分けることができます。それぞれのテーマに含まれる具体的な内容も示します。

① **有線 LAN と無線 LAN**
　CSMA/CD，MAC フレーム，CSMA/CA，TKIP，CCMP，WPA2，WPA3，PMK の共有，事前認証，IEEE 802.11ac，IEEE 802.11ax（Wi-Fi 6）など

② **IP と TCP/UDP**
　IP アドレス，CIDR，ルーティングテーブル，アドレス変換，ICMP（ping 試験の方法など），IP マルチキャスト，IGMP，PIM，DHCP，VRRP，TCP，UDP など

③ **アプリケーションプロトコル**
　DNS の仕組み（キャッシュ，DNS サーバの信頼性対策，DNS キャッシュポイズニング，DNS リフレクタ攻撃，DNSSEC など），電子メール配送の仕組み，電子メールのセキュリティ（SMTP-AUTH，SPF，DKIM，DMARC，S/MIME，OP25B，IP25B，オープンリレー対策，迷惑メールフィルタリングなど），HTTP，クッキーの仕組み，プロキシサーバ，負荷分散方法，VoIP（SIP，RTP，優先制御，帯域制御，音声品質の確保など），SNMP，NTP，IoT で利用される軽量プロトコルなど

④ **ネットワーク機器**
　LAN スイッチ（スイッチングハブ）の機能・動作，仮想スイッチ，仮想 NIC，物理 NIC，NIC チーミング，スパニングツリー（STP），RSTP，リンクアグリゲーション，VLAN，VXLAN，ルータの機能・動作・設定方法，ルーティングプロトコル（RIP，OSPF，BGP-4），TRILL，IP-SAN，ネットワーク仮想化，SDN（オーバーレイ方式，ホップバイホップ方式，OpenFlow など），NFV，SD-WAN，広域イーサネット，IP-VPN など

⑤ **ネットワークセキュリティ**
　IPsec，TLS，VPN，ファイアウォールの設定，IEEE 802.1X／EAP，RADIUS，IDS，IPS，WAF，暗号化技術，認証技術（デジタル署名，ワンタイムパスワード，タイムスタンプ，メッセージ認証，パスワードレス認証方式，2 段階認証，多要素認証など），デジタル証明書の検証方法，サーバ証明書の種類，ハッシュ関数など

⑥ **ネットワークの設計・運用**
　ネットワークにおけるボトルネックやバックアップの考え方，ネットワーク構成法，必要帯域（回線速度）の検討，トラフィック計算，待ち行列計算，データ転送量，移行方式の検討，故障切分け，保守運用のノウハウなど

平成 28 年度秋期以降に NW 試験の午後 I・午後 II 問題として出題された問題の分析結果は，図表 6 のとおりになります。

出題のテーマ			①有線LANと無線LAN	②IPとTCP/UDP	③アプリケーションプロトコル	④ネットワーク機器	⑤ネットワークセキュリティ	⑥ネットワークの設計・運用
H28秋	午後I	問1			○	○	○	
		問2		○	○			○
		問3		○	○		○	
	午後II	問1		○	○			
		問2		○		○	○	
H29秋	午後I	問1				○	○	
		問2				○	○	○
		問3		○		○		
	午後II	問1		○	○	○		○
		問2	○				○	
H30秋	午後I	問1			○	○	○	
		問2		○		○	○	
		問3		○		○		○
	午後II	問1		○				
		問2						○
R1秋	午後I	問1		○		○	○	
		問2			○		○	
		問3		○		○		○
	午後II	問1		○	○			○
		問2		○			○	
R3春	午後I	問1	○	○	○	○		
		問2		○		○		
		問3		○		○	○	
	午後II	問1		○	○	○		
		問2				○		○
R4春	午後I	問1			○	○	○	○
		問2		○		○	○	○
		問3		○		○		○
	午後II	問1				○		
		問2		○	○	○		
R5春	午後I	問1		○	○			
		問2		○	○	○		
		問3	○			○		
	午後II	問1			○			○
		問2		○	○		○	

図表 6　午後 I・午後 II 試験の問題分析表（平成 28 年度秋期以降）

■2　長い長い午後試験の学習ポイントとは！

　午後試験の対策には，何よりも時間が必要です。過去問題を制限時間内で 1 期分解くだけでも，午後 I は 90 分で 2 問（1 問当たり 45 分），午後 II にいたっては 120 分で 1 問と，合計で 90 分＋120 分＝210 分（3.5 時間）掛かる計算になります。分からなかった問題の解説をしっかり読んで理解を深めようと思ったら，

58

さらに時間が掛かります。さらにいうと，午後試験は「記述式」です。つまり，実際に解答を手で書いて学習する必要があるので，午後対策はまとまった時間を学習時間として確保しなければいけないと言えるでしょう。

だからといって，午前試験の対策をおろそかにしてしまうと，午前試験で問われる知識の習得が十分にできず，午後試験には太刀打ちできなくなってしまいます。午後試験に解答するための知識は午前試験で身に付けるべきものだからです。午前試験の学習は早い段階で終わらせ，午後試験の学習を早めに開始することが望まれます。そのためにも，午前IIレベル3対策や午前I試験対策は本書のダウンロードコンテンツやWebコンテンツを使ってスキマ時間を活用しましょう。

それでは，このように長い時間が必要とされる午後問題の対策に，効果的な学習方法はないのでしょうか。やはりここでも，過去問題に触れることが重要になってきます。そして過去問題に取り組む際には，次の三つのポイントを意識することが重要です。

まずは長文の問題文に慣れることが大事です。問題文を読むだけでも長い時間が掛かりますし，表や図などにも細かく説明が入っていることが多いため，本試験の受験時に戸惑わないようにしておきましょう。

次に，午後試験ならではの「記述式」問題の解き方を身に付けることです。午前試験のように，選択肢から解答を選ぶ形式ではないため，設問に関連するポイントを問題文から素早く見つけ出し，設問文で定められた字数内で解答をまとめるというテクニックが必要となります。演習する際には，問題をただ解いて答え合わせをするだけではなく，解説をしっかり読んで，「解答を導くためにどこに着目すべきか」を理解してください。また，午後試験は，出題内容を一つの技術に絞ったものよりも，複合的な観点から出題されます。午後II試験では，この傾向が特に顕著になります。無線LAN技術，IPとTCP/UDPに関する詳細技術，ネットワーク機器とサーバやネットワークの仮想化技術との関連，セキュリティ技術などを中心として，ネットワークシステムの設計・構築，移行や運用管理技術など，相互に関連した総合問題に対応できる技術力を養っていくことが必要となります。

最後は，制限時間内に解答するトレーニングを行うことです。どんなに正しい答えを導くことができても，制限時間内に解答できなければ意味がありません。演習時には，実際の試験時間を意識して，制限時間内に手書きで解答をまとめる，という学習方法を実践してみてください。

できるだけ多くの過去問題に触れたいけれど，どうしても時間が取れないという方は，問題文だけでも読んでおきましょう。午後試験で要求される知識は午前試験で身に付けることができるものです。実は午後試験で最も重要なのは，「問題文の中の解答につながるポイントをいかに読み解くことができるか」なのです。解答につながるポイントさえしっかりと見つけることができれば，あとは知識と問題文に書かれている知識をまとめることで解答は自ずと導かれます。学習時間に制限がある方の場合は，テーマごとにまず1問を解き，しっかりと解答・解説を読んだ後は，他の演習問題の問題文を読んで，読解能力を高めるトレーニングをしましょう。NW試験は午後Ⅰ，午後Ⅱとも選択式となっていますので，どの問題を選択すべきかの判断を素早くするのにも役立ちます。

午後試験突破のポイント！

① 出題範囲を網羅する学習

ネットワークスペシャリストの午後Ⅰ，Ⅱ試験は，様々な分野からまんべんなく出題されることが特徴です。このため，TCP/IP 通信における基本的な技術知識を十分に身に付けた上で，出題テーマごとの詳細な知識を理解していくことが必要になります。

② 問題演習による学習

出題テーマごとの事前知識を十分に吸収した上で，問題を解いていくようにしましょう。問題を解くに当たっては，問題文をよく読んで，自分自身で考えていくことが必要です。正解だけを求めるのではなく，設問で問われていることに注意し制限時間を守りながら，考える姿勢を身に付けるようにしてください。また，問題演習を数多く解いてネットワークに対する勘所をつかんでいきましょう。

③ トレンドの学習

午後試験は，既に述べたように，様々な技術分野からまんべんなく出題されますが，最近の特徴としては，仮想化技術の導入や，インターネットにおけるセキュリティの重要性に鑑み，ネットワーク機器とネットワークセキュリティに関する知識は欠かせないものとなっています。基本的な知識の演習が終了したら，この二つの分野に力を入れていくとよいでしょう。

総仕上げ問題集

第2部

本試験問題

令和3年度春期試験　問題と解答・解説編

令和4年度春期試験　問題と解答・解説編

令和5年度春期試験　問題と解答・解説編

出題分析

★平成30年度秋期試験，令和元年度秋期試験の問題と解答・解説
　はダウンロードコンテンツです。ダウンロードのご案内はP.11
　をご覧ください。

★解答シートのダウンロードのご案内はP.10をご覧ください。

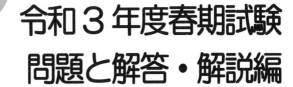

令和３年度春期試験
問題と解答・解説編

問題を解き，**解答・解説**でポイントを確認してください

令和3年度　春期
ITストラテジスト試験
システムアーキテクト試験
ネットワークスペシャリスト試験
ITサービスマネージャ試験
情報処理安全確保支援士試験
午前I　問題【共通】

試験時間	9:30 〜 10:20 （50分）

注意事項

1. 試験開始及び終了は，監督員の時計が基準です。監督員の指示に従ってください。試験時間中は，退室できません。
2. 試験開始の合図があるまで，問題冊子を開いて中を見てはいけません。
3. **答案用紙への受験番号などの記入は，試験開始の合図があってから始めてください。**
4. 問題は，次の表に従って解答してください。

問題番号	問1 〜 問30
選択方法	全問必須

5. 答案用紙の記入に当たっては，次の指示に従ってください。

   (1) 答案用紙は光学式読取り装置で読み取った上で採点しますので，B 又は HB の黒鉛筆で答案用紙の**マークの記入方法**のとおりマークしてください。マークの濃度がうすいなど，**マークの記入方法**のとおり正しくマークされていない場合は，読み取れないことがあります。特にシャープペンシルを使用する際には，マークの濃度に十分注意してください。訂正の場合は，あとが残らないように消しゴムできれいに消し，消しくずを残さないでください。

   (2) **受験番号欄に受験番号を，生年月日欄に受験票の生年月日を記入及びマークしてください。**答案用紙の**マークの記入方法**のとおりマークされていない場合は，採点されないことがあります。生年月日欄については，受験票の生年月日を訂正した場合でも，訂正前の生年月日を記入及びマークしてください。

   (3) **解答は，**次の例題にならって，**解答欄に一つだけマークしてください。**答案用紙のマークの記入方法のとおりマークされていない場合は，採点されません。

   〔例題〕　春期の情報処理技術者試験・情報処理安全確保支援士試験が実施される月はどれか。

   　　ア　2　　　　イ　3　　　　ウ　4　　　　エ　5

   　　正しい答えは"ウ　4"ですから，次のようにマークしてください。

例題	⑦ ⑦ ● ⑦

注意事項は問題冊子の裏表紙に続きます。こちら側から裏返して，必ず読んでください。

6. **問題に関する質問にはお答えできません。** 文意どおり解釈してください。

7. 問題冊子の余白などは，適宜利用して構いません。ただし，問題冊子を切り離して利用することはできません。

8. 試験時間中，机上に置けるものは，次のものに限ります。

　　なお，会場での貸出しは行っていません。

　　受験票，黒鉛筆及びシャープペンシル（B 又は HB），鉛筆削り，消しゴム，定規，時計（時計型ウェアラブル端末は除く。アラームなど時計以外の機能は使用不可），ハンカチ，ポケットティッシュ，目薬，マスク

　　これら以外は机上に置けません。使用もできません。

9. 試験終了後，この問題冊子は持ち帰ることができます。

10. 答案用紙は，いかなる場合でも提出してください。回収時に提出しない場合は，採点されません。

11. 試験時間中にトイレへ行きたくなったり，気分が悪くなったりした場合は，手を挙げて監督員に合図してください。

12. 午前Ⅱの試験開始は **10:50** ですので，**10:30** までに着席してください。

試験問題に記載されている会社名又は製品名は，それぞれ各社又は各組織の商標又は登録商標です。
なお，試験問題では，™ 及び ® を明記していません。

©2021　独立行政法人情報処理推進機構

問1　任意のオペランドに対するブール演算 A の結果とブール演算 B の結果が互いに否定の関係にあるとき，A は B の（又は，B は A の）相補演算であるという。排他的論理和の相補演算はどれか。

ア　等価演算　　　　　　　　　イ　否定論理和

ウ　論理積　　　　　　　　　　エ　論理和

問2　A，B，C の順序で入力されるデータがある。各データについてスタックへの挿入と取出しを 1 回ずつ行うことができる場合，データの出力順序は何通りあるか。

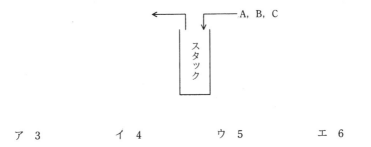

ア　3　　　　　　　イ　4　　　　　　　ウ　5　　　　　　　エ　6

問3　アルゴリズム設計としての分割統治法に関する記述として，適切なものはどれか。

ア　与えられた問題を直接解くことが難しいときに，幾つかに分割した一部分に注目し，とりあえず粗い解を出し，それを逐次改良して精度の良い解を得る方法である。

イ　起こり得る全てのデータを組み合わせ，それぞれの解を調べることによって，データの組合せのうち無駄なものを除き，実際に調べる組合せ数を減らす方法である。

ウ　全体を幾つかの小さな問題に分割して，それぞれの小さな問題を独立に処理した結果をつなぎ合わせて，最終的に元の問題を解決する方法である。

エ　まずは問題全体のことは考えずに，問題をある尺度に沿って分解し，各時点で最良の解を選択し，これを繰り返すことによって，全体の最適解を得る方法である。

問4　キャッシュメモリへの書込み動作には，ライトスルー方式とライトバック方式がある。それぞれの特徴のうち，適切なものはどれか。

ア　ライトスルー方式では，データをキャッシュメモリにだけ書き込むので，高速に書込みができる。

イ　ライトスルー方式では，データをキャッシュメモリと主記憶の両方に同時に書き込むので，主記憶の内容は常に最新である。

ウ　ライトバック方式では，データをキャッシュメモリと主記憶の両方に同時に書き込むので，速度が遅い。

エ　ライトバック方式では，読出し時にキャッシュミスが発生してキャッシュメモリの内容が追い出されるときに，主記憶に書き戻す必要が生じることはない。

問5　稼働率が x である装置を四つ組み合わせて，図のようなシステムを作ったときの稼働率を $f(x)$ とする。区間 $0 \leqq x \leqq 1$ における $y = f(x)$ の傾向を表すグラフはどれか。ここで，破線は $y = x$ のグラフである。

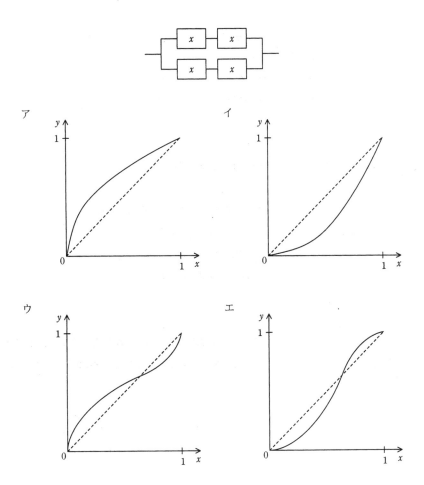

問6　ページング方式の仮想記憶において，ページアクセス時に発生する事象をその回数の多い順に並べたものはどれか。ここで，$A \geqq B$ は，A の回数が B の回数以上，$A = B$ は，A と B の回数が常に同じであることを表す。

ア　ページアウト ≧ ページイン ≧ ページフォールト

イ　ページアウト ≧ ページフォールト ≧ ページイン

ウ　ページフォールト ＝ ページアウト ≧ ページイン

エ　ページフォールト ＝ ページイン ≧ ページアウト

問7　RFID の活用事例として，適切なものはどれか。

ア　紙に印刷されたディジタルコードをリーダで読み取ることによる情報の入力

イ　携帯電話とヘッドフォンとの間の音声データ通信

ウ　赤外線を利用した近距離データ通信

エ　微小な無線チップによる人又は物の識別及び管理

問8　W3C で仕様が定義され，矩形や円，直線，文字列などの図形オブジェクトを XML 形式で記述し，Web ページでの図形描画にも使うことができる画像フォーマットはどれか。

ア　OpenGL　　　　イ　PNG　　　　ウ　SVG　　　　エ　TIFF

問9 データレイクの特徴はどれか。

ア 大量のデータを分析し，単なる検索だけでは分からない隠れた規則や相関関係
を見つけ出す。

イ データウェアハウスに格納されたデータから特定の用途に必要なデータだけを
取り出し，構築する。

ウ データウェアハウスやデータマートからデータを取り出し，多次元分析を行う。

エ 必要に応じて加工するために，データを発生したままの形で格納する。

問10 IPv4 ネットワークで使用される IP アドレス a とサブネットマスク m からホスト
アドレスを求める式はどれか。ここで，"〜"はビット反転の演算子，"｜"はビッ
トごとの論理和の演算子，"＆"はビットごとの論理積の演算子を表し，ビット反転
の演算子の優先順位は論理和，論理積の演算子よりも高いものとする。

ア 〜a＆m

イ 〜a｜m

ウ a＆〜m

エ a｜〜m

問11 ONF（Open Networking Foundation）が標準化を進めている OpenFlow プロトコル を用いた SDN（Software-Defined Networking）の説明として，適切なものはどれか。

ア 管理ステーションから定期的にネットワーク機器の MIB（Management Information Base）情報を取得して，稼働監視や性能管理を行うためのネットワーク管理手法

イ データ転送機能をもつネットワーク機器同士が経路情報を交換して，ネットワーク全体のデータ転送経路を決定する方式

ウ ネットワーク制御機能とデータ転送機能を実装したソフトウェアを，仮想環境で利用するための技術

エ ネットワーク制御機能とデータ転送機能を論理的に分離し，コントローラと呼ばれるソフトウェアで，データ転送機能をもつネットワーク機器の集中制御を可能とするアーキテクチャ

問12 暗号学的ハッシュ関数における原像計算困難性，つまり一方向性の性質はどれか。

ア あるハッシュ値が与えられたとき，そのハッシュ値を出力するメッセージを見つけることが計算量的に困難であるという性質

イ 入力された可変長のメッセージに対して，固定長のハッシュ値を生成できるという性質

ウ ハッシュ値が一致する二つの相異なるメッセージを見つけることが計算量的に困難であるという性質

エ ハッシュの処理メカニズムに対して，外部からの不正な観測や改変を防御できるという性質

問13　経済産業省と IPA が策定した "サイバーセキュリティ経営ガイドライン（Ver2.0)" の説明はどれか。

　ア　企業が IT 活用を推進していく中で，サイバー攻撃から企業を守る観点で経営者が認識すべき 3 原則と，サイバーセキュリティ対策を実施する上での責任者となる担当幹部に，経営者が指示すべき重要 10 項目をまとめたもの

　イ　経営者がサイバーセキュリティについて方針を示し，マネジメントシステムの要求事項を満たすルールを定め，組織が保有する情報資産を CIA の観点から維持管理し，それらを継続的に見直すためのプロセス及び管理策を体系的に規定したもの

　ウ　事業体の IT に関する経営者の活動を，大きく IT ガバナンス（統制）と IT マネジメント（管理）に分割し，具体的な目標と工程として 40 のプロセスを定義したもの

　エ　世界的規模で生じているサイバーセキュリティ上の脅威の深刻化に関して，企業の経営者を支援する施策を総合的かつ効果的に推進するための国の責務を定めたもの

問14　JPCERT コーディネーションセンターの説明はどれか。

　ア　産業標準化法に基づいて経済産業省に設置されている審議会であり，産業標準化全般に関する調査・審議を行っている。

　イ　電子政府推奨暗号の安全性を評価・監視し，暗号技術の適切な実装法・運用法を調査・検討するプロジェクトであり，総務省及び経済産業省が共同で運営する暗号技術検討会などで構成される。

　ウ　特定の政府機関や企業から独立した組織であり，国内のコンピュータセキュリティインシデントに関する報告の受付，対応の支援，発生状況の把握，手口の分析，再発防止策の検討や助言を行っている。

　エ　内閣官房に設置され，我が国をサイバー攻撃から防衛するための司令塔機能を担う組織である。

問15 Web システムにおいて，セッションの乗っ取りの機会を減らすために，利用者の
ログアウト時に Web サーバ又は Web ブラウザにおいて行うべき処理はどれか。ここ
で，利用者は自分専用の PC において，Web ブラウザを利用しているものとする。

ア Web サーバにおいてセッション ID を内蔵ストレージに格納する。

イ Web サーバにおいてセッション ID を無効にする。

ウ Web ブラウザにおいてキャッシュしている Web ページをクリアする。

エ Web ブラウザにおいてセッション ID を内蔵ストレージに格納する。

問16 あるプログラムについて，流れ図で示される部分に関するテストを，命令網羅で
実施する場合，最小のテストケース数は幾つか。ここで，各判定条件は流れ図に示
された部分の先行する命令の結果から影響を受けないものとする。

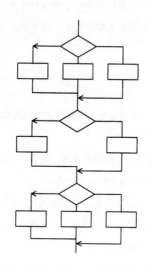

ア 3   イ 6   ウ 8   エ 18

問17　スクラムチームにおけるプロダクトオーナの役割はどれか。

ア　ゴールとミッションが達成できるように，プロダクトバックログのアイテムの優先順位を決定する。

イ　チームのコーチやファシリテータとして，スクラムが円滑に進むように支援する。

ウ　プロダクトを完成させるための具体的な作り方を決定する。

エ　リリース判断可能な，プロダクトのインクリメントを完成する。

問18　JIS Q 21500:2018（プロジェクトマネジメントの手引）によれば，プロジェクトマネジメントのプロセスのうち，計画のプロセス群に属するプロセスはどれか。

ア　スコープの定義　　　　　　　　イ　品質保証の遂行

ウ　プロジェクト憲章の作成　　　　エ　プロジェクトチームの編成

問19 プロジェクトのスケジュールを短縮したい。当初の計画は図 1 のとおりである。作業 E を作業 E1，E2，E3 に分けて，図 2 のとおりに計画を変更すると，スケジュールは全体で何日短縮できるか。

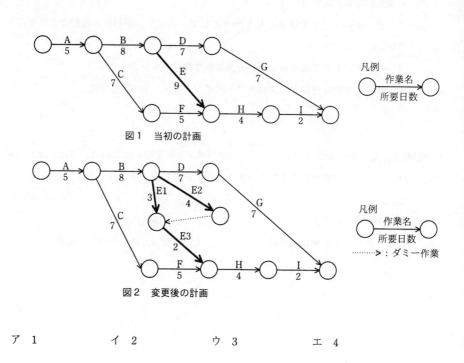

図1 当初の計画

図2 変更後の計画

凡例
作業名
所要日数
········▷：ダミー作業

ア 1　　　　　イ 2　　　　　ウ 3　　　　　エ 4

問20 プロジェクトメンバが 16 人のとき，1 対 1 の総当たりでプロジェクトメンバ相互の顔合わせ会を行うためには，延べ何時間の顔合わせ会が必要か。ここで，顔合わせ会 1 回の所要時間は 0.5 時間とする。

ア 8　　　　　イ 16　　　　　ウ 30　　　　　エ 60

問21　マスタファイル管理に関するシステム監査項目のうち，可用性に該当するものは
どれか。

ア　マスタファイルが置かれているサーバを二重化し，耐障害性の向上を図ってい
　　ること
イ　マスタファイルのデータを複数件まとめて検索・加工するための機能が，シス
　　テムに盛り込まれていること
ウ　マスタファイルのメンテナンスは，特権アカウントを付与された者だけに許さ
　　れていること
エ　マスタファイルへのデータ入力チェック機能が，システムに盛り込まれている
　　こと

問22　システム監査人が行う改善提案のフォローアップとして，適切なものはどれか。

ア　改善提案に対する改善の実施を監査対象部門の長に指示する。
イ　改善提案に対する監査対象部門の改善実施プロジェクトの管理を行う。
ウ　改善提案に対する監査対象部門の改善状況をモニタリングする。
エ　改善提案の内容を監査対象部門に示した上で改善実施計画を策定する。

問23　エンタープライズアーキテクチャの"四つの分類体系"に含まれるアーキテクチ
ャは，ビジネスアーキテクチャ，テクノロジアーキテクチャ，アプリケーションア
ーキテクチャともう一つはどれか。

ア　システムアーキテクチャ　　　　　イ　ソフトウェアアーキテクチャ
ウ　データアーキテクチャ　　　　　　エ　バスアーキテクチャ

問24 情報システムの調達の際に作成される RFI の説明はどれか。

ア 調達者から供給者候補に対して，システム化の目的や業務内容などを示し，必要な情報の提供を依頼すること

イ 調達者から供給者候補に対して，対象システムや調達条件などを示し，提案書の提出を依頼すること

ウ 調達者から供給者に対して，契約内容で取り決めた内容に関して，変更を要請すること

エ 調達者から供給者に対して，双方の役割分担などを確認し，契約の締結を要請すること

問25 システム開発委託契約の委託報酬におけるレベニューシェア契約の特徴はどれか。

ア 委託側が開発するシステムから得られる収益とは無関係に開発に必要な費用を全て負担する。

イ 委託側は開発するシステムから得られる収益に関係無く定額で費用を負担する。

ウ 開発するシステムから得られる収益を委託側が受託側にあらかじめ決められた配分率で分配する。

エ 受託側は継続的に固定額の収益が得られる。

問26　プロダクトポートフォリオマネジメント（PPM）マトリックスの a, b に入れる語句の適切な組合せはどれか。

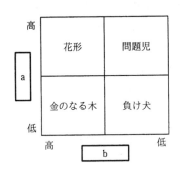

	a	b
ア	売上高利益率	市場占有率
イ	市場成長率	売上高利益率
ウ	市場成長率	市場占有率
エ	市場占有率	市場成長率

問27　政府は，IoT を始めとする様々な ICT が最大限に活用され，サイバー空間とフィジカル空間とが融合された "超スマート社会" の実現を推進してきた。必要なものやサービスが人々に過不足なく提供され，年齢や性別などの違いにかかわらず，誰もが快適に生活することができるとされる "超スマート社会" 実現への取組は何と呼ばれているか。

　　ア　e-Gov　　　　　　　　　　イ　Society 5.0
　　ウ　Web 2.0　　　　　　　　　　エ　ダイバーシティ社会

問28 アグリゲーションサービスに関する記述として，適切なものはどれか。

 ア 小売販売の会社が，店舗や EC サイトなどあらゆる顧客接点をシームレスに統合し，どの顧客接点でも顧客に最適な購買体験を提供して，顧客の利便性を高めるサービス

 イ 物品などの売買に際し，信頼のおける中立的な第三者が契約当事者の間に入り，代金決済等取引の安全性を確保するサービス

 ウ 分散的に存在する事業者，個人や機能への一括的なアクセスを顧客に提供し，比較，まとめ，統一的な制御，最適な組合せなどワンストップでのサービス提供を可能にするサービス

 エ 本部と契約した加盟店が，本部に対価を支払い，販売促進，確立したサービスや商品などを使う権利をもらうサービス

問29 バランススコアカードの四つの視点とは，財務，学習と成長，内部ビジネスプロセスと，もう一つはどれか。

 ア ガバナンス イ 顧客   ウ 自社の強み エ 遵法

問30 電子署名法に関する記述のうち，適切なものはどれか。

 ア 電子署名には，電磁的記録ではなく，かつ，コンピュータで処理できないものも含まれる。

 イ 電子署名には，民事訴訟法における押印と同様の効力が認められる。

 ウ 電子署名の認証業務を行うことができるのは，政府が運営する認証局に限られる。

 エ 電子署名は共通鍵暗号技術によるものに限られる。

令和3年度　春期
ネットワークスペシャリスト試験
午前II　問題

試験時間	10:50 ～ 11:30 （40分）

注意事項

1. 試験開始及び終了は，監督員の時計が基準です。監督員の指示に従ってください。試験時間中は，退室できません。

2. 試験開始の合図があるまで，問題冊子を開いて中を見てはいけません。

3. **答案用紙への受験番号などの記入は，試験開始の合図があってから始めてください。**

4. 問題は，次の表に従って解答してください。

問題番号	問1 ～ 問25
選択方法	全問必須

5. 答案用紙の記入に当たっては，次の指示に従ってください。

(1) 答案用紙は光学式読取り装置で読み取った上で採点しますので，B 又は HB の黒鉛筆で答案用紙の**マークの記入方法**のとおりマークしてください。マークの濃度がうすいなど，**マークの記入方法**のとおり正しくマークされていない場合は，読み取れないことがあります。特にシャープペンシルを使用する際には，マークの濃度に十分注意してください。訂正の場合は，あとが残らないように消しゴムできれいに消し，消しくずを残さないでください。

(2) **受験番号欄に受験番号**を，**生年月日欄に受験票の生年月日**を記入及びマークしてください。答案用紙の**マークの記入方法**のとおりマークされていない場合は，採点されないことがあります。生年月日欄については，受験票の生年月日を訂正した場合でも，訂正前の生年月日を記入及びマークしてください。

(3) **解答**は，次の例題にならって，**解答欄**に一つだけマークしてください。答案用紙の**マークの記入方法**のとおりマークされていない場合は，採点されません。

〔例題〕　春期の情報処理技術者試験が実施される月はどれか。

　　　　ア　2　　　　　イ　3　　　　　ウ　4　　　　　エ　5

　　　　正しい答えは"ウ　4"ですから，次のようにマークしてください。

例題	⑦ ⑦ ● ①

注意事項は問題冊子の裏表紙に続きます。
こちら側から裏返して，必ず読んでください。

6. **問題に関する質問にはお答えできません。** 文意どおり解釈してください。

7. 問題冊子の余白などは，適宜利用して構いません。ただし，問題冊子を切り離して利用することはできません。

8. 試験時間中，机上に置けるものは，次のものに限ります。

   なお，会場での貸出しは行っていません。

   受験票，黒鉛筆及びシャープペンシル（B 又は HB），鉛筆削り，消しゴム，定規，時計（時計型ウェアラブル端末は除く。アラームなど時計以外の機能は使用不可），ハンカチ，ポケットティッシュ，目薬，マスク

   これら以外は机上に置けません。使用もできません。

9. 試験終了後，この問題冊子は持ち帰ることができます。

10. 答案用紙は，いかなる場合でも提出してください。回収時に提出しない場合は，採点されません。

11. 試験時間中にトイレへ行きたくなったり，気分が悪くなったりした場合は，手を挙げて監督員に合図してください。

12. 午後 I の試験開始は **12:30** ですので，**12:10** までに着席してください。

試験問題に記載されている会社名又は製品名は，それぞれ各社又は各組織の商標又は登録商標です。

なお，試験問題では，™ 及び ® を明記していません。

©2021　独立行政法人情報処理推進機構

問1　ネットワーク機器のイーサネットポートがもつ機能である Automatic MDI/MDI-X の説明として，適切なものはどれか。

ア　接続先ポートの受信不可状態を自動判別して，それを基に自装置からの送信を止める機能

イ　接続先ポートの全二重・半二重を自動判別して，それを基に自装置の全二重・半二重を変更する機能

ウ　接続先ポートの速度を自動判別して，それを基に自装置のポートの速度を変更する機能

エ　接続先ポートのピン割当てを自動判別して，ストレートケーブル又はクロスケーブルのいずれでも接続できる機能

問2　DNS の MX レコードで指定するものはどれか。

ア　エラーが発生したときの通知先のメールアドレス

イ　管理するドメインへの電子メールを受け付けるメールサーバ

ウ　複数の DNS サーバが動作しているときのマスタ DNS サーバ

エ　メーリングリストを管理しているサーバ

問3　IEEE 802.11a/g/n/ac で用いられる多重化方式として，適切なものはどれか。

ア　ASK　　　　イ　BPSK　　　　ウ　FSK　　　　エ　OFDM

問4 図のネットワークで，数字は二つの地点間で同時に使用できる論理回線の多重度を示している。X 地点から Y 地点までには同時に最大幾つの論理回線を使用することができるか。

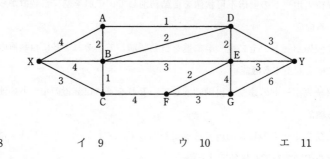

ア 8 　　　　　　イ 9 　　　　　　ウ 10 　　　　　　エ 11

問5 CSMA/CA や CSMA/CD の LAN の制御に共通している CSMA 方式に関する記述として，適切なものはどれか。

ア キャリア信号を検出し，データの送信を制御する。
イ 送信権をもつメッセージ（トークン）を得た端末がデータを送信する。
ウ データ送信中に衝突が起こった場合は，直ちに再送を行う。
エ 伝送路が使用中でもデータの送信はできる。

問6 ネットワークの QoS を実現するために使用されるトラフィック制御方式に関する説明のうち，適切なものはどれか。

ア 通信を開始する前にネットワークに対して帯域などのリソースを要求し，確保の状況に応じて通信を制御することを，アドミッション制御という。

イ 入力されたトラフィックが規定された最大速度を超過しないか監視し，超過分のパケットを破棄するか優先度を下げる制御を，シェーピングという。

ウ パケットの送出間隔を調整することによって，規定された最大速度を超過しないようにトラフィックを平準化する制御を，ポリシングという。

エ フレームの種類や宛先に応じて優先度を変えて中継することを，ベストエフォートという。

問7 IPv4 ネットワークで TCP を使用するとき，フラグメント化されることなく送信できるデータの最大長は何オクテットか。ここで TCP パケットのフレーム構成は図のとおりであり，ネットワークの MTU は 1,500 オクテットとする。また，( ) 内はフィールド長をオクテットで表したものである。

MACヘッダ (14)	IPヘッダ (20)	TCPヘッダ (20)	データ	FCS (4)

ア 1,446   イ 1,456   ウ 1,460   エ 1,480

問8 自律システム間の経路制御に使用されるプロトコルはどれか。

ア BGP-4   イ OSPF   ウ RIP   エ RIP-2

問9　DNSでのホスト名とIPアドレスの対応付けに関する記述のうち，適切なものはどれか。

ア　一つのホスト名に複数のIPアドレスを対応させることはできるが，複数のホスト名に同一のIPアドレスを対応させることはできない。

イ　一つのホスト名に複数のIPアドレスを対応させることも，複数のホスト名に同一のIPアドレスを対応させることもできる。

ウ　複数のホスト名に同一のIPアドレスを対応させることはできるが，一つのホスト名に複数のIPアドレスを対応させることはできない。

エ　ホスト名とIPアドレスの対応は全て1対1である。

問10　可変長サブネットマスクを利用できるルータを用いた図のネットワークにおいて，全てのセグメント間で通信可能としたい。セグメント A に割り当てるサブネットワークアドレスとして，適切なものはどれか。ここで，図中の各セグメントの数値は，上段がネットワークアドレス，下段がサブネットマスクを表す。

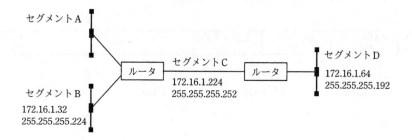

	ネットワークアドレス	サブネットマスク
ア	172.16.1.0	255.255.255.128
イ	172.16.1.128	255.255.255.128
ウ	172.16.1.128	255.255.255.192
エ	172.16.1.192	255.255.255.192

問11 MPLS の説明として，適切なものはどれか。

　ア　IP プロトコルに暗号化や認証などのセキュリティ機能を付加するための規格である。

　イ　L2F と PPTP を統合して改良したデータリンク層のトンネリングプロトコルである。

　ウ　PPP データフレームを IP パケットでカプセル化して，インターネットを通過させるためのトンネリングプロトコルである。

　エ　ラベルと呼ばれる識別子を挿入することによって，IP アドレスに依存しないルーティングを実現する，ラベルスイッチング方式を用いたパケット転送技術である。

問12 IoT で利用される通信プロトコルであり，パブリッシュ／サブスクライブ（Publish/Subscribe）型のモデルを採用しているものはどれか。

　ア　6LoWPAN　　　イ　BLE　　　　ウ　MQTT　　　　エ　Wi-SUN

問13 インターネットプロトコルの TCP と UDP 両方のヘッダに存在するものはどれか。

　ア　宛先 IP アドレス　　　　　　　イ　宛先 MAC アドレス
　ウ　生存時間（TTL）　　　　　　　エ　送信元ポート番号

問14 ネットワークアドレス 192.168.10.192/28 のサブネットにおけるブロードキャストアドレスはどれか。

　ア　192.168.10.199　　　　　　　イ　192.168.10.207
　ウ　192.168.10.223　　　　　　　エ　192.168.10.255

問15 日本国内において，無線 LAN の規格 IEEE 802.11n 及び IEEE 802.11ac で使用される周波数帯の組合せとして，適切なものはどれか。

	IEEE 802.11n	IEEE 802.11ac
ア	2.4 GHz 帯	5 GHz 帯
イ	2.4 GHz 帯, 5 GHz 帯	2.4 GHz 帯
ウ	2.4 GHz 帯, 5 GHz 帯	5 GHz 帯
エ	5 GHz 帯	2.4 GHz 帯, 5 GHz 帯

問16 ポリモーフィック型マルウェアの説明として，適切なものはどれか。

ア インターネットを介して，攻撃者から遠隔操作される。

イ 感染ごとにマルウェアのコードを異なる鍵で暗号化するなどの手法によって，過去に発見されたマルウェアのパターンでは検知されないようにする。

ウ 複数の OS 上で利用できるプログラム言語でマルウェアを作成することによって，複数の OS 上でマルウェアが動作する。

エ ルートキットを利用してマルウェアを隠蔽し，マルウェア感染は起きていないように見せかける。

問17 リフレクタ攻撃に悪用されることの多いサービスの例はどれか。

ア DKIM, DNSSEC, SPF

イ DNS, Memcached, NTP

ウ FTP, L2TP, Telnet

エ IPsec, SSL, TLS

問18 前方秘匿性（Forward Secrecy）の性質として，適切なものはどれか。

ア 鍵交換に使った秘密鍵が漏えいしたとしても，過去の暗号文は解読されない。

イ 時系列データをチェーンの形で結び，かつ，ネットワーク上の複数のノードで共有するので，データを改ざんできない。

ウ 対となる二つの鍵の片方の鍵で暗号化したデータは，もう片方の鍵でだけ復号できる。

エ データに非可逆処理をして生成される固定長のハッシュ値からは，元のデータを推測できない。

問19 無線LANで使用される規格IEEE802.1Xが定めているものはどれか。

ア アクセスポイントがEAPを使用して，利用者を認証する枠組み

イ アクセスポイントが認証局と連携し，パスワードをセッションごとに生成する仕組み

ウ 無線LANに接続する機器のセキュリティ対策に関するWPSの仕様

エ 無線LANの信号レベルで衝突を検知するCSMA/CD方式

問20 スパムメールの対策として，宛先ポート番号25への通信に対してISPが実施するOP25Bの例はどれか。

ア ISP管理外のネットワークからの通信のうち，スパムメールのシグネチャに合致するものを遮断する。

イ ISP管理下の動的IPアドレスを割り当てたネットワークからISP管理外のネットワークへの直接の通信を遮断する。

ウ メール送信元のメールサーバについてDNSの逆引きができない場合，そのメールサーバからの通信を遮断する。

エ メール不正中継の脆弱性をもつメールサーバからの通信を遮断する。

問21　Web アプリケーションソフトウェアの脆弱性を悪用する攻撃手法のうち，入力した文字列が Perl の system 関数，PHP の exec 関数などに渡されることを利用し，不正にシェルスクリプトを実行させるものは，どれに分類されるか。

　　ア　HTTP ヘッダインジェクション
　　イ　OS コマンドインジェクション
　　ウ　クロスサイトリクエストフォージェリ
　　エ　セッションハイジャック

問22　表の CPI と構成比率で，3 種類の演算命令が合計 1,000,000 命令実行されるプログラムを，クロック周波数が 1 GHz のプロセッサで実行するのに必要な時間は何ミリ秒か。

演算命令	CPI（Cycles Per Instruction）	構成比率（％）
浮動小数点加算	3	20
浮動小数点乗算	5	20
整数演算	2	60

　　ア　0.4　　　　　　　イ　2.8　　　　　　　ウ　4.0　　　　　　　エ　28.0

問23　プリントシステムには 1 時間当たり平均 6 個のファイルのプリント要求がある。1 個のプリント要求で送られてくるファイルの大きさは平均 7,500 バイトである。プリントシステムは 1 秒間に 50 バイト分印字できる。プリント要求後プリントが終了するまでの平均時間は何秒か。ここで，このシステムは M/M/1 の待ち行列モデルに従うものとする。

　　ア　150　　　　　　　イ　175　　　　　　　ウ　200　　　　　　　エ　225

問24 信頼性工学の視点で行うシステム設計において，発生し得る障害の原因を分析する手法である FTA の説明はどれか。

ア システムの構成品目の故障モードに着目して，故障の推定原因を列挙し，システムへの影響を評価することによって，システムの信頼性を定性的に分析する。

イ 障害と，その中間的な原因から基本的な原因までの全てを列挙し，それらをゲート（論理を表す図記号）で関連付けた樹形図で表す。

ウ 障害に関するデータを収集し，原因について"なぜなぜ分析"を行い，根本原因を明らかにする。

エ 多角的で，互いに重ならないように定義した ODC 属性に従って障害を分類し，どの分類に障害が集中しているかを調べる。

問25 ソフトウェアを保守するときなどに利用される技術であるリバースエンジニアリングに該当するものはどれか。

ア ソースプログラムを解析してプログラム仕様書を作る。

イ ソースプログラムを探索して修正箇所や影響度を調べる。

ウ ソースプログラムを見直して構造化されたプログラムに変換する。

エ ソースプログラムを分かりやすい表現に書き換える。

令和 3 年度　春期
ネットワークスペシャリスト試験
午後Ⅰ　問題

試験時間	12:30 ～ 14:00（1 時間 30 分）

注意事項

1. 試験開始及び終了は，監督員の時計が基準です。監督員の指示に従ってください。

2. 試験開始の合図があるまで，問題冊子を開いて中を見てはいけません。

3. **答案用紙への受験番号などの記入は，試験開始の合図があってから始めてください。**

4. 問題は，次の表に従って解答してください。

問題番号	問 1 ～ 問 3
選択方法	2 問選択

5. 答案用紙の記入に当たっては，次の指示に従ってください。

   (1) B 又は HB の黒鉛筆又はシャープペンシルを使用してください。

   (2) 受験番号欄に受験番号を，生年月日欄に受験票の生年月日を記入してください。
   正しく記入されていない場合は，採点されないことがあります。生年月日欄につい
   ては，受験票の生年月日を訂正した場合でも，訂正前の生年月日を記入してくださ
   い。

   (3) **選択した問題**については，次の例に従って，**選択欄の問題番号を〇印で囲んで**
   ください。〇印がない場合は，採点されま
   せん。3 問とも〇印で囲んだ場合は，はじ
   めの 2 問について採点します。

   (4) 解答は，問題番号ごとに指定された枠内
   に記入してください。

   (5) 解答は，丁寧な字ではっきりと書いてく
   ださい。読みにくい場合は，減点の対象に
   なります。

〔問 1，問 3 を選択した場合の例〕

注意事項は問題冊子の裏表紙に続きます。
こちら側から裏返して，必ず読んでください。

6. 退室可能時間中に退室する場合は，手を挙げて監督員に合図し，答案用紙が回収
   されてから静かに退室してください。

退室可能時間	13:10 ～ 13:50

7. **問題に関する質問にはお答えできません。**文意どおり解釈してください。

8. 問題冊子の余白などは，適宜利用して構いません。ただし，問題冊子を切り離し
   て利用することはできません。

9. 試験時間中，机上に置けるものは，次のものに限ります。

   なお，会場での貸出しは行っていません。

   受験票，黒鉛筆及びシャープペンシル（B 又は HB），鉛筆削り，消しゴム，定規，
   時計（時計型ウェアラブル端末は除く。アラームなど時計以外の機能は使用不可），
   ハンカチ，ポケットティッシュ，目薬，マスク

   これら以外は机上に置けません。使用もできません。

10. 試験終了後，この問題冊子は持ち帰ることができます。

11. 答案用紙は，いかなる場合でも提出してください。回収時に提出しない場合は，
    採点されません。

12. 試験時間中にトイレへ行きたくなったり，気分が悪くなったりした場合は，手を
    挙げて監督員に合図してください。

13. 午後Ⅱの試験開始は 14:30 ですので，14:10 までに着席してください。

試験問題に記載されている会社名又は製品名は，それぞれ各社又は各組織の商標又は登録商標です。
なお，試験問題では，™ 及び ® を明記していません。

©2021　独立行政法人情報処理推進機構

問１　ネットワーク運用管理の自動化に関する次の記述を読んで，設問１〜３に答えよ。

　A社は，中堅の中古自動車販売会社であり，東京に本社のほか10店舗を構えている。

〔現状の在庫管理システム〕

　A社では，在庫管理システムを導入している。本社及び店舗では，社内の全ての在庫情報を把握できる。在庫管理システムは，本社の在庫管理サーバ，DHCPサーバ，DNSサーバ，本社及び店舗に２台ずつある在庫管理端末，並びにこれらを接続するレイヤ２スイッチ（以下，L2SWという）から構成される。在庫管理端末はDHCPクライアントである。

　本社と店舗との間は，広域イーサネットサービス網（以下，広域イーサ網という）を用いてレイヤ２接続を行っている。L2SWにVLANは設定していない。

　本社の在庫管理サーバでは，在庫情報の管理と，在庫管理システム全ての機器のSNMPによる監視を行っている。在庫管理システムで利用するIPアドレスは192.168.1.0/24であり，各機器にはIPアドレスが一つ割り当てられている。

　店舗が追加される際には，その都度，情報システム部の社員が現地に出向き，L2SWと在庫管理端末を設置している。店舗のL2SWは，在庫管理サーバからSSHによるリモートログインが可能である。

　現状の在庫管理システムの構成を，図１に示す。

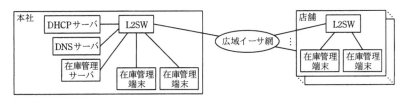

図１　現状の在庫管理システムの構成（抜粋）

　A社は，販売エリアの拡大に着手することにした。またこの機会に，新たに顧客サービスとして全ての店舗でフリーWi-Fiを提供することにした。情報システム部のBさんは上司から，ネットワーク更改について検討するよう指示された。

Bさんが指示を受けたネットワーク更改の要件を次に示す。

・WAN回線は，広域イーサ網からインターネットに変更する。
・全ての店舗にフリーWi-Fiのアクセスポイント（以下，Wi-Fi APという）を導入する。
・既存の在庫管理システムの機器は継続利用する。
・フリーWi-Fiやインターネットを経由して社外から在庫管理システムに接続させない。
・店舗における機器の新設・故障交換作業は，店舗の店員が行えるようにする。
・SNMPによる監視及びSSHによるリモートログインの機能は，在庫管理サーバから分離し，新たに設置する運用管理サーバに担わせる。

〔新ネットワークの設計〕

Bさんは，本社と店舗との接続に，インターネット接続事業者であるC社が提供する法人向けソリューションサービスを利用することを考えた。このサービスでは，インターネット上にL2 over IPトンネルを作成する機能をもつルータ（以下，RTという）を用いる。RTの利用構成を図2に示す。

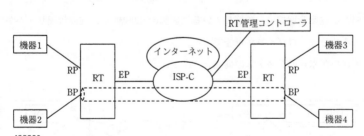

[(破線): L2 over IPトンネル
BP：ブリッジポート　　　EP：外部接続ポート　　　ISP-C：C社のネットワーク
RP：ルーティングポート
注記1　RPに接続された機器1，機器3は，インターネットと通信する。
注記2　BPに接続された機器2，機器4は，閉域網内で通信する。

図2　RTの利用構成

Bさんが調査した内容を次に示す。
・RTは物理インタフェース（以下，インタフェースをIFという）として，BP，EP，

RP をもつ。

・EP は，ISP-C に PPPoE 接続を行い，グローバル IP アドレスが一つ割り当てられる。RT には，C 社から出荷された時に PPPoE の認証情報があらかじめ設定されている。

・RP に接続した機器は，RT の NAT 機能を介してインターネットにアクセスできる。インターネットから RP に接続した機器へのアクセスはできない。

・RP に接続した機器と BP に接続した機器との間の通信はできない。

・RT の設定及び管理は，C 社データセンタ上の RT 管理コントローラから行う。他の機器からは行うことができない。

・RT が RT 管理コントローラと接続するときには，RT のクライアント証明書を利用する。

・RT 管理コントローラは，EP に付与された IP アドレスに対し，ping による死活監視及び SNMP による MIB の取得を行う。

B さんが考えた，ネットワーク更改後の在庫管理システムの構成を，図3に示す。

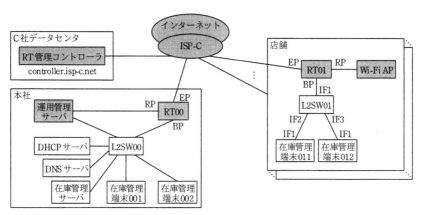

注記1 網掛け部分は，ネットワーク更改によって追加される箇所を示す。
注記2 controller.isp-c.net は，RT 管理コントローラの FQDN である。
注記3 IF1，IF2，IF3 は，IF 名を示す。

図3 ネットワーク更改後の在庫管理システムの構成（抜粋）

本社に設置する RT と店舗に設置する RT 間でポイントツーポイントのトンネルを

作成し，本社を中心としたスター型接続を行う。店舗の RT の BP は，トンネルで接続された本社の RT の BP と同一ブロードキャストドメインとなる。

B さんが考えた，新規店舗への機器の導入手順を次に示す。

・情報システム部は，店舗に設置する機器一式，構成図，手順書及びケーブルを店舗に送付する。そのうち L2SW，Wi-Fi AP については，本社であらかじめ初期設定を済ませておく。
・店員は，送付された構成図を参照して各機器を接続し，電源を投入する。
・RT は，自動で ISP-C に PPPoE 接続し，インターネットへの通信が可能な状態になる。
・RT は，RT 管理コントローラに，①REST API を利用して RT のシリアル番号とEP の IP アドレスを送信する。
・RT は，RT 管理コントローラが保持する最新のファームウェアバージョン番号を受け取る。
・RT は，RT で動作しているファームウェアバージョンが古い場合は，RT 管理コントローラから最新ファームウェアをダウンロードし，更新後に再起動する。
・RT は，RT 管理コントローラから本社の RT の IP アドレスを取得する。
・RT は，本社の RT との間にレイヤ2トンネル接続を確立する。
・店員は，Wi-Fi AP 配下の Wi-Fi 端末及び②在庫管理端末から通信試験を行う。
・店員は，作業完了を情報システム部に連絡する。

〔構成管理の自動化〕

B さんは，③店舗から作業完了の連絡を受けた後で確認を行うために，LLDP（Link Layer Discovery Protocol）を用いて BP 配下の接続構成を自動で把握することにした。RT，L2SW 及び在庫管理端末は，必要な IF から OSI 基本参照モデルの第　　a　　層プロトコルである LLDP によって，隣接機器に自分の機器名や IF の情報を送信する。隣接機器は受信した LLDP の情報を，LLDP-MIB に保持する。

なお，全ての機器で LLDP-MED（LLDP Media Endpoint Discovery）を無効にしている。

運用管理サーバは，L2SW と在庫管理端末から　　b　　によって LLDP-MIB を取得して，L2SW と在庫管理端末のポート接続リストを作成する。さらに，運用管理

サーバは，
c
が収集した RT の LLDP-MIB の情報を REST API を使って取得して，ポート接続リストに加える。

ポート接続リストとは，
b
で情報を取得する対象の機器（以下，自機器という）の IF と，そこに接続される隣接機器の IF を組みにした表である。ある店舗で想定されるポート接続リストの例を，表 1 に示す。

表 1　ある店舗で想定されるポート接続リストの例

行番号	自機器名	自機器の IF 名	隣接機器名	隣接機器の IF 名
1	RT01	BP	L2SW01	IF1
2	L2SW01	IF1	RT01	BP
3	L2SW01	IF2	在庫管理端末 011	IF1
4	L2SW01	IF3	在庫管理端末 012	IF1
5	在庫管理端末 011	IF1	L2SW01	IF2
6	在庫管理端末 012	IF1	L2SW01	IF3

注記 1　行番号は，設問のために付与したものである。
注記 2　表 1 中の BP は，ブリッジポートの IF 名である。

B さんは上司にネットワーク更改案を提案し，更改案が採用された。

設問 1　〔現状の在庫管理システム〕について，(1)〜(3) に答えよ。

(1)　名前解決に用いるサーバの IP アドレスを，在庫管理端末に通知するサーバは何か。図 1 中の機器名で答えよ。

(2)　図 1 の構成において，在庫管理システムのセグメントの IP アドレス数に着目すると，店舗の最大数は計算上幾つになるか。整数で答えよ。

(3)　本社の L2SW の MAC アドレステーブルに何も学習されていない場合，在庫管理サーバが監視のために送信したユニキャストの ICMP Echo request は，本社の L2SW でどのように転送されるか。30 字以内で述べよ。このとき，監視対象機器に対する IP アドレスと MAC アドレスの対応は在庫管理サーバの ARP テーブルに保持されているものとする。

設問 2　〔新ネットワークの設計〕について，(1)〜(4) に答えよ。

(1)　C 社が RT を出荷するとき，RT に RT 管理コントローラを IP アドレスではなく FQDN で記述する利点は何か。50 字以内で述べよ。

(2) 本文中の下線①について，RT が RT 管理コントローラに登録する際に用いる，OSI 基本参照モデルでアプリケーション層に属するプロトコルを答えよ。

(3) 本文中の下線②について，店舗の在庫管理端末から運用管理サーバに traceroute コマンドを実行すると，どの機器の IP アドレスが表示されるか。図 3 中の機器名で全て答えよ。

(4) 図 3 において，全店舗の Wi-Fi AP から送られてくるログを受信するサーバを追加で設置する場合に，本社には設置することができないのはなぜか。ネットワーク設計の観点から，30 字以内で述べよ。

設問3　〔構成管理の自動化〕について，(1)～(4) に答えよ。

(1) 本文中の 　　a　　 に入れる適切な数値を答えよ。

(2) 本文中の 　　b　　 に入れる適切なプロトコル名及び 　　c　　 に入れる適切な機器名を，本文中の字句を用いて答えよ。

(3) 本文中の下線③について，情報システム部は，何がどのような状態であるという確認を行うか。25 字以内で述べよ。ただし，機器などの物品は事前に検品され，初期不良や故障はないものとする。

(4) 図 3 において，情報システム部の管理外の L2SW 機器（以下，L2SW-X という）が L2SW01 の IF2 と在庫管理端末 011 の IF1 の間に接続されたとき，表 1 はどのようになるか。適切なものを解答群の中から三つ選び，記号で答えよ。ここで，L2SW-X は LLDP が有効になっているが，管理用 IP アドレスは情報システム部で把握していないものとする。また，接続の前後で行番号の順序に変更はないものとする。

解答群

　　ア　行番号 3 が削除される。

　　イ　行番号 3 の隣接機器名が変更される。

　　ウ　行番号 5 が削除される。

　　エ　行番号 5 の隣接機器名が変更される。

　　オ　自機器名 L2SW-X の行が存在する。

　　カ　隣接機器名 L2SW-X の行が存在する。

問2　企業ネットワークの統合に関する次の記述を読んで，設問1〜4に答えよ。

　　D社は，本社及び三つの支社を国内にもつ中堅の商社である。D社の社内システム
は，クラウドサービス事業者であるG社の仮想サーバでWebシステムとして構築さ
れており，本社及び支社内のPCからインターネット経由で利用されている。このた
びD社は，グループ企業のE社を吸収合併することになり，E社のネットワークを
D社のネットワークに接続（以下，ネットワーク統合という）するための検討を行う
ことになった。

〔D社の現行のネットワークの概要〕
　　D社の現行のネットワークの概要を次に示す。
(1)　PCは，G社VPC（Virtual Private Cloud）内にある仮想サーバにインターネット
　　を経由してアクセスし，社内システムを利用する。VPCとは，クラウド内に用意
　　されたプライベートな仮想ネットワークである。
(2)　本社と支社間は，広域イーサネットサービス網（以下，広域イーサ網という）
　　で接続している。
(3)　PCからインターネットを経由して他のサイトにアクセスするために，ファイア
　　ウォール（以下，FWという）のNAPT機能を利用する。
(4)　PCからインターネットを経由してVPC内部にアクセスするために，G社が提供
　　している仮想的なIPsec VPNサーバ（以下，VPC GWという）を利用する。
(5)　FWとVPC GWの間にIPsecトンネルが設定されており，PCからVPCへのアク
　　セスは，　FWとVPC GWの間に設定されたIPsecトンネルを経由する。
(6)　社内のネットワークの経路制御には，OSPFを利用しており，OSPFプロトコル
　　を設定している機器は，ルータ，レイヤ3スイッチ（以下，L3SWという）及び
　　FWである。
(7)　本社のLANのOSPFエリアは0であり，支社1〜3のLAN及び広域イーサ網の
　　OSPFエリアは1である。
(8)　FWにはインターネットへの静的デフォルト経路を設定しており，①全社の
　　OSPFエリアからインターネットへのアクセスを可能にするための設定が行われて
　　いる。

D 社の現行のネットワーク構成を図1に示す。

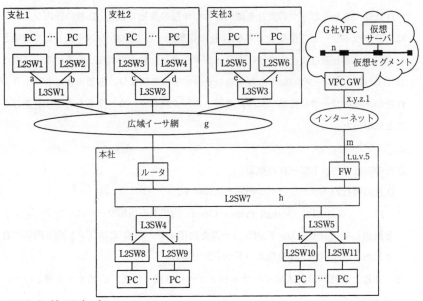

L2SW：レイヤ2スイッチ
注記1　a～nは，セグメントを示す。
注記2　t.u.v.5及びx.y.z.1は，グローバルIPアドレスを示す。

図1　D 社の現行のネットワーク構成

D 社の現行のネットワークにおける各セグメントの IP アドレスを表1に示す。

表1　D 社の現行のネットワークにおける各セグメントの IP アドレス

セグメント	IP アドレス	セグメント	IP アドレス
a	172.16.0.0/23	h	172.17.0.0/25
b	172.16.2.0/23	i	172.17.2.0/23
c	172.16.4.0/23	j	172.17.4.0/23
d	172.16.6.0/23	k	172.17.6.0/23
e	172.16.8.0/23	l	172.17.8.0/23
f	172.16.10.0/23	m	t.u.v.4/30
g	172.16.12.64/26	n	192.168.1.0/24

G 社は，クラウドサービス利用者のためにインターネットからアクセス可能なサー

ビスポータルサイト（以下，サービスポータルという）を公開しており，クラウド
サービス利用者はサービスポータルにアクセスすることによって VPC GW の設定が
できる。D 社では，VPC GW と FW に次の項目を設定している。

・VPC GW 設定項目：VPC 内仮想セグメントのアドレス（192.168.1.0/24），IPsec
  VPN 認証用の事前 ［ a ］，FW の外部アドレス（t.u.v.5），D 社内ネットワー
  クアドレス（172.16.0.0/16，172.17.0.0/16）

・FW 設定項目：VPC 内仮想セグメントのアドレス（192.168.1.0/24），IPsec VPN 認
  証用の事前 ［ a ］，VPC GW の外部アドレス（x.y.z.1），D 社内ネットワーク
  アドレス（172.16.0.0/16，172.17.0.0/16）

〔OSPF による経路制御〕

OSPF は，リンクステート型のルーティングプロトコルである。OSPF ルータは，
隣接するルータ同士でリンクステートアドバタイズメント（以下，LSA という）と
呼ばれる情報を交換することによって，ネットワーク内のリンク情報を集め，ネッ
トワークトポロジのデータベース LSDB（Link State Database）を構築する。LSA に
は幾つかの種別があり，それぞれの Type が定められている。例えば，［ b ］
LSA と呼ばれる Type1 の LSA は，OSPF エリア内の ［ b ］ に関する情報であり，
その情報には，［ c ］ と呼ばれるメトリック値などが含まれている。また，
Type2 の LSA は，ネットワーク LSA と呼ばれる。OSPF エリア内の各ルータは，集
められた LSA の情報を基にして，［ d ］ アルゴリズムを用いた最短経路計算を
行って，ルーティングテーブルを動的に作成する。さらに，OSPF には，②複数の経
路情報を一つに集約する機能（以下，経路集約機能という）がある。D 社では，支社
へのネットワーク経路を集約することを目的として，③ある特定のネットワーク機
器で経路集約機能を設定している（以下，この集約設定を支社ネットワーク集約と
いう）。支社ネットワーク集約がされた状態で，本社の L3SW の経路テーブルを見る
と，a～g のそれぞれを宛先とする経路（以下，支社個別経路という）が一つに集約
された，［ e ］/16 を宛先とする経路が確認できる。また，D 社では，支社ネッ
トワーク集約によって意図しない④ルーティングループが発生してしまうことを防
ぐための設定を行っているが，その設定の結果，表 2 に示す OSPF 経路が生成され，
ルーティングループが防止される。

表2　ルーティングループを防ぐOSPF経路

設定機器	宛先ネットワークアドレス	ネクストホップ
f	g	Null0

注記　Null0はパケットを捨てることを示す。

〔D社とE社のネットワーク統合の検討〕

　D社とE社のネットワーク統合を実現するために，情報システム部のFさんが検討することになった。Fさんは，E社の現行のネットワークについての情報を集め，次のようにまとめた。

・E社のオフィスは，本社1拠点だけである。

・E社の本社は，D社の支社1と同一ビル内の別フロアにオフィスを構えている。

・E社の社内システム（以下，E社社内システムという）は，クラウドサービス事業者であるH社のVPC内にある仮想サーバ上でWebシステムとして構築されている。

・E社のPCは，インターネットVPNを介して，E社社内システムにアクセスしている。

・E社のネットワークの経路制御はOSPFで行っており全体がOSPFエリア0である。

・E社のネットワークのIPアドレスブロックは，172.18.0.0/16を利用している。

　情報システム部は，Fさんの調査を基にして，E社のネットワークをD社に統合するための次の方針を立てた。

(1)　ネットワーク統合後の早急な業務の開始が必要なので，現行ネットワークからの構成変更は最小限とする。

(2)　E社のネットワークとD社の支社1ネットワークを同一ビルのフロアの間で接続する（以下，この接続をフロア間接続という）。

(3)　フロア間接続のために，D社の支社1のL3SW1とE社のL3SW6の間に新規サブネットを作成する。当該新規サブネット部分のアドレスは，E社のIPアドレスブロックから新たに割り当てる。新規サブネット部分のOSPFエリアは0とする。

(4)　両社のOSPFを一つのルーティングドメインとする。

(5)　H社VPC内の仮想サーバはG社VPCに移設し，統合後の全社から利用する。

(6)　E社がこれまで利用してきたインターネット接続回線及びH社VPCについては

契約を解除する。

F さんの考えた統合後のネットワーク構成を図 2 に示す。

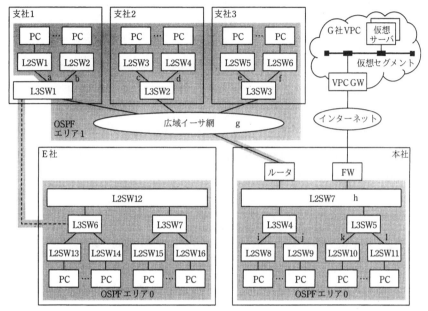

注記 1   ---- は，フロア間接続を示す。
注記 2   ▨ は，OSPF エリアを示す。
注記 3   a〜l は，セグメントを示す。

図 2　F さんの考えた統合後のネットワーク構成

F さんは，両社間の接続について更に検討を行い，課題を次のとおりまとめた。

・フロア間を接続しただけでは，OSPF エリア 0 が OSPF エリア 1 によって二つに分断されたエリア構成となる。そのため，フロア間接続を行っても⑤E 社のネットワークからの通信が到達できない D 社内のネットワーク部分が生じ，E 社からインターネットへのアクセスもできない。

・下線⑤の問題を解決するために，⑥NW 機器の OSPF 関連の追加の設定（以下，フロア間 OSPF 追加設定という）を行う必要がある。

・フロア間接続及びフロア間 OSPF 追加設定を行った場合，D 社側の OSPF エリア 0と E 社側の OSPF エリア 0 は両方合わせて一つの OSPF エリア 0 となる。このと

き，フロア間 OSPF 追加設定を行う 2 台の機器はいずれもエリア境界ルータである。また，OSPF エリアの構成としては，OSPF エリア 0 と OSPF エリア 1 がこれらの 2 台のエリア境界ルータで並列に接続された形となる。その結果，D 社ネットワークで行われていた支社ネットワーク集約の効果がなくなり，本社の OSPF エリア 0 のネットワーク内に支社個別経路が現れてしまう。それを防ぐためには，⑦ネットワーク機器への追加の設定が必要である。

・E 社のネットワークセグメントから仮想サーバへのアクセスを可能とするためには，FW と VPC GW に対して E 社のアドレスを追加で設定することが必要である。

　これらの課題の対応で，両社のネットワーク全体の経路制御が行えるようになることを報告したところ，検討結果が承認され，ネットワーク統合プロジェクトリーダに F さんが任命された。

設問 1　本文中の　a　～　e　に入れる適切な字句を答えよ。

設問 2　本文中の下線①について，設定の内容を 25 字以内で述べよ。

設問 3　〔OSPF による経路制御〕について，(1)～(4) に答えよ。

　(1)　本文中の下線②について，この機能を使って経路を集約する目的を 25 字以内で述べよ。

　(2)　本文中の下線③について，経路集約を設定している機器を図 1 中の機器名で答えよ。

　(3)　本文中の下線④について，ルーティングループが発生する可能性があるのは，どの機器とどの機器の間か。二つの機器を図 1 中の機器名で答えよ。

　(4)　表 2 中の　f　，　g　に入れる適切な字句を答えよ。

設問 4　〔D 社と E 社のネットワーク統合の検討〕について，(1)～(3) に答えよ。

　(1)　本文中の下線⑤について，到達できない D 社内ネットワーク部分を，図 2 中の a～l の記号で全て答えよ。

　(2)　本文中の下線⑥について，フロア間 OSPF 追加設定を行う必要がある二つの機器を答えよ。また，その設定内容を 25 字以内で述べよ。

　(3)　本文中の下線⑦について，設定が必要なネットワーク機器を答えよ。また，その設定内容を 40 字以内で述べよ。

問3　通信品質の確保に関する次の記述を読んで，設問1〜4に答えよ。

　Y社は，機械製品の輸入及び国内販売を行う社員数500名の商社であり，本社のほかに5か所の営業所（以下，本社及び営業所を拠点という）をもっている。このたび，Y社では，老朽化した電話設備を廃棄して，Z社の音声クラウドサービス（以下，電話サービスという）を利用することで，電話設備の維持管理コストの削減を図ることにした。情報システム部のX主任が，電話サービス導入作業を担当することになった。

〔現状の調査〕
　X主任は，既設の電話設備の内容について総務部の担当者から説明を受け，現在の全社のネットワーク構成をまとめた。Y社のネットワーク構成を，図1に示す。

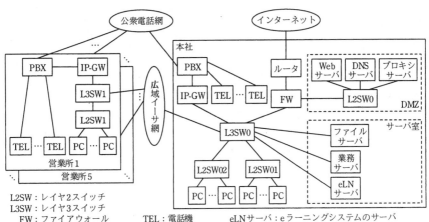

L2SW：レイヤ2スイッチ
L3SW：レイヤ3スイッチ
　FW：ファイアウォール　　　　TEL：電話機　　　　eLNサーバ：eラーニングシステムのサーバ
IP-GW：音声信号とIPパケットの変換装置　　　広域イーサ：広域イーサネットサービス網
注記1　本社のPBXには80回線の外線が収容され，各営業所のPBXには，それぞれ10回線の外線が収容されている。
注記2　本社のPBXから本社のIP-GWには100回線が接続され，各営業所のPBXから当該営業所のIP-GWには，それぞれ20回線が接続され，拠点間の内線通話に使用されている。

図1　Y社のネットワーク構成

　Y社のネットワークの使用方法を次に示す。

・社員は，本社の DMZ のプロキシサーバ経由でインターネットにアクセスするとともに，本社のサーバ室の複数のサーバを利用している。

・拠点間の内線通話は，IP-GW を介して広域イーサ網経由で行っている。

〔電話サービス導入後のネットワーク構成〕

次に，X 主任は，電話サービスの仕様を基に，図 2 に示す，電話サービス導入後のネットワーク構成を設計した。

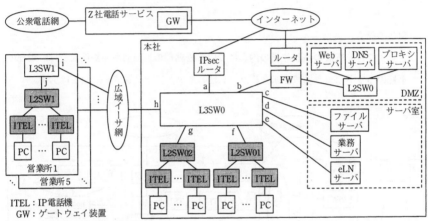

ITEL：IP電話機
GW：ゲートウェイ装置

注記1 網掛け部分は，PoE 対応製品である。
注記2 L3SW0 及び L3SW1 の a〜j は，ポートを示す。

図2 電話サービス導入後のネットワーク構成

図 2 中の a には VLAN10，b には VLAN15，c, d, e には VLAN20，f には VLAN100，g には VLAN150，h には VLAN25，i には VLAN200，j には VLAN210 という VLAN がそれぞれ設定されている。

ITEL は，PoE の受電機能をもつ製品を導入して ITEL 用の電源タップを不要にする。PC は，ITEL の PC 接続用のポートに接続する。①営業所の L2SW 及び本社の L2SW01 と L2SW02 は，PoE の給電機能をもつ製品に交換する。

電話サービス導入後は，音声を全て IP パケット化し，データパケットと一緒に LAN 上に流す。Y 社が利用する VoIP（Voice over Internet Protocol）では，音声の符

号化に G.729 として標準化された CS-ACELP が使用される。CS-ACELP のビットレートは，　　　a　　 k ビット／秒であり，音声を IP パケット化して LAN 上に流すと，イーサネットフレームヘッダのほかに，IP,　　　b　　 及び RTP ヘッダが付加されるので，1 回線当たり 34.4 k ビット／秒の帯域が必要となる。しかし，全社員が同時に通話した場合でも，本社の LAN の帯域には余裕があると考えた。

電話サービスには，本社の IPsec ルータ経由で接続する。電話サービスは，Y 社から送信された外線通話の音声パケットを GW で受信し，セッション管理を行う。

X 主任は，図 2 の構成への変更作業完了後，電話サービスの運用テストを実施し，問題なく終了したので，電話サービスに切り替えた。

〔電話サービスで発生した問題と対策〕

電話サービスへの切替後のあるとき，eLN サーバで提供する動画コンテンツの情報セキュリティ基礎コース（以下，S 基礎コースという）を，3 日間で全社員に受講させることが決まった。受講日は部署ごとに割り当てられた。

受講開始日の昼過ぎ，本社や営業所の電話利用者から，通話が途切れるというクレームが発生した。X 主任は，S 基礎コースの受講を停止させて原因を調査した。調査の結果，eLN サーバから S 基礎コースの動画パケットが大量に送信されたことが分かった。大量の動画パケットが L3SW0 に入力されたことによって，L3SW0 で音声パケットの遅延又は　　　c　　 が発生したことが原因であると推定できた。

そこで，X 主任は，本社の ITEL, L3SW0, L2SW01 及び L2SW02 と，全営業所の ITEL, L3SW 及び L2SW に，音声パケットの転送を優先させる設定を行うことにした。例として，本社と営業所 1 に設定した優先制御の内容を次に示す。

（レイヤ 2 マーキングによる優先制御）

・ITEL, L2SW01, L2SW02 及び L2SW1 に，CoS（Class of Service）値を基にした PQ（Priority Queuing）による優先制御を設定する。

・ITEL には VLAN 機能があるので，音声フレームと PC が送受信するデータフレームを異なる VLAN に所属させ，②ITEL のアップリンクポートにタグ VLAN を設定する。

・L2SW01 に接続する ITEL には，VLAN100 と VLAN105 を，L2SW02 に接続する ITEL には，VLAN150 と VLAN155 を，L2SW1 に接続する ITEL には，VLAN210 と VLAN215 を設定する。

・ITEL は，音声フレームとデータフレームに異なる CoS 値を，フレーム内の TCI（Tag Control Information）の上位 3 ビットにマーキングして出力する。

・ITEL と L3SW に接続する，L2SW01，L2SW02 及び L2SW1 のポートには，それぞれキュー1 とキュー2 の二つの出力キューを作成し，キュー1 を最優先キューとする。最優先の設定によって，キュー1 のフレーム出力が優先され，キュー1 にフレームがなくなるまでキュー2 からフレームは出力されない。

・L2SW01，L2SW02 及び L2SW1 では CoS 値を基に，③音声フレームをキュー1，データフレームをキュー2 に入れる。

（レイヤ 3 マーキングによる優先制御）

・L3SW に，Diffserv（Differentiated Services）による優先制御を設定する。

・優先制御は，PQ と WRR（Weighted Round Robin）を併用する。

・L3SW の f～j には，キュー1～キュー3 の 3 種類の出力キューを作成し，キュー1 は PQ の最優先キューとし，キュー2 とキュー3 より優先させる。キュー2 には重み比率 75%，キュー3 には重み比率 25%の WRR を設定する。a～e の出力キューでは，優先制御は行わない。

・ ア から受信したフレームには CoS 値がマーキングされているので，CoS 値に対応した DSCP（Diffserv Code Point）値を，IP ヘッダの d フィールドを DSCP として再定義した 6 ビットにマーキングする。

・ イ から受信したパケットは，音声パケット，eLN サーバのパケット（以下，eLN パケットという），その他のデータパケット（以下，D パケットという）の 3 種類に分類し，対応する DSCP 値をマーキングする。

・L3SW の内部のルータは，受信したパケットの出力ポートを経路表から決定し，DSCP 値を基に，音声パケットをキュー1，④ eLN パケットをキュー2，D パケットをキュー3 に入れる。

上記の設定を行った後に S 基礎コースの受講を再開したが，本社及び営業所の電

話利用者からのクレームは発生しなかった。X 主任は，優先制御の設定によって問題が解決できたと判断し，システムの運用を継続させた。

設問1　本文中の　　a　　～　　d　　に入れる適切な字句又は数値を答えよ。

設問2　〔現状の調査〕について，(1)，(2) に答えよ。

(1) 図 1 において，音声信号が IP パケット化される通話はどのような通話か。本文中の字句を用いて答えよ。

(2) 図 1 中の IP-GW は，音声パケットのジッタを吸収するためのバッファをもっている。しかし，バッファを大きくし過ぎるとスムーズな会話ができなくなる。その理由を，パケットという字句を用いて，20 字以内で述べよ。

設問3　〔電話サービス導入後のネットワーク構成〕について，(1)，(2) に答えよ。

(1) 図 1 中に示した現在の回線数を維持する場合，図 2 中の L3SW0 のポート a から出力される音声パケットの通信量の最大値を，k ビット／秒で答えよ。

(2) 本文中の下線①の L2SW に，PoE 未対応の機器を誤って接続した場合の状態について，PoE の機能に着目し，20 字以内で述べよ。

設問4　〔電話サービスで発生した問題と対策〕について，(1)～(5) に答えよ。

(1) 本文中の下線②について，レイヤ 2 の CoS 値を基にした優先制御にはタグ VLAN が必要になる。その理由を，30 字以内で述べよ。

(2) 優先制御の設定後，L3SW0 の内部のルータに新たに作成される VLAN インタフェースの数を答えよ。

(3) 本文中の下線③の処理が行われたとき，キュー1 に音声フレームが残っていなくても，キュー1 に入った音声フレームの出力が待たされることがある。音声フレームの出力が待たされるのはどのような場合か。20 字以内で答えよ。このとき，L2SW の内部処理時間は無視できるものとする。

(4) 本文中の　　ア　　，　　イ　　に入れるポートを，図 2 中の a～j の中から全て答えよ。

(5) 本文中の下線④について，eLN パケットを D パケットと異なるキュー2 に入れる目的を，35 字以内で述べよ。

令和3年度　春期
ネットワークスペシャリスト試験
午後II　問題

試験時間	14:30 ～ 16:30 （2 時間）

午後II問題

注意事項

1.　試験開始及び終了は，監督員の時計が基準です。監督員の指示に従ってください。

2.　試験開始の合図があるまで，問題冊子を開いて中を見てはいけません。

3.　**答案用紙への受験番号などの記入は，試験開始の合図があってから始めてください。**

4.　問題は，次の表に従って解答してください。

問題番号	問1，問2
選択方法	1問選択

5.　答案用紙の記入に当たっては，次の指示に従ってください。

　(1)　B 又は HB の黒鉛筆又はシャープペンシルを使用してください。

　(2)　**受験番号欄に受験番号を，生年月日欄に受験票の生年月日を記入してください。**
　　　正しく記入されていない場合は，採点されないことがあります。生年月日欄につい
　　　ては，受験票の生年月日を訂正した場合でも，訂正前の生年月日を記入してくださ
　　　い。

　(3)　**選択した問題**については，次の例に従って，**選択欄の問題番号を〇印で囲んで**
　　　ください。〇印がない場合は，採点されま
　　　せん。2問とも〇印で囲んだ場合は，はじ
　　　めの1問について採点します。

〔問2を選択した場合の例〕

　(4)　解答は，問題番号ごとに指定された枠内
　　　に記入してください。

　(5)　解答は，丁寧な字ではっきりと書いてく
　　　ださい。読みにくい場合は，減点の対象に
　　　なります。

注意事項は問題冊子の裏表紙に続きます。
こちら側から裏返して，必ず読んでください。

6. 退室可能時間中に退室する場合は，手を挙げて監督員に合図し，答案用紙が回収されてから静かに退室してください。

| 退室可能時間 | 15:10 〜 16:20 |

7. **問題に関する質問にはお答えできません。** 文意どおり解釈してください。

8. 問題冊子の余白などは，適宜利用して構いません。ただし，問題冊子を切り離して利用することはできません。

9. 試験時間中，机上に置けるものは，次のものに限ります。

   なお，会場での貸出しは行っていません。

   受験票，黒鉛筆及びシャープペンシル（B 又は HB），鉛筆削り，消しゴム，定規，時計（時計型ウェアラブル端末は除く。アラームなど時計以外の機能は使用不可），ハンカチ，ポケットティッシュ，目薬，マスク

   これら以外は机上に置けません。使用もできません。

10. 試験終了後，この問題冊子は持ち帰ることができます。

11. 答案用紙は，いかなる場合でも提出してください。回収時に提出しない場合は，採点されません。

12. 試験時間中にトイレへ行きたくなったり，気分が悪くなったりした場合は，手を挙げて監督員に合図してください。

試験問題に記載されている会社名又は製品名は，それぞれ各社又は各組織の商標又は登録商標です。

なお，試験問題では，™ 及び ® を明記していません。

©2021　独立行政法人情報処理推進機構

問 1 社内システムの更改に関する次の記述を読んで，設問 1～6 に答えよ。

　G 社は，都内に本社を構える従業員 600 名の建設会社である。G 社の従業員は，情報システム部が管理する社内システムを業務に利用している。情報システム部は，残り 1 年でリース期間の満了を迎える，サーバ，ネットワーク機器及び PC の更改を検討している。

〔社内システムの概要〕

　G 社の社内システムの構成を図 1 に示す。

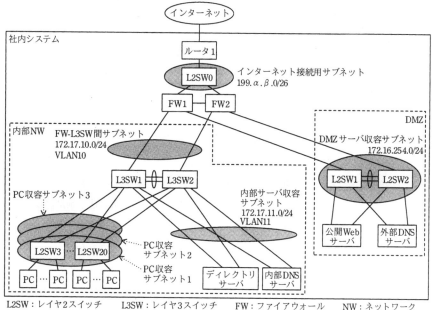

L2SW：レイヤ 2 スイッチ　　　L3SW：レイヤ 3 スイッチ　　　FW：ファイアウォール　　　NW：ネットワーク

⎯⊞⎯ ：リンクアグリゲーションを用いて接続している回線

注記 1　199.α.β.0/26 は，グローバル IP アドレスを示す。
注記 2　PC 収容サブネット 1 の IP アドレスブロックは 172.17.101.0/24，VLAN ID は 101 である。
注記 3　PC 収容サブネット 2 の IP アドレスブロックは 172.17.102.0/24，VLAN ID は 102 である。
注記 4　PC 収容サブネット 3 の IP アドレスブロックは 172.17.103.0/24，VLAN ID は 103 である。
注記 5　L2SW3 ～ L2SW20 は，PC 収容サブネット 1 ～ PC 収容サブネット 3 を構成している。

図 1　G 社の社内システムの構成（抜粋）

G 社の社内システムの概要は，次のとおりである。

・外部 DNS サーバは，DMZ のドメインに関するゾーンファイルを管理する権威サーバであり，インターネットから受信する名前解決要求に応答する。

・内部 DNS サーバは，社内システムのドメインに関するゾーンファイルを管理する権威サーバであり，PC 及びサーバから送信された名前解決要求に応答する。

・内部 DNS サーバは，DNS　　a　　であり，PC 及びサーバから送信された社外のドメインに関する名前解決要求を，ISP が提供するフルサービスリゾルバに転送する。

・全てのサーバに二つの NIC を実装し，アクティブ／スタンバイのチーミングを設定している。

・L3SW1 及び L3SW2 で VRRP を構成し，L3SW1 の　　b　　を大きく設定して，マスタルータにしている。

・L3SW1 と L3SW2 間のポートを，VLAN10, VLAN11 及び VLAN101 ～ VLAN103 を通すトランクポートにしている。

・L2SW3 ～ L2SW20 と L3SW 間のポートを，VLAN101 ～ VLAN103 を通すトランクポートにしている。

・内部 NW のスイッチは，IEEE 802.1D で規定されている STP（Spanning Tree Protocol）を用いて，経路を冗長化している。

・内部 DNS サーバは DHCP サーバ機能をもち，PC に割り当てる IP アドレス，サブネットマスク，デフォルトゲートウェイの IP アドレス，及び①名前解決要求先の IP アドレスの情報を，PC に通知している。

・FW1 及び FW2 は，アクティブ／スタンバイのクラスタ構成である。

・FW1 及び FW2 に静的 NAT を設定し，インターネットから受信したパケットの宛先 IP アドレスを，公開 Web サーバ及び外部 DNS サーバのプライベート IP アドレスに変換している。

・FW1 及び FW2 に NAPT を設定し，サーバ及び PC からインターネット向けに送信されるパケットの送信元 IP アドレス及び送信元ポート番号を，それぞれ変換している。

G 社のサーバ及び PC の設定を表 1 に，G 社のネットワーク機器に設定する静的経

路情報を表 2 に，それぞれ示す。

表 1 G 社のサーバ及び PC の設定（抜粋）

機器名	IP アドレスの割当範囲	デフォルトゲートウェイ		所属 VLAN
		機器名	IP アドレス	
公開 Web サーバ	172.16.254.10 ～ 172.16.254.100	FW1，FW2	172.16.254.1 [1]	なし
外部 DNS サーバ				
ディレクトリサーバ	172.17.11.10 ～ 172.17.11.100	L3SW1，L3SW2	172.17.11.1 [2]	11
内部 DNS サーバ				
PC	172.17.101.10 ～ 172.17.101.254	L3SW1，L3SW2	172.17.101.1 [2]	101
	172.17.102.10 ～ 172.17.102.254	L3SW1，L3SW2	172.17.102.1 [2]	102
	172.17.103.10 ～ 172.17.103.254	L3SW1，L3SW2	172.17.103.1 [2]	103

注 [1] FW1 と FW2 が共有する仮想 IP アドレスである。
　 [2] L3SW1 と L3SW2 が共有する仮想 IP アドレスである。

表 2 G 社のネットワーク機器に設定する静的経路情報（抜粋）

機器名	宛先ネットワークアドレス	サブネットマスク	ネクストホップ	
			機器名	IP アドレス
FW1，FW2	172.17.11.0	255.255.255.0	L3SW1，L3SW2	172.17.10.4 [1]
	172.17.101.0	255.255.255.0	L3SW1，L3SW2	172.17.10.4 [1]
	172.17.102.0	255.255.255.0	L3SW1，L3SW2	172.17.10.4 [1]
	172.17.103.0	255.255.255.0	L3SW1，L3SW2	172.17.10.4 [1]
	0.0.0.0	0.0.0.0	ルータ 1	199.α.β.1
L3SW1，L3SW2	0.0.0.0	0.0.0.0	FW1，FW2	172.17.10.1 [2]

注 [1] L3SW1 と L3SW2 が共有する仮想 IP アドレスである。
　 [2] FW1 と FW2 が共有する仮想 IP アドレスである。

　情報システム部の J 主任が社内システムの更改と移行を担当することになった。更改と移行に当たって，上司である M 課長から指示された内容は，次のとおりである。
(1) 内部 NW を見直して，障害発生時の業務への影響の更なる低減を図ること
(2) 業務への影響を極力少なくした移行計画を立案すること

〔現行の内部 NW 調査〕

　J 主任は，まず，現行の内部 NW の設計について再確認した。内部 NW のスイッチは，一つのツリー型トポロジを STP によって構成し，全ての VLAN のループを防止している。②L3SW1 に最も小さいブリッジプライオリティ値を，L3SW2 に 2 番目に

小さいブリッジプライオリティ値を設定し，L3SW1 をルートブリッジにしている。

ルートブリッジに選出された L3SW1 は，STP によって構成されるツリー型トポロジの最上位のスイッチである。L3SW1 はパスコストを 0 に設定した BPDU（Bridge Protocol Data Unit）を，接続先機器に送信する。BPDU を受信した L3SW2 及び L2SW3 ～ L2SW20（以下，L3SW2 及び L2SW3 ～ L2SW20 を非ルートブリッジという）は，設定されたパスコストを加算した BPDU を，受信したポート以外のポートから送信する。非ルートブリッジの L3SW 及び L2SW の全てのポートのパスコストに，同じ値を設定している。

STP を設定したスイッチは，各ポートに，ルートポート，指定ポート及び非指定ポートのいずれかの役割を決定する。ルートブリッジである L3SW1 では，全てのポートが ☐ c ☐ ポートとなる。非ルートブリッジでは，パスコストやブリッジプライオリティ値に基づきポートの役割を決定する。例えば，L2SW3 において，L3SW2 に接続するポートは，☐ d ☐ ポートである。

STP のネットワークでトポロジの変更が必要になると，スイッチはポートの状態遷移を開始し，☐ e ☐ テーブルをクリアする。

ポートをフォワーディングの状態にするときの，スイッチが行うポートの状態遷移は，次のとおりである。

(1) リスニングの状態に遷移させる。

(2) 転送遅延に設定した待ち時間が経過したら，ラーニングの状態に遷移させる。

(3) 転送遅延に設定した待ち時間が経過したら，フォワーディングの状態に遷移させる。

J 主任は，内部 NW の STP を用いているネットワークに障害が発生したときの復旧を早くするために，IEEE 802.1D-2004 で規定されている RSTP（Rapid Spanning Tree Protocol）を用いる方式と，スイッチのスタック機能を用いる方式を検討することにした。

〔RSTP を用いる方式〕

J 主任は，トポロジの再構成に掛かる時間を短縮したプロトコルである RSTP について調査した。RSTP では，STP の非指定ポートの代わりに，代替ポートとバックア

ップポートの二つの役割が追加されている。RSTP で追加されたポートの役割を，表3に示す。

表3　RSTP で追加されたポートの役割

役割	説明
代替ポート	通常，ディスカーディングの状態であり，ルートポートのダウンを検知したら，すぐにルートポートになり，フォワーディングの状態になるポート
バックアップポート	通常，ディスカーディングの状態であり，指定ポートのダウンを検知したら，すぐに指定ポートになり，フォワーディングの状態になるポート

注記　ディスカーディングの状態は，MAC アドレスを学習せず，フレームを破棄する。

RSTP では，プロポーザルフラグをセットした BPDU（以下，プロポーザルという）及びアグリーメントフラグをセットした BPDU（以下，アグリーメントという）を使って，ポートの役割決定と状態遷移を行う。

調査のために，J 主任が作成した RSTP のネットワーク図を図2に示す。

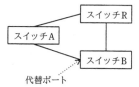

注記1　全てのスイッチに RSTP を用いる。
注記2　スイッチ R がルートブリッジである。

図2　J 主任が作成した RSTP のネットワーク図

スイッチ A において，スイッチ R に接続するポートのダウンを検知したときに，スイッチ A とスイッチ B が行うポートの状態遷移は，次のとおりである。

(1)　スイッチ A は，トポロジチェンジフラグをセットした BPDU をスイッチ B に送信する。

(2)　スイッチ B は，スイッチ A にプロポーザルを送信する。

(3)　スイッチ A は，受信したプロポーザル内のブリッジプライオリティ値やパスコストと，自身がもつブリッジプライオリティ値やパスコストを比較する。比較結果から，スイッチ A は，スイッチ B が RSTP によって構成されるトポロジにおいて　　f　　であると判定し，スイッチ B にアグリーメントを送信し，指定ポー

トをルートポートにする。

(4) アグリーメントを受信したスイッチ B は，代替ポートを指定ポートとして，フォワーディングの状態に遷移させる。

J主任は，調査結果から，STP を RSTP に変更することで，③内部 NW に障害が発生したときの，トポロジの再構成に掛かる時間を短縮できることを確認した。

〔スイッチのスタック機能を用いる方式〕

次に，J主任は，ベンダから紹介された，新たな機器が実装するスタック機能を用いる方式を検討した。新たな機器を用いた社内システム（以下，新社内システムという）の内部 NW に関して，J主任が検討した内容は次のとおりである。

・新 L3SW1 と新 L3SW2 をスタック用ケーブルで接続し，1 台の論理スイッチ（以下，スタック L3SW という）として動作させる。

・スタック L3SW と新 L2SW3〜新 L2SW20 の間を，リンクアグリゲーションを用いて接続する。

・新ディレクトリサーバ及び新内部 DNS サーバに実装される二つの NIC に，アクティブ／アクティブのチーミングを設定し，スタック L3SW に接続する。

検討の内容を基に，J主任は，スタック機能を用いることで，障害発生時の復旧を早く行えるだけでなく，④スイッチの情報収集や構成管理などの維持管理に係る運用負荷の軽減や，⑤回線帯域の有効利用を期待できると考えた。

〔新社内システムの構成設計〕

J主任は，スイッチのスタック機能を用いる方式を採用し，STP 及び RSTP を用いない構成にすることにした。J主任が設計した新社内システムの構成を，図 3 に示す。

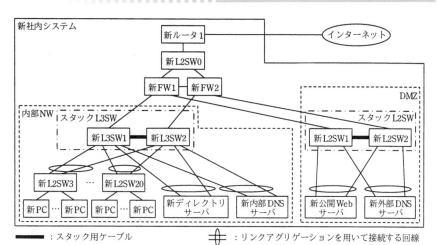

:スタック用ケーブル　　　　　　:リンクアグリゲーションを用いて接続する回線

注記　スタックL2SWは，新L2SW1と新L2SW2をスタック用ケーブルで接続した1台の論理スイッチである。

図3　新社内システムの構成（抜粋）

〔新社内システムへの移行の検討〕

　J主任は，現行の社内システムから新社内システムへの移行に当たって，五つの作業ステップを設けることにした。移行における作業ステップを表4に，ステップ1完了時のネットワーク構成を図4に示す。ステップ1では，現行の社内システムと新社内システムの共存環境を構築する。

表4　移行における作業ステップ（抜粋）

作業ステップ	作業期間	説明
ステップ1	1か月	・図4中の新社内システムを構築し，現行の社内システムと接続する。
ステップ2	1か月	・⑥現行のディレクトリサーバから新ディレクトリサーバへデータを移行する。 ・⑦現行の社内システムに接続されたPCから，新公開Webサーバの動作確認を行う。
ステップ3	1日	・現行の社内システムから，新社内システムに切り替える。（表8参照）
ステップ4	1か月	・新社内システムの安定稼働を確認し，新サーバに不具合が見つかった場合には，速やかに現行のサーバに切り戻す。
ステップ5	1日	・現行の社内システムを切り離す。

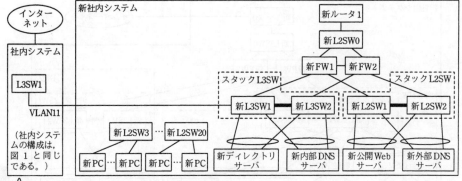

┴┬ ：リンクアグリゲーションを用いて接続する回線

注記1　新 L2SW3〜新 L2SW20 と新 L3SW1，新 L3SW2 間は接続されていない。
注記2　スタック L3SW には，VLAN101〜VLAN103 に関する設定を行わない。

図4　ステップ1完了時のネットワーク構成（抜粋）

ステップ1完了時のネットワーク構成の概要は，次のとおりである。

・新ディレクトリサーバ及び新内部 DNS サーバに，172.17.11.0/24 の IP アドレスブ
　ロックから未使用の IP アドレスを割り当てる。

・⑧新公開 Web サーバ及び新外部 DNS サーバには，172.16.254.0/24 の IP アドレス
　ブロックから未使用の IP アドレスを割り当てる。

・現行の L3SW1 と新 L3SW1 間を接続し，接続ポートを VLAN11 のアクセスポート
　にする。

・スタック L3SW の VLAN11 の VLAN インタフェースに，未使用の IP アドレスであ
　る 172.17.11.101 を，一時的に割り当てる。

・全ての新サーバについて，デフォルトゲートウェイの IP アドレスは，現行のサー
　バと同じ IP アドレスにする。

・新社内システムのインターネット接続用サブネットには，現行の社内システムと
　同じグローバル IP アドレスを使うので，新外部 DNS サーバのゾーンファイルに，
　現行の外部 DNS サーバと同じゾーン情報を登録する。

・現行の内部 DNS サーバ及び新内部 DNS サーバのゾーンファイルに，新サーバに
　関するゾーン情報を登録する。

・新 FW1 及び新 FW2 は，アクティブ／スタンバイのクラスタ構成にする。

- 新 FW1 及び新 FW2 には，インターネットから受信したパケットの宛先 IP アドレスを，新公開 Web サーバ及び新外部 DNS サーバのプライベート IP アドレスに変換する静的 NAT を設定する。
- 新 FW1 及び新 FW2 に NAPT を設定する。
- 新サーバの設定を表 5 に，新 FW 及びスタック L3SW に設定する静的経路情報を表 6 に，FW 及び L3SW に追加する静的経路情報を表 7 に示す。

表 5　新サーバの設定（抜粋）

機器名	IP アドレスの割当範囲	デフォルトゲートウェイ		所属 VLAN
		機器名	IP アドレス	
新公開 Web サーバ	（設問のため省略）	新 FW1，新 FW2	172.16.254.1[1]	なし
新外部 DNS サーバ				
新ディレクトリサーバ	（省略）	L3SW1，L3SW2	172.17.11.1[2]	11
新内部 DNS サーバ				

注 [1]　新 FW1 と新 FW2 が共有する仮想 IP アドレスである。
　　[2]　L3SW1 と L3SW2 が共有する仮想 IP アドレスである。

表 6　新 FW 及びスタック L3SW に設定する静的経路情報（抜粋）

機器名	宛先ネットワークアドレス	サブネットマスク	ネクストホップ	
			機器名	IP アドレス
新 FW1，新 FW2	172.17.11.0	255.255.255.0	スタック L3SW	172.17.10.4
	172.17.101.0	255.255.255.0	スタック L3SW	172.17.10.4
	172.17.102.0	255.255.255.0	スタック L3SW	172.17.10.4
	172.17.103.0	255.255.255.0	スタック L3SW	172.17.10.4
	0.0.0.0	0.0.0.0	スタック L3SW	172.17.10.4
スタック L3SW	172.16.254.128	255.255.255.128	新 FW1，新 FW2	172.17.10.1[1]
	0.0.0.0	0.0.0.0	L3SW1，L3SW2	172.17.11.1[2]

注 [1]　新 FW1 と新 FW2 が共有する仮想 IP アドレスである。
　　[2]　L3SW1 と L3SW2 が共有する仮想 IP アドレスである。

表 7　FW 及び L3SW に追加する静的経路情報（抜粋）

機器名	宛先ネットワークアドレス	サブネットマスク	ネクストホップ	
			機器名	IP アドレス
FW1，FW2	172.16.254.128	255.255.255.128	L3SW1，L3SW2	172.17.10.4[1]
L3SW1，L3SW2	172.16.254.128	255.255.255.128	スタック L3SW	172.17.11.101

注 [1]　L3SW1 と L3SW2 が共有する仮想 IP アドレスである。

次に，J主任は，ステップ3の現行の社内システムから新社内システムへの切替作業について検討した。J主任が作成したステップ3の作業手順を，表8に示す。

表8 ステップ3の作業手順（抜粋）

作業名	手順
インターネット接続回線の切替作業	・現行のルータ1に接続されているインターネット接続回線を，新ルータ1に接続する。
DMZのネットワーク構成変更作業	・新FW1及び新FW2に設定されているデフォルトルートのネクストホップを，新ルータ1のIPアドレスに変更する。 ・⑨現行のFW1とL2SW1間，及び現行のFW2とL2SW2間を接続しているLANケーブルを抜く。 ・⑩ステップ4で，新サーバに不具合が見つかったときの切戻しに掛かる作業量を減らすために，現行のL2SW1と新L2SW1間を接続する。 ・⑪インターネットから新公開Webサーバに接続できることを確認する。
内部NWのネットワーク構成変更作業	・現行のL3SW1及びL3SW2のVLANインタフェースに設定されている全てのIPアドレス，並びに静的経路情報を削除する。 ・スタックL3SWのVLAN11のVLANインタフェースに設定されているIPアドレスを，　　g　　に変更する。 ・スタックL3SWに設定されているデフォルトルートのネクストホップを新FW1と新FW2が共有する仮想IPアドレスに変更する。 ・スタックL3SWに設定されている宛先ネットワークアドレスが172.16.254.128/25の静的経路情報を削除する。
ディレクトリサーバの切替作業	・新ディレクトリサーバをマスタとして稼働させる。
DHCPサーバの切替作業	・現行の内部DNSサーバのDHCPサーバ機能を停止する。 ・新内部DNSサーバのDHCPサーバ機能を開始する。 ・⑫スタックL3SWにDHCPリレーエージェントを設定する。
新PCの接続作業	・スタックL3SWに，VLAN101～VLAN103のVLANインタフェースを作成し，IPアドレスを設定する。 ・新L2SW3～新L2SW20と新L3SW1，新L3SW2に，VLAN101～VLAN103を通すトランクポートを設定し，接続する。 ・新PCから新ディレクトリサーバに接続できることを確認する。

J主任が作成した移行計画はM課長に承認され，J主任は更改の準備に着手した。

設問1　〔社内システムの概要〕について，(1)，(2)に答えよ。

　(1)　本文中の　　a　　，　　b　　に入れる適切な字句を答えよ。

　(2)　本文中の下線①の名前解決要求先を，図1中の機器名で答えよ。

設問2　〔現行の内部NW調査〕について，(1)，(2)に答えよ。

(1) 本文中の下線②の設定を行わず, 内部 NW の L2SW 及び L3SW に同じブリッジプライオリティ値を設定した場合に, L2SW 及び L3SW はブリッジ ID の何を比較してルートブリッジを決定するか。適切な字句を答えよ。また, L2SW3 がルートブリッジに選出された場合に, L3SW1 と L3SW2 が VRRP の情報を交換できなくなるサブネットを, 図 1 中のサブネット名を用いて全て答えよ。

(2) 本文中の 　c　 ～ 　e　 に入れる適切な字句を答えよ。

設問 3 〔RSTP を用いる方式〕について, (1), (2) に答えよ。

(1) 本文中の 　f　 に入れる適切な字句を答えよ。

(2) 本文中の下線③について, トポロジの再構成に掛かる時間を短縮できる理由を二つ挙げ, それぞれ 30 字以内で述べよ。

設問 4 〔スイッチのスタック機能を用いる方式〕について, (1), (2) に答えよ。

(1) 本文中の下線④について, 運用負荷を軽減できる理由を, 30 字以内で述べよ。

(2) 本文中の下線⑤について, 内部 NW で, スタック L3SW～新 L2SW 以外に回線帯域を有効利用できるようになる区間が二つある。二つの区間のうち一つの区間を, 図 3 中の字句を用いて答えよ。

設問 5 図 3 の構成について, STP 及び RSTP を不要にしている技術を二つ答えよ。また, STP 及び RSTP が不要になる理由を, 15 字以内で述べよ。

設問 6 〔新社内システムへの移行の検討〕について, (1)～(8) に答えよ。

(1) 表 4 中の下線⑥によって発生する現行のディレクトリサーバから新ディレクトリサーバ宛ての通信について, 現行の L3SW1 とスタック L3SW 間を流れるイーサネットフレームをキャプチャしたときに確認できる送信元 MAC アドレス及び宛先 MAC アドレスをもつ機器をそれぞれ答えよ。

(2) 表 4 中の下線⑦によって発生する現行の PC から新公開 Web サーバ宛ての通信について, 現行の L3SW1 とスタック L3SW 間を流れるイーサネットフレームをキャプチャしたときに確認できる送信元 MAC アドレス及び宛先 MAC アドレスをもつ機器をそれぞれ答えよ。

(3) 本文中の下線⑧について, 新公開 Web サーバに割り当てることができる IP アドレスの範囲を, 表 1 及び表 5～7 の設定内容を踏まえて答えよ。

(4) 表 8 中の下線⑨を行わないときに発生する問題を, 30 字以内で述べよ。

(5) 表 8 中の下線⑩の作業後に, 新公開 Web サーバに不具合が見つかり, 現行の公開 Web サーバに切り替えるときには, 新 FW1 及び新 FW2 の設定を変更する。変更内容を, 70 字以内で述べよ。また, インターネットから現行の公開 Web サーバに接続するときに経由する機器名を, 【転送経路】の表記法に従い, 経由する順に全て列挙せよ。

【転送経路】

インターネット → 経由する順に全て列挙 → 公開 Web サーバ

(6) 表 8 中の下線⑪によって発生する通信について, 新 FW の通信ログで確認できる通信を二つ答えよ。ここで, 新公開 Web サーバに接続するための IP アドレスは, 接続元が利用するフルサービスリゾルバのキャッシュに記録されていないものとする。

(7) 表 8 中の g に入れる適切な IP アドレスを答えよ。

(8) 表 8 中の下線⑫について, スタック L3SW は, PC から受信した DHCPDISCOVER メッセージの giaddr フィールドに, 受信したインタフェースの IP アドレスを設定して, 新内部 DNS サーバに転送する。DHCP サーバ機能を提供している新内部 DNS サーバは, giaddr フィールドの値を何のために使用するか。60 字以内で述べよ。

問2　インターネット接続環境の更改に関する次の記述を読んで，設問1〜4に答えよ。

　物品販売を主な事業とするA社は，近年，ネット通販に力を入れている。A社は，K社が提供するSaaSを利用して，顧客との電子メールやビジネスチャット，ファイル共有などを行っている。A社のシステム部では，老朽化に伴うA社インターネット接続環境の新しい機器への交換とインターネット接続の冗長化の検討を進めている。システム部門のB課長は，CさんをインターネットネットワークW接続環境の更改の担当者として任命した。

　A社は，専用線を利用して，インターネットサービスプロバイダであるZ社を経由して，インターネットに接続している。現在のA社ネットワーク環境を図1に示す。

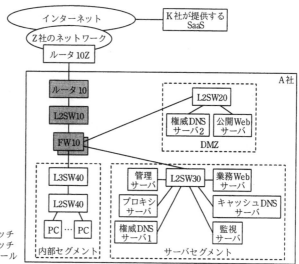

注記1　FWはクラスタ構成であり，物理的に2台のFWが論理的に1台のFWとして動作している。
注記2　▨　は，交換対象機器を示す。

図1　現在のA社ネットワーク環境（抜粋）

　現在のA社ネットワーク環境の概要は次のとおりである。

・FWは，ステートフルパケットインスペクション機能をもつ。FWは，A社で必要な通信を許可し，必要のない通信を拒否している。

- FW は，許可又は拒否した情報を含む通信ログデータを管理サーバに SYSLOG で送信している。
- プロキシサーバは，従業員が利用する PC からインターネット向けの HTTP 通信及び HTTPS 通信をそれぞれ中継し，通信ログデータを管理サーバに SYSLOG で送信している。
- K 社が提供する SaaS との通信は全て HTTPS 通信である。
- 管理サーバには，A 社のルータ，FW，L2SW 及び L3SW（以下，A 社 NW 機器という）から SNMP を用いて収集した通信量などの統計データ，FW とプロキシサーバの通信ログデータが保存されている。
- 管理サーバは，通信ログデータを基に FW とプロキシサーバの通信ログ分析レポートを作成している。
- 監視サーバは，A 社 NW 機器及びサーバを死活監視している。
- キャッシュ DNS サーバは，PC やサーバセグメントのサーバからの名前解決の問合せ要求に対して，他の DNS サーバへ問い合わせた結果，得られた情報を応答する。
- 権威 DNS サーバ 1 は，A 社内の PC やサーバセグメントのサーバのホスト名などを管理し，名前解決の問合せ要求に対して PC やサーバセグメントのサーバなどに関する情報を応答する。
- サーバセグメントには，プライベート IP アドレスを付与している。
- サーバセグメントからインターネットに接続する際に，FW で NAPT による IP アドレスとポート番号の変換が行われる。
- 内部セグメントには，プライベート IP アドレスを付与している。
- 権威 DNS サーバ 2 は，A 社内の公開 Web サーバのホスト名などを管理し，名前解決の問合せ要求に対して公開 Web サーバなどに関する情報を応答する。
- DMZ には，グローバル IP アドレスを付与している。
- ルータ 10Z には，A 社が割当てを受けているグローバル IP アドレスの静的経路設定がされており，これを基に Z 社内部のルータに経路情報の広告を行っている。
- ルータ 10，FW10 及び L3SW40 の経路制御は静的経路制御を利用している。

C さんは，インターネット接続環境の更改の検討を進めるに当たり，まず，インタ

ーネット接続環境の利用状況を調査することにした。

〔インターネット接続環境の利用状況の調査〕

　管理サーバは，SNMP を用いて，5 分ごとに A 社 NW 機器の情報を収集している。A 社 NW 機器のインタフェースの情報は，インタフェースに関する MIB によって取得できる。そのうち，インタフェースの通信量に関する MIB の説明を表1に示す。

表1　インタフェースの通信量に関する MIB の説明（抜粋）

MIB の種類	説明
ifInOctets	インタフェースで受信したパケットの総オクテット数（32 ビットカウンタ）
ifOutOctets	インタフェースで送信したパケットの総オクテット数（32 ビットカウンタ）
ifHCInOctets	インタフェースで受信したパケットの総オクテット数（64 ビットカウンタ）
ifHCOutOctets	インタフェースで送信したパケットの総オクテット数（64 ビットカウンタ）

　例えば，ifInOctets はカウンタ値で，電源投入によって機器が起動すると初期値の 0 から加算が開始され，インタフェースでパケットを受信した際にそのパケットのオクテット数が加算される。機器は，管理サーバから SNMP で問合せを受けると，その時点のカウンタ値を応答する。①管理サーバは，5 分ごとに SNMP でカウンタ値を取得し，単位時間当たりの通信量を計算し，統計データとして保存している。単位時間当たりの通信量の単位はビット／秒である。②カウンタ値が上限値を超える場合，初期値に戻って（以下，カウンタラップという）再びカウンタ値が加算される。通信量が多いとカウンタラップが頻繁に起きることから，インタフェースの通信量の情報を取得する場合には，32 ビットカウンタではなく，64 ビットカウンタを利用することが推奨されている。管理サーバに保存された統計データは，単位時間当たりの通信量の推移を示すトラフィックグラフとして参照できる。

　統計データから，過去に何度か利用が増え，インターネットに接続する専用線に輻輳が起きていたことが判明したので，専用線を増速する必要があると C さんは考えた。また，統計データと通信ログ分析レポートから交換対象機器の通信量や負荷の状態を確認した結果，ルータ 10 及び L2SW10 は同等性能の後継機種に交換し，FW10 は性能が向上した上位機種に交換すればよいと C さんは考えた。

〔インターネット接続の冗長化検討〕

Cさんは，インターネット接続の冗長化方法についてZ社に提案を求めた。Z社の提案は，動的経路制御の一つであるBGPを用いた構成であった。Z社の提案した構成を図2に示す。

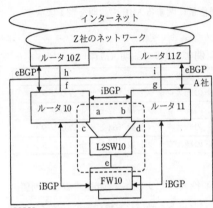

各機器に付与されているアドレス一覧

機器名	インタフェース	IPアドレス/ネットマスク
ルータ10Z	h	$\alpha.\beta.\gamma.1/30$
ルータ11Z	i	$\alpha.\beta.\gamma.5/30$
ルータ10	a	$\alpha.\beta.\gamma.13/30$
	c	$\alpha.\beta.\gamma.17/29$
	f	$\alpha.\beta.\gamma.2/30$
	ループバック	$\alpha.\beta.\gamma.8/32$
ルータ11	b	$\alpha.\beta.\gamma.14/30$
	d	$\alpha.\beta.\gamma.18/29$
	g	$\alpha.\beta.\gamma.6/30$
	ループバック	$\alpha.\beta.\gamma.9/32$
FW10	e	$\alpha.\beta.\gamma.19/29$

[＿＿＿]：OSPFエリア
注記1　L2SWは冗長構成であるが，図では省略している。
注記2　a～iは，各機器の物理インタフェースを示す。
注記3　FWはクラスタ構成であり，物理的に2台のFWが論理的に1台のFWとして動作している。
注記4　表中のIPアドレスは，グローバルIPアドレスである。
注記5　←→は，BGPピアを示す。

図2　Z社の提案した構成（抜粋）

Z社の提案した構成の概要は次のとおりである。

・ルータ10側の専用線を増速する。また，新たに専用線を敷設してZ社に接続する。新たに敷設する専用線を終端する機器として，ルータ11とルータ11Zを設置する。ルータ11側の専用線の契約帯域幅は，ルータ10側の専用線と同じにする。

・平常時はルータ10側の専用線を利用し，障害などでルータ10側が利用できない場合は，ルータ11側を利用するように経路制御を行う。

・ルータ10とルータ11にはループバックインタフェースを作成し，これらにIPアドレスを設定する。

・a～eの各物理インタフェース及びループバックインタフェースでは，OSPFエリアを構成する。

・③ルータ 10 とルータ 11 はループバックインタフェースに設定した IP アドレスを利用し，FW10 は e に設定した IP アドレスを利用して，互いに iBGP のピアリングを行う。④ iBGP のピアリングでは，経路情報を広告する際に，BGP パスアトリビュートの一つである NEXT_HOP の IP アドレスを，自身の IP アドレスに書き換える設定を行う。

・ルータ 10 とルータ 10Z の間，及びルータ 11 とルータ 11Z の間では，eBGP のピアリングを行う。ピアリングには，f と h，及び g と i に設定した IP アドレスを利用する。

・eBGP のピアリングでは，A 社側はプライベート AS 番号である 64512 を，Z 社側はグローバル AS 番号である 64496 を利用する。

C さんは，Z 社の提案を受け，BGP の標準仕様について調査を行った。

BGP では，それぞれの経路情報に，パスアトリビュートの情報が付加される。BGP パスアトリビュートの一覧を表 2 に示す。

表 2　BGP パスアトリビュートの一覧（抜粋）

タイプコード	パスアトリビュート
2	AS_PATH
3	NEXT_HOP
4	MULTI_EXIT_DISC
5	LOCAL_PREF

AS_PATH は，経路情報がどの AS を経由してきたのかを示す AS 番号の並びである。eBGP ピアにおいて，隣接する AS に経路情報を広告する際に，AS_PATH に自身の AS 番号を追加する。また，⑤隣接する AS から経路情報を受信する際に，自身の AS 番号が含まれている場合はその経路情報を破棄する。

NEXT_HOP は，宛先ネットワークアドレスへのネクストホップの IP アドレスを示す。ネクストホップの IP アドレスは，ルータがパケットを転送する宛先を示す。eBGP ピアに経路情報を広告する際には，NEXT_HOP を自身の IP アドレスに書き換えて送信する。iBGP ピアに経路情報を広告する際には，NEXT_HOP を書き換えず，そのまま送信する。

MULTI_EXIT_DISC（以下，MED という）は，eBGP ピアに対して通知する，自身の AS 内に存在する宛先ネットワークアドレスの優先度である。MED はメトリックとも呼ばれる。

LOCAL_PREF は，iBGP ピアに対して通知する，外部の AS に存在する宛先ネットワークアドレスの優先度である。

BGP では，ピアリングで受信した経路情報を BGP テーブルとして構成する。この BGP テーブルに存在する，同じ宛先ネットワークアドレスの経路情報の中から，最適経路を一つだけ選択し，ルータのルーティングテーブルに反映する。A 社で利用している機器の最適経路選択アルゴリズムの仕様を表 3 に示す。

表3　最適経路選択アルゴリズムの仕様

評価順	説明
1	LOCAL_PREF の値が最も大きい経路情報を選択する。
2	AS_PATH の長さが最も ［　ア　］ 経路情報を選択する。
3	ORIGIN の値で IGP，EGP，Incomplete の順で選択する。
4	MED の値が最も ［　イ　］ 経路情報を選択する。
5	eBGP ピアで受信した経路情報，iBGP ピアで受信した経路情報の順で選択する。
6	NEXT_HOP が最も近い経路情報を選択する。
7	ルータ ID が最も小さい経路情報を選択する。
8	ピアリングに使用する IP アドレスが最も小さい経路情報を選択する。

最適経路の選択は，表 3 中の評価順に行われる。例えば，同じ宛先ネットワークアドレスの経路情報が二つあった場合には，最初に，LOCAL_PREF の値を評価し，値に違いがあれば最も大きい値をもつ経路情報を選択し，評価を終了する。値に違いがなければ，次の AS_PATH の長さの評価に進む。

なお，ルータのルーティングテーブルに最適経路を反映するためには，NEXT_HOP の IP アドレスに対応する経路情報が，ルータのルーティングテーブルに存在し，ルータがパケット転送できる状態にある必要がある。

Cさんは，以上の調査結果を基に Z 社の提案した構成を確認した。Cさんと Z 社の担当者との会話は，次のとおりである。

Cさん：専用線の経路制御はどのように行いますか。

担当者：今回は，LOCAL_PREF を利用して，図2中の各ルータ及び FW のパケット送信を制御します。ルータ 10Z とルータ 11Z が経路情報を受信した際に，LOCAL_PREF の値をそれぞれ設定し，Z 社内部の機器に経路情報の広告を行います。ルータ 10 とルータ 11 が経路情報を受信した際も同様に，LOCAL_PREF の値をそれぞれ設定し，A 社内部の機器に経路情報の広告を行ってください。

Cさん：BGP で広告する経路情報はどのようなものですか。

担当者：ルータ 10Z とルータ 11Z はデフォルトルートの経路情報の広告を行います。ルータ 10 とルータ 11 は A 社が割当てを受けているグローバル IP アドレスの経路情報の広告を行ってください。平常時の FW10 の BGP テーブルは表4のように，ルーティングテーブルは表5のようになるはずです。

表4　FW10 の BGP テーブル（抜粋）

宛先ネットワークアドレス	AS_PATH	MED	LOCAL_PREF	NEXT_HOP
0.0.0.0/0	64496	0	200	ウ
0.0.0.0/0	64496	0	100	エ

表5　FW10 のルーティングテーブル（抜粋）

宛先ネットワークアドレス	ネクストホップ	インタフェース
0.0.0.0/0	$\alpha.\beta.\gamma.8$	e
$\alpha.\beta.\gamma.8/32$	オ	e
$\alpha.\beta.\gamma.9/32$	カ	e

Cさん：分かりました。リンクダウンしないにもかかわらず，通信ができなくなるような専用線の障害時は，どのような動作になりますか。

担当者：BGP では，　キ　メッセージを定期的に送信します。専用線の障害時には，ルータが　キ　メッセージを受信しなくなることによって，ピアリングが切断され，AS 内の各機器の経路情報が更新されます。

Cさん：分かりました。

担当者：ところで，⑥BGP の標準仕様ではトラフィックを分散する経路制御はでき
　　　　ません。BGP マルチパスと呼ばれる技術を使うことで，平常時からルータ
　　　　10 側，ルータ 11 側両方の専用線を使って，トラフィックを分散する経路制
　　　　御ができますがいかがですか。教えていただいた，今回利用を検討されて
　　　　いる機器はどれも BGP マルチパスをサポートしています。BGP マルチパス
　　　　を有効にすると，BGP テーブル内の LOCAL_PREF や AS_PATH，MED の
　　　　値は同じで，NEXT_HOP だけが異なる複数の経路情報を，同時にルーティ
　　　　ングテーブルに反映します。その結果，ECMP（Equal-Cost Multi-Path）に
　　　　よってトラフィックを分散することができます。

Ｃさん：いいですね。では，BGP マルチパスを利用したいと思います。

担当者：承知しました。各機器の設定例を後ほどお渡ししますので参考にしてくだ
　　　　さい。

Ｃさん：ありがとうございます。

〔インターネット接続の冗長化手順〕

　　Ｃさんは，冗長化作業中にインターネット利用に対する影響が最小限となる，イン
ターネット接続の冗長化手順の検討を行った。Ｃさんが検討した冗長化手順を表 6 に
示す。

表6　Ｃさんが検討した冗長化手順

手順	作業対象機器	作業内容
手順1	ルータ11Z，ルータ11	機器の設置
手順2	ルータ11Z，ルータ11，ルータ10，L2SW10	ケーブルの接続
手順3	ルータ11Z，ルータ11，ルータ10，L2SW10	物理インタフェースの設定，IP アドレスの設定及び疎通の確認
手順4	ルータ10，ルータ11	ク
手順5	ルータ10，ルータ11，FW10	ケ
手順6	ルータ10，ルータ11，FW10	コ
手順7	ルータ10，ルータ11，ルータ10Z，ルータ11Z	サ
手順8	シ	静的経路の削除
手順9	ルータ10，L2SW10，FW10	後継機種又は上位機種に交換

　　手順 1，2 では，新たに導入する機器の設置及びケーブルの接続を行い，物理構成

を完成する。手順3では，作業対象機器の物理インタフェースの設定及びIPアドレスの設定を行い，機器間で疎通の確認を行う。疎通の確認では，pingを用いて，パケットロスが観測されないことを確認する。手順4～7で，BGPやOSPFを順次設定する。続いて，手順8を実施する。⑦A社からインターネットへ向かう通信については，手順8の静的経路の削除が行われた時点で，動的経路による制御に切替えが行われ，冗長化が完成する。最後に，手順9では，インターネット利用に対する影響が最小限になるように機器を操作しながら，作業対象機器をあらかじめ設定を投入しておいた後継機種又は上位機種に交換する。例えば，ルータ10の交換に当たっては，⑧通信がルータ10を経由しないようにルータ10に対して操作を行った後に交換作業を実施する。

Cさんは，これまでの検討結果をインターネット接続環境の更改案としてまとめ，B課長に報告した。B課長は，専用線に輻輳が発生していたこと，及び監視サーバで検知できなかったことを問題視した。想定外のネットワーク利用などによって突発的に発生した通信や輻輳を迅速に検知できるように，単位時間当たりの通信量の監視（以下，トラフィック監視という）について，Cさんに検討するよう指示した。

〔トラフィック監視の導入〕

　監視サーバの死活監視は，監視対象に対して，1回につきICMPのエコー要求を3パケット送信し，エコー応答を受信するかどうかを確認する。1分おきに連続して5回，一つもエコー応答を受信しなかった場合に，アラートとして検知する。エコー要求のタイムアウト値は1秒である。Cさんは，⑨専用線の輻輳を検知するために，監視サーバの監視対象として，ルータ10Zとルータ11Zを追加することを考えたが，問題があるため見送った。

　そこで，Cさんは，通信量のしきい値を定義し，上限値を上回ったり，下限値を下回ったりするとアラートとして検知する監視（以下，しきい値監視という）の利用を検討した。通信を均等に分散できると仮定すると，インターネット接続の冗長化導入によって利用できる帯域幅は専用線2回線分になる。どちらかの専用線に障害が発生すると，利用できる帯域幅は専用線1回線分になる。Cさんは，どちらかの専用線に障害が発生した状況において，専用線に流れるトラフィックの輻輳の発生を避けるためには，平常時から，それぞれの専用線で利用できる帯域幅の

| ス | ％を単位時間当たりの通信量の上限値としてしきい値監視すればよいと考えた。このしきい値監視でアラートを検知すると，トラフィック増の原因を調査して，必要であれば専用線の契約帯域幅の増速を検討する。

次に，Ｃさんは，想定外のネットワーク利用などによって単位時間当たりの通信量が突発的に増えたり，Ａ社NW機器の故障などによって単位時間当たりの通信量が突発的に減ったりすること（以下，トラフィック異常という）を検知する監視の利用を検討した。Ｃさんは機械学習を利用した監視（以下，機械学習監視という）の製品を調査した。

Ｃさんが調査した製品は，過去に収集した時系列の実測値を用いて，傾向変動や周期性から近い将来の値を予測し，異常を検知することができる。例えば，単位時間当たりの通信量について，その予測値と新たに収集した実測値を基に，トラフィック異常を検知することができる。

Ｃさんは，管理サーバに保存されている単位時間当たりの通信量の統計データを用いて，機械学習監視製品の試験導入を行った。Ｃさんは，これまで検知できなかったトラフィック異常が検知できることを確認した。さらに，⑩管理サーバに保存されている，統計データとは別のデータについても，機械学習監視製品を用いて監視することで，トラフィック異常とは別の異常が検知できることを確認した。複数のデータを組み合わせて，機械学習監視製品を用いて監視することで，ネットワーク環境の状況を素早く，かつ，詳細に把握できることが分かった。

Ｃさんは，機械学習監視製品の試験結果についてまとめ，Ｂ課長に報告を行い，インターネット接続環境の更改に併せて，管理サーバにしきい値監視と機械学習監視製品を導入することが決まった。

その後，Ａ社では，Ｃさんがまとめたインターネット接続環境の更改案を基に設備更改が実施され，また，しきい値監視と機械学習監視製品が導入された。

設問1　〔インターネット接続環境の利用状況の調査〕について，(1)～(3)に答えよ。

(1) 本文中の下線①について，取得時刻 t におけるカウンタ値を X_t，取得時刻 t の5分前の時刻 t−1 におけるカウンタ値を $X_{t−1}$ としたとき，t−1 と t の間における単位時間当たりの通信量（ビット／秒）を算出する計算式を答えよ。

ここで，1オクテットは8ビットとし，t−1とtの間でカウンタラップは発生していないものとする。

(2) 本文中の下線①について，利用状況の調査を目的として，単位時間当たりの通信量（ビット／秒）を求める際に時間平均することによる問題点を35字以内で述べよ。

(3) 本文中の下線②について，32ビットカウンタでカウンタラップが発生した際に，通信量を正しく計算するためには，カウンタ値をどのように補正すればよいか。解答群の中から選び，記号で答えよ。ここで，取得時刻 t におけるカウンタ値を X_t，取得時刻 t の5分前の時刻 t−1 におけるカウンタ値を X_{t-1}，t−1とtの間でカウンタラップが1回発生したとする。

解答群

ア X_t を $X_t + 2^{32}$ に補正する。　　イ X_t を $X_t + 2^{32} - 1$ に補正する。

ウ X_{t-1} を $X_{t-1} + 2^{32}$ に補正する。　　エ X_{t-1} を $X_{t-1} + 2^{32} - 1$ に補正する。

設問2 〔インターネット接続の冗長化検討〕について，(1)〜(5)に答えよ。

(1) 本文中の下線③について，図2中のルータ10やルータ11にはループバックインタフェースを作成し，iBGP のピアリングにループバックインタフェースに設定した IP アドレスを利用するのはなぜか。FW10 とのインタフェースの数の違いに着目し，60字以内で述べよ。

(2) FW10 のルーティングテーブルを表7に示す。本文中の下線④について，書き換える設定を行わない場合に，FW10 のルーティングテーブルに追加で必要になる情報はどのような内容か。表5を参考に，表7中の ┌ a ┐，┌ b ┐ に入れる適切な字句を答えよ。

表7 FW10 のルーティングテーブル（抜粋）

宛先ネットワークアドレス	ネクストホップ	インタフェース
a	（設問のため省略）	e
b	（設問のため省略）	e

(3) 本文中の下線⑤について，経路情報を破棄する目的を20字以内で述べよ。

(4) 本文及び表3〜5中の ┌ ア ┐ 〜 ┌ キ ┐ に入れる適切な字句を答え

午後II問題

よ。

  (5) 本文中の下線⑥について，BGP の標準仕様とはどのような内容か。本文中の字句を用いて 50 字以内で述べよ。

設問3 〔インターネット接続の冗長化手順〕について，(1)～(4) に答えよ。

  (1) 表 6 中の | ク | ～ | サ | に入れる適切な字句を解答群の中から選び，記号で答えよ。

    解答群

      ア eBGP の導入   イ iBGP の導入   ウ OSPF の導入
      エ ループバックインタフェースの作成と IP アドレスの設定

  (2) 表 6 中の | シ | に入れる適切な機器名を，図 2 中の機器名で全て答えよ。

  (3) 本文中の下線⑦について，静的経路の削除が行われた時点で，動的経路による制御に切替えが行われる理由を 40 字以内で述べよ。

  (4) 本文中の下線⑧について，ルータ 10 に対して行う操作はどのような内容か。操作の内容を 20 字以内で述べよ。

設問4 〔トラフィック監視の導入〕について，(1)～(3) に答えよ。

  (1) 本文中の下線⑨について，問題点を二つ挙げ，それぞれ 30 字以内で述べよ。

  (2) 本文中の | ス | に入れる適切な数値を答えよ。

  (3) 本文中の下線⑩について，統計データとは別のデータにはどのようなデータがあるか。本文中の字句を用いて 25 字以内で答えよ。また，そのデータを，機械学習監視製品を用いて監視することによって，どのようなトラフィック異常とは別の異常を検知できるようになるか。検知内容を 40 字以内で述べよ。

●令和３年度春期
午前Ⅰ問題 解答・解説

問1　ア　　　　　　　　　　　　　　　　排他的論理和の相補演算 (R3 春・高度 午前Ⅰ問1)

　演算Ａの相補演算とは，演算Ａの演算結果（真偽）と結果が否定関係，つまり，全く逆になる演算のことなので，演算Ａの否定と等価（演算結果が同じ）になる。

　二つのオペランド（演算対象）A, Bに対して，"・"（論理積），"＋"（論理和），"‾"（論理否定）を用いて排他的論理和を表すと，$\overline{A}\cdot B+A\cdot\overline{B}$ となる。これをベン図で表すと次の左図の部分になる。この演算の否定を考えると右図の部分になり，（ア）の等価演算が正解であることが分かる。

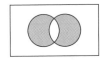

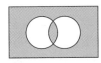

否定

図　排他的論理和とその否定

　参考までに，排他的論理和の否定を次のように変形しても相補演算の式を得ることができる。

$$
\begin{aligned}
排他的論理和の否定 &= \overline{\overline{A}\cdot B \;+\; A\cdot\overline{B}} \\
&= \overline{\overline{A}\cdot B} \;\cdot\; \overline{A\cdot\overline{B}} &\text{（ド・モルガンの法則）}\\
&= (\overline{\overline{A}}+\overline{B})\cdot(\overline{A}+\overline{\overline{B}}) &\text{（ド・モルガンの法則）}\\
&= (A+\overline{B})\cdot(\overline{A}+B) &\text{（二重否定を外す）}\\
&= A\cdot\overline{A} \;+\; A\cdot B \;+\; \overline{B}\cdot\overline{A} \;+\; \overline{B}\cdot B &\text{（分配法則）}\\
&= A\cdot B \;+\; \overline{B}\cdot\overline{A} &\text{（$A\cdot\overline{A}$ と $B\cdot\overline{B}$ は 0 なので，省略可）}\\
&= A\cdot B \;+\; \overline{B+A} &\text{（ド・モルガンの法則）}
\end{aligned}
$$

問2　ウ　　　　　　　　　　　　　　スタックのデータ出力順序 (R3 春・高度 午前Ⅰ問2)

　スタックは，LIFO（Last-In First-Out；後入れ先出し）のデータ構造であり，スタックに対して，最後に挿入されたデータが最初に取り出される。問題では，A, B, Cの順序でデータ入力（push）を3回行うが，どのタイミングで出力（pop）するかでデータの出力順序が変わる。

　スタックからの出力操作（pop）では，最後に挿入されたデータが取り出されること，また，スタック中のデータ個数までしか実行できないことに注意して，

入力と出力の組合せを考えると次のようになる。ここで，A はスタックへのデータ A の入力，(A) はスタックからのデータ A の出力を表すことにする。

A→(A)→B→(B)→C→(C)　……データ出力順序は(A)→(B)→(C)
A→(A)→B→C→(C)→(B)　……データ出力順序は(A)→(C)→(B)
A→B→(B)→(A)→C→(C)　……データ出力順序は(B)→(A)→(C)
A→B→(B)→C→(C)→(A)　……データ出力順序は(B)→(C)→(A)
A→B→C→(C)→(B)→(A)　……データ出力順序は(C)→(B)→(A)

　以上から，データの出力順序は5通りであり，(ウ) が正解である。なお，A，B，C の並べ方のパターンのうち，前述のデータ出力順序に現れないのは(C)→(A)→(B)だが，続けて A→B→C とデータを入力し，最後にスタックに挿入した C を最初に取り出したとき，次に取り出せるのは2番目に入力した B と決まってしまうためである。

問3　ウ

　アルゴリズム設計としての分割統治法は，問題全体をいくつかの小さな問題に分割して，分割されたそれぞれの問題を独立して処理した結果を結合することによって，最終的に元の問題全体を解決する手法である。したがって，(ウ) が正解である。
　分割統治法では，次の手順1〜3で設計を進める。
　　手順1　分割（問題全体を小さな問題に分割する）
　　手順2　統治（小さな問題をそれぞれ解く）
　　手順3　組合せ（小さな問題の解を組み合わせて，問題全体の解を求める）
　問題全体を小さく分割することで，解決しなければならない項目が絞られ，検討する範囲も小さくなることから，問題全体を一度に解決することに比べて解決が容易になる。
ア：局所探索法の説明である。とりあえず粗い解を出し，それを逐次改良して精度の高い解を得る点がポイントである。
イ：組合せ最適化問題のアルゴリズムの説明である。解くために膨大な計算量を必要とする巡回セールスマン問題などの解を導くために適用される。
エ：貪欲法の説明である。各時点で最良の解を選択していく点がポイントである。

問4　イ

　キャッシュメモリへの書込みを行った場合，その内容をどこかのタイミングで主記憶へも反映しなくてはいけないが，その反映のタイミングには，ライトスルー方式とライトバック方式がある。前者のライトスルー方式は，キャッシュメ

リへの書込みが行われたタイミングで同時に主記憶にも書き込む方式であり，後者のライトバック方式は，書込みをキャッシュメモリだけに行い，キャッシュメモリ中の該当の部分が置換される時点で，主記憶に反映する方式である。したがって，（イ）が適切である。

ア：ライトバック方式の特徴である。

ウ，エ：ライトスルー方式の特徴である。ライトバック方式の場合，（エ）のようにキャッシュミスが発生し，新たなデータをキャッシュにロードするためにデータが追い出されるタイミングで，主記憶への反映（書戻し）が発生する。

問5　エ　　　　　　　　　　　　　　稼働率の傾向を表すグラフ（R3 春・高度 午前 I 問 5）

稼働率が x（$0 \leq x \leq 1$）である装置を四つ組み合わせた図のようなシステム全体の稼働率 $f(x)$ は次の①〜③の順で求めることができる。

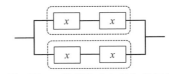

図　四つの装置からなるシステム

①点線で囲まれた装置二つの直列システムの稼働率　x^2
②点線で囲まれた直列システムが稼働していない確率　$1-x^2$
③システム全体の稼働率　$f(x)=1-(1-x^2)^2$

> 点線で囲まれた直列システムを並列に接続しており，そのどちらか一方が稼働していればシステム全体は稼働するので，$f(x)$ は 1 から二つの直列システムが両方とも稼働していない確率 $(1-x^2)^2$ を引いて求める。

$y=f(x)$ の概形を捉えるために，$y=x$ との差を表す $g(x)=x-f(x)$ の値（正／0／負）を調べる方法などでも正解を導くことができるが，計算がかなり面倒なので，選択肢の $y=f(x)$ のグラフ（実線）と $y=x$ のグラフの関係に注目して考えるとよい。具体的には，x が 0 に近い値（例えば $x=0.1$）であるときと，1 に近い値（例えば $x=0.9$）であるときの $f(x)$ の値を計算して，$y=x$ のグラフとの関係を調べる。

$f(0.1)=1-(1-0.1^2)^2=0.0199<0.1$
　　　　　→x が 0 に近い値の場合，$y=f(x)$ のグラフは $y=x$ より下にある。
$f(0.9)=1-(1-0.9^2)^2=0.9639>0.9$
　　　　　→x が 1 に近い値の場合，$y=f(x)$ のグラフは $y=x$ より上にある。

この特徴に合うのは（エ）だけなので，（エ）が正解である。

ページング方式の仮想記憶において，ページアクセス時に発生する事象の内容は次のとおりである。

- ページフォールト…プログラムがページにアクセスしようとしたときに，そのページが主記憶上に存在しないときに発生する割込み
- ページイン…ページを補助記憶装置から，主記憶に読み込む処理
- ページアウト…ページを主記憶から，補助記憶装置に書き出す処理

プログラムがアクセスするページが主記憶上にない場合は，①〜④の順でページインが行われる。

①ページフォールトが発生する。

②主記憶装置に空き領域があれば，ページインが行われ，ページングの処理は終了する。空き領域がない場合は③に進む。

③ページ置換えアルゴリズムに従って決定された置換え対象のページをページアウトする。

④ページインを行う。

ページインは，ページフォールトをきっかけとして必ず行われるので，ページフォールトとページインの回数は同じである。よって，ページフォールト＝ページインである。また，ページインを行うときに主記憶装置に空き領域があれば，そこにページが読み込まれ，ページアウトは発生しない。つまり，ページインを行うときに，必ずページアウトが行われるわけではないので，ページアウトの回数はページフォールトとページインの回数に等しい又は少なくなる。したがって，ページフォールト＝ページイン≧ページアウトとなり，（エ）が正解である。

RFID（Radio Frequency IDentification）とは，微小な無線チップを利用して人や物を識別し，管理するための仕組みである。したがって，（エ）が適切である。RFID は，アンテナや ID 番号を内蔵した IC チップと，読み取るためのリーダ装置で構成され，IC タグ，RF タグと呼ぶこともある。

ア：紙に印刷されたディジタルコードをリーダで読み取ることによる情報の入力としては，バーコードや QR コードが利用される。

イ：携帯電話とヘッドフォンの間の音声データ通信に使われる無線通信はBluetooth である。

ウ：赤外線を利用した近距離データ通信は，IrDA（Infrared Data Association）である。

問8 ウ   XMLで記述された画像フォーマット（R3春・高度 午前I問8）

　「W3C で仕様が定義され，矩形や円，直線，文字列などの図形オブジェクトを XML 形式で記述」した画像フォーマットは SVG（Scalable Vector Graphics）なので，（ウ）が正解である。

　一般的な画像形式である JPEG やビットマップ（BMP）などでは，画像を点の集まりとして表現しており，写真や絵などのデータ形式としては適しているが，大きく拡大すると図形の輪郭がギザギザになるジャギー（jaggy）が発生する。これに対して，矩形や円，直線，文字列などの図形を XML で記述した SVG は，点の位置や点を結ぶ線などをデータ中の値から計算して描画するベクタ形式と呼ばれる形式なので，拡大しても画像が粗くならないという特徴がある。問題文にあるように「Web ページでの図形描画にも使うことができる」が，その場合には，ブラウザが SVG 形式のデータに対応している必要がある。なお，SVG 形式は，Web の標準化団体 W3C で 2001 年に規格化されている。

ア：OpenGL（Open Graphics Library）は，2 次元／3 次元グラフィックスを使ったアプリケーション開発のための API（Application Program Interface）のライブラリで，ハードウェアに依存せずに高速で高精度の画像描画が可能になる。Linux/UNIX，Windows，macOS などで使用できる画像フォーマットである。

イ：PNG（Portable Network Graphics）は，Web 上でグラフィックスデータを扱うことを考慮して開発された画像フォーマットである。GIF 形式よりも圧縮効率が高く，インタレース化や透明化も可能。48 ビットカラーの画像を取り扱うことができる。

エ：TIFF（Tagged Image File Format）は，ビットマップ画像を圧縮して保存できる画像フォーマットで，タグと呼ぶ識別子を使って，画像データとともに解像度や色数，符号化方式などの属性データも合わせて保存することができる。

問9 エ   データレイクの特徴（R3春・高度 午前I問9）

　データレイクとは，流れ込む川の水を貯える湖のイメージで，膨大なデータの貯蔵場所という意味である。貯蔵されるデータには，テキスト，数値，画像など様々な形式のものがあるが，加工せずにそのままの形式や構造で格納し，分析などに利用する段階で，利用目的に合わせて加工される。したがって，（エ）が正解である。

　なお，データをそのままの形式で格納し，分析などに利用する段階でデータ構造などを定めたスキーマを定義することをスキーマオンリードと呼び，多種多様な分析のニーズに対応することが可能である。一方，データレイクと同様に，ビッグデータのデータの貯蔵場所として挙げられるデータウェアハウスは，あらかじめスキーマを定義してからデータを格納するスキーマオンライトである。データが構造化されているため，データレイクに比べてデータ容量が抑えられ，処理

の高速化を図ることができ，定型的な分析に向いているといえる。

ア，ウ：データ分析に関する記述である。

イ：データウェアハウスから，特定の用途に必要なデータだけを取り出したもの
は，データマートである。

問 10　ウ　　　　　　　サブネットマスクでホストアドレスを求める式 (R3 春・高度 午前 I 問 10)

IPv4 アドレスは，ネットワークアドレスとホストアドレスから構成される 32
ビットのビット列である。ここでは，IP アドレスが 192.168.10.5，ネットワーク
アドレスの長さ（プレフィックス長とも呼ぶ）が 24 ビット，ホストアドレスの
長さが 8 ビットの例で説明する。また，192.168.10.5 という表記は，11000000
10101000 00001010 00000101 という 32 ビットのアドレスを 8 ビットごとに 10
進表記したものである。

サブネットマスクは，ネットワークアドレスの長さを意味する情報で，32 ビッ
トのうち，ネットワークアドレス部分に対応するビットの値が 1，ホストアドレ
ス部分のビットの値が 0 になる。したがって，この例ではネットワーク部の長さ
が 24 ビットなので，サブネットマスクは 11111111 11111111 11111111 0000000
となり，10 進表記すると，255.255.255.0 になる。IP アドレスとサブネットマス
クから，ホストアドレスを求めるためには，IP アドレスの下位 8 ビットを抽出す
ればよいので，サブネットマスクをビット反転させて，IP アドレスとの論理積を
とればよい。この例では，次のようにホストアドレスが求められる。

```
IP アドレス                  11000000 10101000 00001010 00000101
ビット反転したサブネットマスク  00000000 00000000 00000000 11111111
              論理積        00000000 00000000 00000000 00000101
```

したがって，IP アドレス a とサブネットマスク m のビット反転させた値との
論理積をとる式の（ウ）が正しい。なお，ネットワークアドレスを求めるために
は，IP アドレスとサブネットマスクの論理積をとればよく，この例ではネットワー
クアドレスは 192.168.10.0 になる。

問 11　エ　　　　　　　　　　　　　　　　SDN の説明 (R3 春・高度 午前 I 問 11)

SDN（Software-Defined Networking）は，ソフトウェアによってネットワー
クを仮想化するアーキテクチャである。情報通信分野の事業者をメンバとする非
営利団体の ONF（Open Networking Forum）が標準化を進めている OpenFlow
は，SDN を実現する技術の一つで，ネットワーク機器をソフトウェアによって制
御する。通常のレイヤ 2 スイッチやレイヤ 3 スイッチなどのネットワーク機器は，
データを転送する各々の機器が，次の二つの機能を提供している。

・ネットワーク制御機能…データをネットワーク機器のどの出力ポートから送

出するかを制御する機能
・データ転送機能…データをネットワーク機器の入力ポートから出力ポートへ
転送する機能

OpenFlowプロトコルを用いるSDNでは，この二つの機能を論理的に分割し，コントローラと呼ばれるソフトウェアで，データ転送機能をもつネットワーク機器を集中制御する。したがって，（エ）の説明が適切である。

OpenFlowの主要な構成要素は次の三つであり，その関係を図に示す。

①OpenFlowスイッチ（ネットワーク機器）…ネットワーク上で実際にデータを転送する。

②OpenFlowコントローラ（ソフトウェア）…プログラミングされた制御ルールによって，ネットワーク全体を集中的に制御する。

③OpenFlowプロトコル…OpenFlowコントローラとOpenFlowスイッチ間で制御ルールなどを交換する。

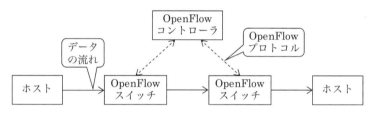

図　OpenFlowの主要な構成要素

その他の解答群は，次のような手法や技術の説明である。

ア：SNMP RMON（Remote Monitoring,「アールモン」と読む）…SNMP（Simple Network Management Protocol）ポーリングによって，MIB（Management Information Base,「ミブ」と読む）に蓄積されたネットワーク情報を定期的に取得して，稼働監視や性能管理を行う。

イ：ダイナミックルーティング…ルータやレイヤ3スイッチがRIP（Routing Information Protocol）やOSPF（Open Shortest Path First）などのIPルーティングプロトコルを用いて経路情報を交換し，データ転送経路を動的に決定する。

ウ：NFV（Network Functions Virtualization）…スイッチの機能をソフトウェアで実現する仮想スイッチのように，ネットワークの機能を仮想化する。

　　暗号学的ハッシュ関数における原像計算困難性（一方向性）とは，あるハッシュ値が与えられたとき，そのハッシュ値を出力するメッセージを見つけることが計算量的に困難であるという性質である。したがって，（ア）が正しい。なお，計算量的に困難ということは，例えば，ハッシュ関数の SHA-256（Secure Hash Algorithm-256，ハッシュ値は 256 ビット）において，与えられたハッシュ値を出力するメッセージを総当たりで見つけるためには最大で 2^{256} 個，誕生日攻撃と呼ばれる手法でも平均で 2^{128} 個のメッセージを試行する必要があり，その計算量が多大なので困難という意味である。なお，暗号学的ハッシュ関数とは，この問題で問われている原像計算困難性など，暗号処理に求められる性質を備えたハッシュ関数のことである。

イ：ハッシュ値が固定長になることは暗号学的ハッシュ関数がもつ性質であるが，原像計算困難性ではない。

ウ：ハッシュ値が一致する二つの相異なるメッセージを見つけることが計算量的に困難である性質は，衝突発見困難性と呼ばれる。

エ：ハッシュの処理メカニズムに対して，外部からの不正な観測や改変を防御することは必要だが，暗号学的ハッシュ関数自体の性質とはいえず，原像計算困難性でもない。なお，外部からの不正な観測や改変を防御する性質は，耐タンパ性と呼ばれる。

　　サイバーセキュリティ経営ガイドラインは，経営者のリーダーシップの下で，サイバーセキュリティ対策を推進するためのガイドラインである。経済産業省とIPA が 2015 年に公表し，2017 年に出されたのが改訂版（Ver2.0）である。ガイドラインでは，サイバー攻撃から企業を守る観点で，経営者が認識する必要のある「3 原則」，及び経営者が情報セキュリティ対策を実施する上での責任者となる担当幹部（CISO など）に指示すべき「重要 10 項目」などをまとめている。したがって，（ア）が正しい。

　　その他の記述が示すものは，次のとおりである。

イ：情報セキュリティ管理基準の説明である。

ウ：COBIT 2019（Control Objectives for Information and related Technology 2019）の説明である。

エ：サイバーセキュリティ基本法の説明である。同法では，国の責務に加えて，地方公共団体，重要インフラ事業者，サイバー関連事業者その他の民間企業，教育研究機関の責務と国民の努力も規定している。

問14 ウ JPCERT コーディネーションセンターの説明（R3 春・高度 午前Ⅰ問 14）

　JPCERT（Japan Computer Emergency Response Team）コーディネーションセンターは，インターネットを介して発生する侵入やサービス妨害などのコンピュータセキュリティインシデントについて，日本国内のサイトに関する報告の受付，対応の支援，発生状況の把握，手口の分析，再発防止のための対策の検討や助言などを，技術的な立場から行う組織である。したがって，（ウ）が正解である。なお，JPCERT コーディネーションセンターは，特定の政府機関や企業からは独立した中立の組織である。

ア：JISC（Japanese Industrial Standards Committee；日本産業標準調査会）のことである。JISC は，主に JIS（日本産業規格）の制定，改正等に関する審議の実施，産業標準，JIS マーク表示制度，試験所登録制度など産業標準化を促進する役割がある。

イ：CRYPTREC（Cryptography Research and Evaluation Committees）のことである。

エ：NISC（National center of Incident readiness and Strategy for Cybersecurity；内閣サイバーセキュリティセンター）のことである。

問15 イ セッションの乗っ取りの機会を減らすために行うべき処理（R3 春・高度 午前Ⅰ問 15）

　Web システムでは，Web ブラウザと Web サーバ間の，HTTP リクエストと HTTP レスポンスの複数のやり取りをひとまとまりにして，一つのセッションとして管理することが多い。セッションを管理するためには，Web サーバがセッション ID を発行して，Web ブラウザへ送信する。Web ブラウザで，毎回の HTTP リクエストにこのセッション ID を含めることによって，Web サーバでは同一のセッションのリクエストであることを判別できる。セッションの乗っ取り（セッションハイジャックともいう）は，悪意のある第三者が，利用者のセッション ID を窃取あるいは推測して，第三者の HTTP リクエストに含めることによって，利用者になりすます攻撃である。特に，ログイン後のセッションを乗っ取られた場合には，利用者しかできない操作が実行されてしまうので，被害が大きくなる。

　セッションの乗っ取りの機会を減らすためには，利用者のログアウト時に Web サーバにおいてセッション ID を無効にすることが，対策として有効である。当該セッション ID で識別されるセッションを終了させれば，セッションを乗っ取ることはできなくなる。したがって，（イ）が正しい。

　その他の解答群は，いずれの処理を行っても，セッションが継続している状態であり，セッション乗っ取りの機会は変わらない。

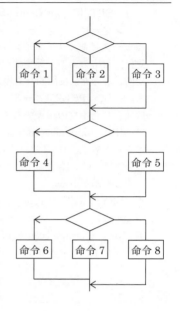

　命令網羅とは，プログラムの全ての命令を実行させるというテスト基準である。流れ図に含まれる八つの命令に図のように番号を付けて考えると，例えば，

　命令 1→命令 4→命令 6
　命令 2→命令 5→命令 7
　命令 3→命令 5→命令 8

という経路で実行するテストケースがあれば，3 通りのテストケースで，全ての命令を網羅することができる。したがって，最小のテストケース数は 3 となり，（ア）が正しい。

　なお，問題文の「各判定条件は流れ図に示された部分の先行する命令の結果から影響を受けないものとする」は，後の判定がその前の判定の影響を受けないということで，テストの効率を考えて，各判定条件の結果を自由に組み合わせた実行経路をとることができるという意味である。

　「スクラム」は，ソフトウェア開発における反復的で漸進的なアジャイル開発手法の 1 つである。スクラムチームにおけるプロダクトオーナは，作成するプロダクトに対して最終決定権と責任をもち，プロダクト全体の機能優先順であるプロダクトバックログを常に最新の状態に管理する。よって，プロダクトオーナの役割は，「ゴールとミッションが達成できるように，プロダクトバックアップログのアイテムの優先順位を決定する」ことである。したがって，（ア）が正解である。

イ：「チームのコーチやファシリテータとして，スクラムが円滑に進むよう支援する」のは，スクラムチームにおけるスクラムマスターの役割である。

ウ：「プロダクトを完成させるための具体的な作り方を決定する」のは，開発チームの役割である。

エ：「リリース判断可能な，プロダクトのインクリメントを完成する」のは，開発チームの役割である。

問 18 ア　　　　　　計画のプロセス群に属するプロセス（R3 春・高度 午前 I 問 18）

　JIS Q 21500:2018（プロジェクトマネジメントの手引）は，国際標準である ISO 21500 を基に平成 30 年 3 月 20 日に制定された規格である。プロジェクトマネジメントには立ち上げ，計画，実行，管理，終結の五つのプロセスがあり，それぞれのプロセスで実施する作業をまとめてプロセス群と呼ぶ。

　このうち，計画のプロセス群では，プロジェクトの作業範囲と成果物をスコープとして定義し，これに基づいて WBS（Work Breakdown Structure）やプロジェクトの遂行に必要な様々な計画（スケジュール，コストの見積り，リスクの特定，品質・調達の計画など）の詳細を作成する。したがって，（ア）が正解である。
イ：品質保証の遂行は，実行のプロセス群で実施するプロセスである。
ウ，エ：プロジェクト憲章の作成やプロジェクトチームの編成は，立ち上げのプロセス群で実施するプロセスである。

問 19 ア　　　　　　計画変更によるスケジュール短縮日数（R3 春・高度 午前 I 問 19）

　図 1 の PERT 図に示された当初の作業スケジュールを，図 2 のように変更して実施した場合に短縮できる作業日数が問われている。当初の計画で所要日数 9 日の作業 E を，図 2 では作業 E1，E2，E3 の三つに分けて，E1 と E2 を並行して行い，両方の作業が終了してから E3 を実行するように計画を変更している。この結果，次の図のように 6 日で終えることができ，作業 E の部分の日数を 3 日短縮することができる。

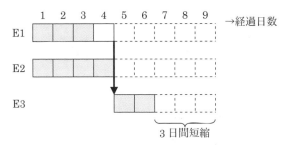

　このように，一部の作業を 3 日短縮できることが分かったが，スケジュール全体でも 3 日短縮できるかどうか確認する必要がある。

　まず，当初の計画の図 1 について全体の所要日数を求めると A→B→E→H→I が最も長く 28 日かかり，クリティカルパスとなる（A→C→F→H→I は 23 日，A→B→D→G は 27 日）。

　変更後の計画の図 2 では，変更前に 9 日かかった作業 E が，作業 E1，E2，E3 に分けて 6 日で終えられるので，クリティカルパスが A→B→D→G に変わり，全体の所要日数も 27 日となる（A→C→F→H→I は 23 日，A→B→(E1,E2,E3)

→H→I は 25 日）。これより，スケジュールは全体で 1 日短縮できることができ，（ア）が正解である。

なお，この問題のように，順番に実行する予定の作業を並行して行うことで全体の所要日数を短縮する技法をファストトラッキングという。

問20　エ

16 人のプロジェクトメンバが 1 対 1 の総当たりで顔合わせ会を行う場合，全員が自分以外の 15 人と顔合わせを行うことになる。しかし，例えば，A さんが B さんと顔合わせ会を行うのと，B さんが A さんと顔合わせ会を行うのは同じことなので，1 回と数えないといけない。よって，全体の顔合わせ会の回数は，

16 人×15 回÷2＝120 回である。

1 回の顔合わせ会の所要時間は 0.5 時間なので，顔合わせ会の延べ時間は 120 回×0.5 時間＝60 時間となり，（エ）が正解である。

なお，組合せの公式を使って，次のように正解を導くこともできる。

$$_{16}C_2 = \frac{16 \times 15}{2 \times 1} = 120 \text{（回）} \quad \cdots\cdots \text{ 16 人から 2 人を選ぶ組合せの数}$$

$$120 \text{（回）} \times 0.5 \text{（時間）} = 60 \text{（時間）}$$

問21　ア

可用性（availability）は，システムを使用したいときに使用できる尺度を表す指標である。障害への対策を行い，稼働率が高いシステムは可用性が高いといえる。したがって，マスタファイルの管理に関して，サーバを二重化し，耐障害性の向上を図っているとしている（ア）が正解である。

イ：データを複数件まとめて検索・加工する機能という点から，システムの効率性（efficiency）に該当する監査項目である。

ウ：特権アカウントがある者だけにメンテナンスが許されることから，システムの機密性（confidentiality）に該当する監査項目である。

エ：データ入力チェック機能がシステムに盛り込まれていることから，完全性（integrity）に該当する監査項目である。

問22　ウ

システム監査基準（平成 30 年）の【基準 12】改善提案のフォローアップにおける解釈指針 3 では，「監査対象部門から提出された改善実施状況報告書によって，改善内容の妥当性，改善体制，改善の進捗状況等を確認し，システム監査人の改善提案のもととなった指摘事項の重大性等を総合的に勘案して，追加的な検証が必要かどうか，あるいは次回のシステム監査に反映すべき点がないかどうか

を検討することが望ましい」としている。したがって，改善状況をモニタリングする（ウ）が適切である。

ア，イ，エ：システム監査人は改善提案をするだけの立場であり，改善実施についての指示，管理，計画策定などは，経営者の責任のもとで，被監査部門自身が実施すべきものである。

問 23　ウ　　エンタープライズアーキテクチャの“四つの分類体系”（R3 春・高度 午前 I 問 23）

午前 I 解答

エンタープライズアーキテクチャ（EA；Enterprise Architecture）は，効率の良い組織運営と業務の最適化のために，あるべき姿の組織の構造と機能を包括的に設計するための方法論であり，企業の情報化計画に関する情報化の指針として活用されている。経済産業省が日本政府や公共団体に普及させる目的で調査研究を進めてきたもので，業務とシステムの最適化計画策定のためのガイドラインとして利用の範囲が拡大している。あるべき姿の組織の構造と機能を包括的に設計するため，業務上の問題点を明らかにし，最終的な理想の姿を設定して，それを実現するための活動を実施する。EA の階層構造と各階層における情報システムへの要求定義内容は次のとおりであり，（ウ）データアーキテクチャが正解である。

ビジネスアーキテクチャ	業務機能の構成。業務内容や業務フローの定義
データアーキテクチャ	**業務機能に用いられる情報の内容や構成の定義**
アプリケーションアーキテクチャ	システム形態やアプリケーションの定義
テクノロジアーキテクチャ	各サービスを実現するための利用技術の定義

問 24　ア　　RFI の説明（R3 春・高度 午前 I 問 24）

調達に関して用いられる RFI（Request For Information）は，情報システムの調達において，システムの要件を実現するために現在の状況において利用可能な技術・製品，供給者（ベンダ）の導入実績など実現手段に関する情報の提供を，調達者側から供給者候補に依頼すること，又はその依頼文書である。したがって，（ア）が正解である。

イ：RFP（Request For Proposal；提案依頼書）の説明である。

ウ：RFC（Request For Change；変更依頼書）の説明である。

エ：契約締結要請のことだが、特別な書式名称などはない。なお、役割分担や契約範囲などを確認するのは SOW（Statement Of Work；作業範囲記述書）であるが、通常、それは契約の締結を要請するところまでを含んではいない。

問 25　ウ　　　　　　　　　　　　　　レベニューシェア契約（R3 春・高度 午前 I 問 25）

レベニューシェア契約とは、いわゆる成功報酬型の契約形態であり、委託する側と受託する側でリスクを共有しながら、得られた収益を双方で分配する契約形態である。委託側と受託側の収益の配分率は契約であらかじめ決めておくので、（ウ）が正解である。

ア：請負契約の特徴である。請負契約において、受託側は委託されたシステムの完成に責任を負い、その対価を得ることができるが、システムの開発費用は全て負担する必要がある。収益と費用の構造としては、委託側はシステムから得られる収益＞受託側に支払う金額となる場合に黒字となり、受託側は委託側から得られる金額＞システムの開発費用となる場合に黒字となる。リスクの持ち方がレベニューシェア契約と異なる。

イ，エ：（イ）と（エ）は、委託側と受託側が入れ替わっているだけで、サブスクリプション契約のような定額制サービスの利用の費用負担や収益の特徴に関する記述である。委託側はサービスを利用して収益を上げ、サービスの利用料を定額で受託側に支払う、受託側はサービスの利用料を委託側から定額で得ることができるが、提供するサービスの開発費用は受託側の負担となる。

問 26　ウ　　　　　　　　プロダクトポートフォリオマネジメント（R3 春・高度 午前 I 問 26）

PPM（Product Portfolio Management）分析は、多角化企業の製品や事業を、市場占有率と市場成長率の二つの座標軸の高低によって四つのタイプに分類し、各製品事業の市場ポジションを客観的に評価することによって、企業全体の経営資源の適正配分と、個々の製品事業の目標設定を考えようとするものである。

「花形」は、市場占有率、市場成長率ともに高いものである。企業にとって今後の主力分野となるが、競争が激しいために新規の投資が必要であり、利益は出ているが、キャッシュフローの面ではプラスにはならず、多くの資金を必要とする分野である。

「金のなる木」は、市場占有率が高く、市場成長率が低い。今後の成長は期待できないが、安定的に収益が見込める上に新規の投資が必要ないために、キャッシュフローの面では多くの余剰を生み出す。この余剰キャッシュフローを、資金を多く必要とする「花形」と「問題児」に投入するのがよいとされている。

「問題児」は、市場成長率が高く、市場占有率が低い分野で、競争に打ち勝ち

市場占有率を上げられれば「花形」に移行できるが，競争に負ければ撤退しなければならない。「金のなる木」からの資金を投入して，他企業に対して優位性を確立していく必要がある。

「負け犬」は，市場成長率，市場占有率ともに低く，将来も期待できない分野であるので，撤退も視野に入れて事業の再編成を考えるべきである。

こうした位置付けに対応する座標軸としては，縦軸(a)に市場成長率，横軸(b)に市場占有率となる。したがって，（ウ）が適切である。

問 27　イ　　　　　　　　　"超スマート社会"実現への取組み（R3 春・高度　午前 I 問 27）

政府が推進している"超スマート社会"では IoT で全ての人とモノがつながり，様々な知識や情報が共有され，AI やロボット技術を活用し，今までにない新たな価値を生み出すことで経済の発展と社会的課題の解決を両立するとされている。この取り組みを Society 5.0 と呼んでいる。したがって，（イ）が正解である。

Society 5.0 は，狩猟社会（Society 1.0），農耕社会（Society 2.0），工業社会（Society 3.0），情報社会（Society 4.0）に続く，新たな社会を指すもので，第 5 期科学技術基本計画において政府が目指すべき未来社会の姿として提唱している。

内閣府が提唱する Society 5.0 は，次の Web サイトから確認できる（2021 年 4 月現在）

http://www8.cao.go.jp/cstp/society5_0/index.html

ア：e-Gov とは，総務省行政管理局が運営する総合的な行政情報ポータルサイト（電子政府の総合窓口）のことである。

ウ：Web 2.0 とは，ティム・オライリーが提唱した次世代のインターネットの概念を象徴する言葉である。従来の Web サービスを Web 1.0，新しいサービスや技術を利用した Web サービスを Web 2.0 と区別して呼んでいる。SNS などの双方向な Web サービスや Ajax などの技術を用いたよりリッチな操作を実現している Web サービスが Web 2.0 に該当する。

エ：ダイバーシティ社会とは，国籍，年齢，性別，宗教観などの多様性（ダイバーシティ）を尊重し積極的に活用していく社会のことである。

問 28　ウ　　　　　　　アグリゲーションサービスに関する記述（R3 春・高度　午前 I 問 28）

アグリゲーションとは類似するものを集めることを指す言葉である。アグリゲーションサービスとは，分散的に存在するサービスを集約したもので，利用者はこのアグリゲーションサービスを利用することで，複数のサービスを統一的に利用することができるようになる。したがって（ウ）が正解である。

ア：オムニチャネルに関する記述である。オムニチャネルとは，実店舗や EC サイトなどの様々な販売・流通チャネルを統合することで，顧客に最適な購買体

験を提供し，利便性を高めるのに利用される。

イ：エスクローサービスに関する記述である。エスクロー（escrow；第三者預託）サービスとは，物品などの売買において，第三者（信頼できるエスクローサービス提供者）に代金決済などの取引を仲介してもらうサービスのことである。

エ：フランチャイズ契約に関する記述である。フランチャイズ契約とは，本部（フランチャイザー）が加盟店（フランチャイジー）に対し，商標利用や販売促進，営業マニュアルなどを提供する対価として加盟料（ロイヤリティ）を支払う契約である。

問29 イ バランススコアカードの四つの視点 (R3春・高度 午前 I 問 29)

バランススコアカードとは，組織のビジョンと戦略を「財務の視点」，「顧客の視点」，「内部ビジネスプロセスの視点」，「学習と成長の視点」という四つの視点から策定して，具体的に展開していく手法である。したがって，（イ）の「顧客」が正解である。これらの四つの視点ごとに評価基準項目を設定して評価を行い，結果をフィードバックすることで業務改革，社員意識改革，企業自身の変革を進めていく。

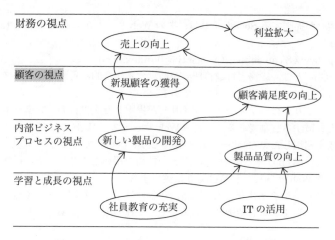

図 バランススコアカードの四つの視点の例

顧客の視点は，顧客から見てその企業がどのように見えるかを，顧客満足度などから評価する。評価項目としては，マーケットシェアも評価の対象としている。

財務の視点は，株主又は財務の視点から，キャッシュフローや ROE（自己資本利益率），又は株価や配当金などが評価項目となる。

学習と成長の視点は，企業として学びがあるか，それを将来にどう生かすかということを評価し，学習は人以外にシステムや仕組み，又は組織が対象になる。

内部ビジネスプロセスの視点からの評価は，内部ビジネスプロセスに関する品質，付加価値などを評価する。

問 30　イ

電子署名法（電子署名及び認証業務に関する法律）は，電子署名を，手書き署名や押印と同様に通用させる法的基盤として定めている。この第 3 条で，電磁的記録の情報に本人による一定の電子署名が行われているときは，真正に成立したものと推定することと定められており，民事訴訟法における押印と同様の効力が認められる。したがって，（イ）が適切である。

ア：電子署名は，「電磁的記録に記録することができる情報について行われる措置」（第 2 条 1 項）と規定されている。

ウ：電子署名の認証業務を行うことができるのは，政府が運営する認証局ではなく，主務大臣の認定を受けた認定認証事業者である。

エ：今後の技術の発展によって新たな技術が実用化されても，それを「電子署名」として扱えるように，この法律では暗号技術を限定しない表現をとっている。例えば，指紋などを利用したバイオメトリクス技術による電子署名もこの法律でいう電子署名に該当し得ることになる。

午前Ⅱ問題 解答・解説

問1　エ　　　　　　　　　　　　　　　Automatic MDI/MDI-X の説明（R3 春·NW 午前Ⅱ問 1）

　　Automatic MDI/MDI-X とは，レイヤ２スイッチ（L2SW）などのネットワーク機器がもつ機能の一つで，接続先ポートのピン割当てを自動判別して，ストレートケーブル又はクロスケーブルのいずれでも接続できるようにする機能のことをいう。したがって，(エ)が正しい。L2SW は，MDI（Media Dependent Interface）あるいは MDI-X（MDI Crossover）というポートをもっており，当初，パソコン（MDI ポート）を L2SW（MDI-X ポート）に接続する際にはストレートケーブルを用い，L2SW（MDI-X ポート）と L2SW（MDI-X ポート）を接続する際にはクロスケーブルを用いていた。しかし，ストレートケーブルとクロスケーブルは外観上の違いがないため，よく誤接続の原因となっていた。そこで，ストレートケーブルだけで機器間を接続しても正常に通信ができるように，Automatic MDI/MDI-X の機能が実装されるようになった。

　　その他の記述が示すものは，次のとおりである。

ア：リンク障害検出機能に関する説明である。

イ：全二重・半二重の自動判別を行うオートネゴシエーション機能に関する説明である。

ウ：通信速度の自動判別を行うオートネゴシエーション機能に関する説明である。

問2　イ　　　　　　　　　　　　　　　　　DNS の MX レコード（R3 春·NW 午前Ⅱ問 2）

　　Web アクセスを行ったり，電子メールを送信したりするためには，Web サーバやメールサーバの IP アドレスが必要となる。しかし，一般に IP アドレスを直接，指定することはなく，Web サーバの名前やメールアドレスが用いられる。このため，それぞれのドメインにおいて，サーバの名前と IP アドレスを対応付けるデータベースを事前に登録した，DNS（Domain Name System）サーバを用意し，それぞれの名前に関する問合せがあった際にその名前に関する情報を提供するようにしている。この DNS サーバに登録される情報は，リソースレコードとして指定されるが，リソースレコードの種類には，A レコード，MX レコード，NS レコードなどがある。これらのうち，MX（Mail Exchange）レコードは，メールの送信先として指定されたドメイン（メールアドレスの@以降の名前）に対応するメールサーバの名前を指定するものである。つまり，DNS の MX レコードで登録するものは，メールの送信者から見ると，宛先が管理するドメインへの電

子メールを受け付けるメールサーバとなる。したがって，（イ）が正しい。なお，送信元のメールクライアントが DNS サーバに MX レコードを問い合わせると，メールサーバの名前だけではなく，それに関連する情報としてメールサーバの IP アドレスも回答されるようになっていることが多い。

その他の記述は，いずれも MX レコードと関係するものではない。

問3　エ　　　　　　　　　IEEE 802.11a/g/n/ac で用いられる多重化方式 (R3 春・NW 午前 II 問 3)

IEEE 802.11a/g/n/ac で用いられる多重化方式は，OFDM（Orthogonal Frequency Division Multiplexing；直交周波数分割多重）である。したがって，（エ）が正しい。OFDM は，データ信号を複数のサブキャリアに分割し，各サブキャリアが互いに干渉しないように配置する方式である。そうすることによって，サブキャリアの数と 1 シンボル（変調された信号の基本単位）に乗せるビット数（6 ビットないしは 8 ビット）を掛け合わせることができるので，伝送速度の高速化を実現できることになる。

その他の用語の意味は，次のとおりである。

ア：ASK（Amplitude Shift Keying；振幅偏移変調）……ディジタル信号の "0"，"1" を，搬送波の振幅の "あり"，"なし" に対応させる変調方式である。

イ：BPSK（Binary Phase Shift Keying；2 相偏移変調）……IEEE 802.11b で使用されている変調方式。BPSK を用いた場合の伝送速度は 1 M ビット／秒である。

ウ：FSK（Frequency Shift Keying；周波数偏移変調）……ディジタル信号の "0"，"1" を，搬送波の異なる周波数に対応させる変調方式。1,200 ビット／秒以下の低速モデムに使用された方式である。

問4　ウ　　　　　　　　　　　　　最大論理回線数の算出 (R3 春・NW 午前 II 問 4)

X 地点から Y 地点まで同時に使用できる論理回線数を求めるためには，図のように(1)〜(4)の各断面における多重度を計算していくとよい。すると，(1)が 11，(2)が 10，(3)が 11，(4)が 12 となる。

次に，AB 間や BC 間，DE 間や EG 間の多重度を考慮していく。(1)から(2)へ移行するときは，多重度が 11 から 10 に減少している。XA 間の多重度 4 は，AD 間の 1 と，AB と BD 間の 2 に分割されて運ばれるが，この経路の多重度は 3 に制限される。また，XB 間の多重度 4 と，XC 間の多重度 3 は，BC 間の 1 を利用して，BE 間の 3 と CF 間の 4 によって運ぶことができる。このため，断面(1)の論理回線数は，(2)では最大 10 になる。一方，(3)から(4)に移行するときは，多重度が 11 から 12 へ増加しており，EG 間の多重度 4 を利用すると，断面(3)の論理回線数を問題なく運ぶことができる。したがって，X 地点から Y 地点まで同時に使用できる論理回線数の最大値は，10（ウ）となる。

午前 II 解答

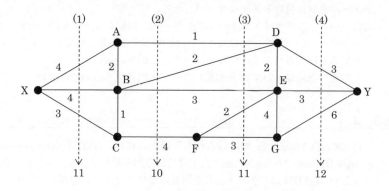

CSMA方式のLAN制御（R3春·NW 午前Ⅱ問5）

　CSMA（Carrier Sense Multiple Access）とは，伝送路にキャリア信号（電気信号のこと）が流れていないことを検出して，データの送信を行う制御方式のことである。したがって，（ア）が正しい。

　CSMAでは，ほぼ同時に複数のノードがデータを送信することがあるので，伝送路上で送信データが衝突することがあり，この衝突に関する制御として二つの方式がある。まず，有線LANでは，伝送路上で衝突が発生するかどうかの検出ができるので，CSMA/CD（CSMA with Collision Detection）という方式が使用される。一方，無線LANでは電波の衝突を検出することが困難なので，送信データが衝突しないように，無線ノードはデータを送信する必要がある。この方式をCSMA/CA（CSMA with Collision Avoidance）という。

　その他の記述には，次のような誤りがある。

イ：トークンパッシングに関する記述である。

ウ：CSMA/CDに関する記述であるが，衝突検出後の再送は，一定時間待つ必要がある。

エ：伝送路の使用中には，データを送信することはできない。

QoSのトラフィック制御方式（R3春·NW 午前Ⅱ問6）

　通信を開始する前にネットワークに対して帯域などのリソースを要求し，確保の状況に応じて通信を制御することを，アドミッション制御という。したがって，（ア）が正しい。例えば，新たにコネクションを設定してよいか，OS上においてタスクを生成してよいか，新たにメモリを割り付けてよいかなどを制御する。このようなアドミッション制御を行うことで，システム内で処理中の動作が，新たに発生した処理に資源を奪われることがなくなり，処理の継続が保証される。

　その他の記述には，次のような誤りがある。

イ：この記述に関する制御は，シェーピングではなく，ポリシングである。

ウ：この記述に関する制御は，ポリシングではなく，シェーピングである。

エ：この記述は優先制御に関するものである。なお，ベストエフォートとは，ユーザが利用する通信サービスの品質が保証されないサービス形態のことである。

問7　ウ　　　　　　TCPでフラグメント化されることなく送信できる最大長 (R3春・NW 午前II問7)

ネットワークのMTU（Maximum Transmission Unit）とは，ノードが隣接したネットワークに対して，1回の通信で転送可能な最大のデータグラムサイズのことである。つまり，一つのIPパケットの最大長となる。図の構成でIPパケットに該当するところは，IPヘッダの20オクテット，TCPヘッダの20オクテット，データである。これらの合計がネットワークのMTU（1,500オクテット）になるので，IPパケットがフラグメント化されることなく送信できるデータの最大長を x オクテットとすると，次の関係式が成り立つ。

$$20＋20＋x＝1,500$$

x を求めると，x＝1,460 となる。したがって，（ウ）が正しい。この 1,460 オクテットは，TCPセグメント（アプリケーションのデータ）の最大長を示し，一般に MSS（Maximum Segment Size）といわれる。

一方，イーサネットにおける最大フレーム長は，ネットワークのMTU（1,500オクテット）に加え，MACヘッダの 14 オクテットと FCS（Frame Check Sequence）の 4 オクテット分の長さが必要になるので，それらを合計すると 1,518 オクテットになる。このため，1,518 オクテットが，イーサネットフレームの最大長となる。

問8　ア　　　　　　自律システム間の経路制御プロトコル (R3春・NW 午前II問8)

ルータ同士が経路情報をやり取りするためのプロトコルをルーティング（経路制御）プロトコルという。このルーティングプロトコルは，自律システム（AS；Autonomous System）内の経路制御に使用される IGP（Interior Gateway Protocol）と，AS間の経路制御に使用される EGP（Exterior Gateway Protocol）に分けられる。EGPの代表例が，BGP（Border Gateway Protocol）であり，その最新バージョンは RFC 4271 として標準化が進められている BGP-4 である。したがって，（ア）が正しい。

その他の用語の意味は，次のとおりである。

イ：OSPF（Open Shortest Path First）……複数ある経路のうち，最小コストによってルーティングを行うための経路制御プロトコル。IGPの一つ。

ウ：RIP（Routing Information Protocol）……ホップ数（経由するルータの個数のこと）が最少となる経路を選択する距離ベクトル方式に基づくプロトコル。IGPの一つで，RIPには RIP-1 と RIP-2 がある。

エ：RIP-2（RIP Version 2）……RIP の最新バージョンであり，RFC 2453 として標準化されている。RIP-1 に比較し，可変長サブネットマスクや認証機能などをサポートしている。

問9　イ

　DNS（Domain Name System）とは，インターネットに接続されているホストのリソース情報などを提供する分散型のデータベースシステムである。DNS サーバ（ネームサーバともいう）にホスト名などの名前（FQDN；Fully Qualified Domain Name）と，それに対応する IP アドレスなどを登録し，リゾルバ（クライアント）からの名前解決の問合せがあると，ホスト名に対応する IP アドレスを回答する役割を担う。

　ホスト名と IP アドレスの対応付けについては，DNS ラウンドロビンによって負荷分散させる場合には，一つのホスト名に対し複数の IP アドレスを対応させる。また，物理的なサーバが一つであっても，そのサーバで複数のホスト名を用いたサービスを提供する場合もある。このような場合，物理的なサーバには一つの IP アドレスしか与えられないので，複数のホスト名に同一の IP アドレスを対応させることもある。したがって，（イ）が正しい。

　その他の記述は，前述した内容と相容れないので，全て誤りである。

問 10　ウ

　セグメント A に割り当てることができるサブネットアドレスは，セグメント B～D に割り当てられたサブネットアドレスと重複すると，全てのセグメント間における通信ができなくなる。このため，選択肢の中から重複しないアドレスを選ぶ必要がある。

　まず，セグメント B のサブネットマスクの最後の 8 ビットが 224＝128＋64＋32 であるので，ホストアドレス部は 5 ビットになる。このため，セグメント B で割り当てられるアドレスの範囲は，172.16.1.32～172.16.1.63（＝32＋31。31 はホストアドレス部が "11111" のときの値）となる。同様にして，セグメント C は，252＝128＋64＋32＋16＋8＋4 であるので，ホストアドレス部は 2 ビットになり，そのアドレス範囲は 172.16.1.224～172.16.1.227（＝224＋3）となる。セグメント D は，192＝128＋64 であるので，ホストアドレス部は 6 ビットになり，そのアドレス範囲は 172.16.1.64～172.16.1.127（＝64＋63）となる。

　以上から，セグメント B～D で使用されているアドレス範囲を図示すると，次の図のようになる。この図に，選択肢ア～エの IP アドレスの範囲を追加していく。すると，重複しないアドレス範囲のものは，ネットワークアドレスが 172.16.1.128，サブネットマスクが 255.255.255.192 となるので，（ウ）が正しい。

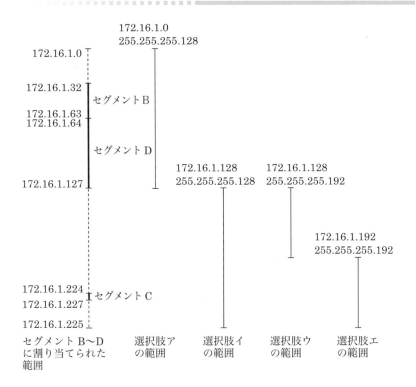

172.16.1.0
255.255.255.128

172.16.1.0

172.16.1.32

セグメント B

172.16.1.63
172.16.1.64

セグメント D

172.16.1.128
255.255.255.128

172.16.1.128
255.255.255.192

172.16.1.127

172.16.1.192
255.255.255.192

172.16.1.224
172.16.1.227
セグメント C

172.16.1.225

セグメント B〜D
に割り当てられた
範囲

選択肢ア
の範囲

選択肢イ
の範囲

選択肢ウ
の範囲

選択肢エ
の範囲

問 11　エ

　MPLS（Multi-protocol Label Switching）とは，ユーザから送信されてきた IP パケットの宛先 IP アドレスをラベル（MPLS ヘッダに 20 ビットのラベルフィールドが定義されている）という情報に変換し，そのラベルによって MPLS 網内を高速に転送するための技術である。このため，ラベルと呼ばれる識別子を挿入することによって，IP アドレスに依存しないルーティングを実現する，ラベルスイッチング方式を用いたパケット転送技術であると記述された（エ）が正しい。

　その他の記述が示すものは，次のとおりである。

ア：IPsec（IP Security Protocol）

イ：L2TP（Layer Two Tunneling Protocol）

ウ：PPTP（Point-to-Point Tunneling Protocol）

問 12　ウ

　IoT で利用される通信プロトコルのうち，パブリッシュ／サブスクライブ（Publish/Subscribe）型のモデルを採用しているものは，MQTT（Message

午前 II 解答

Queueing Telemetry Transport）である。したがって，（ウ）が正しい。

MQTT は，メッセージの配信元が，サーバにメッセージを送信すると，サーバは購読要求のあった配信先に対してだけメッセージを送信するといった Publish/Subscribe 型のメッセージ通信プロトコルである。IoT システムへの適用を想定した軽量プロトコルの一つで，TCP や TLS 上で動作する。

その他の用語の意味は，次のとおりである。

ア：6LoWPAN（IPv6 over Low-Power Wireless Personal Area Networks）……センサネットワーク内のノードにおいて，物理層と MAC 層に ZigBee と同じ IEEE 802.15.4 を採用し，ネットワーク層に TCP/IP の IPv6 アドレスに準拠したアドレスを用いる近距離無線通信規格の一つ。

イ：BLE（Bluetooth Low Energy）……低電力（LE）で通信できる Bluetooth の規格の一つ。

エ：Wi-SUN（Wireless Smart Utility Network）……特定小電力無線と呼ばれる 920 MHz 帯を使用し，電力会社のスマートメータと家庭内 HEMS（Home Energy Management System）間の通信などに採用されている無線通信規格。

問 13　エ　　　　　TCP と UDP 両方に存在するヘッダ情報（R3 春-NW 午前Ⅱ問 13）

TCP（Transmission Control Protocol）及び UDP（User Datagram Protocol）のヘッダ情報は，次の図に示すようになっている。

TCP セグメント

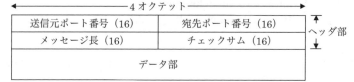

UDP データグラム

このため，TCP と UDP 両方に存在するヘッダ情報は送信元ポート番号である。したがって，（エ）が正しい。

その他の情報は，次のヘッダに存在するものである。

ア：宛先 IP アドレス……IP ヘッダ

イ：宛先 MAC アドレス……MAC ヘッダ（イーサネットヘッダ）

ウ：生存時間（TTL）……IP ヘッダ

問 14　イ　　　　　ブロードキャストアドレス（R3 春・NW 午前 II 問 14）

ネットワークアドレス 192.168.10.192/28 におけるサブネットマスク長は 28 ビットである。このため，ホストアドレス部の長さは 4（＝32－28）ビットである。このネットワークにおいては，ホストアドレス部が “0000” のとき，192.168.10.192 というネットワークアドレスを示す。また，ホストアドレス部が “1111” のとき，ブロードキャストアドレスを示す。“1111” を 10 進表示すると，15 になるので，このサブネットにおけるブロードキャストアドレスは，192 に 15 を加えればよい。すると，192.168.10.207 となるので，（イ）が正しい。

問 15　ウ　　　　　無線 LAN の周波数帯の組合せ（R3 春・NW 午前 II 問 15）

代表的な無線 LAN の規格に関して，日本国内において使用される周波数帯と，最大伝送速度を次に示す。

規格	使用される周波数帯	最大伝送速度
IEEE 802.11b	2.4 GHz 帯	11 Mbps
IEEE 802.11g	2.4 GHz 帯	54 Mbps
IEEE 802.11a	5 GHz 帯	54 Mbps
IEEE 802.11n	2.4 GHz 帯，5 GHz 帯	600 Mbps
IEEE 802.11ac	5 GHz 帯	6.93 Gbps

IEEE 802.11n の使用周波数帯は 2.4 GHz 帯と 5 GHz 帯であり，IEEE 802.11ac では 5 GHz 帯である。したがって，問題に示された表の組合せの中では（ウ）が該当することが分かる。

問 16　イ　　　　　ポリモーフィック型マルウェアの説明（R3 春・NW 午前 II 問 16）

ポリモーフィック（polymorphic；多様性，多態性）型マルウェアは，感染ごとにマルウェアのコードを異なる鍵で暗号化するなどのステルス技術を用いて，過去に発見されたマルウェアのパターンでは検出されないようにするマルウェアである。したがって，（イ）が正しい。

ポリモーフィック型マルウェアは，ミューテーション（mutation；突然変異）型マルウェアとも呼ばれる。また，ステルス技術を用いるマルウェアには，感染のたびに命令コードを変化させるメタモーフィック（metamorphic；変形）型マルウェアなどがある。

　その他の記述が示すものは，次のとおりである。

ア：ボットや RAT（Remote Administration Tool）などの遠隔操作型マルウェアの説明である。

ウ：複数の OS 上で動作する，クロスプラットフォーム対応のマルウェアの説明である。マルチプラットフォーム対応のマルウェアとも呼ばれる。

エ：ルートキットによるウイルスの隠蔽の説明である。ルートキットは，システム内で動作し，システムコールの横取りや偽装した応答によって，不正に組み込んだウイルスなどを隠蔽する機能をもつマルウェアである。

問 17　イ　　　　　　リフレクタ攻撃に悪用されることの多いサービス（R3 春-NW 午前Ⅱ問 17）

　リフレクタ攻撃は，リフレクタ（踏み台）となるコンピュータに対して，送信元 IP アドレスに攻撃対象の IP アドレスを設定したパケットを送信し，リフレクタから攻撃対象のサーバなどに対して大量のパケットを送り付ける DoS 攻撃の一つである。トランスポート層プロトコルに UDP（User Datagram Protocol）を用いるサービスは，パケットの送信元 IP アドレスを詐称しても，その応答パケットが詐称された IP アドレスに返されるという性質があるので，これを悪用する攻撃である。選択肢の中では，DNS（Domain Name System）や Memcached（分散型メモリキャッシュシステム），NTP（Network Time Protocol）などのサービスが，トランスポート層プロトコルに UDP を使用するので悪用されやすい。また，これらのサービスは，要求パケットに対して応答パケットのサイズが大きくなるという特徴があり，一般の観測レポートでも悪用されることが多いとされている。したがって，（イ）が正しい。

　その他の用語の組みは，いずれもリフレクタ攻撃に悪用されるとはいえない。

ア：DKIM（DomainKeys Identified Mail），DNSSEC（Domain Name System Security Extensions），SPF（Sender Policy Framework）では DNS が用いられる。そのため，リフレクタ攻撃に悪用され得るが，DKIM などのサービスの仕組みを悪用しているとはいえ，悪用されることが多いともいえない。

ウ：FTP（File Transfer Protocol）と Telnet は，トランスポート層プロトコルに TCP（Transmission Control Protocol）を用いる。TCP 通信において，送信元 IP アドレスを詐称すると，TCP コネクションを確立できないので，リフレクタ攻撃に悪用することはできない。なお，L2TP（Layer 2 Tunneling Protocol）は 1 対 1 接続を行うトンネリングプロトコルのため，リフレクタ攻撃に悪用されるとはいえない。

エ：SSL（Secure Sockets Layer）と TLS（Transport Layer Security）は，TCP

を用いるので，リフレクタ攻撃に悪用することはできない。なお，IPsec（Security Architecture for the Internet Protocol）は，L2TP と同じように 1 対 1 接続を行うので，リフレクタ攻撃に悪用されるとはいえない。

問 18　ア　　　　　　　　　　　　　前方秘匿性の性質（R3 春・NW 午前 II 問 18）

前方秘匿性（Forward Secrecy）とは，鍵交換を行うために使用した秘密鍵が危殆化した場合でも，過去に行われた暗号化通信の機密性は守られるという性質である。したがって，鍵交換に使った秘密鍵が漏えいしたとしても，過去の暗号文は解読されないと記述された（ア）が正しい。前方秘匿性は，PFS（Perfect Forward Secrecy）とも呼ばれる。

クライアントとサーバ間において HTTPS 通信を行う際には，TLS の暗号化通信が行われる。この暗号化通信を行うためには，クライアントとサーバは，鍵交換を行って共通鍵を作成する。例えば，この鍵交換アルゴリズムとして RSA を使った場合，クライアントは，サーバの公開鍵でプリマスタシークレットを暗号化してサーバに送り，サーバでは自身の秘密鍵を用いてプリマスタシークレットを復号して共通鍵を作成する。このため，サーバの秘密鍵が危殆化すると，プリマスタシークレットなどを基にして，データの暗号化に使用した共通鍵を作成することが可能となり，第三者がそれまでに行われた TLS の暗号化通信のデータを全て保存していた場合には，暗号化通信の内容を復号することができてしまう。そこで，クライアントとサーバとの間で行われる鍵交換アルゴリズムとしては，DHE（Ephemeral Diffie-Hellman）などを用いて一時的な鍵ペアを作成し，そのセッション限りでしか使用できない共通鍵を作成することが必要になる。このため，TLS 1.3 では，PFS を提供しない RSA や DH などの鍵交換方式を廃止している。

その他の記述が示すものは，次のとおりである。
イ：ブロックチェーンに関する説明である。
ウ：公開鍵暗号方式の性質に関する説明である。公開鍵で暗号化した場合には，それと対になる秘密鍵でしか復号できず，秘密鍵で暗号化した場合には，それと対になる公開鍵でしか復号できないことを意味している。
エ：ハッシュ関数がもつ性質の一つである。ハッシュ値から元のデータを推測できないことは一方向性又は原像計算困難性と呼ばれる。

問 19　ア　　　　　　　　　　　　IEEE 802.1X が定めているもの（R3 春・NW 午前 II 問 19）

IEEE 802.1X（Port-Based Network Access Control）は，クライアント，オーセンティケータ（レイヤ 2 スイッチ，無線アクセスポイント），認証サーバという 3 要素から構成される通信モデルを規定し，認証プロトコルとしては様々な認証方式が利用できるように EAP（Extensible Authentication Protocol）を用いる。

この IEEE 802.1X は，クライアント（利用者）からの認証情報をアクセスポイントが受け取ると，それを認証サーバに送信して接続の可否を判断してもらうという仕組みを提供する。このため，選択肢の中では，アクセスポイントが EAP を使用して，利用者を認証する仕組みが該当する。したがって，（ア）が正しい。

その他の記述には，次のような誤りなどがある。

イ：アクセスポイントが，パスワードをセッションごとに生成するのは，クライアントとアクセスポイントとの間で行われ，アクセスポイントが認証局と連携するわけではない。

ウ：WPS（Wi-Fi Protected Setup）は，Wi-Fi アライアンスが策定した無線 LAN の接続設定を簡単に行うための規格であり，IEEE 802.1X の規定範囲ではない。

エ：CSMA/CD 方式は有線 LAN で使用され，IEEE 802.3 で規定されたものであり，IEEE 802.1X の規定範囲ではない。

問20　イ

OP25B の例（R3 春·NW 午前Ⅱ問 20）

OP25B（Outbound Port 25 Blocking）とは，迷惑メールなどのスパムメール対策の一つで，ISP 管理下にあるクライアントパソコンなどが，ISP のメールサーバを経由することなく，インターネット上にある任意のメールサーバに対して，直接 SMTP コネクションを確立しようとするアクセスを遮断するものである。ISP 管理下における接続環境では，接続の都度，ISP から IP アドレスの配布を受けることが多く，こうした動的 IP アドレスが使用されると，身元の確認が難しくなるという問題がある。そこで，スパムメールの送信者などは，ISP 管理下で割り当てられた動的 IP アドレスを用いて ISP 管理外のネットワークへ直接，宛先ポート番号 25 への通信を行い，スパムメールを送信するようになったことから，OP25B という対策が採られるようになったのである。したがって，（イ）が正しい。

その他の記述は，次のようなスパムメールの判定方法に関するものである。

ア：シグネチャによって判定する方法

ウ：DNS の逆引きができるかどうかによって判定する方法

エ：RBL（Realtime Blackhole List）に登録されているかどうかによって判定する方法

問21　イ

不正にシェルスクリプトを実行させる攻撃（R3 春·NW 午前Ⅱ問 21）

Web アプリケーションソフトウェアの脆弱性を悪用する攻撃手法のうち，入力した文字列が Perl の system 関数，PHP の exec 関数などに渡されることを利用し，不正にシェルスクリプトを実行させる攻撃のことを，OS コマンドインジェクションという。したがって，（イ）が正しい。

その他の用語の意味は，次のとおりである。

ア：HTTP ヘッダインジェクション……HTTP レスポンスヘッダの出力処理の脆弱性を突いて，レスポンス内容に任意のヘッダフィールドを追加したり，任意のボディを作成したり，複数のレスポンスを作り出したりすること

ウ：クロスサイトリクエストフォージェリ（CSRF）……ある Web サイトに接続中の利用者に悪意のあるスクリプトを含む Web ページを閲覧させ，その Web サイトに対し不正な HTTP リクエストを送り込むなどして，利用者が意図していない処理を強要させること

エ：セッションハイジャック……悪意の第三者が，ログイン中の利用者のセッション ID を不正に取得するなどして，その利用者になりすましてセッションを乗っ取ること

問 22　イ　　クロック周波数から計算する実行時間（R3 春·NW 午前 II 問 22）

CPI（Cycles Per Instruction）は，1 命令の実行に要するクロック数である。3 種類の演算命令が合計 1,000,000 命令実行されるプログラムの構成比率が，浮動小数点加算が 20%，浮動小数点乗算が 20%，整数演算が 60%であるので，それぞれの命令数は，200,000 命令，200,000 命令，600,000 命令となる。これらの命令を実行するために必要なクロックサイクル数（CPI）を掛けて合計のクロックサイクル数を求め，プロセッサのクロック周波数 1 GHz（＝1 秒間に 10^9 クロック）で割れば，実行に必要な時間が求められる。

＜合計のクロックサイクル数＞

$3 \times 200,000 + 5 \times 200,000 + 2 \times 600,000$

$= 600,000 + 1,000,000 + 1,200,000 = 2,800,000$（クロック）

＜1,000,000 命令の実行に必要な秒数＞

$2,800,000$（クロック）$\div 10^9$（クロック／秒）$= 2.8 \times 10^{-3}$（秒）$= 2.8$（ミリ秒）

したがって，（イ）が正しい。

問 23　ウ　　M/M/1 の待ち行列モデルにおける平均時間の計算（R3 春·NW 午前 II 問 23）

M/M/1 の待ち行列モデルを用いて処理システムの平均時間を算出するためには，まず，システムに入力されるトランザクションの単位時間当たりの発生件数と，1 トランザクション当たりの平均処理時間を求める必要がある。

この問題では，「プリントシステムには 1 時間当たり平均 6 個のファイルのプリント要求がある」ので，トランザクションの単位時間当たりの発生件数（λ）は，

$λ = 6$（件）／3,600（秒）$= 1／600$（件／秒）

となる。次に，「1 個のプリント要求で送られてくるファイルの大きさは平均 7,500 バイトである。プリントシステムは 1 秒間に 50 バイト分印字できる」とあるの

で，1個のファイルを印字するために必要な平均処理時間（t_s）は，

$\qquad t_s=7,500／50=150$（秒／件）

となる。プリントシステムが M/M/1 の待ち行列モデルに従う場合，プリントシステムの使用率（ρ）は，λ と t_s を掛け合わせて求めるので，

$\qquad \rho=\lambda\times t_s=（1／600）\times150=1／4=0.25$

となる。

プリント要求後プリントが終了するまでの平均時間（T）は，$T=t_s／（1-\rho）$という M/M/1 の待ち行列モデルにおける公式を使って求めるので，

$$T=\frac{t_s}{1-\rho}=\frac{150}{1-0.25}=200（秒）$$

となる。したがって，（ウ）が正しい。

問24　イ　

FTA（Fault Tree Analysis；故障の木解析）は，その発生が好ましくない事象について，発生経路，発生原因及び発生確率をフォールト（障害）の木（樹形図）を用いて解析することと定義されている。したがって，（イ）が正しい。

樹形図の簡単な例を次に示す。

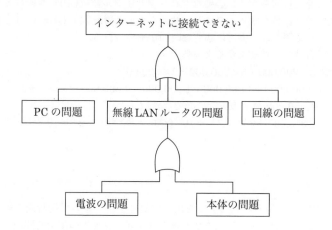

その他の記述が示すものは，次のとおりである。

ア：FMEA（Failure Mode and Effect Analysis；故障モード影響解析）のことである。FMEA は，システムやプロセスの構成要素に起こりやすい故障モードを予測し，考えられる故障の原因や影響を事前に解析・評価することで，設計・計画上の問題点を抽出し，事前に対策を実施してトラブルを未然に防止することである。FTA がトップダウン的なのに対して，FMEA はボトムアップ的である。

ウ：なぜなぜ分析手法のことである。問題の根本原因を見つけるために故障が発
　　生した理由を 5 回以上質問し，真の原因を追究する手法である。現場の問題に
　　は複数の要因があり，真の原因をタイムリーに現場で見つけ，その場で解決す
　　るために考えられた。図法としては QC 七つ道具の一つである特性要因図（フ
　　ィッシュボーン図）につながる。

エ：ODC (Orthogonal Defect Classification；直交欠陥分類) 分析のことで，1992
　　年に IBM ワトソン研究所で提案された障害の定量的分析手法である。

問25　ア　　　　　リバースエンジニアリングに該当するもの (R3 春-NW 午前 II 問 25)

　　リバースエンジニアリングとは，開発工程を逆方向にさかのぼってソフトウェ
アを解析していくことで，具体的には，ソースプログラムを解析してプログラム
仕様書を作ったり，更に設計仕様や要求仕様を導いたりすることが該当する。し
たがって，（ア）が正しい。

　　なお，リバースエンジニアリングと関連する用語として，次の二つも知ってお
くとよい。

・フォワードエンジニアリング……リバースエンジニアリングと逆に開発工程を
　　　上流から下流に向かってソフトウェアを開発すること

・リエンジニアリング……既存のソフトウェアに変更を加えて新しいソフトウェ
　　　アを開発すること

　　その他の記述が示すものは，次のとおりである。

イ：ソフトウェアを改修したときにその影響範囲などを調べる影響分析のことで
　　ある。

ウ，エ：どちらもソフトウェアの外部仕様を変えずに理解や修正が容易になるよ
　　うにソースコードの内部構造を変えるリファクタリングのことである。

午前 II 解答

午後Ⅰ問題 解答・解説

問1	ネットワーク運用管理の自動化	(R3 春・NW 午後Ⅰ問1)

【解答例】

［設問１］　(1)　DHCP サーバ

　　　　　　(2)　82

　　　　　　(3)　L2SW の入力ポート以外の全てのポートに転送される。

［設問２］　(1)　RT 管理コントローラの IP アドレスが変更された場合でも RT の設定変更が不要である。

　　　　　　(2)　HTTP（又は，HTTPS）

　　　　　　(3)　運用管理サーバ

　　　　　　(4)　店舗から本社には BP 経由でしかアクセスができないから。

［設問３］　(1)　a：2

　　　　　　(2)　b：SNMP　　　c：RT 管理コントローラ

　　　　　　(3)　各機器の接続構成が構成図どおりであること

　　　　　　(4)　イ，エ，カ

【解説】

　本問では，DHCP サーバの機能，IP アドレスの設計，レイヤ２スイッチ（L2SW）の動作，アドレス指定に FQDN を用いる利点，traceroute コマンド，SNMP の仕組みなどの基本知識が必要である。こうした知識を基にして，問題の記述内容や条件を考慮しながら解答を作成していけば，かなりの設問に正解できると考えられる。冷静に問題と向き合うことが必要であるが，合格基準点をクリアすることは難しくないと思われる。

［設問１］

(1)　この設問は，名前解決に用いるサーバの IP アドレスを，在庫管理端末に通知するサーバは何かを，図１中の機器名で答えるものである。

　　〔現状の在庫管理システム〕に「在庫管理端末は DHCP クライアントである」と記述されている。DHCP クライアントは，DHCP サーバにアクセスし，自身の IP アドレスやサブネットマスク，DNS サーバの IP アドレスなどの情報を受け取る。名前解決に用いるサーバとは，DNS サーバのことなので，DNS サーバの IP アドレスを通知するサーバは DHCP サーバである。図１（現状の在庫管理システムの構成（抜粋））を見ると，本社に DHCP サーバが設置されている。したがって，解答は

"DHCP サーバ"になる。

(2) この設問は，図 1 の構成において，在庫管理システムのセグメントの IP アドレス数に着目して，店舗の最大数を計算するものである。

計算に当たっての条件を確認すると，次のようなものがある。

・在庫管理システムは，本社の在庫管理サーバ，DHCP サーバ，DNS サーバ，本社及び店舗に 2 台ずつある在庫管理端末，並びにこれらを接続するレイヤ 2 スイッチ（以下，L2SW という）から構成される。

・本社の在庫管理サーバでは，在庫情報の管理と，在庫管理システム全ての機器の SNMP による監視を行っている。

・在庫管理システムで利用する IP アドレスは 192.168.1.0/24 であり，各機器には IP アドレスが一つ割り当てられている。

まず，在庫管理システム全ての機器を SNMP の監視対象にするためには，L2SW にも IP アドレスを付与する必要がある。このため，本社では，DHCP サーバ，DNS サーバ，在庫管理サーバ，L2SW と 2 台の在庫管理端末に IP アドレスを付与する必要があるので，計 6 個の IP アドレスが必要になる。そして，店舗には，L2SW と 2 台の在庫管理端末があるので，1 店舗当たり 3 個の IP アドレスを消費する。

次に，192.168.1.0/24 というアドレスブロックで，ホストに割り当てることができるホストの個数は，そのサブネットにおけるネットワークアドレスとブロードキャストアドレスの二つを除く必要がある。このため，店舗に割り当てることのできる IP アドレスの個数は，256−2−6＝248 となる。店舗では 3 個の IP アドレスを使用するので，店舗の最大数は，248／3＝82.6…となる。したがって，解答は"82"になる。

(3) この設問は，本社の L2SW の MAC アドレステーブルに何も学習されていない場合，在庫管理サーバが監視のために送信したユニキャストの ICMP Echo request は，本社の L2SW でどのように転送されるかを，監視対象機器に対する IP アドレスと MAC アドレスの対応は在庫管理サーバの ARP テーブルに保持されているという条件で述べるものである。

監視対象機器に対する IP アドレスと MAC アドレスの対応は在庫管理サーバの ARP テーブルに保持されているという条件なので，在庫管理サーバが監視のために送信するユニキャストの ICMP Echo request は，宛先 MAC アドレスに監視対象機器の MAC アドレスを設定したイーサネットフレームが送信される。このフレームを本社の L2SW が受信すると，L2SW の MAC アドレステーブルにエントリが存在する場合には，監視対象機器が収容されたポートだけに転送できる。しかし，本社の L2SW の MAC アドレステーブルに何も学習されていない場合には，L2SW の入力ポートを除く全てのポートに転送される。したがって，解答としては「L2SW の入力ポート以外の全てのポートに転送される」旨を答えるとよい。

[設問 2]

(1) この設問は，C 社が RT を出荷するとき，RT に RT 管理コントローラを IP アド

レスではなく FQDN で記述する利点を述べるものである。

　　B さんが考えた，新規店舗への機器の導入手順の 4 点目に「RT は，RT 管理コントローラに，REST API を利用して RT のシリアル番号と EP の IP アドレスを送信する」と記述されているので，RT から RT 管理コントローラにアクセスする必要があることが分かる。その際，IP アドレスを指定してアクセスする場合，RT 管理コントローラの IP アドレスが変更になると，RT に設定されている IP アドレスを変更しなければならない。しかし，FQDN で記述されている場合には，RT 管理コントローラの IP アドレスが変更された場合でも，同じ FQDN でアクセスできるので RT の設定を変更する必要はない。したがって，解答としては「RT 管理コントローラの IP アドレスが変更された場合でも RT の設定変更が不要である」旨を答えるとよい。

(2)　この設問は，下線①について，RT が RT 管理コントローラに登録する際に用いる，OSI 基本参照モデルでアプリケーション層に属するプロトコルを答えるものである。なお，下線①を含む記述は，「RT は，RT 管理コントローラに，REST API を利用して RT のシリアル番号と EP の IP アドレスを送信する」である。

　　REST API（Representational State Transfer Application Programming Interface）とは，Web システムを外部から利用するためのプログラムを呼び出すためのインタフェースのことである。例えば，REST API は，URL/URI によって全てのリソースを一意に識別し，クライアントが HTTP 又は HTTPS でリクエストを送信すると，そのレスポンスとして HTML や XML，JSON などの情報を応答するという役割を担うものである。したがって，アプリケーション層に属するプロトコルは "HTTP" 又は "HTTPS" となる。

(3)　この設問は，下線②について，店舗の在庫管理端末から運用管理サーバに traceroute コマンドを実行すると，どの機器の IP アドレスが表示されるかを，図 3 中の機器名で全て答えるものである。なお，下線②を含む記述は，「店員は，Wi-Fi AP 配下の Wi-Fi 端末及び在庫管理端末から通信試験を行う」である。

　　traceroute コマンドは，宛先のホストに到達するために，どのルータを経由するかを調べるために用いられる。店舗の在庫管理端末から運用管理サーバに traceroute コマンドを実行するには，店舗の在庫管理端末のコマンドラインに，

　　　traceroute　運用管理サーバの IP アドレス

と入力する。そして，このパケットの IP ヘッダの TTL フィールドは，TTL=1 として送信される。最初のルータがパケットを受信すると，TTL の値を "1" 減らすので，ICMP の Time Exceeded というエラーメッセージが返される結果，最初のルータの IP アドレスが分かる。

　　図 3（ネットワーク更改後の在庫管理システムの構成（抜粋））を見ると，店舗の在庫管理端末は，RT01 の BP（ブリッジポート）に接続されている。そして，B さんが調査した内容の 4 点目に「RP に接続した機器と BP に接続した機器との間の通信はできない」とあるので，本社の運用管理サーバは，RT00 の BP を使用して店舗の在庫管理端末と通信する。さらに，図 3 の後の段落には「店舗の RT の BP

は，トンネルで接続された本社の RT の BP と同一ブロードキャストドメインとなる」と記述されている。このため，店舗の在庫管理端末から運用管理サーバに traceroute コマンドを実行すると，運用管理サーバに至るルートには，ルータが存在しないので，運用管理サーバの IP アドレスが表示される。したがって，解答は"運用管理サーバ"になる。

(4) この設問は，図 3 において，全店舗の Wi-Fi AP から送られてくるログを受信するサーバを追加で設置する場合に，本社には設置することができない理由を，ネットワーク設計の観点から述べるものである。

　図 3 を見ると，全店舗の Wi-Fi AP は，RT01 の RP（ルーティングポート）に接続されている。そして，B さんが調査した内容の 3 点目に「RP に接続した機器は，RT の NAT 機能を介してインターネットにアクセスできる。インターネットから RP に接続した機器へのアクセスはできない」と記述されている。このため，Wi-Fi AP からインターネットへのアクセスはできるが，インターネットを経由して本社にはアクセスできないことが分かる。そして，図 3 の後の段落に「店舗の RT の BP は，トンネルで接続された本社の RT の BP と同一ブロードキャストドメインとなる」と記述されている。つまり，店舗から本社にアクセスする際には，同じブロードキャストドメイン内における通信となるので，RT の BP 経由でしかアクセスできないことになる。したがって，ネットワーク設計の観点からは，「店舗から本社には BP 経由でしかアクセスができない」旨を答えるとよい。

[設問 3]
(1) 空欄 a は，「B さんは，店舗から作業完了の連絡を受けた後で確認を行うために，LLDP（Link Layer Discovery Protocol）を用いて BP 配下の接続構成を自動で把握することにした。RT，L2SW 及び在庫管理端末は，必要な IF から OSI 基本参照モデルの第　 a 　層プロトコルである LLDP によって，隣接機器に自分の機器名や IF の情報を送信する」という記述の中にある。LLDP は，データリンク層のプロトコルであることから，OSI 基本参照モデルでは第 2 層に当たる。したがって，空欄 a には "2" が入る。

(2) 空欄 b は，「運用管理サーバは，L2SW と在庫管理端末から　 b 　によって LLDP-MIB を取得して，L2SW と在庫管理端末のポート接続リストを作成する」といった記述などの中にある。MIB（Management Information Base）中からデータを取得するために用いられるプロトコルは，SNMP（Simple Network Management Protocol）である。したがって，空欄 b には "SNMP" が入る。

　空欄 c は，「さらに，運用管理サーバは，　 c 　が収集した RT の LLDP-MIB の情報を REST API を使って取得して，ポート接続リストに加える」という記述の中にある。このため，RT の LLDP-MIB の情報を，どの装置が収集しているかを考えるとよい。

　B さんが調査した内容の 7 点目に「RT 管理コントローラは，EP に付与された IP アドレスに対し，ping による死活監視及び SNMP による MIB の取得を行う」とあ

るので，RT の MIB は，RT 管理コントローラが取得していることが分かる。したがって，空欄 c には "RT 管理コントローラ" が入る。

(3) この設問は，下線③について，情報システム部は，何がどのような状態であるという確認を行うかを述べるものである。なお，下線③を含む記述は，「B さんは，店舗から作業完了の連絡を受けた後で確認を行うために，LLDP（Link Layer Discovery Protocol）を用いて BP 配下の接続構成を自動で把握することにした」である。

〔現状の在庫管理システム〕に，B さんが指示を受けたネットワーク更改の要件の 5 点目に「店舗における機器の新設・故障交換作業は，店舗の店員が行えるようにする」と記述されている。この要件に基づき，〔新ネットワークの設計〕における，B さんが考えた，新規店舗への機器の導入手順の 1 点目に「情報システム部は，店舗に設置する機器一式，構成図，手順書及びケーブルを店舗に送付する。そのうち L2SW，Wi-Fi AP については，本社であらかじめ初期設定を済ませておく」，2 点目に「店員は，送付された構成図を参照して各機器を接続し，電源を投入する」とある。

このため，店員が送付された構成図を参照して各機器を正常に接続した後，電源を投入すると，運用管理サーバは，L2SW と在庫管理端末から SNMP によって LLDP-MIB を取得して，L2SW と在庫管理端末のポート接続リストを作成することができる。そこで，情報システム部が，このポート接続リストを見れば，各機器の接続構成が構成図どおりに正常に行われているかどうかを確認できる。したがって，解答としては「各機器の接続構成が構成図どおりであること」などのように答えるとよい。

(4) この設問は，図 3 において，情報システム部の管理外の L2SW 機器（以下，L2SW-X という）が L2SW01 の IF2 と在庫管理端末 011 の IF1 の間に接続されたとき，表 1 はどのようになるかを，解答群の中から三つ選ぶものである。

図 3 で，L2SW-X が L2SW01 の IF2 と在庫管理端末 011 の IF1 の間に接続されたときの状態を，図 A に示す。

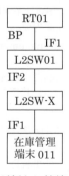

図 A　L2SW-X が新たに接続されたときの状態

　そして，設問には「L2SW-X は LLDP が有効になっているが，管理用 IP アドレスは情報システム部で把握していないものとする」という条件があるので，この意味を考える。

　LLDP は，自機器の機器名や IF（インタフェース）の情報を定期的に隣接機器に通知したり，隣接機器からの情報を収集したりするためのプロトコルである。このため，図 A から L2SW01 や在庫管理端末 011 は，L2SW-X を隣接機器として認識できる。

　一方，L2SW-X の IP アドレスは，管理用 IP アドレスとして情報システム部で把握されていない。このため，運用管理サーバは SNMP によって L2SW-X の LLDP-MIB を取得しないので，L2SW-X のポート接続リストは作成されない。ポート接続リストは，問題文で「SNMP（b）で情報を取得する対象の機器（以下，自機器という）の IF と，そこに接続される隣接機器の IF を組みにした表である」と説明されている。つまり，表 1 のポート接続リストには，自機器名として L2SW-X の行が存在することはない。

　以上のことを前提にして，解答群を順に確認すると，次のようになる。

ア：行番号 3 は，自機器名が L2SW01 であり，図 A のように L2SW-X が追加されても削除されないので，適切な記述ではない。

イ：L2SW-X が追加されると，行番号 3 の隣接機器名は在庫管理端末 011 から L2SW-X に変更される。適切な記述である。

ウ：行番号 5 は，自機器名が在庫管理端末 011 であり，図 A のように L2SW-X が追加されても削除されないので，適切な記述ではない。

エ：（イ）と同様に，行番号 5 の隣接機器名が L2SW-X に変更される。適切な記述である。

オ：L2SW-X の IP アドレスは，管理用 IP アドレスとして情報システム部で把握していないので，L2SW-X のポート接続リストは作成されない。このため，自機器名 L2SW-X の行は存在しないので，適切な記述ではない。

カ：（イ），（エ）で述べたように，隣接機器名 L2SW-X の行は存在する。適切な記述である。

　したがって，解答は"イ，エ，カ"になる。

午後 I 解答

【解答例】

[設問1]　a：共有鍵　　b：ルータ　　c：コスト　　d：ダイクストラ
　　　　　e：172.16.0.0
[設問2]　OSPF へデフォルトルートを導入する。
[設問3]　(1)　ルーティングテーブルサイズを小さくする。
　　　　　(2)　ルータ
　　　　　(3)　ルータ（と）FW（の間）
　　　　　(4)　f：ルータ　　g：172.16.0.0/16
[設問4]　(1)　h, i, j, k, l
　　　　　(2)　機器①：ルータ
　　　　　　　 機器②：L3SW1
　　　　　　　 設定内容：OSPF 仮想リンクの接続設定を行う。
　　　　　(3)　機器：L3SW1
　　　　　　　 設定内容：OSPF エリア 1 の支社個別経路を 172.16.0.0/16 に集約
　　　　　　　　　　　　 する。

【解説】

　本問の設問 1 は，IPsec や OSPF に関する基本的な用語知識から解答できるものが
あるが，設問 2 から設問 4 までの記述式の問題は，OSPF に関する専門知識が要求さ
れる。具体的には，OSPF ルータがデフォルトルートを配布するために必要な設定，
経路集約の設定を行った場合にルーティングループが発生する問題，OSPF のエリア
0 の分断を解決する方法など，OSPF に関する設定を含めた詳細な知識が必要である。
このため，OSPF を熟知した一部の受験者を除けば，難度の高い問題といえる。

[設問1]
　空欄 a は，「VPC GW 設定項目：VPC 内仮想セグメントのアドレス（192.168.1.0
/24），IPsec VPN 認証用の事前　　a　　，FW の外部アドレス（t.u.v.5），D 社内
ネットワークアドレス（172.16.0.0/16，172.17.0.0/16）」といった説明などの中にあ
る。IPsec VPN の相手認証方式には，事前共有鍵認証やディジタル署名認証などがあ
るが，事前という用語に続く字句は共有鍵である。したがって，空欄 a には "共有鍵"
が入る。
　空欄 b，c は，「LSA には幾つかの種別があり，それぞれの Type が定められている。
例えば，　　b　　LSA と呼ばれる Type1 の LSA は，OSPF エリア内の　　b　　
に関する情報であり，その情報には，　　c　　と呼ばれるメトリック値などが含ま
れている」という記述の中にある。LSA（Link State Advertisement）には，ルータ
LSA やネットワーク LSA などがあり，Type1 の LSA は，ルータ LSA と呼ばれる。
したがって，空欄 b には，"ルータ" が入る。

また，OSPF（Open Shortest Path First）は，回線のリンク速度をコストに換算し，コストの合計が最小となる経路を選択する経路制御プロトコルであり，メトリック値としてはコストが用いられる。したがって，空欄 c には"コスト"が入る。

空欄 d は，「OSPF エリア内の各ルータは，集められた LSA の情報を基にして，
␣␣␣␣d␣␣␣␣ アルゴリズムを用いた最短経路計算を行って，ルーティングテーブルを動的に作成する」という記述の中にある。OSPF で最短経路計算を行うためのアルゴリズムとしては，ダイクストラと呼ばれるアルゴリズムが用いられている。したがって，空欄 d には"ダイクストラ"が入る。

空欄 e は，「支社ネットワーク集約がされた状態で，本社の L3SW の経路テーブルを見ると，a〜g のそれぞれを宛先とする経路（以下，支社個別経路という）が一つに集約された，␣␣␣␣e␣␣␣␣ /16 を宛先とする経路が確認できる」という記述の中にある。
図 1（D 社の現行のネットワーク構成）の a〜g の各セグメントにおける IP アドレスは，表 1（D 社の現行のネットワークにおける各セグメントの IP アドレス）に示されている。そして，〔OSPF による経路制御〕の前には，VPC GW と FW の設定項目として，D 社内ネットワークアドレス（172.16.0.0/16，172.17.0.0/16）が設定されるという記載があるので，"172.16.0.0/16"と"172.17.0.0/16"のどちらが支社の IP アドレスであるかを判断するとよい。図 1 の a〜g セグメントの IP アドレスは，表 1 を見ると全て"172.16.0.0/16"の範囲にあるので，"172.16.0.0/16"が支社の集約化された IP アドレスになる。したがって，空欄 e には"172.16.0.0"が入る。

〔設問 2〕
　この設問は，下線①の設定の内容を述べるものである。なお，下線①を含む記述は，「(8)　FW にはインターネットへの静的デフォルト経路を設定しており，全社の OSPF エリアからインターネットへのアクセスを可能にするための設定が行われている」である。

　全社の OSPF エリアからインターネットへのアクセスを可能にするためには，FW のルーティングテーブルがもつデフォルトルート（0.0.0.0/0）を，FW から D 社内にある OSPF ルータに対して，配布することが必要になる。しかし，OSPF ではデフォルトルートを交換しないため，それぞれの OSPF ルータにデフォルトルートを導入することが必要になる。したがって，解答としては「OSPF へデフォルトルートを導入する」旨を答えるとよい。

〔設問 3〕
(1)　この設問は，下線②について，この機能を使って経路を集約する目的を述べるものである。なお，下線②を含む記述は，「さらに，OSPF には，複数の経路情報を一つに集約する機能（以下，経路集約機能という）がある」である。

　　一般に，OSPF などのルーティングプロトコルでは，ルーティングテーブルに登録された宛先ネットワークアドレスに基づいて IP パケットの中継先を決める。このため，複数の宛先ネットワークアドレスを集約して一つのエントリにすれば，ル

ーティングテーブルのサイズを小さくできる。したがって，解答としては「ルーティングテーブルサイズを小さくする」旨を答えるとよい。

　ちなみに，下線②の後には「支社ネットワーク集約がされた状態で，本社のL3SWの経路テーブルを見ると，a〜gのそれぞれを宛先とする経路（以下，支社個別経路という）が一つに集約された，172.16.0.0 (e) /16を宛先とする経路が確認できる」と記述されている。これは，表1にあるセグメントa 〜 gまでの七つの経路情報を172.16.0.0/16への一つの経路情報として集約できていることを示している。

(2)　この設問は，下線③について，経路集約を設定している機器を図1中の機器名で答えるものである。なお，下線③を含む記述は，「D社では，支社へのネットワーク経路を集約することを目的として，ある特定のネットワーク機器で経路集約機能を設定している（以下，この集約設定を支社ネットワーク集約という）」である。

　OSPFネットワーク内で経路集約機能を設定できるのは，OSPFエリアの境界に設置されているエリア境界ルータ（ABR；Area Border Router）と呼ばれる機器である。〔D社の現行のネットワークの概要〕の(7)に「本社のLANのOSPFエリアは0であり，支社1〜3のLAN及び広域イーサ網のOSPFエリアは1である」と記述されている。このため，図1を見ると，OSPFエリア0の本社LANと，OSPFエリア1にある支社1〜3のLAN及び広域イーサ網を相互に接続する機器はルータであり，ルータが支社ネットワークの経路情報を集約していることが分かる。したがって，解答は"ルータ"になる。

　なお，OSPFエリア0とOSPFエリア1の境界にあるルータが，OSPFエリア1にある支社1〜3のLAN及び広域イーサ網のIPアドレスを172.16.0.0/16として集約化した場合，ルータは，OSPFエリア0内にある本社のL3SWやFWに172.16.0.0/16を広告するとともに，ルータのルーティングテーブルには，宛先が172.16.0.0/16であるIPアドレスは，破棄ルート（discard root）として自動的に登録される。破棄ルートは，Null0ルートとも呼ばれ，これが，設問3(4)で問われている。

(3)　この設問は，下線④について，ルーティングループが発生する可能性があるのは，どの機器とどの機器の間かを，図1中の機器名で二つ答えるものである。なお，下線④を含む記述は，「また，D社では，支社ネットワーク集約によって意図しないルーティングループが発生してしまうことを防ぐための設定を行っているが，その設定の結果，表2に示すOSPF経路が生成され，ルーティングループが防止される」である。

　支社ネットワークに付与されたネットワークアドレスを集約すると，172.16.0.0/16になる。このため，OSPFエリア1とOSPFエリア0との境界にあるエリア境界ルータは，前述したように，OSPFエリア0にあるL3SWやFWに対して，172.16.0.0/16宛てのIPパケットについては，ルータに送信するための経路情報を広告するので，本社のL3SWやFWのルーティングテーブルには，宛先ネットワークが172.16.0.0/16，ネクストホップがルータといった経路情報が登録される。

　一方，支社1のL3SW1，支社2のL3SW2，支社3のL3SW3は，それぞれのエ

リア内の経路情報を集約した上で，本社のルータへ広告する。支社 1 のネットワークは，セグメント a（172.16.0.0/23）とセグメント b（172.16.2.0/23）であるため，L3SW1 から本社のルータに広告する経路情報は，例えば "172.16.0.0/22" となる。同様に，L3SW2 から本社のルータに広告する経路情報は "172.16.4.0/22"，L3SW3 から本社のルータに広告する経路情報は "172.16.8.0/22" となる。

このため，本社のルータは，これらの経路情報を自身のルーティングテーブルに登録するが，本社のルータがエリア内の L3SW4 や L3SW5，FW に経路情報を広告する際には，集約したアドレス，例えば "172.16.0.0/16" を広告する。こうして，本社のルータや FW がもつルーティングテーブルは，図 A のようになる。

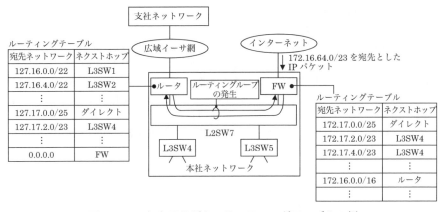

図 A　ルータや FW がもつルーティングテーブルの例

ここで，集約化された支社ネットワークに存在しない，例えば，172.16.64.0/23 を宛先とした IP パケットを FW が受信した場合，FW は自身のルーティングテーブルを参照してルータへ送信する。一方，ルータのルーティングテーブルには，支社 1，支社 2，支社 3 及び広域イーサ網宛ての経路情報，本社ネットワーク宛ての経路情報，デフォルトルートしか登録されていない。このため，ルータが，FW から 172.16.64.0/23 宛ての IP パケットを受信すると，合致するエントリはデフォルトルートしか存在しないので，その IP パケットはルータから FW に送られる。FW が受信すると，またルータに送信されるので，ルータと FW との間で，ルーティングループが発生してしまう。したがって，解答は "ルータ（と）FW（の間）" になる。

(4) 空欄 f, g は，表 2 中にある。

設定機器	宛先ネットワークアドレス	ネクストホップ
f	g	Null0

注記　Null0 はパケットを捨てることを示す。

前出の(2)で述べたように，経路集約を行ったルータでは，集約化したネットワークアドレス（172.16.0.0/16）宛ての IP パケットについては，ルーティングループの発生を回避するために，ネクストホップを Null0 とするエントリが登録される。したがって，空欄 f，g には，それぞれ "ルータ"，"172.16.0.0/16" が入る。

［設問4］

(1) この設問は，下線⑤について，到達できない D 社内ネットワーク部分を，図2中の a～l の記号で答えるものである。なお，下線⑤を含む記述は，「フロア間を接続しただけでは，OSPF エリア 0 が OSPF エリア 1 によって二つに分断されたエリア構成となる。そのため，フロア間接続を行っても⑤E 社のネットワークからの通信が到達できない D 社内のネットワーク部分が生じ，E 社からインターネットへのアクセスもできない」である。

　図2（F さんの考えた統合後のネットワーク構成）において，エリア間接続の抜粋を示すと，図 B のようになる。図 B において，ルータ及び L3SW1 は，それぞれエリア境界ルータとして動作し，それぞれがもつ経路情報を交換する。しかし，OSPF では，エリア境界ルータは，OSPF エリア 0 から受け取った経路情報を，再度 OSPF エリア 0 には転送しない。それは，OSPF エリア 0 がバックボーンエリアと呼ばれる一つのエリアを構成するので，OSPF エリア 0 とその他の OSPF エリアとの間で経路情報のやり取りがループしてしまうのを防ぐためである。

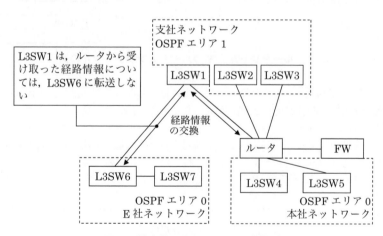

図 B　統合後におけるエリア間接続

　例えば，図 B において，支社 1 の L3SW1 は，本社のルータから本社の OSPF エリア 0 の 172.17.0.0/16 の経路情報を受け取るが，E 社の OSPF エリア 0 に対しては，172.17.0.0/16 の経路情報を転送しない。このため，E 社からは 172.17.0.0/16 のネットワークに到達できない。そして，設問 2 でも述べたように，E 社内の OSPF

ルータにデフォルトルートを導入しなければ，E 社からインターネットへのアクセスもできない。

　この設問では，到達できない D 社内ネットワーク部分を，図 2 中の a〜l の記号で答えるので，図 1 及び表 1 から h，i，j，k，l が該当することが分かる。したがって，解答は "h，i，j，k，l" になる。そして，この問題を解決する方法が，次の設問で問われている。

(2)　この設問は，下線⑥について，フロア間 OSPF 追加設定を行う必要がある二つの機器と，その設定内容を述べるものである。なお，下線⑥を含む記述は，「下線⑤の問題を解決するために，NW 機器の OSPF 関連の追加の設定（以下，フロア間 OSPF 追加設定という）を行う必要がある」である。

　図 B の構成のように，本社の OSPF エリア 0 と E 社の OSPF エリア 0 が，支社の OSPF エリア 1 によって分断されている場合，E 社の L3SW6 は，本社のルータからの経路情報を受け取ることができない。このような問題を解決するため，E 社の OSPF エリア 0 は，支社 1 の L3SW1 及び本社のルータを介して，本社の OSPF エリア 0 と直接接続されているかのように見せる必要がある。そこで，OSPF では仮想リンク（virtual link）という仕組みを取り入れており，この仕組みを使うことによって E 社の OSPF エリア 0 と本社の OSPF エリア 0 が，支社の OSPF エリア 1 によって分断されるのではなく，同じ OSPF エリア 0 に属するように見せることができる。具体的には，それぞれの OSPF エリア 0 と OSPF エリア 1 とのエリア境界ルータである本社のルータと，支社 1 の L3SW1 との間に OSPF の仮想リンクの接続設定を行うことによって実現される。したがって，フロア間 OSPF 追加設定を行う必要がある二つの機器は，"ルータ" と "L3SW1" になる。そして，設定内容としては「OSPF 仮想リンクの接続設定を行う」旨を答えるとよい。

　なお，F さんがまとめた課題の 3 点目に「フロア間 OSPF 追加設定を行う 2 台の機器はいずれもエリア境界ルータである」という記述からも，エリア境界ルータである，ルータと L3SW1 にフロア間 OSPF 追加設定を行うことが分かる。

(3)　この設問は，下線⑦について，設定が必要なネットワーク機器と，その設定内容を述べるものである。なお，下線⑦を含む記述は，「フロア間接続及びフロア間 OSPF 追加設定を行った場合，D 社側の OSPF エリア 0 と E 社側の OSPF エリア 0 は両方合わせて一つの OSPF エリア 0 となる。このとき，フロア間 OSPF 追加設定を行う 2 台の機器はいずれもエリア境界ルータである。また，OSPF エリアの構成としては，OSPF エリア 0 と OSPF エリア 1 がこれらの 2 台のエリア境界ルータで並列に接続された形となる。その結果，D 社ネットワークで行われていた支社ネットワーク集約の効果がなくなり，本社の OSPF エリア 0 のネットワーク内に支社個別経路が現れてしまう。それを防ぐためには，⑦ネットワーク機器への追加の設定が必要である」である。

　下線⑦を含む記述内容を図に表すと，図 C のようになる。

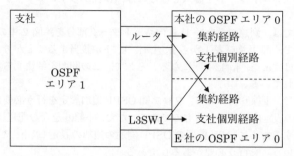

図C エリア0とエリア1が2台のエリア境界ルータで並列に接続された状態

　本社のルータは，L3SW4，L3SW5，FW に対して，OSPF エリア1の支社ネットワークを集約化した 172.16.0.0/16 という宛先ネットワークに対するネクストホップをルータとした経路情報を本社の OSPF エリア0側に広告している。しかし，E 社ネットワークを接続してエリア境界ルータとなった L3SW1 は，OSPF エリア1の支社個別経路を集約せずに E 社の OSPF エリア0に対して経路広告を行う。つまり，支社1の L3SW1 と本社のルータに仮想リンクの設定を行うと，本社の OSPF エリア0と E 社の OSPF エリア0が直接接続された状態になるため，E 社の OSPF エリア0に広告されていた支社個別経路が本社の OSPF エリア0にも広告されてしまう。それを防ぐためには，L3SW1 でも，本社のルータと同様に，OSPF エリア1の支社個別経路を 172.16.0.0/16 に集約し，それを OSPF エリア0側に広告する必要がある。したがって，機器としては"L3SW1"を，設定内容としては，「OSPFエリア1の支社個別経路を 172.16.0.0/16 に集約する」旨を答えるとよい。

問 3　　通信品質の確保

【解答例】

[設問 1]　a：8　　b：UDP　　c：廃棄（又は，ドロップ，損失）　　d：ToS

[設問 2]　(1) 拠点間の内線通話
　　　　　(2) パケットの音声化遅延が大きくなるから。

[設問 3]　(1) 4,472
　　　　　(2) L2SW からの給電は行われない。

[設問 4]　(1) フレーム中のタグ情報内の優先ビットを使用するから。
　　　　　(2) 2
　　　　　(3) データフレームが出力中の場合
　　　　　(4) ア：f, g, j
　　　　　　　イ：a, b, c, d, e
　　　　　(5) D パケットによる eLN パケット転送への影響を少なくするため。

【解説】

　本問は，問題のタイトルが示すように，音声パケットの優先制御に関する問題である。設問 1 は，音声の IP パケット化に関する基本的な穴埋め問題，設問 2 は，音声パケットのジッタを吸収するためのバッファに関する記述式の問題，設問 3 は，現在の回線数に必要な通信量を求める計算問題と，PoE 機能をもった L2SW に PoE 未対応の機器を接続した場合の動作，設問 4 は，CoS 値を利用する場合にはタグ VLAN が必要になる理由，キューによる優先制御の考え方などの問題が出題されている。音声パケットや優先制御の仕組みなどを十分に学習した受験者は，かなりの設問に正解できると思われる。

[設問 1]

　空欄 a, b は，「Y 社が利用する VoIP（Voice over Internet Protocol）では，音声の符号化に G.729 として標準化された CS-ACELP が使用される。CS-ACELP のビットレートは，　a　k ビット／秒であり，音声を IP パケット化して LAN 上に流すと，イーサネットフレームヘッダのほかに，IP,　b　及び RTP ヘッダが付加されるので，1 回線当たり 34.4 k ビット／秒の帯域が必要となる」という記述の中にある。

　音声の符号化方式の CS-ACELP（Conjugate-Structure Algebraic-Code-Excited Linear Prediction）のビットレートは，8 k ビット／秒である。したがって，空欄 a には "8" が入る。そして，音声を IP パケット化して伝送する際には，通信効率の観点からトランスポート層プロトコルに UDP（User Datagram Protocol）を使用する。したがって，空欄 b には "UDP" が入る。なお，CS-ACELP のビットレートは，次のようにして求めることもできる。

　1 回線当たり 34.4 k ビット／秒の帯域が必要となること，及び音声をパケット化す

る場合の時間間隔は通常 20 ミリ秒間隔であることから，音声をパケット化して LAN 上に流す場合の音声データ量は，

音声データ量＝$34.4 \times 10^3 \times 20 \times 10^{-3}$＝$34.4 \times 20$（ビット）＝86（バイト）

となる。この 86 バイトは，音声だけのデータに加え，RTP ヘッダの 12 バイト，UDP ヘッダの 8 バイト，IP ヘッダの 20 バイト，プリアンブルを含めたイーサネットフレームヘッダの 26 バイトを全て足し合わせたものである。このため，音声だけのデータ量は，

音声だけのデータ量＝$86-(12+8+20+26)$＝20（バイト）

となる。この 20 バイト（＝160 ビット）を 20 ミリ秒間で伝送するために必要となる帯域は，次の式によって計算できる。

必要となる帯域＝$160 \div (20 \times 10^{-3})$＝$8 \times 10^3$＝8（k ビット／秒）

空欄 c は，「大量の動画パケットが L3SW0 に入力されたことによって，L3SW0 で音声パケットの遅延又は ［ c ］ が発生したことが原因であると推定できた」という記述の中にある。L3SW0 が大量の動画パケットを受信すると，L3SW0 は処理能力が不足してしまう。そうすると，音声パケットを処理しようとしても，その処理が遅れたり，場合によっては音声パケットを廃棄したりする。したがって，空欄 c には“廃棄”が入る。あるいは，音声パケットをドロップして欠落させたり，損失したりすることもある。このため，“ドロップ”又は“損失”などと答えてもよい。

空欄 d は，「［ ア ］ から受信したフレームには CoS 値がマーキングされているので，CoS 値に対応した DSCP（Diffserv Code Point）値を，IP ヘッダの ［ d ］ フィールドを DSCP として再定義した 6 ビットにマーキングする」という記述の中にある。当初，IPv4 ヘッダにあった ToS（Type of Service）フィールドは，RFC 2474 によって DS（Differentiated Services）フィールドとして再定義され，ToS フィールドの上位 6 ビットを DSCP として使用するようにしている。したがって，空欄 d には“ToS”が入る。

［設問 2］
(1) この設問は，図 1 において，音声信号が IP パケット化される通話はどのような通話かを，本文中の字句を用いて答えるものである。

図 1（Y 社のネットワーク構成）の注記 2 に「本社の PBX から本社の IP-GW には 100 回線が接続され，各営業所の PBX から当該営業所の IP-GW には，それぞれ 20 回線が接続され，拠点間の内線通話に使用されている」と記述されている。また，IP-GW は，音声信号と IP パケットの変換装置であるので，音声信号が IP パケット化される通話は，拠点間の内線通話であることが分かる。したがって，解答は“拠点間の内線通話”となる。

(2) この設問は，図 1 中の IP-GW がもつ，音声パケットのジッタを吸収するためのバッファを大きくし過ぎるとスムーズな会話ができなくなる理由を，パケットという字句を用いて，述べるものである。

ジッタ（jitter）とは，ゆらぎともいわれ，一定の間隔で音声パケットを送信して

も，受信側に到着するときには，ネットワークや機器などの状態によって音声パケットの到着間隔が一定でなくなり，ばらつくことをいう。ばらついたまま音声パケットを元の音声に再生すると，聞きにくいものとなってしまうため，音声パケットのジッタを吸収するためのバッファが設けられているが，このバッファを大きくし過ぎると，次のような問題が発生する。

例えば，音声パケットを 20 ミリ秒間隔で送信した場合，ジッタを吸収するために 25 個の音声パケットをバッファに蓄積させると，再生される音声は最大で 20×25＝500 ミリ秒＝0.5 秒の間，蓄積されることになる。つまり，パケットを音声にするための遅延時間が大きくなり，スムーズな会話に支障を来たす。したがって，解答としては「パケットの音声化遅延が大きくなる」旨を答えるとよい。

［設問3］
(1) この設問は，図1中に示した現在の回線数を維持する場合，図2中の L3SW0 のポート a から出力される音声パケットの通信量を求めるものである。

まず，図2（電話サービス導入後のネットワーク構成）中の L3SW0 のポート a から出力される音声パケットの種類（外線通話か，内線通話か）を確認する。図2を見ると，L3SW0 のポート a は，IPsec ルータに接続されており，インターネット－Z 社電話サービスの GW（ゲートウェイ）－公衆電話網という接続経路になっている。このため，外線通話が対象となることが分かる。なお，内線通話については，本社と各営業所との間は，広域イーサ網で接続されているので，広域イーサ網経由で行われる。

次に，図1から外線通話に使用されている回線数を確認する。図1の注記1に「本社の PBX には 80 回線の外線が収容され，各営業所の PBX には，それぞれ 10 回線の外線が収容されている」と記述されている。このため，本社の 80 回線と，営業所は 10 回線必要で，5 か所あることから，80＋10×5＝130 回線分の帯域が必要になる。そして，L3SW0 のポート a と IPsec との間は LAN 接続なので，1回線当たり 34.4 k ビット／秒の帯域が必要になる。このため，L3SW0 のポート a から出力される音声パケットの通信量は，130×34.4＝4,472 k ビット／秒になる。したがって，解答は "4,472" になる。

(2) この設問は，下線①の L2SW に，PoE 未対応の機器を誤って接続した場合の状態について，PoE の機能に着目して述べるものである。なお，下線①は「営業所の L2SW 及び本社の L2SW01 と L2SW02 は，PoE の給電機能をもつ製品に交換する」である。

PoE（Power over Ethernet）は，IEEE 802.3af として規格化されており，給電側の機器を PSE（Power Sourcing Equipment），受電側の機器を PD（Powered Device）という。そして，L2SW などの PSE は，ITEL（IP 電話機）などの PD が接続されると，PoE に対応している機器かどうかチェックし，PoE に対応している機器に対してだけ給電を行う。一方，PoE 未対応の機器に対しては L2SW からの給電は行われず，通常の LAN ポートとして使用できる。したがって，解答としては

「L2SW からの給電は行われない」旨を答えるとよい。

［設問4］

(1) この設問は，下線②について，レイヤ 2 の CoS 値を基にした優先制御にはタグ VLAN が必要になる理由を述べるものである。なお，下線②を含む記述は，「ITEL には VLAN 機能があるので，音声フレームと PC が送受信するデータフレームを異なる VLAN に所属させ，ITEL のアップリンクポートにタグ VLAN を設定する」である。

VLAN タグは，4 バイト（32 ビット）の情報であり，2 バイトの TPID（Tag Protocol Identifier）と 2 バイトの TCI（Tag Control Information）から構成される。TCI の 2 バイト（16 ビット）は，プライオリティ（CoS；Class of Service）が 3 ビット，DEI（Drop Eligible Indicator）が 1 ビット，VLAN ID（VLAN Identifier）が 12 ビットである。

まず，「ITEL のアップリンクポートにタグ VLAN を設定する」とあるので，ITEL から L2SW へフレームを送信する場合，そのフレームに VLAN タグが付加されることが分かる。そして，（レイヤ 2 マーキングによる優先制御）の 4 点目に「ITEL は，音声フレームとデータフレームに異なる CoS 値を，フレーム内の TCI の上位 3 ビットにマーキングして出力する」と記述されている。このため，ITEL が，音声フレームの VLAN タグに優先順位の高い CoS 値を設定して送信すれば，L2SW はその音声フレームを優先的に処理することができる。このように，レイヤ 2 の CoS 値を基にした優先制御を行うには，VLAN タグにある優先ビットを使用し，その優先順位を表示することが必要になる。したがって，解答としては「フレーム中のタグ情報内の優先ビットを使用する」旨を答えるとよい。

(2) この設問は，優先制御の設定後，L3SW0 の内部のルータに新たに作成される VLAN インタフェースの数を答えるものである。

ITEL から L2SW01 や L2SW02 に送信されるイーサネットフレーム（音声フレームやデータフレーム）の形式を図 A に示す。

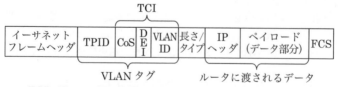

TCI

FCS：Frame Check Sequence

図 A　イーサネットフレームの形式

L2SW01 や L2SW02 が，ITEL から VLAN タグ付きの音声フレームやデータフレームを受信すると，そのまま L3SW0 に転送する。もともと，L2SW01 が接続さ

れている図 2 中の f には VLAN100, L2SW02 が接続されている図 2 中の g には
VLAN150 という VLAN が設定されていたが,(レイヤ 2 マーキングによる優先制
御)の 3 点目に「L2SW01 に接続する ITEL には, VLAN100 と VLAN105 を,
L2SW02 に接続する ITEL には, VLAN150 と VLAN155 を, L2SW1 に接続する
ITEL には, VLAN210 と VLAN215 を設定する」とあるため, L3SW0 の内部のル
ータに, 新たに VLAN105 と VLAN155 という VLAN インタフェースを作成する
必要がある。このため, L3SW0 の内部のルータに新たに作成される VLAN インタ
フェースの数としては, 二つ必要になる。したがって, 解答は "2" になる。

(3) この設問は, 本文中の下線③の処理が行われたとき, キュー 1 に音声フレームが
残っていなくても, キュー 1 に入った音声フレームの出力が待たされるのは, どの
ような場合かを答えるものである。なお, 下線③を含む記述は,「L2SW01, L2SW02
及び L2SW1 では CoS 値を基に, 音声フレームをキュー 1, データフレームをキュ
ー 2 に入れる」である。

　　(レイヤ 2 マーキングによる優先制御)の 5 点目に「ITEL と L3SW に接続する,
L2SW01, L2SW02 及び L2SW1 のポートには, それぞれキュー 1 とキュー 2 の二
つの出力キューを作成し, キュー 1 を最優先キューとする。最優先の設定によって,
キュー 1 のフレーム出力が優先され, キュー 1 にフレームがなくなるまでキュー 2 か
らフレームは出力されない」と記述されている。

　　しかし, ITEL と L3SW に接続する, L2SW01, L2SW02 及び L2SW1 のポート
は一つの物理ポートであるため, 一つのフレームの送信が終了しない限り, 次のフ
レームを送信することはできない。例えば, キュー 1 に音声フレームがなくなった
後に, データフレームの送信が開始されるが, L2SW がデータフレームを出力して
いる間に, キュー 1 に音声フレームが入ってきても, その音声フレームの出力は,
データフレームの出力が終了するまでは, 待たされることになる。したがって, 解
答としては「データフレームが出力中の場合」などのように答えるとよい。

(4) この設問は, 空欄ア, イに入れるポートを, 図 2 中の a〜j の中から全て答えるも
のである。

　　空欄アは,(レイヤ 3 マーキングによる優先制御)の 4 点目の「　　ア　　」か
ら受信したフレームには CoS 値がマーキングされているので, CoS 値に対応した
DSCP (Diffserv Code Point) 値を, IP ヘッダの ToS (d) フィールドを DSCP と
して再定義した 6 ビットにマーキングする」という記述の中にある。CoS 値をマー
キングするのは, ITEL であり, CoS 値がマーキングされているフレームを受け取
るのは, 図 2 では, L2SW01, L2SW02, L2SW1 である。そして, L3SW0 と L3SW1
が, それらからフレームを受け取り, CoS 値に対応した DSCP 値をマーキングする。
このため, 図 2 のポートでは f(L2SW01 を L3SW0 に収容するポート), g(L2SW02
を L3SW0 に収容するポート), j (L2SW1 を L3SW1 に収容するポート) の三つに
なる。したがって, 空欄アには "f, g, j" が入る。

　　空欄イは,(レイヤ 3 マーキングによる優先制御)の 5 点目の「　　イ　　」か
ら受信したパケットは, 音声パケット, eLN サーバのパケット (以下, eLN パケッ

午後 I 解答

トという），その他のデータパケット（以下，D パケットという）の 3 種類に分類
し，対応する DSCP 値をマーキングする」という記述の中にある。音声パケット，
eLN パケット，その他のデータパケットの 3 種類に分類するスイッチは，図 2 中で
は L3SW0 が該当する。例えば，Z 社電話サービスとは，IPsec ルータ経由で接続さ
れるので，外部からの音声パケットは，L3SW0 のポート a から入力される。この
ため，L3SW0 はそのパケットに DSCP 値をマーキングし，Y 社内のネットワーク
に中継する必要がある。また，インターネットからのデータパケットは，DMZ の
プロキシサーバと FW を経由し，L3SW0 のポート b から入力されるので，L3SW0
はそのパケットに DSCP 値をマーキングする。同様に，ファイルサーバや業務サー
バからのデータパケットは，それぞれ L3SW0 のポート c やポート d から入力され，
eLN サーバからの eLN パケットは，L3SW0 のポート e から入力されるので，L3SW0
はそれらのパケットに DSCP 値をマーキングする。したがって，空欄イには "a, b,
c, d, e" が入る。

　　なお，L3SW0 のポート h 及び L3SW1 のポート i で受信するパケットは，相手側
の L3SW で既に DSCP 値がマーキングされているので，改めて DSCP 値をマーキ
ングしない。このため，"h, i" を答えてはいけない。

(5) この設問は，下線④について，eLN パケットを D パケットと異なるキュー2 に入
れる目的を述べるものである。なお，下線④を含む記述は，「L3SW の内部のルー
タは，受信したパケットの出力ポートを経路表から決定し，DSCP 値を基に，音声
パケットをキュー1，eLN パケットをキュー2，D パケットをキュー3 に入れる」で
ある。

　　キュー1，キュー2，キュー3 については，（レイヤ 3 マーキングによる優先制御）
の 3 点目に「L3SW の f〜j には，キュー1〜キュー3 の 3 種類の出力キューを作成
し，キュー1 は PQ の最優先キューとし，キュー2 とキュー3 より優先させる。キュ
ー2 には重み比率 75%，キュー3 には重み比率 25% の WRR を設定する。a〜e の
出力キューでは，優先制御は行わない」と記述されている。このため，キュー1 の
音声パケットの転送が完了すると，キュー2 とキュー3 から eLN パケットと D パケ
ットの転送が行われる。このとき，キュー2 には重み比率 75%，キュー3 には重み
比率 25% の WRR（Weighted Round Robin）が設定されているので，eLN パケッ
トの 3 パケットが転送された後，D パケットの 1 パケットが転送されるという割合
になり，eLN パケットの転送が優先的に行われることが分かる。これは，eLN パケ
ットと D パケットを同じデータパケットとして扱うと，D パケットの数が多くなっ
た場合には，実時間性が要求される eLN パケットの転送が，D パケットの影響を受
けてしまい，動画再生に支障を来たすことになるためである。したがって，解答と
しては「D パケットによる eLN パケット転送への影響を少なくする」旨を答えると
よい。

●令和3年度春期
午後Ⅰ問題　IPA 発表の解答例

問1

出題趣旨
省力化のために，ネットワークの設定や運用の自動化を行うことが増えてきている。これは，インターネットの普及によって全国どこでも同質のネットワークが入手しやすくなったことや，システムから直接操作できるAPIを備えたネットワーク機器が増えてきたことが背景にある。 　具体的な例として，コントローラによるネットワーク機器の集中管理や，ネットワーク構成管理の自動化がよく行われる。 　本問では，システムの全国展開を題材に，自動化する際によく使われるネットワーク，システム，及びプロトコルに関する知識，理解を問う。

設問		解答例・解答の要点
設問1	(1)	DHCP サーバ
	(2)	82
	(3)	L2SW の入力ポート以外の全てのポートに転送される。
設問2	(1)	RT 管理コントローラの IP アドレスが変更された場合でも RT の設定変更が不要である。
	(2)	HTTP　又は　HTTPS
	(3)	運用管理サーバ
	(4)	店舗から本社には BP 経由でしかアクセスができないから
設問3	(1)	a	2
	(2)	b	SNMP
		c	RT 管理コントローラ
	(3)	各機器の接続構成が構成図どおりであること
	(4)	イ，エ，カ

採点講評
問1では，システムの全国展開を題材に，ネットワークの設定や運用の自動化について出題した。全体として，正答率は平均的であった。 　設問1(3)の正答率は平均的であった。レイヤ2スイッチでフラッディングが生じる条件は基本的な知識なので，よく理解してほしい。 　設問2(3)は，正答率が低かった。tracerouteコマンドはトラブルシュートの場面でよく用いられるものなので，動作原理を理解してほしい。 　設問3(3)は，正答率が高かった。LLDPを用いた確認であることを読み落とした解答が散見された。本文中に示された条件をきちんと読み取り，正答を導き出してほしい。

問2

出題趣旨
OSPFは，IPネットワークにおいて動的経路制御を行うためのルーティングプロトコルとして多く使われている。動的経路制御を利用した環境において安定したネットワーク運用を行うためには，ルーティングプロトコルを正しく理解することが重要である。また，近年において，クラウド内環境と企業内環境間をVPNで接続して，クラウド環境を自社内環境と同様に利用する形態もよく見られる。 　本問では，OSPFプロトコルによるルーティング設計とIPsecトンネリングによるクラウド接続を題材に，ネットワーク設計と構築に必要な基本的スキルを問う。

設問		解答例・解答の要点	
設問1	a	共有鍵	
	b	ルータ	
	c	コスト	
	d	ダイクストラ	
	e	172.16.0.0	
設問2		OSPFへデフォルトルートを導入する。	
設問3	(1)	ルーティングテーブルサイズを小さくする。	
	(2)	ルータ	
	(3)	ルータ と FW の間	
	(4)	f	ルータ
		g	172.16.0.0/16
設問4	(1)	h，i，j，k，l	
	(2)	機器	① ②	・ルータ ・L3SW1
		設定内容	OSPF仮想リンクの接続設定を行う。
	(3)	機器	L3SW1
		設定内容	OSPFエリア1の支社個別経路を172.16.0.0/16に集約する。

採点講評
問 2 では，企業におけるネットワーク統合を題材に，OSPF を利用した経路制御の基本について出題した。全体として，正答率は低かった。

　設問 2 は，正答率が低かった。OSPF でのデフォルト経路の取扱いは，企業内ネットワークからインターネットを利用するような一般的なネットワーク構成において必要な基本事項なので，よく理解してほしい。

　設問 4(2)は，正答率が低かった。OSPF 仮想リンクは，初期構築段階では想定外であったネットワーク統合を後から行う場合などに役立つもので，OSPF ネットワーク設計の柔軟性を増すための有用な技術である。その動作原理や活用パターンについて是非理解してほしい。

　設問 4(3)は，正答率が低かった。特に，エリアボーダルータ（ABR）ではないルータを誤って解答する例が多く見られた。OSPF ルータの種別とその見分け方，種別ごとの役割と動作を正しく理解した上で，本文中に示された ABR におけるネットワーク集約に関する記述をきちんと読み取り，正答を導き出してほしい。

問3

出題趣旨
音声を VoIP 技術によって IP パケット化し，PBX を廃止する事例は多い。VoIP では，音声符号化方式に低ビットレートの CS-ACELP などが利用される。音声パケットに遅延や廃棄が発生すると，音声品質が低下するので，既設の LAN で音声パケットを送受信する場合は，遅延や廃棄を避ける対策が必要となることがある。 　本問では，音声クラウドサービスを利用して，音声パケットを既設の LAN に流す事例を取り上げた。VoIP 導入によって発生した通話の不具合を，レイヤ 2 及びレイヤ 3 での優先制御によって改善する対策を題材にして，ネットワークの設計，構築，運用に携わる受験者が修得した技術と経験が，実務で活用できる水準かどうかを問う。

午後 I 解答

設問		解答例・解答の要点	
設問1	a	8	
	b	UDP	
	c	廃棄　又は　ドロップ　又は　損失	
	d	ToS	
設問2	(1)	拠点間の内線通話	
	(2)	パケットの音声化遅延が大きくなるから	
設問3	(1)	4,472	
	(2)	L2SW からの給電は行われない。	
設問4	(1)	フレーム中のタグ情報内の優先ビットを使用するから	
	(2)	2	
	(3)	データフレームが出力中の場合	
	(4)	ア	f, g, j
		イ	a, b, c, d, e
	(5)	D パケットによる eLN パケット転送への影響を少なくするため	

　問 3 では，音声クラウドサービスの利用を題材に，レイヤ 2 及びレイヤ 3 での優先制御について出題した。全体として，正答率は平均的であった。

　設問 1 は，(a)の正答率が低かった。CS-ACELP は，VoIP で広く利用されている音声符号化技術なので，よく理解してほしい。

　設問 3 は，(2)の正答率が高かったが，(1)の正答率が低かった。図 2 中の L3SW0 の a ポートから出力されるのは外線通話パケットであることから，本文中に記述された情報を基に，全社の外線数が 130 回線，1 回線当たりの必要帯域が 34.4k ビット／秒という通信量の最大値を導き出してほしい。

　設問 4(1)の正答率は，平均的であった。レイヤ 2 の優先制御に利用される CoS 値がフレーム中の VLAN タグ内の TCI に設定されることから，タグ VLAN が必須になることを，よく理解してほしい。(2)は，正答率が低かった。L3SW0 の内部ルータに生成される VLAN インタフェースは，L3SW0 の物理ポートに設定される VLAN と論理的に接続される構成になることをよく理解してほしい。

●令和 3 年度春期
午後 II 問題　解答・解説

問 1	社内システムの更改	(R3 春-NW　午後 II 問 1)

【解答例】

[設問 1]　(1)　a：フォワーダ　　b：プライオリティ値

　　　　　(2)　内部 DNS サーバ

[設問 2]　(1)　比較対象：MAC アドレス

　　　　　　　サブネット：FW-L3SW 間サブネット，内部サーバ収容サブネット

　　　　　(2)　c：指定　　　d：非指定　　　e：MAC アドレス

[設問 3]　(1)　f：上位のスイッチ

　　　　　(2)　① ポート故障時の代替ポートを事前に決定しているから。

　　　　　　　② 転送遅延がなく，ポートの状態遷移を行うから。

[設問 4]　(1)　2 台の L3SW を 1 台のスイッチとして管理できるから。

　　　　　(2)　スタック L3SW ～ 新ディレクトリサーバ（又は，スタック L3SW
　　　　　　　～ 新内部 DNS サーバ）

[設問 5]　技術：① スタック

　　　　　　　　② リンクアグリゲーション

　　　　　理由：ループがない構成だから。

[設問 6]　(1)　送信元 MAC アドレスをもつ機器：現行のディレクトリサーバ

　　　　　　　宛先 MAC アドレスをもつ機器：新ディレクトリサーバ

　　　　　(2)　送信元 MAC アドレスをもつ機器：現行の L3SW1

　　　　　　　宛先 MAC アドレスをもつ機器：スタック L3SW

　　　　　(3)　172.16.254.128～172.16.254.254

　　　　　(4)　現行の FW と新 FW の仮想 IP アドレスが重複する。

　　　　　(5)　変更内容：静的 NAT の変換後の IP アドレスを，新公開 Web サー
　　　　　　　　　　　　 バから現行の公開 Web サーバの IP アドレスに変更す
　　　　　　　　　　　　 る。

　　　　　　　経由する機器：新ルータ 1→新 L2SW0→新 FW1→新 L2SW1→
　　　　　　　　　　　　　　L2SW1

　　　　　(6)　① 新外部 DNS サーバ宛ての DNS 通信

　　　　　　　② 新公開 Web サーバ宛ての Web 通信

　　　　　(7)　g：172.17.11.1

　　　　　(8)　PC が収容されているサブネットを識別し，対応する DHCP のスコ
　　　　　　　ープから IP アドレスを割り当てるため。

午後 II 解答

【解説】

本問は，社内システムの更改というテーマで，現行の社内システムの内部ネットワークを見直して，障害発生時の業務への影響の低減と，業務への影響を極力少なくするように移行する作業に関する諸問題を考えるものである。具体的には，設問1から設問5において，DNSの仕組みに関する基本的な知識，STPやRSTPの仕組みに関する技術知識，STPやRSTPの代わりにスイッチのスタック機能を用いる方式の利点などが問われている。そして，設問6において，現行システムから新システムへ移行する際の様々な状況について，問題の条件に従って答える問題が設定されている。配点的には，設問6が大きな比重を占めると想定されるので，設問で問われていることや，問題の条件を適切に把握し，解答を作成していく必要がある。設問6でどれだけの得点を得られるかが，合格基準点をクリアできるかどうかの分かれ目になると考えられる。

[設問1]

(1) 空欄aは，「内部DNSサーバは，DNS ［ a ］であり，PC及びサーバから送信された社外のドメインに関する名前解決要求を，ISPが提供するフルサービスリゾルバに転送する」という記述の中にある。DNSクライアント（DNSスタブリゾルバ）から，DNS問合せを受けた場合，自身では名前解決を行わずに，別のフルサービスリゾルバに名前解決要求を転送するDNSサーバは，DNSフォワーダと呼ばれる。したがって，空欄aには"フォワーダ"が入る。

空欄bは，「L3SW1及びL3SW2でVRRPを構成し，L3SW1の ［ b ］を大きく設定して，マスタルータにしている」という記述の中にある。VRRP（Virtual Router Redundancy Protocol）はRFC 2338として規定されており，同じVRRPグループの中では複数のルータが動作する。このため，その中でマスタルータとなるルータを示すために，プライオリティ値が用いられるが，同じVRRPグループの中でプライオリティ値の最も大きい値をもつルータが，マスタルータとして動作する。したがって，空欄bには"プライオリティ値"が入る。

(2) この設問は，下線①の名前解決要求先を，図1中の機器名で答えるものである。なお，下線①を含む記述は，「内部DNSサーバはDHCPサーバ機能をもち，PCに割り当てるIPアドレス，サブネットマスク，デフォルトゲートウェイのIPアドレス，及び①名前解決要求先のIPアドレスの情報を，PCに通知している」である。

下線①の名前解決要求先とは，DNSサーバのことである。G社の社内システムには，内部DNSサーバと外部DNSサーバの二つがあるので，PCが名前解決要求を送るDNSサーバが，どちらになるかを決める必要がある。G社の社内システムの概要の2点目に「内部DNSサーバは，社内システムのドメインに関するゾーンファイルを管理する権威サーバであり，PC及びサーバから送信された名前解決要求に応答する」とある。また，3点目に「内部DNSサーバは，DNSフォワーダ（a）であり，PC及びサーバから送信された社外のドメインに関する名前解決要求を，ISPが提供するフルサービスリゾルバに転送する」と説明されているので，PCか

らの名前解決要求先は，内部 DNS サーバであることを確認できる。したがって，解答は"内部 DNS サーバ"になる。

［設問２］

(1) この設問では，下線②の設定を行わず，内部 NW の L2SW 及び L3SW に同じブリッジプライオリティ値を設定した場合に，L2SW 及び L3SW はブリッジ ID の何を比較してルートブリッジを決定するかと，L2SW3 がルートブリッジに選出された場合に，L3SW1 と L3SW2 が VRRP の情報を交換できなくなるサブネットを，図 1 中のサブネット名を用いて全て答えるものである。なお，下線②を含む記述は，「L3SW1 に最も小さいブリッジプライオリティ値を，L3SW2 に 2 番目に小さいブリッジプライオリティ値を設定し，L3SW1 をルートブリッジにしている」である。

　IEEE 802.1D で規定されている STP（Spanning Tree Protocol）は，ブリッジ ID に 64 ビットを割り当てており，その構成は，プライオリティ値が 16 ビット，MAC アドレスが 48 ビットである。そして，ブリッジに同じブリッジプライオリティ値を設定した場合には，MAC アドレスの最も小さい値をもつブリッジが，ルートブリッジに選出される。したがって，比較対象は"MAC アドレス"となる。

　次に，L2SW3 がルートブリッジに選出された場合に，L3SW1 と L3SW2 が VRRP の情報を交換できなくなるサブネットについて考える。L2SW3 がルートブリッジに選出されると，ループを回避するために，図 1（G 社の社内システムの構成（抜粋））の L3SW1 と L3SW2 の間におけるインタフェースがダウンする。この場合の接続構成を示すと，図 A のようになる。

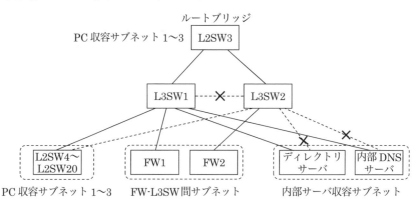

図 A　L2SW3 がルートブリッジに選出された場合の接続構成
（VLAN10, 11, 101, 102, 103）

　この場合，PC 収容サブネット 1，PC 収容サブネット 2，PC 収容サブネット 3 については，L3SW1 と L3SW2 の間における VRRP の情報は L2SW3 経由で交換することができる。

しかし，FW-L3SW 間サブネットについては，L3SW1 と L3SW2 間におけるリンクが切断されており，しかも，レイヤ 2 で接続されているルートがないので，VRRP の情報を交換することができなくなる。同様に，内部サーバ収容サブネットについても，L3SW1 と L3SW2 がディレクトリサーバや内部 DNS サーバ経由で接続されているように見えるが，それぞれのサーバはアクティブ／スタンバイのチーミングで L3SW1 と L3SW2 に接続されているので，VRRP の情報をサーバ経由で交換することができない。このため，L2SW3 がルートブリッジになると，FW-L3SW 間サブネットと内部サーバ収容サブネットにおいては，VRRP の情報が交換できなくなる。

　したがって，解答は "FW-L3SW 間サブネット"，"内部サーバ収容サブネット" になる。

(2) 空欄 c, d は，「STP を設定したスイッチは，各ポートに，ルートポート，指定ポート及び非指定ポートのいずれかの役割を決定する。ルートブリッジである L3SW1 では，全てのポートが ▢ c ▢ ポートとなる。非ルートブリッジでは，パスコストやブリッジプライオリティ値に基づきポートの役割を決定する。例えば，L2SW3 において，L3SW2 に接続するポートは，▢ d ▢ ポートである」という記述の中にある。

　ルートポートとは，ルートブリッジに至るパスコストが最も小さい値をもつポートであり，指定ポート（代表ポートともいう）は各リンクでルートブリッジに最も近いポートである。このため，ルートブリッジである L3SW1 の全てのポートは，指定ポートとなる。したがって，空欄 c には "指定" が入る。なお，L3SW1 がルートブリッジのとき，前述した内容に従って各ポートの種類を示すと，図 B のようになる。

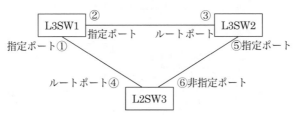

図 B　STP によって決められるポートの種類

　次に，「非ルートブリッジでは，パスコストやブリッジプライオリティ値に基づきポートの役割を決定する」とある。そして，下線②には「L3SW1 に最も小さいブリッジプライオリティ値を，L3SW2 に 2 番目に小さいブリッジプライオリティ値を設定」とあり，〔現行の内部 NW 調査〕の第 2 段落の最後に「非ルートブリッジの L3SW 及び L2SW の全てのポートのパスコストに，同じ値を設定している」と記述されている。このほか，指定ポートの選出基準としては，最も小さいルートパスコストのルートポートをもつスイッチ側のポートを指定ポートとし，ルートパス

コストが同じ場合には，ブリッジプライオリティ値の小さい値をもつスイッチのポートを指定ポートにするという条件がある。

　これらの記述に基づいて，図 B 中のポート⑤とポート⑥の種類を決めることが必要になる。L3SW2 のポート⑤は，L2SW3 を経由して L3SW1 に至り，L2SW3 のポート⑥は，L3SW2 を経由して L3SW1 に至るので，ルートパスコストは同じになる。そこで，L3SW2 と L2SW3 のブリッジプライオリティ値を比較すると，L3SW2 のブリッジプライオリティ値は 2 番目に小さいブリッジプライオリティ値が設定されている。このため，L3SW2 のポート⑤が指定ポートとなり，L2SW3 のポート⑥は非指定ポート（ブロッキングポート）となる。したがって，空欄 d には "非指定" が入る。

　空欄 e は，「STP のネットワークでトポロジの変更が必要になると，スイッチはポートの状態遷移を開始し，　　　e　　　テーブルをクリアする」という記述の中にある。STP のネットワークでトポロジが変更になると，別の新しいポートが使用される。このため，変更前に保持していた MAC アドレステーブルは，クリアする必要がある。したがって，空欄 e には "MAC アドレス" が入る。

［設問３］
(1)　空欄 f は，「(3)　スイッチ A は，受信したプロポーザル内のブリッジプライオリティ値やパスコストと，自身がもつブリッジプライオリティ値やパスコストを比較する。比較結果から，スイッチ A は，スイッチ B が RSTP によって構成されるトポロジにおいて　　　f　　　であると判定し，スイッチ B にアグリーメントを送信し，指定ポートをルートポートにする」という記述の中にある。

　図 2（J 主任が作成した RSTP のネットワーク図）において，スイッチ A が，スイッチ R に接続するポートのダウンを検知した場合のスイッチ A とスイッチ B で行われる状態遷移を，問題文の記述に従って図示すると，図 C のようになる。

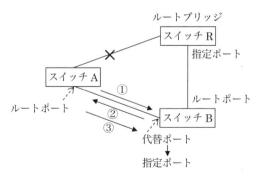

①：トポロジチェンジフラグをセットした BPDU
②：プロポーザルフラグをセットした BPDU
③：アグリーメントフラグをセットした BPDU

図 C　RSTP におけるポートの状態遷移

RSTP（Rapid Spanning Tree Protocol）では，STPの非指定ポートの代わりに，代替ポートとバックアップポートというポートが用いられる。図2において，スイッチAが，スイッチRに接続するポートのダウンを検知すると，図Cに示すように，スイッチAは，①のトポロジチェンジフラグをセットしたBPDU（Bridge Protocol Data Unit）を送り，スイッチBは，②のプロポーザルフラグをセットしたBPDU（プロポーザル）をスイッチAに送信する。そして，スイッチAは，受信したプロポーザル内のブリッジプライオリティ値やパスコストと，自身がもつブリッジプライオリティ値やパスコストを比較する。比較した結果から，スイッチAは，③のアグリーメントフラグをセットしたBPDU（アグリーメント）をスイッチBに送り，スイッチAは，自身のポートをルートポートにし，スイッチBは，代替ポートを指定ポートにしている。この結果から，スイッチAは，RSTPによって構成されるトポロジにおいて，スイッチBが上位のスイッチであると判定していることになる。したがって，空欄fには"上位のスイッチ"が入る。

(2)　この設問は，下線③について，トポロジの再構成に掛かる時間を短縮できる理由を二つ挙げるものである。なお，下線③を含む記述は，「J主任は，調査結果から，STPをRSTPに変更することで，内部NWに障害が発生したときの，トポロジの再構成に掛かる時間を短縮できることを確認した」である。

　STPでは，スイッチがポートのダウンを検出すると，ネットワーク内の全てのスイッチにおいてBPDUがやり取りされ，ルートブリッジを選出した後，それぞれのスイッチからルートブリッジに至るパスコストを再計算する。このため，ネットワークトポロジの再構成には30～50秒程度の時間を要するといわれていた。

　一方，RSTPでは，プロポーザルとアグリーメントを使って，ポートの役割決定と状態遷移が行われる。ポートの役割決定については，図2にあるように，ポートの故障時にはあらかじめ代替ポートが決められている点が挙げられる。代替ポートとは，表3（RSTPで追加されたポートの役割）で説明されているように，「通常，ディスカーディングの状態であり，ルートポートのダウンを検知したら，すぐにルートポートになり，フォワーディングの状態になるポート」である。少し分かりにくいかもしれないが，図2のネットワークにおいて，スイッチRに接続するスイッチBのポートはルートポートであるため，スイッチBがそのポートの故障を検出した際には，代替ポートはルートポートになり，そのポートから直ちにBPDUを転送できることを意味している。これに対し，対向するスイッチAが，スイッチRと接続するポートの故障を検出すると，(1)で述べたように，スイッチAはトポロジチェンジフラグをセットしたBPDUをスイッチBに送り，スイッチAとスイッチBとの間において，プロポーザルとアグリーメントをやり取りすることによって，スイッチBは代替ポートを指定ポートに変更する。そして，スイッチAは，スイッチBと接続しているポートは，故障を検出する前は指定ポートであったが，それをルートポートに変更する。このように，RSTPではポート故障時に代替ポートがあらかじめ決められていることが挙げられる。したがって，一つ目としては，「ポート故障時の代替ポートを事前に決定している」旨を答えるとよい。

状態遷移については，事前に代替ポートを決定しているので，プロポーザルとアグリーメントをやり取りすることによって，速やかにポートの状態遷移が行われる。したがって，二つ目としては，「転送遅延がなく，ポートの状態遷移を行う」旨を答えるとよい。

[設問 4]

(1) この設問は，下線④について，運用負荷を軽減できる理由を述べるものである。なお，下線④を含む記述は，「検討の内容を基に，J 主任は，スタック機能を用いることで，障害発生時の復旧を早く行えるだけでなく，スイッチの情報収集や構成管理などの維持管理に係る運用負荷の軽減や，回線帯域の有効利用を期待できると考えた」である。

　スタック機能とは，〔スイッチのスタック機能を用いる方式〕に「新 L3SW1 と新 L3SW2 をスタック用ケーブルで接続し，1 台の論理スイッチ（以下，スタック L3SW という）として動作させる」と記述されているように，2 台の L3SW（又は，L2SW）を接続して，1 台の L3SW（又は，L2SW）として動作させることをいう。このため，2 台のスイッチを別々に管理しなくても，1 台のスイッチとして管理できるので，スイッチの情報収集や構成管理などの維持管理に係る運用負荷を軽減できることが分かる。したがって，解答としては「2 台の L3SW を 1 台のスイッチとして管理できる」旨を答えるとよい。

(2) この設問は，下線⑤（回線帯域の有効利用）について，内部 NW で，スタック L3SW～新 L2SW 以外に回線帯域を有効利用できるようになる二つの区間のうち，一つの区間を，図 3 中の字句を用いて答えるものである。

　対象は，内部 NW の区間であること，並びに，スタック L3SW～新 L2SW 以外の区間であるため，候補は，スタック L3SW～サーバの区間となる。ここで，〔スイッチのスタック機能を用いる方式〕に「新ディレクトリサーバ及び新内部 DNS サーバに実装される二つの NIC に，アクティブ／アクティブのチーミングを設定し，スタック L3SW に接続する」と記述されている。NIC（Network Interface Card）チーミングは，複数の NIC を束ねて一つの NIC として動作させる技術であり，アクティブ／スタンバイ方式とアクティブ／アクティブ方式がある。図 1 の構成では，各サーバにアクティブ／スタンバイのチーミングを設定していたが，図 3（新社内システムの構成（抜粋））では，各サーバにアクティブ／アクティブのチーミングを設定している。このアクティブ／アクティブのチーミングでは，NIC と外部のスイッチを接続するリンクの帯域を有効に利用したり，負荷分散を行わせたりすることができる。このため，回線帯域を有効利用できるようになる区間としては，スタック L3SW と，新ディレクトリサーバ又は新内部 DNS サーバになる。したがって，解答は "スタック L3SW ～ 新ディレクトリサーバ"，又は "スタック L3SW ～ 新内部 DNS サーバ" になる。

午後 II 解答

［設問5］

　この設問は，図3の構成について，STP 及び RSTP を不要にしている技術を二つ答えるとともに，STP 及び RSTP が不要になる理由を述べるものである。

　図1と図3を比較すると，L3SW1 と L3SW2 は，図1ではリンクアグリゲーションによって接続されているが，図3ではスタック用ケーブルによって接続されている。このため，図1では，L2SW3，L3SW1，L3SW2，L2SW3～L2SW20 によってループが構成され，それを回避するために STP 又は RSTP を使用する必要があった。しかし，図3では，新 L3SW1 と新 L3SW2 はスタック接続なので，1台の L3SW として機能し，ループを構成しないので，STP 及び RSTP を用いる必要はない。さらに，新 L2SW3～新 L2SW20 と，新 L3SW との間は，リンクアグリゲーションを用いて接続されているので，スイッチ間においてループを構成することもない。したがって，技術としては，"スタック"と"リンクアグリゲーション"の二つを答えるとよい。そして，STP 及び RSTP が不要になる理由としては，「ループがない構成だから」などのように答えるとよい。

［設問6］

(1)　この設問は，表4（移行における作業ステップ（抜粋））中の下線⑥によって発生する現行のディレクトリサーバから新ディレクトリサーバ宛ての通信について，現行の L3SW1 とスタック L3SW 間を流れるイーサネットフレームをキャプチャしたときに確認できる送信元 MAC アドレス及び宛先 MAC アドレスをもつ機器を答えるものである。なお，下線⑥は「現行のディレクトリサーバから新ディレクトリサーバへデータを移行する」である。

　　新社内システムへの移行のステップ1では，現行の社内システムと新社内システムの共存環境が構築される。そして，ステップ1完了時のネットワーク構成は図4に示されており，ステップ1完了時のネットワーク構成の概要の3点目に「現行の L3SW1 と新 L3SW1 間を接続し，接続ポートを VLAN11 のアクセスポートにする」と記述されている。この VLAN11 は，図1を見ると，内部サーバ収容サブネット（172.17.11.0/24）に割り当てられたものである。

　　このため，現行のディレクトリサーバから新ディレクトリサーバへデータを送信する際には，レイヤ2で直接通信できることが分かる。つまり，イーサネットフレームの宛先 MAC アドレスには新ディレクトリサーバの MAC アドレスが設定され，送信元 MAC アドレスには現行のディレクトリサーバの MAC アドレスが設定される。したがって，送信元 MAC アドレスをもつ機器は"現行のディレクトリサーバ"，宛先 MAC アドレスをもつ機器は"新ディレクトリサーバ"となる。

(2)　この設問は，表4中の下線⑦によって発生する現行の PC から新公開 Web サーバ宛ての通信について，現行の L3SW1 とスタック L3SW 間を流れるイーサネットフレームをキャプチャしたときに確認できる送信元 MAC アドレス及び宛先 MAC アドレスをもつ機器を答えるものである。なお，下線⑦は「現行の社内システムに接続された PC から，新公開 Web サーバの動作確認を行う」である。

現行の PC から新公開 Web サーバへ至る経路を確認すると，図 1 及び図 4 から，現行の PC→現行の L3SW1→スタック L3SW→新 FW1（もしくは新 FW2）→スタック L2SW→新公開 Web サーバになる。

図 4 では，現行の PC と現行の L3SW1 の間は，VLAN101〜103 であり，現行の L3SW1 と新 L3SW1 の間は，VLAN11 によるアクセスリンクの設定が行われている。そして，図 4 の注記 2 に「スタック L3SW には，VLAN101〜VLAN103 に関する設定を行わない」と記述されている。つまり，現行の L3SW1 は，VLAN によるレイヤ 2 フォワーディングでなく，レイヤ 3 ルーティングを行う。さらに，スタック L3SW と新 FW1（もしくは新 FW2）の間は VLAN10 であることから，スタック L3SW でもレイヤ 3 ルーティングが行われることになる。この結果，現行の PC から新公開 Web サーバへ送信される IP パケットが，現行の L3SW1 とスタック L3SW 間を流れるイーサネットフレームにカプセル化されると，その送信元 MAC アドレスには現行の L3SW1 の MAC アドレスが設定され，宛先 MAC アドレスにはスタック L3SW の MAC アドレスが設定される。したがって，送信元 MAC アドレスをもつ機器は "現行の L3SW1"，宛先 MAC アドレスをもつ機器は "スタック L3SW" となる。

(3) この設問は，下線⑧について，新公開 Web サーバに割り当てることができる IP アドレスの範囲を，表 1 及び表 5〜7 の設定内容を踏まえて答えるものである。なお，下線⑧は「新公開 Web サーバ及び新外部 DNS サーバには，172.16.254.0/24 の IP アドレスブロックから未使用の IP アドレスを割り当てる」である。

図 1 では，DMZ サーバ収容サブネットは，172.16.254.0/24 となっているが，実際に使用されるのは，表 1（G 社のサーバ及び PC の設定（抜粋））に示されているように，公開 Web サーバ，外部 DNS サーバに割り当てる IP アドレスの "172.16.254.10〜172.16.254.100" と，デフォルトゲートウェイの FW1，FW2 の仮想 IP アドレスの "172.16.254.1" である。

また，新社内システムの方では，表 6（新 FW 及びスタック L3SW に設定する静的経路情報（抜粋））を見ると，スタック L3SW が受信した IP パケットが新 FW1，新 FW2 に転送されるのは，宛先ネットワークアドレスが "172.16.254.128" で，サブネットマスクは "255.255.255.128" の場合となっている。これは，新 FW1，新 FW2 の先にある新公開 Web サーバ及び新外部 DNS サーバがあるサブネットへの経路情報と考えられ，現行の公開 Web サーバ及び外部 DNS サーバに割り当てている IP アドレスの範囲とバッティングしない。このため，新公開 Web サーバ及び新外部 DNS サーバには，"172.16.254.128/25" の IP アドレスが割り当てられていると考えられる。

ここで，"172.16.254.128/25" のアドレスブロックの範囲は，172.16.254.128〜172.16.254.255 であるが，172.16.254.128 は，ネットワーク自身を示すアドレスであり，172.16.254.255 は，そのネットワークにおけるブロードキャストアドレスとして使用される。このため，新公開 Web サーバや新外部 DNS サーバに割り振ることができる IP アドレスの範囲は，172.16.254.129〜172.16.254.254 と思うかもし

れない。しかし，表5（新サーバの設定（抜粋））を見ると，デフォルトゲートウェイの IP アドレスとして，"172.16.254.1" が使用されていることが分かる。これは，現行の社内システムから新社内システムに移行するに当たって，移行の影響を少なくするために，新サーバのサブネットには，現行のサーバのサブネットと同じ 172.16.254.0/24 を割り当てているためである。つまり，172.16.254.0/24 のサブネットが二つ存在するが，表 6 及び表 7 の経路設定によって，前半の IP アドレス（172.16.254.0/25）であれば現行の DMZ サーバ収容サブネットに，後半の IP アドレス（172.16.254.128/25）であれば新社内システムの DMZ サーバ収容サブネットに到達するようにしているからである。このため，ネットワーク自身を示すアドレスとしては，172.168.16.128 ではなく，172.168.16.0 が使用されているので，172.168.16.128 は新サーバに割り当てる IP アドレスとして使用できる。したがって，解答は "172.16.254.128〜172.16.254.254" となる。

(4) この設問は，表8中の下線⑨を行わないときに発生する問題を述べるものである。なお，下線⑨は「現行の FW1 と L2SW1 間，及び現行の FW2 と L2SW2 間を接続している LAN ケーブルを抜く」である。

　　表 8 はステップ 3 の作業手順であり，ステップ 3 は，表 4 で「現行の社内システムから，新社内システムに切り替える」と記述されているので，現行の社内システムと新社内システムの状況を確認する。

　　(3)でも述べたように，表 1 から FW1，FW2 の仮想 IP アドレスには "172.16.254.1" が使用され，表 5 から新 FW1，新 FW2 の仮想 IP アドレスとして "172.16.254.1" が使用されている。このため，現行の FW と新 FW の仮想 IP アドレスが重複しているという問題があることが分かる。したがって，解答としては「現行の FW と新 FW の仮想 IP アドレスが重複する」旨を答えるとよい。

　　ちなみに，現行の FW1 と L2SW1 間，及び現行の FW2 と L2SW2 間を接続している LAN ケーブルを抜かないまま，移行作業を進めると，下線⑩の「ステップ 4 で，新サーバに不具合が見つかったときの切戻しに掛かる作業量を減らすために，現行の L2SW1 と新 L2SW1 間を接続する」を実施した際に，各サーバからはデフォルトゲートウェイ（新 FW と現行の FW）が二つ存在するように見えてしまい，正常に通信できなくなってしまう。

(5) この設問は，表 8 中の下線⑩の作業後に，新公開 Web サーバに不具合が見つかり，現行の公開 Web サーバに切り替えるときには，新 FW1 及び新 FW2 の設定を変更するが，その変更内容を述べるとともに，インターネットから現行の公開 Web サーバに接続するときに経由する機器名を，【転送経路】の表記法に従い，経由する順に全て列挙するものである。なお，下線⑩は「ステップ 4 で，新サーバに不具合が見つかったときの切戻しに掛かる作業量を減らすために，現行の L2SW1 と新 L2SW1 間を接続する」である。

　　まず，新 FW1 及び新 FW2 の設定に関する変更内容を考える。ステップ 4 は，表 4 で「新社内システムの安定稼働を確認し，新サーバに不具合が見つかった場合には，速やかに現行のサーバに切り戻す」である。そして，新 FW1 及び新 FW2 の設

定に関する記述を確認すると，ステップ 1 完了時のネットワーク構成の概要の 9 点目に「新 FW1 及び新 FW2 には，インターネットから受信したパケットの宛先 IP アドレスを，新公開 Web サーバ及び新外部 DNS サーバのプライベート IP アドレスに変換する静的 NAT を設定する」と記述されている。

このため，新 FW では，新公開 Web サーバのプライベート IP アドレスに変換する静的 NAT が行われているので，この静的 NAT を新公開 Web サーバのプライベート IP アドレスから現行の公開 Web サーバのプライベート IP アドレスに変更すればよいことが分かる。したがって，変更内容としては，「静的 NAT の変換後の IP アドレスを，新公開 Web サーバから現行の公開 Web サーバの IP アドレスに変更する」旨を答えるとよい。

次に，そのときの転送経路を考える。現行の L2SW1 と新 L2SW1 間を接続すること，及び図 4 から，インターネットから送られてくる IP パケットは，新ルータ 1 →新 L2SW0→新 FW1→新 L2SW1→L2SW1→公開 Web サーバという経路となる。ここで，新 FW1 及び新 FW2 は，アクティブ／スタンバイのクラスタ構成となっていることから，新 FW1 に障害が発生していない限り，新ルータ 1→新 L2SW0→新 FW2→新 L2SW2→新 L2SW1→L2SW1 という転送経路にはならないことに注意する。したがって，経由する機器は "新ルータ 1→新 L2SW0→新 FW1→新 L2SW1 →L2SW1" となる。

(6) この設問は，表 8 中の下線⑪によって発生する通信について，新 FW の通信ログで確認できる通信を二つ答えるものである。なお，下線⑪は「インターネットから新公開 Web サーバに接続できることを確認する」である。

この設問では，「新公開 Web サーバに接続するための IP アドレスは，接続元が利用するフルサービスリゾルバのキャッシュに記録されていない」という条件があるので，インターネット側にあるクライアント PC は，最初に新外部 DNS サーバに DNS を使ってアクセスし，新公開 Web サーバの IP アドレスを入手した後に，新公開 Web サーバに対して HTTP あるいは HTTPS でアクセスする。このため，新 FW の通信ログで確認できる通信としては，新外部 DNS サーバ宛ての DNS 通信と，新公開 Web サーバ宛ての Web 通信（HTTP や HTTPS 通信）になる。したがって，解答としては「新外部 DNS サーバ宛ての DNS 通信」，「新公開 Web サーバ宛ての Web 通信」の二つを答えるとよい。

(7) 空欄 g は，「スタック L3SW の VLAN11 の VLAN インタフェースに設定されている IP アドレスを， g に変更する」という記述の中にある。

スタック L3SW の VLAN11 の VLAN インタフェースについては，ステップ 1 完了時のネットワーク構成の概要の 3 点目に「現行の L3SW1 と新 L3SW1 間を接続し，接続ポートを VLAN11 のアクセスポートにする」，4 点目に「スタック L3SW の VLAN11 の VLAN インタフェースに，未使用の IP アドレスである 172.17.11.101 を，一時的に割り当てる」と記述されている。そして，VLAN11 については，ディレクトリサーバと内部 DNS サーバが所属する VLAN であり，表 1 から，ディレクトリサーバと内部 DNS サーバのデフォルトゲートウェイが現行の L3SW1, L3SW2

で,そのIPアドレスにはL3SW1とL3SW2が共有する仮想IPアドレスの172.17.11.1が使用されている。また，表5を見ると，新ディレクトリサーバ及び新内部DNSサーバのデフォルトゲートウェイは172.17.11.1となっており，ステップ1完了時点では，新ディレクトリサーバ及び新内部DNSサーバは，デフォルトゲートウェイとして現行のL3SW1, L3SW2を使用していることが分かる。

　これらのことから，表8の「内部NWのネットワーク構成変更作業」の手順の1点目にある「現行のL3SW1及びL3SW2のVLANインタフェースに設定されているIPアドレス，並びに静的経路情報を削除する」と，新ディレクトリサーバ及び新内部DNSサーバが通信できなくなってしまう。そこで，新ディレクトリサーバ及び新内部DNSサーバのデフォルトゲートウェイを，現行のL3SW1, L3SW2からスタックL3SWに切り替えなければならないが，これは，スタックL3SWのVLAN11のVLANインタフェースのIPアドレスを，一時的に割り当てた172.17.11.101から172.17.11.1に変更することで実現される。したがって，空欄gには"172.17.11.1"が入る。

(8) この設問は，表8中の下線⑫について，スタックL3SWは，PCから受信したDHCPDISCOVERメッセージのgiaddrフィールドに，受信したインタフェースのIPアドレスを設定して，新内部DNSサーバに転送する場合，DHCPサーバ機能を提供している新内部DNSサーバは，giaddrフィールドの値を何のために使用するかを述べるものである。なお，下線⑫は「スタックL3SWにDHCPリレーエージェントを設定する」である。

　DHCPDISCOVERメッセージのgiaddrフィールドは，DHCPリレーエージェントがDHCPDISCOVERメッセージを受け取ったインタフェースのIPアドレスを格納して，DHCPサーバ（この問題では新内部DNSサーバである）に通知するために使用されるものである。DHCPDISCOVERメッセージを受け取ったインタフェースのIPアドレスは，そのサブネットにおけるIPアドレスが用いられているので，新内部DNSサーバは，PCが接続したサブネットを識別することができる。このため，新内部DNSサーバは，そのサブネットに対応したDHCPのスコープから，PCに割り当てるIPアドレスを決めることができる。したがって，giaddrフィールドの使用目的としては，「PCが収容されているサブネットを識別し，対応するDHCPのスコープからIPアドレスを割り当てる」旨を答えるとよい。

問2　　インターネット接続環境の更改　　　　　　　　（R3 春·NW 午後 II 問 2）

【解答例】

[設問 1]　(1)　$(X_t - X_{t-1}) \times 8 \div 300$

(2)　取得間隔の間で発生したバースト通信が分からなくなる。

(3)　ア

[設問 2]　(1)　ルータ 10 とルータ 11 は OSPF を構成するインタフェースが二つあり, 迂回路を構成できるから。

(2)　a：$\alpha.\beta.\gamma.0/30$　　b：$\alpha.\beta.\gamma.4/30$（a, b は順不同）

(3)　経路のループを回避するため。

(4)　ア：短い　　イ：小さい　　ウ：$\alpha.\beta.\gamma.8$　　エ：$\alpha.\beta.\gamma.9$
　　　オ：$\alpha.\beta.\gamma.17$　　カ：$\alpha.\beta.\gamma.18$　　キ：キープアライブ

(5)　BGP テーブルから最適経路を一つだけ選択し, ルータのルーティングテーブルに反映する。

[設問 3]　(1)　ク：エ　　ケ：ウ　　コ：イ　　サ：ア

(2)　シ：ルータ 10Z, ルータ 10, FW10

(3)　BGP の経路情報よりも静的経路設定の経路情報の方が優先されるから。

(4)　eBGP ピアを無効にする。

[設問 4]　(1)　① 輻輳時にエコー応答を受信することがあり検知できない。
　　　　　　② ルータ 10Z とルータ 11Z の障害時に誤って検知する。

(2)　ス：50

(3)　データ：FW とプロキシサーバの通信ログデータ
　　　検知内容：単位時間当たりの通信ログデータ量が突発的に増えたり減ったりしたこと

【解説】

　本問は, 現在のインターネット接続環境を更改するための具体的な方法を検討する問題であり, 設問は, 設問 1 から設問 4 までの四つで構成されている。設問 1 は, 現在の接続環境のトラフィック量を調査するために使用する SNMP のカウンタ値に関する問題である。設問 2 と設問 3 は, インターネット接続の冗長化検討とその手順に関するもので, BGP のパス属性や最適経路選択アルゴリズム, BGP のルーティング制御などの詳細な知識が要求される。設問 4 は, トラフィック監視について, ICMP エコーによる監視では問題がある理由や, トラフィック異常とは別の異常とは何かなどが問われている。BGP に関する設問の比重がかなり高いので, 合格基準点をクリアできるかどうかは, 設問 2 と設問 3 の正答率によって左右されるだろう。

[設問 1]

(1)　この設問は, 下線①について, 取得時刻 t におけるカウンタ値を X_t, 取得時刻 t

の 5 分前の時刻 t−1 におけるカウンタ値を X_{t-1} としたとき，t−1 と t の間における単位時間当たりの通信量（ビット／秒）を算出する計算式を答えるものである。なお，下線①を含む記述は，「例えば，ifInOctets はカウンタ値で，電源投入によって機器が起動すると初期値の 0 から加算が開始され，インタフェースでパケットを受信した際にそのパケットのオクテット数が加算される。機器は，管理サーバから SNMP で問合せを受けると，その時点のカウンタ値を応答する。管理サーバは，5 分ごとに SNMP でカウンタ値を取得し，単位時間当たりの通信量を計算し，統計データとして保存している」である。

この設問では「1 オクテットは 8 ビットとし，t−1 と t の間でカウンタラップは発生していないものとする」という条件がある。このため，t−1 と t の間で取得されるデータ量は，取得時刻 t におけるカウンタ値 X_t から，取得時刻 t の 5 分前の時刻 t−1 におけるカウンタ値 X_{t-1} を引けばよいので $(X_t - X_{t-1})$ となる。

このデータ量は，5 分間におけるオクテット数のものなので，単位時間当たりの通信量（ビット／秒）を求めるためには，$(X_t - X_{t-1})$ に 8 ビットを掛けて，5 分（300 秒）で割ればよい。したがって，計算式としては "$(X_t - X_{t-1}) \times 8 \div 300$" となる。

(2) 本文中の下線①について，利用状況の調査を目的として，単位時間当たりの通信量（ビット／秒）を求める際に時間平均することによる問題点を述べるものである。

下線①の単位時間当たりの通信量（ビット／秒）は，5 分間平均のものである。このため，利用状況の調査を目的とする場合には，5 分間の中で通信トラフィックの変化を見ることが必要になるが，例えば，5 分間という取得間隔の中で，突発的なバースト通信が発生しても，5 分間平均で評価すると，5 分間に何回発生したのか，どれだけの通信量が発生したのかといったことが分からなくなる。したがって，解答としては「取得間隔の間で発生したバースト通信が分からなくなる」旨を答えるとよい。

(3) この設問は，下線②について，32 ビットカウンタでカウンタラップが発生した際に，通信量を正しく計算するためには，カウンタ値をどのように補正すればよいかを，解答群の中から選ぶものである。なお，下線②は，「カウンタ値が上限値を超える場合，初期値に戻って（以下，カウンタラップという）再びカウンタ値が加算される」-である。

この設問の条件は，「取得時刻 t におけるカウンタ値を X_t，取得時刻 t の 5 分前の時刻 t−1 におけるカウンタ値を X_{t-1}，t−1 と t の間でカウンタラップが 1 回発生した」である。32 ビットカウンタの最大値は，$2^{32}-1$ であるため，カウンタラップが 1 回発生した場合には，次のカウンタ値は $2^{32}-1$ に 1 を加えた値から始まる。このため，補正する X_t は，$X_t + 2^{32} - 1 + 1$ になるので，X_t を $X_t + 2^{32}$ に補正する（ア）必要がある。したがって，解答は "ア" となる。

[設問 2]
(1) この設問は，下線③について，図 2 中のルータ 10 やルータ 11 にはループバックインタフェースを作成し，iBGP のピアリングにループバックインタフェースに設

定した IP アドレスを利用する理由を，FW10 とのインタフェースの数の違いに着目して述べるものである。なお，下線③は「ルータ 10 とルータ 11 はループバックインタフェースに設定した IP アドレスを利用し，FW10 は e に設定した IP アドレスを利用して，互いに iBGP のピアリングを行う」である。

BGP（Border Gateway Protocol）では，BGP の経路情報を交換するルータなどのネットワーク機器を BGP スピーカと呼び，BGP スピーカが経路情報を交換するために確立する TCP コネクション，ないしは TCP コネクションを確立した BGP スピーカ同士を BGP ピア（BGP ネイバともいう）と呼ぶ。BGP ピアには，異なる AS（Autonomous System；自律システム）に属する BGP スピーカ間に形成される eBGP ピアと，同じ AS 内に属する BGP スピーカ間に形成される iBGP ピアという 2 種類がある。

iBGP ピアでは，BGP スピーカ間における物理的なリンクが故障すると，経路情報の交換ができなくなるので，図 2（Z 社の提案した構成（抜粋））の各機器に付与されているアドレス一覧に示されているように，ルータ 10，ルータ 11 のインタフェースにループバックインタフェースを作成している。これは，例えば，図 2 のルータ 10 の iBGP のピアリングに物理インタフェース a の IP アドレスを利用した場合，物理インタフェース a が故障すると，ルータ 10 はルータ 11 と経路情報の交換ができなくなる。しかし，iBGP のピアリングにループバックインタフェースに設定した IP アドレスを利用すれば，ルータ 10 自身が故障しない限り，ルータ 10 はループバックインタフェースに設定された $\alpha.\beta.\gamma.8/32$ を使用して別の装置（図 2 では FW10）に対して TCP コネクションを確立することができるので，ルータ 10 と FW10 との間でも経路情報を交換することができる。これによって，ルータ 10 とルータ 11 は，FW10 経由で経路情報を交換することができる。

なお，ルータ 10，ルータ 11 でループバックインタフェースに設定された IP アドレスへの通信を行うためには，そのアドレスへの経路情報を事前に学習していることが必要になるが，図 2 で示されているように，ルータ 10，ルータ 11，FW10 は OSPF エリアを構成している。このため，ルータ 10，ルータ 11，FW10 については，既にそれぞれの装置に対する経路情報をもっていると判断できる。

以上のように，ルータ 10 とルータ 11 は OSPF によって構成されるインタフェースとして，ルータ 10 とルータ 11 を直接接続するリンク（a と b のリンク）と，FW10 を経由する間接的なリンク（c と e のリンク，d と e のリンク）の二つによって，迂回路を構成している。したがって，解答としては「ルータ 10 とルータ 11 は OSPF を構成するインタフェースが二つあり，迂回路を構成できる」旨を答えるとよい。

(2) この設問は，下線④について，書き換える設定を行わない場合に，FW10 のルーティングテーブルに追加で必要になる情報はどのような内容かを，表 5 を参考に，表 7 中の　　a　　，　　b　　に入れる適切な字句を答えるものである。なお，下線④は「iBGP のピアリングでは，経路情報を広告する際に，BGP パスアトリビュートの一つである NEXT_HOP の IP アドレスを，自身の IP アドレスに書き換える設定を行う」である。

午後 II 解答

表7（FW10 のルーティングテーブル（抜粋））は，次のとおりである。

宛先ネットワーク アドレス	ネクストホップ	インタフェース
a	（設問のため省略）	e
b	（設問のため省略）	e

そして，Z 社の提案した構成の概要の 6 点目に「ルータ 10 とルータ 10Z の間，及びルータ 11 とルータ 11Z の間では，eBGP のピアリングを行う。ピアリングには，f と h，及び g と i に設定した IP アドレスを利用する」と記述されている。
図 2 から，FW10，ルータ 10，ルータ 10Z の関係を整理すると，図 A のようになる。

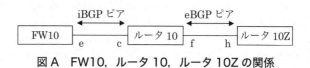

図 A　FW10，ルータ 10，ルータ 10Z の関係

FW10 とルータ 10 は iBGP ピア，ルータ 10 とルータ 10Z は eBGP ピアであるため，ルータ 10 は，ルータ 10Z からデフォルトルート（0.0.0.0）のネクストホップが h という経路情報を受け取る。しかし，ルータ 10 と FW10 は iBGP ピアであるため，デフォルトルート（0.0.0.0）のネクストホップが h という経路情報がそのまま転送される。このため，FW10 は，h の IP アドレスが分からないので，デフォルトルートへ IP パケットが転送できなくなる。この問題を解決するために，表 5（FW10 のルーティングテーブル（抜粋））では，デフォルトルートのネクストホップを，ルータ 10 のループバックインタフェースに設定された IP アドレス（$\alpha.\beta.\gamma.8$）にした経路情報を用いる。これが，下線④の「iBGP のピアリングでは，経路情報を広告する際に，BGP パスアトリビュートの一つである NEXT_HOP の IP アドレスを，自身の IP アドレスに書き換える設定を行う」という意味である。
そこで，下線④の書き換える設定を行わない場合に必要となる，FW10 のルーティングテーブルに追加する経路情報を考える。また，前述した「ピアリングには，f と h，及び g と i に設定した IP アドレスを利用する」に着目すると，宛先が f と h については，FW10 は IP パケットをルータ 10 へ転送すれば，ルータ 10 からルータ 10Z へのルーティングが可能になる。f と h は，図 2 から $\alpha.\beta.\gamma.2/30$，$\alpha.\beta.\gamma.1/30$ である。この二つの IP アドレスを集約化すると，$\alpha.\beta.\gamma.0/30$ となる。これを表 7 の宛先ネットワークアドレスとして設定すればよい。
同様に，ルータ 11 とルータ 11Z は，ルータ 10 側のバックアップとして利用されるので，g（$\alpha.\beta.\gamma.6/30$）と i（$\alpha.\beta.\gamma.5/30$）の二つの IP アドレスを集約化した，$\alpha.\beta.\gamma.4/30$ を宛先ネットワークアドレスとして設定すればよい。
したがって，空欄 a，b には "$\alpha.\beta.\gamma.0/30$" 又は "$\alpha.\beta.\gamma.4/30$" が入る。

(3) この設問は，下線⑤について，経路情報を破棄する目的を述べるものである。な
お，下線⑤を含む記述は，「AS_PATHは，経路情報がどのASを経由してきたのか
を示すAS番号の並びである。eBGPピアにおいて，隣接するASに経路情報を広
告する際に，AS_PATHに自身のAS番号を追加する。また，隣接するASから経
路情報を受信する際に，自身のAS番号が含まれている場合はその経路情報を破棄
する」である。

　　BGPでは，パスアトリビュート（以下，パス属性という）に基づいて経路を決定
するため，BGPのルーティングアルゴリズムはパスベクトル方式と呼ばれている。
パス属性の一つであるAS_PATHは，問題文で説明されているように，経路情報が
どのASを経由してきたのかを示すAS番号の並びである。このため，隣接するAS
から経路情報を受信する際に，自身のAS番号が含まれている場合には，経路がル
ープして戻ってきたものと判断できる。つまり，このような経路情報を破棄する目
的は，経路のループを回避することにあるといえる。したがって，目的としては「経
路のループを回避する」旨を答えるとよい。

(4) 空欄アは，「AS_PATHの長さが最も　　ア　　経路情報を選択する」という
記述の中にある。前述したように，AS_PATH属性は，経路情報がどのASを経由
してきたのかを示すAS番号の並びであるので，経由するASの個数が最も少ない
経路が選択される。AS_PATHの長さでいえば，最も短い経路情報が選択されるこ
とになる。したがって，空欄アには"短い"が入る。

　　空欄イは，「MEDの値が最も　　イ　　経路情報を選択する」という記述の中
にある。MED（MULTI_EXIT_DISC）属性は，eBGPピアに対して通知する，自
身のAS内に存在する宛先ネットワークアドレスの優先度である。例えば，図Bに
示すようにAS100内に複数のサブネットワークが存在する場合，AS100は，AS200
に対してMED値を設定して，経路情報を広告する。すると，AS200は，AS100に
IPパケットを送信する際には，MED値の小さい方の経路を使って，IPパケットを

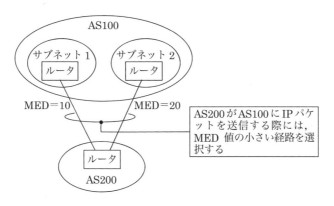

図B　MED値の例

送信する。したがって，空欄イには“小さい”が入る。

空欄ウ，エは，表4（FW10のBGPテーブル（抜粋）））中にあるが，表4は平常時のFW10のBGPテーブルである。

宛先ネットワークアドレス	AS_PATH	MED	LOCAL_PREF	NEXT_HOP
0.0.0.0/0	64496	0	200	ウ
0.0.0.0/0	64496	0	100	エ

LOCAL_PREF属性は，表3（最適経路選択アルゴリズムの仕様）の評価順1で説明されており，「LOCAL_PREFの値が最も大きい経路情報を選択する」ものである。また，デフォルトルート（0.0.0.0）のネクストホップは，ルータ10かルータ11になるが，平常時にはLOCAL_PREF値が最も大きい経路を選択するので，ルータ10がもつIPアドレスを設定する必要がある。そして，ルータ10のインタフェースは，ループバックインタフェースが用いられるので，そのIPアドレスは図2から$\alpha.\beta.\gamma$.8であることが分かる。したがって，空欄ウには“$\alpha.\beta.\gamma$.8”が入る。

同様に，空欄エには“$\alpha.\beta.\gamma$.9”が入る。

空欄オ，カは，表5（FW10のルーティングテーブル（抜粋））中にあるが，表5は平常時のFW10のルーティングテーブルである。

宛先ネットワークアドレス	ネクストホップ	インタフェース
0.0.0.0/0	$\alpha.\beta.\gamma$.8	e
$\alpha.\beta.\gamma$.8/32	オ	e
$\alpha.\beta.\gamma$.9/32	カ	e

表5の1行目は，デフォルトルートのネクストホップが$\alpha.\beta.\gamma$.8（ルータ10のループバックインタフェースに設定されたIPアドレス）なので，平常時にルータ10→ルータ10Z→Z社のネットワーク又はインターネット宛てに送られる経路を示している。これは，表4のFW10のBGPテーブルの結果を反映したものである。

2行目は，宛先が$\alpha.\beta.\gamma$.8/32（ルータ10のループバックインタフェースに設定されたIPアドレス）であるので，図2を見ると，FW10からルータ10のc（$\alpha.\beta.\gamma$.17/29）に向けて送信されることが分かる。したがって，空欄オのネクストホップには“$\alpha.\beta.\gamma$.17”が入る。

3行目は，宛先が$\alpha.\beta.\gamma$.9/32（ルータ11のループバックインタフェースに設定されたIPアドレス）であるので，図2を見ると，FW10からルータ11のd（$\alpha.\beta.\gamma$.18/29）に向けて送信されることが分かる。したがって，空欄カのネクストホップには“$\alpha.\beta.\gamma$.18”が入る。

　　空欄キは，担当者の「BGPでは，　キ　メッセージを定期的に送信します。
専用線の障害時には，ルータが　キ　メッセージを受信しなくなることによ
って，ピアリングが切断され，AS内の各機器の経路情報が更新されます」という
発言の中にある。BGPでは，キープアライブメッセージを用いて隣接ルータの生存
を確認するようにしている。したがって，空欄キには"キープアライブ"が入る。

(5) この設問は，下線⑥について，BGPの標準仕様とはどのような内容かを，本文中
の字句を用いて述べるものである。なお，下線⑥は「BGPの標準仕様ではトラフィ
ックを分散する経路制御はできません」である。

　　表3の前の段落に「BGPでは，ピアリングで受信した経路情報をBGPテーブル
として構成する。このBGPテーブルに存在する，同じ宛先ネットワークアドレス
の経路情報の中から，最適経路を一つだけ選択し，ルータのルーティングテーブル
に反映する。A社で利用している機器の最適経路選択アルゴリズムの仕様を表3に
示す」と記述されている。

　　このため，BGPテーブルの中に存在する複数の経路情報から，表3に示す最適経
路選択アルゴリズムに従って，選択する経路を一つに絞り込んで，それをルータの
ルーティングテーブルに反映していることが読み取れる。したがって，解答として
は「BGPテーブルから最適経路を一つだけ選択し，ルータのルーティングテーブル
に反映する」旨を答えるとよい。

［設問3］
(1) 空欄ク～サは，表6（Cさんが検討した冗長化手順）中にある。

手順	作業対象機器	作業内容
手順1	ルータ11Z，ルータ11	機器の設置
手順2	ルータ11Z，ルータ11，ルータ10，L2SW10	ケーブルの接続
手順3	ルータ11Z，ルータ11，ルータ10，L2SW10	物理インタフェースの設定，IPアドレスの設定及び疎通の確認
手順4	ルータ10，ルータ11	ク
手順5	ルータ10，ルータ11，FW10	ケ
手順6	ルータ10，ルータ11，FW10	コ
手順7	ルータ10，ルータ11，ルータ10Z，ルータ11Z	サ
手順8	シ	静的経路の削除
手順9	ルータ10，L2SW10，FW10	後継機種又は上位機種に交換

　　手順3の作業内容は「物理インタフェースの設定，IPアドレスの設定及び疎通の
確認」であり，手順4の作業対象機器が「ルータ10，ルータ11」である。そして，
Z社の提案した構成の概要の3点目に「ルータ10とルータ11にはループバックイ

ンタフェースを作成し，これらに IP アドレスを設定する」と記述されている。したがって，空欄クにはループバックインタフェースの作成と IP アドレスの設定（エ）が入る。

手順 5 と手順 6 の作業対象機器は，ともに「ルータ 10，ルータ 11，FW10」であるので，解答群の中では，iBGP の導入と OSPF の導入の二つが候補になる。Z 社の提案した構成の概要の 4 点目に「a〜e の各物理インタフェース及びループバックインタフェースでは，OSPF エリアを構成する」，5 点目に「ルータ 10 とルータ 11 はループバックインタフェースに設定した IP アドレスを利用し，FW10 は e に設定した IP アドレスを利用して，互いに iBGP のピアリングを行う」と記述されている。したがって，空欄ケには OSPF の導入（ウ）が，空欄コには iBGP の導入（イ）が入る。

手順 7 の作業対象機器は「ルータ 10，ルータ 11，ルータ 10Z，ルータ 11Z」であることから，eBGP の導入（ア）が入ることが分かる。ちなみに，Z 社の提案した構成の概要の 6 点目には「ルータ 10 とルータ 10Z の間，及びルータ 11 とルータ 11Z の間では，eBGP のピアリングを行う」と記述されている。したがって，空欄サには"ア"が入る。

(2) 空欄シは，表 6 中の手順 8 の作業対象機器であり，その作業内容は「静的経路の削除」である。

まず，静的経路に関する記述を問題文から確認する。問題前文の現在の A 社ネットワーク環境の概要の最後に，

・ルータ 10Z には，A 社が割当てを受けているグローバル IP アドレスの静的経路設定がされており，これを基に Z 社内部のルータに経路情報の広告を行っている。
・ルータ 10，FW10 及び L3SW40 の経路制御は静的経路制御を利用している。
の 2 点が記述されている。

これらのことから，ルータ 10Z，ルータ 10，FW10，L3SW40 の四つの機器が静的経路制御を行っていることが分かる。eBGP ピアリングの関係があるのは，ルータ 10Z とルータ 10 であり，iBGP ピアリングの関係があるのは，ルータ 10 と FW10 である。しかし，FW10 と L3SW40 は BGP によるピアリングを行っていないので，L3SW40 は手順 8 の作業対象機器には該当しない。したがって，空欄シには"ルータ 10Z，ルータ 10，FW10"が入る。

(3) この設問は，下線⑦について，静的経路の削除が行われた時点で，動的経路による制御に切替えが行われる理由を述べるものである。なお，下線⑦を含む記述は，「A 社からインターネットへ向かう通信については，手順 8 の静的経路の削除が行われた時点で，動的経路による制御に切替えが行われ，冗長化が完成する」である。

ルーティングテーブル内には，同じ宛先ネットワークに対して，直結経路をはじめ，OSPF の AS 内経路，静的経路，BGP の動的経路などの経路情報が存在する。このため，それぞれの経路情報に対して優先度が設定され，その優先度に従って経路情報を選択するようにしている。静的経路設定による経路情報と BGP の動的経路情報を比較すると，静的設定による経路情報が優先されるので，静的経路を削除

すれば，BGP の動的経路による制御に切り替えることができる。したがって，理由としては「BGP の経路情報よりも静的経路設定の経路情報の方が優先される」旨を答えるとよい。

(4) この設問は，下線⑧について，ルータ 10 に対して行う操作はどのような内容かを述べるものである。なお，下線⑧を含む記述は，「最後に，手順 9 では，インターネット利用に対する影響が最小限になるように機器を操作しながら，作業対象機器をあらかじめ設定を投入しておいた後継機種又は上位機種に交換する。例えば，ルータ 10 の交換に当たっては，通信がルータ 10 を経由しないようにルータ 10 に対して操作を行った後に交換作業を実施する」である。

　ルータ 10 を交換する場合には，インターネット側との通信については，ルータ 11 側の経路を利用して通信することが必要になる。A 社内のネットワークにおいては，ルータ 10 を交換すると，OSPF による動的経路制御が行われ，ルータ 11→ルータ 11Z という経路によってインターネットへの通信が行われる。しかし，ルータ 10 とルータ 10Z の間で eBGP のピアリングを行った状態では，インターネットから A 社宛ての通信はルータ 10Z に送られてくる。そこで，ルータ 10Z ではなく，直接ルータ 11Z に送信されるようにするには，ルータ 10 は，ルータ 10Z との間に確立している eBGP ピアを無効にすることが必要になる。したがって，解答としては「eBGP ピアを無効にする」旨を答えるとよい。

[設問 4]

(1) この設問は，下線⑨についての問題点を二つ述べるものである。なお，下線⑨を含む記述は，「監視サーバの死活監視は，監視対象に対して，1 回につき ICMP のエコー要求を 3 パケット送信し，エコー応答を受信するかどうかを確認する。1 分おきに連続して 5 回，一つもエコー応答を受信しなかった場合に，アラートとして検知する。エコー要求のタイムアウト値は 1 秒である。C さんは，⑨専用線の輻輳を検知するために，監視サーバの監視対象として，ルータ 10Z とルータ 11Z を追加することを考えたが，問題があるため見送った」である。

　C さんの考えているアラートとして検知する条件は，「1 分おきに連続して 5 回，一つもエコー応答を受信しなかった場合」である。このため，5 分間に，一つでもエコー応答を受信すれば，輻輳が発生していないと判断される。例えば，5 分間に複数回，突発的なバースト通信が発生した場合などにおいては，監視サーバがエコー応答を受信することがある。つまり，輻輳が発生しても，エコー応答を受信することがあるので，輻輳を検知できないことになる。したがって，一つ目としては「輻輳時にエコー応答を受信することがあり検知できない」旨を答えるとよい。

　次に，ルータ 10Z とルータ 11Z に対して ICMP のエコー要求パケットを送信し，その応答パケットを受信しないケースとしては，ルータ 10Z やルータ 11Z の故障が考えられる。このようなケースでは，専用線に輻輳が発生していなくても，監視サーバは輻輳として検知するという問題がある。したがって，二つ目としては「ルータ 10Z とルータ 11Z の障害時に誤って検知する」旨を答えるとよい。

(2) 空欄スは,「通信を均等に分散できると仮定すると, インターネット接続の冗長
化導入によって利用できる帯域幅は専用線2回線分になる。どちらかの専用線に障
害が発生すると, 利用できる帯域幅は専用線1回線分になる。Cさんは, どちらか
の専用線に障害が発生した状況において, 専用線に流れるトラフィックの輻輳の
発生を避けるためには, 平常時から, それぞれの専用線で利用できる帯域幅の
　　　ス　　　%を単位時間当たりの通信量の上限値としてしきい値監視すればよい
と考えた」という記述の中にある。

　ルータ10側の専用線と, ルータ11側の専用線の2回線を同時に使った場合, ど
ちらかの専用線に障害が発生すると, 1回線で2回線分のトラフィックを運ぶ必要
がある。そして, 通信を均等に分散できると仮定するので, 専用線に流れるトラ
フィックの輻輳の発生を避けるためには, 平常時にそれぞれの専用線で利用できる帯
域幅を $1 \div 2 = 0.5 = 50\%$ に制限すればよい。したがって, 空欄スには "50" が入る。

(3) この設問は, 下線⑩について, 統計データとは別のデータにはどのようなデータ
があるかを, 本文中の字句を用いて答えるとともに, そのデータを, 機械学習監視
製品を用いて監視することによって, どのようなトラフィック異常とは別の異常を
検知できるようになるかを述べるものである。なお, 下線⑩は「管理サーバに保存
されている, 統計データとは別のデータについても, 機械学習監視製品を用いて監
視することで, トラフィック異常とは別の異常が検知できることを確認した」であ
る。

　まず, 統計データとは別のデータにはどのようなデータがあるかを, 本文中の字
句を用いて答えるので, 問題文にある記述を確認する。すると, 現在のA社ネット
ワーク環境の概要の5点目に「管理サーバには, A社のルータ, FW, L2SW及び
L3SW (以下, A社NW機器という) からSNMPを用いて収集した通信量などの
統計データ, FWとプロキシサーバの通信ログデータが保存されている」と記述さ
れている。このため, 統計データとは別のデータは, FWとプロキシサーバの通信
ログデータであることが分かる。したがって, 別のデータとしては "FWとプロキ
シサーバの通信ログデータ" を答えるとよい。

　次に, FWとプロキシサーバの通信ログデータを, 機械学習監視製品を用いて監
視することによって, どのようなトラフィック異常とは別の異常を検知できるよう
になるかを検討する。下線⑩の次に「複数のデータを組み合わせて, 機械学習監視
製品を用いて監視することで, ネットワーク環境の状況を素早く, かつ, 詳細に把
握できることが分かった」とあるので, FWとプロキシサーバの通信ログデータを
用いて, ネットワーク環境の状況を素早く, かつ, 詳細に把握できることとは何か
を考える。

　FWとプロキシサーバにおいて発生する通信ログは, 例えば, 利用者からのアク
セスもランダムであり, IPパケットの長さもマチマチである。このため, 単位時間
当たりの平均値で評価すると, ほとんど変動が見られない場合であっても, 単位時
間当たりの通信ログが急激に増加したり, 減少したりする現象がみられるはずであ
る。こうした異常を見つけるためには, 通信ログデータの分析を行うことが必要に

なる。現在の A 社ネットワーク環境の概要の 6 点目には「管理サーバは，通信ログデータを基に FW とプロキシサーバの通信ログ分析レポートを作成している」と記述されているので，ログ分析レポートについて機械学習監視製品を用いて監視すれば，通信ログデータが急激に増加したり，減少したりする状況を把握することが期待できる。したがって，解答としては「単位時間当たりの通信ログデータ量が突発的に増えたり減ったりしたこと」などのように答えるとよい。

午後Ⅱ問題　IPA 発表の解答例

問1

出題趣旨
企業のネットワークを設計するときに，RSTP（Rapid Spanning Tree Protocol）を用いる方式や，スタック機能を用いる方式など，様々な方式を選択できるようになった。企業活動が IT によって成り立っている現在，これらの技術を正しく選択して，情報システムの可用性向上を図ることは，どの企業においても重要な課題の一つである。 　このような状況を基に，本問では，社内システムの更改と移行を事例に取り上げた。現行の STP を RSTP に変更したときの方式，スタック機能を用いたときの方式を検討し，それぞれの特徴を解説した。 　本問では，多くの企業のネットワークに利用されている RSTP，スタック機能を題材に，受験者が修得した技術と経験が，ネットワーク設計，構築，移行の実務で活用できる水準かどうかを問う。

設問			解答例・解答の要点	
設問1	(1)	a	フォワーダ	
		b	プライオリティ値	
	(2)	内部 DNS サーバ		
設問2	(1)	比較対象	MAC アドレス	
		サブネット	FW-L3SW 間サブネット，内部サーバ収容サブネット	
	(2)	c	指定	
		d	非指定	
		e	MAC アドレス	
設問3	(1)	f	上位のスイッチ	
	(2)	①	・ポート故障時の代替ポートを事前に決定しているから	
		②	・転送遅延がなく，ポートの状態遷移を行うから	
設問4	(1)	2 台の L3SW を 1 台のスイッチとして管理できるから		
	(2)	スタック L3SW　〜　新ディレクトリサーバ　又は スタック L3SW　〜　新内部 DNS サーバ		
設問5		技術	①	・スタック
			②	・リンクアグリゲーション
		理由	ループがない構成だから	
設問6	(1)	送信元 MAC アドレスをもつ機器	現行のディレクトリサーバ	
		宛先 MAC アドレスをもつ機器	新ディレクトリサーバ	
	(2)	送信元 MAC アドレスをもつ機器	現行の L3SW1	
		宛先 MAC アドレスをもつ機器	スタック L3SW	
	(3)	172.16.254.128〜172.16.254.254		

設問 6	(4)		現行の FW と新 FW の仮想 IP アドレスが重複する。
	(5)	変更内容	静的 NAT の変換後の IP アドレスを，新公開 Web サーバから現行の公開 Web サーバの IP アドレスに変更する。
		経由する機器	新ルータ 1→新 L2SW0→新 FW1→新 L2SW1→L2SW1
	(6)	①②	・新公開 Web サーバ宛ての Web 通信 ・新外部 DNS サーバ宛ての DNS 通信
	(7)	g	172.17.11.1
	(8)		PC が収容されているサブネットを識別し，対応する DHCP のスコープから IP アドレスを割り当てるため

採点講評

　問 1 では，社内システムの更改を題材に，STP，RSTP 及びスタック機能を用いたときの方式の違いと，現行の社内システムから新社内システムへの移行について出題した。全体として，正答率は低かった。

　設問 2 は，(1)，(2) ともに正答率がやや低かった。STP の用語は RSTP でも用いられるので，是非知っておいてほしい。サブネットについて，STP と VRRP の構成を正しく把握し，設計上の問題点を発見することは，ネットワークを設計する上で非常に重要である。

　設問 3(2)は，正答率が低かった。トポロジの再構成に掛かる時間を短縮できる理由を問う問題であり，本文中に示された RSTP で追加されたポートの役割，STP と RSTP の状態遷移の違いを読み取り，もう一歩踏み込んで考えてほしい。

　設問 6(1)～(5)は，正答率がやや低かった。移行設計では，現行の社内システムと新社内システムの構成を正しく把握し，移行期間中の構成，経路情報，作業手順などを理解することが重要である。本文中に示された条件を読み取り，正答を導き出してほしい。

問2

出題趣旨

　システム部門がネットワークを運用する際には，ネットワークの状況を正確に把握できることが重要である。そのためには，情報取得の仕組みや情報の取り扱い，情報の見方について，正確に理解しておく必要がある。あわせて，ネットワークを常時監視する必要もある。また，与えられた課題に対して，どのような技術を用いて，どのように解決するか立案できることが重要である。利用したことがない技術が案として浮上した場合，その技術がどのようなものか調べ，正確に理解したうえで採用することが重要である。

　本問では，インターネット接続環境の更改を題材にしている。SNMP を用いたネットワーク利用状況の把握及び ping 監視と機械学習を用いた監視について問う。さらに，BGP や OSPF を用いたネットワーク設計と，プロトコルの特徴を踏まえた導入手順について問う。

設問		解答例・解答の要点
設問 1	(1)	$(X_t - X_{t-1}) \times 8 \div 300$
	(2)	取得間隔の間で発生したバースト通信が分からなくなる。
	(3)	ア

設問2	(1)		ルータ10とルータ11はOSPFを構成するインタフェースが二つあり，迂回路を構成できるから		
	(2)	a	$\alpha.\beta.\gamma.0/30$		順不同
		b	$\alpha.\beta.\gamma.4/30$		
	(3)		経路のループを回避するため		
	(4)	ア	短い		
		イ	小さい		
		ウ	$\alpha.\beta.\gamma.8$		
		エ	$\alpha.\beta.\gamma.9$		
		オ	$\alpha.\beta.\gamma.17$		
		カ	$\alpha.\beta.\gamma.18$		
		キ	キープアライブ		
	(5)		BGPテーブルから最適経路を一つだけ選択し，ルータのルーティングテーブルに反映する。		
設問3	(1)	ク	エ		
		ケ	ウ		
		コ	イ		
		サ	ア		
	(2)	シ	ルータ10Z，ルータ10，FW10		
	(3)		BGPの経路情報よりも静的経路設定の経路情報の方が優先されるから		
	(4)		eBGPピアを無効にする。		
設問4	(1)	①	・輻輳時にエコー応答を受信することがあり検知できない。		
		②	・ルータ10Zとルータ11Zの障害時に誤って検知する。		
	(2)	ス	50		
	(3)	データ	FWとプロキシサーバの通信ログデータ		
		検知内容	単位時間当たりの通信ログデータ量が突発的に増えたり減ったりしたこと		

　問 2 では，インターネット接続環境の更改を題材に，SNMP を用いたネットワーク利用状況の把握及び ping 監視と機械学習を用いた監視について出題した。さらに，BGP や OSPF を用いたネットワーク設計と，プロトコルの特徴を踏まえた導入手順について出題した。全体として，正答率は高かった。

　設問 2 は，BGP を中心とした経路制御の問題であるが，(2)の正答率が低かった。本文中の説明を注意深く読み取り，経路制御の流れを順序立てて組み立て，正答を導き出してほしい。(4)キは，正答率が低かった。キープアライブなど，BGP に関する基本的な用語については，是非知っておいてほしい。

　設問 3 は，(3)，(4)の正答率がやや低かった。(3)は異なるプロトコルを組み合わせて用いる際に，これらの信頼性に基づいて優先順位を決める経路制御の基本である。また，(4)はネットワーク構成を変更する際に，利用者に対する影響を最小限にするための通信迂回操作の一つである。それぞれよく理解してほしい。

　設問 4(1)は，正答率がやや低かった。専用線の輻輳を検知するために ICMP による死活監視を用いた際の問題について問うたが，技術的な観点ではなく，ルータ 10Z とルータ 11Z が Z 社の所有であることに着目した解答が目立った。ネットワークスペシャリストとして ICMP の特徴をよく理解し，もう一歩踏み込んで考えてほしい。

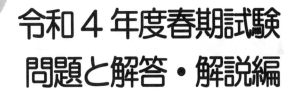

令和4年度春期試験
問題と解答・解説編

問題を解き，**解答・解説**でポイントを確認してください

令和4年度　春期
ITストラテジスト試験
システムアーキテクト試験
ネットワークスペシャリスト試験
ITサービスマネージャ試験
情報処理安全確保支援士試験
午前Ⅰ　問題【共通】

試験時間	9:30 ～ 10:20（50分）

注意事項

1. 試験開始及び終了は，監督員の時計が基準です。監督員の指示に従ってください。
   試験時間中は，退室できません。
2. 試験開始の合図があるまで，問題冊子を開いて中を見てはいけません。
3. **答案用紙への受験番号などの記入は，試験開始の合図があってから始めてください。**
4. 問題は，次の表に従って解答してください。

問題番号	問1 ～ 問30
選択方法	全問必須

5. 答案用紙の記入に当たっては，次の指示に従ってください。
   (1) 答案用紙は光学式読取り装置で読み取った上で採点しますので，B 又は HB の黒
   鉛筆で答案用紙の<u>マークの記入方法</u>のとおりマークしてください。マークの濃度
   がうすいなど，<u>マークの記入方法</u>のとおり正しくマークされていない場合は，読
   み取れないことがあります。特にシャープペンシルを使用する際には，マークの濃
   度に十分注意してください。訂正の場合は，あとが残らないように消しゴムできれ
   いに消し，消しくずを残さないでください。
   (2) **受験番号欄に受験番号を，<u>生年月日欄に受験票の生年月日</u>を記入及びマークし
   てください。**答案用紙のマークの記入方法のとおりマークされていない場合は，
   採点されないことがあります。生年月日欄については，受験票の生年月日を訂正し
   た場合でも，訂正前の生年月日を記入及びマークしてください。
   (3) **解答は，次の例題にならって，解答欄に一つだけマークしてください。**答案用
   紙のマークの記入方法のとおりマークされていない場合は，採点されません。
   〔例題〕　春期の情報処理技術者試験・情報処理安全確保支援士試験が実施される月
   　　　　はどれか。
   　　　　ア 2　　　イ 3　　　　ウ 4　　　　エ 5
   　　　　正しい答えは"ウ　4"ですから，次のようにマークしてください。

注意事項は問題冊子の裏表紙に続きます。
こちら側から裏返して，必ず読んでください。

6. **問題に関する質問にはお答えできません。**文意どおり解釈してください。

7. 問題冊子の余白などは，適宜利用して構いません。ただし，問題冊子を切り離して利用することはできません。

8. 試験時間中，机上に置けるものは，次のものに限ります。

　　なお，会場での貸出しは行っていません。

　　受験票，黒鉛筆及びシャープペンシル（B 又は HB），鉛筆削り，消しゴム，定規，時計（時計型ウェアラブル端末は除く。アラームなど時計以外の機能は使用不可），ハンカチ，ポケットティッシュ，目薬

　　これら以外は机上に置けません。使用もできません。

9. 試験終了後，この問題冊子は持ち帰ることができます。

10. 答案用紙は，いかなる場合でも提出してください。回収時に提出しない場合は，採点されません。

11. 試験時間中にトイレへ行きたくなったり，気分が悪くなったりした場合は，手を挙げて監督員に合図してください。

12. 午前 II の試験開始は <u>10:50</u> ですので，<u>10:30</u> までに着席してください。

試験問題に記載されている会社名又は製品名は，それぞれ各社又は各組織の商標又は登録商標です。

なお，試験問題では，™ 及び ® を明記していません。

©2022　独立行政法人情報処理推進機構

問1　ハミング符号とは，データに冗長ビットを付加して，1 ビットの誤りを訂正できる
ようにしたものである。ここでは，X_1，X_2，X_3，X_4 の 4 ビットから成るデータに，3
ビットの冗長ビット P_3，P_2，P_1 を付加したハミング符号 $X_1 X_2 X_3 P_3 X_4 P_2 P_1$ を考える。
付加したビット P_1，P_2，P_3 は，それぞれ

　　　$X_1 \oplus X_3 \oplus X_4 \oplus P_1 = 0$

　　　$X_1 \oplus X_2 \oplus X_4 \oplus P_2 = 0$

　　　$X_1 \oplus X_2 \oplus X_3 \oplus P_3 = 0$

となるように決める。ここで，$\oplus$ は排他的論理和を表す。

　ハミング符号 1110011 には 1 ビットの誤りが存在する。誤りビットを訂正したハミング符号はどれか。

　ア　0110011　　　イ　1010011　　　ウ　1100011　　　エ　1110111

問2　リストには，配列で実現する場合とポインタで実現する場合とがある。リストを配
列で実現した場合の特徴として，適切なものはどれか。ここで，配列を用いたリスト
は配列に要素を連続して格納することによってリストを構成し，ポインタを用いたリ
ストは要素と次の要素へのポインタを用いることによってリストを構成するものとす
る。

　ア　リストにある実際の要素数にかかわらず，リストに入れられる要素の最大個数に
　　　対応した領域を確保し，実際には使用されない領域が発生する可能性がある。
　イ　リストの中間要素を参照するには，リストの先頭から順番に要素をたどっていく
　　　ことから，要素数に比例した時間が必要となる。
　ウ　リストの要素を格納する領域の他に，次の要素を指し示すための領域が別途必要
　　　となる。
　エ　リストへの挿入位置が分かる場合には，リストにある実際の要素数にかかわらず，
　　　要素の挿入を一定時間で行うことができる。

問3 プログラム言語のうち，ブロックの範囲を指定する方法として特定の記号や予約語を用いず，等しい文字数の字下げを用いるという特徴をもつものはどれか。

ア C　　　　　　イ Java　　　　　ウ PHP　　　　　エ Python

問4 キャッシュメモリのアクセス時間が主記憶のアクセス時間の 1/30 で，ヒット率が95%のとき，実効メモリアクセス時間は，主記憶のアクセス時間の約何倍になるか。

ア 0.03　　　　　イ 0.08　　　　　ウ 0.37　　　　　エ 0.95

問5 プロセッサ数と，計算処理におけるプロセスの並列化が可能な部分の割合とが，性能向上へ及ぼす影響に関する記述のうち，アムダールの法則に基づいたものはどれか。

ア 全ての計算処理が並列化できる場合，速度向上比は，プロセッサ数を増やしてもある水準に漸近的に近づく。

イ 並列化できない計算処理がある場合，速度向上比は，プロセッサ数に比例して増加する。

ウ 並列化できない計算処理がある場合，速度向上比は，プロセッサ数を増やしてもある水準に漸近的に近づく。

エ 並列化できる計算処理の割合が増えると，速度向上比は，プロセッサ数に反比例して減少する。

問6　一つの I^2C バスに接続された二つのセンサがある。それぞれのセンサ値を読み込む二つのタスクで排他的に制御したい。利用するリアルタイム OS の機能として，適切なものはどれか。

ア　キュー　　　　　　　　　　　イ　セマフォ
ウ　マルチスレッド　　　　　　　エ　ラウンドロビン

問7　アクチュエータの説明として，適切なものはどれか。

ア　与えられた目標量と，センサから得られた制御量を比較し，制御量を目標量に一致させるように操作量を出力する。
イ　位置，角度，速度，加速度，力，温度などを検出し，電気的な情報に変換する。
ウ　エネルギー源からのパワーを，回転，直進などの動きに変換する。
エ　マイクロフォン，センサなどが出力する微小な電気信号を増幅する。

問8　第 1，第 2，第 3 正規形とリレーションの特徴 a，b，c の組合せのうち，適切なものはどれか。

a：どの非キー属性も，主キーの真部分集合に対して関数従属しない。
b：どの非キー属性も，主キーに推移的に関数従属しない。
c：繰返し属性が存在しない。

	第 1 正規形	第 2 正規形	第 3 正規形
ア	a	b	c
イ	a	c	b
ウ	c	a	b
エ	c	b	a

問9　ビッグデータの利用におけるデータマイニングを説明したものはどれか。

　　ア　蓄積されたデータを分析し，単なる検索だけでは分からない隠れた規則や相関関
　　　　係を見つけ出すこと
　　イ　データウェアハウスに格納されたデータの一部を，特定の用途や部門用に切り出
　　　　して，データベースに格納すること
　　ウ　データ処理の対象となる情報を基に規定した，データの構造，意味及び操作の枠
　　　　組みのこと
　　エ　データを複数のサーバに複製し，性能と可用性を向上させること

問10　UDP を使用しているものはどれか。

　　ア　FTP　　　　　　　イ　NTP　　　　　　ウ　POP3　　　　　エ　TELNET

問11　OpenFlow を使った SDN (Software-Defined Networking) に関する記述として，適
　　　切なものはどれか。

　　ア　インターネットのドメイン名を管理する世界規模の分散データベースを用いて，
　　　　IP アドレスの代わりに名前を指定して通信できるようにする仕組み
　　イ　携帯電話網において，回線交換方式ではなく，パケット交換方式で音声通話を実
　　　　現する方式
　　ウ　ストレージ装置とサーバを接続し，WWN (World Wide Name) によってノードやポ
　　　　ートを識別するストレージ用ネットワーク
　　エ　データ転送機能とネットワーク制御機能を論理的に分離し，ネットワーク制御を
　　　　集中的に行うことを可能にしたアーキテクチャ

問12 メッセージの送受信における署名鍵の使用に関する記述のうち，適切なものはどれか。

ア 送信者が送信者の署名鍵を使ってメッセージに対する署名を作成し，メッセージに付加することによって，受信者が送信者による署名であることを確認できるようになる。

イ 送信者が送信者の署名鍵を使ってメッセージを暗号化することによって，受信者が受信者の署名鍵を使って，暗号文を元のメッセージに戻すことができるようになる。

ウ 送信者が送信者の署名鍵を使ってメッセージを暗号化することによって，メッセージの内容が関係者以外に分からないようになる。

エ 送信者がメッセージに固定文字列を付加し，更に送信者の署名鍵を使って暗号化することによって，受信者がメッセージの改ざん部位を特定できるようになる。

問13 クライアント証明書で利用者を認証するリバースプロキシサーバを用いて，複数の Web サーバにシングルサインオンを行うシステムがある。このシステムに関する記述のうち，適切なものはどれか。

ア クライアント証明書を利用者の PC に送信するのは，Web サーバではなく，リバースプロキシサーバである。

イ クライアント証明書を利用者の PC に送信するのは，リバースプロキシサーバではなく，Web サーバである。

ウ 利用者 ID などの情報を Web サーバに送信するのは，リバースプロキシサーバではなく，利用者の PC である。

エ 利用者 ID などの情報を Web サーバに送信するのは，利用者の PC ではなく，リバースプロキシサーバである。

問14 内部ネットワークの PC からインターネット上の Web サイトを参照するときに，DMZ に設置した VDI（Virtual Desktop Infrastructure）サーバ上の Web ブラウザを利用すると，未知のマルウェアが PC にダウンロードされるのを防ぐというセキュリティ上の効果が期待できる。この効果を生み出す VDI サーバの動作の特徴はどれか。

ア　Web サイトからの受信データを受信処理した後，IPsec でカプセル化し，PC に送信する。

イ　Web サイトからの受信データを受信処理した後，実行ファイルを削除し，その他のデータを PC に送信する。

ウ　Web サイトからの受信データを受信処理した後，生成したデスクトップ画面の画像データだけを PC に送信する。

エ　Web サイトからの受信データを受信処理した後，不正なコード列が検知されない場合だけ PC に送信する。

問15　ファジングに該当するものはどれか。

ア　サーバに FIN パケットを送信し，サーバからの応答を観測して，稼働しているサービスを見つけ出す。

イ　サーバの OS やアプリケーションソフトウェアが生成したログやコマンド履歴などを解析して，ファイルサーバに保存されているファイルの改ざんを検知する。

ウ　ソフトウェアに，問題を引き起こしそうな多様なデータを入力し，挙動を監視して，脆弱性を見つけ出す。

エ　ネットワーク上を流れるパケットを収集し，そのプロトコルヘッダやペイロードを解析して，あらかじめ登録された攻撃パターンと一致するものを検出する。

問16　次の流れ図において，判定条件網羅（分岐網羅）を満たす最少のテストケースの組みはどれか。

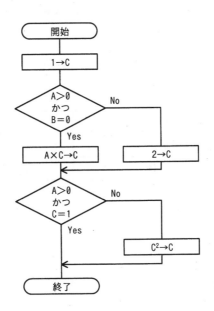

ア　(1)　A＝0，B＝0　　(2)　A＝1，B＝1

イ　(1)　A＝1，B＝0　　(2)　A＝1，B＝1

ウ　(1)　A＝0，B＝0　　(2)　A＝1，B＝1　　(3)　A＝1，B＝0

エ　(1)　A＝0，B＝0　　(2)　A＝0，B＝1　　(3)　A＝1，B＝0

問17　問題は発生していないが，プログラムの仕様書と現状のソースコードとの不整合を解消するために，リバースエンジニアリングの手法を使って仕様書を作成し直す。これはソフトウェア保守のどの分類に該当するか。

ア　完全化保守　　　　　　　　　イ　是正保守

ウ　適応保守　　　　　　　　　　エ　予防保守

問18 ある組織では，プロジェクトのスケジュールとコストの管理にアーンドバリューマ
　　　ネジメントを用いている。期間 10 日間のプロジェクトの，5 日目の終了時点の状況
　　　は表のとおりである。この時点でのコスト効率が今後も続くとしたとき，完成時総コ
　　　スト見積り（EAC）は何万円か。

管理項目	金額（万円）
完成時総予算（BAC）	100
プランドバリュー（PV）	50
アーンドバリュー（EV）	40
実コスト（AC）	60

　　　ア　110　　　　　　イ　120　　　　　　ウ　135　　　　　　エ　150

問19 ソフトウェア開発プロジェクトにおいて，表の全ての作業を完了させるために必要
　　　な期間は最短で何日間か。

作業	作業の開始条件	所要日数（日）
要件定義	なし	30
設計	要件定義の完了	20
製造	設計の完了	25
テスト	製造の完了	15
利用者マニュアル作成	設計の完了	20
利用者教育	テストの完了及び 利用者マニュアル作成の完了	10

　　　ア　80　　　　　　イ　95　　　　　　ウ　100　　　　　　エ　120

問20 ITIL 2011 edition では，可用性管理における重要業績評価指標（KPI）の例として，"保守性を表す指標値"の短縮を挙げている。保守性を表す指標に該当するものはどれか。

 ア 一定期間内での中断の数
 イ 平均故障間隔
 ウ 平均サービス・インシデント間隔
 エ 平均サービス回復時間

問21 基幹業務システムの構築及び運用において，データ管理者（DA）とデータベース管理者（DBA）を別々に任命した場合の DA の役割として，適切なものはどれか。

 ア 業務データ量の増加傾向を把握し，ディスク装置の増設などを計画して実施する。
 イ システム開発の設計工程では，主に論理データベース設計を行い，データ項目を管理して標準化する。
 ウ システム開発のテスト工程では，主にパフォーマンスチューニングを担当する。
 エ システム障害が発生した場合には，データの復旧や整合性のチェックなどを行う。

問22　監査証拠の入手と評価に関する記述のうち，システム監査基準（平成 30 年）に照らして，適切でないものはどれか。

ア　アジャイル手法を用いたシステム開発プロジェクトにおいては，管理用ドキュメントとしての体裁が整っているものだけが監査証拠として利用できる。

イ　外部委託業務実施拠点に対する監査において，システム監査人が委託先から入手した第三者の保証報告書に依拠できると判断すれば，現地調査を省略できる。

ウ　十分かつ適切な監査証拠を入手するための本調査の前に，監査対象の実態を把握するための予備調査を実施する。

エ　一つの監査目的に対して，通常は，複数の監査手続を組み合わせて監査を実施する。

問23　BPO の説明はどれか。

ア　災害や事故で被害を受けても，重要事業を中断させない，又は可能な限り中断期間を短くする仕組みを構築すること

イ　社内業務のうちコアビジネスでない事業に関わる業務の一部又は全部を，外部の専門的な企業に委託すること

ウ　製品の基準生産計画，部品表及び在庫情報を基に，資材の所要量と必要な時期を求め，これを基準に資材の手配，納入の管理を支援する生産管理手法のこと

エ　プロジェクトを，戦略との適合性や費用対効果，リスクといった観点から評価を行い，情報化投資のバランスを管理し，最適化を図ること

問24　IT 投資効果の評価方法において，キャッシュフローベースで初年度の投資によるキャッシュアウトを何年後に回収できるかという指標はどれか。

ア　IRR (Internal Rate of Return)　　イ　NPV (Net Present Value)
ウ　PBP (Pay Back Period)　　エ　ROI (Return On Investment)

問25 UML の図のうち，業務要件定義において，業務フローを記述する際に使用する，処理の分岐や並行処理，処理の同期などを表現できる図はどれか。

ア アクティビティ図　　　　　　　イ クラス図
ウ 状態マシン図　　　　　　　　　エ ユースケース図

問26 PPM において，投資用の資金源として位置付けられる事業はどれか。

ア 市場成長率が高く，相対的市場占有率が高い事業
イ 市場成長率が高く，相対的市場占有率が低い事業
ウ 市場成長率が低く，相対的市場占有率が高い事業
エ 市場成長率が低く，相対的市場占有率が低い事業

問27 半導体産業において，ファブレス企業と比較したファウンドリ企業のビジネスモデルの特徴として，適切なものはどれか。

ア 工場での生産をアウトソーシングして，生産設備への投資を抑える。
イ 自社製品の設計，マーケティングに注力し，新市場を開拓する。
ウ 自社製品の販売に注力し，売上げを拡大する。
エ 複数の企業から生産だけを専門に請け負い，多くの製品を低コストで生産する。

問28 XBRL で主要な取扱いの対象とされている情報はどれか。

ア 医療機関のカルテ情報　　　　　イ 企業の顧客情報
ウ 企業の財務情報　　　　　　　　エ 自治体の住民情報

問29 リーダシップ論のうち，PM理論の特徴はどれか。

ア 優れたリーダシップを発揮する，リーダ個人がもつ性格，知性，外観などの個人
　　的資質の分析に焦点を当てている。

イ リーダシップのスタイルについて，目標達成能力と集団維持能力の二つの次元に
　　焦点を当てている。

ウ リーダシップの有効性は，部下の成熟（自律性）の度合いという状況要因に依存
　　するとしている。

エ リーダシップの有効性は，リーダがもつパーソナリティと，リーダがどれだけ統
　　制力や影響力を行使できるかという状況要因に依存するとしている。

問30 A社は，B社と著作物の権利に関する特段の取決めをせず，A社の要求仕様に基づ
　　いて，販売管理システムのプログラム作成をB社に委託した。この場合のプログラム
　　著作権の原始的帰属に関する記述のうち，適切なものはどれか。

ア A社とB社が話し合って帰属先を決定する。

イ A社とB社の共有帰属となる。

ウ A社に帰属する。

エ B社に帰属する。

令和4年度 春期
ネットワークスペシャリスト試験
午前II 問題

試験時間	10:50 〜 11:30 （40分）

注意事項

1. 試験開始及び終了は，監督員の時計が基準です。監督員の指示に従ってください。
   試験時間中は，退室できません。
2. 試験開始の合図があるまで，問題冊子を開いて中を見てはいけません。
3. **答案用紙への受験番号などの記入は，試験開始の合図があってから始めてください。**
4. 問題は，次の表に従って解答してください。

問題番号	問1 〜 問25
選択方法	全問必須

5. 答案用紙の記入に当たっては，次の指示に従ってください。

   (1) 答案用紙は光学式読取り装置で読み取った上で採点しますので，B 又は HB の黒
      鉛筆で答案用紙の<u>マークの記入方法</u>のとおりマークしてください。マークの濃度
      がうすいなど，<u>マークの記入方法</u>のとおり正しくマークされていない場合は，読
      み取れないことがあります。特にシャープペンシルを使用する際には，マークの濃
      度に十分注意してください。訂正の場合は，あとが残らないように消しゴムできれ
      いに消し，消しくずを残さないでください。

   (2) <u>受験番号欄</u>に受験番号を，<u>生年月日欄</u>に受験票の<u>生年月日</u>を記入及びマークし
      てください。答案用紙の<u>マークの記入方法</u>のとおりマークされていない場合は，
      採点されないことがあります。生年月日欄については，受験票の生年月日を訂正し
      た場合でも，訂正前の生年月日を記入及びマークしてください。

   (3) <u>解答</u>は，次の例題にならって，<u>解答欄</u>に一つだけマークしてください。答案用
      紙の<u>マークの記入方法</u>のとおりマークされていない場合は，採点されません。

   〔例題〕 春期の情報処理技術者試験が実施される月はどれか。

   　　　　ア 2　　　イ 3　　　ウ 4　　　エ 5

   　　　　正しい答えは "ウ 4" ですから，次のようにマークしてください。

注意事項は問題冊子の裏表紙に続きます。
こちら側から裏返して，必ず読んでください。

6. **問題に関する質問にはお答えできません。** 文意どおり解釈してください。

7. 問題冊子の余白などは，適宜利用して構いません。ただし，問題冊子を切り離して利用することはできません。

8. 試験時間中，机上に置けるものは，次のものに限ります。

   なお，会場での貸出しは行っていません。

   受験票，黒鉛筆及びシャープペンシル（B 又は HB），鉛筆削り，消しゴム，定規，時計（時計型ウェアラブル端末は除く。アラームなど時計以外の機能は使用不可），ハンカチ，ポケットティッシュ，目薬

   これら以外は机上に置けません。使用もできません。

9. 試験終了後，この問題冊子は持ち帰ることができます。

10. 答案用紙は，いかなる場合でも提出してください。回収時に提出しない場合は，採点されません。

11. 試験時間中にトイレへ行きたくなったり，気分が悪くなったりした場合は，手を挙げて監督員に合図してください。

12. 午後Ⅰの試験開始は 12:30 ですので，12:10 までに着席してください。

試験問題に記載されている会社名又は製品名は，それぞれ各社又は各組織の商標又は登録商標です。

なお，試験問題では，™ 及び ® を明記していません。

©2022　独立行政法人情報処理推進機構

問1　180台の電話機のトラフィックを調べたところ,電話機1台当たりの呼の発生頻度（発着呼の合計）は3分に1回,平均回線保留時間は80秒であった。このときの呼量は何アーランか。

　　ア　4　　　　　　　イ　12　　　　　　ウ　45　　　　　　エ　80

問2　長距離の光通信で用いられるマルチモードとシングルモードの光ファイバの伝送特性に関する記述のうち,適切なものはどれか。

　　ア　シングルモードの方が伝送速度は速く,伝送距離も長い。
　　イ　シングルモードの方が伝送速度は速いが,伝送距離は短い。
　　ウ　マルチモードの方が伝送速度は速く,伝送距離も長い。
　　エ　マルチモードの方が伝送速度は速いが,伝送距離は短い。

問3　インターネットにおいて,AS（Autonomous System）間の経路制御に用いられるプロトコルはどれか。

　　ア　BGP　　　　　　イ　IS-IS　　　　　ウ　OSPF　　　　　エ　RIP

問4　スパニングツリープロトコルに関する記述のうち,適切なものはどれか。

　　ア　OSI基本参照モデルにおけるネットワーク層のプロトコルである。
　　イ　ブリッジ間に複数経路がある場合,同時にフレーム転送することを可能にするプロトコルである。
　　ウ　ブロードキャストフレームを,ブリッジ間で転送しない利点がある。
　　エ　ルートブリッジの決定には,ブリッジの優先順位とMACアドレスが使用される。

問5　DNS において，電子メールの送信だけに利用されるリソースレコードはどれか。

　　　ア　MX レコード　　　　　　　　　　イ　NS レコード
　　　ウ　PTR レコード　　　　　　　　　　エ　SOA レコード

問6　IPv4 における ICMP のメッセージに関する説明として，適切なものはどれか。

　　　ア　送信元が設定したソースルーティングが失敗した場合は，Echo Reply を返す。
　　　イ　転送されてきたデータグラムを受信したルータが，そのネットワークの最適なル
　　　　ータを送信元に通知して経路の変更を要請するには，Redirect を使用する。
　　　ウ　フラグメントの再組立て中にタイムアウトが発生した場合は，データグラムを破
　　　　棄して Parameter Problem を返す。
　　　エ　ルータでメッセージを転送する際に，受信側のバッファがあふれた場合は Time
　　　　Exceeded を送り，送信ホストに送信を抑制することを促す。

問7　マルチキャストグループへの参加や離脱をホストが通知したり，マルチキャストグ
　　ループに参加しているホストの有無をルータがチェックしたりするときに使用するプ
　　ロトコルはどれか。

　　　ア　ARP　　　　　　イ　IGMP　　　　　ウ　LDAP　　　　　エ　RIP

問8　SMTP（ESMTP を含む）のセッション開始を表すコマンドはどれか。

　　　ア　DATA　　　　　　イ　EHLO　　　　　ウ　MAIL　　　　　エ　RCPT

問9 IPv4 アドレスが 192.168.10.0/24〜192.168.58.0/24 のネットワークを対象に経路を集約するとき，集約した経路のネットワークアドレスのビット数が最も多くなるものはどれか。

ア 192.168.0.0/16

イ 192.168.0.0/17

ウ 192.168.0.0/18

エ 192.168.0.0/19

問10 IEEE 802.3 のイーサネットパケットが図の構成のとき，IPv4 と IPv6 によって異なるものはどれか。

プリアンブル	SFD	宛先MAC アドレス	送信元MAC アドレス	タイプ	データ	FCS

ア SFD の値

イ 宛先 MAC アドレスと送信元 MAC アドレスの長さ

ウ タイプの値

エ データの最大長

問11 IPv4 ネットワークにおいて，交換する経路情報の中にサブネットマスクが含まれていないダイナミックルーティングプロトコルはどれか。

ア BGP-4   イ OSPF   ウ RIP-1   エ RIP-2

問12 ネットワークを構成するホストの IP アドレスとして用いることができるものはどれか。

ア 127.16.10.255/8　　　　イ 172.16.10.255/16
ウ 192.168.255.255/24　　　エ 224.168.10.255/8

問13 IPv4 のマルチキャストに関する記述のうち，適切なものはどれか。

ア 全てのマルチキャストアドレスは，アドレスごとにあらかじめ用途が固定的に決められている。
イ マルチキャストアドレスには，クラスDのアドレスが使用される。
ウ マルチキャストパケットは，TTL 値に関係なく IP マルチキャスト対応ルータによって中継される。
エ マルチキャストパケットは，ネットワーク上の全てのホストによって受信され，IP よりも上位の層で，必要なデータか否かが判断される。

問14 ネットワークのトラフィック管理において，測定対象の回線やポートなどからパケットをキャプチャして解析し，SNMP を使って管理装置にデータを送信する仕組みはどれか。

ア MIB　　　　　イ RMON　　　　　ウ SMTP　　　　　エ Trap

問15 IP 電話の音声品質を表す指標のうち，ノイズ，エコー，遅延などから算出されるものはどれか。

ア MOS 値　　　　イ R 値　　　　ウ ジッタ　　　　エ パケット損失率

問16 RLO (Right-to-Left Override) を利用した手口はどれか。

　ア　"マルウェアに感染している"といった偽の警告を出して利用者を脅し，マルウェア対策ソフトの購入などを迫る。

　イ　脆弱性があるホストやシステムをあえて公開し，攻撃の内容を観察する。

　ウ　ネットワーク機器の設定を不正に変更して，MIB 情報のうち監視項目の値の変化を検知したときセキュリティに関するイベントを SNMP マネージャ宛てに通知させる。

　エ　文字の表示順を変える制御文字を利用し，ファイル名の拡張子を偽装する。

問17 暗号化装置における暗号化処理時の消費電力を測定するなどして，当該装置内部の秘密情報を推定する攻撃はどれか。

　ア　キーロガー　　　　　　　　　　イ　サイドチャネル攻撃

　ウ　スミッシング　　　　　　　　　エ　中間者攻撃

問18 DNS サーバで管理されるネットワーク情報の中で，外部に公開する必要がない情報が攻撃者によって読み出されることを防止するための，プライマリ DNS サーバの設定はどれか。

　ア　SOA レコードのシリアル番号を更新する。

　イ　外部の DNS サーバにリソースレコードがキャッシュされる時間を短く設定する。

　ウ　ゾーン転送を許可する IP アドレスを限定する。

　エ　ラウンドロビンを設定する。

問19　VLAN 機能をもった 1 台のレイヤ 3 スイッチに 40 台の PC を接続している。スイッチのポートをグループ化して複数のセグメントに分けたとき，スイッチのポートをセグメントに分けない場合に比べて得られるセキュリティ上の効果の一つはどれか。

ア　スイッチが，PC から送出される ICMP パケットを同一セグメント内も含め，全て遮断するので，PC 間のマルウェア感染のリスクを低減できる。

イ　スイッチが，PC からのブロードキャストパケットの到達範囲を制限するので，アドレス情報の不要な流出のリスクを低減できる。

ウ　スイッチが，PC の MAC アドレスから接続可否を判別するので，PC の不正接続のリスクを低減できる。

エ　スイッチが，物理ポートごとに，決まった IP アドレスをもつ PC の接続だけを許可するので，PC の不正接続のリスクを低減できる。

問20　デジタルフォレンジックスに該当するものはどれか。

ア　画像，音楽などのデジタルコンテンツに著作権者などの情報を埋め込む。

イ　コンピュータやネットワークのセキュリティ上の弱点を発見するテストとして，システムを実際に攻撃して侵入を試みる。

ウ　巧みな話術，盗み聞き，盗み見などの手段によって，ネットワークの管理者，利用者などから，パスワードなどのセキュリティ上重要な情報を入手する。

エ　犯罪に関する証拠となり得るデータを保全し，調査，分析，その後の訴訟などに備える。

問21 DNS の再帰的な問合せを使ったサービス妨害攻撃（DNS リフレクタ攻撃）の踏み台にされないための対策はどれか。

　ア　DNS サーバを DNS キャッシュサーバと権威 DNS サーバに分離し，インターネット側から DNS キャッシュサーバに問合せできないようにする。

　イ　問合せがあったドメインに関する情報を Whois データベースで確認してから DNS キャッシュサーバに登録する。

　ウ　一つの DNS レコードに複数のサーバの IP アドレスを割り当て，サーバへのアクセスを振り分けて分散させるように設定する。

　エ　ほかの権威 DNS サーバから送られてくる IP アドレスとホスト名の対応情報の信頼性を，デジタル署名で確認するように設定する。

問22 量子アニーリング方式の量子コンピュータの説明として，適切なものはどれか。

　ア　極低温の環境の中で，量子ゲートを用いて演算する。

　イ　従来の CPU と同様に命令を使って演算，記憶と制御ができる。

　ウ　複数のデータに同一の演算処理を高速に実行できる。

　エ　膨大な選択肢の中から最適な選択肢を探すアルゴリズムに特化している。

問23 ある2局間の通信回線のアベイラビリティ（稼働率）は 0.9 であった。通信回線部分の二重化を行ったところ，アベイラビリティが 0.999 となった。このとき，新たに設置した通信回線のアベイラビリティは幾らか。

　ア　0.990　　　　　イ　0.993　　　　　ウ　0.996　　　　　エ　0.999

問24 システムに規定外の無効なデータが入力されたとき，誤入力であることを伝えるメッセージを表示して正しい入力を促すことによって，システムを異常終了させない設計は何というか。

ア　フールプルーフ　　　　　　　　イ　フェールセーフ
ウ　フェールソフト　　　　　　　　エ　フォールトトレランス

問25 ステージング環境の説明として，適切なものはどれか。

ア　開発者がプログラムを変更するたびに，ステージングサーバにプログラムを直接デプロイして動作を確認し，デバッグするための環境
イ　システムのベータ版を広く一般の利用者に公開してテストを実施してもらうことによって，問題点やバグを報告してもらう環境
ウ　保護するネットワークと外部ネットワークの間に境界ネットワーク（DMZ）を設置して，セキュリティを高めたネットワーク環境
エ　本番環境とほぼ同じ環境を用意して，システムリリース前の最終テストを行う環境

令和4年度　春期
ネットワークスペシャリスト試験
午後Ⅰ　問題

| 試験時間 | 12:30 ～ 14:00（1時間30分） |

注意事項

1. 試験開始及び終了は，監督員の時計が基準です。監督員の指示に従ってください。

2. 試験開始の合図があるまで，問題冊子を開いて中を見てはいけません。

3. **答案用紙への受験番号などの記入は，試験開始の合図があってから始めてください。**

4. 問題は，次の表に従って解答してください。

問題番号	問1 ～ 問3
選択方法	2問選択

5. 答案用紙の記入に当たっては，次の指示に従ってください。

   (1) B又はHBの黒鉛筆又はシャープペンシルを使用してください。

   (2) **受験番号欄に受験番号を，生年月日欄に受験票の生年月日を記入してください。**
   正しく記入されていない場合は，採点されないことがあります。生年月日欄については，受験票の生年月日を訂正した場合でも，訂正前の生年月日を記入してください。

   (3) **選択した問題**については，次の例に従って，**選択欄の問題番号を〇印で囲んで**ください。〇印がない場合は，採点されません。3問とも〇印で囲んだ場合は，はじめの2問について採点します。

   〔問1，問3を選択した場合の例〕

   (4) 解答は，問題番号ごとに指定された枠内に記入してください。

   (5) 解答は，丁寧な字ではっきりと書いてください。読みにくい場合は，減点の対象になります。

注意事項は問題冊子の裏表紙に続きます。
こちら側から裏返して，必ず読んでください。

6. 退室可能時間中に退室する場合は，手を挙げて監督員に合図し，答案用紙が回収されてから静かに退室してください。

退室可能時間	13:10 ～ 13:50

7. **問題に関する質問にはお答えできません。** 文意どおり解釈してください。

8. 問題冊子の余白などは，適宜利用して構いません。ただし，問題冊子を切り離して利用することはできません。

9. 試験時間中，机上に置けるものは，次のものに限ります。

なお，会場での貸出しは行っていません。

受験票，黒鉛筆及びシャープペンシル（B 又は HB），鉛筆削り，消しゴム，定規，時計（時計型ウェアラブル端末は除く。アラームなど時計以外の機能は使用不可），ハンカチ，ポケットティッシュ，目薬

これら以外は机上に置けません。使用もできません。

10. 試験終了後，この問題冊子は持ち帰ることができます。

11. 答案用紙は，いかなる場合でも提出してください。回収時に提出しない場合は，採点されません。

12. 試験時間中にトイレへ行きたくなったり，気分が悪くなったりした場合は，手を挙げて監督員に合図してください。

13. 午後IIの試験開始は 14:30 ですので，14:10 までに着席してください。

試験問題に記載されている会社名又は製品名は，それぞれ各社又は各組織の商標又は登録商標です。

なお，試験問題では，™ 及び ® を明記していません。

©2022　独立行政法人情報処理推進機構

問1　ネットワークの更改に関する次の記述を読んで，設問１〜３に答えよ。

〔現状のネットワーク〕

　A社は，精密機械部品を製造する中小企業であり，敷地内に事務所と工場がある。事務所には電子メール（以下，メールという）送受信やビジネス資料作成などのためのOAセグメントと，社外との通信を行うDMZが設置されている。工場には工作機械やセンサを制御するための制御セグメントと，制御サーバと操作端末のアクセスログ（以下，ログデータという）や制御セグメントからの測定データを管理するための管理セグメントが設置されている。

　センサや工作機械を制御するコントローラの通信は制御セグメントに閉じた設計としているので，事務所と工場の間は，ネットワークで接続されていない。また制御セグメントと管理セグメントの間には，制御サーバが設置されているがルーティングは行わない。

　操作端末は，制御サーバを介してコントローラに対し設定値やコマンドを送出する。コントローラは，常に測定データを制御サーバに送信する。制御サーバは，収集した測定データを，１日１回データヒストリアンに送る。データヒストリアンは，ログデータ及び測定データを蓄積する。

　A社ネットワークの構成を，図１に示す。

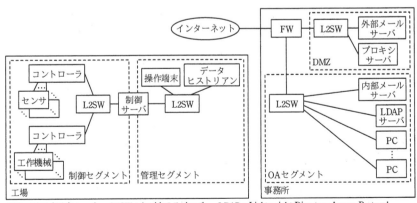

FW：ファイアウォール　L2SW：レイヤ２スイッチ　LDAP：Lightweight Directory Access Protocol

図1　A社ネットワークの構成（抜粋）

ログデータの転送は，イベント通知を転送する標準規格（RFC 5424）の `  a  ` プロトコルを利用している。データヒストリアンに蓄積された測定データとログデータは，ファイル共有プロトコルで操作端末に共有され，社員が USB メモリを用いて OA セグメント内の PC に 1 週間に 1 回複製する。

制御サーバ，操作端末及びデータヒストリアンのソフトウェア更新は，必要の都度，OA セグメントの PC でインターネットからダウンロードしたソフトウェア更新ファイルを，USB メモリを用いて操作端末に複製した上で実施される。

A 社の社員は，PC でメールの閲覧やインターネットアクセスを行う。OA セグメントからインターネットへの通信は DMZ 経由としており，DMZ には社外とのメールを中継する外部メールサーバと，OA セグメントからインターネットへの Web 通信を中継するプロキシサーバがある。DMZ にはグローバル IP アドレスが，OA セグメントにはプライベート IP アドレスがそれぞれ用いられている。

社員のメールボックスをもつ内部メールサーバと，プロキシサーバは，ユーザ認証のために LDAP サーバを参照する。プロキシサーバのユーザ認証には，Base64 でエンコードする Basic 認証方式と，MD5 や SHA-256 でハッシュ化する `  b  ` 認証方式があるが，A 社では後者の方式を採用している。また，プロキシサーバは，HTTP の `  c  ` メソッドでトンネリング通信を提供し，トンネリング通信に利用する通信ポートを 443 に限定する。

〔ネットワークの更改方針〕

A 社では，USB メモリ紛失によるデータ漏えいの防止，測定データのリアルタイムの可視化，及び過去の測定データの蓄積のために，USB メモリの利用を廃止し，工場と事務所をネットワークで接続することにした。A 社技術部の B さんが指示された内容を次に示す。

(a) データヒストリアンにあるログデータを PC にファイル送信できるようにする。また PC にダウンロードしたソフトウェア更新ファイルを操作端末にファイル送信できるようにする。

(b) 測定データの統計処理を行い時系列グラフとして可視化するサーバと，長期間の測定データを加工せずそのまま蓄積するサーバを OA セグメントに設置する。

(c) セキュリティ維持のために，工場の制御セグメント及び管理セグメントと，事

務所の OA セグメントとの間はルーティングを行わない。

B さんは，工場のネットワークを設計したベンダに実現方式を相談した。指示 (a) と (c) については，ファイル転送アプライアンス（以下，FTA という）がベンダから提案された。指示 (b) と (c) については，ネットワークパケットブローカ（以下，NPB という），可視化サーバ，キャプチャサーバがベンダから提案された。

B さんがベンダから提案を受けた，A 社ネットワークの構成を，図 2 に示す。

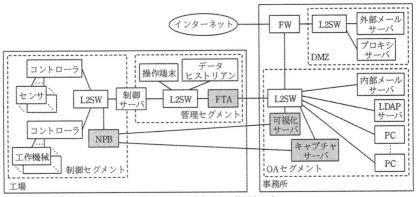

注記　網掛け部分は，ネットワーク更改によって追加される箇所を示す。

図 2　ベンダが提案した A 社ネットワークの構成（抜粋）

〔管理セグメントと OA セグメント間のファイルの受渡し〕

FTA は，分離された二つのネットワークでルーティングすることなくファイルの受渡しができるアプライアンスである。ファイルの送信者は，① FTA に Web ブラウザを使ってログインし，受信者を指定してファイルをアップロードする。ファイルの受信者は，FTA に Web ブラウザを使ってログインし，自身が受信者として指定されたファイルだけをダウンロードできる。

FTA の機能を使い，ファイルの受渡しの際に上長承認手続を必須にする。上長への承認依頼，受信者へのファイルアップロード通知は，FTA が自動的にメールを送信して通知する。承認は設定された上長だけが行うことができる。

B さんが検討した FTA の利用時の流れを，表 1 に示す。

表1 FTA の利用時の流れ

項番	概要	説明
1	アップロード	送信者は, FTA に HTTPS (HTTP over TLS) でアクセスし, PC 又は操作端末から FTA にファイルをアップロードする。
2	承認依頼	上長宛ての承認依頼メールが, FTA から内部メールサーバに自動送信される。
3	承認	上長は, PC でメールを確認後, FTA に HTTPS でアクセスし, ファイルの中身を確認した上で承認する。
4	ファイルアップロード通知	受信者宛てのファイルアップロード通知メールが, FTA から内部メールサーバに自動送信される。
5	ダウンロード	受信者は, PC でメールを確認後, FTA に HTTPS でアクセスし, ファイルを PC 又は操作端末にダウンロードする。

②指示 (c) のとおり, FTA には静的経路や経路制御プロトコルの設定は行わない。

③FTA は, 認証及び認可に必要な情報について, 既存のサーバを参照する。

B さんは, ベンダから FTA を借りて想定どおりに動作をすることを確認した。

〔測定データの可視化〕

　NPB は事前に入力ポート, 出力ポートを設定し, 入力したパケットを複数の出力ポートに複製する装置である。NPB ではフィルタリングを設定して, 複製するパケットを絞り込むことができる。可視化サーバは複製されたパケット (以下, ミラーパケットという) を受信して統計処理を行い, 時系列グラフによって可視化をすることができる。キャプチャサーバは大容量のストレージをもち, ミラーパケットをそのまま長期間保存することができ, 必要時にファイルに書き出すことができる。

　B さんは, NPB の動作の詳細についてベンダに確認した。B さんとベンダの会話を次に示す。

B さん：L2SW と NPB の転送方式は, 何が違うのですか。

ベンダ：L2SW の転送方式では, 受信したイーサネットフレームのヘッダにある送信元 MAC アドレスと L2SW の入力ポートを MAC アドレステーブルに追加します。フレームを転送するときは, 宛先 MAC アドレスが MAC アドレステーブルに学習済みかどうかを確認した上で, 学習済みの場合には学習されているポートに転送します。宛先 MAC アドレスが学習されていない場合は

┌─────────┐
│   d   │ します。
└─────────┘

これに対して NPB の転送方式では，入力ポートと出力ポートの組合せを事前に定義して通信路を設定します。今回のA社の構成では，一つの入力ポートに対して出力ポートを二つ設定し，パケットの複製を行っています。

NPB の入力は，L2SW からのミラーポートと接続する方法と，ネットワークタップと接続する方法の二つがあります。ネットワークタップは，既存の配線にインラインで接続し，パケットを NPB に複製する装置です。今回検討したネットワークタップを使う方法では，送信側，受信側，それぞれの配線でパケットを複製するので，NPB の入力ポートは2ポート必要です。④今回採用する方法では，想定トラフィック量が少ないので既存の L2SW のミラーポートを用います。NPB につながるケーブルは全て 1000BASE-SX です。

Ｂさんは，ベンダへの確認結果を基に A 社における NPB による測定データの送信について整理した。その内容を次に示す。

・可視化サーバとキャプチャサーバを OA セグメントに設置する。
・コントローラは，更改前と同様に測定データを制御サーバに常時送信する。
・⑤制御セグメントに設置されている L2SW の特定ポートにミラー設定を行い，L2SW の該当ポートの送信側，受信側，双方のパケットを複製して NPB に送信させる。
・NPB は受信したミラーパケットを必要なパケットだけにフィルタリングした後に再度複製し，⑥可視化サーバとキャプチャサーバに送信する。

Ｂさんは，FTA，NPB によるネットワーク接続方式を上司に説明し，承認を得た。

設問１　〔現状のネットワーク〕について，(1)，(2) に答えよ。

　(1)　本文中の ┌─────┐ ～ ┌─────┐ に入れる適切な字句を答えよ。
　　　　　　　　　│　a　│　　　│　c　│
　　　　　　　　　└─────┘　　　└─────┘

　(2)　外部からアクセスできるサーバを FW によって独立した DMZ に設置すると，OA セグメントに設置するのに比べて，どのようなセキュリティリスクが軽減されるか。40 字以内で答えよ。

設問2 〔管理セグメントと OA セグメント間のファイルの受渡し〕について，(1)～(3)に答えよ。

(1) 本文中の下線①について，利用者の認証を既存のサーバで一元的に管理する場合，どのサーバから認証情報を取得するのが良いか。図2中の字句を用いて答えよ。

(2) 本文中の下線②について，FTA にアクセスできるのはどのセグメントか。図2中の字句を用いて全て答えよ。

(3) 本文中の下線③について，FTA において認証と認可はそれぞれ何をするために使われるか。違いが分かるようにそれぞれ25字以内で述べよ。

設問3 〔測定データの可視化〕について，(1)～(5) に答えよ。

(1) 本文中の　　d　　に入れる適切な字句を答えよ。

(2) 本文中の下線④について，L2SW からミラーパケットで NPB にデータを入力する場合，ネットワークタップを用いて NPB にデータを入力する方式と比べて，性能面でどのような制約が生じるか。40字以内で述べよ。

(3) 本文中の下線⑤について，1 ポートだけからミラーパケットを取得する設定にする場合には，どの装置が接続されているポートからミラーパケットを取得するように設定する必要があるか。図2中の字句を用いて答えよ。

(4) 本文中の下線⑥について，サーバでミラーパケットを受信するためにはサーバのインタフェースを何というモードに設定する必要があるか答えよ。また，このモードを設定することによって，設定しない場合と比べどのようなフレームを受信できるようになるか。30字以内で答えよ。

(5) キャプチャサーバに流れるミラーパケットが平均 100 k ビット／秒であるとき，1,000 日間のミラーパケットを保存するのに必要なディスク容量は何 G バイトになるか。ここで，1 k ビット／秒は 10^3 ビット／秒，1 G バイトは 10^9 バイトとする。ミラーパケットは無圧縮で保存するものとし，ミラーパケット以外のメタデータの大きさは無視するものとする。

問2　セキュアゲートウェイサービスの導入に関する次の記述を読んで，設問 1〜3 に答えよ。

　N 社は，国内に本社及び一つの営業所をもつ，中堅の機械部品メーカである。従業員は，N 社が配布する PC を本社又は営業所の LAN に接続して，本社のサーバ，及び SaaS として提供される P 社の営業支援サービスを利用して業務を行っている。

　N 社は，クラウドサービスの利用を進め，従業員のテレワーク環境を整備することにした。N 社の情報システム部は，本社のオンプレミスのサーバから Q 社の PaaS への移行と，Q 社のセキュアゲートウェイサービス（以下，SGW サービスという）の導入を検討することになった。SGW サービスは，PC がインターネット上のサイトに接続する際に，送受信するパケットを本サービス経由とすることによって，ファイアウォール機能などの情報セキュリティ機能を提供する。

〔現行のネットワーク構成〕
　N 社の現行のネットワーク構成を図1に示す。

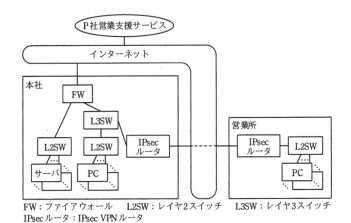

FW：ファイアウォール　　L2SW：レイヤ2スイッチ　　L3SW：レイヤ3スイッチ
IPsecルータ：IPsec VPNルータ

図1　N 社の現行のネットワーク構成（抜粋）

　N 社の現行システムの概要を次に示す。
・本社及び営業所の LAN は，IPsec ルータを利用した IPsec VPN で接続している。

・本社及び営業所の IPsec ルータは，IPsec VPN を確立したときに有効化される仮想インタフェース（以下，トンネル IF という）を利用して相互に接続する。

・営業所の PC から P 社営業支援サービス宛てのパケットは，営業所の IPsec ルータ，本社の IPsec ルータ，L3SW，FW 及びインターネットを経由して P 社営業支援サービスに送信される。

・FW は，パケットフィルタリングによるアクセス制御と，NAPT による IP アドレスの変換を行う。

・P 社営業支援サービスでは，①特定の IP アドレスから送信されたパケットだけを許可するアクセス制御を設定して，本社の FW を経由しない経路からの接続を制限している。

　本社及び営業所の IPsec ルータは，LAN 及びインターネットのそれぞれでデフォルトルートを使用するために，VRF（Virtual Routing and Forwarding）を利用して二つの　　a　　テーブルを保持し，経路情報を VRF の識別子（以下，VRF 識別子という）によって識別する。ネットワーク機器の VRF とインタフェース情報を表 1 に，ネットワーク機器に設定している VRF と経路情報を表 2 に示す。

表 1　ネットワーク機器の VRF とインタフェース情報（抜粋）

拠点	機器名	VRF 識別子	インタフェース	IP アドレス	サブネットマスク	接続先
本社	FW	－	INT-IF [1]	a.b.c.d [3]	（省略）	ISP のルータ
			LAN-IF [2]	172.16.0.1	255.255.255.0	L3SW
	IPsec ルータ	65000:1	INT-IF [1]	s.t.u.v [3]	（省略）	ISP のルータ
		65000:2	LAN-IF [2]	172.17.0.1	255.255.255.0	L3SW
			トンネル IF	（省略）	（省略）	営業所の IPsec ルータ
営業所	IPsec ルータ	65000:1	INT-IF [1]	w.x.y.z [4]	（省略）	ISP のルータ
		65000:2	LAN-IF [2]	172.17.1.1	255.255.255.0	L2SW
			トンネル IF	（省略）	（省略）	本社の IPsec ルータ

注 [1]　INT-IF は，インターネットに接続するインタフェースである。
注 [2]　LAN-IF は，本社又は営業所の LAN に接続するインタフェースである。
注 [3]　a.b.c.d 及び s.t.u.v は，固定のグローバル IP アドレスである。
注 [4]　w.x.y.z は，ISP から割り当てられた動的なグローバル IP アドレスである。

表2 ネットワーク機器に設定している VRF と経路情報（抜粋）

拠点	機器名	VRF 識別子	宛先ネットワーク	ネクストホップとなる装置又はインタフェース	経路制御方式
本社	FW	−	0.0.0.0/0	ISP のルータ	静的経路制御
			172.17.1.0/24（営業所の LAN）	本社の L3SW	動的経路制御
	IPsec ルータ	65000:1	0.0.0.0/0	ISP のルータ	静的経路制御
		65000:2	0.0.0.0/0	b	動的経路制御
			172.17.1.0/24（営業所の LAN）	トンネル IF	c
営業所	IPsec ルータ	65000:1	0.0.0.0/0	ISP のルータ	静的経路制御
		65000:2	0.0.0.0/0	トンネル IF	d

N 社のネットワーク機器に設定している経路制御を，次に示す。

・本社の FW，L3SW 及び IPsec ルータには，OSPF による経路制御を稼働させるための設定を行っている。

・本社の FW には，OSPF にデフォルトルートを配布する設定を行っている。

・②本社の IPsec ルータには，営業所の IPsec ルータと IPsec VPN を確立するために，静的なデフォルトルートを設定している。

・本社及び営業所の IPsec ルータには，営業所の PC が通信するパケットを IPsec VPN を介して転送するために，トンネル IF をネクストホップとした静的経路を設定している。

・本社の IPsec ルータには，OSPF に③静的経路を再配布する設定を行っている。

〔新規ネットワークの検討〕

　Q 社の PaaS 及び SGW サービスの導入は，N 社の情報システム部の R 主任が担当することになった。R 主任が考えた新規ネットワーク構成と通信の流れを図2に示す。

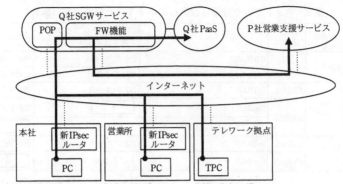

図2 R主任が考えた新規ネットワーク構成と通信の流れ（抜粋）

TPC：従業員がテレワーク拠点で利用するPC　　POP：Point of Presence
➡：PC及びTPCから，Q社PaaS及びP社営業支援サービスを利用する際に発生する通信の流れ
‥‥‥：インターネットとの接続

R主任が考えた新規ネットワーク構成の概要を次に示す。

・本社のサーバ上で稼働するシステムを，Q社PaaSへ移行する。

・Q社SGWサービスを利用するために，本社及び営業所に導入する新IPsecルータ，並びにTPCは，Q社SGWサービスのPOPという接続点にトンネルモードのIPsec VPNを用いて接続する。

・PC及びTPCからP社営業支援サービス宛てのパケットは，Q社SGWサービスのPOPとFW機能及びインターネットを経由してP社営業支援サービスに送信される。

・Q社SGWサービスのFW機能は，パケットフィルタリングによるアクセス制御と，NAPTによるIPアドレスの変換を行う。

R主任は，POPとの接続に利用するIPsec VPNについて，検討した。

IPsec VPNには，IKEバージョン2と，ESPのプロトコルを用いる。新IPsecルータ及びTPCとPOPは，IKE SAを確立するために必要な，暗号化アルゴリズム，疑似ランダム関数，完全性アルゴリズム及びDiffie-Hellmanグループ番号を，ネゴシエーションして決定し，IKE SAを確立する。次に，新IPsecルータ及びTPCとPOPは，認証及びChild SAを確立するために必要な情報を，IKE SAを介してネゴシエーションして決定し，Child SAを確立する。

新 IPsec ルータ及び TPC は，IPsec VPN を介して転送する必要があるパケットを，長さを調整する ESP トレーラを付加して ┃ e ┃ 化する。次に，新しい ┃ f ┃ヘッダと，┃ g ┃ SA を識別するための ESP ヘッダ及び ESP 認証データを付加して，POP 宛てに送信する。

R 主任は，IPsec VPN の構成に用いるパラメータについて，現行の設計と比較検討した。検討したパラメータのうち，鍵の生成に用いるアルゴリズムと ┃ h ┃ を定めている Diffie-Hellman グループ番号には，現行では 1 を用いているが，POP との接続では 1 よりも ┃ h ┃ の長い 14 を用いた方が良いと考えた。

〔接続テスト〕

Q 社の PaaS 及び SGW サービスの導入を検討するに当たって，Q 社からテスト環境を提供してもらい，本社，営業所及びテレワーク拠点から，Q 社 PaaS 及び P 社営業支援サービスを利用する接続テストを行うことになった。

R 主任は，接続テストを行う準備として，P 社営業支援サービスに設定しているアクセス制御を変更する必要があると考えた。P 社営業支援サービスへの接続を許可する IP アドレスには，Q 社 SGW サービスの FW 機能での NAPT のために，Q 社 SGW サービスから割当てを受けた固定のグローバル IP アドレスを設定する。R 主任は，Q 社 SGW サービスが N 社以外にも提供されていると考えて，④NAPT のために Q 社 SGW サービスから割当てを受けたグローバル IP アドレスのサービス仕様を，Q 社に確認した。

テスト環境を構築した R 主任は，Q 社 PaaS 及び⑤P 社営業支援サービスの応答時間の測定を確認項目の一つとして，接続テストを実施した。

R 主任は，N 社の幹部に接続テストの結果に問題がなかったことを報告し，Q 社の PaaS 及び SGW サービスの導入が承認された。

設問1 〔現行のネットワーク構成〕について，(1)〜(6) に答えよ。

(1) 本文中の下線①の IP アドレスを，表1中の IP アドレスで答えよ。

(2) 本文中の ┃ a ┃ に入れる適切な字句を答えよ。

(3) 表2中の ┃ b ┃ 〜 ┃ d ┃ に入れる適切な字句を，表2中の字句を

用いて答えよ。

(4) "本社の IPsec ルータ" が，営業所の PC から P 社営業支援サービス宛ての
パケットを転送するときに選択する経路は，表2中のどれか。VRF 識別子及び
宛先ネットワークを答えよ。

(5) 本文中の下線②について，デフォルトルート（宛先ネットワーク 0.0.0.0/0 の
経路）が必要になる理由を，40 字以内で述べよ。

(6) 本文中の下線③の宛先ネットワークを，表2中の字句を用いて答えよ。

設問2 〔新規ネットワークの検討〕について，(1)，(2) に答えよ。

(1) 本文中の ┌─── e ───┐ ～ ┌─── h ───┐ に入れる適切な字句を答えよ。

(2) POP との IPsec VPN を確立できない場合に，失敗しているネゴシエーション
を特定するためには，何の状態を確認するべきか。本文中の字句を用いて二
つ答えよ。

設問3 〔接続テスト〕について，(1)，(2) に答えよ。

(1) 本文中の下線④について，情報セキュリティの観点で R 主任が確認した内容
を，20 字以内で答えよ。

(2) 本文中の下線⑤について，P 社営業支援サービスの応答時間が，現行よりも
長くなると考えられる要因を 30 字以内で答えよ。

問3　シングルサインオンの導入に関する次の記述を読んで，設問1〜3に答えよ。

　Y社は，医療機器販売会社であり，都内に本社を構えている。受発注業務システムのサーバ（以下，業務サーバという），営業活動支援システムのサーバ（以下，営業支援サーバという）など，複数のサーバを本社で運用している。

　Y社では，IT活用の推進によって社員が利用するシステムが増加した結果，パスワードの使い回しが広がり，セキュリティリスクが増大した。また，サーバの運用を担当する情報システム部（以下，情シスという）では，アカウント情報の管理作業が増大したことから，アカウント情報管理の一元化が課題になった。

　このような状況から，Y社は，社内のシステムへのシングルサインオン（以下，SSOという）の導入を決定した。情シスのZ課長は，SSOの導入検討を部下のX主任に指示した。

〔ネットワーク構成及び機器の設定と利用形態〕

　最初に，X主任は，本社のネットワーク構成及び機器の設定と利用形態をまとめた。X主任が作成した，本社のネットワーク構成を図1に示す。

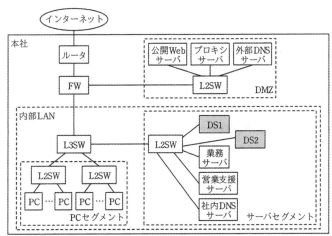

FW：ファイアウォール　L2SW：レイヤ2スイッチ　L3SW：レイヤ3スイッチ　DS：ディレクトリサーバ
注記　網掛け部分は，アカウント情報の一元管理のために，今後導入予定の機器を示す。

図1　本社のネットワーク構成（抜粋）

現状の機器の設定と利用形態を次に示す。

(ⅰ) 社内 DNS サーバは，内部 LAN のゾーン情報を管理し，内部 LAN 以外のゾーンのホストの名前解決要求は，外部 DNS サーバに転送する。

(ⅱ) 外部 DNS サーバは，DMZ のゾーン情報の管理及びフルサービスリゾルバの機能をもっている。外部 DNS サーバは，社外からの再帰問合せ要求は受け付けない。一方，社内 DNS サーバ及び DMZ のサーバからの再帰問合せ要求は受け付け，再帰問合せ時には，送信元ポート番号のランダム化を行う。

(ⅲ) PC には，プロキシ設定でプロキシサーバの FQDN が登録されているが，<u>(a) 業務サーバ及び営業支援サーバへのアクセスは，プロキシサーバを経由せず Web ブラウザから直接行う</u>。

(ⅳ) PC のスタブリゾルバは，社内 DNS サーバで名前解決を行う。

(ⅴ) PC，サーバセグメントと DMZ のサーバでは，マルウェア対策ソフトが稼働している。マルウェア定義ファイルの更新は，プロキシサーバ経由で行う。

(ⅵ) <u>(b) PC には，L3SW で稼働する DHCP サーバから，PC の IP アドレス，サブネットマスク及びその他のネットワーク情報が付与される</u>。

図1中の FW に設定されている通信を許可するルールを表1に示す。

表1　FW に設定されている通信を許可するルール

項番	アクセス経路	送信元	宛先	プロトコル／ポート番号
1	インターネット→ DMZ	any	ア	TCP/53, イ
2		any	ウ	TCP/443
3	DMZ→インターネット	ア	any	TCP/53, イ
4		エ	オ	TCP/80, TCP/443
5	内部 LAN→DMZ	カ	ア	TCP/53, イ
6		サーバセグメント	プロキシサーバ	TCP/8080 [1]
7		PC セグメント	プロキシサーバ	TCP/8080 [1]

注記　FW は，ステートフルパケットインスペクション機能をもつ。
注[1]　TCP/8080 は，代替 HTTP のポートである。

次に，X 主任は，アカウント情報の一元管理を DS によって行い，DS の情報を利用して SSO を実現させることを考え，ケルベロス認証による SSO について検討した。

〔ケルベロス認証の概要と通信手順〕

　X主任が調査して理解した，ケルベロス認証の概要と通信手順を次に示す。

・ケルベロス認証では，共通鍵暗号による認証及びデータの暗号化を行っている。

・PCとサーバの鍵の管理及びチケットの発行を行う鍵配布センタ（以下，KDCという）が，DSから取得したアカウント情報を基にPC又はサーバの認証を行う。

・KDCが管理するドメインに所属するPCとサーバの鍵は，事前に生成してPC又はサーバに登録するとともに，全てのPCとサーバの鍵をKDCにも登録しておく。

・チケットには，PCの利用者の身分証明書に相当するチケット（以下，TGTという）と，PCの利用者がサーバでの認証を受けるためのチケット（以下，STという）の2種類があり，これらのチケットを利用してSSOが実現できる。

・PCの電源投入後に，利用者がID，パスワード（以下，PWという）を入力してKDCでケルベロス認証を受けると，HTTP over TLSでアクセスする業務サーバや営業支援サーバにも，ケルベロス認証向けのAPIを利用すればSSOが実現できる。

・KDCは，導入予定のDSで稼働する。

　X主任は，内部LANにDSを導入したときの，SSOの動作をまとめた。PCの起動から営業支援サーバアクセスまでの通信手順を図2に示す。

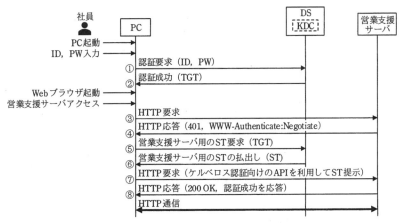

図2　PCの起動から営業支援サーバアクセスまでの通信手順（抜粋）

　図2中の，①〜⑧の動作の概要を次に示す。

① PC は，DS で稼働する KDC に ID, PW を提示して，認証を要求する。

② KDC は，ID, PW が正しい場合に TGT を発行し，PC の鍵で暗号化した TGT を PC に払い出す。PC は，TGT を保管する。

③ 省略

④ 省略

⑤ PC は，KDC に TGT を提示して，営業支援サーバのアクセスに必要な ST の発行を要求する。

⑥ KDC は，TGT を基に，PC の身元情報，セッション鍵などが含まれた ST を発行し，営業支援サーバの鍵で ST を暗号化する。さらに，KDC は，暗号化した ST にセッション鍵などを付加し，全体を PC の鍵で暗号化した情報を PC に払い出す。セッション鍵は，通信相手の正当性の検証などに利用される。

⑦ PC は，全体が暗号化された情報の中から ST を取り出し，ケルベロス認証向けの API を利用して，ST を営業支援サーバに提示する。

⑧ 営業支援サーバは，ST の内容を基に PC を認証するとともに，アクセス権限を PC に付与して，HTTP 応答を行う。

TGT と ST には，有効期限が設定されている。(c) PC とサーバ間で，有効期限が正しく判断できていない場合は，有効期限内でも，PC が提示した ST を，サーバが使用不可と判断する可能性があるので，PC とサーバでの対応が必要である。

〔SRV レコードの働きと設定内容〕

次に，X 主任は，ケルベロス認証を導入するときのネットワーク構成について検討した。ケルベロス認証導入時には，DNS のリソースレコードの一つである SRV レコードの利用が推奨されているので，SRV レコードについて調査した。

DNS サーバに SRV レコードが登録されていれば，サービス名を問い合わせることによって，当該サービスが稼働するホスト名などの情報が取得できる。

SRV レコードのフォーマットを図 3 に示す。

_Service._Proto.Name	TTL	Class	SRV	Priority	Weight	Port	Target

図3　SRVレコードのフォーマット

X主任は，図1に示したように，内部LANにDSを2台導入して冗長化し，それぞれのDSでケルベロス認証を稼働させる構成を考えた。

図3中の，Serviceには，ケルベロス認証のサービス名である，kerberosを記述する。Priorityは，同一サービスのSRVレコードが複数登録されている場合に，利用するSRVレコードを判別するための優先度を示す。Priorityが同じ値の場合は，WeightでTargetに記述するホストの使用比率を設定する。Portには，サービスを利用するときのポート番号を記述する。

X主任は，2台のDSでケルベロス認証を稼働させる場合の，SRVレコードの設定内容を検討した。

X主任が作成した，ケルベロス認証向けのSRVレコードの内容を図4に示す。ここで，DS1とDS2は，本社に導入予定のDSのホスト名である。

_Service._Proto.Name	TTL	Class	SRV	Priority	Weight	Port	Target
_kerberos._tcp.naibulan.y-sha.jp.	43200	IN	SRV	120	2	88	DS1.naibulan.y-sha.jp.
_kerberos._tcp.naibulan.y-sha.jp.	43200	IN	SRV	120	1	88	DS2.naibulan.y-sha.jp.

図4　ケルベロス認証向けのSRVレコードの内容

X主任は，調査・検討結果を基にSSOの導入構成案をまとめ，Z課長に提出した。導入構成案が承認され，実施に移されることになった。

設問1　〔ネットワーク構成及び機器の設定と利用形態〕について，(1)～(4)に答えよ。

(1)　本文中の下線(a)の動作を行うために，PCのプロキシ設定で登録すべき内容について，40字以内で述べよ。

(2)　本文中の下線(b)について，(ⅲ)～(ⅴ)の実行を可能とするための，その他のネットワーク情報を二つ答えよ。

(3)　表1中の　ア　，　ウ　～　カ　に入れる字句を，図1又は表1中の字句を用いて答えよ。

(4) 表1中の　　イ　　に入れるプロトコル／ポート番号を答えよ。

設問2　〔ケルベロス認証の概要と通信手順〕について，(1)〜(3)に答えよ。

(1) 攻撃者が図2中の②の通信を盗聴して通信データを取得しても，攻撃者は，⑦の通信を正しく行えないので，営業支援サーバを利用することはできない。⑦の通信を正しく行えない理由を，15字以内で述べよ。

(2) 図2中で，ケルベロス認証サービスのポート番号88が用いられる通信を，①〜⑧の中から全て選び記号で答えよ。

(3) 本文中の下線(c)の問題を発生させないための，PCとサーバにおける対応策を，20字以内で述べよ。

設問3　〔SRVレコードの働きと設定内容〕について，(1)〜(3)に答えよ。

(1) ケルベロス認証を行うPCが，図4のSRVレコードを利用しない場合，PCに設定しなければならないサーバに関する情報を，25字以内で答えよ。

(2) 図4のSRVレコードが，PCのキャッシュに存在する時間は何分かを答えよ。

(3) 図4の二つのSRVレコードの代わりに，図5の一つのSRVレコードを使った場合，DS1とDS2の負荷分散はDNSラウンドロビンで行わせることになる。図4と同様の比率でDS1とDS2が使用されるようにする場合の，Aレコードの設定内容を，50字以内で述べよ。ここで，DS1のIPアドレスをadd1，DS2のIPアドレスをadd2とする。

_Service._Proto.Name	TTL	Class	SRV	Priority	Weight	Port	Target
_kerberos._tcp.naibulan.y-sha.jp.	43200	IN	SRV	120	1	88	DS.naibulan.y-sha.jp.

図5　変更後のSRVレコードの内容

令和4年度　春期
ネットワークスペシャリスト試験
午後Ⅱ　問題

試験時間	14:30 ～ 16:30 （2時間）

注意事項

1. 試験開始及び終了は，監督員の時計が基準です。監督員の指示に従ってください。

2. 試験開始の合図があるまで，問題冊子を開いて中を見てはいけません。

3. 答案用紙への受験番号などの記入は，**試験開始の合図があってから始めてください。**

4. 問題は，次の表に従って解答してください。

問題番号	問1，問2
選択方法	1問選択

5. 答案用紙の記入に当たっては，次の指示に従ってください。

   (1) B又はHBの黒鉛筆又はシャープペンシルを使用してください。

   (2) 受験番号欄に受験番号を，生年月日欄に受験票の生年月日を記入してください。正しく記入されていない場合は，採点されないことがあります。生年月日欄については，受験票の生年月日を訂正した場合でも，訂正前の生年月日を記入してください。

   (3) **選択した問題**については，次の例に従って，**選択欄の問題番号を〇印で囲んで**ください。〇印がない場合は，採点されません。2問とも〇印で囲んだ場合は，はじめの1問について採点します。

   (4) 解答は，問題番号ごとに指定された枠内に記入してください。

   (5) 解答は，丁寧な字ではっきりと書いてください。読みにくい場合は，減点の対象になります。

〔問2を選択した場合の例〕

選択欄
1問選択 問1
（問2）

注意事項は問題冊子の裏表紙に続きます。
こちら側から裏返して，必ず読んでください。

6. 退室可能時間中に退室する場合は，手を挙げて監督員に合図し，答案用紙が回収されてから静かに退室してください。

| 退室可能時間 | 15:10 ～ 16:20 |

7. **問題に関する質問にはお答えできません。** 文意どおり解釈してください。

8. 問題冊子の余白などは，適宜利用して構いません。ただし，問題冊子を切り離して利用することはできません。

9. 試験時間中，机上に置けるものは，次のものに限ります。

なお，会場での貸出しは行っていません。

受験票，黒鉛筆及びシャープペンシル（B 又は HB），鉛筆削り，消しゴム，定規，時計（時計型ウェアラブル端末は除く。アラームなど時計以外の機能は使用不可），ハンカチ，ポケットティッシュ，目薬

これら以外は机上に置けません。使用もできません。

10. 試験終了後，この問題冊子は持ち帰ることができます。

11. 答案用紙は，いかなる場合でも提出してください。回収時に提出しない場合は，採点されません。

12. 試験時間中にトイレへ行きたくなったり，気分が悪くなったりした場合は，手を挙げて監督員に合図してください。

試験問題に記載されている会社名又は製品名は，それぞれ各社又は各組織の商標又は登録商標です。

なお，試験問題では，™ 及び ® を明記していません。

©2022　独立行政法人情報処理推進機構

問1　テレワーク環境の導入に関する次の記述を読んで，設問1～5に答えよ。

　　K社は，東京に本社を構える中堅の製造業者である。東京の本社のほかに，大阪の
支社，及び関東圏内のデータセンタがある。このたびK社では，テレワーク環境を
導入し，K社社員が自宅などをテレワーク拠点として，個人所有のPC（以下，個人
PCという）を利用して業務を行う方針を立てた。また，業務の重要性から，ネット
ワークの冗長化を行うことにした。これらの要件に対応するために，情報システム
部のP主任が任命された。K社の現行のネットワーク及び導入予定の機器を図1に示
す。

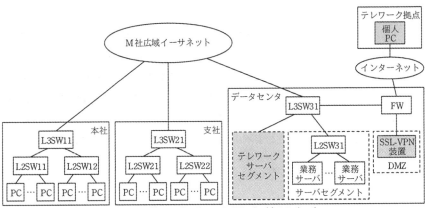

FW：ファイアウォール　　L2SW：レイヤ2スイッチ　　L3SW：レイヤ3スイッチ
広域イーサネット：広域イーサネットサービス網　　業務サーバ：業務アプリケーションサーバ
テレワークサーバセグメント：テレワークのための機器で構成するセグメント
注記　網掛け部分は，テレワーク環境として導入予定の機器を示す。

図1　K社の現行のネットワーク及び導入予定の機器（抜粋）

〔現行のネットワーク構成〕
　　図1の概要を次に示す。
・本社，支社，データセンタはM社の広域イーサネットで接続されている。
・サーバセグメントに設置された業務サーバに，社内のPCからアクセスして各種業
　務を行っている。
・FWは，社内からインターネットへのアクセスのためにアドレス変換（NAPT）を
　行っている。

- FW で DMZ を構成し，DMZ にはグローバル IP アドレスが割り当てられている。
- DMZ 以外の社内の全てのセグメントは，プライベート IP アドレスが割り当てられている。
- 経路制御の方式は，OSPF が用いられている。
- 本社のネットワークアドレスには，172.16.1.0/24 を割り当てている。
- 支社のネットワークアドレスには，172.16.2.0/24 を割り当てている。
- データセンタのネットワークアドレスには，172.17.0.0/16 を割り当てている。

〔テレワーク環境導入方針〕

　P 主任は，テレワーク環境構築に当たって，導入方針を次のように定め，技術検討を進めることにした。

- テレワーク拠点の個人 PC には業務上のデータを一切置かない運用とするために，仮想デスクトップ基盤（以下，VDI という）の技術を採用する。
- データセンタのテレワークサーバセグメントに VDI サーバを導入する。VDI サーバでは，個人ごとの仮想化された PC（以下，仮想 PC という）を稼働させ，個人 PC から遠隔で仮想 PC を利用可能にする。
- 個人 PC には，仮想 PC の画面を操作するソフトウェア（以下，VDI クライアントという）を導入する。
- 仮想 PC から，業務サーバへアクセスして業務を行う。社内の PC からは直接業務サーバへアクセスできるので，社内の PC から仮想 PC は利用しない。
- DMZ に SSL-VPN 装置を導入して，テレワーク拠点の個人 PC からデータセンタのテレワークサーバセグメントへのアクセスを実現する。
- 情報セキュリティの観点から，SSL-VPN アクセスのための認証は，個人ごとに事前に発行したクライアント証明書を用いて行う。
- SSL-VPN 装置は，個人 PC からの接続時の認証に応じて適切な仮想 PC を特定する。そして，個人 PC からその仮想 PC への VDI の通信を中継する。このような機能をもつ SSL-VPN 装置を選定する。
- テレワークを行う利用者は最大 200 人とする。

〔SSL-VPN 技術調査とテレワーク環境への適用〕

　P 主任は，テレワーク拠点からインターネットを介した社内へのアクセスを想定し

て，SSL-VPN の技術について調査を行い，結果を次のようにまとめた。

・SSL-VPN は，TLS プロトコルを利用した VPN 技術である。

・TLS プロトコルは，HTTPS（HTTP over TLS）通信で用いられる暗号化プロトコルであり，インターネットのような公開ネットワーク上などで安全な通信を可能にする。

・TLS プロトコルのセキュリティ機能は，暗号化，通信相手の認証，及び　ア　である。

・SSL-VPN は，リバースプロキシ方式，ポートフォワーディング方式，　イ　方式の3方式がある。

・リバースプロキシ方式の SSL-VPN は，インターネットからアクセスできない社内の Web アプリケーションへのアクセスを可能にする。

・ポートフォワーディング方式のSSL-VPNは，社内のノードに対して TCP 又は UDP の任意の　ウ　へのアクセスを可能にする。

・　イ　方式の SSL-VPN は，動的にポート番号が変わるアプリケーションプログラムでも社内のノードへのアクセスを可能にする。

・リバースプロキシ方式以外の SSL-VPN を利用するためには，SSL-VPN 接続を開始するテレワーク拠点の PC に，SSL-VPN 接続を行うためのクライアントソフトウェアモジュール（以下，SSL-VPN クライアントという）が必要である。

・TLS プロトコルは，複数のバージョンが存在するが，TLS1.3 は TLS1.2 よりも安全性が高められている。一例を挙げると，TLS1.3 では AEAD（Authenticated Encryption with Associated Data）暗号利用モードの利用が必須となっており，①セキュリティに関する二つの処理が同時に行われる。

・TLS プロトコルで用いられる電子証明書の形式は，X.509 によって定められている。

・認証局（以下，CA という）によって発行された電子証明書には，②証明対象を識別する情報，有効期限，　エ　鍵，シリアル番号，CA のデジタル署名といった情報が含まれる。

　P 主任は，SSL-VPN の技術調査結果を踏まえ，テレワーク環境への適用を次のとおり定めた。

・SSL-VPN クライアント，クライアント証明書，及び VDI クライアントを，あらか

じめ個人 PC に導入する。

・SSL-VPN 装置へのアクセスポートは，TCP の 443 番ポートとする。

・SSL-VPN 装置で利用する TLS プロトコルのバージョンは，TLS1.3 を用い，それ以外のバージョンが使われないようにする。

・仮想 PC へのアクセスのプロトコルは RDP とし，TCP の 3389 番ポートを利用する。

・SSL-VPN 装置が RDP だけで利用されることを踏まえ，SSL-VPN の接続方式は　オ　方式とする。

〔SSL-VPN クライアント認証方式の検討〕

　P 主任は，個人 PC から SSL-VPN 装置に接続する際のクライアント認証の利用について整理した。

・個人 PC から SSL-VPN 装置に接続を行う時に利用者のクライアント証明書が SSL-VPN 装置に送られ，③SSL-VPN 装置はクライアント証明書を基にして接続元の身元特定を行う。K 社においては，社員番号を利用者 ID としてクライアント証明書に含めることにする。

・TLS プロトコルのネゴシエーション中に，④クライアント証明書が SSL-VPN 装置に送信され，SSL-VPN 装置で検証される。

・⑤SSL-VPN 装置からサーバ証明書が個人 PC に送られ，個人 PC で検証される。

　TLS プロトコルにおける鍵交換の方式には，クライアント側でランダムなプリマスタシークレットを生成して，サーバの RSA　エ　鍵で暗号化してサーバに送付することで共通鍵の共有を実現する，RSA 鍵交換方式がある。また，Diffie-Hellman アルゴリズムを利用する鍵交換方式で，DH 公開鍵を静的に用いる方式もある。これらの方式は，⑥秘密鍵が漏えいしてしまったときに不正に復号されてしまう通信のデータの範囲が大きいという問題があり，TLS1.3 以降では利用できなくなっている。TLS1.3 で規定されている鍵交換方式は，　カ　，ECDHE，PSK の 3 方式である。

　さらに P 主任は，クライアント証明書の発行に関して次のように検討した。

・クライアント証明書の発行に必要な CA を自社で構築して運用するのは手間が掛か

るので，セキュリティ会社である S 社が SaaS として提供する第三者認証局サービ
ス（以下，CA サービスという）を利用する。

・新しいクライアント証明書が必要なときは，利用者の公開鍵と秘密鍵を生成し，
公開鍵から証明書署名要求（CSR）を作成して，CA サービスへ提出する。CA サー
ビスは，クライアント証明書を発行してよいかどうかを K 社の管理者に確認する
とともに，⑦CSR の署名を検証して，クライアント証明書を発行する。

・クライアント証明書の失効が必要なときは，S 社の CA サービスによって証明書失
効手続を行うことによって，CA の証明書失効リストが更新される。証明書失効リ
ストは，失効した日時と⑧クライアント証明書を一意に示す情報のリストになっ
ている。

〔テレワーク環境構成の検討〕

P 主任は，ネットワーク構築ベンダ Q 社の担当者に相談して，Q 社の製品を利用し
たテレワーク環境の構成を検討した。P 主任が考えたテレワーク環境を図 2 に示す。
また，図 2 の主要な構成要素の説明を表 1 に示す。

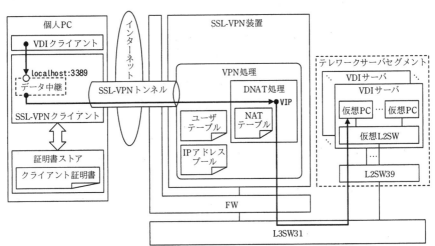

VIP：仮想IPアドレス　　DNAT：Destination NAT
注記1　localhost:3389は，localhostのTCPの3389番待受けポートを示す。
注記2　●━▶ は，パケットの送信元と宛先を示す。
注記3　○ は，待受けポートを示す。

図2　P主任が考えたテレワーク環境

表1　図2の主要な構成要素

名称	説明
仮想 PC	利用者の業務で利用するための仮想化された PC である。利用者ごとに仮想 PC があらかじめ割り当てられており，IP アドレスは静的に割り当てられている。それぞれの仮想 PC は RDP 接続を TCP の 3389 番ポートで待ち受けている。
VDI サーバ	仮想 PC を稼働させるためのサーバである。複数の VDI サーバで，全利用者分の仮想 PC を収容する。システム立上げ時に全仮想 PC が起動される。 VDI サーバ内の仮想 PC は仮想 L2SW に接続される。仮想 L2SW は VDI サーバの物理インタフェースを通じて L2SW39 に接続される。
L2SW39	複数の VDI サーバを収容する L2SW である。
SSL-VPN 装置	SSL-VPN 接続要求を受けて SSL-VPN トンネルの処理を行い，仮想 PC へ RDP 接続を中継する。この一連の処理を VPN 処理という。VPN 処理はユーザテーブルと NAT テーブルの二つのテーブルを利用する。DNAT 処理のための仮想的な宛先 IP アドレスである VIP が設定される。
VDI クライアント	個人 PC で，仮想 PC の画面を操作するクライアントソフトウェア
SSL-VPN クライアント	SSL-VPN を利用するために個人 PC にインストールされたソフトウェアモジュールである。証明書ストアに格納されたクライアント証明書を用いて処理を行う。VDI クライアントから localhost の TCP の 3389 番ポートへの接続を受け付け，SSL-VPN 装置にその通信を中継する。

　SSL-VPN 装置の⑨ユーザテーブルは，SSL-VPN 接続時の処理に必要な情報が含まれるテーブルであり，仮想 PC の起動時に自動設定される。

　SSL-VPN 装置の NAT テーブルは，SSL-VPN クライアントからの通信を適切な仮想 PC に振り向けるためのテーブルである。SSL-VPN 装置が SSL-VPN トンネルから VIP 宛てのパケットを受けると，適切な仮想 PC の IP アドレスに DNAT 処理して送る。この処理のために NAT テーブルがあり，SSL-VPN で認証処理中にエントリが作成される。

　IP アドレスプールは，SSL-VPN クライアントに付与する IP アドレスのためのアドレスプールであり，172.16.3.1～172.16.3.254 を設定する。

　P 主任が考えた，図2のテレワーク環境の VDI クライアントから仮想 PC までの接続シーケンスを図3に示す。

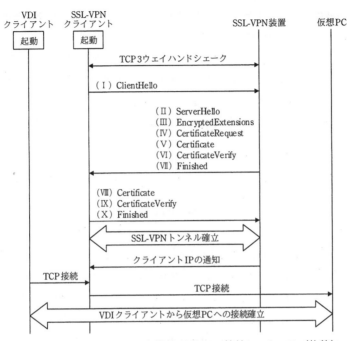

図3 VDI クライアントから仮想 PC までの接続シーケンス（抜粋）

図3の動作の概要を次に示す。

(1) 個人 PC で SSL-VPN クライアントと VDI クライアントを起動する。

(2) SSL-VPN クライアントは，SSL-VPN 装置に対するアクセスを開始する。

(3) SSL-VPN 装置は，クライアント証明書による認証を行う。

(4) SSL-VPN クライアントと SSL-VPN 装置間に，TLS セッションが確立される。この TLS セッションは SSL-VPN トンネルとして利用する。

(5) SSL-VPN 装置は，SSL-VPN クライアントに割り当てる IP アドレスを管理するための IP アドレスプールから IP アドレスを割り当て，SSL-VPN クライアントに通知する。この割り当てられた IP アドレスを，クライアント IP という。

(6) SSL-VPN 装置は，⑩ユーザテーブルを検索して得られる IP アドレスを用いて，NAT テーブルのエントリを作成する。

(7) SSL-VPN クライアントは，localhost:3389 の待ち受けを開始する。

(8) VDI クライアントは，localhost:3389 へ TCP 接続を行う。

(9) SSL-VPN クライアントは，SSL-VPN トンネルを通じて，VIP の 3389 番ポートへ向けての TCP 接続を開始する。

(10) SSL-VPN 装置は，VIP に届いた一連のパケットを DNAT 処理して仮想 PC に転送する。これによって，SSL-VPN クライアントと仮想 PC の間に TCP 接続が確立する（以下，この接続をリモート接続という）。

(11) SSL-VPN クライアントは，localhost:3389 とリモート接続の間のデータ中継を行う。

　　上記の (1)～(11) によって，VDI クライアントから仮想 PC までの接続が確立し，個人 PC から仮想 PC のデスクトップ環境が利用可能になる。

〔ネットワーク冗長化の検討〕

　　次に P 主任は，次のようにネットワークの冗長化を考えた。P 主任が考えた新たな冗長化構成を図 4 に示す。

・PC と業務サーバの間のネットワーク機器のうち，PC を収容する L2SW 以外の機器障害時に，PC から業務サーバの利用に影響がないようにする。

・拠点間接続の冗長化のために，新たに N 社の広域イーサネットを契約する。その回線速度と接続トポロジは現行の M 社広域イーサネットと同等とする。

・通常は，M 社と N 社の広域イーサネットの両方を利用する。

・本社に L2SW13，L2SW14，L3SW12，支社に L2SW23，L2SW24，L3SW22，データセンタに L2SW32～L2SW35，L3SW32 を新たに導入する。

・業務サーバの NIC はチーミングを行う。

・サーバセグメントに接続されている L3SW は VRRP によって冗長化を行う。

・ネットワーク全体の経路制御はこれまでどおり，OSPF を利用し，OSPF エリアは全体でエリア 0 とする。

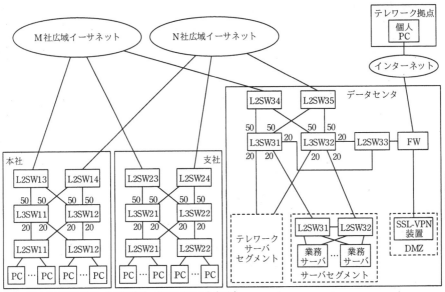

注記 図中の L3SW のポートの数値は，OSPF のコストを示す。

図4 P主任が考えた新たな冗長化構成（抜粋）

全ての L3SW で OSPF を動作させ，冗長経路の OSPF のコストを適切に設定することによって，⑪OSPF の Equal Cost Multi-path 機能（以下，ECMP という）が利用できると考え，図4に示すコスト設定を行うことにした。その場合，例えば⑫L3SW11のルーティングテーブル上には，サーバセグメントへの同一コストの複数の経路が確認できる。

K 社で利用している L3SW のベンダに ECMP の経路選択の仕様を問い合わせたところ，次の仕様であることが分かった。

・最大で四つの同一コストルートまでサポートする。

・動作モードとして，パケットモードとフローモードがある。

・パケットモードの場合，パケットごとにランダムに経路を選択し，フローモードの場合は，送信元 IP アドレスと宛先 IP アドレスからハッシュ値を計算して経路選択を行う。

P 主任は，K 社の社内の PC と業務サーバ間の通信における⑬通信品質への影響を考慮して，フローモードを選択することにした。また，フローモードでも⑭複数回

線の利用率がほぼ均等になると判断した。

　次に，P主任は，サーバセグメントに接続されている L3SW の冗長化について，図5のように行うことにした。

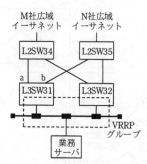

図5　サーバセグメントに接続されている L3SW の冗長化

　図5において，L3SW31 と L3SW32 で VRRP を構成し，L3SW31 が VRRP マスタとなるように優先度を設定する。また，L3SW31 において，<u>⑮図5中の a 又は b での障害をトラッキングするように VRRP の設定を行う</u>。これによって，a 又は b のインタフェースでリンク障害が発生した場合でも，業務サーバから PC へのトラフィックの分散が損なわれないと考えた。

　P主任は，以上の技術項目の検討結果について情報システム部長に報告し，SSL-VPN 導入，N社と S 社サービス利用及びネットワーク冗長化について承認された。

設問1　本文中の　　ア　　～　　カ　　に入れる適切な字句を答えよ。
設問2　〔SSL-VPN 技術調査とテレワーク環境への適用〕について，(1)，(2) に答えよ。
　　(1)　本文中の下線①について，同時に行われる二つのセキュリティ処理を答えよ。
　　(2)　本文中の下線②について，電子証明書において識別用情報を示すフィールドは何か。フィールド名を答えよ。
設問3　〔SSL-VPN クライアント認証方式の検討〕について，(1)～(6) に答えよ。
　　(1)　本文中の下線③について，クライアント証明書で送信元の身元を一意に特

定できる理由を，"秘密鍵"という用語を用いて40字以内で述べよ。

(2) 本文中の下線④について，クライアント証明書の検証のために，あらかじめSSL-VPN装置にインストールしておくべき情報を答えよ。

(3) 本文中の下線⑤について，検証によって低減できるリスクを，35字以内で答えよ。

(4) 本文中の下線⑥について，TLS1.3で規定されている鍵交換方式に比べて，広く復号されてしまう通信の範囲に含まれるデータは何か。"秘密鍵"と"漏えい"という用語を用いて，25字以内で答えよ。

(5) 本文中の下線⑦について，利用者がCAサービスにCSRを提出するときに署名に用いる鍵は何か。また，CAサービスがCSRの署名の検証に用いる鍵は何か。本文中の用語を用いてそれぞれ答えよ。

(6) 本文中の下線⑧について，証明書失効リストに含まれる，証明書を一意に識別することができる情報は何か。その名称を答えよ。

設問4　〔テレワーク環境構成の検討〕について，(1)，(2)に答えよ。

(1) 本文中の下線⑨について，ユーザテーブルに含まれる情報を40字以内で答えよ。

(2) 本文中の下線⑩について，検索のキーとなる情報はどこから得られるどの情報か。25字以内で答えよ。また，SSL-VPN装置は，その情報をどのタイミングで得るか。図3中の（Ⅰ）～（Ⅹ）の記号で答えよ。

設問5　〔ネットワーク冗長化の検討〕について，(1)～(5)に答えよ。

(1) 本文中の下線⑪について，P主任がECMPの利用を前提にしたコスト設定を行う目的を，30字以内で答えよ。

(2) 本文中の下線⑫について，経路数とそのコストをそれぞれ答えよ。

(3) 本文中の下線⑬について，フローモードの方が通信品質への影響が少ないと判断した理由を35字以内で述べよ。

(4) 本文中の下線⑭について，利用率がほぼ均等になると判断した理由をL3SWのECMPの経路選択の仕様に照らして，45字以内で述べよ。

(5) 本文中の下線⑮について，この設定によるVRRPの動作を"優先度"という用語を用いて40字以内で述べよ。

問2　仮想化技術の導入に関する次の記述を読んで，設問1〜5に答えよ。

　U社は社員3,000人の総合商社である。U社では多くの商材を取り扱っており，商材ごとに様々なアプリケーションシステム（以下，APという）を構築している。APは個別の物理サーバ（以下，APサーバという）上で動作している。U社の事業拡大に伴ってAPの数が増えており，主管部署であるシステム開発部はサーバの台数を減らすなど運用改善をしたいと考えていた。そこで，システム開発部では，仮想化技術を用いてサーバの台数を減らすことにし，Rさんを担当者として任命した。

　現在のU社ネットワーク構成を図1に示す。

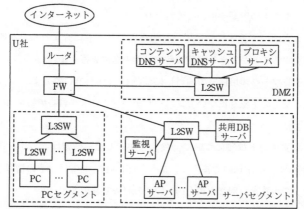

FW：ファイアウォール　L2SW：レイヤ2スイッチ　L3SW：レイヤ3スイッチ
DB：データベース

注記　ルータ，FW，L2SW，L3SW，コンテンツDNSサーバ，キャッシュDNSサーバ，プロキシサーバ，共用DBサーバ，監視サーバは冗長構成であるが，図では省略している。

図1　現在のU社ネットワーク構成（抜粋）

　現在のU社ネットワーク構成の概要を次に示す。
・DMZ，サーバセグメント，PCセグメントにはプライベートIPアドレスを付与している。
・キャッシュDNSサーバは，社員が利用するPCやサーバからの問合せを受け，ほかのDNSサーバへ問い合わせた結果，得られた情報を応答する。
・コンテンツDNSサーバは，PCやサーバのホスト名などを管理し，PCやサーバな

どに関する情報を応答する。

・プロキシサーバは，PC からインターネット向けの HTTP 通信及び HTTPS（HTTP over TLS）通信をそれぞれ中継する。

・AP は，共用 DB サーバにデータを保管している。共用 DB サーバは，事業拡大に必要な容量と性能を確保している。

・AP ごとに 2 台の AP サーバで冗長構成としている。

・AP サーバ上で動作する多くの AP は，HTTP 通信を利用して PC からアクセスされる AP（以下，WebAP という）であるが，TCP/IP を使った独自のプロトコルを利用して PC からアクセスされる AP（以下，専用 AP という）もある。

・監視サーバは，DMZ やサーバセグメントにあるサーバの監視を行っている。

午後II問題

〔サーバ仮想化技術を利用した AP の構成〕

　R さんは，WebAP と専用 AP の 2 種類の AP について，サーバ仮想化技術の利用を検討した。サーバ仮想化技術では，物理サーバ上で複数の仮想的なサーバを動作させることができる。

　R さんが考えたサーバ仮想化技術を利用した AP の構成を図 2 に示す。

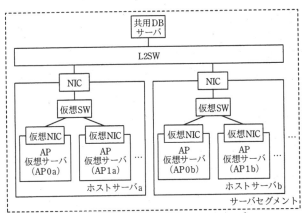

AP仮想サーバ：APが動作する，仮想化技術を利用したサーバ
ホストサーバ：複数のAP仮想サーバを収容する物理サーバ
仮想SW：仮想L2SW　　　NIC：ネットワークインタフェースカード
注記　（ ）内はAP仮想サーバ名を示し，AP名とそのAP仮想サーバが動作
　　　するホストサーバの識別子で構成する。一例として，AP0a は，AP名が
　　　AP0 の AP が動作する，ホストサーバa 上の AP仮想サーバ名である。

図2　サーバ仮想化技術を利用した AP の構成

ホストサーバでは，サーバ仮想化を実現するためのソフトウェアである

　ア　　が動作する。ホストサーバは仮想 SW をもち，NIC を経由して L2SW と接続する。

　AP 仮想サーバは，ホストサーバ上で動作する仮想サーバとして構成する。AP 仮想サーバの仮想 NIC は仮想 SW と接続する。

　一つの AP は 2 台の AP 仮想サーバで構成する。2 台の AP 仮想サーバでは，冗長構成をとるために VRRP バージョン 3 を動作させる。サーバセグメントでは複数の AP が動作するので，VRRP の識別子として AP ごとに異なる　イ　　を割り当てる。①可用性を確保するために，VRRP を構成する 2 台の AP 仮想サーバは，異なるホストサーバに収容するように設計する。

　VRRP の規格では，最大　ウ　　組の仮想ルータを構成することができる。また，②マスタとして動作している AP 仮想サーバが停止すると，バックアップとして動作している AP 仮想サーバがマスタに切り替わる。

　一例として，AP 仮想サーバ（AP0a）と AP 仮想サーバ（AP0b）とで構成される，AP 名が AP0 の IP アドレス割当表を表 1 に示す。

表 1　AP0 の IP アドレス割当表

割当対象	IP アドレス
AP0a と AP0b の VRRP 仮想ルータ	192.168.0.16/22
AP0a の仮想 NIC	192.168.0.17/22
AP0b の仮想 NIC	192.168.0.18/22

　AP ごとに，AP 仮想サーバの仮想 NIC で利用する二つの IP アドレスと VRRP 仮想ルータで利用する仮想 IP アドレスの計三つの IP アドレスの割当てと，一つの FQDN の割当てを行う。AP ごとに，コンテンツ DNS サーバにリソースレコードの一つである　エ　　レコードとして VRRP で利用する仮想 IP アドレスを登録し，FQDN と IP アドレスの紐付けを定義する。PC にインストールされている Web ブラウザ及び専用クライアントソフトウェアは，DNS の　エ　　レコードを参照して接続する AP の IP アドレスを決定する。

〔コンテナ仮想化技術を利用した WebAP の構成〕

　次に，R さんはコンテナ仮想化技術の利用を検討した。WebAP と専用 AP に分け，まずは WebAP について利用を検討した。コンテナ仮想化技術では，ある OS 上で仮想的に分離された複数のアプリケーションプログラム実行環境を用意し，複数の AP を動作させることができる。

　R さんが考えた，コンテナ仮想化技術を利用した WebAP（以下，WebAP コンテナという）の構成を図3に示す。

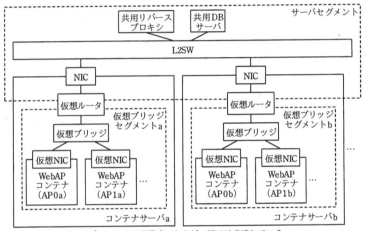

注記1　共用リバースプロキシは冗長構成であるが，図では省略している。
注記2　（ ）内は WebAP コンテナ名を示し，AP 名とその WebAP コンテナが動作するコンテナサーバの識別子で構成する。一例として，AP0a は，AP 名が AP0 の AP が動作する，コンテナサーバa 上の WebAP コンテナ名である。

図3　WebAP コンテナの構成

　コンテナサーバでは，コンテナ仮想化技術を実現するためのソフトウェアが動作する。コンテナサーバは仮想ブリッジ，仮想ルータをもち，NIC を経由して L2SW と接続する。WebAP コンテナの仮想 NIC は仮想ブリッジと接続する。

　WebAP コンテナは，仮想ルータの上で動作する NAPT 機能と TCP や UDP のポートフォワード機能を利用して，PC や共用 DB サーバなどといった外部のホストと通信する。コンテナサーバ内の仮想ブリッジセグメントには，新たに IP アドレスを付与する必要があるので，プライベート IP アドレスの未使用空間から割り当てる。ま

た, ③複数ある全ての仮想ブリッジセグメントには, 同じ IP アドレスを割り当てる。

WebAP コンテナには, AP ごとに一つの FQDN を割り当て, コンテンツ DNS サーバに登録する。

WebAP コンテナでは, AP の可用性を確保するために, 共用リバースプロキシを新たに構築して利用する。共用リバースプロキシは負荷分散機能をもつ HTTP リバースプロキシとして動作し, クライアントからの HTTP リクエストを受け, ④ヘッダフィールド情報から WebAP を識別し, WebAP が動作する WebAP コンテナへ HTTP リクエストを振り分ける。振り分け先である WebAP コンテナは複数指定することができる。振り分け先を増やすことによって, WebAP の処理能力を向上させることができ, また, 個々の WebAP コンテナの処理量を減らして負荷を軽減できる。

共用リバースプロキシ, コンテナサーバには, サーバセグメントの未使用のプライベート IP アドレスを割り当てる。共用リバースプロキシ, コンテナサーバの IP アドレス割当表を表2に, コンテナサーバ a で動作する仮想ブリッジセグメント a の IP アドレス割当表を表3に示す。

表2　共用リバースプロキシ, コンテナサーバの IP アドレス割当表（抜粋）

割当対象	IP アドレス
共用リバースプロキシ	192.168.0.98/22
コンテナサーバ a	192.168.0.112/22
コンテナサーバ b	192.168.0.113/22

表3　仮想ブリッジセグメント a の IP アドレス割当表（抜粋）

割当対象	IP アドレス
仮想ルータ	172.16.0.1/24
WebAP コンテナ（AP0a）	172.16.0.16/24
WebAP コンテナ（AP1a）	172.16.0.17/24

共用リバースプロキシは, 振り分け先である WebAP コンテナが正常に稼働しているかどうかを確認するためにヘルスチェックを行う。ヘルスチェックの結果, 正常な WebAP コンテナは振り分け先として利用され, 異常がある WebAP コンテナは振り分け先から外される。振り分けルールの例を表4に示す。

表4 振り分けルールの例（抜粋）

AP名	（設問のため省略）	WebAPコンテナ名	振り分け先
AP0	ap0.u-sha.com	AP0a	192.168.0.112:8000
		AP0b	192.168.0.113:8000
AP1	ap1.u-sha.com	AP1a	192.168.0.112:8001
		AP1b	192.168.0.113:8001

PCが，表4中のAP0と行う通信の例を次に示す。

(1) PCのWebブラウザは，http://ap0.u-sha.com/へのアクセスを開始する。

(2) PCはDNSを参照して，ap0.u-sha.comの接続先IPアドレスとして　オ　を取得する。

(3) PCは宛先IPアドレスが　オ　，宛先ポート番号が80番宛てへ通信を開始する。

(4) PCからのリクエストを受けた共用リバースプロキシは振り分けルールに従って振り分け先を決定する。

(5) 共用リバースプロキシは宛先IPアドレスが192.168.0.112，宛先ポート番号が　カ　番宛てへ通信を開始する。

(6) 仮想ルータは宛先IPアドレスが192.168.0.112，宛先ポート番号が　カ　番宛てへの通信について，⑤ポートフォワードの処理によって宛先IPアドレスと宛先ポート番号を変換する。

(7) WebAPコンテナAP0aはコンテンツ要求を受け付け，対応するコンテンツを応答する。

(8) 共用リバースプロキシはコンテンツ応答を受け，PCに対応するコンテンツを応答する。

(9) PCはコンテンツ応答を受ける。

WebAPコンテナであるAP0aとAP1aに対するPCからのHTTP接続要求パケットの例を図4に示す。

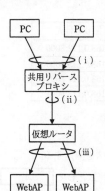

（ i ）の箇所で通信が確認できるHTTP接続要求パケット

送信元IPアドレス	送信元ポート番号	宛先IPアドレス	宛先ポート番号
192.168.145.68	30472	192.168.0.98	80
192.168.145.154	31293	192.168.0.98	80

（ ii ）の箇所で通信が確認できるHTTP接続要求パケット

送信元IPアドレス	送信元ポート番号	宛先IPアドレス	宛先ポート番号
192.168.0.98	54382	192.168.0.112	8000
192.168.0.98	34953	192.168.0.112	8001

（ iii ）の箇所で通信が確認できるHTTP接続要求パケット

送信元IPアドレス	送信元ポート番号	宛先IPアドレス	宛先ポート番号
192.168.0.98	54382	172.16.0.16	80
192.168.0.98	34953	172.16.0.17	80

注記 ──────▶ は，通信の方向を示す。

図4　AP0aとAP1aに対するPCからのHTTP接続要求パケットの例

〔コンテナ仮想化技術を利用した専用APの構成〕

　Rさんは，専用APはTCP/IPを使った独自のプロトコルを利用するので，HTTP通信を利用するWebAPと比較して，通信の仕方に不明な点が多いと感じた。そこで，コンテナ仮想化技術を導入した際の懸念点について上司のO課長に相談した。次は，コンテナ仮想化技術を利用した専用AP（以下，専用APコンテナという）に関する，RさんとO課長の会話である。

Rさん：専用APですが，APサーバ上で動作する専用APと同じように，専用APコンテナとして動作させることができたとしても，⑥PCや共用DBサーバなどといった外部のホストとの通信の際に，仮想ルータのネットワーク機能を使用しても専用APが正常に動作することを確認する必要があると考えています。

O課長：そうですね。専用APはAPごとに通信の仕方が違う可能性があります。APサーバと専用APコンテナの構成の違いによる影響を受けないことを確認する必要がありますね。それと，⑦同じポート番号を使用する専用APが幾つかあるので，これらの専用APに対応できる負荷分散機能をもつ製品が必要になります。

Rさん:分かりました。

　Rさんは専用APで利用可能な負荷分散機能をもつ製品の調査をし，WebAPと併せて検討結果を取りまとめ，O課長に報告した。

　Rさんが，サーバの台数を減らすなど運用改善のために検討したまとめを次に示す。
・第一に，リソースの無駄が少ないことやアプリケーションプログラムの起動に要する時間を短くできる特長を生かすために，コンテナ仮想化技術の利用を進め，順次移行する。
・第二に，コンテナ仮想化技術の利用が適さないAPについては，サーバ仮想化技術の利用を進め，順次移行する。
・第三に，移行が完了したらAPサーバは廃止する。

〔監視の検討〕
　次に，Rさんが考えた，監視サーバによる図3中の機器の監視方法を表5に示す。

表5　図3中の機器の監視方法（抜粋）

項番	監視種別	監視対象	設定値
1		共用リバースプロキシ	192.168.0.98
2	ping監視	コンテナサーバa	192.168.0.112
3		コンテナサーバb	192.168.0.113
4	TCP接続監視	WebAPコンテナ（AP0a）	192.168.0.112:8000
5		WebAPコンテナ（AP0b）	192.168.0.113:8000
6		共用リバースプロキシ	http://ap0.u-sha.com:80/index.html
7	URL接続監視	WebAPコンテナ（AP0a）	http://192.168.0.112:8000/index.html
8		WebAPコンテナ（AP0b）	http://192.168.0.113:8000/index.html

　監視サーバは3種類の監視を行うことができる。ping監視は，監視サーバが監視対象の機器に対してICMPのエコー要求を送信し，一定時間以内に　キ　を受信するかどうかで，IPパケットの到達性があるかどうかを確認する。TCP接続監視では，監視サーバが監視対象の機器に対してSYNパケットを送信し，一定時間以内に　ク　パケットを受信するかどうかで，TCPで通信ができるかどうかを確認す

る。URL 接続監視では，監視サーバが監視対象の機器に対して HTTP ┌─ケ─┐ メ
ソッドでリソースを要求し，一定時間以内にリソースを取得できるかどうかで HTTP
サーバが正常稼働しているかどうかを確認する。ping 監視で WebAP コンテナの稼働
状態を監視することはできない。⑧表5のように複数の監視を組み合わせることによ
って，監視サーバによる障害検知時に，監視対象の状態を推測することができる。

〔移行手順の検討〕

　R さんは，コンテナ仮想化技術を利用した WebAP の移行手順を検討した。

　2 台の AP サーバで構成する AP0 を，WebAP コンテナ（AP0a）と WebAP コンテナ
（AP0b）へ移行することを例として，WebAP の移行途中の構成を図 5 に，WebAP の
移行手順を表 6 に示す。

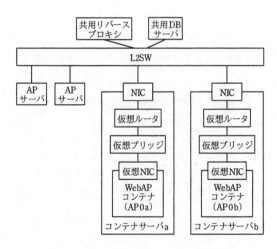

図 5　WebAP の移行途中の構成（抜粋）

表 6 WebAP の移行手順

項番	概要	内容
1	WebAP コンテナの構築	コンテナサーバ上に WebAP コンテナを構築する。
2	共用リバースプロキシの設定	WebAP コンテナに合わせて振り分けルールの設定を行う。
3	WebAP コンテナ監視登録	監視サーバに WebAP コンテナの監視を登録する。
4	動作確認	⑨テスト用の PC を用いて動作確認を行う。
5	DNS 切替え	DNS レコードを書き換え，AP サーバから WebAP コンテナへ切り替える。
6	AP サーバ監視削除	監視サーバから AP サーバの監視を削除する。
7	AP サーバの停止	⑩停止して問題ないことを確認した後に AP サーバを停止する。

　R さんは表 6 の WebAP の移行手順を O 課長に報告した。次は，WebAP の移行手順に関する，O 課長と R さんの会話である。

O 課長：今回の移行は AP サーバと WebAP コンテナを並行稼働させて DNS レコードの書換えによって切り替えるのだね。

R さん：そうです。同じ動作をするので，DNS レコードの書換えが反映されるまでの並行稼働期間中，AP サーバと WebAP コンテナ，どちらにアクセスが行われても問題ありません。

O 課長：分かりました。並行稼働期間を短くするために DNS 切替えの事前準備は何があるかな。

R さん：はい。⑪あらかじめ，DNS の TTL を短くしておく方が良いですね。

O 課長：そうですね。移行手順に記載をお願いします。

R さん：分かりました。

O 課長：動作確認はどのようなことを行うか詳しく教えてください。

R さん：はい。WebAP コンテナ 2 台で構成する場合は，⑫次の 3 パターンそれぞれで AP の動作確認を行います。一つ目は，全ての WebAP コンテナが正常に動作している場合，二つ目は，2 台のうち 1 台目だけ WebAP コンテナが停止している場合，最後は，2 台目だけ WebAP コンテナが停止している場合です。また，障害検知の結果から，正しく監視登録されたことの確認も行います。

O 課長：分かりました。良さそうですね。

AP を，仮想化技術を利用したコンテナサーバやホストサーバに移行することによって期待どおりにサーバの台数を減らせる目途が立ち，システム開発部では仮想化技術の導入プロジェクトを開始した。

設問1 〔サーバ仮想化技術を利用した AP の構成〕について，(1)～(3) に答えよ。

(1) 本文中の ┃ ア ┃ ～ ┃ エ ┃ に入れる適切な字句又は数値を答えよ。

(2) 本文中の下線①について，2 台の AP 仮想サーバを同じホストサーバに収容した場合に起きる問題を可用性確保の観点から 40 字以内で述べよ。

(3) 本文中の下線②について，マスタが停止したとバックアップが判定する条件を 50 字以内で述べよ。

設問2 〔コンテナ仮想化技術を利用した WebAP の構成〕について，(1)～(4) に答えよ。

(1) 本文中の下線③について，複数ある全ての仮想ブリッジセグメントで同じ IP アドレスを利用して問題ない理由を 40 字以内で述べよ。

(2) 本文中の下線④について，共用リバースプロキシはどのヘッダフィールド情報から WebAP を識別するか。15 字以内で答えよ。

(3) 本文中の ┃ オ ┃ に入れる適切な IP アドレス，及び ┃ カ ┃ に入れる適切なポート番号を答えよ。

(4) 本文中の下線⑤について，変換後の宛先 IP アドレスと宛先ポート番号を答えよ。

設問3 〔コンテナ仮想化技術を利用した専用 AP の構成〕について，(1)，(2) に答えよ。

(1) 本文中の下線⑥について，専用 AP ごとに確認が必要な仮想ルータのネットワーク機能を二つ答えよ。

(2) 本文中の下線⑦について，どのような仕組みが必要か。40 字以内で答えよ。

設問4 〔監視の検討〕について，(1)～(3) に答えよ。

(1) 本文中の ┃ キ ┃ ～ ┃ ケ ┃ に入れる適切な字句を答えよ。

(2) 本文中の下線⑧について，表 5 中の項番 2，項番 4，項番 7 で障害検知し，それ以外は正常の場合，どこに障害が発生していると考えられるか。表 5 中の字句を用いて障害箇所を答えよ。

(3) 本文中の下線⑧について，表5中の項番4，項番7で障害検知し，それ以外
は正常の場合，どこに障害が発生していると考えられるか。表5中の字句を用
いて障害箇所を答えよ。

設問5　〔移行手順の検討〕について，(1)～(4) に答えよ。

(1) 表6中の下線⑨について，WebAP コンテナで動作する AP の動作確認を行う
ために必要になる，テスト用の PC の設定内容を，DNS 切替えに着目して 40
字以内で述べよ。

(2) 表6中の下線⑩について，AP サーバ停止前に確認する内容を 40 字以内で述
べよ。

(3) 本文中の下線⑪について，TTL を短くすることによって何がどのように変
化するか。40 字以内で述べよ。

(4) 本文中の下線⑫について，3 パターンそれぞれで AP の動作確認を行う目的
を二つ挙げ，それぞれ 35 字以内で述べよ。

●令和 4 年度春期
午前 I 問題 解答・解説

問1 ア
ハミング符号の誤りビット訂正 (R4 春・高度 午前 I 問 1)

ハミング符号 1110011 から，情報ビット，冗長ビットは次のようになる。

$X_1=1$, $X_2=1$, $X_3=1$, $X_4=0$, $P_1=1$, $P_2=1$, $P_3=0$

これらを与えられた式に当てはめる。

$X_1 \oplus X_3 \oplus X_4 \oplus P_1 = 1 \oplus 1 \oplus 0 \oplus 1 = 1$
$X_1 \oplus X_2 \oplus X_4 \oplus P_2 = 1 \oplus 1 \oplus 0 \oplus 1 = 1$
$X_1 \oplus X_2 \oplus X_3 \oplus P_3 = 1 \oplus 1 \oplus 1 \oplus 0 = 1$

誤りがなければ，全ての式が 0 になるが，誤りビットを含んでいる式は 1 になる。したがって，三つの式の全てに誤りビットを含んでいることを示している。そして，「1 ビットの誤りが存在する」という条件であるが，この条件に合うのは，この三つの式に共通して含まれている X_1 が誤りのときだけであり，誤りは X_1 の 1 であることが分かる。これを 0 に訂正すると，正しいハミング符号は，0110011 となり，（ア）が正解となる。

問2 ア
リストを配列で実現した場合の特徴 (R4 春・高度 午前 I 問 2)

リストとは「関連する要素（データ）などを一定の順番に並べたもの」である。プログラムでリストを実現する方法には，「配列に要素を連続して格納する方法」と，「要素と次の要素へのポインタを用いる方法」があり，この問題では，それぞれの方法の特徴が問われている。

リストをポインタで実現する場合には，動的に確保した領域を使うのに対し，配列で実現する場合はあらかじめ一定の要素数の領域を確保しておき，動的な拡張はしない。このため，配列の場合はリストの最大個数に対応した要素数の領域を確保することが多く，実際には使用されない領域が発生する可能性があるので，（ア）が適切な記述である。

イ：「リストの中間要素」の意味が分かりづらいが，配列の場合，要素位置が分かれば，その位置に対応する添字の値によって要素を直接参照することができるので，「先頭から順番に要素をたどっていく」のは配列で実現した場合の特徴ではない。記述の内容は，ポインタで実現した場合のリストの特徴である。

ウ：「次の要素を指し示すための領域」とは，ポインタの値を格納するための領域のことなので，ポインタで実現した場合の特徴である。

エ：要素をリストに挿入したり削除したりする場合，リスト構造では，挿入・削

除位置に来るまでポインタをたどる必要があり，配列では，挿入位置以降にある要素や削除位置より後ろにある要素を全てずらす必要がある。どちらの場合も要素数に比例した時間が必要になる。

問3　エ　等しい文字数の字下げを用いる特徴をもつプログラム言語 (R4春・高度 午前Ⅰ問3)

プログラム言語のうち，ブロックの範囲を指定する方法として特定の記号や予約語を用いず，等しい文字数の字下げ（インデントという）を用いるのは，Pythonである。したがって，（エ）が正解である。字下げの文字数を揃えることによって複数の処理をグループ化しているので，ブロック内で字下げが揃っていない場合は，正しく認識できないためにエラーになる。Python のプログラムの例を図 Aに示す。例えば，図 A のプログラムにおいて，条件式 A が真の場合に行う処理のブロックは，処理 A1，処理 A2，条件式 B の if 文，処理 A3 からなる。

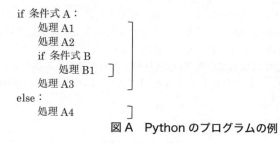

```
if 条件式 A：
    処理 A1
    処理 A2
    if 条件式 B
        処理 B1
    処理 A3
else：
    処理 A4
```
図 A　Python のプログラムの例

Python は，1990 年代の初頭から公開されているプログラム言語で，分かりやすい構文や豊富な標準ライブラリが付属していることなど実用性に優れているため，システム管理，Web システムなどで使われている。2010 年代に入ると機械学習やディープラーニングなどにも適用範囲が拡大し，利用者が増加している。2020 年から情報処理技術者試験の基本情報技術者試験（午後試験）のプログラム言語にも，採用されている。

（ア）～（ウ）に挙げられるプログラム言語は，ブロックの範囲を '{' と '}'で囲んで示す。図 B に，図 A の処理を（ア）の C で記述したものを示す。

```
if (条件式 A){
    処理 A1
    処理 A2
    if (条件式 B){
        処理 B1
    }
    処理 A3
}else{
    処理 A4
}
```

図 B C による記述例

問4 イ

主記憶のアクセス時間を x とすると，問題文の条件から，実効メモリアクセス時間は

$$(1-0.95)\times x+0.95\times x\times 1／30 ≒ 0.05x+0.0317x$$
$$=0.0817x$$

となる。したがって，（イ）の約 0.08 倍が正解となる。

問5 ウ

アムダールの法則は，プロセッサ数と，計算処理におけるプロセスの並列化が可能な部分の割合が，性能向上に及ぼす影響について，次の関係式で示した法則である。

$$\text{性能向上比} = \cfrac{1}{(1-\text{並列化可能部の割合})+\cfrac{\text{並列化可能部の割合}}{\text{プロセッサ数}}} \cdots ①$$

（速度向上比）

関係式①の，並列化可能部の割合を r（$0≦r≦1$），プロセッサ数を n（$n≧1$）として，アムダールの法則の関係式を表すと，次のようになる。

$$\text{性能向上比} = \cfrac{1}{(1-r)+\cfrac{r}{n}} \cdots ②$$

（速度向上比）

次の解説のとおり，（ウ）が正解であることが分かる。

ア：全ての計算処理が並列化できる場合，並列化可能部の割合rは 1 になる。これを関係式②に代入すると，次のように表すことができるので，速度向上比は，プロセッサ数に比例して増加することが分かり，ある水準に漸近的に近づくことはないので，誤りである。

$$\text{速度向上比}= \cfrac{1}{1／n} =n（プロセッサ数）$$

イ：関係式②において，例えば，r＝0.5，n＝2とすると，分母は0.5より大きくなり，速度向上比は2倍より小さくなるので，誤りである。

$$速度向上比 = \frac{1}{(1-0.5)+\dfrac{0.5}{2}} = \frac{1}{0.5+0.25} = \frac{1}{0.75} = 1.333\cdots$$

ウ：関係式②において，0≦r≦1なので，プロセッサ数nが十分大きくなると，分母の$\dfrac{r}{n}$の値は非常に小さく1−rに対して無視できるような値になる。つまり，速度向上比は$\dfrac{1}{1-r}$で近似できるようになり，速度向上比は，プロセッサ数を増やしてもこの近似値に漸近的に近づくので，この記述は正しい。

　なお，次のrの例のように，プロセッサ数をいくら増やしても，速度向上比はそれほど増加しない。

r＝0.5のとき 1／(1−0.5)＝2

r＝0.9のとき 1／(1−0.9)＝10

エ：並列化できる計算処理の割合が増え，プロセッサ数も増えれば，速度向上比は増加することはあっても減少することはないので，誤りである。

問6　イ　　　　　タスクを排他的に制御するリアルタイムOSの機能（R4春・高度 午前Ⅰ問6）

　I²C（Inter-Integrated Circuit）は，1枚の基板上などの近い距離で複数のデバイスをバスに接続し，それぞれのデバイスとの間でシリアル伝送による通信を行うインタフェースである。I²C に接続された二つのセンサの値を読み込むタスクの排他制御には，同時に実行されているタスク間の排他制御や同期を行う仕組みであるセマフォを使用するのが適切である。したがって，（イ）が正解である。

　セマフォは手旗信号の役割で，共有できる対象が一つであればセマフォの初期値を1とする。本問でも，同時に読込み処理ができるタスクが一つであるので，セマフォの初期値を1とする。それぞれのタスクが，処理開始時にP操作（1減算）でセマフォを取得し，処理終了とともにV操作（1加算）でセマフォを解放する。一方のタスクがセマフォを取得している（セマフォの値が0である）間は，他方のタスクは待ち状態となる。セマフォを取得していたタスクの処理が終了し，セマフォが解放される（セマフォの値が1に戻る）と，待ち状態となっていたタスクはセマフォを取得し処理を開始する。このように，セマフォを取得したタスクだけが処理を実行できる仕組みで，タスクが行う処理の排他制御ができる。

ア：キュー…先に入ったデータを先に処理する，先入れ先出し（FIFO）のデータ構造で，待ち行列とも呼ばれる。

ウ：マルチスレッド…OS の実行単位であるプロセスをさらに細分化したスレッドを単位として，並行処理する仕組みである。

エ：ラウンドロビン…実行可能状態になったタスクに対して，一定の CPU 時間を順に与えるタスクスケジューリング方式である。

問7　ウ　　アクチュエータの説明 (R4春・高度 午前Ⅰ問7)

　アクチュエータ（actuator）は，電気信号などの電気エネルギーや，油圧や空気圧などの流体エネルギーなどを，力学的あるいは機械的エネルギーに変換する装置である。したがって，（ウ）が適切である。コンピュータが出力した電気信号を力学的な運動に変えるアクチュエータの例には，ロボットアームを動作させるためのモータ装置がある。モータ装置では，コンピュータからの制御情報の電気信号に従って，モータを駆動させてロボットアームを動作させる。なお，一般に電車のモータなど昔からある連続的に回転運動するものは，同じモータであってもアクチュエータとはいわない。

ア：フィードバック制御の説明である。

イ：センサの説明である。物理量としては，温度，湿度，音，光，磁気，振動，速度，加速度，圧力をはじめとする様々な検出対象がある。

エ：増幅器の説明である。

問8　ウ　　第1，第2，第3正規形とリレーションの特徴の組合せ (R4春・高度 午前Ⅰ問8)

・a：「どの非キー属性も，主キーの真部分集合に対して関数従属しない」
　　　第2正規形の特徴である。なお，部分集合とは，元の集合の一部，あるいは全部の要素からなる集合のことで，真部分集合は，部分集合のうち，元の集合の全部の要素からなる集合，つまり，元の集合と完全に一致する集合を除いたものである。したがって，主キーの真部分集合とは，主キー全体ではなく，"主キーを構成する一部の項目だけ"という意味になる。

・b：「どの非キー属性も，主キーに推移的に関数従属しない」
　　　第3正規形の特徴である。"推移的に関数従属する"というのは，ある属性Aが主キーに関数従属していて，別の属性Bが属性Aに関数従属する場合，属性Bは主キーに推移的に関数従属しているという。第2正規形を満たす表のうち，このように，キーでない項目が他のキーでない項目に関数従属していることがない表は第3正規形である。

・c：「繰返し属性が存在しない」
　　　第1正規形の特徴である。

　したがって，（ウ）の組合せが適切である。なお，第1，第2，第3正規形は，第1⊃第2⊃第3正規形という包含関係があるため，特徴a～cは独立ではない。

問9　ア　　ビッグデータの利用におけるデータマイニング (R4春・高度 午前Ⅰ問9)

　データマイニング（data mining）とは，統計学などの数学的技法や人工知能（AI）技術などを用いて大量のデータを分析し，隠れた規則や相関関係を見つけ出す手法である。したがって，（ア）が正解である。

なお，ビッグデータとは，文字どおり大量のデータという意味であるが，通常の DBMS やデータ分析ツールなどによって扱うことができないような規模と複雑さをもつものとされている。また，データマイニングによる代表的な成功例としては，手法の一つであるアソシエーション（バスケット分析）によって，スーパーマーケットにおいて缶ビールと紙おむつが同時に購入されることが多いという規則性を見いだしたことが有名である。

イ：データウェアハウスとは，分析用の大量のデータを蓄積したものである。そして，その中から，特定の用途や部門別のデータを切り出してデータベースなどに格納したものをデータマートと呼ぶ。

ウ：データモデルの説明である。

エ：レプリケーション（複製）の説明である。

問 10　イ　　　　　　　　　　　　　　UDP を使用しているもの（R4 春・高度 午前 I 問 10）

UDP（User Datagram Protocol）は，OSI 基本参照モデルのトランスポート層に対応するコネクションレス型のプロトコルである。コネクションレス型は送信側と受信側で論理的な通信路を確立せずにデータ転送を行う方式で，誤り制御やフロー制御は行わない。同じトランスポート層に対応するコネクション型の TCP（Transmission Control Protocol）に比べて信頼性は劣るが，通信処理の負荷が少ない。

NTP（Network Time Protocol）は，複数のコンピュータが時刻の同期を取るためのプロトコルである。TCP による誤り制御やフロー制御をしている間に時刻が変わってしまう可能性があるので，NTP では，UDP を使用する。したがって，（イ）が正解である。

ア：FTP（File Transfer Protocol）は，ファイル転送を行うプロトコルで，確実にファイルを転送するためコネクションを確立する必要があり，コネクション型の TCP を使用する。

ウ：POP3（Post Office Protocol Version3）は，ユーザ端末（メールクライアント）がメールサーバから電子メールを取り出すために使用されるプロトコルで，受信メールはユーザ端末側に全てダウンロードされるためコネクションを確立する必要があり，TCP を使用する。

エ：TELNET は，リモート操作を行うプロトコルで，受信側のコンピュータを直接操作するためコネクションを確立する必要があり，TCP を使用する。参考までに，現在では，セキュリティの問題から，TELNET（telnet コマンド）に代わり暗号化，認証などの機能をもつ SSH（Secure Shell）が使われている。

問11 エ　　　　　　　　　　　　OpenFlow を使った SDN の説明（R4 春・高度 午前Ⅰ問 11）

　SDN（Software-Defined Networking）は，ソフトウェアによってネットワークを仮想化するアーキテクチャである。OpenFlow は，情報通信分野の事業者をメンバとする非営利団体の ONF（Open Networking Foundation）が標準化を進めている SDN 技術の一つで，ネットワーク機器をソフトウェアによって制御する。通常のレイヤ２スイッチやレイヤ３スイッチなどのネットワーク機器は，データを転送する各々の機器が，次の二つの機能を提供している。

　　・ネットワーク制御機能…データをネットワーク機器のどの出力ポートから送
　　　出するかを制御する機能
　　・データ転送機能…データをネットワーク機器の入力ポートから出力ポートへ
　　　転送する機能

　OpenFlow プロトコルを用いる SDN では，この二つの機能を論理的に分割し，コントローラと呼ばれるソフトウェアで，データ転送機能をもつネットワーク機器を集中制御する。したがって，（エ）の説明が適切である。

　ア：DNS（Domain Name System）に関する記述である。

　イ：VoLTE（Voice over LTE；ボルテ）に関する記述である。なお，LTE（Long
　　Term Evolution）とは，携帯電話網の通信規格の一つで，3.9G（3.9 世代）に
　　分類される。

　ウ：SAN（Storage Area Network）に関する記述である。なお，WWN（World Wide
　　Name）とは，SAN で利用するアドレスの一つで，交換機やストレージに固定
　　的に割り当てられた 64 ビットのアドレスである。

問12 ア　　　　　　　メッセージの送受信における署名鍵の使用（R4 春・高度 午前Ⅰ問 12）

　デジタル署名によって，本人確認とメッセージ認証（送られてきたメッセージに改ざんがなかったことの検証）を同時に行うことができる。この問題では，デジタル署名を作成するための鍵を署名鍵と呼んでいるが，この署名鍵とは，送信者（作成者）の秘密鍵のことである。

　送信者は，まず，送信する平文を基に，ハッシュ関数によってメッセージダイジェストを作成する。次に，そのメッセージダイジェストを送信者の秘密鍵で暗号化し，元の平文と暗号化したメッセージダイジェスト（デジタル署名）を受信者に送る。受信者は，送られてきた平文から，送信者と同じハッシュ関数でメッセージダイジェストを作成するとともに，暗号化されたメッセージダイジェストを送信者の公開鍵で復号し，両者を比較する。そして，両者が一致すれば，正しい送信者から送られてきた，正しいメッセージであることを確認できる。

　この内容を念頭に，選択肢の内容を見ていくと，それぞれ次のようになり，（ア）が正解であることが分かる。

　ア：送信者は署名鍵である自分の秘密鍵でメッセージに対する署名を作成し，そ

れを付加して送る。そして，受信者は，その署名を正当な手続（送信者の公開鍵）で復号することによって，送信者による署名であることを確認する。したがって，適切な記述である。

イ：署名鍵は，送信者だけがもつ秘密鍵なので，受信者が使うことはできない。また，署名鍵は，暗号文を復号するための鍵ではない。

ウ：デジタル署名とは，本人確認（本人認証）を行うための技術であり，暗号化通信のための技術ではない。また，署名鍵である送信者の秘密鍵で暗号化した内容は，対応する公開鍵で復号できるので，暗号化通信の役割を果たせない。

エ：デジタル署名では，復号結果が同時に送られてきたメッセージから作成したメッセージダイジェストと異なる場合に改ざんを検知することになるが，このメッセージダイジェストから改ざん部位の特定はできない。このことは，メッセージに固定文字列を付加した場合でも同じである。

問 13　エ　　　　複数の Web サーバにシングルサインオンを行うシステム（R4 春・高度 午前 I 問 13）

リバースプロキシサーバは，Web サーバの代わりに利用者の PC からのアクセスを受け付けるサーバで，利用者の PC と Web サーバとの通信を中継する。そのため，利用者 ID などの情報は，利用者の PC からリバースプロキシサーバに送信され，さらに，リバースプロキシサーバから Web サーバへ送信される。したがって，（エ）が適切である。

その他の記述には次の誤りがある。

ア，イ：リバースプロキシサーバが，クライアント証明書を用いて利用者を認証する方式では，利用者の PC からリバースプロキシサーバに，クライアント証明書とクライアント署名が送信される。「クライアント証明書を利用者の PC に送信する」という記述が誤りである。

ウ：Web サーバに送信するのが利用者の PC であるという記述が誤りである。

問 14　ウ　　　　VDI サーバのセキュリティ効果を生み出す動作（R4 春・高度 午前 I 問 14）

PC からインターネット上の Web サイトを参照するときに，VDI（Virtual Desktop Infrastructure；仮想デスクトップ基盤）サーバ上の Web ブラウザを利用するシステム構成を図示すると，次のようになる。

このシステム構成において，Web サイトと実際に HTTP 通信を行うのは，VDI

サーバ上の仮想 PC で動作する Web ブラウザである。VDI サーバでは，Web サーバからのデータを受信処理して，仮想 PC のデスクトップ画面を画像データとして，VDI 端末である PC に送信する。つまり，Web サイトからの受信データをそのまま PC に送信するのではなく，受信データから生成したデスクトップ画面の画像データだけを PC に送るので，未知のマルウェアが PC にダウンロードされるのを防ぐというセキュリティ上の効果が期待できる。したがって，（ウ）が正しい。

その他の記述は，いずれも VDI サーバの動作とは異なるが，それぞれ次のようにマルウェアをダウンロードする可能性がある。

ア：受信データを IPsec でカプセル化しても，受信データの中に未知のマルウェアが含まれていた場合には，PC にマルウェアがダウンロードされる。

イ：実行ファイルを削除し，その他のデータをそのまま PC に送信した場合，その他のデータの中に不正な URL などが含まれていると，PC からその URL がクリックされてマルウェアをダウンロードする可能性がある。

エ：不正なコード列が検知されない場合だけ，Web サイトからの受信データを PC に送信しても，（イ）と同様の事象が考えられるので，マルウェアをダウンロードする可能性がある。

問 15　ウ　　　　　ファジングに該当するもの（R4 春・高度 午前Ⅰ問 15）

ファジングは，ソフトウェア製品における未知の脆弱性を検出する技術の一つで，製品出荷前の脆弱性検査などで活用されている。ファジング検査では，問題を引き起こしそうなファズ（fuzz）と呼ばれる多様なデータを入力し，挙動を監視する。したがって，（ウ）が正解である。

その他の解答群は，次の用語や機能に該当する。

ア：ポートスキャンの一つの FIN スキャンの説明である。例えば，UNIX 系の OS のサーバに対し，TCP ヘッダの FIN フラグだけをオンにした FIN パケットを送信したときに，RST パケットが応答されれば，サービスは稼働していないと判断できる。応答がない場合には，サービスが稼働している可能性がある。

イ：サーバ上のログやコマンド履歴などから，ファイルの改ざんを検知する機能をもつホスト型の IDS（Intrusion Detection System；侵入検知システム）の説明である。

エ：シグネチャマッチング方式で不正アクセスを検知するネットワーク型の IDS の説明である。

問 16　イ　　　判定条件網羅（分岐網羅）を満たすテストデータ（R4 春・高度 午前Ⅰ問 16）

判定条件網羅（分岐網羅）とは，プログラムの全ての判定条件に対して，真と偽を少なくとも 1 回以上実行するようなテストケースを基に行うテスト技法であ

る。この問題では、次の二つの判定条件①と②について、判定条件網羅を満たす最少のテストケースの組みを考える。

まず、最初の処理「1→C」によって、Cの値は1になる。続いて、判定条件を見ていく。

① A>0 かつ B=0 について

A>0 と B=0 の二つの条件を「かつ」（and）で結んだ複合条件なので、個々の条件が両方とも真のとき複合条件も真となり、一つでも偽であれば複合条件としても偽となる。このような A と B の組合せとしては、例えば、真となる「A=1, B=0」と、偽となる「A=1, B=1」の二つのテストケースを実行することによって、真と偽を1回ずつ実行することができる。

② A>0 かつ C=1 について

①と同じように考えていく。①の判定の結果、真であれば「A×C→C」、偽であれば「2→C」が実行される。

・①の条件で真となる「A=1, B=0」のとき、A×C=1×1=1 となるので C=1 となり、②の複合条件の判定は真となる。

・①の条件で偽となる「A=1, B=1」のとき、C=2 となり、②の複合条件の判定は偽となる。

したがって、テストケースとして「A=1, B=0」と「A=1, B=1」の二つのデータを使ってテストを実施すれば、全ての判定条件に対して、真と偽を1回ずつ実行することになるので、最少のテストケースの組みとして（イ）が正解である。

問17　ア　　リバースエンジニアリングで仕様書を作成し直す保守の分類 (R4春・高度 午前Ⅰ問17)

ソフトウェアの保守については、JIS X 0161:2008（ソフトウェア技術－ソフトウェアライフサイクルプロセス－保守）という規格があり、選択肢にある四つのタイプの保守について、それぞれ次のように定義している。

・適応保守（adaptive maintenance）……引渡し後、変化した又は変化している環境において、ソフトウェア製品を使用できるように保ち続けるために実施するソフトウェア製品の修正

・是正保守（corrective maintenance）……ソフトウェア製品の引渡し後に発見された問題を訂正するために行う受身の修正（reactive modification）

・完全化保守（perfective maintenance）……引渡し後のソフトウェア製品の潜在的な障害が、故障として現れる前に、検出し訂正するための修正

・予防保守（preventive maintenance）……引渡し後のソフトウェア製品の潜在的な障害が運用障害になる前に発見し、是正を行うための修正

この記述だと、完全化保守と予防保守の違いが分かりにくいが、完全化保守の注記には「完全化保守は、利用者のための改良、プログラム文書の改善を提供し、ソフトウェアの性能強化、保守性などのソフトウェア属性の改善に向けての記録

を提供する」とある。

　この注記から，ソースコードとの不整合を解消するために仕様書を作成し直すことは，ソフトウェア属性の改善を向けての記録を提供することに該当するので，（ア）の完全化保守に該当する。

問 18　エ　アーンドバリューマネジメントによる完成時総コスト見積り（R4 春・高度　午前 I 問 18）

　アーンドバリューマネジメント（EVM；Earned Value Management）は，プロジェクトのコストとスケジュールに関して，計画と実績を対比しながら一元的に管理する手法である。

　EVM では，次の三つの指標を使って，コスト差異＝EV－AC，スケジュール差異＝EV－PV などを求めて管理を行う。

　① プランドバリュー（PV；Planned Value，計画価値）
　② アーンドバリュー（EV；Earned Value，獲得価値）
　③ 実コスト（AC；Actual Cost）

　他の用語は，完成時総予算（BAC；Budget At Completion），完成時総コスト見積り（EAC；Estimate At Completion）である。

　この問題は 10 日間のプロジェクトの真ん中 5 日目の結果が示されているが，計画どおりに進まず，アーンドバリューEV＝40 万円，実コスト AC＝60 万円という結果で，40 万円の価値を獲得するのに 1.5 倍の 60 万円のコストが実際に必要になったことを示している。

　完成時総予算は 100 万円なので，現在のコスト効率（1.5 倍）が続くとすれば，100×1.5＝150 万円のコストが必要になる。したがって，完成時総コスト見積りとして，（エ）が正解である。

問 19　ウ　全ての作業を完了させるために必要な最短日数（R4 春・高度　午前 I 問 19）

　表で示された作業の開始条件を基にアローダイアグラムを書くと次のようになる。「利用者教育」は，「テスト」と「利用者マニュアルの作成」が両方とも完了していることが開始条件なので，利用者マニュアルの作成が終わった結合点から利用者教育の前の結合点にダミー作業（点線）が入ることになる。

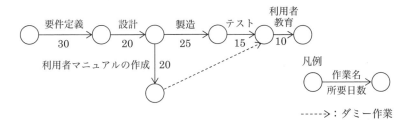

「利用者マニュアルの作成」は「製造」と「テスト」の作業と並行して進めることができ余裕がある（25＋15－20＝15日の余裕）ので，クリティカルパスは，「要件定義－設計－製造－テスト－利用者教育」となり，所要日数は，30＋20＋25＋15＋10＝100（日）である。したがって，（ウ）が正解である。

問20　エ　　　　　　　　　　　　ITIL®における保守性を表す指標（R4春·高度　午前Ⅰ問20）

　ITIL® [1]（Information Technology Infrastructure Library）2011 edition における可用性管理とは，事業と顧客に利益を提供できるように，費用対効果の高い方法を使って IT 環境の信頼性や稼働率を維持することである。可用性とは，利用者が必要なときに必要な情報を確実に利用できるソフトウェアやサービスの特性であり，可用性管理では，この可用性のほか，信頼性や保守性などを表す重要業績評価指標（KPI）が定められる。

　この中の保守性を高めるためには，保守によってサービスが停止している時間を短縮すればよく，ITIL®では，サービスが停止してから利用者が利用できる状態に回復するまでの平均時間を平均サービス回復時間（MTRS；Mean Time to Restore Service）と呼ぶので，（エ）が正解である。

ア：一定期間内でのサービスの中断回数が少なくても，1 回当たりの中断時間が長ければ保守性は低いといえるので，指標には該当しない。

イ：平均故障間隔（MTBF；Mean Time Between Failures）はハードウェア又はシステムが故障から回復してから次に故障するまでの平均時間で，信頼性を表す指標である。

ウ：平均サービス・インシデント間隔（MTBSI；Mean Time Between Service Incidents）は，サービスが停止してから次に停止するまでの平均時間で，MTBF と同様に信頼性を表す指標である。なお，MTBF には停止中の時間は含まれないが，MTBSI には停止中の時間も含まれる違いがある。

注 [1]　ITIL は，AXELOS limited の登録商標です。

問21　イ　　　　　　　　　　　　　　　　　データ管理者の役割（R4春·高度　午前Ⅰ問21）

　データ管理者（DA [注]；Data Administrator）は，情報システム全体のデータ資源を管理する役割をもつ者である。データ管理者のことを，論理データベース設計者ともいう。

　データベース管理者（DBA；DataBase Administrator）は，（基幹）データベースの構築と維持を行うデータベース（運用）管理者で，物理的なデータベース管理までを行うのが DBA の役割といえる。

　システム開発の設計工程で，主に論理データベース設計を行い，データ項目を管理して標準化する役割をもつのは DA（データ管理者）なので，（イ）が正解である。

（ア）ディスク装置の増設などの計画と実施，（ウ）テスト工程でのパフォーマンスチューニング（スループットやレスポンスタイムを向上させる最適化のこと），（エ）のデータ復旧や整合性チェックは，いずれもデータベースの構築と維持に関する作業で，データベース管理者の役割である。

（注）"DA" はデータベース関連の技術用語として普及しなかった経緯があり，情報処理技術者試験のカリキュラム用語から現時点では外されている。

問22　ア　　システム監査基準に照らした監査証拠の入手と評価 (R4 春・高度 午前 I 問 22)

システム監査基準（平成 30 年）の「【基準 8】監査証拠の入手と評価」において，「システム監査人は，システム監査を行う場合，適切かつ慎重に監査手続を実施し，監査の結論を裏付けるための監査証拠を入手しなければならない」としており，その〈解釈指針〉4 では，「アジャイル手法を用いたシステム開発プロジェクトなど，精緻な管理ドキュメントの作成に重きが置かれない場合は，監査証拠の入手において，以下のような事項を考慮することが望ましい」としている。

その事項の中で，「必ずしも管理用ドキュメントとしての体裁が整っていなくとも監査証拠として利用できる場合があることに留意する。例えばホワイトボードに記載されたスケッチの画像データや開発現場で作成された付箋紙などが挙げられる」と記載されており，（ア）の「管理用ドキュメントとしての体裁が整っているものだけが監査証拠として利用できる」という記述は適切ではない。

イ：委託先から入手した第三者の保証報告書に依拠できると判断すれば，現地調査を省略できるので適切な記述である。システム監査基準の【基準 8】（以下略）〈解釈指針〉5 では，監査手続の例として「（必要に応じて）外部委託業務実施拠点に対する現地調査」を挙げている。その際の留意点として，「委託先が第三者による保証又は認証を受けており，当該保証等報告書に依拠し，上記手続の一部を省略する場合，当該第三者の能力，客観性及び専門職としての正当な注意について検討を行った上で，委託業務の重要性とリスクを勘案する必要がある」と記載している。

ウ：本調査の前に予備調査を行うので適切な記述である。〈解釈指針〉2 で「監査手続は，監査対象の実態を把握するための予備調査（事前調査ともいう。），及び予備調査で得た情報を踏まえて，十分かつ適切な監査証拠を入手するための本調査に分けて実施される」と記載されている。

エ：監査は複数の監査手続を組み合わせて実施するので適切な記述である。〈解釈指針〉5 で，「監査手続は，それぞれ単独で実施される場合もあるが，通常は，一つの監査目的に対して複数の監査手続の組み合わせによって構成される」と記載されている。

　　BPO（Business Process Outsourcing；ビジネスプロセスアウトソーシング）とは，企業などが自社のコアビジネス以外の事業に関する業務の一部又は全部を，外部の専門業者に企画・設計から運営・運用まで一括して委託することである。したがって，（イ）が正解である。

　　BPO 導入のメリットとして，次のような点が挙げられる。

①　ノウハウや経験をもつ専門業者に業務を委託することによるコスト削減

②　中核業務への経営資源の集中

③　専門業者のノウハウや経験を活かした高品質なサービスの享受

　　例えば，コアビジネス以外の業務を BPO することによって，その業務の担当社員をコアビジネスに従事させることができる。また，事務所などの作業場所を自社保有としないでその管理業務を専門業者に任せることなどによっても，資源をコアビジネスに特化できる。

ア：BCP（Business Continuity Plan；事業継続計画）に関する説明である。

ウ：MRP（Material Requirements Planning；資材所要量計画）に関する説明である。

エ：PMO（Project Management Office；プロジェクトマネジメントオフィス）の目的に関する説明である。

　　キャッシュフローの累計額が投資額と等しくなるまでの期間を算出し，何年後に回収できるかを評価する指標は，PBP（Pay Back Period）である。したがって，（ウ）が正解である。PBP によって投資効果を評価する方法（回収期間法）はよく用いられるもので，回収期間の長短によって投資シナリオを評価する。この評価法によれば，早く回収できる方が良い計画になり，投資事案が複数あれば最も回収期間が短いシナリオを選択する。

ア：IRR（Internal Rate of Return；内部収益率）は，ある投資を行ったときに将来得られる収益を，投資金額の運用利回り（収益率）として表現したものである。（ウ）の選択肢にある NPV がゼロになるような割引率とも定義される。この IRR と投資の調達コスト（利率など）の比較によって，投資効率が評価できる。

イ：NPV（Net Present Value；正味現在価値）とは，投資対象の事業などが生み出すキャッシュフロー（すなわち将来予測される利益）の現在価値である DCF（Discounted Cash Flow；割引キャッシュフロー）の総和から，初期投資額を引いた金額のことで，投資効果を評価するための指標である。これがプラスにならないと投資は利益をもたらさないことになる。

エ：ROI（Return On Investment；投資収益率）は情報戦略の投資対効果を評価

する指標であり，投資額がどれだけの効果を生んでいるかという運用効率を示す指標でもある。利益額を分子に，投資額を分母にして算出する。

問 25　ア　　業務要件定義で業務フローを記述する際に使用する UML の図　(R4 春・高度　午前 I 問 25)

　業務フロー（業務の流れ）を記述するのに，これまでよく使われたのはデータフロー図（DFD）だが，これを拡張して，「処理の分岐や並行処理，処理の同期などを表現できる」ようにした図が UML（Unified Modeling Language）の中で定義されているアクティビティ図である。したがって，（ア）が正解である。

　アクティビティ図は一つ一つの業務処理であるアクティビティに着目し，そのアクティビティを構成する個々の動作（アクション）の実行順序や条件などの振る舞いを示した図であり，処理手順であるフローチャートの一つである。

　なお，UML は，オブジェクト指向のソフトウェア開発における統一モデリング言語で，クラス図，オブジェクト図，ユースケース図，シーケンス図，コミュニケーション図(UML1.x までコラボレーション図)，ステートマシン図(UML1.x までステートチャート図)，アクティビティ図，コンポーネント図，配置図といった様々な図から構成されており，要件定義にも利用できる。

　参考までに，現在では BPMN（Business Process Model and Notation；ビジネスプロセスモデリング表記法）と呼ばれるビジネスプロセス（業務の流れ）を図示する標準表記法もある。

イ：クラス図は，システムにおけるクラスの内部構造とクラス間の関係を記述するための図である。

ウ：状態マシン図（ステートマシン図）は，外部から与えられた様々な事象によって状態が移り変わる様子を表現するための図である。

エ：ユースケース図は，アクタ（ユーザ，外部システム）には人型のアイコン，ユースケース（システムがアクタに提供する機能）には楕円を使ってその相互作用を表現し，ユーザを含めた業務全体の範囲を明らかにするための図である。

問 26　ウ　　PPM で投資用の資金源として位置付けられる事業　(R4 春・高度　午前 I 問 26)

　PPM（Product Portfolio Management）による分析では，次の図のように，事業領域を市場成長率と市場占有率の二つの軸で捉えて分類する。

　図の四つの領域のうち，「金のなる木」に位置する製品は成長が望めないが，安定的に収益が見込める上に，新規の投資はあまり必要ないので，キャッシュフローの面では余剰を生む。それに対して，「問題児」に位置する製品は新規投資が必要で，多くの資金を必要とする。また，「花形」に位置する製品も市場占有率は高いが，成長率も高いので競争が激しく，新規の投資を増やさないと競争に負けてしまうため，資金が豊富とはいえない。そして，「負け犬」に位置する製品は，長期的に低迷しており，資金の余裕がない限り撤退すべきものである。したがって，

投資用の資金源として位置付けられるのは，「金のなる木」つまり，市場成長率が低く，市場占有率が高い事業（ウ）だけである。

ア：花形と呼ばれる領域の説明である。
イ：問題児と呼ばれる領域の説明である。
エ：負け犬と呼ばれる領域の説明である。

問27　エ　　　　　ファウンドリ企業のビジネスモデルの特徴 (R4 春·高度　午前 I 問 27)

　半導体産業における，ファブ（fab；fabrication facility，生産設備）レス（less）企業とはその名のとおり半導体の生産設備をもたず，半導体製品の企画や開発・設計，販売などを自社で行い，半導体製品の生産については外部企業にアウトソーシングする企業のことである。また，ファウンドリ企業とは半導体製品の生産を専門に行う企業のことである。ファウンドリ企業では，生産設備の拡充を行い，多くの企業から半導体の生産を請け負うことによってスケールメリットを生かし，生産コストを低減するビジネスモデルを採用するため（エ）がファウンドリ企業のビジネスモデルの特徴である。
　ア，イ，ウ：いずれもファブレス企業が採用するビジネスモデルの特徴である。

問28　ウ　　　　XBRL で主要な取扱いの対象とされている情報 (R4 春·高度　午前 I 問 28)

　XBRL とは，eXtensible Business Reporting Language の略であり，各種事業報告用の情報（財務・経営・投資などの様々な情報）を作成・流通・利用できるように標準化された XML ベースのコンピュータ言語のことであり，特に，組織における財務情報・開示情報（財務諸表や内部報告など）の記述に適している。よって，（ウ）が正解である。
　ア：電子カルテの情報の標準規格については，厚生労働省を中心に取りまとめが行われているところである。HL7（Health Level Seven）FHIR（Fast Healthcare Interoperability Resource）が次世代の標準規格として検討されている。
　イ：顧客情報を XML で取り扱う標準規格は令和 4 年 4 月時点では無く，各組織にて独自の形式で取り扱われていることが多い。

エ：自治体の住民情報は，APPLIC（The Association for Promotion of Public Local Information and Communication；全国地域情報化推進協会）が策定した地域情報プラットフォーム標準仕様で標準化されている。

問 29　イ　　リーダシップ論における PM 理論の特徴（R4 春・高度 午前 I 問 29）

　PM 理論とは，リーダシップの果たす機能を Performance function（職務遂行機能）と，Maintenance function（集団維持機能）の二つの次元でとらえ，その強弱によって，PM 型，P 型，M 型，pm 型の四つに類型化したものである。したがって，（イ）が正解である。

ア：リーダ個人の特性や個人的資質に着目しているので「特性理論」の特徴である。

ウ：部下の成熟度（自律性）に合わせて異なったリーダシップが有効となるという考え方は，状況対応リーダシップモデル（Situational Leadership Model）として 1977 年に P.ハーシーが提唱した SL 理論である。

エ：リーダが持つパーソナリティと，リーダの統制力や影響力を行使できるかという状況要因に依存している点から，条件適合的リーダシップ論（フィードラー理論）の特徴である。

問 30　エ　　プログラム著作権の原始的帰属（R4 春・高度 午前 I 問 30）

　個人が会社の業務で作成したソフトウェアやプログラムの権利は，著作権法第 15 条第 2 項で，「法人等の発意に基づきその法人等の業務に従事する者が職務上作成するプログラムの著作物の著作者は，その作成の時における契約，勤務規則その他に別段の定めがない限り，その法人等とする」と定められている。

　開発を委託する請負の場合，開発業務に従事する作業者への指示は発注元ではなく委託された企業が行う。著作権法の条文における「法人等」は，開発を行うこの「委託された企業」に該当するので，著作権は委託された企業に帰属する。すなわち，著作物の権利に関して特段の取決めをしないで開発されたソフトウェアやプログラムの著作権は，開発を委託された B 社に帰属することになるので，（エ）が正解である。

午前Ⅱ問題 解答・解説

問1 エ

呼量（アーラン）は，呼数×平均回線保留時間で求められる。本問では，電話機が 180 台，呼の発生頻度（発着呼の合計）が 3 分（180 秒）に 1 回で，平均回線保留時間が 80 秒であることから，その呼量 A は，

$$A = 180（台）×（1／180（秒））×80（秒）$$
$$= 80（アーラン）$$

となる。したがって，（エ）が正しい。

問2 ア

光ファイバケーブルの構造は，中心部をコア，そのコアを包み込むようにクラッドという材質から構成されている。コアとクラッドは，異なる屈折率をもつガラス素材で構成されるので，光ファイバケーブルに入力された光信号は，コアとクラッドの境界面で反射し，コアの中に閉じ込められるようにして伝送される。そして，光が通る道筋のことをモードといい，このモードが，複数存在する光ファイバケーブルをマルチモード，単一であるものをシングルモードという。シングルモードは，光が通る道筋が一つに収束されるので，周波数特性がよく（広帯域にわたる伝送が可能），しかも光損失が少ない伝送を実現できることから，マルチモードに比べると，伝送速度が速く，伝送距離も長くとれるという特徴をもつ。したがって，（ア）が正しい。

その他の記述は，前述した内容と相容れないので，全て誤りである。

問3 ア

ルータ同士が経路情報をやり取りするためのプロトコルをルーティング（経路制御）プロトコルという。このルーティングプロトコルは，AS（Autonomous System；自律システム）内の経路制御に用いられる IGP（Interior Gateway Protocol）と，AS 間の経路制御に用いられる EGP（Exterior Gateway Protocol）に分けられる。EGP の代表例が，BGP（Border Gateway Protocol）であるので，（ア）が正しい。

その他の用語の意味は，次のとおりである。

イ：IS-IS（Intermediate System to Intermediate System）……OSI 向けに開発

された経路制御プロトコルで，OSPF とほぼ同じ機能をもつ。

ウ：OSPF（Open Shortest Path First）……複数ある経路のうち，最小コストによってルーティングを行うための経路制御プロトコル。IGP の一つ。

エ：RIP（Routing Information Protocol）……ホップ数（経由するルータの個数のこと）が最少となる経路を選択する距離ベクトル方式に基づくプロトコル。IGP の一つ。

問4　エ　　　　　　　　スパニングツリープロトコルに関する記述（R4春·NW 午前Ⅱ問4）

スパニングツリープロトコル（STP；Spanning Tree Protocol）は，複数のブリッジ（レイヤ2スイッチ）間で BPDU（Bridge Protocol Data Unit）と呼ばれる制御情報を交換し合い，ループ発生の検出や障害発生時の迂回ルートを決定するために使用されるプロトコルである。そのためには，まず，ネットワーク内でルートブリッジを決定し，各ブリッジからルートブリッジに至る経路のうち，最もコストが小さいルートだけをアクティブにし，その他のルートにはフレームを流さないようにする必要がある。そして，ルートブリッジの決定に当たっては，ブリッジの優先順位と MAC アドレスが使用されることになっている。したがって，（エ）が正しい。

その他の記述には，次のような誤りがある。

ア：STP は，ネットワーク層ではなく，データリンク層のプロトコルである。

イ：STP は，ブリッジ間に複数経路がある場合，同時にフレームを転送するのではなく，転送経路を一つにするためのプロトコルである。

ウ：ブロードキャストフレームもブリッジ間で転送される。このため，ブリッジ間に複数経路があると，ブロードキャストフレームが巡回し続けるので，STP はそれを防止するために使用される。

問5　ア　　　　　　　　　　DNS のリソースレコード（R4春·NW 午前Ⅱ問5）

DNS（Domain Name System）とは，ドメイン名と IP アドレスの対応付けなどを行うためのインターネット上の仕組み，ないしはドメイン名から IP アドレスなどを得るために使用されるプロトコルである。このため，DNS サーバには，クライアントからの問合せに応じて，適切な情報を回答できるように，様々な情報が登録されている。この登録情報のことを，リソース（資源）レコードと呼び，A，MX，NS，PTR，SOA などのレコードがある。これらのうち，ドメイン名に対応するメールサーバのホスト名を登録するリソースレコードが MX レコードである。したがって，（ア）が正しい。

その他の用語の意味は，次のとおりである。

イ：NS（Name Server）レコード……そのドメインにおける権威 DNS サーバのホスト名を登録するレコード

ウ：PTR（Pointer）レコード……IP アドレスに対応するドメイン名（ホスト名）を指定するレコード。なお，ドメイン名（ホスト名）に対応する IP アドレスを指定するレコードが A レコードである。

エ：SOA（Start of Authority）レコード……そのゾーンにおけるリソースレコードの情報を管理するためのレコード

問6 イ　　　　　　　　　　　IPv4 の ICMP メッセージの説明（R4 春·NW 午前Ⅱ問6）

　IPv4 の ICMP（Internet Control Message Protocol）は，IPv4 パケットによるデータ転送においてエラーが発生した場合にそれを通知したり，ICMP Echo Request を送信したりするためなどに用いられる。ICMP のエラーメッセージには幾つかの種類があるが，それらはタイプとコードによって識別される。エラーメッセージのうち，Redirect（タイプ=5）は，転送されてきた IPv4 パケット（データグラム）を受信したルータが，そのネットワークに自身よりも最適なルータが存在する場合，それを送信元に通知して経路の変更を要請する際に使用される。したがって，（イ）が正しい。

　その他の記述には，次のような誤りがある。

ア：設定したソースルーティングが失敗した場合には，Echo Reply ではなく，Destination Unreachable（タイプ=3，コード=5）が返される。

ウ：フラグメントの再組立て中にタイムアウトが発生した場合は，Parameter Problem ではなく，Time Exceeded（タイプ=11，コード=1）が返される。

エ：受信側のバッファがあふれた場合には，Time Exceeded ではなく，Source Quench（タイプ=4，コード=0）を送り，送信ホストに送信を抑制することを促す。

問7 イ　　　　　　　　　　　　　マルチキャストプロトコル（R4 春·NW 午前Ⅱ問7）

　マルチキャストグループへの参加や離脱をホストが通知したり，マルチキャストグループに参加しているホストの有無をルータがチェックしたりするときに使用されるプロトコルは，IGMP（Internet Group Management Protocol）である。したがって，（イ）が正しい。なお，ルータ間でマルチキャスト用のルートを作成するためには，マルチキャスト用のルーティングプロトコルが別に必要であり，それには PIM（Protocol Independent Multicast）などが使用される。

　その他の用語の意味は，次のとおりである。

ア：ARP（Address Resolution Protocol）……IP アドレスを基にして，MAC アドレスを問い合わせるときに使用されるプロトコル

ウ：LDAP（Lightweight Directory Access Protocol）……コンピュータごと，アプリケーションごとに個別に管理されていたユーザ情報を，企業や組織全体のディレクトリ情報として格納し，統括的に管理するサーバにアクセスするため

のプロトコル

エ：RIP（Routing Information Protocol）……自律システム内で適用されるルーティングプロトコルの一つ。経由するルータの台数に従って最短経路を決定する。

問8 イ

SMTP（Simple Mail Transfer Protocol）は，TCPコネクションを確立した後，SMTPセッションを開始するが，SMTPセッションの開始を要求するためのコマンドがHELO（HELLO）である。そして，ESMTP（SMTP Service Extensions）では，HELOではなく，EHLOコマンドを用いる。したがって，（イ）が正しい。

その他のコマンドの意味は，次のとおりである。

ア：DATA……ヘッダ情報を含むメール本文の送信を要求するコマンド

ウ：MAIL……エンベロープの差出人のメールアドレスを指定するコマンド

エ：RCPT（RECIPIENT）……エンベロープの宛先アドレスを指定するコマンド

問9 ウ

複数のネットワークアドレスを一つにまとめることを，IPアドレスのアグリゲーション（集約化）又はスーパネット化という。このIPアドレスの集約化を行うには，サブネットアドレスの共通する部分のアドレスの値を基にして，そのサブネットマスク長を決めることによって求められる。そこで，"192.168.10.0/24～192.168.58.0/24"のうち，集約化の対象となる10と58を2進表示すると，次のようになる。

$$10 = 8 + 2 = 2^3 + 2^1 \longrightarrow 00001010$$
$$58 = 32 + 16 + 8 + 2 = 2^5 + 2^4 + 2^3 + 2^1 \longrightarrow 00111010$$

上記のビットパターンから共通している範囲は，左の1ビットまでか，あるいは左の2ビットまでになる。このうち，集約した経路のネットワークアドレスのビット数が最も多くなるものは，左の2ビットまでになる。したがって，サブネットマスク長は 18 （＝16＋2）ビット長になるので，求める答えは，"192.168.0.0/18"（ウ）となる。

なお，IPアドレスの集約化を行うと，ルーティングテーブルに登録するエントリが一つで済むので，テーブルの検索処理に要する負荷が少なくて済むという利点がある。

　　イーサネットパケット（イーサネットフレーム）の構成のうち，データに格納
された情報がどのプロトコルのものであるかを示すフィールドがタイプである。
例えば，IPv4 をカプセル化した場合には 0x0800（0x に続く文字列が 16 進表示
であることを示す），IPv6 の場合には 0x86DD という値が用いられる。したがっ
て，（ウ）が正しい。

　　その他のフィールドは，次のような用途に用いられる。

ア：SFD（Start Flame Delimiter）の値……SFD はフレームの開始を示すもの
　　で，8 ビットの長さである。その値は "１０１０１０１１" に決められている。

イ：宛先 MAC アドレスと送信元 MAC アドレスの長さ……イーサネットフレー
　　ムを受信すべきノードと，フレームを送信したノードの MAC アドレスが格納
　　されるフィールドである。長さは，それぞれ 48 ビットであり，この長さは，IPv4
　　と IPv6 によって異なるものではない。

エ：データの最大長……データには，タイプで指定されたプロトコルのデータが
　　格納される。イーサネットのデータの最大長は，基本的に 1,500 オクテットで
　　あり，IPv4 と IPv6 によって最大長が異なるものではない。

　　なお，プリアンブルは，フレームの同期を行うためのものであり，長さは 7
オクテット，FCS（Frame Check Sequence）は，イーサネットフレームの伝
送誤りを検出するためのチェックビットを格納するためのフィールドであり，
長さは 4 オクテット（32 ビット）である。

　　当初，ルータによって構成された小規模ネットワークにおいては，それぞれの
ネットワークは同じネットワークアドレス，例えば，クラス C のアドレス体系を
もつ IP アドレスだけで構成されていた。このため，ルータは，インタフェース
に接続されたネットワークのサブネットマスクを相互に交換する必要がなかっ
た。このようなルーティングプロトコルが，RFC 1058 として規格化された RIP
（Routing Information Protocol）である。その後，CIDR（Classless Inter-Domain
Routing）による IP アドレスの割当てが行われ，ルータのインタフェースごとに
可変長サブネットマスクをもつネットワークが接続できるようになると，ルータ
は，インタフェースに接続されたネットワークのサブネットマスクを相互に交換
するようになった。最初の RIP が RIP-1，サブネットマスクを交換することがで
きる RIP が，RFC 2453 として規格化された RIP-2（RIP Version 2）である。し
たがって，サブネットマスクを交換しないプロトコルは，RIP-1（ウ）となる。

　　なお，BGP-4（Border Gateway Protocol 4）や，OSPF（Open Shortest Path
First）は，サブネットマスクを交換するルーティングプロトコルである。

問 12 イ　　　　　　　　　　　　ホストの IP アドレスとして使用できるもの（R4 春・NW 午前 II 問 12）

　ネットワークを構成するホストの IP アドレスとして使用できるものは，クラス A からクラス C（ただし，ループバックアドレスを除く）の範囲内にあるアドレスに限られ，クラス D のマルチキャストアドレスは使用できない。このことを前提にして，選択肢を順に確認していくと，次のようになる。

ア：先頭の 8 ビットが "127" なので，ループバックアドレスを示しており，使用できない。

イ：サブネットマスク長が 16 ビットなので，このネットワークにおけるネットワークアドレスは "172.16.0.0"，ブロードキャストアドレスは "172.16.255.255" になる。このため，"172.16.10.255" はこれらに該当しないので，ホストの IP アドレスとして使用できる。

ウ：サブネットマスク長が 24 ビットである。このため，"192.168.255.255" は，このネットワークにおけるブロードキャストアドレス（192.168.255.255）であるので，ホストの IP アドレスとして使用できない。

エ：先頭の 8 ビットが "224" なので，マルチキャストアドレスを示しており，使用できない。

　したがって，（イ）が正しい。

問 13 イ　　　　　　　　　　　　　　　IPv4 のマルチキャストに関する記述（R4 春・NW 午前 II 問 13）

　IPv4 のマルチキャストアドレスとしては，クラス D のアドレス空間が割り当てられている。したがって，（イ）が正しい。IPv4 のクラス D に対し，IPv6 のマルチキャストアドレスには "ff00::/8" というプレフィックスが割り当てられている。

　その他の記述には，次のような誤りがある。

ア：一部のマルチキャストアドレスは，あらかじめ用途の決められているものもあるが，ユーザがマルチキャスト通信に使用するアドレスは，一定の範囲内から自由に設定できる。

ウ：IP パケットの中継は，どのような通信のパケットであっても全て TTL 値の制限を受ける。

エ：マルチキャストパケットは，全てのホストによって受信されるのではなく，同じマルチキャストグループに属するホストだけが受信する。なお，同じマルチキャストグループかどうかは，使用する IP アドレスによって判別される。

問 14 イ　　　　　　　　　　　　SNMP を使って管理装置にデータを送信する仕組み（R4 春・NW 午前 II 問 14）

　ネットワークのトラフィック管理において，測定対象の回線やポートなどからパケットをキャプチャして解析し，SNMP（Simple Network Management

Protocol）を使って管理装置に送信する仕組みを RMON（Remote Network Monitoring）と呼ぶ。したがって，（イ）が正しい。RMON では，測定対象の回線やポートなどに流れるトラフィックデータを収集し，RMON MIB と呼ばれるデータベースに蓄積する。そして，SNMP マネージャから RMON MIB のデータを収集することで，ネットワークに流れるトラフィック量の監視を行う。

その他の用語の意味は，次のとおりである。

ア：MIB（Management Information Base；管理情報ベース）……SNMP マネージャから照会や設定を行うことができるエージェントによって管理される情報のデータベース

ウ：SMTP（Simple Mail Transfer Protocol）……TCP/IP ネットワークにおいて，メールクライアントからメールサーバへのメール送信や，メールサーバ間でメールの送受信を行うためのプロトコル

エ：Trap……SNMP の PDU（Protocol Data Unit）の一つで，SNMP エージェントで発生した異常や事象などを自発的にマネージャに通知するために使用されるメッセージ

問 15　イ　　　　　　　　　　　IP 電話の音声品質を表す指標（R4 春·NW 午前 II 問 15）

IP 電話の音声品質を表す指標のうち，ノイズ，エコー，遅延などから算出される客観的な評価指標を R 値という。したがって，（イ）が正しい。なお，R 値は ITU-T によって勧告化された音声品質指標の一つで，総合音声伝送品質ともいわれる。エンドツーエンドの音声品質を 0〜100 までの数値で表し，数値が大きいほど品質が高いことを示す。

その他の用語の意味は，次のとおりである。

ア：MOS（Mean Opinion Score）値……基準となる音声を人間が聞き，その音質の評価として「非常に良い」から「非常に悪い」までの 5 段階の評価を行い，その平均値で音声品質を評価する方法

ウ：ジッタ……送信側は，基本的に音声パケットを等間隔に送信する。しかし，ネットワークを経由すると，回線の帯域幅やルータなどの処理遅延によって，音声パケットが着信側に届いたとき，その到着間隔がばらばらになる。このようなばらつきのことをジッタ，又はゆらぎという。

エ：パケット損失率……送信側が送り出した全パケット数に対する，着信側に届かなかったパケット数の比率。音声パケットのうち，着信側に一定の時間内に届かなかったパケットは，パケット損失として処理されるので，音質劣化要因の一つとなり，その評価を行うときに使用される。

問 16　エ　　　　　　　　　　　　RLO を利用した手口（R4 春·NW 午前 II 問 16）

RLO（Right-to-Left Override）は Unicode の制御文字の一つで，文字の表示

順を右から左へ読むように変換するものである。例えば，ファイル名が sample_fdp.exe という実行形式の不正なプログラムがあるとする。OS の機能を利用してファイル名のアンダバーの後ろに制御文字の RLO を挿入すれば，アンダバー以降の文字の表示順が逆になり，ファイル名の拡張子が sample_exe.pdf と表示される。このため，ファイルの利用者には，拡張子が pdf に見えるが，実体は実行形式の sample_fdp.exe なので，それをクリックすると不正なプログラムが実行されてしまう。したがって，（エ）が正しい。なお，このような RLO を利用する拡張子の偽装攻撃への対策としては，OS の機能によって制御文字の RLO を含むファイルは実行しないという設定にしておくことが有効である。

その他の記述が示すものは，次のとおりである。

ア：偽のセキュリティ警告を利用した手口の説明である。

イ：セキュリティ対策として利用するハニーポットの説明である。

ウ：SNMP（Simple Network Management Protocol）の trap に関する説明である。SNMP はネットワークを管理するためのプロトコルで，管理用コンピュータで SNMP マネージャを動作させ，監視対象のネットワーク機器で SNMP エージェントを動作させる。MIB（Management Information Base）は，ネットワーク機器がもつ情報で，監視項目や取得した監視項目の値，trap を発行する条件のしきい値などを格納したデータベースである。

問 17 イ　　暗号化装置内部の秘密情報を推定する攻撃（R4 春・NW 午前 II 問 17）

暗号化装置において暗号化処理時に消費電力を測定する手口のように，外部から装置を観察し，装置内部の暗号化鍵などの秘密情報を推定する攻撃は，サイドチャネル攻撃と呼ばれている。したがって，（イ）が正しい。

サイドチャネル攻撃には，次のような手口がある。

・電力攻撃……暗号化処理時の消費電力を測定する。

・タイミング攻撃……暗号化や復号の処理時間を測定する。

・フォールト攻撃……意図的にエラーを発生させて，エラーメッセージを分析する。

その他の用語の意味は，次のとおりである。

ア：キーロガー……PC などに侵入し利用者のキー操作を記録して，パスワードや暗証番号などの秘密情報を窃取するマルウェア

ウ：スミッシング……携帯端末に SMS（ショートメッセージサービス）のメッセージを送信して，メッセージ中の URL をクリックした受信者を罠サイトに誘導する攻撃。スミッシングという名称は，SMS とフィッシングを合わせた造語である。

エ：中間者（MITM；Man-In-The-Middle）攻撃……利用者端末とサーバ間における通信などに介入して，情報を盗聴したり改ざんしたりする攻撃

問18 ウ

　プライマリ DNS サーバは，あるドメインにおけるゾーン情報（ネットワーク情報）を登録するためのサーバである。また，セカンダリ DNS サーバは，プライマリ DNS サーバの登録情報が更新されると，必要の都度，プライマリ DNS サーバからゾーン情報をコピーするサーバである。このため，プライマリ DNS サーバで任意のサーバからゾーン転送を許可すると，内部ネットワークに関する非公開の情報を取得されたり，そのドメインにおける正確なアドレスマップを作成されたりする。そこで，DNS サーバで管理されるネットワーク情報の中で，外部に公開する必要のない情報が攻撃者によって読み出されることを防止するには，ゾーン転送を許可する DNS サーバをセカンダリ DNS サーバに限定することが，その対策となる。例えば，プライマリ DNS サーバの設定として，ゾーン転送を許可するセカンダリ DNS サーバの IP アドレスに限定するように設定すればよい。したがって，（ウ）が正しい。なお，プライマリ DNS サーバをマスタサーバ，セカンダリ DNS サーバをスレーブサーバなどと呼ぶこともある。

　その他の記述は，次のようなことを説明したものである。

ア：SOA レコードのシリアル番号を更新することは，プライマリ DNS サーバの登録情報が更新されたことを示す。セカンダリ DNS サーバは，シリアル番号の更新によってプライマリ DNS サーバの登録情報が更新されたことが分かるので，ゾーン転送を行う。

イ：キャッシュされる時間（TTL）を短くするのは，ダイナミック DNS を運用する際の設定である。

エ：同じ名前に対する IP アドレスを複数登録した場合に，IP アドレスを順番に回答するための設定である。

問19 イ

　この問題は，VLAN 機能をもった 1 台のレイヤ 3 スイッチを用い，スイッチのポートをグループ化して複数のセグメントに分けたときと，セグメントに分けない場合のセキュリティ上の違いを考えるものである。レイヤ 3 スイッチを用いて VLAN を構成した場合には，異なる VLAN 間の通信を禁止できるので，ブロードキャストフレームは同じセグメント内だけにしか送信されない。つまり，レイヤ 3 スイッチのポートをグループ化したセグメントごとに VLAN を分ければ，あるセグメントに属する PC から送信されるブロードキャストフレームは，同じセグメントに属するポートに対してだけ送信され，異なるセグメントに属するポートに対しては送信されない。このため，あるセグメントに属する PC が，ARP 要求パケットをブロードキャストしても，それが他のセグメントには送信されないので，他のセグメントにある PC の MAC アドレスを入手することはできず，アドレス情報の不要な流出のリスクを低減できるという効果がある。したがって，

（イ）が正しい。

その他の記述には，次のような誤りがある。

ア：マルウェアは，一般に ICMP（Internet Control Message Protocol）パケットを使って感染するわけではないので，ICMP パケットを遮断したとしても，感染のリスクは低減しない。また，ICMP パケットを遮断するのは，レイヤ 3 スイッチがもつ VLAN 機能ではなく，フィルタリング機能である。

ウ：PC の不正接続のリスクの低減は，VLAN 機能によって実現できるものではなく，認証スイッチによって接続要求のあった PC の認証を行うことが必要になる。

エ：VLAN は，同じ VLAN グループ（セグメント）内にあるポート間の接続は行うが，物理ポートごとに，決まった IP アドレスの PC 接続だけを許可するものではない。

問 20　エ　　デジタルフォレンジックスに該当するもの（R4 春・NW 午前 II 問 20）

デジタルフォレンジックス（forensics；犯罪科学）とは，電子文書などのデジタルデータを扱う際において発生し得る犯罪に対し，その証拠を確保できるように，原因究明に必要な情報を保全，収集して分析することである。したがって，犯罪に関する証拠となり得るデータを保全し，調査，分析，その後の訴訟などに備えると記述された（エ）が正しい。

その他の記述が示すものは，次のとおりである。

ア：電子透かし（Digital Watermarking）に関する記述である。

イ：ペネトレーションテストに関する記述である。

ウ：ソーシャルエンジニアリングに関する記述である。

問 21　ア　　DNS のサービス妨害攻撃の対策（R4 春・NW 午前 II 問 21）

DNS の再帰的な問合せを使ったサービス妨害攻撃（DNS リフレクタ攻撃）は，標的サーバのサービスを妨害する攻撃であり，一般に次のように行われる。攻撃者は，送信元 IP アドレスを標的サーバの IP アドレスに詐称した上で，踏み台となる複数の DNS サーバに対して DNS の問合せを行う。すると，踏み台 DNS サーバでは，詐称された IP アドレスに DNS 回答パケットを送るので，DNS 回答パケット数が多くなれば，標的サーバのサービスが正常にできなくなってしまう。一方，DNS サーバは，DNS キャッシュサーバと権威 DNS サーバに分けられる。一般に，DNS キャッシュサーバは内部のユーザからの DNS の再帰的な問合せを受け，それに応答するものであり，外部のユーザからの問合せについては受け付ける必要はない。これに対し，権威 DNS サーバは，自身が管理しているゾーンの IP アドレスなどの情報を提供するものであり，外部からの DNS 問合せ（非再帰的な問合せ）に応じて DNS 回答パケットを返すものである。このため，DNS

の再帰的な問合せを使ったサービス妨害攻撃の踏み台にされることを防止するに
は，DNS サーバを DNS キャッシュサーバと権威 DNS サーバに分離し，外部（イ
ンターネット側）から DNS キャッシュサーバに問合せできないようにすればよ
い。したがって，（ア）が正しい。

その他の記述が示すものは，次のとおりである。

イ：DNS キャッシュサーバは，キャッシュにないドメイン名については権威 DNS
サーバに問い合わせるが，Whois データベースを確認するわけではない。この
ため，DNS リフレクタ攻撃が仕組まれる動作とは関係しないので，その対策と
はならない。

ウ：DNS ラウンドロビンに関する説明である。

エ：DNS キャッシュポイズニング対策の一つである DNSSEC（Domain Name
System Security Extensions）に関する説明である。

問 22　エ　　　　　　　　量子アニーリング方式の量子コンピュータの説明（R4 春·NW 午前 II 問 22）

量子コンピュータは，量子重ね合わせ（どちらに存在するか確定しない状態で
あり，量子ビットでは "0" と "1" を同時に表現することができること）や量子
もつれ（2 個以上の量子が古典力学では説明できない相関をもつこと）といった
量子力学の現象を利用して並列計算を実現するコンピュータのことであり，ゲー
ト方式とアニーリング方式という二つがある。このうち，アニーリング方式は，
最適な組合せを探す試行回数を，量子重ね合わせの原理によって圧倒的に増やせ
ることから，組合せ最適化問題などを解くために適したコンピュータといわれて
いる。したがって，「膨大な選択肢の中から最適な選択肢を探すアルゴリズムに特
化している」と記述された（エ）が正しい。

一方，ゲート方式は，現在のコンピュータの処理単位であるビットを，量子ビ
ットに置き換えることによって超高速の計算を行うためのコンピュータである。
このため，選択肢の（ア），（イ），（ウ）は，ゲート方式の量子コンピュータを説
明したものといえる。

問 23　ア　　　　　　　　通信回線のアベイラビリティ計算（R4 春·NW 午前 II 問 23）

この問題は，図に示すように，既に稼働率 0.9 の通信回線が設置してある 2 局
間に，新たに稼働率 x の通信回線を追加したとき，全体のアベイラビリティが
0.999 になった。このとき，x の値を求める問題である。

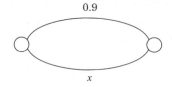

0.9

x

図に示すように，稼働率の計算に当たっては並列システムになっているので，次の式を満たす x の値を求めるとよい。

$$1-(1-0.9)\times(1-x)=0.999$$

この式を解くと，$x=0.99$ となる。したがって，（ア）が正しい。

問24 ア　　　　　　　　　　　正しい入力を促しシステムを異常終了させない設計 (R4 春·NW 午前Ⅱ問 24)

システムに規定外の無効なデータが入力されたとき，誤入力であることを伝えるメッセージを表示して正しい入力を促すことによって，システムを異常終了させない設計のことを，フールプルーフという。したがって，（ア）が正しい。

その他の用語の意味は，次のとおりである。

イ：フェールセーフ……システムの一部に故障や障害が発生したとき，その影響が安全側に作動するようにした設計のことである。人命や社会基盤に関わるシステムに要求される。例えば，交通信号を制御するシステムの場合，無理に動作を継続して誤作動するよりも，全ての信号を赤にして車を停止させる方が安全性は高いといえる。

ウ：フェールソフト……障害を起こした装置をいったん切り離し，処理能力の低下はあるものの，システムの全面停止とはならない状態で運転を維持できるようにした設計のことである。フェールソフトシステムで，処理能力が低下した状態でシステムを運用することをフォールバック（縮退）運転という。

エ：フォールトトレランス……システムの構成要素に故障（フォールト）が発生しても，全体としては正しく動作するようにした設計，もしくは，そのようなシステムの性質のことである。構成要素を二重化したり，システムの動作を停止しないで故障した部品（要素）の修理や交換ができるようにしたりしている。

問25 エ　　　　　　　　　　　　　　　　ステージング環境の説明 (R4 春·NW 午前Ⅱ問 25)

ステージング環境とは，本番環境とほぼ同じ環境を用意して，システムリリース前の最終テストを行う環境のことをいう。したがって，（エ）が正しい。

システム開発からリリースまでの基本的な流れは，開発環境でコーディングされたソフトウェアの単体テストなどを行い，次に，検証環境でソフトウェアが設計どおり機能するかといった動作を確認する。検証環境まで問題なく進んだらステージング環境に移り，システムリリース前の最終テストを行い，問題がなければ，本番環境で正式にリリースされるという流れになる。

その他の記述が示すものは，次のとおりである。

ア：プログラムを変更するたびに，動作を確認するためのテストは，通常，開発環境で行うべきことである。なお，ステージングサーバとは，ステージング環境に設置されたサーバのことを指す。

イ：ベータ版とは，ソフトウェアの正式版を発売する前に，利用者に広く試用し

てもらうために提供されるソフトウェアのことである。ステージング環境を説明したものではない。

ウ：境界ネットワーク（DMZ）は，組織内のネットワーク環境などを保護するために設置されるものである。ステージング環境を説明したものではない。

●令和 4 年度春期
午後 I 問題 解答・解説

| 問 1 | ネットワークの更改 | (R4 春・NW 午後 I 問 1) |

【解答例】

[設問 1]　(1) a：Syslog　　b：ダイジェスト　　c：CONNECT
　　　　　(2) 社外からサーバに侵入されたときに OA セグメントの機器に侵入される リスク

[設問 2]　(1) LDAP サーバ
　　　　　(2) 管理セグメント，OA セグメント
　　　　　(3) 認証：FTA の利用者が本人であることを確認するため。
　　　　　　　 認可：操作ごとに実行権限を有するかを確認するため。

[設問 3]　(1) d：フラッディング
　　　　　(2) 送信側と受信側のトラフィックを合計 1 G ビット／秒までしか取り込めない。
　　　　　(3) 制御サーバ
　　　　　(4) モード：プロミスキャス
　　　　　　　 フレーム：宛先 MAC アドレスが自分の MAC アドレス以外のフレーム
　　　　　(5) 1,080（G バイト）

【解説】
　本問では，ログデータを転送するプロトコル，HTTP の認証方式やメソッド，DMZ によってネットワークを分離する利点，認証と認可の違い，ネットワークタップの使用方法，プロミスキャスモードなど，ネットワークセキュリティとレイヤ 2 スイッチに関する基本知識が必要とされる。こうした知識を基にして，問題の記述内容や条件を考慮しながら解答を作成していけば，かなりの設問に正解できると考えられる。

[設問 1]
(1) 空欄 a は，「ログデータの転送は，イベント通知を転送する標準規格（RFC 5424）の　 a 　プロトコルを利用している」という記述の中にある。イベント通知を転送するためのプロトコルとしては，通常，Syslog プロトコルが使用される。したがって，空欄 a には "Syslog" が入る。なお，RFC 5424 は "The Syslog Protocol" である。
　空欄 b は，「プロキシサーバのユーザ認証には，Base64 でエンコードする Basic

認証方式と，MD5 や SHA-256 でハッシュ化する ｜ b ｜ 認証方式があるが，A 社では後者の方式を採用している」という記述の中にある。プロキシサーバを利用するユーザを認証するための方式としては，Basic（ベーシック）認証と Digest（ダイジェスト）認証という二つが規定されている。したがって，空欄 b には "ダイジェスト" が入る。

空欄 c は，「また，プロキシサーバは，HTTP の ｜ c ｜ メソッドでトンネリング通信を提供し，トンネリング通信に利用する通信ポートを 443 に限定する」という記述の中にある。ブラウザが，プロキシサーバに対してトンネリング通信を要求するために使用する HTTP リクエストのメソッドは，CONNECT メソッドである。したがって，空欄 c には "CONNECT" が入る。

(2) この設問は，外部からアクセスできるサーバを FW によって独立した DMZ に設置すると，OA セグメントに設置するのに比べて，どのようなセキュリティリスクが軽減されるかを，40 字以内で答えるものである。

組織内のネットワークをインターネットに接続する場合には，一般に，OA セグメントなどの内部セグメントと，DMZ（DeMilitarized Zone）という二つのセグメントに分け，DMZ には，インターネットと接続する必要がある外部メールサーバ，プロキシサーバ，DNS サーバ，公開 Web サーバなどを設置してネットワークが構成される。このようにセグメント分けを行ってネットワークを構成するセキュリティ上の効果は，インターネットと DMZ の間の必要最小限の通信と，内部セグメントと DMZ の間の必要最小限の通信は許可するが，インターネットと内部セグメントの間の通信は許可しないなどといった制御をファイアウォール（FW）で行わせることができる点である。

例えば，A 社の社員が PC からメールを送信する場合には，PC→内部メールサーバ→外部メールサーバ→インターネットという経路で送られる。一方，メールを受信する場合には，インターネット→外部メールサーバ→内部メールサーバ（社員のメールボックス）という流れになる。このため，DMZ から OA セグメントへの通信は，FW において，送信元が外部メールサーバ，宛先が内部メールサーバ，宛先ポートが 25/TCP の通信だけを許可し，それ以外の通信を全て拒否することができる。しかし，外部メールサーバを OA セグメントに設置すると，外部メールサーバから OA セグメントに設置された全ての機器との通信が可能になってしまう。つまり，インターネット側から外部メールサーバに不正侵入されると，外部メールサーバから OA セグメントの機器に侵入されるリスクがある。

同様に，PC からインターネットにアクセスする場合には，プロキシサーバを経由する。このため，PC からプロキシサーバを経由したアクセスは自由に行われるが，プロキシサーバから PC への応答パケットは，FW において，PC とプロキシサーバとの間で確立されたコネクションのものだけに限定し，それ以外の通信を遮断できる。しかし，プロキシサーバを OA セグメントに設置すれば，インターネットからの応答を受けたプロキシサーバは，OA セグメントの機器と自由に通信することができる。このため，インターネット（社外）からプロキシサーバに不正侵入さ

れると，プロキシサーバを経由して OA セグメントの機器に侵入されるというリスクが発生する。したがって，解答としては「社外からサーバに侵入されたときに OA セグメントの機器に侵入されるリスク」などのように答えるとよい。

[設問2]
(1) この設問は，下線①について，利用者の認証を既存のサーバで一元的に管理する場合，どのサーバから認証情報を取得するのが良いかを，図2中の字句を用いて答えるものである。なお，下線①を含む記述は，「ファイルの送信者は，①FTA に Web ブラウザを使ってログインし，受信者を指定してファイルをアップロードする」である。

図2（ベンダが提案した A 社ネットワークの構成（抜粋））を見ると，FTA（ファイル転送アプライアンス）は，OA セグメントの L2SW と接続されている。また，〔現状のネットワーク〕の最後の段落に「社員のメールボックスをもつ内部メールサーバと，プロキシサーバは，ユーザ認証のために LDAP サーバを参照する」とある。このため，ユーザ認証のための認証情報は LDAP サーバで管理されているので，OA セグメントに設置されている LDAP サーバから取得するのが良いと判断できる。したがって，解答は"LDAP サーバ"となる。

(2) この設問は，下線②について，FTA にアクセスできるのはどのセグメントかを，図2中の字句を用いて全て答えるものである。なお，下線②は「指示 (c) のとおり，FTA には静的経路や経路制御プロトコルの設定は行わない」である。

指示 (c) は，「セキュリティ維持のために，工場の制御セグメント及び管理セグメントと，事務所の OA セグメントとの間はルーティングを行わない」であるので，制御セグメントから，制御サーバを経由して，管理セグメントに存在する FTA にはアクセスできない。一方，図2を見ると，FTA は管理セグメントの L2SW に接続されているほか，OA セグメントの L2SW とも接続されているため，FTA には管理セグメント及び OA セグメントからアクセス可能である。したがって，FTA にアクセスできるセグメントは，"管理セグメント，OA セグメント"になる。

(3) この設問は，下線③について，FTA において認証と認可はそれぞれ何をするために使われるかを，それぞれ 25 字以内で述べるものである。なお，下線③は「FTA は，認証及び認可に必要な情報について，既存のサーバを参照する」である。そして，既存のサーバは，(1)項で述べた LDAP サーバである。

認証（Authentication）は，例えば，ログインした利用者が本人に間違いないことを確認することであり，認可（Authorization）は，ログインに成功した利用者が，どのような操作を行う権限をもっているかどうかを確認することである。

FTA については，〔管理セグメントと OA セグメント間のファイルの受渡し〕の最初の段落で「ファイルの送信者は，FTA に Web ブラウザを使ってログインし，受信者を指定してファイルをアップロードする。ファイルの受信者は，FTA に Web ブラウザを使ってログインし，自身が受信者として指定されたファイルだけをダウンロードできる」と説明されている。このため，FTA において行う認証については，

ファイルの送信者や受信者，承認者（上長）が，FTA を利用できる本人であるかを確認することといえる。したがって，認証については「FTA の利用者が本人であることを確認するため」などのように答えるとよい。

　一方，認可については，FTA の利用者が，ファイルのアップロード，ダウンロード，承認などの操作を実行する権限が与えられているかを確認することが必要になる。したがって，認可については「操作ごとに実行権限を有するかを確認するため」などのように答えるとよい。なお，誰がどのファイルを送信できるか，誰がどのファイルを受信できるかといった権限については，LDAP サーバでは確認できないので，上長が内容を確認して承認することになる。

　ちなみに，RFC 2904（AAA Authorization Framework）で規定する AAA フレームワークの 3 要素としては，認証，認可，アカウンティング（Accounting；利用者のアクセスログを記録すること）の三つが挙げられている。

［設問3］

(1) 空欄 d は，ベンダの「フレームを転送するときは，宛先 MAC アドレスが MAC アドレステーブルに学習済みかどうかを確認した上で，学習済みの場合には学習されているポートに転送します。宛先 MAC アドレスが学習されていない場合は　　　d　　　します」という発言の中にある。MAC アドレステーブルに，宛先 MAC アドレスが学習されていない場合，L2SW は，受信したポート以外の全てのポートに対してフレームを転送する。この動作のことをフラッディングと呼ぶ。したがって，空欄 d には"フラッディング"が入る。

(2) この設問は，下線④について，L2SW からミラーパケットで NPB にデータを入力する場合，ネットワークタップを用いて NPB にデータを入力する方式と比べて，性能面でどのような制約が生じるかを，40 字以内で述べるものである。なお，下線④を含むベンダの発言は，「NPB の入力は，L2SW からのミラーポートと接続する方法と，ネットワークタップと接続する方法の二つがあります。ネットワークタップは，既存の配線にインラインで接続し，パケットを NPB に複製する装置です。今回検討したネットワークタップを使う方法では，送信側，受信側，それぞれの配線でパケットを複製するので，NPB の入力ポートは 2 ポート必要です。④今回採用する方法では，想定トラフィック量が少ないので既存の L2SW のミラーポートを用います。NPB につながるケーブルは全て 1000BASE-SX です」である。

　L2SW のミラーポートを用いて NPB へパケットを複製する場合と，ネットワークタップを用いて NPB へパケットを複製する場合を比較すると，図 A のようになる。

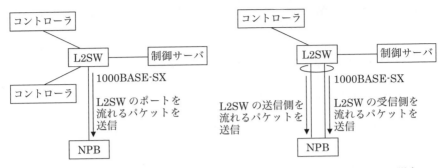

(1) ミラーポートを用いる場合　　　(2) ネットワークタップを用いる場合

図A　ミラーポートとネットワークタップを用いる場合の比較

　L2SW のポートには，送信側と受信側の双方のパケットが流れるため，両方のパケットを NPB に取り込むためには，L2SW のポートが 1000BASE-SX であるとすると，送信側と受信側の両方を合わせた最大2Gビット／秒のトラフィックが発生する。しかし，図Aに示すように，L2SW にミラーポートを設定し，NPB（ネットワークパケットブローカ）へパケットを取り込む場合には，L2SW と NPB の間は，1000BASE-SX で接続されるため，NPB に取り込むことができるトラフィック量は，L2SW から NPB への片方向の通信だけになり，最大1Gビット／秒に制限される。なお，1000BASE-SX は，1Gビット／秒の伝送速度をもち，機器間を接続できる距離は最大500mのマルチモード光ファイバケーブルである。

　一方，ネットワークタップを使う方法では，送信側，受信側，それぞれの配線でパケットを複製するので，NPB の入力ポートは2ポート必要となる。このため，1ポートで最大1Gビット／秒のトラフィック量を取り込むことができるので，送信側と受信側を合計すると，最大2Gビット／秒のトラフィック量が流れる。

　今回，A社で採用する方式としては，想定トラフィック量が少ないので，送信側のトラフィックと受信側のトラフィックを合わせて合計1Gビット／秒に制限されても問題ないという判断が行われている。したがって，性能面で生じる制約としては，「送信側と受信側のトラフィックを合計1Gビット／秒までしか取り込めない」旨を答えるとよい。

(3) この設問は，下線⑤について，1ポートだけからミラーパケットを取得する設定にする場合には，どの装置が接続されているポートからミラーパケットを取得するように設定する必要があるかを，図2中の字句を用いて答えるものである。なお，下線⑤を含む記述は，「制御セグメントに設置されている L2SW の特定ポートにミラー設定を行い，L2SW の該当ポートの送信側，受信側，双方のパケットを複製して NPB に送信させる」である。

　図2を見ると，制御セグメントにある L2SW には，センサ用のコントローラ，工作機械用のコントローラ，制御サーバという三つの機器が接続されている。これら

の三つのうち，L2SW を通過する全てのパケットを観測できる機器としては，〔現状のネットワーク〕に「操作端末は，制御サーバを介してコントローラに対し設定値やコマンドを送出する。コントローラは，常に測定データを制御サーバに送信する」と記述されているように，制御サーバが該当する。このため，L2SW と制御サーバを接続しているポートを対象にして，ミラーポートを設定すれば，L2SW を通過する全てのパケットを観測できる。したがって，解答は"制御サーバ"になる。

(4) この設問は，下線⑥について，サーバでミラーパケットを受信するためにはサーバのインタフェースを何というモードに設定する必要があるか答え，さらに，このモードを設定することによって，設定しない場合と比べどのようなフレームを受信できるようになるかを，30 字以内で答えるものである。なお，下線⑥を含む記述は，「NPB は受信したミラーパケットを必要なパケットだけにフィルタリングした後に再度複製し，可視化サーバとキャプチャサーバに送信する」である。

NPB が受信したパケットは，例えば，NPB からセンサ用のコントローラに送信するパケット（イーサネットフレーム）の宛先 MAC アドレスは，センサ用のコントローラの MAC アドレスである。このため，NPB から可視化サーバに送信する際，イーサネットフレームをそのまま送信すると，宛先 MAC アドレスは，センサ用のコントローラの MAC アドレスであり，可視化サーバでは，自身の MAC アドレスとは異なるので，受信しない。そこで，宛先 MAC アドレスが自分の MAC アドレス以外の場合でも，そのイーサネットフレームを受信するようにするには，NIC（Network Interface Card）の動作モードをプロミスキャス（promiscuous）モードで動作させるようにする。そうすれば，宛先 MAC アドレスが自分の MAC アドレス以外のフレームも，全て受信できるようになる。したがって，モードは"プロミスキャス"，受信できるフレームとしては"宛先 MAC アドレスが自分の MAC アドレス以外のフレーム"などのように答えるとよい。

(5) この設問は，キャプチャサーバに流れるミラーパケットが平均 100 k ビット／秒であるとき，1,000 日間のミラーパケットを保存するのに必要なディスク容量は何 G バイトになるかを答えるものである。ここで，1 k ビット／秒は 10^3 ビット／秒，1 G バイトは 10^9 バイトとする。ミラーパケットは無圧縮で保存するものとし，ミラーパケット以外のメタデータの大きさは無視するものとするという条件がある。

この条件に従って，必要なディスク容量を計算すると，次の式によって求めることができる。

ディスク容量 $= 100$（k ビット／秒）$\times 3,600$（秒／時間）$\times 24$（時間／日）$\times$
$\qquad\qquad 1,000$（日）
$\qquad = 100 \times 10^3 \times 3.6 \times 10^3 \times 24 \times 10^3$（ビット）
$\qquad = 100 \times 3.6 \times (24 / 8) \times 10^9$（バイト）
$\qquad = 1,080$（G バイト）

したがって，解答は"1,080"となる。

問2　セキュアゲートウェイサービスの導入　　　(R4春-NW 午後Ⅰ問2)

【解答例】

[設問1]　(1)　a.b.c.d

　　　　　(2)　a：ルーティング

　　　　　(3)　b：本社のL3SW　　　c：静的経路制御　　　d：静的経路制御

　　　　　(4)　VRF識別子：65000:2　　　宛先ネットワーク：0.0.0.0/0

　　　　　(5)　ISPが割り当てる営業所のIPsecルータのIPアドレスが動的だから。

　　　　　(6)　172.17.1.0/24（又は，営業所のLAN）

[設問2]　(1)　e：暗号　　　f：IP　　　g：Child　　　h：鍵長

　　　　　(2)　①　IKE SA

　　　　　　　　②　Child SA

[設問3]　(1)　N社専用のIPアドレスであること

　　　　　(2)　Q社SGWサービスの経由によって発生する遅延

【解説】

　本問は，IPsecルータを用いた現行のIPsec VPNから，クラウドサービスのセキュアゲートウェイサービス（SGWサービス）へ移行する事例を題材としたものである。出題内容としては，VRF（Virtual Routing and Forwarding）のルーティングテーブルの見方やIPsecルータにデフォルトルートが必要な理由，IKEの鍵交換方式に関する様々な知識，SGWサービスのファイアウォールでNAPTが行われる際に変換後におけるIPアドレスにおいて注意すべき事項などの問題が出題されている。IKEの鍵交換方式に関する詳細な知識を保有していれば，合格基準点をクリアすることは難しくないと考えられる。

[設問1]

(1)　この設問は，下線①のIPアドレスを，表1中のIPアドレスで答えるものである。なお，下線①を含む記述は，「P社営業支援サービスでは，①特定のIPアドレスから送信されたパケットだけを許可するアクセス制御を設定して，本社のFWを経由しない経路からの接続を制限している」である。

　　N社の現行システムの概要の3点目に「営業所のPCからP社営業支援サービス宛てのパケットは，営業所のIPsecルータ，本社のIPsecルータ，L3SW，FW及びインターネットを経由してP社営業支援サービスに送信される」と記述されており，本社のPCや営業所のPCが，P社営業支援サービスにアクセスする際には，本社FWを経由することが分かる。また，N社の現行システムの概要の4点目に「FWは，パケットフィルタリングによるアクセス制御と，NAPTによるIPアドレスの変換を行う」と記述されており，FWを経由したインターネットへのアクセスは，送信元IPアドレスがFWのインターネット側インタフェースのIPアドレスに変換

されることになる。このため，本社の FW を経由しない経路からの接続を制限する
には，FW のインターネット側インタフェースの IP アドレス以外の IP アドレスに
ついては，拒否するようにするとよい。表 1（ネットワーク機器の VRF とインタフ
ェース情報（抜粋））から，FW のインターネット側インタフェースの IP アドレス
には a.b.c.d が割り当てられている。したがって，解答は "a.b.c.d" になる。

(2) 空欄 a は，「本社及び営業所の IPsec ルータは，LAN 及びインターネットのそれ
ぞれでデフォルトルートを使用するために，VRF（Virtual Routing and For-
warding）を利用して二つの　　a　　テーブルを保持し，経路情報を VRF の識
別子（以下，VRF 識別子という）によって識別する」という記述の中にある。

　VRF は，一つのルータや L3SW に，複数の独立した仮想ルータを稼働させる機
能である。つまり，複数の仮想ルータが存在するので，それぞれの仮想ルータは，
自身がもつルーティングテーブルによって IP パケットを転送することができる。
したがって，空欄 a には "ルーティング" が入る。

　なお，表 1 及び表 2（ネットワーク機器に設定している VRF と経路情報（抜粋））
で示されている内容を図示すると，図 A のようになる。

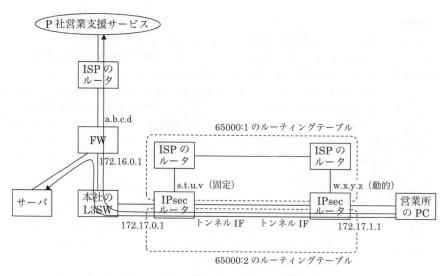

図 A　表 1 及び表 2 で示されている内容

　そして，VRF 識別子が 65000:1 のルーティングテーブルは，IPsec VPN を確立
する際に使用されるものである。一方，VRF 識別子が 65000:2 のルーティングテ
ーブルは，N 社の現行システムの概要の 2 点目に「本社及び営業所の IPsec ルータ
は，IPsec VPN を確立したときに有効化される仮想インタフェース（以下，トンネ
ル IF という）を利用して相互に接続する」とあるように，IPsec VPN を確立した
後に使用するルーティングテーブルである。

(3) 空欄 b～d は，次の表 2 中にある。

拠点	機器名	VRF識別子	宛先ネットワーク	ネクストホップとなる装置又はインタフェース	経路制御方式
本社	FW	－	0.0.0.0/0	ISP のルータ	静的経路制御
			172.17.1.0/24（営業所の LAN）	本社の L3SW	動的経路制御
	IPsecルータ	65000:1	0.0.0.0/0	ISP のルータ	静的経路制御
		65000:2	0.0.0.0/0	b	動的経路制御
			172.17.1.0/24（営業所の LAN）	トンネル IF	c
営業所	IPsecルータ	65000:1	0.0.0.0/0	ISP のルータ	静的経路制御
		65000:2	0.0.0.0/0	トンネル IF	d

　　トンネル IF を利用する通信には，図 A に示すように，営業所の PC から本社の
サーバや P 社営業支援サービスへアクセスする通信がある。これらのパケットが，
営業所の IPsec ルータから本社の IPsec ルータへ送られてくる場合，その宛先 IP
アドレスは，本社のサーバや P 社営業支援サービスの IP アドレスである。このた
め，本社の IPsec ルータは，全て本社の L3SW に向けてパケットを送信する必要が
ある。したがって，空欄 b には "本社の L3SW" が入る。

　　空欄 c は，本社の IPsec ルータの VRF 識別子が "65000：2"，宛先ネットワーク
が "172.17.1.0/24（営業所の LAN）"，ネクストホップとなる装置又はインタフェ
ースが "トンネル IF" の場合における，経路制御方式に対応するものである。表 2
の後に記述されている「N 社のネットワーク機器に設定している経路制御」の 4 点
目に「本社及び営業所の IPsec ルータには，営業所の PC が通信するパケットを IPsec
VPN を介して転送するために，トンネル IF をネクストホップとした静的経路を設
定している」とあるので，経路制御方式は，静的経路制御であることが分かる。し
たがって，空欄 c には "静的経路制御" が入る。

　　空欄 d は，営業所の IPsec ルータの VRF 識別子が "65000：2"，宛先ネットワー
クが "0.0.0.0/0"，ネクストホップとなる装置又はインタフェースが "トンネル IF"
の場合における，経路制御方式に対応するものである。この経路制御方式は，空欄
c と同様に，静的経路制御になる。したがって，空欄 d には "静的経路制御" が入
る。

(4)　"本社の IPsec ルータ" が，営業所の PC から P 社営業支援サービス宛てのパケ
ットを転送するときに選択する経路は，表 2 中のどれかを，VRF 識別子及び宛先ネ
ットワークを答えるものである。

　　"本社の IPsec ルータ" が，営業所の PC から P 社営業支援サービス宛てのパケ
ットを転送するときに選択する経路は，営業所の PC から営業所の IPsec ルータを
経由して本社の IPsec ルータへ送信され，本社の IPsec ルータからインターネット

側に送信されるという経路になる。このため，営業所の IPsec ルータはトンネル IF を用いて，本社の IPsec ルータに P 社営業支援サービス宛てのパケットを送るので，表 2 から，VRF 識別子の 65000：2 のルーティングテーブルを使用する。そして，本社の IPsec ルータは，宛先ネットワークが 0.0.0.0/0 のネクストホップである，本社の L3SW へパケットを転送する。したがって，VRF 識別子は "65000：2"，宛先ネットワークは "0.0.0.0/0" となる。

(5) この設問は，下線②について，デフォルトルート（宛先ネットワーク 0.0.0.0/0 の経路）が必要になる理由を，40 字以内で述べるものである。なお，下線②を含む記述は，「本社の IPsec ルータには，営業所の IPsec ルータと IPsec VPN を確立するために，静的なデフォルトルートを設定している」である。

　　本社の IPsec ルータと営業所の IPsec ルータとの間において，IPsec VPN を確立するためには，(2)項で述べたように VRF 識別子が 65000：1 のルーティングテーブルが使用される。また，本社の IPsec ルータの INT-IF（インターネットに接続するインタフェース）には "s.t.u.v" という固定の IP アドレスが割り当てられている。一方，営業所の IPsec ルータの INT-IF には "w.x.y.z" という，ISP から割り当てられる動的なグローバル IP アドレスが使用される。このため，本社の IPsec ルータが，営業所の IPsec ルータとの間で IPsec VPN を確立するためには，営業所の IPsec ルータに対しては，どのような IP アドレスが使用されても，接続できるようにすることが必要になる。つまり，営業所の IPsec ルータには ISP から割り当てられる動的なグローバル IP アドレスが使用されるので，本社の IPsec ルータには，デフォルトルートを設定しなければならないのである。したがって，解答としては「ISP が割り当てる営業所の IPsec ルータの IP アドレスが動的だから」などのように答えるとよい。

(6) この設問は，下線③の宛先ネットワークを，表 2 中の字句を用いて答えるものである。なお，下線③を含む記述は，「本社の IPsec ルータには，OSPF に③静的経路を再配布する設定を行っている」である。

　　「N 社のネットワーク機器に設定している経路制御」の 1 点目に「本社の FW，L3SW 及び IPsec ルータには，OSPF による経路制御を稼働させるための設定を行っている」と説明されている。このため，本社の FW や L3SW が，宛先 IP アドレスが 172.17.1.0/24（営業所の LAN）のパケットを受信した際には，本社の IPsec ルータまで転送できるように，本社の IPsec ルータがもつ営業所 LAN への静的経路を再配布することが必要になる。したがって，解答 "172.17.1.0/24"，又は "営業所の LAN" となる。

［設問 2］
(1) 空欄 e〜g は，「新 IPsec ルータ及び TPC は，IPsec VPN を介して転送する必要があるパケットを，長さを調整する ESP トレーラを付加して　 e 　化する。次に，新しい　 f 　ヘッダと，　 g 　SA を識別するための ESP ヘッダ及び ESP 認証データを付加して，POP 宛てに送信する」という記述の中にある。

そして，「POP との接続に利用する IPsec VPN」については，「IPsec VPN には，IKE バージョン 2 と，ESP のプロトコルを用いる。新 IPsec ルータ及び TPC と POP は，IKE SA を確立するために必要な，暗号化アルゴリズム，疑似ランダム関数，完全性アルゴリズム及び Diffie-Hellman グループ番号を，ネゴシエーションして決定し，IKE SA を確立する。次に，新 IPsec ルータ及び TPC と POP は，認証及び Child SA を確立するために必要な情報を，IKE SA を介してネゴシエーションして決定し，Child SA を確立する」と記述されている。

ESP（Encapsulating Security Payload）は，IP パケットの暗号化と IP パケットの改ざん検出を行うためのプロトコルである。暗号化では，AES などのブロック暗号を使用するため，ブロック長（AES の場合は 128 ビット）の倍数になるように，長さを調整する ESP トレーラを付加して暗号化を行う。したがって，空欄 e には"暗号"が入る。

ESP のトンネルモードでは，元の IP パケット全体を暗号化するため，通信相手になる IPsec ルータの IP ヘッダを付加して，インターネットを中継する。したがって，空欄 f には"IP"が入る。

IKE バージョン 2 では，IKE SA を確立した後，ESP などの暗号化通信を行うため，認証及び Child SA を確立するために必要な情報を，IKE SA を介してネゴシエーションして決定し，Child SA を確立する。ESP ヘッダには，この Child SA を識別するための SPI（Security Parameter Index）と呼ばれる識別子が含まれている。したがって，空欄 g には"Child"が入る。なお，Child SA は，IKE バージョン 1 では，IPsec SA と呼ばれていたものである。

空欄 h は，「検討したパラメータのうち，鍵の生成に用いるアルゴリズムと｜　h　｜を定めている Diffie-Hellman グループ番号には，現行では 1 を用いているが，POP との接続では 1 よりも｜　h　｜の長い 14 を用いた方が良いと考えた」という記述の中にある。

Diffie-Hellman グループ番号は，IKE でネゴシエーションされるパラメータの一つで，MODP（Modular Exponential）や ECP（Elliptic Curve Groups modulo a Prime）などの Diffie-Hellman アルゴリズムの種類と使用する鍵長を示す。例えば，グループ番号 1 は MODP の 768 ビットの鍵長，グループ番号 14 は MODP の 2,048 ビットの鍵長，グループ番号 20 は ECP の 384 ビットの鍵長であることを示す。したがって，空欄 h には"鍵長"が入る。

(2) この設問は，POP との IPsec VPN を確立できない場合に，失敗しているネゴシエーションを特定するためには，何の状態を確認するべきかを，本文中の字句を用いて二つ答えるものである。

IPsec では，最初に IKE SA というトンネルを確立し，その IKE SA を利用して ESP などの暗号化通信を行う Child SA というトンネルを確立する。SA（Security Association）は，IPsec ルータ同士を接続するトンネルを識別する情報をもつものであり，例えば，双方の IP アドレスのほか，折衝した暗号化アルゴリズム，疑似ランダム関数，完全性アルゴリズム及び Diffie-Hellman グループ番号などのパラメ

ータを含むものである。このため，POP との IPsec VPN を確立できない場合には，SA のパラメータが整合しているかどうかを調査する必要がある。つまり，IKE SA 及び Child SA の状態を確認する必要がある。したがって，解答は "IKE SA"，"Child SA" になる。

[設問3]
(1) この設問は，下線④について，情報セキュリティの観点で R 主任が確認した内容を，20 字以内で答えるものである。なお，下線④を含む記述は，「P 社営業支援サービスへの接続を許可する IP アドレスには，Q 社 SGW サービスの FW 機能での NAPT のために，Q 社 SGW サービスから割当てを受けた固定のグローバル IP アドレスを設定する。R 主任は，Q 社 SGW サービスが N 社以外にも提供されていると考えて，④NAPT のために Q 社 SGW サービスから割当てを受けたグローバル IP アドレスのサービス仕様を，Q 社に確認した」である。

　　下線④を含む記述の要点は，
・P 社営業支援サービスへの接続を許可する IP アドレスには，Q 社 SGW サービスから割当てを受けた固定のグローバル IP アドレスが用いられる
・Q 社 SGW サービスが N 社以外にも提供されている
の 2 点である。これらのことから，Q 社 SGW サービスから割当てを受けた固定のグローバル IP アドレスは，N 社以外でも使用される可能性がある。例えば，グローバル IP アドレスが他社と共用で使用される場合には，他社から P 社営業支援サービスへ接続されるリスクが発生するので，セキュリティ上の観点からは，N 社専用の IP アドレスかどうかを確認する必要がある。したがって，解答としては「N 社専用の IP アドレスであること」などのように答えるとよい。

(2) この設問は，下線⑤について，P 社営業支援サービスの応答時間が，現行よりも長くなると考えられる要因を 30 字以内で答えるものである。なお，下線⑤を含む記述は，「テスト環境を構築した R 主任は，Q 社 PaaS 及び P 社営業支援サービスの応答時間の測定を確認項目の一つとして，接続テストを実施した」である。

　　Q 社 SGW サービスを導入する前は，例えば，本社の PC は，インターネットを経由するだけで P 社営業支援サービスに接続することができた。これに対して，Q 社 SGW サービスの導入後は，図 2（R 主任が考えた新規ネットワーク構成と通信の流れ（抜粋））を参照すると，Q 社 SGW サービスを経由してから P 社営業支援サービスにアクセスすることになり，Q 社 SGW サービスを経由するために発生する遅延によって，P 社営業支援サービスの応答時間が，現行よりも長くなると考えられる。したがって，解答としては「Q 社 SGW サービスの経由によって発生する遅延」などのように答えるとよい。

問3	シングルサインオンの導入	(R4 春·NW 午後Ⅰ問3)

【解答例】

[設問1] (1) 業務サーバと営業支援サーバの FQDN を，プロキシ例外リストに登録する。

(2) ① デフォルトゲートウェイの IP アドレス

② 社内 DNS サーバの IP アドレス

(3) ア：外部 DNS サーバ　　ウ：公開 Web サーバ

エ：プロキシサーバ　　オ：any　　カ：社内 DNS サーバ

(4) イ：UDP/53

[設問2] (1) ST を取り出せないから。

(2) ①，②，⑤，⑥

(3) PC とサーバ間で時刻同期を行う。

[設問3] (1) ケルベロス認証を行うサーバの FQDN

(2) 720

(3) ホスト名が DS に対して，add1 の A レコードを二つ，add2 の A レコードを一つ記述する。

【解説】

　本問は，ケルベロス認証によるシングルサインオンを実現する方式を題材として，設問1では，PC におけるプロキシの例外設定や，DHCP サーバから配布を受けるネットワーク情報，ファイアウォールのフィルタリングルールに関する基本的な問題が出題されている。設問2は，ケルベロス認証に関するもので，ケルベロス認証は，NW 試験では初めて出題された。KDC（鍵配布センタ），TGT（Ticket Granting Ticket），ST（Service Ticket）など，問題で説明されている内容を十分に把握し解答することがポイントである。設問3は，DNS の SRV（Service）レコードに関するものであるが，DNS の仕組みについての基本的な知識があれば，難度は高くないと考えられる。

[設問1]

(1) この設問は，下線（a）の動作を行うために，PC のプロキシ設定で登録すべき内容を，40 字以内で述べるものである。なお，下線（a）を含む記述は，「PC には，プロキシ設定でプロキシサーバの FQDN が登録されているが，業務サーバ及び営業支援サーバへのアクセスは，プロキシサーバを経由せず Web ブラウザから直接行う」である。

　業務サーバ及び営業支援サーバへのアクセスを，プロキシサーバを経由せず Web ブラウザから直接行わせる場合には，PC の Web ブラウザにおいて，業務サーバ及び営業支援サーバの FQDN（Fully Qualified Domain Name）を含む URL を入力した場合に，プロキシサーバを利用せずに直接アクセスするという設定を行うことが必要になる。この設定については，通常，業務サーバと営業支援サーバの FQDN

を，プロキシ例外設定リストに登録することによって行われる。したがって，解答
としては「業務サーバと営業支援サーバの FQDN を，プロキシ例外リストに登録
する」旨を答えるとよい。

(2) この設問は，下線 (b) について，(iii)～(v)の実行を可能とするための，その他
のネットワーク情報を二つ答えるものである。なお，下線 (b) は「PC には，L3SW
で稼働する DHCP サーバから，PC の IP アドレス，サブネットマスク及びその他
のネットワーク情報が付与される」である。

　DHCP サーバから付与されるネットワーク情報には，PC の IP アドレス，サブネ
ットマスクのほかに，デフォルトゲートウェイの IP アドレス，DNS サーバの IP
アドレス，IP アドレスのリース期間などがある。

　(iii)は，PC セグメントにある PC から，DMZ にあるプロキシサーバ，あるいは
社内サーバセグメントにある社内 DNS サーバへのアクセスが必要になるので，デ
フォルトゲートウェイである L3SW の IP アドレスが必要になる。(iv)は，PC のス
タブリゾルバが，社内 DNS サーバで名前解決を行うので，社内 DNS サーバの IP
アドレスが必要になる。(v)は PC，サーバセグメントと DMZ のサーバでは，マル
ウェア定義ファイルの更新は，プロキシサーバ経由で行われるので，デフォルトゲ
ートウェイの L3SW の IP アドレスが必要になる。なお，プロキシサーバの FQDN
の名前解決は，社内 DNS サーバで行われるので，DHCP サーバからプロキシサー
バの IP アドレスを入手する必要はない。

　したがって，解答は"デフォルトゲートウェイの IP アドレス"，"社内 DNS サー
バの IP アドレス"の二つになる。

(3) この設問は，次の表 1（FW に設定されている通信を許可するルール）中の
　　　　ア　　　，　　　ウ　　　～　　　カ　　　に入れる字句を，図 1 又は表 1 中の字
句を用いて答えるものである。

項番	アクセス経路	送信元	宛先	プロトコル／ポート番号
1	インターネット →DMZ	any	ア	TCP/53，イ
2		any	ウ	TCP/443
3	DMZ→インター ネット	ア	any	TCP/53，イ
4		エ	オ	TCP/80，TCP/443
5	内部 LAN→DMZ	カ	ア	TCP/53，イ
6		サーバセグメント	プロキシサーバ	TCP/8080 [1]
7		PC セグメント	プロキシサーバ	TCP/8080 [1]

注記　FW は，ステートフルパケットインスペクション機能をもつ。
注 [1]　TCP/8080 は，代替 HTTP のポートである。

　空欄アは，項番 1 と項番 3 にあり，インターネットから DMZ にあるサーバ及び

DMZ にあるサーバからインターネットへのアクセスで，プロトコル／ポート番号が TCP/53 であることから，外部 DNS サーバが該当する。したがって，空欄アには，"外部 DNS サーバ" が入る。また，項番 2 の空欄ウは，プロトコル／ポート番号が TCP/443 であるので，公開 Web サーバが該当する。したがって，空欄ウには "公開 Web サーバ" が入る。

空欄エ及び空欄オのある項番 4 は，DMZ からインターネットへの通信である。このため，DMZ にあるサーバの中で，インターネット側に対して接続要求を行うサーバは，プロキシサーバと外部 DNS サーバの二つになるが，外部 DNS サーバは項番 3 のルールにあり，プロトコル／ポート番号が TCP/80 と TCP/443 であるので，プロキシサーバが該当する。宛先としては，インターネット側にある任意の Web サーバになるので，表 1 中の字句では any になる。したがって，空欄エには "プロキシサーバ"，空欄オには "any" が入る。

空欄カのある項番 5 は，内部 LAN から DMZ のサーバ（外部 DNS サーバ）に対する通信である。そして，「現状の機器の設定と利用形態」の(i)に「社内 DNS サーバは，内部 LAN のゾーン情報を管理し，内部 LAN 以外のゾーンのホストの名前解決要求は，外部 DNS サーバに転送する」とあるので，社内 DNS サーバは外部 DNS サーバにアクセスする必要がある。したがって，空欄カには "社内 DNS サーバ" が入る。

(4) この設問は，表 1 中の ┃　　イ　　┃ に入れるプロトコル／ポート番号を答えるものである。

インターネットから外部 DNS サーバへのアクセスや，外部 DNS サーバからインターネット側にある DNS サーバへのアクセスは，FQDN の名前解決を行うために送信されるもので，通常，UDP の 53 番ポートが使用される。したがって，空欄イには "UDP/53" が入る。なお，TCP/53 を許可している理由は，UDP/53 で DNS クエリを送信した場合，DNS の応答メッセージ長が 512 バイトを超えると，UDP では送信できなくなる。そのため，TCP によって DNS クエリを送信する場合があるので，TCP/53 を許可しているのである。

［設問 2］

(1) この設問は，攻撃者が図 2 中の②の通信を盗聴して通信データを取得しても，攻撃者は，⑦の通信を正しく行えないので，営業支援サーバを利用することはできない。⑦の通信を正しく行えない理由を，15 字以内で述べるものである。

図 2（PC の起動から営業支援サーバアクセスまでの通信手順（抜粋））中の②は，「KDC は，ID，PW が正しい場合に TGT を発行し，PC の鍵で暗号化した TGT を PC に払い出す。PC は，TGT を保管する」である。このため，攻撃者が，図 2 中の②の通信を盗聴して通信データを取得した場合には，正規の利用者に発行される TGT を入手することができる。

次に，攻撃者は，⑤で「KDC に TGT を提示して，営業支援サーバのアクセスに必要な ST の発行を要求する」ことになる。そして，⑥で「KDC は，TGT を基に，

PC の身元情報，セッション鍵などが含まれた ST を発行し，営業支援サーバの鍵で ST を暗号化する。さらに，KDC は，暗号化した ST にセッション鍵などを付加し，全体を PC の鍵で暗号化した情報を PC に払い出す。セッション鍵は，通信相手の正当性の検証などに利用される」と説明されているので，KDC は⑥のメッセージ全体を PC の鍵で暗号化して送信する。

　一方，〔ケルベロス認証の概要と通信手順〕の 3 点目に「KDC が管理するドメインに所属する PC とサーバの鍵は，事前に生成して PC 又はサーバに登録するとともに，全ての PC とサーバの鍵を KDC にも登録しておく」と記述されている。このため，攻撃者は PC の鍵をもっていないので，⑦で「全体が暗号化された情報の中から ST を取り出し，ケルベロス認証向けの API を利用して，ST を営業支援サーバに提示」しようとしても，ST を取り出すことはできない。つまり，攻撃者は，⑦の通信を正しく行えないので，営業支援サーバを利用することはできない。したがって，解答としては「ST を取り出せないから」などのように答えるとよい。

(2) この設問は，図 2 中で，ケルベロス認証サービスのポート番号 88 が用いられる通信を，①〜⑧の中から全て選び記号で答えるものである。

　図 2 を見ると，①と②，⑤と⑥以外の通信は，全て HTTP で行われている。このため，PC と KDC との間で行われる通信が，ケルベロス認証サービスのポート番号 88 を用いていると判断できる。したがって，解答は "①，②，⑤，⑥" となる。

(3) この設問は，本文中の下線 (c) の問題を発生させないための，PC とサーバにおける対応策を，20 字以内で述べるものである。なお，下線 (c) を含む記述は，「TGT と ST には，有効期限が設定されている。PC とサーバ間で，有効期限が正しく判断できていない場合は，有効期限内でも，PC が提示した ST を，サーバが使用不可と判断する可能性があるので，PC とサーバでの対応が必要である」である。

　PC とサーバ間で，有効期限が正しく判断できていない場合に該当するものとしては，PC とサーバがもつ時刻情報が異なっている場合が挙げられる。PC とサーバがもつ時刻情報を合わせるためには，通常，NTP サーバから時刻情報の配布を受けて PC とサーバ間で時刻同期を行うことが基本的な対策である。したがって，解答としては「PC とサーバ間で時刻同期を行う」旨を答えるとよい。

〔設問 3〕

(1) この設問は，ケルベロス認証を行う PC が，図 4 の SRV レコードを利用しない場合，PC に設定しなければならないサーバに関する情報を，25 字以内で答えるものである。

　〔SRV レコードの働きと設定内容〕の第 2 段落に「DNS サーバに SRV レコードが登録されていれば，サービス名を問い合わせることによって，当該サービスが稼働するホスト名などの情報が取得できる」と記述されている。そして，図 4（ケルベロス認証向けの SRV レコードの内容）の RDATA（データ部）の Target には，DS1.naibulan.y-sha.jp.と DS2.naibulan.y-sha.jp.という二つの KDC の FQDN が記載されている。これらのことから，図 4 の SRV（Service）レコードを利用しな

い場合には，PC は KDC，すなわちケルベロス認証を行うサーバの FQDN を設定し，そのサーバの名前解決を DNS サーバに対して行うことが必要になる。したがって，解答としては「ケルベロス認証を行うサーバの FQDN」などのように答えるとよい。

(2) この設問は，図 4 の SRV レコードが，PC のキャッシュに存在する時間は何分かを答えるものである。

図 4 を見ると，TTL は 43200 に設定されている。TTL は，秒単位で指定されることから，求める時間（分）は，

時間＝43200／60＝720（分）

となる。したがって，解答は "720" になる。

(3) この設問は，図 4 の二つの SRV レコードの代わりに，図 5 の一つの SRV レコードを使った場合，DS1 と DS2 の負荷分散は DNS ラウンドロビンで行わせることになる。図 4 と同様の比率で DS1 と DS2 が使用されるようにする場合の，A レコードの設定内容を，50 字以内で述べるものである。そして，DS1 の IP アドレスを add1，DS2 の IP アドレスを add2 とするという条件がある。

図 4 を見ると，DS1 の Weight が 2，DS2 の Weight が 1 なので，DS1 と DS2 の使用比率が 2：1 になるように，DNS ラウンドロビンによって行わせることが必要になる。DNS ラウンドロビンでは，複数のリソースレコードを登録した場合には，DNS クエリがあるたびに，順番にリソースレコードを応答する。このため，DS1 と DS2 の使用比率が 2：1 になるようにするには，ホスト名が DS に対する A レコードを三つ登録し，そのうち add1 の A レコードを二つ，add2 の A レコードを一つ登録すればよい。したがって，解答としては「ホスト名が DS に対して，add1 の A レコードを二つ，add2 の A レコードを一つ記述する」旨を答えるとよい。

午後 I 問題　IPA 発表の解答例

問1

出題趣旨
IoT 技術が普及・拡大していく中で，これまで閉域で利用する前提であったネットワークをほかのネットワークに接続しなければならないという利用シーンが増えている。 　事務所の OA セグメントにある IT システムと，センサや工作機械を接続する制御セグメントにある OT（Operational Technology）システムの連携がその例である。 　両システムの連携では，特に OT システムについて，増大するセキュリティ脅威とそれに対するセキュリティ対策が課題になっている。 　本問では，IT システムと OT システムの接続を題材に，認証，認可及びパケット転送についての知識・経験を問う。

設問			解答例・解答の要点	
設問1	(1)	a	Syslog	
		b	ダイジェスト	
		c	CONNECT	
	(2)		社外からサーバに侵入されたときに OA セグメントの機器に侵入されるリスク	
設問2	(1)	LDAP サーバ		
	(2)	管理セグメント，OA セグメント		
	(3)	**認証**	FTA の利用者が本人であることを確認するため	
		認可	操作ごとに実行権限を有するかを確認するため	
設問3	(1)	d	フラッディング	
	(2)	送信側と受信側のトラフィックを合計 1G ビット／秒までしか取り込めない。		
	(3)	制御サーバ		
	(4)	**モード**	プロミスキャス	
		フレーム	宛先 MAC アドレスが自分の MAC アドレス以外のフレーム	
	(5)	1,080		

採点講評

問 1 では，IT システムと OT（Operational Technology）システムの接続を題材に，認証，認可及びパケット転送について出題した。全体として正答率は平均的であった。

設問 1(1)は，正答率が低かった。ネットワーク運用において Syslog プロトコルによるログ収集は，故障時やセキュリティインシデント発生時の分析によく実施される。プロトコル名だけでなく，内容についても理解を深めてほしい。

設問 2(3)は，正答率がやや高かった。ゼロトラストセキュリティの普及に伴い，認証と認可はネットワーク技術者にとっても必須の知識となっている。認証と認可をセットで覚えるだけではなく，それらの違いについてもよく理解しておいてほしい。

設問 3(2)は，正答率がやや低かった。本問ではボトルネックが存在する構成であったが，そこに気づいていない受験者が多かった。解答の際には，下線部だけを読んで解答するのではなく，本文全体を理解するよう心掛けてほしい。

問2

出題趣旨

クラウドサービスの利用が増加し，また，テレワーク環境を導入するに当たり，現行のネットワーク構成を変更して，セキュアゲートウェイサービスを導入する企業が増えている。利用形態に応じた情報セキュリティ対策は，多くの企業において重要な課題である。

このような状況を基に，本問では，セキュアゲートウェイサービスの導入を事例に取り上げ，IPsec VPN を利用した接続，及びセキュアゲートウェイサービス導入後の通信制御を解説した。

VRF を用いたネットワーク設計と，IPsec VPN の設計・構築，セキュアゲートウェイサービス導入後の通信制御を題材に，受験者が修得した技術・経験が，ネットワーク及び情報セキュリティの設計・構築の実務で活用できる水準かどうかを問う。

設問			解答例・解答の要点	
設問 1	(1)		a.b.c.d	
	(2)	a	ルーティング	
	(3)	b	本社の L3SW	
		c	静的経路制御	
		d	静的経路制御	
	(4)	VRF 識別子	65000:2	
		宛先ネットワーク	0.0.0.0/0	
	(5)		ISP が割り当てる営業所の IPsec ルータの IP アドレスが動的だから	
	(6)		172.17.1.0/24　又は　営業所の LAN	
設問 2	(1)	e	暗号	
		f	IP	
		g	Child	
		h	鍵長	

設問 2	(2)	①	・IKE SA
		②	・Child SA
設問 3	(1)		N 社専用の IP アドレスであること
	(2)		Q 社 SGW サービスの経由によって発生する遅延

採点講評

　問 2 では，セキュアゲートウェイサービスの導入を題材に，VRF を用いたネットワーク設計，IPsec VPN，IKEv2 及び ESP についての知識，セキュアゲートウェイサービスとの接続について出題した。全体として正答率は平均的であった。

　設問 1(5)は，正答率が低かった。営業所の IPsec ルータには ISP から動的なグローバル IP アドレスが割り当てられるので，インターネットに接続するインタフェースの IP アドレスが変わる可能性がある。本文中に明記されているので，読み取ってほしい。

　設問 2(1)は，正答率がやや低かった。IPsec の用語や VPN 確立までの動作について出題した。IPsec VPN を利用する場合は，IKE のバージョンや Diffie-Hellman グループ番号などを選択できるので，正しく理解してほしい。

　設問 3(2)は，正答率がやや高かった。セキュアゲートウェイサービスを経由しており，経路が長くなったり，サービス内で遅延が発生したりする可能性があることを，理解できていることがうかがわれた。

問3

出題趣旨

　利用するサーバの増加によって，サーバ利用時の煩雑さを避ける目的で，パスワードの使い回しが行われる例が多い。パスワードを使い回すことによって，パスワードリスト攻撃などのリスクが増大する。このリスクを低減する手段として，シングルサインオンの導入が広がっている。

　本問では，シングルサインオンを実現する技術の一つである，ケルベロス認証を取り上げた。既設 LAN の中にケルベロス認証を導入する事例を題材に，ネットワークの設計，構築，運用の実務を通して修得した技術が，既設 LAN の各機器の設定情報に基づく動作，ケルベロス認証の仕組み及び DNS の SRV レコードの利用方法などを理解するのに活用できる水準かどうかを問う。

設問			解答例・解答の要点
設問 1	(1)		業務サーバと営業支援サーバの FQDN を，プロキシ例外リストに登録する。
	(2)	①	・社内 DNS サーバの IP アドレス
		②	・デフォルトゲートウェイの IP アドレス
	(3)	ア	外部 DNS サーバ
		ウ	公開 Web サーバ
		エ	プロキシサーバ
		オ	any
		カ	社内 DNS サーバ
	(4)	イ	UDP/53

	(1)	ST を取り出せないから
設問 2	(2)	①，②，⑤，⑥
	(3)	PC とサーバ間で時刻同期を行う。
設問 3	(1)	ケルベロス認証を行うサーバの FQDN
	(2)	720
	(3)	ホスト名が DS に対して，add1 の A レコードを二つ，add2 の A レコードを一つ記述する。

採点講評
問 3 では，ケルベロス認証を題材に，基本的なネットワーク構成における利用形態，認証の仕組み，DNS の SRV レコードの利用方法などについて出題した。全体として正答率は平均的であった。

　設問 1(1)は，正答率が低かった。プロキシ設定が行われている状態で，プロキシサーバを経由させない通信がある場合は，プロキシ例外リストに該当するサーバなどの情報を登録することを覚えておいてほしい。

　設問 1(2)では，社内 DNS サーバの IP アドレスの正答率が低かった。DHCP で，PC などが使用するローカル DNS サーバの IP アドレスを配布することは，一般的に行われるので覚えておいてほしい。

　設問 2(1)は，正答率が低かった。ケルベロス認証では共通鍵による暗号化が行われるので，通信を盗聴しても，暗号化に用いた共通鍵をもたなければ ST を取り出せないことを導き出してほしい。

　設問 3(3)は，正答率が低かった。DS1 と DS2 とを 2：1 の比率で DNS ラウンドロビンによって負荷分散させるという条件を読み取り，代表するホスト名 DS に対する A レコードの設定内容を導き出してほしい。

午後 I 解答

午後Ⅱ問題 解答・解説

問1	テレワーク環境の導入	(R4 春·NW 午後Ⅱ問1)

【解答例】

[設問1]　ア：改ざん検知　　イ：L2フォワーディング　　ウ：ポート

　　　　　エ：公開　　オ：ポートフォワーディング　　カ：DHE

[設問2]　(1)　① 暗号化

　　　　　　　② メッセージ認証

　　　　　(2)　Subject

[設問3]　(1)　クライアント証明書の公開鍵に対する秘密鍵は本人しか保有して
いないから。

　　　　　(2)　CAのルート証明書

　　　　　(3)　なりすまされたSSL-VPN装置へ接続してしまうリスク

　　　　　(4)　秘密鍵が漏えいする前に行われた通信のデータ

　　　　　(5)　署名に用いる鍵：利用者の秘密鍵

　　　　　　　　署名の検証に用いる鍵：利用者の公開鍵

　　　　　(6)　シリアル番号

[設問4]　(1)　VDI利用者の利用者IDとその利用者の仮想PCのIPアドレスの組

　　　　　(2)　情報：クライアント証明書から得られる利用者ID情報

　　　　　　　　タイミング：Ⅷ

[設問5]　(1)　M社とN社の広域イーサネットの両方を利用すること

　　　　　(2)　経路数：4

　　　　　　　　コスト：70

　　　　　(3)　フローモードはパケット到着順序の逆転が起こりにくいから。

　　　　　(4)　送信元IPアドレスと宛先IPアドレスから計算したハッシュ値が偏
らないから。

　　　　　(5)　インタフェースの障害を検知したときにL3SW31のVRRPの優先
度を下げる。

【解説】

　本問は，テレワーク環境の導入というテーマで，SSL-VPN方式の導入に伴う，様々
なセキュリティ技術に関する知識，OSPFやVRRPに関する詳細な技術知識などの問
題が出題されている。具体的には，設問1がTLSなどに関連する技術用語の穴埋め
問題，設問2は，AEAD（Authenticated Encryption with Associated Data）で行わ

れる処理，電子証明書のフィールド名を答えるものである。設問３では，X.509に基づく電子証明書の検証など，様々なセキュリティ問題が出題され，設問４は，SSL-VPN装置のユーザテーブルに必要となる情報と，TLS通信シーケンスについて答えるものである。そして，設問５では，ECMPを行う目的，フローモードの方が通信品質への影響が少ない理由，OSPFのコストと経路数，VRRPの切替えの動作など，基本的な問題が出題されている。TLSや電子証明書の検証などのセキュリティ技術に詳しい受験者にとっては，取り組みやすい問題であるといえる。

［設問１］

空欄アは，「TLS プロトコルのセキュリティ機能は，暗号化，通信相手の認証，及び　　ア　　である」という記述の中にある。TLS（Transport Layer Security）のセキュリティ機能は，通信相手の認証を行った後，メッセージを暗号化したり，メッセージの改ざんを検知したりするための共通鍵を作成する。メッセージの改ざんを検知するためには，メッセージ認証コード（MAC；Message Authentication Code）を付加し，MACを検証することによって行われる。したがって，空欄アには"改ざん検知"が入る。

空欄イは，「SSL-VPNは，リバースプロキシ方式，ポートフォワーディング方式，　　イ　　方式の３方式がある」，「　　イ　　方式のSSL-VPNは，動的にポート番号が変わるアプリケーションプログラムでも社内のノードへのアクセスを可能にする」といった記述の中にある。SSL-VPNには，リバースプロキシ方式，ポートフォワーディング方式，L2フォワーディング方式と呼ばれる三つがある。したがって，空欄イには"L2フォワーディング"が入る。なお，L2フォワーディング方式は，データリンク層でカプセル化し，そのカプセル化したデータをSSL-VPNトンネルを利用して転送する方式である。このため，動的にポート番号が変わるアプリケーションプログラムでも社内のノードへのアクセスが可能になる。

空欄ウは，「ポートフォワーディング方式のSSL-VPNは，社内のノードに対してTCP又はUDPの任意の　　ウ　　へのアクセスを可能にする」という記述の中にある。ポートフォワーディング方式は，クライアントから送られてきたTLSメッセージをSSL-VPN装置で復号し，SSL-VPN装置では送られてきたTCPのポート番号から，事前に定義したポートマッピングテーブルを参照して，転送先となる社内のノードを決定し，社内のノードとの通信を行う方式である。つまり，ポートマッピングテーブルは，あらかじめ決められた待受けポートを任意の転送先ポートに変換できるので，社内のノードに対しては，TCP又はUDPの任意のポートへのアクセスを行わせることができる。したがって，空欄ウには"ポート"が入る。ただし，ポートフォワーディング方式では，接続可能なアプリケーション（社内のノード）が，一つのTCPポートだけで通信を行い，そのポートが固定されている必要がある。

空欄エは，「認証局（以下，CAという）によって発行された電子証明書には，②証明対象を識別する情報，有効期限，　　エ　　鍵，シリアル番号，CAのデジタル署名といった情報が含まれる」，「TLS プロトコルにおける鍵交換の方式には，クライア

ント側でランダムなプリマスタシークレットを生成して，サーバの RSA ［ エ ］鍵で暗号化してサーバに送付することで共通鍵の共有を実現する，RSA 鍵交換方式がある」といった記述の中にある。電子証明書に含まれる基本的な情報の一つは，証明対象を識別する情報（Subject）の公開鍵である。したがって，空欄エには"公開"が入る。

　空欄オは，「SSL-VPN 装置が RDP だけで利用されることを踏まえ，SSL-VPN の接続方式は ［ オ ］ 方式とする」という記述の中にある。空欄ウでも述べたように，一つの TCP ポートだけで通信を行い，そのポートが固定されているという制限を受ける方式は，ポートフォワーディング方式である。したがって，空欄オには"ポートフォワーディング"が入る。なお，リバースプロキシ方式は，〔SSL-VPN 技術調査とテレワーク環境への適用〕の 5 点目に「リバースプロキシ方式の SSL-VPN は，インターネットからアクセスできない社内の Web アプリケーションへのアクセスを可能にする」と記述されているので，利用できるアプリケーションは，HTTP 又は HTTPS に限られ，RDP のように TCP の 3389 番ポートを利用するアプリケーションに適用することはできない。

　空欄カは，「TLS1.3 で規定されている鍵交換方式は，［ カ ］，ECDHE，PSK の 3 方式である」という記述の中にある。TLS1.3 で規定されている鍵交換方式は，DHE（Ephemeral Diffie-Hellman），ECDHE（Ephemeral Elliptic Curve Diffie-Hellman），PSK（Pre-Shared Key）の三つである。したがって，空欄カには"DHE"が入る。

〔設問 2〕
(1)　この設問は，下線①について，同時に行われる二つのセキュリティ処理を答えるものである。なお，下線①を含む記述は，「一例を挙げると，TLS1.3 では AEAD（Authenticated Encryption with Associated Data）暗号利用モードの利用が必須となっており，セキュリティに関する二つの処理が同時に行われる」である。

　　TLS のセキュリティ機能としては，メッセージの暗号化と，メッセージの改ざん検知機能が挙げられるが，この二つの処理は，TLS1.2 までは別々に行われていた。そこで，TLS1.3 では，AEAD という暗号利用モードによって，メッセージの暗号化とメッセージ認証コード（MAC）の計算を同時に行う方式が採用されることになった。したがって，同時に行われる二つのセキュリティ処理としては"暗号化"，"メッセージ認証"の二つを答えるとよい。

(2)　この設問は，下線②について，電子証明書において識別用情報を示すフィールドの名称を答えるものである。なお，下線②を含む記述は，「認証局（以下，CA という）によって発行された電子証明書には，②証明対象を識別する情報，有効期限，公開（エ）鍵，シリアル番号，CA のデジタル署名といった情報が含まれる」である。

　　電子証明書において，証明対象を識別する情報は，Subject フィールドに記載される。例えば，Subject フィールドには，country, organization, organizational-unit, distinguished name qualifier, common name などが記載される。したがって，解答は "Subject" となる。

[設問 3]

(1) この設問は，下線③について，クライアント証明書で送信元の身元を一意に特定できる理由を，"秘密鍵" という用語を用いて 40 字以内で述べるものである。なお，下線③を含む記述は，「個人 PC から SSL-VPN 装置に接続を行う時に利用者のクライアント証明書が SSL-VPN 装置に送られ，SSL-VPN 装置はクライアント証明書を基にして接続元の身元特定を行う」である。

　　クライアント証明書は，クライアントの公開鍵の正当性を保証するために，CA（Certificate Authority）から発行される証明書であるが，〔SSL-VPN クライアント認証方式の検討〕の「クライアント証明書の発行」の 2 点目に「新しいクライアント証明書が必要なときは，利用者の公開鍵と秘密鍵を生成し，公開鍵から証明書署名要求（CSR）を作成して，CA サービスへ提出する。CA サービスは，クライアント証明書を発行してよいかどうかを K 社の管理者に確認するとともに，⑦CSRの署名を検証して，クライアント証明書を発行する」と記述されているように，クライアント証明書の発行は，本人確認を行った後に発行される。そして，公開鍵と秘密鍵の鍵ペアの作成は利用者本人が行う行為であり，クライアント証明書に対応する秘密鍵は，利用者本人しか所有していないものである。このため，クライアント証明書を検証すれば，本人しか所有していない秘密鍵の持ち主かどうかを確認できる。したがって，解答としては「クライアント証明書の公開鍵に対する秘密鍵は本人しか保有していない」旨を答えるとよい。

(2) この設問は，下線④について，クライアント証明書の検証のために，あらかじめ SSL-VPN 装置にインストールしておくべき情報を答えるものである。

　　クライアント証明書は，個人 PC から SSL-VPN 装置に対して送られる。その際，SSL-VPN 装置がクライアント証明書を検証するため，クライアント証明書の有効期間が切れていないこと，失効していないことのほか，ルート CA に至る検証パスが構築されることを確認する。そして，ルート CA に至る検証パスが構築されるかどうかは，トラストアンカー（電子的な認証手続きのために置かれる基点のこと）である CA のルート証明書を用いるので，SSL-VPN 装置には，あらかじめ CA のルート証明書をインストールしておくことが必要になる。したがって，解答は "CAのルート証明書" になる。

(3) この設問は，下線⑤について，検証によって低減できるリスクを，35 字以内で答えるものである。なお，下線⑤は「SSL-VPN 装置からサーバ証明書が個人 PC に送られ，個人 PC で検証される」である。

　　(2)項は，クライアント証明書の検証に関する設問であったが，(3)項はサーバ証明書の検証に関するものである。サーバ証明書の検証も，クライアント証明書の検証と基本的に変わることはないが，サーバ証明書の検証では，Subject フィールドのコモンネームなどと，個人 PC がアクセスした SSL-VPN 装置の FQDN（Fully

Qualified Domain Name）が一致しているかどうかを検証する。このため，クライアントが，なりすました SSL-VPN 装置に接続した場合には，接続した SSL-VPN 装置の FQDN と，サーバ証明書にあるコモンネームは一致しないので，なりすまされた SSL-VPN 装置へ接続してしまうリスクを低減することができる。したがって，解答としては「なりすまされた SSL-VPN 装置へ接続してしまうリスク」などのように答えるとよい。

(4) この設問は，下線⑥について，TLS1.3 で規定されている鍵交換方式に比べて，広く復号されてしまう通信の範囲に含まれるデータは何かを，“秘密鍵”と“漏えい”という用語を用いて，25 字以内で答えるものである。なお，下線⑥を含む記述は，「これらの方式は，秘密鍵が漏えいしてしまったときに不正に復号されてしまう通信のデータの範囲が大きいという問題があり，TLS1.3 以降では利用できなくなっている」である。

TLS1.2 までは RSA 鍵交換方式や，DH 公開鍵を静的に用いる方式も利用することができた。例えば，RSA の鍵交換方式を使う場合には，RSA の秘密鍵が危殆化しない限りは，変更されない。このため，RSA の秘密鍵が漏えいする以前に行われた暗号化通信のデータを攻撃者が保存していた場合には，クライアントとサーバとの間で交換されたプリマスタシークレットを復号され，それを基にして暗号化などを行った共通鍵を作成される可能性がある。このため，秘密鍵が漏えいする以前に行われた暗号化通信の全てのデータを解読されてしまう。したがって，解答としては「秘密鍵が漏えいする前に行われた通信のデータ」などのように答えるとよい。

なお，DHE や ECDHE は，そのセッションに限り暗号化などを行う共通鍵が作成されるので，万一，秘密鍵が漏えいした場合，影響を受ける通信データは，そのセッションで行われた通信データに限られる。このような性質のことを PFS（Perfect Forward Secrecy；前方秘匿性），又は FS と呼ぶ。

(5) この設問は，下線⑦について，利用者が CA サービスに CSR を提出するときに署名に用いる鍵と，CA サービスが CSR の署名の検証に用いる鍵は何かを，本文中の用語を用いてそれぞれ答えるものである。なお，下線⑦を含む記述は，「新しいクライアント証明書が必要なときは，利用者の公開鍵と秘密鍵を生成し，公開鍵から証明書署名要求（CSR）を作成して，CA サービスへ提出する。CA サービスは，クライアント証明書を発行してよいかどうかを K 社の管理者に確認するとともに，CSR の署名を検証して，クライアント証明書を発行する」である。

CSR（Certificate Signing Request）は，利用者自身が行う行為である。そのため，利用者が CA サービスに CSR を提出するときに署名に用いる鍵としては，利用者の秘密鍵が使用される。そして，CA サービスが CSR の署名の検証に用いる鍵は，CSR の署名の作成に利用者の秘密鍵が使用されているので，それと対なる利用者の公開鍵が使用される。したがって，署名に用いる鍵は“利用者の秘密鍵”，署名の検証に用いる鍵は“利用者の公開鍵”になる。

(6) この設問は，下線⑧について，証明書失効リストに含まれる，証明書を一意に識別することができる情報の名称を答えるものである。なお，下線⑧を含む記述は，

「証明書失効リストは，失効した日時とクライアント証明書を一意に示す情報のリストになっている」である。

証明書失効リスト（CRL；Certificate Revocation List）には，失効した日時とクライアント証明書のシリアル番号が記載される。したがって，解答は"シリアル番号"になる。

［設問 4］

(1) この設問は，下線⑨について，ユーザテーブルに含まれる情報を 40 字以内で答えるものである。なお，下線⑨を含む記述は，「SSL-VPN 装置のユーザテーブルは，SSL-VPN 接続時の処理に必要な情報が含まれるテーブルであり，仮想 PC の起動時に自動設定される」である。

まず，SSL-VPN 装置のユーザテーブルとは何かを確認する。表 1（図 2 の主要な構成要素）を見ると，SSL-VPN 装置の説明は「SSL-VPN 接続要求を受けて SSL-VPN トンネルの処理を行い，仮想 PC へ RDP 接続を中継する。この一連の処理を VPN 処理という。VPN 処理はユーザテーブルと NAT テーブルの二つのテーブルを利用する。DNAT 処理のための仮想的な宛先 IP アドレスである VIP が設定される」である。

次に，図 2（P 主任が考えたテレワーク環境）を見ると，個人 PC の VDI クライアントが localhost：3389 宛てに接続要求を送ると，個人 PC の SSL-VPN クライアントは，SSL-VPN 装置の VIP（仮想 IP アドレス）宛てに接続要求を転送する。そして，SSL-VPN 装置の DNAT（Destination Network Address Translation）処理では，宛先 IP アドレスを SSL-VPN 装置の VIP からそれぞれの利用者に対応する仮想 PC の IP アドレスに変換して，利用者の VDI クライアントと，VDI サーバの仮想 PC を接続させるという仕組みになっている。このように，同じ VIP 宛てに送られてくる接続要求を，それぞれの利用者に対応する仮想 PC に送るようにするためには，VDI 利用者が誰であるかという情報，例えば，利用者 ID と，その利用者の仮想 PC の IP アドレスを事前に対応付けておくことが必要であり，この対応関係を示すテーブルがユーザテーブルである。このため，ユーザテーブルには VDI 利用者の利用者 ID と，その利用者が利用する仮想 PC の IP アドレスの組が事前に登録されることになる（仮想 PC の起動時に自動設定される）。したがって，ユーザテーブルに含まれる情報としては，「VDI 利用者の利用者 ID とその利用者の仮想 PC の IP アドレスの組」などのように答えるとよい。

(2) この設問は，下線⑩について，検索のキーとなる情報はどこから得られるどの情報かを，25 字以内で答えるとともに，SSL-VPN 装置は，その情報をどのタイミングで得るかを，図 3 中の（I）～（X）の記号で答えるものである。なお，下線⑩を含む記述は，「SSL-VPN 装置は，⑩ユーザテーブルを検索して得られる IP アドレスを用いて，NAT テーブルのエントリを作成する」である。

〔SSL-VPN クライアント認証方式の検討〕の 1 点目に「K 社においては，社員番号を利用者 ID としてクライアント証明書に含めることにする」と記述されてい

る。また，表1の後に続く本文に「SSL-VPN装置のNATテーブルは，SSL-VPNクライアントからの通信を適切な仮想PCに振り向けるためのテーブルである。SSL-VPN装置がSSL-VPNトンネルからVIP宛てのパケットを受けると，適切な仮想PCのIPアドレスにDNAT処理して送る。この処理のためにNATテーブルがあり，SSL-VPNで認証処理中にエントリが作成される」，「IPアドレスプールは，SSL-VPNクライアントに付与するIPアドレスのためのアドレスプールであり，172.16.3.1〜172.16.3.254を設定する」と記述されている。

これらのことから，ユーザテーブルのエントリには，クライアント証明書にある利用者IDが存在している。そして，利用者IDをキーとしてユーザテーブルを検索すれば，利用者IDに対応する仮想PCのIPアドレスが判明する。このため，SSL-VPNクライアントに付与されたIPアドレスと，変換前の宛先IPアドレス（VIP），変換後の宛先IPアドレス（利用者の仮想PCのIPアドレス）の対応が，NATテーブルのエントリとして作成される。

したがって，検索のキーとなる情報はどこから得られるどの情報かについては，「クライアント証明書から得られる利用者ID情報」などのように答えるとよい。

次に，利用者IDはクライアント証明書に含まれているので，個人PCがSSL-VPN装置に対してクライアント証明書を送るタイミングを，図3（VDIクライアントから仮想PCまでの接続シーケンス（抜粋））で確認する。SSL-VPNクライアントがSSL-VPN装置にクライアント証明書を送信するシーケンスは，(Ⅷ)のCertificateである。したがって，タイミングは"Ⅷ"になる。

［設問5］
(1) この設問は，下線⑪について，P主任がECMPの利用を前提にしたコスト設定を行う目的を，30字以内で答えるものである。なお，下線⑪を含む記述は，「全てのL3SWでOSPFを動作させ，冗長経路のOSPFのコストを適切に設定することによって，OSPFのEqual Cost Multi-path機能（以下，ECMPという）が利用できると考え，図4に示すコスト設定を行うことにした」である。

〔ネットワーク冗長化の検討〕の7点目に「ネットワーク全体の経路制御はこれまでどおり，OSPFを利用し，OSPFエリアは全体でエリア0とする」と記述されている。このため，図4（P主任が考えた新たな冗長化構成（抜粋））のL3SWからL3SWに至る経路のコストが同じであれば，複数の経路を同時に使用できることが分かる。

本社のL3SW11からデータセンタのL3SW31に至る経路は，例えば，L3SW11→L2SW13→M社広域イーサネット→L2SW34→L3SW31という経路（コスト50）や，L3SW11→L2SW14→N社広域イーサネット→L2SW35→L3SW31という経路（コスト50）などがあり，ECMP機能によって，M社の広域イーサネットとN社の広域イーサネットの両方を利用できることが分かる。したがって，解答としては「M社とN社の広域イーサネットの両方を利用すること」などのように答えるとよい。

(2)　この設問は，下線⑫について，経路数とそのコストをそれぞれ答えるものである。
なお，下線⑫を含む記述は，「その場合，例えば L3SW11 のルーティングテーブル
上には，サーバセグメントへの同一コストの複数の経路が確認できる」である。

　　L3SW11 からサーバセグメントへの経路と，そのコストを示すと，次のようにな
る。

・L3SW11→L2SW13→M 社広域イーサネット→L2SW34→L3SW31→サーバセグ
メント（コスト 70）

・L3SW11→L2SW13→M 社広域イーサネット→L2SW34→L3SW32→サーバセグ
メント（コスト 70）

・L3SW11→L2SW14→N 社広域イーサネット→L2SW35→L3SW31→サーバセグ
メント（コスト 70）

・L3SW11→L2SW14→N 社広域イーサネット→L2SW35→L3SW32→サーバセグ
メント（コスト 70）

したがって，経路数は "4"，コストは "70" になる。

(3)　この設問は，下線⑬について，フローモードの方が通信品質への影響が少ないと
判断した理由を 35 字以内で述べるものである。なお，下線⑬を含む記述は，「P 主
任は，K 社の社内の PC と業務サーバ間の通信における通信品質への影響を考慮し
て，フローモードを選択することにした」である。

　　パケットモードとフローモードについては，ECMP の経路選択の仕様の 3 点目に
「パケットモードの場合，パケットごとにランダムに経路を選択し，フローモード
の場合は，送信元 IP アドレスと宛先 IP アドレスからハッシュ値を計算して経路選
択を行う」と記述されている。

　　このため，同コストの経路が複数存在する場合，パケットモードでは，パケット
ごとにランダムに経路が選択されるので，パケットが到着する順序は保証されない。
一方，フローモードでは，送信元 IP アドレスと宛先 IP アドレスからハッシュ値を
計算して経路選択を行うので，送信元 IP アドレスと宛先 IP アドレスが同じである
パケットは，同じ経路によって転送される。つまり，フローモードではパケットの
到着順序が逆転することは発生しにくいといえる。したがって，解答としては「フ
ローモードはパケット到着順序の逆転が起こりにくい」旨を答えるとよい。

(4)　この設問は，下線⑭について，利用率がほぼ均等になると判断した理由を L3SW
の ECMP の経路選択の仕様に照らして，45 字以内で述べるものである。なお，下
線⑭を含む記述は，「また，フローモードでも複数回線の利用率がほぼ均等になると
判断した」である。

　　(3)項でも述べたように，フローモードは，送信元 IP アドレスと宛先 IP アドレス
からハッシュ値を計算して経路選択を行うので，送信元 IP アドレスと宛先 IP アド
レスが同じであるパケットは，同じ経路によって転送される。しかし，送信元 IP
アドレスが同じでも宛先 IP アドレスが異なる場合，宛先 IP アドレスが同じでも送
信元 IP アドレスが異なる場合には，ハッシュ値も異なり，偏りが少なくなるので，
複数回線の利用率がほぼ均等になることが期待できる。したがって，解答としては

「送信元 IP アドレスと宛先 IP アドレスから計算したハッシュ値が偏らない」旨を答えるとよい。

(5) この設問は，下線⑮について，この設定による VRRP の動作を"優先度"という用語を用いて 40 字以内で述べるものである。なお，下線⑮を含む記述は，「図 5 において，L3SW31 と L3SW32 で VRRP を構成し，L3SW31 が VRRP マスタとなるように優先度を設定する。また，L3SW31 において，⑮図 5 中の a 又は b での障害をトラッキングするように VRRP の設定を行う。これによって，a 又は b のインタフェースでリンク障害が発生した場合でも，業務サーバから PC へのトラフィックの分散が損なわれないと考えた」である。

図 5（サーバセグメントに接続されている L3SW の冗長化）の例では，VRRP（Virtual Router Redundancy Protocol）グループが構成されているのは，L3SW31 と L3SW32，業務サーバが接続されている LAN 側だけである。このため，L3SW31 と L2SW34 を接続するインタフェース a がダウンしても，VRRP マスタは L3SW31 から L3SW32 へ切り替えられない。そこで，L3SW31 がインタフェース a のダウンを検出した際には，L3SW31 は自身の優先度を下げて VRRP 広告を送信するようにすれば，L3SW31 から L2SW32 への切替えが行われる。したがって，解答としては「インタフェースの障害を検知したときに L3SW31 の VRRP の優先度を下げる」旨を答えるとよい。

| 問2 | 仮想化技術の導入 | (R4春・NW 午後Ⅱ問2) |

【解答例】

[設問1]　(1)　ア：ハイパーバイザ　　イ：VRID　　ウ：255　　エ：A

　　　　　(2)　ホストサーバが停止した場合，AP仮想サーバが2台とも停止する。

　　　　　(3)　バックアップが，VRRPアドバタイズメントを決められた時間内に
　　　　　　　受信しなくなる。

[設問2]　(1)　外部ではコンテナサーバに付与したIPアドレスが利用されること
　　　　　　　はないから。

　　　　　(2)　ホストヘッダフィールド

　　　　　(3)　オ：192.168.0.98　　カ：8000

　　　　　(4)　宛先IPアドレス：172.16.0.16

　　　　　　　宛先ポート番号：80

[設問3]　(1)　① NAPT機能

　　　　　　　② ポートフォワード機能

　　　　　(2)　複数のIPアドレスを設定し，IPアドレスごとに専用APを識別す
　　　　　　　る仕組み

[設問4]　(1)　キ：エコー応答　　ク：SYN/ACK　　ケ：GET

　　　　　(2)　コンテナサーバa

　　　　　(3)　WebAPコンテナ（AP0a）

[設問5]　(1)　APのFQDNとIPアドレスをPCのhostsファイルに記載する。

　　　　　(2)　APサーバに対するPCからのアクセスがなくなっていることを確
　　　　　　　認する。

　　　　　(3)　キャッシュDNSサーバのDNSキャッシュを保持する時間が短くな
　　　　　　　る。

　　　　　(4)　① WebAPコンテナ2台が正しく構築されたことを確認するため。

　　　　　　　② 共用リバースプロキシの設定が正しく行われたことを確認する
　　　　　　　ため。

【解説】

　本問は，問題のテーマが示すように，現在の個別のAPサーバで構成したシステム
を，コンテナ仮想化技術を利用したWebアプリ（WebAP）へ移行する方式を検討す
る問題である。設問1は，VRRPの技術用語，VRRPのマスタが停止したとバックア
ップが判定する条件，2台のAP仮想サーバを同じホストサーバに収容した場合の問
題点を，設問2は，仮想ブリッジセグメントで同じIPアドレスを利用して問題ない
理由，WebAPを識別するためのHTTPリクエストヘッダは何かなどを答えるもので
ある。設問3は，専用APごとに確認が必要な仮想ルータのネットワーク機能と，同
じポート番号を使用する専用APを負荷分散するための仕組みを，設問4は，ping監
視，TCP接続監視，URL接続監視による監視の範囲などを答えるものである。設問5

では，PC に設定すべき内容，AP サーバ停止前に確認すること，TTL を短くすることによる効果，AP の動作確認を行う目的などが問われている。ネットワーク全般に関する技術知識を身に付けていれば，合格基準点をクリアできる問題であるといえる。

[設問 1]

(1) 空欄アは「ホストサーバでは，サーバ仮想化を実現するためのソフトウェアである　　ア　　が動作する。ホストサーバは仮想 SW をもち，NIC を経由して L2SW と接続する」という記述の中にある。サーバ仮想化を実現するためのソフトウェアは，一般にハイパーバイザと呼ばれている。したがって，空欄アには"ハイパーバイザ"が入る。

　　空欄イは，「一つの AP は 2 台の AP 仮想サーバで構成する。2 台の AP 仮想サーバでは，冗長構成をとるために VRRP バージョン 3 を動作させる。サーバセグメントでは複数の AP が動作するので，VRRP の識別子として AP ごとに異なる　　イ　　を割り当てる」という記述の中にある。2 台の AP（アプリケーションシステム）仮想サーバで，一つの VRRP（Virtual Router Redundancy Protocol）グループを構成する。そして，VRRP グループでは，同一の仮想 IP アドレスを用いて AP サーバにアクセスするため，一つの仮想 IP アドレスを共有するグループには VRID（Virtual Router ID）という識別番号が割り当てられる。したがって，空欄イには"VRID"が入る。なお，VRRP バージョン 3 は RFC 5798 として規格化されている。

　　空欄ウは，「VRRP の規格では，最大　　ウ　　組の仮想ルータを構成することができる」という記述の中にある。VRRP の規格において，VRID に割り当てられているビット数は，8 ビットである。このため，VRRP グループとしては最大 255（＝2^8-1）組（1〜255 の範囲で設定する仕様となっている）のグループ，つまり，仮想ルータを構成できる。したがって，空欄ウには"255"が入る。

　　空欄エは，「AP ごとに，コンテンツ DNS サーバにリソースレコードの一つである　　エ　　レコードとして VRRP で利用する仮想 IP アドレスを登録し，FQDN と IP アドレスの紐付けを定義する。PC にインストールされている Web ブラウザ及び専用クライアントソフトウェアは，DNS の　　エ　　レコードを参照して接続する AP の IP アドレスを決定する」という記述の中にある。DNS サーバのリソースレコードのうち，FQDN と IP アドレスの紐付けを定義するものは，A（Address）レコードである。したがって，空欄エには"A"が入る。

(2) この設問は，下線①について，2 台の AP 仮想サーバを同じホストサーバに収容した場合に起きる問題を可用性確保の観点から 40 字以内で述べるものである。なお，下線①は「可用性を確保するために，VRRP を構成する 2 台の AP 仮想サーバは，異なるホストサーバに収容するように設計する」である。

　　ホストサーバは，図 2（サーバ仮想化技術を利用した AP の構成）の説明にあるとおり，複数の AP 仮想サーバを収容する物理サーバである。このため，VRRP を構成する 2 台の AP 仮想サーバを，同じホストサーバに収容した場合，ホストサー

バが故障などして停止すると，AP 仮想サーバが 2 台とも停止し利用できなくなるので，可用性を確保できない。したがって，解答としては「ホストサーバが停止した場合，AP 仮想サーバが 2 台とも停止する」旨を答えるとよい。

(3) この設問は，下線②について，マスタが停止したとバックアップが判定する条件を 50 字以内で述べるものである。なお，下線②は「マスタとして動作している AP 仮想サーバが停止すると，バックアップとして動作している AP 仮想サーバがマスタに切り替わる」である。

　　VRRP は，デフォルトで 1 秒間隔ごとにマスタが VRRP 広告（アドバタイズメント）メッセージを送信する仕様になっている。しかし，マスタが停止すると，マスタから VRRP アドバタイズメントが送信されなくなる。このため，バックアップは，VRRP アドバタイズメントを決められた時間内（デフォルトでは 3 秒＋スキュー時間）に受信しなくなると，マスタが停止したと判断して，同じ VRRP グループ内のバックアップが，VRRP アドバタイズメントを送信し始める。その中で，最もプライオリティ値の高いバックアップがマスタとして動作し，マスタからバックアップに切り替えられるという仕組みである。したがって，マスタが停止したとバックアップが判定する条件としては，「バックアップが，VRRP アドバタイズメントを決められた時間内に受信しなくなる」旨を答えるとよい。

　　なお，スキュー時間は，(256－プライオリティ値)／256 によって計算される値であり，バックアップがもつプライオリティ値によって，VRRP アドバタイズメントを送信する時間を調整するために用いられるものである。つまり，バックアップの中で，プライオリティ値が大きいほど，VRRP アドバタイズメントを送信する時間が早くなるので，プライオリティ値の小さいバックアップが，VRRP アドバタイズメントを送信しなくてもよいようにしている。

[設問 2]

(1) この設問は，下線③について，複数ある全ての仮想ブリッジセグメントで同じ IP アドレスを利用して問題ない理由を 40 字以内で述べるものである。なお，下線③は「複数ある全ての仮想ブリッジセグメントには，同じ IP アドレスを割り当てる」である。

　　図 3（WebAP コンテナの構成）に続く本文の第 2 段落に「WebAP コンテナは，仮想ルータの上で動作する NAPT 機能と TCP や UDP のポートフォワード機能を利用して，PC や共用 DB サーバなどといった外部のホストと通信する」と記述されている。つまり，外部の PC などから WebAP コンテナにアクセスする場合は，仮想ルータに対して事前に決められたポート番号でアクセスすると，仮想ルータのポートフォワード機能によって，コンテナサーバ内の該当する WebAP コンテナに転送することができ，また，WebAP コンテナから外部の共用 DB サーバにアクセスする場合には，仮想ルータの NAPT 機能によって送信元 IP アドレスを変換してアクセスできることを意味している。例えば，外部の PC が WebAP コンテナ AP0a にアクセスする際には，コンテナサーバ a の仮想ルータの IP アドレス（表 3 の 172.

16.0.1）宛てに，WebAP コンテナ AP0a へのアクセス用のポート番号（表 4 では 8000 番）でアクセスすれば，仮想ルータがポートフォワード機能によって，WebAP コンテナ AP0a の IP アドレス（表 3 の 172.16.0.16）とポート番号（例えば 80 番）宛てに転送するので，PC から WebAP コンテナ AP0a に IP パケットが届けられる。このように，外部の PC は，コンテナサーバ内の仮想ブリッジセグメントに付与した IP アドレスを利用することなく，仮想ルータの IP アドレス宛てにアクセスすることによって，コンテナサーバ内の WebAP コンテナと通信できる。このため，複数あるコンテナサーバ内の仮想ブリッジセグメントに同じ IP アドレスを割り当てることが可能となる。したがって，解答としては「外部ではコンテナサーバに付与した IP アドレスが利用されることはない」旨を答えるとよい。

(2) この設問は，下線④について，共用リバースプロキシはどのヘッダフィールド情報から WebAP を識別するかを，15 字以内で答えるものである。なお，下線④を含む記述は，「共用リバースプロキシは負荷分散機能をもつ HTTP リバースプロキシとして動作し，クライアントからの HTTP リクエストを受け，ヘッダフィールド情報から WebAP を識別し，WebAP が動作する WebAP コンテナへ HTTP リクエストを振り分ける。振り分け先である WebAP コンテナは複数指定することができる」である。

クライアントが，共用リバースプロキシに接続する際には，TCP コネクションを確立した後，HTTP リクエストメッセージを送信する。リクエストヘッダの一つに Host ヘッダフィールドがあり，この Host ヘッダを用いれば，クライアントは接続したいサーバ（WebAP コンテナ）の FQDN を指定することができる。したがって，解答は "ホストヘッダフィールド" になる。

(3) この設問は，本文中の ┌ オ ┐ に入れる適切な IP アドレス，及び ┌ カ ┐ に入れる適切なポート番号を答えるものである。

空欄オは，PC が，表 4 中の AP0 と行う通信の例に関する次の記述の中にある。

---

(1) PC の Web ブラウザは，http://ap0.u-sha.com/へのアクセスを開始する。
(2) PC は DNS を参照して，ap0.u-sha.com の接続先 IP アドレスとして ┌ オ ┐ を取得する。
(3) PC は宛先 IP アドレスが ┌ オ ┐ ，宛先ポート番号が 80 番宛てへ通信を開始する。
(4) PC からのリクエストを受けた共用リバースプロキシは振り分けルールに従って振り分け先を決定する。

---

(4)から，PC からの HTTP リクエストを受けるのは，共用リバースプロキシである。このため，(1)～(3)は，PC の Web ブラウザが "ap0.u-sha.com" という FQDN の名前解決を行うと，DNS サーバには，ap0.u-sha.com の A レコードとして共用リバースプロキシの IP アドレスが登録されているので，その IP アドレスによって共用リバースプロキシにアクセスしていることが分かる。共用リバースプロキシの

IPアドレスは，表2（共用リバースプロキシ，コンテナサーバのIPアドレス割当表（抜粋））に192.168.0.98と記載されている。したがって，空欄オには"192.168.0.98"が入る。

空欄カは，次の記述の中にある。

---

(4) PCからのリクエストを受けた共用リバースプロキシは振り分けルールに従って振り分け先を決定する。
(5) 共用リバースプロキシは宛先IPアドレスが192.168.0.112，宛先ポート番号が ┌─── カ ───┐ 番宛てへ通信を開始する。
(6) 仮想ルータは宛先IPアドレスが192.168.0.112，宛先ポート番号が ┌─── カ ───┐ 番宛てへの通信について，⑤ポートフォワードの処理によって宛先IPアドレスと宛先ポート番号を変換する。

　PCは，ap0.u-sha.comという名前のサーバにアクセスするが，リバースプロキシは振り分けルールに従って振り分け先を決定する。つまり，表4からap0.u-sha.comという名前でアクセスがあると，リバースプロキシはWebAPコンテナ名のAP0aかAP0bのいずれかに振り分ける。宛先IPアドレスが192.168.0.112のときには，WebAPコンテナ（AP0a）に処理を振り分けるので，宛先ポート番号は8000を使用する。したがって，空欄カには"8000"が入る。

(4) この設問は，下線⑤について，変換後の宛先IPアドレスと宛先ポート番号を答えるものである。なお，下線⑤を含む記述は，「(6) 仮想ルータは宛先IPアドレスが192.168.0.112，宛先ポート番号が8000（カ）番宛てへの通信について，⑤ポートフォワードの処理によって宛先IPアドレスと宛先ポート番号を変換する」である。

　仮想ルータは，宛先IPアドレスが192.168.0.112，宛先ポート番号が8000番のIPパケットを受信すると，このIPパケットをWebAPコンテナ（AP0a）へ送信する必要がある。WebAPコンテナ（AP0a）のIPアドレスを確認すると，表3（仮想ブリッジセグメントaのIPアドレス割当表（抜粋））から，172.16.0.16であることが分かる。また，WebAPコンテナ（AP0a）は，「(1) PCのWebブラウザは，http://ap0.u-sha.com/へのアクセスを開始する」という記述から，80番ポートでHTTP通信を待ち受けていることが分かる。このため，仮想ルータは，8000番ポートで受信したIPパケットについて，IPアドレス＝172.16.0.16，ポート番号＝80というポートフォワードの処理を行って，仮想ブリッジセグメントに転送する必要がある。したがって，宛先IPアドレスは"172.16.0.16"，宛先ポート番号は"80"になる。

［設問3］
(1) この設問は，下線⑥について，専用APごとに確認が必要な仮想ルータのネットワーク機能を二つ答えるものである。なお，下線⑥を含むRさんの発言は，「専用

APですが，APサーバ上で動作する専用APと同じように，専用APコンテナとして動作させることができたとしても，PCや共用DBサーバなどといった外部のホストとの通信の際に，仮想ルータのネットワーク機能を使用しても専用APが正常に動作することを確認する必要があると考えています」である。

問題前文の「現在のU社ネットワーク構成の概要」の7点目に「APサーバ上で動作する多くのAPは，HTTP通信を利用してPCからアクセスされるAP（以下，WebAPという）であるが，TCP/IPを使った独自のプロトコルを利用してPCからアクセスされるAP（以下，専用APという）もある」と記述されている。このため，HTTPプロトコルを用いた場合には，図4（AP0aとAP1aに対するPCからのHTTP接続要求パケットの例）のとおり，WebAPコンテナ（AP0a），WebAPコンテナ（AP1a）に対して，PCからのアクセスを仮想ルータがもつNAPT機能とポートフォワード機能を用いてアクセスできることを確認している。同様に，PCから専用APに対してアクセスする場合も，仮想ルータがもつNAPT機能とポートフォワード機能を用いて，専用APコンテナにパケットが正しく転送されることを確認する必要がある。したがって，解答は"NAPT機能"，"ポートフォワード機能"になる。

なお，Rさんの下線⑥の発言を受け，O課長が「そうですね。専用APはAPごとに通信の仕方が違う可能性があります。APサーバと専用APコンテナの構成の違いによる影響を受けないことを確認する必要がありますね」と発言していることからも，仮想ルータがもつNAPT機能とポートフォワード機能を用いる方法で，専用APコンテナへのパケット転送が問題なくできることを確認することに同意しているといえる。

(2) この設問は，下線⑦について，どのような仕組みが必要かを40字以内で答えるものである。なお，下線⑦を含むO課長の発言は，「それと，同じポート番号を使用する専用APが幾つかあるので，これらの専用APに対応できる負荷分散機能をもつ製品が必要になります」である。

同じポート番号を使用する専用APが幾つかあるということは，例えば，プロトコルが異なる専用AP1や専用AP2，専用AP3などが，同じ2000番ポートを使用しているということである。WebAPの場合は，80番ポートでアクセスされればHTTP通信であると判別して，内容（HTTPヘッダなど）を解析して負荷分散処理を行うことができる。しかし，独自のプロトコルを使用する複数の専用APが同じ2000番ポートを使用している場合は，負荷分散機能をもつ製品が2000番ポートでアクセスされても，どの専用APのプロトコルが使用されているのか判別できず，内容を解析して負荷分散を行うことができない。このため，負荷分散機能をもつ製品に複数のIPアドレスを設定し，IPアドレスごとに専用APを識別する仕組みが必要になる。したがって，解答としては「複数のIPアドレスを設定し，IPアドレスごとに専用APを識別する仕組み」などのように答えるとよい。

［設問4］

(1) 空欄キは、「ping 監視は、監視サーバが監視対象の機器に対して ICMP のエコー要求を送信し、一定時間以内に　キ　を受信するかどうかで、IP パケットの到達性があるかどうかを確認する」という記述の中にある。IP パケットの到達性があるかどうかを確認するためには、監視対象の機器に対して ICMP のエコー要求を送信し、一定時間以内にエコー応答を受信するかどうかで判断される。したがって、空欄キには"エコー応答"が入る。

　　空欄クは、「TCP 接続監視では、監視サーバが監視対象の機器に対して SYN パケットを送信し、一定時間以内に　ク　パケットを受信するかどうかで、TCP で通信ができるかどうかを確認する」という記述の中にある。TCP のコネクション確立は、3 way ハンドシェイクによって行われるので、監視サーバが監視対象の機器に対して SYN パケットを送信し、一定時間以内に SYN/ACK パケットを受信するかどうかで判断される。したがって、空欄クには"SYN/ACK"が入る。

　　空欄ケは、「URL 接続監視では、監視サーバが監視対象の機器に対して HTTP　ケ　メソッドでリソースを要求し、一定時間以内にリソースを取得できるかどうかで HTTP サーバが正常稼働しているかどうかを確認する」という記述の中にある。Web サーバがもつリソースを取得するために使用されるメソッドは、GET メソッドである。したがって、空欄ケには"GET"が入る。

(2) この設問は、下線⑧について、表5中の項番2、項番4、項番7で障害検知し、それ以外は正常の場合、どこに障害が発生していると考えられるかを、表5中の字句を用いて障害箇所を答えるものである。なお、下線⑧は「表5のように複数の監視を組み合わせることによって、監視サーバによる障害検知時に、監視対象の状態を推測することができる」である。

　　表5（図3中の機器の監視方法（抜粋））中の項番2、項番4、項番7の監視方法は、次のとおりである。

項番2：コンテナサーバ a に対する ping 監視

項番4：WebAP コンテナ（AP0a）に対する TCP 接続監視

項番7：WebAP コンテナ（AP0a）に対する URL 接続監視

　　項番2で障害検知したので、コンテナサーバ a に対して ICMP のエコー要求を送信したにもかかわらず、コンテナサーバ a からのエコー応答がないので、コンテナサーバ a で障害が発生していると考えられる。このため、コンテナサーバ a 上に存在する WebAP コンテナへの TCP 接続監視（項番4）及び URL 接続監視（項番7）も失敗していると考えられる。したがって、解答は"コンテナサーバ a"になる。

(3) この設問は、下線⑧について、表5中の項番4、項番7で障害検知し、それ以外は正常の場合、どこに障害が発生していると考えられるかを、表5中の字句を用いて障害箇所を答えるものである。

　　この場合には、コンテナサーバ a に対する IP パケットの到達性は確認できており、WebAP コンテナ（AP0a）に対する TCP 接続監視に失敗しているので、WebAP コンテナ（AP0a）で障害が発生していると考えられる。したがって、解答は"WebAP

コンテナ（AP0a）"になる。

［設問5］
(1) この設問は，下線⑨について，WebAP コンテナで動作する AP の動作確認を行う
ために必要になる，テスト用の PC の設定内容を，DNS 切替えに着目して 40 字以
内で述べるものである。なお，下線⑨は「テスト用の PC を用いて動作確認を行う」
である。

　この設問のポイントは，DNS 切替えに着目してテスト用の PC の設定内容を述べ
ることである。表 6（WebAP の移行手順）を確認すると，項番 2 の「共用リバース
プロキシの設定」で「WebAP コンテナに合わせて振り分けルールの設定を行う」
とある。つまり，テスト用 PC がアクセスするサーバは，共用リバースプロキシで
あり，WebAP コンテナへの負荷分散は，共用リバースプロキシが行う。そのため，
テスト用の PC が共用リバースプロキシにアクセスするためには，テスト用の PC
において AP の FQDN を指定した際に，共用リバースプロキシの IP アドレスが得
られるようにする必要がある。しかし，動作確認の段階では，コンテンツ DNS サ
ーバには，AP の FQDN に対して AP サーバの IP アドレスが登録されており，共
用リバースプロキシの IP アドレスはまだ登録されていないことから，テスト用の
PC の hosts ファイルに，アクセスする WebAP コンテナの FQDN と IP アドレス（共
用リバースプロキシの IP アドレス）の対応関係を設定することが必要になる。し
たがって，解答としては「AP の FQDN と IP アドレスを PC の hosts ファイルに
記載する」旨を答えるとよい。
(2) この設問は，下線⑩について，AP サーバ停止前に確認する内容を 40 字以内で述
べるものである。なお，下線⑩は「停止して問題ないことを確認した後に AP サー
バを停止する」である。

　WebAP の移行手順に関して，O 課長の「今回の移行は AP サーバと WebAP コン
テナを並行稼働させて DNS レコードの書換えによって切り替えるのだね」という
発言を受け，R さんは，「そうです。同じ動作をするので，DNS レコードの書換え
が反映されるまでの並行稼働期間中，AP サーバと WebAP コンテナ，どちらにアク
セスが行われても問題ありません」と発言している。このため，AP サーバを停止
するに当たっては，AP サーバに対する PC からのアクセスがなくなっていること
を確認することが必要になる。したがって，解答としては「AP サーバに対する PC
からのアクセスがなくなっていることを確認する」旨を答えるとよい。
(3) この設問は，下線⑪について，TTL を短くすることによって何がどのように変化
するかを，40 字以内で述べるものである。下線⑪は，R さんの「あらかじめ，DNS
の TTL を短くしておく方が良いですね」という発言であるが，これは，O 課長の
「並行稼働期間を短くするために DNS 切替えの事前準備は何があるかな」という
発言を受けたものである。

　TTL は，キャッシュ DNS サーバが，キャッシュに保持する時間である。通常，
この TTL は 86,400 秒（24 時間）などに設定することが多いが，この場合，PC が

　AP の FQDN の名前解決を行った AP サーバの IP アドレスが，24 時間，キャッシュ DNS サーバに残され，移行後の並行稼働期間を 24 時間以上確保する必要がある。そこで，例えば，TTL を 3,600 秒（1 時間）に設定しておけば，キャッシュに残される時間が 1 時間と短くなるので，移行後の並行稼働期間を短くすることができる。したがって，解答としては「キャッシュ DNS サーバの DNS キャッシュを保持する時間が短くなる」旨を答えるとよい。

(4)　この設問は，下線⑫について，3 パターンそれぞれで AP の動作確認を行う目的を二つ挙げ，それぞれ 35 字以内で述べるものである。なお，下線⑫を含む R さんの発言は，「はい。WebAP コンテナ 2 台で構成する場合は，次の 3 パターンそれぞれで AP の動作確認を行います。一つ目は，全ての WebAP コンテナが正常に動作している場合，二つ目は，2 台のうち 1 台目だけ WebAP コンテナが停止している場合，最後は，2 台目だけ WebAP コンテナが停止している場合です。また，障害検知の結果から，正しく監視登録されたことの確認も行います」であるが，これは，O 課長の「動作確認はどのようなことを行うか詳しく教えてください」という発言を受けたものである。

　まず，動作確認であるという点に着目すると，表 6 の WebAP の移行手順のとおりに作業が実施され，項番 1 の「WebAP コンテナの構築」が，コンテナサーバ上に正しく構築されていることを確認することが必要になる。このため，WebAP コンテナ 2 台で構成する場合には，全ての WebAP コンテナが正常に動作している場合，2 台のうち 1 台目だけ WebAP コンテナが停止している場合，2 台目だけ WebAP コンテナが停止している場合のように，場合分けを行って動作確認を行うことによって，構築した全ての WebAP コンテナの動作確認を行うことができる。したがって，一つ目の解答としては「WebAP コンテナ 2 台が正しく構築されたことを確認するため」などのように答えるとよい。なお，WebAP コンテナ 3 台で構成する場合には，3 台とも正常に動作する場合，3 台のうち 1 台だけが停止し，残りの 2 台が正常に動作する場合（三つのパターンがある），3 台のうちの 2 台が停止し，残りの 1 台だけが正常に動作する場合（三つのパターンがある）というように，場合分けを行って動作確認を行うようにする。

　次に，WebAP コンテナ 2 台が正しく構築された後に，確認する必要のあることは，項番 2 の「共用リバースプロキシの設定」である。R さんの考えた 3 パターンで動作確認を行えば，共用リバースプロキシの設定が正しく行われ，2 台が正常に動作する場合には，2 台への負荷分散が行われ，1 台が停止している場合には，停止した WebAP コンテナへ負荷を振り分けないことを確認できる。したがって，二つ目の解答としては「共用リバースプロキシの設定が正しく行われたことを確認するため」などのように答えるとよい。

午後Ⅱ問題　IPA 発表の解答例

問1

出題趣旨
近年，企業におけるテレワーク導入が進みつつある。テレワークを実現するためには，社員が自宅にいながら会社の業務を安全に行えるネットワーク環境が求められる。そのために必要となる，重要なネットワーク技術の一つとして，VPN技術を挙げることができる。また，テレワークにおける情報漏えいリスクを避けるための方策として，仮想デスクトップ基盤（VDI）環境が利用されることも一般的である。 　本問では，企業におけるテレワーク実現のためのSSL-VPN環境の構築，VDI環境に関する技術的な考察，及び冗長ネットワーク構築を題材に，テレワーク時代に必要となるネットワーク構築スキルを問う。

設問			解答例・解答の要点	
設問1	ア		改ざん検知	
	イ		L2フォワーディング	
	ウ		ポート	
	エ		公開	
	オ		ポートフォワーディング	
	カ		DHE	
設問2	(1)	①	・暗号化	
		②	・メッセージ認証	
	(2)		Subject	
設問3	(1)		クライアント証明書の公開鍵に対する秘密鍵は本人しか保有していないから	
	(2)		CAのルート証明書	
	(3)		なりすまされたSSL-VPN装置へ接続してしまうリスク	
	(4)		秘密鍵が漏えいする前に行われた通信のデータ	
	(5)		**署名に用いる鍵**	利用者の秘密鍵
			署名の検証に用いる鍵	利用者の公開鍵
	(6)		シリアル番号	
設問4	(1)		VDI利用者の利用者IDとその利用者の仮想PCのIPアドレスの組	
	(2)		**情報**	クライアント証明書から得られる利用者ID情報
			タイミング	Ⅷ

設問 5	(1)		M 社と N 社の広域イーサネットの両方を利用すること
	(2)	経路数	4
		コスト	70
	(3)		フローモードはパケット到着順序の逆転が起こりにくいから
	(4)		送信元 IP アドレスと宛先 IP アドレスから計算したハッシュ値が偏らないから
	(5)		インタフェースの障害を検知した時に L3SW31 の VRRP の優先度を下げる。

採点講評

問 1 では，企業におけるテレワークのための SSL-VPN 環境の構築，仮想デスクトップ基盤（VDI）環境に関する技術的な考察，及び冗長ネットワーク構築を題材に，テレワーク時代に必要となるネットワークを構築するための技術について出題した。全体として正答率は平均的であった。

設問 3 は，TLS プロトコルのベースとなっている PKI 技術の基本や，クライアント証明書による認証の基本を問う問題であるが，(1)，(4)の正答率が低かった。基本的な事柄を理解していないと思われる解答が散見されたが，これらの技術は安全なネットワークの構築のために重要なので，正確に理解してほしい。

設問 5 は，OSPF の等コスト経路の経路選択や VRRP と合わせた冗長経路に関する問題であるが，(2)のうち，コストの正答率が低かった。OSPF による経路制御や VRRP と組み合わせた経路冗長化はよく利用されるので，理解を深めてほしい。

問2

出題趣旨

ハードウェア能力の拡大によってハイパーバイザによるサーバ仮想化技術は数多く利用されてきたが，近年では，ゲスト OS を必要とせず CPU やメモリなどの負荷が小さいなどリソースの無駄が少ないことや，アプリケーションプログラムの起動に要する時間を短くできるなどの理由でコンテナ仮想化技術の利用が進んでいる。

本問では，サーバ仮想化技術の利用やコンテナ仮想化技術の利用を題材に，ネットワーク構成に視点を置いて，可用性の確保方法やコンテナ仮想化技術を踏まえた監視方法，アプリケーションシステムの移行方法，移行する上での課題について問う。

設問			解答例・解答の要点
設問 1	(1)	ア	ハイパーバイザ
		イ	VRID
		ウ	255
		エ	A
	(2)		ホストサーバが停止した場合，AP 仮想サーバが 2 台とも停止する。
	(3)		バックアップが，VRRP アドバタイズメントを決められた時間内に受信しなくなる。

設問 2	(1)		外部ではコンテナサーバに付与した IP アドレスが利用されることはないから
	(2)		ホストヘッダフィールド
	(3)	オ	192.168.0.98
		カ	8000
	(4)	宛先 IP アドレス	172.16.0.16
		宛先ポート番号	80
設問 3	(1)	①	・NAPT 機能
		②	・ポートフォワード機能
	(2)		複数の IP アドレスを設定し, IP アドレスごとに専用 AP を識別する仕組み
設問 4	(1)	キ	エコー応答
		ク	SYN/ACK
		ケ	GET
	(2)		コンテナサーバ a
	(3)		WebAP コンテナ（AP0a）
設問 5	(1)		AP の FQDN と IP アドレスを PC の hosts ファイルに記載する。
	(2)		AP サーバに対する PC からのアクセスがなくなっていることを確認する。
	(3)		キャッシュ DNS サーバの DNS キャッシュを保持する時間が短くなる。
	(4)	①	・WebAP コンテナ 2 台が正しく構築されたことを確認するため
		②	・共用リバースプロキシの設定が正しく行われたことを確認するため

採点講評

　問 2 では，サーバ仮想化技術の利用やコンテナ仮想化技術の利用を題材に，ネットワーク構成に視点を置いて，可用性の確保方法やコンテナ仮想化技術を踏まえた監視方法，アプリケーションシステムの移行方法，移行する上での課題について出題した。全体として正答率は平均的であった。

　設問 1(3)は，正答率が低かった。VRRP は可用性確保のためによく利用される技術であり，動作原理について正確に理解してほしい。

　設問 2(2)は，正答率が低かった。HTTP のヘッダフィールド情報のうち，ホストヘッダフィールドを用いてアプリケーションを識別する技術はリバースプロキシでよく利用される。HTTP プロトコルの特徴を踏まえ理解を深めてほしい。

　設問 5(4)は，正答率が低かった。本問の動作確認を行う目的は，移行手順に記載の作業が正しく行われたことを確認するためである。共用リバースプロキシの動作確認だけに着目した解答が散見された。本文中に示された状況をきちんと読み取り，正答を導き出してほしい。

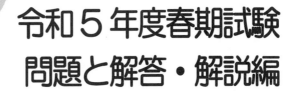

令和5年度春期試験 問題と解答・解説編

問題を解き，**解答・解説**でポイントを確認してください

令和5年度　春期
ITストラテジスト試験
システムアーキテクト試験
ネットワークスペシャリスト試験
ITサービスマネージャ試験
情報処理安全確保支援士試験
午前Ⅰ　問題【共通】

試験時間	9:30 ～ 10:20 （50分）

注意事項

1.　試験開始及び終了は，監督員の時計が基準です。監督員の指示に従ってください。試験時間中は，退室できません。
2.　試験開始の合図があるまで，問題冊子を開いて中を見てはいけません。
3.　**答案用紙への受験番号などの記入は，試験開始の合図があってから始めてください。**
4.　問題は，次の表に従って解答してください。

問題番号	問1 ～ 問30
選択方法	全問必須

5.　答案用紙の記入に当たっては，次の指示に従ってください。

　(1) 答案用紙は光学式読取り装置で読み取った上で採点しますので，B 又は HB の黒鉛筆で答案用紙の<u>マークの記入方法</u>のとおりマークしてください。マークの濃度がうすいなど，<u>マークの記入方法</u>のとおり正しくマークされていない場合は，読み取れないことがあります。特にシャープペンシルを使用する際には，マークの濃度に十分注意してください。訂正の場合は，あとが残らないように消しゴムできれいに消し，消しくずを残さないでください。

　(2) <u>受験番号欄に受験番号</u>を，<u>生年月日欄に受験票の生年月日</u>を記入及びマークしてください。答案用紙の<u>マークの記入方法</u>のとおりマークされていない場合は，採点されないことがあります。生年月日欄については，受験票の生年月日を訂正した場合でも，訂正前の生年月日を記入及びマークしてください。

　(3) **解答**は，次の例題にならって，**解答欄に一つだけマーク**してください。答案用紙の<u>マークの記入方法</u>のとおりマークされていない場合は，採点されません。

　〔例題〕　春期の情報処理技術者試験・情報処理安全確保支援士試験が実施される月はどれか。
　　　　ア　2　　　　イ　3　　　　ウ　4　　　　エ　5
　　　　正しい答えは“ウ　4”ですから，次のようにマークしてください。

注意事項は問題冊子の裏表紙に続きます。
こちら側から裏返して，必ず読んでください。

6. **問題に関する質問にはお答えできません。**文意どおり解釈してください。

7. 問題冊子の余白などは，適宜利用して構いません。ただし，問題冊子を切り離して利用することはできません。

8. 試験時間中，机上に置けるものは，次のものに限ります。

なお，会場での貸出しは行っていません。

受験票，黒鉛筆及びシャープペンシル（B 又は HB），鉛筆削り，消しゴム，定規，時計（時計型ウェアラブル端末は除く。アラームなど時計以外の機能は使用不可），ハンカチ，ポケットティッシュ，目薬

これら以外は机上に置けません。使用もできません。

9. 試験終了後，この問題冊子は持ち帰ることができます。

10. 答案用紙は，いかなる場合でも提出してください。回収時に提出しない場合は，採点されません。

11. 試験時間中にトイレへ行きたくなったり，気分が悪くなったりした場合は，手を挙げて監督員に合図してください。

12. 午前Ⅱの試験開始は <u>10:50</u> ですので，<u>10:30</u> までに着席してください。

試験問題に記載されている会社名又は製品名は，それぞれ各社又は各組織の商標又は登録商標です。

なお，試験問題では，™ 及び ® を明記していません。

©2023　独立行政法人情報処理推進機構

問題文中で共通に使用される表記ルール

各問題文中に注記がない限り，次の表記ルールが適用されているものとする。

〔論理回路〕

図記号	説明
⊐D⊐	論理積素子（AND）
⊐D○⊐	否定論理積素子（NAND）
⊐D⊐	論理和素子（OR）
⊐D○⊐	否定論理和素子（NOR）
⊐D⊐	排他的論理和素子（XOR）
⊐D○⊐	論理一致素子
▷	バッファ
▷○	論理否定素子（NOT）
▷	スリーステートバッファ
○□ □○	素子や回路の入力部又は出力部に示される○印は，論理状態の反転又は否定を表す。

問1　0以上255以下の整数 n に対して,

$$next(n) = \begin{cases} n+1 & (0 \leqq n < 255) \\ 0 & (n = 255) \end{cases}$$

と定義する。next(n) と等しい式はどれか。ここで, x AND y 及び x OR y は, それぞれ x と y を2進数表現にして, 桁ごとの論理積及び論理和をとったものとする。

ア　(n+1) AND 255　　　　　　　　イ　(n+1) AND 256
ウ　(n+1) OR 255　　　　　　　　　エ　(n+1) OR 256

問2　平均が60, 標準偏差が10の正規分布を表すグラフはどれか。

ア
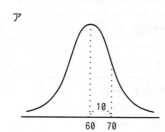

イ
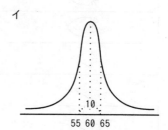

ウ
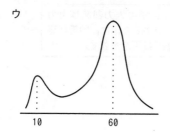

エ
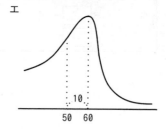

問3 配列に格納されたデータ 2, 3, 5, 4, 1 に対して，クイックソートを用いて昇順
に並べ替える。2 回目の分割が終わった状態はどれか。ここで，分割は基準値より小
さい値と大きい値のグループに分けるものとする。また，分割のたびに基準値はグル
ープ内の配列の左端の値とし，グループ内の配列の値の順番は元の配列と同じとする。

　ア　1, 2, 3, 5, 4
　イ　1, 2, 5, 4, 3
　ウ　2, 3, 1, 4, 5
　エ　2, 3, 4, 5, 1

問4 動作周波数 1.25GHz のシングルコア CPU が 1 秒間に 10 億回の命令を実行するとき，
この CPU の平均 CPI (Cycles Per Instruction) として，適切なものはどれか。

　ア　0.8　　　　　　イ　1.25　　　　　　ウ　2.5　　　　　　エ　10

問5 スケールインの説明として，適切なものはどれか。

　ア　想定される CPU 使用率に対して，サーバの能力が過剰なとき，CPU の能力を減ら
すこと
　イ　想定されるシステムの処理量に対して，サーバの台数が過剰なとき，サーバの台
数を減らすこと
　ウ　想定されるシステムの処理量に対して，サーバの台数が不足するとき，サーバの
台数を増やすこと
　エ　想定されるメモリ使用率に対して，サーバの能力が不足するとき，メモリの容量
を増やすこと

問6 ハッシュ表の理論的な探索時間を示すグラフはどれか。ここで，複数のデータが同じハッシュ値になることはないものとする。

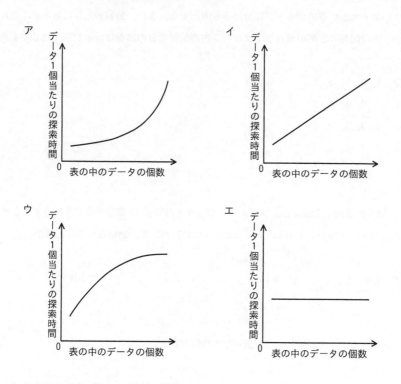

問7 NAND 素子を用いた次の組合せ回路の出力 Z を表す式はどれか。ここで，論理式中の "・" は論理積，"＋" は論理和，"X̄" は X の否定を表す。

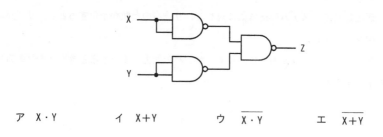

ア X・Y　　　　イ X＋Y　　　　ウ X・Y‾　　　　エ X＋Y‾

問8　コンピュータグラフィックスに関する記述のうち，適切なものはどれか。

ア　テクスチャマッピングは，全てのピクセルについて，視線と全ての物体との交点を計算し，その中から視点に最も近い交点を選択することによって，隠面消去を行う。

イ　メタボールは，反射・透過方向への視線追跡を行わず，与えられた空間中のデータから輝度を計算する。

ウ　ラジオシティ法は，拡散反射面間の相互反射による効果を考慮して拡散反射面の輝度を決める。

エ　レイトレーシングは，形状が定義された物体の表面に，別に定義された模様を張り付けて画像を作成する。

問9　UMLを用いて表した図のデータモデルのa，bに入れる多重度はどれか。

〔条件〕
(1) 部門には1人以上の社員が所属する。
(2) 社員はいずれか一つの部門に所属する。
(3) 社員が部門に所属した履歴を所属履歴として記録する。

	a	b
ア	0..*	0..*
イ	0..*	1..*
ウ	1..*	0..*
エ	1..*	1..*

問10 1個の TCP パケットをイーサネットに送出したとき，イーサネットフレームに含まれる宛先情報の，送出順序はどれか。

ア 宛先 IP アドレス，宛先 MAC アドレス，宛先ポート番号
イ 宛先 IP アドレス，宛先ポート番号，宛先 MAC アドレス
ウ 宛先 MAC アドレス，宛先 IP アドレス，宛先ポート番号
エ 宛先 MAC アドレス，宛先ポート番号，宛先 IP アドレス

問11 モバイル通信サービスにおいて，移動中のモバイル端末が通信相手との接続を維持したまま，ある基地局経由から別の基地局経由の通信へ切り替えることを何と呼ぶか。

ア テザリング   イ ハンドオーバー
ウ フォールバック   エ ローミング

問12 ボットネットにおいて C&C サーバが担う役割はどれか。

ア 遠隔操作が可能なマルウェアに，情報収集及び攻撃活動を指示する。
イ 攻撃の踏み台となった複数のサーバからの通信を制御して遮断する。
ウ 電子商取引事業者などへの偽のデジタル証明書の発行を命令する。
エ 不正な Web コンテンツのテキスト，画像及びレイアウト情報を一元的に管理する。

問13 デジタルフォレンジックスの手順は収集，検査，分析及び報告から成る。このとき，デジタルフォレンジックスの手順に含まれるものはどれか。

　　ア　サーバとネットワーク機器のログをログ管理サーバに集約し，リアルタイムに相関分析することによって，不正アクセスを検出する。

　　イ　サーバのハードディスクを解析し，削除されたログファイルを復元することによって，不正アクセスの痕跡を発見する。

　　ウ　電子メールを外部に送る際に，本文及び添付ファイルを暗号化することによって，情報漏えいを防ぐ。

　　エ　プログラムを実行する際に，プログラムファイルのハッシュ値と脅威情報を突き合わせることによって，プログラムがマルウェアかどうかを検査する。

問14 スパムメール対策として，サブミッションポート（ポート番号 587）を導入する目的はどれか。

　　ア　DNS サーバに SPF レコードを問い合わせる。

　　イ　DNS サーバに登録されている公開鍵を使用して，デジタル署名を検証する。

　　ウ　POP before SMTP を使用して，メール送信者を認証する。

　　エ　SMTP-AUTH を使用して，メール送信者を認証する。

問15 次に示すような組織の業務環境において，特定の IP セグメントの IP アドレスを幹部の PC に動的に割り当て，一部のサーバへのアクセスをその IP セグメントからだけ許可することによって，幹部の PC だけが当該サーバにアクセスできるようにしたい。利用するセキュリティ技術として，適切なものはどれか。

〔組織の業務環境〕

・業務ではサーバにアクセスする。サーバは，組織の内部ネットワークからだけアクセスできる。

・幹部及び一般従業員は同一フロアで業務を行っており，日によって席が異なるフリーアドレス制を取っている。

・各席には有線 LAN ポートが設置されており， PC を接続して組織の内部ネットワークに接続する。

・ネットワークスイッチ 1 台に全ての PC とサーバが接続される。

ア　IDS　　　　　　　　　　　　イ　IP マスカレード

ウ　スタティック VLAN　　　　　エ　認証 VLAN

問16 モジュールの独立性を高めるには，モジュール結合度を低くする必要がある。モジュール間の情報の受渡し方法のうち，モジュール結合度が最も低いものはどれか。

ア　共通域に定義したデータを関係するモジュールが参照する。

イ　制御パラメータを引数として渡し，モジュールの実行順序を制御する。

ウ　入出力に必要なデータ項目だけをモジュール間の引数として渡す。

エ　必要なデータを外部宣言して共有する。

問17 サーバプロビジョニングツールを使用する目的として，適切なものはどれか。

ア サーバ上のサービスが動作しているかどうかを，他のシステムからリモートで監視する。

イ サーバにインストールされているソフトウェアを一元的に管理する。

ウ サーバを監視して，システムやアプリケーションのパフォーマンスを管理する。

エ システム構成をあらかじめ記述しておくことによって，サーバを自動的に構成する。

問18 プロジェクトマネジメントにおける"プロジェクト憲章"の説明はどれか。

ア プロジェクトの実行，監視，管理の方法を規定するために，スケジュール，リスクなどに関するマネジメントの役割や責任などを記した文書

イ プロジェクトのスコープを定義するために，プロジェクトの目標，成果物，要求事項及び境界を記した文書

ウ プロジェクトの目標を達成し，必要な成果物を作成するために，プロジェクトで実行する作業を階層構造で記した文書

エ プロジェクトを正式に認可するために，ビジネスニーズ，目標，成果物，プロジェクトマネージャ，及びプロジェクトマネージャの責任・権限を記した文書

問19 過去のプロジェクトの開発実績に基づいて構築した作業配分モデルがある。システム要件定義からシステム内部設計までをモデルどおりに進めて228日で完了し、プログラム開発を開始した。現在、200本のプログラムのうち100本のプログラムの開発を完了し、残りの100本は未着手の状況である。プログラム開発以降もモデルどおりに進捗すると仮定するとき、プロジェクトの完了まで、あと何日掛かるか。ここで、プログラムの開発に掛かる工数及び期間は、全てのプログラムで同一であるものとする。

〔作業配分モデル〕

	システム要件定義	システム外部設計	システム内部設計	プログラム開発	システム結合	システムテスト
工数比	0.17	0.21	0.16	0.16	0.11	0.19
期間比	0.25	0.21	0.11	0.11	0.11	0.21

ア 140　　　　　イ 150　　　　　ウ 161　　　　　エ 172

問20 JIS Q 20000-1:2020(サービスマネジメントシステム要求事項)によれば、組織は、サービスレベル目標に照らしたパフォーマンスを監視し、レビューし、顧客に報告しなければならない。レビューをいつ行うかについて、この規格はどのように規定しているか。

ア SLAに大きな変更があったときに実施する。

イ あらかじめ定めた間隔で実施する。

ウ 間隔を定めず、必要に応じて実施する。

エ サービス目標の未達成が続いたときに実施する。

問21 システム監査基準（平成30年）における予備調査についての記述として，適切なものはどれか。

ア 監査対象の実態を把握するために，必ず現地に赴いて実施する。
イ 監査対象部門の事務手続やマニュアルなどを通じて，業務内容，業務分掌の体制などを把握する。
ウ 監査の結論を裏付けるために，十分な監査証拠を入手する。
エ 調査の範囲は，監査対象部門だけに限定する。

問22 システム監査基準（平成30年）における監査手続の実施に際して利用する技法に関する記述のうち，適切なものはどれか。

ア インタビュー法とは，システム監査人が，直接，関係者に口頭で問い合わせ，回答を入手する技法をいう。
イ 現地調査法は，システム監査人が監査対象部門に直接赴いて，自ら観察・調査する技法なので，当該部門の業務時間外に実施しなければならない。
ウ コンピュータ支援監査技法は，システム監査上使用頻度の高い機能に特化した，しかも非常に簡単な操作で利用できる専用ソフトウェアによらなければならない。
エ チェックリスト法とは，監査対象部門がチェックリストを作成及び利用して，監査対象部門の見解を取りまとめた結果をシステム監査人が点検する技法をいう。

問23 情報化投資計画において，投資効果の評価指標であるROIを説明したものはどれか。

ア 売上増やコスト削減などによって創出された利益額を投資額で割ったもの
イ 売上高投資金額比，従業員当たりの投資金額などを他社と比較したもの
ウ 現金流入の現在価値から，現金流出の現在価値を差し引いたもの
エ プロジェクトを実施しない場合の，市場での競争力を表したもの

問24 システム要件定義プロセスにおいて，トレーサビリティが確保されていることを説明した記述として，適切なものはどれか。

　ア　移行マニュアルや運用マニュアルなどの文書化が完了しており，システム上でどのように業務を実施するのかを利用者が確認できる。

　イ　所定の内外作基準に基づいて外製する部分が決定され，調達先が選定され，契約が締結されており，調達先を容易に変更することはできない。

　ウ　モジュールの相互依存関係が確定されており，以降の開発プロセスにおいて個別モジュールの仕様を変更することはできない。

　エ　利害関係者の要求の根拠と成果物の相互関係が文書化されており，開発の途中で生じる仕様変更をシステムに求められる品質に立ち返って検証できる。

問25　情報システムの調達の際に作成される RFI の説明はどれか。

　ア　調達者から供給者候補に対して，システム化の目的や業務内容などを示し，必要な情報の提供を依頼すること

　イ　調達者から供給者候補に対して，対象システムや調達条件などを示し，提案書の提出を依頼すること

　ウ　調達者から供給者に対して，契約内容で取り決めた内容に関して，変更を要請すること

　エ　調達者から供給者に対して，双方の役割分担などを確認し，契約の締結を要請すること

問26　バランススコアカードで使われる戦略マップの説明はどれか。

ア　切り口となる二つの要素を X 軸，Y 軸として，市場における自社又は自社製品の
　　ポジションを表現したもの
イ　財務，顧客，内部ビジネスプロセス，学習と成長という四つの視点を基に，課題，
　　施策，目標の因果関係を表現したもの
ウ　市場の魅力度，自社の優位性という二つの軸から成る四つのセルに自社の製品や
　　事業を分類して表現したもの
エ　どのような顧客層に対して，どのような経営資源を使用し，どのような製品・サ
　　ービスを提供するのかを表現したもの

問27　IoT を支える技術の一つであるエネルギーハーベスティングを説明したものはどれ
　　か。

ア　IoT デバイスに対して，一定期間のエネルギー使用量や稼働状況を把握して，電
　　力使用の最適化を図る技術
イ　周囲の環境から振動，熱，光，電磁波などの微小なエネルギーを集めて電力に変
　　換して，IoT デバイスに供給する技術
ウ　データ通信に利用するカテゴリ 5 以上の LAN ケーブルによって，IoT デバイスに
　　電力を供給する技術
エ　必要な時だけ，デバイスの電源を ON にして通信を行うことによって，IoT デバ
　　イスの省電力化を図る技術

問28 アグリゲーションサービスに関する記述として，適切なものはどれか。

ア 小売販売の会社が，店舗や EC サイトなどあらゆる顧客接点をシームレスに統合し，どの顧客接点でも顧客に最適な購買体験を提供して，顧客の利便性を高めるサービス

イ 物品などの売買に際し，信頼のおける中立的な第三者が契約当事者の間に入り，代金決済等取引の安全性を確保するサービス

ウ 分散的に存在する事業者，個人や機能への一括的なアクセスを顧客に提供し，比較，まとめ，統一的な制御，最適な組合せなどワンストップでのサービス提供を可能にするサービス

エ 本部と契約した加盟店が，本部に対価を支払い，販売促進，確立したサービスや商品などを使う権利を受け取るサービス

問29 原価計算基準に従い製造原価の経費に算入する費用はどれか。

ア 製品を生産している機械装置の修繕費用
イ 台風で被害を受けた製品倉庫の修繕費用
ウ 賃貸目的で購入した倉庫の管理費用
エ 本社社屋建設のために借り入れた資金の支払利息

問30 労働者派遣法において，派遣元事業主の講ずべき措置等として定められているものはどれか。

ア 派遣先管理台帳の作成
イ 派遣先責任者の選任
ウ 派遣労働者を指揮命令する者やその他関係者への派遣契約内容の周知
エ 労働者の教育訓練の機会の確保など，福祉の増進

令和5年度 春期
ネットワークスペシャリスト試験
午前II 問題

試験時間	10:50 〜 11:30 (40分)

注意事項

1. 試験開始及び終了は，監督員の時計が基準です。監督員の指示に従ってください。試験時間中は，退室できません。

2. 試験開始の合図があるまで，問題冊子を開いて中を見てはいけません。

3. **答案用紙への受験番号などの記入は，試験開始の合図があってから始めてください。**

4. 問題は，次の表に従って解答してください。

問題番号	問1 〜 問25
選択方法	全問必須

5. 答案用紙の記入に当たっては，次の指示に従ってください。

(1) 答案用紙は光学式読取り装置で読み取った上で採点しますので，B 又は HB の黒鉛筆で答案用紙の<u>マークの記入方法</u>のとおりマークしてください。マークの濃度がうすいなど，<u>マークの記入方法</u>のとおり正しくマークされていない場合は，読み取れないことがあります。特にシャープペンシルを使用する際には，マークの濃度に十分注意してください。訂正の場合は，あとが残らないように消しゴムできれいに消し，消しくずを残さないでください。

(2) <u>受験番号欄</u>に<u>受験番号</u>を，<u>生年月日欄</u>に受験票の<u>生年月日</u>を記入及びマークしてください。答案用紙の<u>マークの記入方法</u>のとおりマークされていない場合は，採点されないことがあります。生年月日欄については，受験票の生年月日を訂正した場合でも，訂正前の生年月日を記入及びマークしてください。

(3) <u>解答</u>は，次の例題にならって，<u>解答欄</u>に一つだけマークしてください。答案用紙の<u>マークの記入方法</u>のとおりマークされていない場合は，採点されません。

〔例題〕 春期の情報処理技術者試験が実施される月はどれか。

　　　ア 2　　　　イ 3　　　　ウ 4　　　　エ 5

　　　正しい答えは "ウ 4" ですから，次のようにマークしてください。

例題	⑦ ⑦ ● ⑦

注意事項は問題冊子の裏表紙に続きます。
こちら側から裏返して，必ず読んでください。

6. **問題に関する質問にはお答えできません。** 文意どおり解釈してください。

7. 問題冊子の余白などは，適宜利用して構いません。ただし，問題冊子を切り離して利用することはできません。

8. 試験時間中，机上に置けるものは，次のものに限ります。

  なお，会場での貸出しは行っていません。

  受験票，黒鉛筆及びシャープペンシル（B 又は HB），鉛筆削り，消しゴム，定規，時計（時計型ウェアラブル端末は除く。アラームなど時計以外の機能は使用不可），ハンカチ，ポケットティッシュ，目薬

  これら以外は机上に置けません。使用もできません。

9. 試験終了後，この問題冊子は持ち帰ることができます。

10. 答案用紙は，いかなる場合でも提出してください。回収時に提出しない場合は，採点されません。

11. 試験時間中にトイレへ行きたくなったり，気分が悪くなったりした場合は，手を挙げて監督員に合図してください。

12. 午後 I の試験開始は 12:30 ですので，12:10 までに着席してください。

試験問題に記載されている会社名又は製品名は，それぞれ各社又は各組織の商標又は登録商標です。

なお，試験問題では，™ 及び ® を明記していません。

©2023 独立行政法人情報処理推進機構

問1 PC などが IPv6 で通信を開始する際，IPv6 アドレスに対応する MAC アドレスを解決するために使用するプロトコルはどれか。

 ア ARP   イ DHCPv6   ウ ICMPv6   エ RARP

問2 高速無線通信で使われている多重化方式であり，データ信号を複数のサブキャリアに分割し，各サブキャリアが互いに干渉しないように配置する方式はどれか。

 ア CCK   イ CDM   ウ OFDM   エ TDM

問3 OSPF に関する記述のうち，適切なものはどれか。

 ア 経路選択方式は，エリアの概念を取り入れたリンクステート方式である。
 イ 異なる管理ポリシーが適用された領域間の，エクステリアゲートウェイプロトコルである。
 ウ ネットワークの状態に応じて動的にルートを変更することはできない。
 エ 隣接ノード間の負荷に基づくルーティングプロトコルであり，コストについては考慮されない。

問4 ネットワークで利用されるアルゴリズムのうち，TCP の輻輳制御アルゴリズムに該当するものはどれか。

 ア BBR (Bottleneck Bandwidth and Round-trip propagation time)
 イ HMAC (Hash-based Message Authentication Code)
 ウ RSA (Rivest-Shamir-Adleman cryptosystem)
 エ SPF (Shortest Path First)

問5　IPv4 ネットワークで TCP を使用するとき，フラグメント化されることなく送信できるデータの最大長は何オクテットか。ここで TCP パケットのフレーム構成は図のとおりであり，ネットワークの MTU は 1,500 オクテットとする。また，（　）内はフィールド長をオクテットで表したものである。

MACヘッダー (14)	IPヘッダー (20)	TCPヘッダー (20)	データ	FCS (4)

ア　1,446　　　　イ　1,456　　　　ウ　1,460　　　　エ　1,480

問6　平均ビット誤り率が 1×10^{-5} の回線を用いて，200,000 バイトのデータを 100 バイトずつの電文に分けて送信する。送信電文のうち，誤りが発生する電文の個数は平均して幾つか。

ア　2　　　　　　イ　4　　　　　　ウ　8　　　　　　エ　16

問7　IP ネットワークのルーティングプロトコルの一つである BGP-4 の説明として，適切なものはどれか。ここで，自律システムとは，単一のルーティングポリシーによって管理されるネットワークを示す。

ア　経由するルータの台数に従って最短経路を動的に決定する。サブネットマスクの情報を通知できないなどの理由で，大規模なネットワークに適用しにくい。

イ　自律システム間を接続するルーティングプロトコルとして規定され，経路が変化したときだけ，その差分を送信する。

ウ　自律システム内で使用され，距離ベクトルとリンクステートの両アルゴリズムを採用したルーティングプロトコルである。

エ　ネットワークをエリアと呼ぶ小さな単位に分割し，エリア間をバックボーンで結ぶ形態を採り，伝送路の帯域幅をパラメータとして組み込むことができる。

問8　IoT 向けのアプリケーション層のプロトコルである CoAP（Constrained Application Protocol）の特徴として，適切なものはどれか。

ア　信頼性よりもリアルタイム性が要求される音声や映像の通信に向いている。

イ　大容量で高い信頼性が要求されるデータの通信に向いている。

ウ　テキストベースのプロトコルであり，100 文字程度の短いメッセージの通信に向いている。

エ　パケット損失が発生しやすいネットワーク環境での，小電力デバイスの通信に向いている。

問9　図は IPv4 における IPsec のデータ形式を示している。ESP トンネルモードの電文中で，暗号化されているのはどの部分か。

新 IP ヘッダー	ESP ヘッダー	オリジナル IP ヘッダー	TCP ヘッダー	データ	ESP トレーラ	ESP 認証データ

ア　ESP ヘッダーから ESP トレーラまで

イ　TCP ヘッダーから ESP 認証データまで

ウ　オリジナル IP ヘッダーから ESP トレーラまで

エ　新 IP ヘッダーから ESP 認証データまで

問10　複数の VLAN を一つにまとめた単位でスパニングツリーを実現するプロトコルはどれか。

ア　BPDU　　　　　イ　GARP　　　　　ウ　MSTP　　　　　エ　RSTP

問11 IP ネットワークにおいて IEEE 802.1Q で使用される VLAN タグは図のイーサネットフレームのどの位置に挿入されるか。

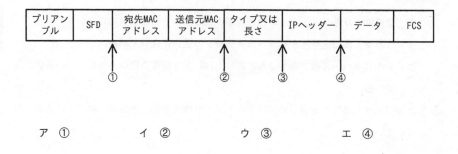

プリアンブル	SFD	宛先MACアドレス	送信元MACアドレス	タイプ又は長さ	IPヘッダー	データ	FCS

ア ①　　　　　　イ ②　　　　　　ウ ③　　　　　　エ ④

問12 10.8.64.0/20, 10.8.80.0/20, 10.8.96.0/20, 10.8.112.0/20 の四つのサブネットを使用する拠点を，他の拠点と接続する。経路制御に使用できる集約したネットワークアドレスのうち，最も集約範囲が狭いものはどれか。

ア 10.8.0.0/16　　　　　　　　　イ 10.8.0.0/17
ウ 10.8.64.0/18　　　　　　　　エ 10.8.64.0/19

問13 WebDAV の特徴はどれか。

ア HTTP 上の SOAP によってソフトウェア同士が通信して，ネットワーク上に分散したアプリケーションプログラムを連携させることができる。

イ HTTP を拡張したプロトコルを使って，サーバ上のファイルの参照，作成，削除及びバージョン管理が行える。

ウ Web アプリケーションから IMAP サーバにアクセスして，Web ブラウザから添付ファイルを含む電子メールの操作ができる。

エ Web ブラウザで "ftp://" から始まる URL を指定して，ソフトウェアなどの大きなファイルのダウンロードができる。

問14　5G移動無線サービスの技術や機器を利用したローカル5Gが推進されている。ローカル5Gの特徴のうち，適切なものはどれか。

ア　携帯電話事業者による5G移動無線サービスの電波が届かない場所に小型の無線設備を置き，有線回線で5G移動無線サービスの基地局と接続することによって，5G移動無線サービスエリアを拡大する。

イ　携帯電話事業者による5G移動無線サービスの一つであり，ビームアンテナの指向性を利用して，特定のエリアに対してサービスを提供する。

ウ　最新の無線技術による，5GHz帯を用いた新しい高速無線LANである。

エ　土地や建物の所有者は，電気通信事業者ではない場合でも，免許を取得すればローカル5Gシステムを構築することが可能である。

問15　日本国内において，無線LANの規格IEEE 802.11n及びIEEE 802.11acで使用される周波数帯の組合せとして，適切なものはどれか。

	IEEE 802.11n	IEEE 802.11ac
ア	2.4 GHz 帯	5 GHz 帯
イ	2.4 GHz 帯，5 GHz 帯	2.4 GHz 帯
ウ	2.4 GHz 帯，5 GHz 帯	5 GHz 帯
エ	5 GHz 帯	2.4 GHz 帯，5 GHz 帯

問16　ポリモーフィック型マルウェアの説明として，適切なものはどれか。

　　ア　インターネットを介して，攻撃者から遠隔操作される。

　　イ　感染ごとに自身のコードを異なる鍵で暗号化するなどの手法によって，過去に発見されたマルウェアのパターンでは検知されないようにする。

　　ウ　複数の OS 上で利用できるプログラム言語で作成され，複数の OS 上で動作する。

　　エ　ルートキットを利用して自身を隠蔽し，マルウェア感染が起きていないように見せかける。

問17　NTP を使った増幅型の DDoS 攻撃に対して，NTP サーバが踏み台にされることを防止する対策の一つとして，適切なものはどれか。

　　ア　NTP サーバの設定変更によって，NTP サーバの状態確認機能（monlist）を無効にする。

　　イ　NTP サーバの設定変更によって，自ネットワーク外の NTP サーバへの時刻問合せができないようにする。

　　ウ　ファイアウォールの設定変更によって，NTP サーバが存在するネットワークのブロードキャストアドレス宛てのパケットを拒否する。

　　エ　ファイアウォールの設定変更によって，自ネットワーク外からの UDP サービスへのアクセスは NTP だけを許す。

問18 インラインモードで動作するシグネチャ型 IPS の特徴はどれか。

ア IPS が監視対象の通信経路を流れる全ての通信パケットを経路外からキャプチャ
できるように通信経路上のスイッチのミラーポートに接続され，通常時の通信から
外れた通信を不正と判断して遮断する。

イ IPS が監視対象の通信経路を流れる全ての通信パケットを経路外からキャプチャ
できるように通信経路上のスイッチのミラーポートに接続され，定義した異常な通
信と合致する通信を不正と判断して遮断する。

ウ IPS が監視対象の通信を通過させるように通信経路上に設置され，通常時の通信
から外れた通信を不正と判断して遮断する。

エ IPS が監視対象の通信を通過させるように通信経路上に設置され，定義した異常
な通信と合致する通信を不正と判断して遮断する。

問19 認証にクライアント証明書を必要とするプロトコルはどれか。

　　ア EAP-FAST　　　イ EAP-MD5　　　ウ EAP-TLS　　　エ EAP-TTLS

問20 スパムメールの対策として，TCP ポート番号 25 への通信に対して ISP が実施する
OP25B の例はどれか。

ア ISP 管理外のネットワークからの通信のうち，スパムメールのシグネチャに合致
するものを遮断する。

イ ISP 管理下の動的 IP アドレスから ISP 管理外のネットワークへの直接の通信を
遮断する。

ウ メール送信元のメールサーバについて DNS の逆引きができない場合，そのメール
サーバからの通信を遮断する。

エ メール不正中継の脆弱性をもつメールサーバからの通信を遮断する。

問21 無線 LAN で使用される規格 IEEE 802.1X が定めているものはどれか。

ア アクセスポイントが EAP を使用して，クライアントを認証する枠組み

イ アクセスポイントが認証局と連携し，パスワードをセッションごとに生成する仕組み

ウ 無線 LAN に接続する機器のセキュリティ対策に関する WPS の仕様

エ 無線 LAN の信号レベルで衝突を検知する CSMA/CD 方式

問22 メモリインタリーブの説明として，適切なものはどれか。

ア 外部記憶装置を利用して，主記憶の物理容量を超えるメモリ空間をプログラムから利用可能にする。

イ 主記憶と磁気ディスク装置との間にバッファメモリを置いて，双方のアクセス速度の差を補う。

ウ 主記憶と入出力装置との間で CPU を介さずにデータ転送を行う。

エ 主記憶を複数のバンクに分けて，CPU からのアクセス要求を並列的に処理できるようにする。

問23 クラウドサービスで提供される FaaS に関する記述のうち，最も適切なものはどれか。

ア 利用者は，演算機能，ストレージ，ネットワークなどをクラウドに配置して使用することができる。

イ 利用者は，仮想化したデスクトップ環境を遠隔地の端末から使用することができる。

ウ 利用者は，クラウドサービス事業者が提供するアプリケーションプログラムを使用することができる。

エ 利用者は，プログラムの実行環境であるサーバの管理を意識する必要がなく，その実行環境を使用することができる。

問24 SysML の説明として，適切なものはどれか。

ア Web ページに，画像を使用せずに数式を表示するために用いられる，XML マークアップ言語

イ システムの設計及び検証を行うために用いられる，UML 仕様の一部を流用して機能拡張したグラフィカルなモデリング言語

ウ ハードウェアとソフトウェアとの協調設計（コデザイン）に用いられる，C 言語又は C++言語を基にしたシステムレベル記述言語

エ 論理合成して FPGA で動作させるハードウェア論理の記述に用いられる，ハードウェア記述言語

問25 マッシュアップを利用して Web コンテンツを表示する例として，最も適切なものは
どれか。

ア Web ブラウザにプラグインを組み込み，動画やアニメーションを表示する。

イ 地図上のカーソル移動に伴い，Web ページを切り替えずにスクロール表示する。

ウ 鉄道経路の探索結果上に，各鉄道会社の Web ページへのリンクを表示する。

エ 店舗案内の Web ページ上に，他のサイトが提供する地図検索機能を利用して得た
情報を表示する。

令和5年度　春期
ネットワークスペシャリスト試験
午後Ⅰ　問題

試験時間	12:30 ～ 14:00（1時間30分）

午後Ⅰ問題

注意事項

1. 試験開始及び終了は，監督員の時計が基準です。監督員の指示に従ってください。

2. 試験開始の合図があるまで，問題冊子を開いて中を見てはいけません。

3. **答案用紙への受験番号などの記入は，試験開始の合図があってから始めてください。**

4. 問題は，次の表に従って解答してください。

問題番号	問1 ～ 問3
選択方法	2問選択

5. 答案用紙の記入に当たっては，次の指示に従ってください。

　(1) B又はHBの黒鉛筆又はシャープペンシルを使用してください。

　(2) **受験番号欄に受験番号**を，生年月日欄に受験票の生年月日を記入してください。正しく記入されていない場合は，採点されないことがあります。生年月日欄については，受験票の生年月日を訂正した場合でも，訂正前の生年月日を記入してください。

　(3) **選択した問題**について，次の例に従って，**選択欄**の**問題番号**を○印で囲んでください。○印がない場合は，採点されません。3問とも○印で囲んだ場合は，はじめの2問について採点します。

　(4) 解答は，問題番号ごとに指定された枠内に記入してください。

　(5) 解答は，丁寧な字ではっきりと書いてください。読みにくい場合は，減点の対象になります。

〔問1，問3を選択した場合の例〕

注意事項は問題冊子の裏表紙に続きます。
こちら側から裏返して，必ず読んでください。

6. 退室可能時間中に退室する場合は，手を挙げて監督員に合図し，答案用紙が回収されてから静かに退室してください。

退室可能時間	13:10 ～ 13:50

7. **問題に関する質問にはお答えできません。** 文意どおり解釈してください。

8. 問題冊子の余白などは，適宜利用して構いません。ただし，問題冊子を切り離して利用することはできません。

9. 試験時間中，机上に置けるものは，次のものに限ります。

   なお，会場での貸出しは行っていません。

   受験票，黒鉛筆及びシャープペンシル（B 又は HB），鉛筆削り，消しゴム，定規，時計（時計型ウェアラブル端末は除く。アラームなど時計以外の機能は使用不可），ハンカチ，ポケットティッシュ，目薬

   これら以外は机上に置けません。使用もできません。

10. 試験終了後，この問題冊子は持ち帰ることができます。

11. 答案用紙は，いかなる場合でも提出してください。回収時に提出しない場合は，採点されません。

12. 試験時間中にトイレへ行きたくなったり，気分が悪くなったりした場合は，手を挙げて監督員に合図してください。

13. 午後 II の試験開始は 14:30 ですので，14:10 までに着席してください。

試験問題に記載されている会社名又は製品名は，それぞれ各社又は各組織の商標又は登録商標です。

なお，試験問題では，™ 及び ® を明記していません。

©2023　独立行政法人情報処理推進機構

問1 Web システムの更改に関する次の記述を読んで，設問に答えよ。

　G 社は，一般消費者向け商品を取り扱う流通業者である。インターネットを介して消費者へ商品を販売する EC サイトを運営している。G 社の EC サイトは，G 社データセンターに Web システムとして構築されているが，システム利用者の増加に伴って負荷が高くなってきていることや，機器の老朽化などによって，Web システムの更改をすることになった。

〔現行のシステム構成〕
　G 社のシステム構成を図 1 に示す。

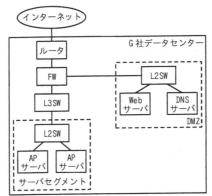

FW：ファイアウォール　L2SW：レイヤー 2 スイッチ　L3SW：レイヤー 3 スイッチ
AP サーバ：アプリケーションサーバ

図1　G 社のシステム構成（抜粋）

・Web システムは DMZ に置かれた Web サーバ，DNS サーバ及びサーバセグメントに置かれた AP サーバから構成される。
・EC サイトのコンテンツは，あらかじめ用意された静的コンテンツと，利用者からの要求を受けてアプリケーションプログラムで生成する動的コンテンツがある。
・Web サーバでは HTTP サーバが稼働しており，静的コンテンツは Web サーバから直接配信される。一方，AP サーバの動的コンテンツは，Web サーバで中継して配信される。この中継処理の仕組みを　　a　　プロキシと呼ぶ。

・DMZ の DNS サーバは，G 社のサービス公開用ドメインに対する　 b 　DNS サーバであると同時に，サーバセグメントのサーバがインターネットにアクセスするときの名前解決要求に応答する　 c 　DNS サーバである。

〔G 社 Web システム構成見直しの方針と実施内容〕

　G 社は，Web システムの更改に伴うシステム構成の変更について次の方針を立て，担当者として情報システム部の H さんを任命した。
・Web システムの一部のサーバを J 社が提供するクラウドサービスに移行する。
・通信の効率化のため，一部に HTTP/2 プロトコルを導入する。

　H さんは，システム構成変更の内容を次のように考えた。
・DMZ の Web サーバで行っていた処理を J 社クラウドサービス上の仮想サーバで行うよう構成を変更する。また，この仮想サーバは複数台で負荷分散構成にする。
・重要なデータが格納されている AP サーバは，現構成のまま G 社データセンターに残す。
・J 社の負荷分散サービス（以下，仮想 LB という）を導入する。仮想 LB は，HTTP リクエストに対する負荷分散機能をもち，HTTP/1.1 プロトコルと HTTP/2 プロトコルに対応している。
・Web ブラウザからのリクエストを受信した仮想 LB は，リクエストの URL に応じて AP サーバ又は Web サーバに振り分ける。
・Web ブラウザと仮想 LB との間の通信を HTTP/2 とし，仮想 LB と AP サーバ及び Web サーバとの間の通信を HTTP/1.1 とする。

　H さんが考えた Web ブラウザからサーバへのリクエストを図 2 に示す。

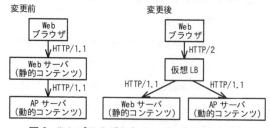

図 2　Web ブラウザからサーバへのリクエスト

Hさんは，次にHTTP/2プロトコルについて調査を行った。

〔HTTP/2の概要と特徴〕

HTTP/2は，HTTP/1.1との互換性を保ちながら主に通信の効率化を目的とした拡張が行われている。Hさんが注目したHTTP/2の主な特徴を次に示す。

・通信の多重化：HTTP/1.1には，同一のTCPコネクション内で通信を多重化する方式としてHTTPパイプラインがあるが，HTTP/2では，TCPコネクション内で複数のリクエストとレスポンスのやり取りを　　d　　と呼ばれる仮想的な通信路で多重化している。① HTTPパイプラインは，複数のリクエストが送られた場合にサーバが返すべきレスポンスの順序に制約があるが，HTTP/2ではその制約がない。

・ヘッダー圧縮：HPACKと呼ばれるアルゴリズムによって，HTTPヘッダー情報がバイナリフォーマットに圧縮されている。ヘッダーフィールドには，　　e　　，:scheme,　:pathといった必須フィールドがある。

・フロー制御：　　d　　ごとのフロー制御によって，一つの　　d　　がリソースを占有してしまうことを防止する。

・互換性：HTTP/2は，HTTP/1.1と互換性が保たれるように設計されている。一般的にHTTP/2は，HTTP/1.1と同じく"https://"のURIスキームが用いられる。そのため，通信開始処理において　　f　　プロトコルの拡張の一つである② ALPN (Application-Layer Protocol Negotiation) を利用する。

〔HTTP/2における通信開始処理〕

HTTP/2では，通信方法として，h2という識別子で示される方式が定義されている。その方式の特徴を次に示す。

・TLSを用いた暗号化コネクション上でHTTP/2通信を行う方式である。

・TLSのバージョンとして1.2以上が必要である。

・HTTP/2の通信を開始するときに，ALPNを用いて③クライアントとサーバとの間でネゴシエーションを行う。

Hさんが理解したh2の通信シーケンスを図3に示す。

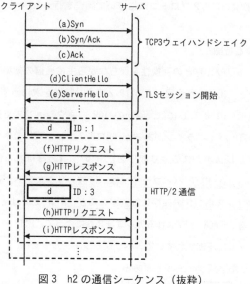

図3 h2の通信シーケンス（抜粋）

このシーケンスによって，上位プロトコルがHTTP/2であることが決定される。

〔新Webシステム構成〕

Hさんは新たなWebシステムの構成を考えた。Hさんが考えた新Webシステム構成を図4に示す。

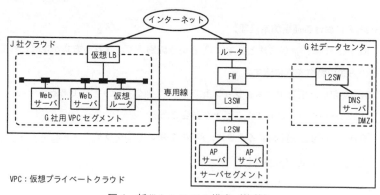

VPC：仮想プライベートクラウド

図4 新Webシステム構成（抜粋）

図 4 の新 Web システム構成に関する H さんの考えを次に示す。

・J 社クラウドの VPC サービスを用いて，G 社用 VPC を確保する。G 社用 VPC セグメントでは IP アドレスとして，172.21.10.0/24 を用いる。

・G 社用 VPC セグメントの仮想ルータと G 社データセンターの L3SW との間を，J 社が提供する専用線接続サービスを利用して接続する。専用線接続の IP アドレスとして，172.21.11.0/24 を用い，L3SW の IP アドレスを 172.21.11.1 とし，仮想ルータの IP アドレスを 172.21.11.2 とする。

・G 社データセンターと J 社クラウドとの間で通信できるように，L3SW 及び仮想ルータに表 1 の静的経路を設定する。

表 1　静的経路設定

機器	宛先ネットワーク	ネクストホップ
L3SW	ア	イ
仮想ルータ	0.0.0.0/0	ウ

・G 社用 VPC セグメント中に，仮想サーバを複数起動し，Web サーバとする。

・G 社用 VPC セグメントの Web サーバは静的コンテンツを配信する。

・G 社データセンターのサーバセグメントの AP サーバは動的コンテンツを配信する。

・Web サーバ及び AP サーバは，これまでと同様に G 社データセンターの DMZ の DNS サーバを利用して名前解決を行う。

　H さんは，J 社クラウドの仮想 LB の仕様について調べたところ，表 2 に示す動作モードがあることが分かった。

表 2　仮想 LB の動作モード

動作モード	説明
アプリケーションモード	レイヤー 7 で動作して負荷分散処理を行う。
ネットワークモード	レイヤー 4 で動作して負荷分散処理を行う。

④ H さんは，今回のシステム構成の変更内容を考慮して仮想 LB で設定すべき動作

<u>モードを決めた。</u>

　Hさんは，ここまでの検討内容を情報システム部長へ報告し，承認を得た。

設問1　本文中及び図3中の　　a　　～　　f　　に入れる適切な字句を答えよ。

設問2　〔HTTP/2 の概要と特徴〕について答えよ。

　(1)　本文中の下線①について，複数のリクエストを受けたサーバは，それぞれ
　　　のリクエストに対するレスポンスをどのような順序で返さなければならない
　　　か。35 字以内で答えよ。

　(2)　本文中の下線②について，ALPN を必要とする目的は何か。30 字以内で答え
　　　よ。

設問3　〔HTTP/2 における通信開始処理〕について答えよ。

　(1)　本文中の下線③について，h2 のネゴシエーションが含まれるシーケンス部
　　　分を，図3 中の(a)～(i)の記号で<u>全て</u>答えよ。

　(2)　本文中の下線③について，ネゴシエーションでクライアントから送られる
　　　情報は何か。35 字以内で答えよ。

設問4　〔新 Web システム構成〕について答えよ。

　(1)　表1 中の　　ア　　～　　ウ　　に入れる適切な IP アドレスを答えよ。

　(2)　本文中の下線④について，H さんが決めた動作モードを答えよ。また，そ
　　　の理由を"HTTP/2"という字句を用いて 35 字以内で答えよ。

問2　IP マルチキャストによる映像配信の導入に関する次の記述を読んで，設問に答えよ。

　　K 市は，人口 25 万人の中核市である。市内には一級河川があり，近年の異常気象による河川氾濫などの水害が問題となっている。このたび K 市では，災害対策強化の一つとして，撮影した映像を H.264 によって符号化して IPv4 ネットワークへ送信可能なカメラ（以下，IP カメラという）を河川・沿岸の主要 5 地点周辺に合計 20 台新設し，K 市庁舎の執務エリアへ高解像度リアルタイム配信を行うことになった。

　　本件の調査及び設計担当として，情報システム部の N 主任が任命された。

〔ネットワーク構成〕

　　N 主任は，① IP カメラの導入によって増加する通信量に着目し，通信帯域を効率良く使用するため，IP マルチキャストを用いて配信を行う構成を検討した。IP マルチキャストを用いることによって，映像は次のように配信される。

・映像の送信元（以下，ソースという）である IP カメラは，映像を符号化したデータ（以下，映像データという）をマルチキャストパケットとして送信する。

・ネットワーク機器は，マルチキャストパケットを複製して配信する。

・配信先であるレシーバは，マルチキャストパケットの映像データを映像へ復号し，大型モニターへ表示する。

　　N 主任が考えた K 市のネットワーク構成を図 1 に示す。

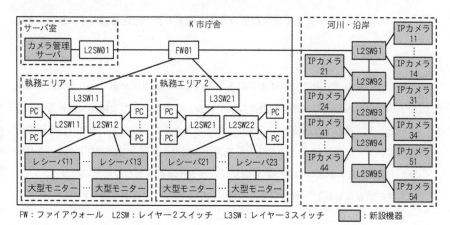

FW：ファイアウォール　L2SW：レイヤー2スイッチ　L3SW：レイヤー3スイッチ　[　]：新設機器

図1　N主任が考えたK市のネットワーク構成（抜粋）

図1の概要を次に示す。

(1) 既設機器

・FW及び各スイッチ間は，1000BASE-T又は1000BASE-SXで接続している。

・FWと各L3SW間は，OSPFによる動的ルーティングを行っている。

(2) 新設機器

・IPカメラは，河川・沿岸に新設するL2SWに接続する。

・新設するL2SWは，光ファイバを使用し，1000BASE-LXで接続する。

・IPカメラは，1台当たり8Mビット／秒で映像データを含むパケットを送信する。

・カメラ管理サーバは，IPカメラの死活監視，遠隔制御を行い，Webサーバ機能を
もつ。PCとはHTTPSで，IPカメラとは独自プロトコルでそれぞれ通信を行う。

・②レシーバ及び大型モニターは，各6台新設する。レシーバは，最大四つの映像
データを同時に受信し，大型モニターへ4分割で表示する。

・IPカメラ，レシーバ及び大型モニターの設置に当たっては，将来的な追加や更
新を考慮する。

(3) IPマルチキャスト

・マルチキャストルーティング用のプロトコルとして，PIM-SM（Protocol
Independent Multicast - Sparse Mode）及びPIM-SMの派生型であるSSM（Source-
Specific Multicast）を用いる。

- IP マルチキャストの配信要求プロトコルとして，IGMPv3 (Internet Group Management Protocol, Version 3) を用いる。
- 映像データを識別する情報の一つとして，グループアドレスを用いる。グループアドレスは，IP カメラが送信するマルチキャストパケットの宛先 IP アドレスなどに使用され，使用可能なアドレス範囲は決められている。
- 既設機器は，PIM-SM，SSM 及び IGMPv3 に対応している。

(4) IP カメラのアドレス設計
- ③全ての IP カメラに個別の IP アドレス及び同一のグループアドレスを使用する。

〔IP マルチキャストに関する調査及び設計〕

　K 市のネットワークを IP マルチキャストに対応させるため，N 主任が調査した内容を次に示す。

- IGMPv2 (Internet Group Management Protocol, Version 2) を使用する場合，レシーバはグループアドレスを指定して IP マルチキャストの配信要求を行う。
- IGMPv3 を使用する場合，レシーバは④ソースの IP アドレス及びグループアドレスを指定して IP マルチキャストの配信要求を行う。
- L2SW では，マルチキャストフレームを受信した際，同一セグメント上の受信インタフェース以外の全てのインタフェースへ　ア　　するので，通信帯域を無駄に使用し，接続先のインタフェースへ不必要な負荷を掛けてしまう。この対策機能として，　イ　　スヌーピングがある。L2SW のこの機能は，⑤レシーバから送信される Join や Leave のパケットを監視し，マルチキャストフレームの配信先の決定に必要な情報を収集する。

　IP カメラ 11 からレシーバ 11 への配信イメージを図 2 に示す。なお，図 2 中の (S, G) の S 及び G は，それぞれソースの IP アドレス及びグループアドレスを示す。

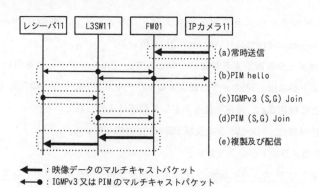

図2 IPカメラ11からレシーバ11への配信イメージ（抜粋）

凡例:
◀━━━ : 映像データのマルチキャストパケット
◀━━●━ : IGMPv3又はPIMのマルチキャストパケット

図2中の(a)～(e)の説明を次に示す。

(a) IPカメラ11は，映像データを自身のグループアドレス宛てに常時送信する。

(b) PIM-SMが有効化されたインタフェースでは，定期的にPIM helloが送信される。FW01及びL3SW11は，PIM helloを受信することでPIMネイバーの存在を発見する。

(c) レシーバ11は，IGMPv3メンバーシップレポートの(S,G) Joinを作成し，IGMP用に割り当てられたIP　ウ　アドレス宛てに送信する。

(d) L3SW11は，(S,G) Joinを基に(S,G)エントリを作成し，ユニキャストルーティングテーブルに基づき，ソースの方向であるFW01へPIMの(S,G) Joinを送信する。これによってディストリビューション　エ　が作成される。

(e) FW01は，IPカメラ11から受信したマルチキャストパケットを複製し，(S,G)エントリに登録された出力インタフェースへ配信を行う。L3SW11においても同様に，パケットの複製が行われ，レシーバ11へ配信される。

N主任は，調査結果を踏まえ，各機器に次の設定を行うことにした。

・FW01，L3SW11及びL3SW21では，マルチキャストルーティングを有効化し，全てのインタフェースにおいて　オ　を有効化する。

・L3SW11及びL3SW21では，マルチキャストルーティング用のプロトコルとして　カ　を有効化し，レシーバが接続されたL2SWと接続するインタフェースにおいて，IGMPv3を有効化する。

・K市庁舎の全てのL2SWでは，[イ]スヌーピングが有効になっていることを確認する。
・FW01では，IPカメラに設定したグループアドレスをもつマルチキャストパケットの通過を有効化し，表1に示すユニキャスト通信の許可ルールを有効化する。

表1　ユニキャスト通信の許可ルール

項番	通信経路	送信元	宛先	プロトコル/宛先ポート番号
1	サーバ室→河川・沿岸	[Ⅰ]	IPカメラ	（省略）
2	執務エリア1，2→サーバ室	PC	[Ⅰ]	TCP / [Ⅱ]

注記　FW01は，ステートフルパケットインスペクション機能をもつ。

〔追加指示への対応〕

　調査及び設計の結果について情報システム部長へ説明を行ったところ，PCでも映像を表示するよう指示があった。N主任は次の対応を行うことにした。
・⑥既設機器には，IPマルチキャストの設定を追加する。
・PCには，IGMPv3に対応し，映像データから映像へ[キ]する機能をもつソフトウェア製品を新たに導入する。

　PCに導入するソフトウェア製品は，映像を選択する方式として，デスクトップアプリケーション方式とWebブラウザ方式に対応している。デスクトップアプリケーション方式では，PC上でソフトウェア製品を起動し，ソフトウェア製品にIPカメラを登録すること及び登録済みのIPカメラを選択して映像を表示することができる。Webブラウザ方式では，PCのWebブラウザからカメラ管理サーバのWebページを開き，カメラ管理サーバに登録されたIPカメラを選択することによってソフトウェア製品が起動され，映像を表示することができる。
　N主任は，⑦デスクトップアプリケーション方式とWebブラウザ方式とを比較して，IPカメラの追加や更新における利点からWebブラウザ方式を採用することにした。

　N主任の設計は承認され，IPマルチキャストによる映像配信の導入が決定した。

設問1　本文中の ┃ ア ┃ ～ ┃ キ ┃ に入れる適切な字句を答えよ。

設問2　〔ネットワーク構成〕について答えよ。

(1)　本文中の下線①について，IP マルチキャストを用いずユニキャストで配信を行う場合の欠点を"ソース"と"レシーバ"という字句を用いて 35 字以内で答えよ。

(2)　本文中の下線②について，L2SW91 から FW01 へ流入するマルチキャストパケットの伝送レートの理論的な最大値を，M ビット／秒で答えよ。

(3)　本文中の下線③について，IGMPv3 ではなく IGMPv2 を使用するとした場合，考えられる IP カメラのアドレス設計を 45 字以内で答えよ。

設問3　〔IP マルチキャストに関する調査及び設計〕について答えよ。

(1)　本文中の下線④について，IGMPv2 と比較して，IGMPv3 がソースの IP アドレスとグループアドレスの二つを用いることによる利点を，"グループアドレス"という字句を用いて 25 字以内で答えよ。

(2)　本文中の下線⑤について，配信先の決定に必要な情報を二つ挙げ，本文中の字句で答えよ。

(3)　表 1 中の ┃ I ┃，┃ II ┃ に入れる適切な字句を答えよ。ここで，┃ I ┃ は図 1 中の機器名で，┃ II ┃ はウェルノウンポート番号で答えよ。

設問4　〔追加指示への対応〕について答えよ。

(1)　本文中の下線⑥について，(a)設定を追加する機器名，(b)設定を追加するインタフェースの接続先機器名，(c)プロトコル名をそれぞれ答えよ。ここで，機器名は図 1 中の字句で，プロトコル名は本文中の字句で答え，複数該当する場合は全て答えよ。

(2)　本文中の下線⑦について，Web ブラウザ方式の利点を 25 字以内で答えよ。

問3 高速無線 LAN の導入に関する次の記述を読んで，設問に答えよ。

A 専門学校では新校舎ビルを建設中で，その新校舎ビルの LAN システムの RFP が公示された。主な要件は次のとおりである。

- 新校舎ビルは 5 階建てで，3 階にマシン室，各階に 3 教室ずつ計 15 の教室がある。この LAN システムとして(ア)～(ケ)を提案すること

    (ア) 基幹レイヤー3 スイッチ（以下，基幹 L3SW という）のマシン室への導入

    (イ) サーバ用レイヤー2 スイッチ（以下，サーバ L2SW という）のマシン室への導入

    (ウ) フロア用レイヤー2 スイッチ（以下，フロア L2SW という）の各階への導入

    (エ) 無線 LAN アクセスポイント（以下，AP という）の各教室への導入

    (オ) 無線 LAN に接続する全ての端末（以下，WLAN 端末という）について，利用者認証を行うシステム（以下，認証システムという）のマシン室への導入

    (カ) WLAN 端末用 DHCP サーバのマシン室への導入

    (キ) インターネット接続用ファイアウォール（以下，FW という）のマシン室への導入

    (ク) 新校舎ビル内 LAN ケーブルの提供と敷設

    (ケ) 基幹 L3SW，サーバ L2SW，認証システム，DHCP サーバ及び FW に対する，故障交換作業及び設定復旧作業（以下，保守という）

- 基幹 L3SW とサーバ L2SW はそれぞれ 2 台の冗長構成とすること
- フロア L2SW と AP はシングル構成とし，A 専門学校の職員が保守を行う前提で，予備機を配備し保守手順書を準備すること
- AP は各教室に 1 台設置し，同じ階のフロア L2SW から PoE で電力供給すること
- 無線 LAN は Wi-Fi 4，Wi-Fi 5，Wi-Fi 6 の WLAN 端末を混在して接続可能とし，セキュリティ規格は WPA2 又は WPA3 を混在して利用できること
- 生徒及び教職員がノート PC を 1 人 1 台持ち込み，無線 LAN 接続することを前提に，事前に認証システムに利用者を登録し，接続時に認証することで無線 LAN に接続可能とすること。また，Web カメラなどの IoT 機器を無線 LAN に接続できること
- 1 教室当たり 50 人分のノート PC を無線 LAN に接続し，4K UHDTV 画質（1 時間当たり 7.2G バイト）の動画を同時に再生できること。なお，動画コンテンツは A 専門学

校が保有する計 4 台のサーバ（学年ごとに 2 台ずつ）で提供し，A 専門学校がサーバの保守を行っている。

・AP の状態及び WLAN 端末の接続状況（台数及び利用者）について，定常的に監視とログ収集を行い，職員が確認できること

A 専門学校の RFP 公示を受けて，システムインテグレータ X 社の C 課長は B 主任に提案書の作成を指示した。

〔Wi-Fi 6 の特長〕

B 主任は始めに Wi-Fi 6 について調査した。Wi-Fi の世代の仕様比較を表 1 に示す。

表 1　Wi-Fi の世代の仕様比較

	Wi-Fi 4	Wi-Fi 5	Wi-Fi 6
無線 LAN 規格	IEEE802.11n	IEEE802.11ac	IEEE802.11ax
最大通信速度（理論値）	600 Mbps	6.9 Gbps	9.6 Gbps
周波数帯	2.4 GHz 5 GHz（W52/W53/W56）	5 GHz（W52/W53/W56）	2.4 GHz 5 GHz（W52/W53/W56）
変調方式	64-QAM	256-QAM	1024-QAM
空間分割多重	MIMO	MU-MIMO 4 台（下り）	MU-MIMO 8 台（上り／下り）
多重方式	OFDM	OFDM	OFDMA

bps：ビット／秒　　　QAM：Quadrature Amplitude Modulation
MIMO：Multiple Input and Multiple Output　　OFDM：Orthogonal Frequency Division Multiplexing
MU-MIMO：Multi-User Multiple Input and Multiple Output　OFDMA：Orthogonal Frequency Division Multiple Access

(1)　通信の高速化

Wi-Fi 6 では，最大通信速度の理論値が 9.6 Gbps に引き上げられている。また，Wi-Fi 6 では 2.4 GHz 帯と 5 GHz 帯の二つの周波数帯によるデュアルバンドに加え，①5 GHz 帯を二つに区別し，2.4 GHz 帯と合わせて計三つの周波数帯を同時に利用できる[　　a　　]に対応した AP が多く登場している。なお，②5 GHz 帯の一部は気象観測レーダーや船舶用レーダーと干渉する可能性があるので，AP はこの干渉を回避するための DFS（Dynamic Frequency Selection）機能を実装している。

(2)　多数の WLAN 端末接続時の通信速度低下を軽減

Wi-Fi 6 では，送受信側それぞれ複数の[　　b　　]を用いて複数のストリームを

生成し，複数の WLAN 端末で同時に通信する MU-MIMO が拡張されている。また，OFDMA によってサブキャリアを複数の WLAN 端末で共有することができる。これらの技術によって，AP に WLAN 端末が密集した場合の通信効率を向上させている。

(3) セキュリティの強化

Wi-Fi 6 では，セキュリティ規格である WPA3 が必須となっている。個人向けの WPA3-Personal では，PSK に代わって SAE（Simultaneous Authentication of Equals）を採用することで WPA2 の脆弱性を改善し，更に利用者が指定した ┌─ c ─┐ の解読を試みる辞書攻撃に対する耐性を強化している。また，企業向けの WPA3-Enterprise では，192 ビットセキュリティモードがオプションで追加され，WPA2-Enterprise よりも高いセキュリティを実現している。

〔LAN システムの構成〕

次に B 主任は，新校舎ビルの LAN システムの提案構成を作成した。新校舎ビルの LAN システム提案構成を図1に示す。

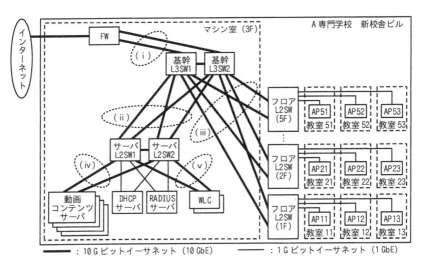

━━━ : 10 G ビットイーサネット（10 GbE）　──── : 1 G ビットイーサネット（1 GbE）
WLC：無線 LAN コントローラ
注記1　(ⅰ)〜(ⅴ) は，接続の区間を表す。設問3で使用する。
注記2　動画コンテンツサーバ及び WLC は，それぞれ 10 G ビットイーサネットが 2 本ずつ接続されている。

図1　新校舎ビルの LAN システム提案構成（抜粋）

次は，C課長とB主任がレビューを行った際の会話である。

C課長：始めに，無線LANでは三つの周波数帯をどのように利用しますか。

B主任：二つの5GHz帯にはそれぞれ異なるESSIDを付与し，生徒及び教職員のノートPCを半数ずつ接続します。2.4GHz帯は5GHz帯が全断した場合の予備，及び低優先の端末やIoT機器に利用します。

C課長：ノートPC1台当たりの実効スループットは確保できていますか。

B主任：はい，20MHz帯域幅チャネルを ┃ d ┃ によって二つ束ねた40MHz帯域幅チャネルによって，要件を満たす目途がついています。

C課長：運用中の監視はどのように行うのですか。

B主任：WLCを導入してAPの死活監視，利用者認証，WLAN端末接続の監視などを行い，これらの状態をA専門学校の職員がWLCの管理画面で閲覧できるように設定します。また，利用者認証後のWLAN端末の通信をWLCを経由せずに通信するモードに設定します。

C課長：分かりました。では次に有線LANの構成を説明してください。

B主任：APはフロアL2SWに接続し，PoEでフロアL2SWからAPへ電力供給します。PoEの方式はPoE+と呼ばれるIEEE802.3atの最大30Wでは電力不足のリスクがありますので， 　e　 と呼ばれるIEEE802.3btを採用します。

C課長：フロアL2SWとAPとの間は1Gbpsのようですが，ボトルネックになりませんか。

B主任：③ノートPCの台数と動画コンテンツの要件に従ってフロアL2SWとAPとの間のトラフィック量を試算してみたところ，1Gbps以下に収まると判断しました。

C課長：しかし，教室のAPが故障した場合，ノートPCは隣接教室のAPに接続することがありますね。そうなると1Gbpsは超えるのではないですか。

B主任：確かにその可能性はあります。それではフロアL2SWとAPとの間には ┃ f ┃ と呼ばれる2.5GBASE-Tか5GBASE-Tを検討してみます。

C課長：将来のWi-Fi6E認定製品への対応を考えると，10GBASE-Tも検討した方が良いですね。

B主任：承知しました。APの仕様や価格，敷設するLANケーブルの種類も考慮する必

要がありますので，コストを試算しながら幾つかの案を考えてみます。

C 課長：基幹部分の構成についても説明してください。

B 主任：まず，基幹部分及び高負荷が見込まれる部分は 10 GbE リンクを複数本接続します。そして，レイヤー2 ではスパニングツリーを設定してループを回避し，レイヤー3 では基幹 L3SW を VRRP（Virtual Router Redundancy Protocol）で冗長化する構成にしました。

C 課長：④スパニングツリーと VRRP では，高負荷時に 10 GbE リンクがボトルネックになる可能性がありますし，トラフィックを平準化するには設計が複雑になりませんか。

B 主任：おっしゃるとおりですので，もう一つの案も考えました。基幹 L3SW とサーバ L2SW はそれぞれ 2 台を　　g　　接続して論理的に 1 台とし，⑤サーバ，FW，WLC 及びフロア L2SW を含む全てのリンクを，スイッチをまたいだリンクアグリゲーションで接続する構成です。

C 課長：分かりました。この案の方が良いと思います。ほかの部分も説明してください。

B 主任：WLAN 端末への IP アドレス配布は DHCP サーバを使用しますので，基幹 L3SW には　　h　　を設定します。また，基幹 L3SW のデフォルトルートは上位の FW に指定します。

C 課長：⑥この LAN システム提案構成では，職員が保守を行った際にブロードキャストストームが発生するリスクがありますね。作業ミスに備えてループ対策も入れておいた方が良いと思います。

B 主任：承知しました。全てのスイッチでループ検知機能の利用を検討してみます。

　その他，様々な視点でレビューを行った後，B 主任は提案構成の再考と再見積りを行い，C 課長の承認を得た上で A 専門学校に提案した。

設問1　本文中の　　a　　～　　h　　に入れる適切な字句を答えよ。

設問2　〔Wi-Fi 6 の特長〕について答えよ。

　　(1)　本文中の下線①について，5 GHz 帯を二つに区別したそれぞれの周波数帯を表 1 中から二つ答えよ。また，三つの周波数帯を同時に利用できることの利

点を，デュアルバンドと比較して 30 字以内で答えよ。

(2) 本文中の下線②について，気象観測レーダーや船舶用レーダーと干渉する可能性がある周波数帯を表 1 中から二つ答えよ。また，気象観測レーダーや船舶用レーダーを検知した場合の AP の動作を 40 字以内で，その時の WLAN 端末への影響を 25 字以内で，それぞれ答えよ。

設問3 〔LAN システムの構成〕について答えよ。

(1) 本文中の下線③について，フロア L2SW と AP との間の最大トラフィック量を，Mbps で答えよ。ここで，通信の各レイヤーにおけるヘッダー，トレーラー，プリアンブルなどのオーバーヘッドは一切考慮しないものとする。

(2) 本文中の下線④について，C 課長がボトルネックを懸念した接続の区間はどこか。図 1 中の(i)～(v)の記号で答えよ。また，本文中の下線⑤について，リンクアグリゲーションで接続することでボトルネックが解決するのはなぜか。30 字以内で答えよ。

(3) 本文中の下線⑥について，A 専門学校の職員が故障交換作業と設定復旧作業を行う対象の機器を，図 1 中の機器名を用いて 3 種類答えよ。また，どのような作業ミスによってブロードキャストストームが発生し得るか。25 字以内で答えよ。

令和5年度　春期
ネットワークスペシャリスト試験
午後II　問題

試験時間	14:30 ～ 16:30（2時間）

注意事項

1. 試験開始及び終了は，監督員の時計が基準です。監督員の指示に従ってください。

2. 試験開始の合図があるまで，問題冊子を開いて中を見てはいけません。

3. **答案用紙への受験番号などの記入は，試験開始の合図があってから始めてください。**

4. 問題は，次の表に従って解答してください。

問題番号	問1，問2
選択方法	1問選択

5. 答案用紙の記入に当たっては，次の指示に従ってください。

   (1) B 又は HB の黒鉛筆又はシャープペンシルを使用してください。

   (2) 受験番号欄に受験番号を，生年月日欄に受験票の生年月日を記入してください。
   正しく記入されていない場合は，採点されないことがあります。生年月日欄については，受験票の生年月日を訂正した場合でも，訂正前の生年月日を記入してください。

   (3) 選択した問題については，次の例に従って，選択欄の問題番号を〇印で囲んでください。〇印がない場合は，採点されません。2問とも〇印で囲んだ場合は，はじめの1問について採点します。

   〔問2を選択した場合の例〕

   (4) 解答は，問題番号ごとに指定された枠内に記入してください。

   (5) 解答は，丁寧な字ではっきりと書いてください。読みにくい場合は，減点の対象になります。

注意事項は問題冊子の裏表紙に続きます。
こちら側から裏返して，必ず読んでください。

6. 退室可能時間中に退室する場合は，手を挙げて監督員に合図し，答案用紙が回収されてから静かに退室してください。

退室可能時間	15:10 ～ 16:20

7. **問題に関する質問にはお答えできません。**文意どおり解釈してください。

8. 問題冊子の余白などは，適宜利用して構いません。ただし，問題冊子を切り離して利用することはできません。

9. 試験時間中，机上に置けるものは，次のものに限ります。

なお，会場での貸出しは行っていません。

受験票，黒鉛筆及びシャープペンシル（B 又は HB），鉛筆削り，消しゴム，定規，時計（時計型ウェアラブル端末は除く。アラームなど時計以外の機能は使用不可），ハンカチ，ポケットティッシュ，目薬

これら以外は机上に置けません。使用もできません。

10. 試験終了後，この問題冊子は持ち帰ることができます。

11. 答案用紙は，いかなる場合でも提出してください。回収時に提出しない場合は，採点されません。

12. 試験時間中にトイレへ行きたくなったり，気分が悪くなったりした場合は，手を挙げて監督員に合図してください。

試験問題に記載されている会社名又は製品名は，それぞれ各社又は各組織の商標又は登録商標です。

なお，試験問題では，^{TM} 及び ® を明記していません。

©2023　独立行政法人情報処理推進機構

問1　マルチクラウド利用による可用性向上に関する次の記述を読んで，設問に答えよ。

　　A社は，従業員500人のシステム開発会社である。A社では，IaaSを積極的に活用して開発業務を行ってきたが，利用しているIaaS事業者であるB社で大規模な障害が発生し，開発業務に多大な影響を受けた。A社のシステム部では，利用するIaaS事業者をもう1社追加してマルチクラウド環境にし，本社を中心にネットワーク環境も含めた可用性向上に取り組むことになり，Eさんを担当者として任命した。

　　現在のA社のネットワーク構成を図1に示す。

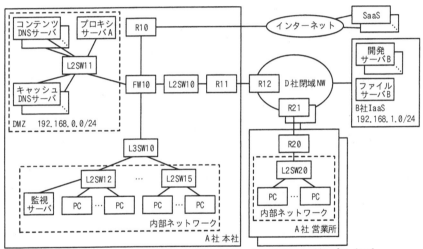

R：ルータ　　FW：ファイアウォール　　L2SW：レイヤー2スイッチ　　L3SW：レイヤー3スイッチ
D社閉域NW：回線事業者であるD社が提供する閉域ネットワークサービス

図1　現在のA社のネットワーク構成（抜粋）

　　図1の概要を次に示す。

・A社は本社と2か所の営業所で構成されている。

・D社閉域NWを利用して，本社と2か所の営業所を接続している。R11及びR20といったA社とD社閉域NWとを接続するルータは，D社からネットワークサービスとして提供されている。

・D社閉域NWとB社IaaSは相互接続しており，A社はD社閉域NW経由でB社IaaS

を利用している。

・A社ネットワークでは静的経路制御を利用している。

・B社からは，Webブラウザを利用した画面操作によって，IaaS上に仮想ネットワーク，仮想サーバを簡単に構築できる管理コンソールが提供されている。

・A社のシステム部は，受託した開発業務ごとに開発サーバBを構築し，A社の担当部門に引き渡している。開発サーバBの運用管理は担当部門で実施する。

・システム部は，共用のファイルサーバBを構築し，A社の全部門に提供している。

・A社の全部門で利用する電子メールやチャット，スケジューラーなどのオフィスアプリケーションソフトウェアはインターネット上のSaaSを利用している。これらのSaaSはHTTPS通信を用いている。

・A社の一部の部門では，担当する業務に応じてインターネット上のSaaSを独自に契約し，利用している。これらのSaaSでは送信元IPアドレスによってアクセス制限をしているものもある。これらのSaaSもHTTPS通信を用いている。

・プロキシサーバAは，従業員が利用するPCやサーバからインターネット向けのHTTP通信，HTTPS通信をそれぞれ中継する。従業員はプロキシサーバとしてproxy.a-sha.co.jpをPCのWebブラウザやサーバに指定している。

・A社は，本社設置のR10を経由してインターネットに接続している。FW10にはグローバルIPアドレスを付与しており，FW10を経由するインターネット宛ての通信はNAPT機能によってIPアドレスとポート番号の変換が行われる。

・キャッシュDNSサーバは，PCやサーバからの問合せを受け，ほかのDNSサーバへ問い合わせた結果を応答する。キャッシュDNSサーバは複数台設置されている。

・コンテンツDNSサーバは，PCやサーバのホスト名などを管理し，PCやサーバなどに関する情報を応答する。コンテンツDNSサーバは複数台設置されている。

・監視サーバは，ICMPを利用する死活監視（以下，ping監視という）を用いてDMZやIaaSにあるサーバの監視を行っている。監視サーバで検知された異常はシステム部の担当者に通知され，復旧作業などの必要な対応が行われる。

　システム部では，ネットワーク環境の可用性向上の要件を次のとおりまとめた。

・新規にC社のIaaSを契約し，B社IaaSと併せたマルチクラウド環境にし，D社閉域NW経由で利用する。

・A社本社とD社閉域NWとの接続回線を追加し，マルチホーム接続とする。

・インターネット接続を本社経由からD社閉域NW経由に切り替える。

可用性向上後のA社のネットワーク構成を図2に示す。

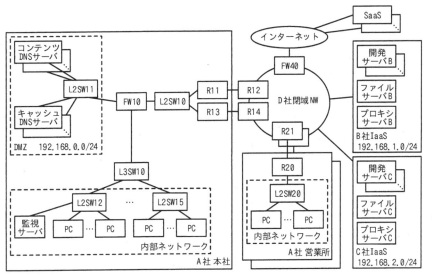

図2　可用性向上後のA社のネットワーク構成（抜粋）

〔B社とC社のIaaS利用〕

　C社からも，B社と同様に管理コンソールが提供されている。B社IaaSに構築された仮想ネットワーク，仮想サーバとC社IaaSに構築された仮想ネットワーク，仮想サーバはD社閉域NWを経由して相互に通信できる。

　Eさんは，B社とC社のIaaS利用方針を次のとおり策定した。

・C社IaaSにファイルサーバCを新たに構築し，ファイルサーバBと常に同期をとるように設定する。A社従業員はファイルサーバB又はファイルサーバCを利用する。

・B社IaaSにプロキシサーバBを，C社IaaSにプロキシサーバCを新たに構築し，プロキシサーバAから切り替える。

・B社IaaSを利用して開発サーバBを，C社IaaSを利用して開発サーバCを構築し，

A社の担当部門に引き渡す。

〔プロキシサーバの利用方法の検討〕

　Eさんは，IaaSに構築するプロキシサーバBとプロキシサーバCの利用方法を検討した。プロキシサーバの利用方法の案を表1に示す。

表1　プロキシサーバの利用方法の案

案	概要
案1	平常時はプロキシサーバBを利用し，プロキシサーバBに障害が発生した際にはプロキシサーバCを利用するように切り替える。
案2	平常時からプロキシサーバB及びプロキシサーバCを利用し，片方に障害が発生した際には正常稼働しているもう片方を利用するように切り替える。

　Eさんは，従業員が利用するプロキシサーバを，DNSの機能を利用して制御することを考えた。プロキシサーバに障害が発生した際には，DNSの機能を利用して切り替える。

　プロキシサーバに関するDNSゾーンファイルの記述内容を表2に示す。

表2　プロキシサーバに関するDNSゾーンファイルの記述内容

	DNSゾーンファイルの記述内容			
現在の設定	proxy.a-sha.co.jp.	IN A	192.168.0.145	; 従業員が指定するホスト
	proxya.a-sha.co.jp.	IN A	192.168.0.145	; プロキシサーバAのホスト
案1の初期設定	proxy.a-sha.co.jp.	IN A	192.168.1.145	; 従業員が指定するホスト
	proxya.a-sha.co.jp.	IN A	192.168.0.145	; プロキシサーバAのホスト
	proxyb.a-sha.co.jp.	IN A	192.168.1.145	; プロキシサーバBのホスト
	proxyc.a-sha.co.jp.	IN A	192.168.2.145	; プロキシサーバCのホスト
案2の初期設定	proxy.a-sha.co.jp.	IN A	192.168.1.145	; 従業員が指定するホスト
	proxy.a-sha.co.jp.	IN A	192.168.2.145	; 従業員が指定するホスト
	proxya.a-sha.co.jp.	IN A	192.168.0.145	; プロキシサーバAのホスト
	proxyb.a-sha.co.jp.	IN A	192.168.1.145	; プロキシサーバBのホスト
	proxyc.a-sha.co.jp.	IN A	192.168.2.145	; プロキシサーバCのホスト

注記　切替え期間中の設定を含む。

　Eさんは，プロキシサーバの監視運用について検討した。監視サーバで利用できる①ping監視では不十分だと考え，新たにTCP監視機能を追加し，プロキシサーバのアプリケーションプロセスが動作するポート番号にTCP接続可能か監視することにし

た。また，監視対象として，従業員がプロキシサーバとして指定するホストに加え
て，プロキシサーバA，プロキシサーバB，プロキシサーバCのホストを設定するこ
とにした。

次に，監視サーバでプロキシサーバBの異常を検知した際に，従業員がプロキシサ
ーバの利用を再開できるようにするための復旧方法として，②DNSゾーンファイルの
変更内容を案1，案2それぞれについて検討した。また，③平常時から proxy.a-
sha.co.jp に関するリソースレコードのTTLの値を小さくすることにした。

これらの検討の結果，プロキシサーバの負荷分散ができること，及びプロキシサ
ーバの有効活用ができることから案2の方が優れていると考え，Eさんは案2を採用
することにした。

さらに，Eさんは，自動でプロキシサーバを切り替えるために，④DNSとは異なる
方法で従業員が利用するプロキシサーバを切り替える方法も検討した。プロキシサ
ーバを利用する側の環境に依存することから，DNSゾーンファイルの書換えによる切
替えと併用することにした。

〔マルチホーム接続〕

次に，EさんはD社閉域NWとのマルチホーム接続について検討した。A社本社に増
設するルータ及び回線はD社からネットワークサービスとして提供される。マルチホ
ーム接続の設計についてD社担当者から説明を受けた。

D社担当者から説明を受けたマルチホーム接続構成を図3に示す。

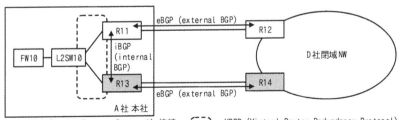

←→ : BGP (Border Gateway Protocol) 接続　　⌐ ¬ : VRRP (Virtual Router Redundancy Protocol)
注記　網掛け部分は，追加する機器を示す。

図3　D社担当者から説明を受けたマルチホーム接続構成（抜粋）

図3の概要は次のとおりである。

・本社とD社閉域NWとの間で，新たにR13と専用線がD社からネットワークサービスとして提供される。R11とR13とを併せてマルチホーム接続とする。

・増設する専用線の契約帯域幅は既設の専用線と同じにし，平常時は既設の専用線を利用し，障害発生時には増設する専用線を利用する。

・既存のR11とR12は，静的経路制御からBGPによる動的経路制御に変更する。

・R11とR12との間，R13とR14との間はeBGPで接続する。⑤ R11とR13との間はiBGPで接続し，あわせてnext-hop-self設定を行う。

・R11とR13との間ではVRRPを利用する。FW10はVRRPで定義する仮想IPアドレスをネクストホップとして静的経路設定を行う。

D社担当者からの説明を受けたEさんは，BGPについて調査した。

RFC 4271で規定されているBGPは，[a]間の経路交換のために作られたプロトコルで，TCPポート179番を利用して接続し，経路交換を行う。経路交換を行う隣接のルータを[b]と呼ぶ。BGPで交換されるメッセージは4タイプあり，表3に示す。

表3　BGPで交換されるメッセージ

タイプ	名称	説明
1	OPEN	BGP接続開始時に交換する。 自AS番号，BGPID，バージョンなどの情報を含む。
2	[c]	経路情報の交換に利用する。 経路の追加や削除が発生した場合に送信される。
3	NOTIFICATION	エラーを検出した場合に送信される。
4	[d]	BGP接続の確立やBGP接続の維持のために交換する。

経路制御は，[c]メッセージに含まれるBGPパスアトリビュートの一つであるLOCAL_PREFを利用して行うとの説明をD社担当者から受けた。LOCAL_PREFは，iBGPピアに対して通知する，外部のASに存在する宛先ネットワークアドレスの優先度を定義する。BGPでは，ピアリングで受信した経路情報をBGPテーブルとして構成し，最適経路選択アルゴリズムによって経路情報を一つだけ選択し，ルータの[e]に反映する。LOCAL_PREFの場合では，最も[f]値をもつ経路情

報が選択される。

　また，E さんは，D 社担当者から静的経路制御から BGP による動的経路制御に構成変更する手順の説明を受けた。この時，⑥BGP の導入を行った後に VRRP の導入を行う必要があるとの説明だった。E さんが説明を受けた手順を表 4 に示す。

表 4　E さんが説明を受けた手順

項番	作業内容
1	R13 及び R14 を増設する。
2	R13 と増設する専用線とを接続する。 R14 と増設する専用線とを接続する。 R13 と L2SW10 とを接続する。
3	R13 及び R14 のインタフェースに IP アドレスを設定する。
4	⑦増設した機器や回線に故障がないことを確認するために ping コマンドで試験を行う。
5	R11～R14 に BGP の設定を追加する。ただし，この時点では BGP 接続は確立しない。
6	全ての BGP 接続を確立させ，送受信する経路情報が正しいことを確認する。
7	⑧ R11 及び R12 の不要になる静的経路制御の経路情報を削除する。
8	R11 と R13 との間の VRRP で利用する新しい仮想 IP アドレスを割り当て，VRRP を構成する。
9	FW10 において VRRP で利用する仮想 IP アドレスをネクストホップとする静的経路制御の経路情報を設定する。
10	FW10 で不要になる静的経路制御の経路情報を削除する。

　E さんは，設計どおりにマルチホームによる可用性向上が実現できたかどうかを確認するための障害試験を行うことにし，⑨想定する障害の発生箇所と内容を障害一覧としてまとめた。

〔インターネット接続の切替え〕

　次に，E さんはインターネット接続を本社経由から D 社閉域 NW 経由へ切り替えることについて検討した。

　インターネット接続の切替え期間中の構成を図 4 に示す。

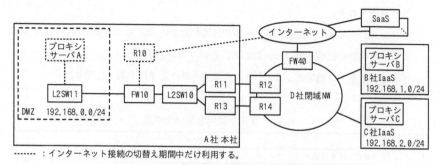

------- : インターネット接続の切替え期間中だけ利用する。

図4　インターネット接続の切替え期間中の構成（抜粋）

　FW40 を使ってインターネット接続する。FW40 は D 社からネットワークサービスと
して提供される。FW40 には新たにグローバル IP アドレスが割り当てられる。FW40 を
経由するインターネット宛ての通信は NAPT 機能によって IP アドレスとポート番号の
変換が行われる。A 社とインターネットとの通信を，R10 経由から FW40 経由になるよ
うにインターネット接続を切り替える。

　E さんは，設定変更の作業影響による通信断時間を極力短くするために，⑩FW10
の設定変更は D 社閉域 NW の設定変更とタイミングを合わせて実施する必要があると
考えた。

　E さんは，⑪インターネット接続の切替えを行うと一部の部門で業務に影響がある
と考えた。対策として，全てのインターネット宛ての通信は FW40 経由へと切り替え
るが，⑫一定期間，プロキシサーバ A からのインターネット宛ての通信だけは既存の
R10 経由になるようにする。あわせて，E さんは，業務に影響がある一部の部門には
切替え期間中はプロキシサーバ A が利用可能なことを案内するとともに，⑬恒久対応
として設定変更の依頼を事前に行うことにした。

　E さんは，プロキシサーバ A のログを定期的に調査し，利用がなくなったことを確
認した後に，プロキシサーバ A を廃止することにした。

　E さんが検討した可用性向上の検討案は承認され，システム部では可用性向上プロ
ジェクトを開始した。

設問1　〔プロキシサーバの利用方法の検討〕について答えよ。

(1)　表2中の案2の初期設定について，負荷分散を目的として一つのドメイン名に対して複数のIPアドレスを割り当てる方式名を答えよ。

(2)　本文中の下線①について，ping監視では不十分な理由を40字以内で答えよ。

(3)　本文中の下線②について，表2の案1の初期設定を対象に，ドメイン名proxy.a-sha.co.jp.の書換え後のIPアドレスを答えよ。

(4)　本文中の下線③について，TTLの値を小さくする目的を40字以内で答えよ。

(5)　本文中の下線④について，DNSとは異なる方法を20字以内で答えよ。また，その方法の制限事項を，プロキシサーバを利用する側の環境に着目して25字以内で答えよ。

設問2　〔マルチホーム接続〕について答えよ。

(1)　本文中及び表3中の　　a　　～　　f　　に入れる適切な字句を答えよ。

(2)　本文中の下線⑤について，next-hop-self設定を行うと，iBGPで広告する経路情報のネクストホップのIPアドレスには何が設定されるか。15字以内で答えよ。

(3)　表3について，BGPピア間で定期的にやり取りされるメッセージを一つ選び，タイプで答えよ。また，そのメッセージが一定時間受信できなくなるとどのような動作をするか。30字以内で答えよ。

(4)　本文中の下線⑥について，BGPの導入を行った後にVRRPの導入を行うべき理由を，R13が何らかの理由でVRRPマスターになったときのR13の経路情報の状態を想定し，50字以内で答えよ。

(5)　表4中の下線⑦について，pingコマンドの試験で確認すべき内容を20字以内で答えよ。また，pingコマンドの試験で確認すべき送信元と宛先の組合せを二つ挙げ，図3中の機器名で答えよ。

(6)　表4中の下線⑧について，R11及びR12では静的経路制御の経路情報を削除することで同じ宛先ネットワークのBGPの経路情報が有効になる。その理由を40字以内で答えよ。

(7)　本文中の下線⑨について，想定する障害を六つ挙げ，それぞれの障害発生

箇所を答えよ。ただし，R12 と R14 については D 社で障害試験実施済みとする。

設問3　〔インターネット接続の切替え〕について答えよ。

(1)　本文中の下線⑩について，D 社閉域 NW の設定変更より前に FW10 のデフォルトルートの設定変更を行うとどのような状況になるか。25 字以内で答えよ。

(2)　本文中の下線⑪について，業務に影響が発生する理由を 20 字以内で答えよ。

(3)　本文中の下線⑫について，FW10 にどのようなポリシーベースルーティング設定が必要か。70 字以内で答えよ。

(4)　本文中の下線⑬について，どのような設定変更を依頼すればよいか。40 字以内で答えよ。

問2　ECサーバの増強に関する次の記述を読んで，設問に答えよ。

　　Y社は，従業員300名の事務用品の販売会社であり，会員企業向けにインターネットを利用して通信販売を行っている。ECサイトは，Z社のデータセンター（以下，z-DCという）に構築されており，Y社の運用PCを使用して運用管理を行っている。
　　ECサイトに関連するシステムの構成を図1に示し，DNSサーバに設定されているゾーン情報を図2に示す。

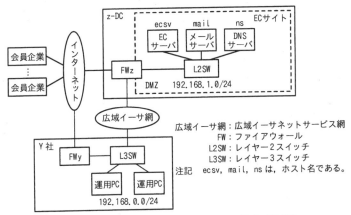

図1　ECサイトに関連するシステムの構成（抜粋）

項番	ゾーン情報
1	@　　IN　SOA　ns.example.jp.　hostmaster.example.jp.（省略）
2	IN　　a　　　　ns.example.jp.
3	IN　　b　　10　mail.example.jp.
4	ns　　IN　A　　　　c
5	ecsv　IN　A　　（省略）
6	mail　IN　A　　　　d
7	@　　IN　SOA　ns.y-sha.example.lan.　hostmaster.y-sha.example.lan.（省略）
8	IN　　a　　　　ns.y-sha.example.lan.
9	IN　　b　　10　mail.y-sha.example.lan.
10	ns　　IN　A　　　　e
11	ecsv　IN　A　　（省略）
12	mail　IN　A　　　　f

図2　DNSサーバに設定されているゾーン情報（抜粋）

〔EC サイトに関連するシステムの構成，運用及びセッション管理方法〕

・会員企業の事務用品購入の担当者（以下，購買担当者という）は，Web ブラウザで
 https://ecsv.example.jp/ を指定して EC サーバにアクセスする。

・運用担当者は，運用 PC の Web ブラウザで https://ecsv.y-sha.example.lan/ を指
 定して，広域イーサ網経由で EC サーバにアクセスする。

・EC サーバに登録されているサーバ証明書は一つであり，マルチドメインに対応し
 ていない。

・EC サーバは，アクセス元の IP アドレスなどをログとして管理している。

・DMZ の DNS サーバは，EC サイトのインターネット向けドメイン example.jp と，社
 内向けドメイン y-sha.example.lan の二つのドメインのゾーン情報を管理する。

・L3SW には，DMZ への経路とデフォルトルートが設定されている。

・運用 PC は，DMZ の DNS サーバで名前解決を行う。

・FWz には，表 1 に示す静的 NAT が設定されている。

表 1　FWz に設定されている静的 NAT の内容(抜粋)

変換前 IP アドレス	変換後 IP アドレス	プロトコル／宛先ポート番号
100.α.β.1	192.168.1.1	TCP/53, UDP/53
100.α.β.2	192.168.1.2	TCP/443
100.α.β.3	192.168.1.3	TCP/25

注記　100.α.β.1～100.α.β.3 は，グローバル IP アドレスを示す。

　EC サーバは，次の方法でセッション管理を行っている。

・Web ブラウザから最初にアクセスを受けたときに，ランダムな値のセッション ID を
 生成する。

・Web ブラウザへの応答時に，Cookie にセッション ID を書き込んで送信する。

・Web ブラウザによる EC サーバへのアクセスの開始から終了までの一連の通信を，
 セッション ID を基に，同一のセッションとして管理する。

〔EC サイトの応答速度の低下〕

　最近，購買担当者から，EC サイト利用時の応答が遅くなったというクレームが入
るようになった。そこで，Y 社の情報システム部（以下，情シスという）のネットワ

ークチームのX主任は，運用PCを使用して次の手順で原因究明を行った。

(1) 購買担当者と同じURLでアクセスし，応答が遅いことを確認した。

(2) ecsv.example.jp及びecsv.y-sha.example.lan宛てに，それぞれpingコマンド
を発行して応答時間を測定したところ，両者の測定結果に大きな違いはなかった。

(3) FWzのログからはサイバー攻撃の兆候は検出されなかった。

(4) sshコマンドで①ecsv.y-sha.example.lanにアクセスしてCPU使用率を調べた
ところ，設計値を大きく超えていた。

この結果から，X主任は，ECサーバが処理能力不足になったと判断した。

〔ECサーバの増強構成の設計〕

X主任は，ECサーバの増強が必要になったことを上司のW課長に報告し，W課長か
らECサーバの増強構成の設計指示を受けた。

ECサーバの増強策としてスケール　g　方式とスケール　h　方式を
比較検討し，ECサイトを停止せずにECサーバの増強を行える，スケール　h
方式を採用することを考えた。

X主任は，②ECサーバを2台にすればECサイトは十分な処理能力をもつことにな
るが，2台増設して3台にし，負荷分散装置（以下，LBという）によって処理を振り
分ける構成を設計した。ECサーバの増強構成を図3に示し，DNSサーバに追加する社
内向けドメインのリソースレコードを図4に示す。

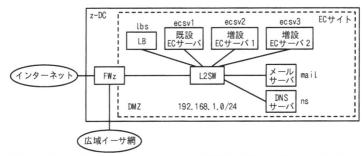

注記　lbsはLBのホスト名であり，ecsv1～ecsv3は増強後のECサーバのホスト名である。

図3　ECサーバの増強構成（抜粋）

```
lbs          IN    A       192.168.1.4      ; LB の物理 IP アドレス
ecsv1        IN    A       192.168.1.5      ; 既設 EC サーバの IP アドレス
ecsv2        IN    A       192.168.1.6      ; 増設 EC サーバ 1 の IP アドレス
ecsv3        IN    A       192.168.1.7      ; 増設 EC サーバ 2 の IP アドレス
```

図 4　DNS サーバに追加する社内向けドメインのリソースレコード

　EC サーバ増強後，購買担当者が Web ブラウザで https://ecsv.example.jp/ を指定
して EC サーバにアクセスし，アクセス先が既設 EC サーバに振り分けられたときのパ
ケットの転送経路を図 5 に示す。

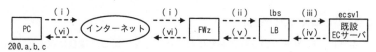

- - - - ▶ : パケットの転送方向
注記　200.a.b.c は，グローバル IP アドレスを示す。

図 5　既設 EC サーバに振り分けられたときのパケットの転送経路

　導入する LB には，負荷分散用の IP アドレスである仮想 IP アドレスで受信したパ
ケットを EC サーバに振り分けるとき，送信元 IP アドレスを変換する方式（以下，ソ
ース NAT という）と変換しない方式の二つがある。図 5 中の(i)～(vi)での IP ヘッ
ダーの IP アドレスの内容を表 2 に示す。

表 2　図 5 中の(i)～(vi)での IP ヘッダーの IP アドレスの内容

図 5 中の番号	LB でソース NAT を行わない場合		LB でソース NAT を行う場合	
	送信元 IP アドレス	宛先 IP アドレス	送信元 IP アドレス	宛先 IP アドレス
(i)	200.a.b.c	i	200.a.b.c	i
(ii)	200.a.b.c	j	200.a.b.c	j
(iii)	200.a.b.c	192.168.1.5	k	192.168.1.5
(iv)	192.168.1.5	200.a.b.c	192.168.1.5	k
(v)	j	200.a.b.c	j	200.a.b.c
(vi)	i	200.a.b.c	i	200.a.b.c

〔EC サーバの増強構成と LB の設定〕

　X 主任が設計した内容を W 課長に説明したときの，2 人の会話を次に示す。

X 主任：LB を利用して EC サーバを増強する構成を考えました。購買担当者が EC サー
　　　　バにアクセスするときの URL の変更は不要です。

W 課長：DNS サーバに対しては，図 4 のレコードを追加するだけで良いのでしょうか。

X 主任：そうです。EC サーバの増強後も，図 2 で示したゾーン情報の変更は不要で
　　　　すが，③図 2 中の項番 5 と項番 11 のリソースレコードは，図 3 の構成では
　　　　図 1 とは違う機器の特別な IP アドレスを示すことになります。また，④図
　　　　4 のリソースレコードの追加に対応して，既設 EC サーバに設定されている
　　　　二つの情報を変更します。

W 課長：分かりました。LB ではソース NAT を行うのでしょうか。

X 主任：現在の EC サーバの運用を変更しないために，ソース NAT は行わない予定で
　　　　す。この場合，パケットの転送を図 5 の経路にするために，⑤既設 EC サー
　　　　バでは，デフォルトゲートウェイの IP アドレスを変更します。

W 課長：次に，EC サーバのメンテナンス方法を説明してください。

X 主任：はい。まず，メンテナンスを行う EC サーバを負荷分散の対象から外し，そ
　　　　の後に，運用 PC から当該 EC サーバにアクセスして，メンテナンス作業を行
　　　　います。

W 課長：X 主任が考えている設定では，運用 PC から EC サーバとは通信できないと思
　　　　いますが，どうでしょうか。

X 主任：うっかりしていました。導入予定の LB はルータとしては動作しませんから，
　　　　ご指摘の問題が発生してしまいます。対策方法として，EC サーバに設定す
　　　　るデフォルトゲートウェイを図 1 の構成時のままとし，LB ではソース NAT を
　　　　行うとともに，⑥ EC サーバ宛てに送信する HTTP ヘッダーに X-Forwarded-
　　　　For フィールドを追加するようにします。

W 課長：それで良いでしょう。ところで，図 3 の構成では，増設 EC サーバにもサー
　　　　バ証明書をインストールすることになるのでしょうか。

X 主任：いいえ。増設 EC サーバにはインストールせずに⑦既設 EC サーバ内のサーバ
　　　　証明書の流用で対応できます。

W 課長：分かりました。負荷分散やセッション維持などの方法は設計済みでしょう

か。

X 主任：構成が決まりましたので，これから LB の制御方式について検討します。

〔LB の制御方式の検討〕

　X 主任は，導入予定の LB がもつ負荷分散機能，セッション維持機能，ヘルスチェック機能の三つについて調査し，次の方式を利用することにした。

・負荷分散機能

　　アクセス元であるクライアントからのリクエストを，負荷分散対象のサーバに振り分ける機能である。Y 社の EC サーバは，リクエストの内容によってサーバに掛かる負荷が大きく異なるので，EC サーバにエージェントを導入し，エージェントが取得した情報を基に，EC サーバに掛かる負荷の偏りを小さくすることが可能な動的振分け方式を利用する。

・セッション維持機能

　　同一のアクセス元からのリクエストを，同一セッションの間は同じサーバに転送する機能である。アクセス元の識別は，IP アドレス，IP アドレスとポート番号との組合せ，及び Cookie に記録された情報によって行う，三つの方式がある。IP アドレスでアクセス元を識別する場合，インターネットアクセス時に送信元 IP アドレスが同じアドレスになる会員企業では，複数の購買担当者がアクセスする EC サーバが同一になってしまう問題が発生する。⑧ IP アドレスとポート番号との組合せでアクセス元を識別する場合は，TCP コネクションが切断されると再接続時にセッション維持ができなくなる問題が発生する。そこで，⑨ Cookie 中のセッション ID と振分け先のサーバから構成されるセッション管理テーブルを LB が作成し，このテーブルを使用してセッションを維持する方式を利用する。

・ヘルスチェック機能

　　振分け先のサーバの稼働状態を定期的に監視し，障害が発生したサーバを負荷分散の対象から外す機能である。⑩ヘルスチェックは，レイヤー3，4 及び 7 の各レイヤーで稼働状態を監視する方式があり，ここではレイヤー7 方式を利用する。

　X 主任が，LB の制御方式の検討結果を W 課長に説明した後，W 課長から新たな検討事項の指示を受けた。そのときの，2 人の会話を次に示す。

W 課長 ：運用チームから，EC サイトのアカウント情報の管理負荷が大きくなってき
　　　　たので，管理負荷の軽減策の検討要望が挙がっています。会員企業からは，
　　　　自社で管理しているアカウント情報を使って EC サーバにログインできるよ
　　　　うにして欲しいとの要望があります。これらの要望に応えるために，EC サ
　　　　ーバの SAML2.0 (Security Assertion Markup Language 2.0) への対応につ
　　　　いて検討してください。

X 主任 ：分かりました。検討してみます。

〔SAML2.0 の調査と EC サーバへの対応の検討〕
　X 主任が SAML2.0 について調査して理解した内容を次に示す。
・SAML は，認証・認可の要求／応答のプロトコルとその情報を表現するための標準規
　格であり，一度の認証で複数のサービスが利用できるシングルサインオン（以下，
　SSO という）を実現することができる。
・SAML では，利用者にサービスを提供する SP (Service Provider) と，利用者の認
　証・認可の情報を SP に提供する IdP (Identity Provider) との間で，情報の交換
　を行う。
・IdP は，SAML アサーションと呼ばれる XML ドキュメントを作成し，利用者を介して
　SP に送信する。SAML アサーションには，次の三つの種類がある。
　(a) 　利用者が IdP にログインした時刻，場所，使用した認証の種類などの情報が
　　　記述される。
　(b) 　利用者の名前，生年月日など利用者を識別する情報が記述される。
　(c) 　利用者がもつサービスを利用する権限などの情報が記述される。
・SP は，IdP から提供された SAML アサーションを基に，利用者にサービスを提供す
　る。
・IdP，SP 及び利用者間の情報の交換方法は，SAML プロトコルとしてまとめられてお
　り，メッセージの送受信には HTTP などが使われる。
・z-DC で稼働する Y 社の EC サーバが SAML の SP に対応すれば，購買担当者は，自社
　内のディレクトリサーバ（以下，DS という）などで管理するアカウント情報を使
　って，EC サーバに安全に SSO でアクセスできる。

X 主任は，ケルベロス認証を利用して社内のサーバに SSO でアクセスしている会員企業 e 社を例として取り上げ，e 社内の PC が SAML を利用して Y 社の EC サーバにも SSO でアクセスする場合のシステム構成及び通信手順について考えた。

会員企業 e 社のシステム構成を図 6 に示す。

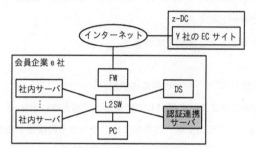

注記　網掛けの認証連携サーバは，SAML を利用するために新たに導入する。

図 6　会員企業 e 社のシステム構成（抜粋）

図 6 で示した会員企業 e 社のシステムの概要を次に示す。

・e 社ではケルベロス認証を利用し，社内サーバに SSO でアクセスしている。

・e 社内の DS は，従業員のアカウント情報を管理している。

・PC 及び社内サーバは，それぞれ自身の共通鍵を保有している。

・DS は，PC 及び社内サーバそれぞれの共通鍵の管理を行うとともに，チケットの発行を行う鍵配布センター（以下，KDC という）機能をもっている。

・KDC が発行するチケットには，PC の利用者の身分証明書に相当するチケット（以下，TGT という）と PC の利用者がアクセスするサーバで認証を受けるためのチケット（以下，ST という）の 2 種類がある。

・認証連携サーバは IdP として働き，ケルベロス認証と SAML との間で認証連携を行う。

X 主任は，e 社内の PC から Y 社の EC サーバに SAML を利用して SSO でアクセスするときの通信手順と処理の概要を，次のようにまとめた。

e 社内の PC から EC サーバに SSO でアクセスするときの通信手順を図 7 に示す。

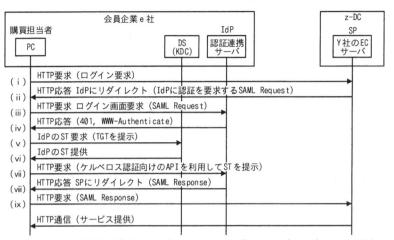

注記1 本図では，購買担当者はPCにログインしてTGTを取得しているが，IdP向けのSTを所有していない状態での通信手順を示している。

注記2 LBの記述は，図中から省略している。

図7 e社内のPCからECサーバにSSOでアクセスするときの通信手順（抜粋）

図7中の，（ⅰ）～（ⅸ）の処理の概要を次に示す。

（ⅰ） 購買担当者がPCを使用してECサーバにログイン要求を行う。

（ⅱ） SPであるECサーバは，⑪SAML認証要求（SAML Request）を作成しIdPである認証連携サーバにリダイレクトを要求する応答を行う。

　　　ここで，ECサーバには，⑫IdPが作成するデジタル署名の検証に必要な情報などが設定され，IdPとの間で信頼関係が構築されている。

（ⅲ） PCはSAML RequestをIdPに転送する。

（ⅳ） IdPはPCに認証を求める。

（ⅴ） PCは，KDCにTGTを提示してIdPへのアクセスに必要なSTの発行を要求する。

（ⅵ） KDCは，TGTを基に，購買担当者の身元情報やセッション鍵が含まれたSTを発行し，IdPの鍵でSTを暗号化する。さらに，KDCは，暗号化したSTにセッション鍵などを付加し，全体をPCの鍵で暗号化した情報をPCに払い出す。

（ⅶ） PCは，⑬受信した情報の中からSTを取り出し，ケルベロス認証向けのAPIを利用して，STをIdPに提示する。

（viii） IdP は，ST の内容を基に購買担当者を認証し，デジタル署名付きの SAML アサーションを含む SAML 応答（SAML Response）を作成して，SP にリダイレクトを要求する応答を行う。

（ix） PC は，SAML Response を SP に転送する。SP は，SAML Response に含まれる⑭デジタル署名を検証し，検証結果に問題がない場合，SAML アサーションを基に，購買担当者が正当な利用者であることの確認，及び購買担当者に対して提供するサービス範囲を定めた利用権限の付与の，二つの処理を行う。

X 主任は，EC サーバの SAML2.0 対応の検討結果を基に，SAML2.0 に対応する場合の EC サーバプログラムの改修作業の概要を W 課長に説明した。

W 課長は，X 主任の設計した EC サーバの増強案，及び SAML2.0 対応のための EC サーバの改修などについて，経営会議で提案して承認を得ることができた。

設問1　図 2 中の　　a　　，　　b　　に入れる適切なリソースレコード名を，　　c　　～　　f　　に入れる適切な IP アドレスを，それぞれ答えよ。

設問2　〔EC サイトの応答速度の低下〕について答えよ。

　　（1）　URL を https://ecsv.y-sha.example.lan/ に設定して EC サーバにアクセスすると，TLS のハンドシェイク中にエラーメッセージが Web ブラウザに表示される。その理由を，サーバ証明書のコモン名に着目して，25 字以内で答えよ。

　　（2）　本文中の下線①でアクセスしたとき，運用 PC が送信したパケットが EC サーバに届くまでに経由する機器を，図 1 中の機器名で全て答えよ。

設問3　〔EC サーバの増強構成の設計〕について答えよ。

　　（1）　本文中の　　g　　，　　h　　に入れる適切な字句を答えよ。

　　（2）　本文中の下線②について，2 台ではなく 3 台構成にする目的を，35 字以内で答えよ。ここで，将来のアクセス増加については考慮しないものとする。

　　（3）　表 2 中の　　i　　～　　k　　に入れる適切な IP アドレスを答えよ。

設問4　〔EC サーバの増強構成と LB の設定〕について答えよ。

　　（1）　本文中の下線③について，どの機器を示すことになるかを，図 3 中の機器名で答えよ。また，下線③の特別な IP アドレスは何と呼ばれるかを，本文中

の字句で答えよ。

(2) 本文中の下線④について，ホスト名のほかに変更する情報を答えよ。

(3) 本文中の下線⑤について，どの機器からどの機器の IP アドレスに変更するのかを，図 3 中の機器名で答えよ。

(4) 本文中の下線⑥について，X-Forwarded-For フィールドを追加する目的を，35 字以内で答えよ。

(5) 本文中の下線⑦について，対応するための作業内容を，50 字以内で答えよ。

設問 5 〔LB の制御方式の検討〕について答えよ。

(1) 本文中の下線⑧について，セッション維持ができなくなる理由を，50 字以内で答えよ。

(2) 本文中の下線⑨について，LB がセッション管理テーブルに新たなレコードを登録するのは，どのような場合か。60 字以内で答えよ。

(3) 本文中の下線⑩について，レイヤー3 及びレイヤー4 方式では適切な監視が行われない。その理由を 25 字以内で答えよ。

設問 6 〔SAML2.0 の調査と EC サーバへの対応の検討〕について答えよ。

(1) 本文中の下線⑪について，ログイン要求を受信した EC サーバがリダイレクト応答を行うために必要とする情報を，購買担当者の認証・認可の情報を提供する IdP が会員企業によって異なることに着目して，30 字以内で答えよ。

(2) 本文中の下線⑫について，図 7 の手順の処理を行うために，EC サーバに登録すべき情報を，15 字以内で答えよ。

(3) 本文中の下線⑬について，取り出した ST を PC は改ざんすることができない。その理由を 20 字以内で答えよ。

(4) 本文中の下線⑭について，受信した SAML アサーションに対して検証できる内容を二つ挙げ，それぞれ 25 字以内で答えよ。

●令和 5 年度春期
午前 I 問題 解答・解説

問1　ア　　　　　　　　　　　　　定義された関数と等しい式（R5 春・高度 午前 I 問 1）

　　next(n)と等しい式の結果は，$0 \leqq n < 255$ のとき $n+1$，$n=255$ のとき 0 となる。したがって，まず $n=0$ のときは 1 となり，$n < 255$ の間は n に 1 加算した答えが求められるものでなくてはいけない。選択肢の論理式は全て，論理演算子（AND や OR）の左側が $(n+1)$ であり，$0 \leqq n < 255$ のときには，この左側の値がそのまま演算結果となる論理式である必要がある。一方，論理演算子の右側は 255，256 であるが，これらは，2 進数表現でそれぞれ 011111111，100000000 であり，AND や OR を取ったときに左側の値（$0 \leqq n < 255$）がそのまま演算結果となるのは，x AND 255 だけである。

　　255 を 9 ビットで表現すると 011111111 で，先頭の 0 に続いて 1 が 8 ビット並ぶ。よって，$n+1$ が 8 ビットで表現できる 255 以下であれば，$(n+1)$ AND 255 $=n+1$ となり，$n+1$ が 256 になると $(n+1)$ AND 255 $=0$ となる。したがって，（ア）の $(n+1)$ AND 255 は，$0 \leqq n < 255$ のとき $n+1$，$n=255$ のとき 0 となり，正解であることが分かる。

　　n として，0（$=(000000000)_2$）や 255（$=(011111111)_2$）という特徴的な値を選んで，論理式の結果を調べても正解を求めることができる。なお，論理式の左側は，n ではなく，$n+1$ であることに注意。

① 　$n=0$ のとき，$n+1=1$ となるような論理式を選ぶ。

ア：$(000000001)_2$ AND $(011111111)_2=(000000001)_2=\underline{(1)}_{10}$

イ：$(000000001)_2$ AND $(100000000)_2=(000000000)_2=(0)_{10}$

ウ：$(000000001)_2$ OR $(011111111)_2=(011111111)_2=(255)_{10}$

エ：$(000000001)_2$ OR $(100000000)_2=(100000001)_2=(257)_{10}$

② 　$n=255$ のとき，$n+1$（$=256$）との論理演算の結果が 0 になるかを確認する。

ア：$(100000000)_2$ AND $(011111111)_2=(000000000)_2=\underline{(0)}_{10}$

イ：$(100000000)_2$ AND $(100000000)_2=(100000000)_2=(256)_{10}$

ウ：$(100000000)_2$ OR $(011111111)_2=(111111111)_2=(511)_{10}$

エ：$(100000000)_2$ OR $(100000000)_2=(100000000)_2=(256)_{10}$

　　以上からも，（ア）が正解であることが確認できる。

　　正規分布を表すグラフは，左右対称の山が一つで，裾は滑らかに横軸に近付く形をとる。また，標準偏差は個々のデータが平均からどの程度離れているかを表した統計の指標で，正規分布のグラフにおける平均と標準偏差の関係は次図のようになる。したがって，（ア）が正しいグラフである。

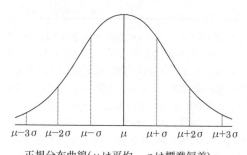

正規分布曲線(μ は平均，σ は標準偏差)

イ：標準偏差は中央の平均からの個々のデータの離れ具合を示すので，誤りである。

ウ，エ：左右対称の曲線ではないため，正規分布とはいえない。

　　クイックソートは，対象となるデータ列を基準に従って分割し，分割されたデータ列に対して同様の処理を繰り返してソートを行う方法である。分割統治法によるアルゴリズムの一つで，グループの分け方や基準値の選び方には幾つか方法があり，通常の場合，プログラムでは再帰呼出しが用いられる。

　　配列に格納されたデータ列を昇順に並べ替えるために，問題文にある次の三つの条件に従って分割を進めたときの様子を図に示す。

・分割は基準値より小さい値と大きい値のグループに分ける。

・基準値は分割のたびにグループ内の配列の左端の値とする。

・グループ内の配列の値の順番は元の配列と同じとする。

(初めの配列)	2　3　5　4　1	：基準となる値
(1 回目の分割終了)	1｜2｜3　5　4	基準値 2 より小さい値 (1) と大きい値 (3, 5, 4) のグループに分ける。
(2 回目の分割開始)	1｜2｜3　5　4	1, 2 は分割を終了し, (3, 5, 4) のグループに対して基準値を 3 として分割を行う。
(2 回目の分割終了)	1｜2｜3｜5　4	基準値 3 より小さい値はなく, 大きい値 (5, 4) のグループだけを分ける。
(3 回目の分割開始)	1｜2｜3｜5　4	1, 2, 3 は分割を終了し, (5, 4) のグループに対して基準値を 5 として分割を行う。
(3 回目の分割終了)	1｜2｜3｜4｜5	基準値 5 より小さい値 (4) を分けると, 全てのデータに対する分割が終了し, 昇順に並べ替えられた。

図　分割の様子

　図の（2 回目の分割終了）の状態をみると，データ列は 1，2，3，5，4 となっているので，（ア）が正解である。

問4　イ
シングルコア CPU の平均 CPI (R5 春・高度　午前 I 問 4)

　動作周波数 1.25GHz のシングルコア CPU とは，1 秒間の動作回数（1 秒間のクロック数）が 1.25G＝$1.25×10^9$ 回で，CPU に内蔵された処理の中枢部分（コア）が 1 セットであるような CPU ということである。シングルコアは，中枢部分を複数セット内蔵するマルチコアと対比して用いられる用語で，シングルコア CPU は命令を逐次に実行し，マルチコア CPU が行う命令の並行処理は行わない。

　この CPU が 1 秒間に 10 億＝$1.0×10^9$ 回の命令を実行するときの平均 CPI を求める。CPI（Cycles Per Instruction）とは，1 命令を実行するのに必要なクロック数のことで，求めるクロック数を x とし，クロック数と命令数の比を考えると次の式が成り立つ。

（CPU のクロック数）（実行する命令数）　　（必要なクロック数）（1 命令）
　　$1.25×10^9$　　　：　　$1.0×10^9$　　　＝　　　　x　　　：　　1

　この式を解くと，
　　$1.0×10^9×x＝1.25×10^9×1$
　　　　　x＝1.25
となるので，（イ）が正解である。

問5 イ

スケールインは，システムが使用するサーバの処理能力を，負荷状況に応じて調整する方法の一つである。想定されるシステムの処理量に対して，システムを構成するサーバの台数が過剰であるとき，サーバの台数を減らし，システムのリソースの最適化・無駄なコストの削減を図る方法を，スケールインと呼ぶ。したがって，（イ）が正解である。

スケールインと対義語の関係にあるスケールアウトは，（ウ）の説明にあるように，想定されるシステムの処理量に対して，サーバの台数が不足するとき，サーバの台数を増やすことである。なお，スケールインとスケールアウトは，サーバの台数に着目した方法で，複数のサーバに処理を分散できる分散システムを前提とした手法である。また，（ア）はスケールダウン，（エ）はスケールアップの説明である。この二つも対義語の関係にあり，こちらは，CPUやメモリなどのスペックに着目して，装置単体の性能を調整する手法である。

問6 エ

ハッシュ表の探索時間を示すグラフ (R5春・高度 午前I問6)

ハッシュ表探索では，データの値そのものから計算して格納位置を決め（計算に用いる関数をハッシュ関数という），探索するときも同じ計算方法でデータの値から格納位置を求めてアクセスする。

この問題では，「複数のデータが同じハッシュ値になることはない」（シノニムが発生しない）とあるため，表の中のデータの個数に関わらず，データの値からハッシュ関数で格納位置が一意に決まる。したがって，探索時間は一定となり，正解は（エ）となる。

問7 イ

NAND素子を用いた組合せ回路 (R5春・高度 午前I問7)

次の図において，①のNAND素子の二つの入力の値が同じ値となり，また，②のNAND素子の二つの入力の値も同じになるので，混乱してしまいがちだが，冷静に真理値表を書いていけば解答を導き出せる。なお，真理値表の作成に当たっては，NANDとは，NOT AND，つまり，AND演算と逆の真理値をとること，また，①がX NAND X，②がY NAND Yであり，X NAND Yではないことに注意する。

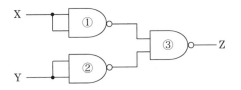

X	Y	① (X NAND X)	② (Y NAND Y)	Z：③ (① NAND ②)
0	0	1	1	0
0	1	1	0	1
1	0	0	1	1
1	1	0	0	1

ここで，選択肢の出力結果がZと同じものを探してみる。

X	Y	（ア）X・Y	（イ）X＋Y	（ウ）$\overline{X・Y}$	（エ）$\overline{X＋Y}$
0	0	0	0	1	1
0	1	0	1	1	0
1	0	0	1	1	0
1	1	1	1	0	0

この結果，ZとX＋Yが同じなので，（イ）が正解になることが分かる。

なお，X NAND X（＝$\overline{X AND X}$）＝$\overline{X}$ なので，①は$\overline{X}$，②は$\overline{Y}$である。よって，③の結果は，$\overline{X}$ NAND $\overline{Y}$ ＝ $\overline{\overline{X} AND \overline{Y}}$ ＝ $\overline{\overline{X}}$ OR $\overline{\overline{Y}}$ ＝ X OR Y ＝ X＋Yと変形でき（ド・モルガンの法則を利用），（イ）の正解を導くこともできる。

問8　ウ　　コンピュータグラフィックスに関する記述（R5春・高度 午前Ⅰ問8）

ラジオシティ法は，3次元の数値情報からグラフィック画像を表示（生成）するための計算方法の一つであり，光の相互反射を利用して物体表面の光のエネルギーを算出することで，物体表面の輝度を決める。また，物体の表面で様々な方向に反射光が拡散していくことで，このような反射が多い粗く光沢のない素材の表面を拡散反射面と呼ぶ。ラジオシティ法は，拡張反射面だけを対象とした手法ではないが，拡張反射面に対する輝度計算においては，拡張反射面の相互反射による効果が考慮されるので，（ウ）が正しい。

ア：Zバッファ法に関する記述である。なお，隠面消去とは，立体の底や裏など，隠れて見えない面を消去して表示しないようにすることである。また，Zバッファ法のZは，2次元のXY軸に対して，奥行（視点からの距離）がZ軸であることに由来する。

午前Ⅰ解答

イ：ボリュームレンダリング法に関する記述である。メタボールは，物体を球や楕円体の集合として擬似的にモデル化する手法である。

エ：テクスチャマッピングに関する記述である。レイトレーシングは，光源からの光線の経路を計算することで，光の反射や透過などを表現して物体の形状を描画する手法である。

問9　エ　　UML を用いて表した図のデータモデルの多重度（R5 春・高度 午前 I 問 9）

　UML クラス図の多重度は，関連を示す線の両端に「最小値..最大値」の形式で記述する。最小値は，対応するがインスタンス（実現値）が存在しないことが許される場合は 0，一つ以上の場合は 1 である。最大値に制限がない場合，*と表記する。また，最大，最小値がなく固定値の場合には，その固定値を表記する。

　空欄 a は，条件(1)に「部門には 1 人以上の社員が所属する」とあり，人数の上限は条件にないので，部門から見た多重度は「1..*」である。空欄 b は，条件(3)に「社員が部門に所属した履歴を所属履歴として記録する」とあり，社員には最低一つの所属履歴があり，一般に複数の所属履歴があるので，社員から見た多重度は「1..*」である。したがって，（エ）が正解である。なお，1 件の所属履歴と関連をもつ部門，社員はそれぞれ一つなので，空欄の反対にある多重度は，それぞれ「1」になっている。

　部門と社員は，一般に多対多の関連があるが，多対多の関連をもつデータは，そのままでは関係データベースに格納できないので，その関連を示す新たなエンティティ（連関エンティティと呼ばれる）を作成して，1 対多と多対 1 の二つの関連に分解する。

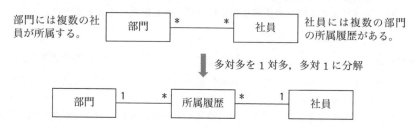

問 10　ウ　　イーサネットフレームに含まれる宛先情報の送出順序（R5 春・高度 午前 I 問 10）

　イーサネット（Ethernet）は IEEE802.3 委員会によって標準化されたネットワークの規格で，イーサネットフレームはイーサネットで送受信される伝送単位（パケット）である。また，TCP/IP のプロトコル体系では，データリンク層の伝送単位をフレームと呼び，イーサネットフレームはデータリンク層で送受信される。一般に，階層型ネットワークアーキテクチャに基づくプロトコルでは，上位階層プロトコルの伝送単位であるパケット（ヘッダー＋データ）が，その下の

階層プロトコルではデータとして扱われ，伝送のためのヘッダーが付けられる。

トランスポート層の TCP パケットの前には，すぐ下の層であるネットワーク層の IP ヘッダーが付けられ IP パケットになる。さらに，その下の層であるデータリンク層のイーサネットヘッダーが IP パケットの前に付けられたイーサネットフレームとして LAN 上に送出される。このとき，宛先 MAC アドレスはイーサネットヘッダー，宛先 IP アドレスは IP ヘッダー，宛先ポート番号は TCP ヘッダーに含まれるので，送出順序は宛先 MAC アドレス，宛先 IP アドレス，宛先ポート番号の順になり，（ウ）が正解である。

送信の方向

イーサネットヘッダー	IP ヘッダー	TCP ヘッダー	データ

イーサネットヘッダー：宛先 MAC アドレスを含む
IP ヘッダー：宛先 IP アドレスを含む
TCP ヘッダー：宛先ポート番号を含む

図　イーサネットフレーム

問11　イ　　接続を維持したまま別の基地局経由の通信に切り替えること（R5 春・高度 午前Ⅰ問 11）

モバイル通信サービスにおいて，移動中のモバイル端末が通信相手との接続を維持したまま，ある基地局経由から別の基地局経由の通信へ切り替えることをハンドオーバーと呼ぶ。したがって，（イ）が正しい。

通信中の基地局は，モバイル端末の通信状態の情報を基にして，モバイル端末に対して別の基地局への切替えを指示するとともに，切替え後の基地局に対して切替えを要求する。その後，通信する基地局が自動的に切り替えられる。切替え前の基地局と切替え後の基地局では，当該モバイル端末の通信の情報を連携して，モバイル端末と通信相手との接続を維持する。なお，無線 LAN 環境において，移動中の無線 LAN 端末が別の無線アクセスポイントへ接続を切り替えることもハンドオーバーと呼ばれる。

ア：テザリングは，PC などを，スマートフォンなどのモバイル端末を経由してインターネットに接続することである。PC などは，モバイル端末と無線 LAN や USB ケーブル経由で通信し，モバイル端末は基地局経由でインターネットに接続する。

ウ：フォールバック（縮退）は，一般に，システム障害時などに機能や性能を制限してでも，サービスは継続するという考え方である。モバイル通信サービスでは，例えば，5G の通信において，通信品質が低下した際に一時的に 4G の通信に切り替えることなどが該当する。

エ：モバイル通信サービスにおけるローミングは，契約している通信事業者とは

別の事業者の基地局経由の通信サービスを利用することである。

問 12　ア　　　　ボットネットにおいて C&C サーバが担う役割 (R5 春·高度 午前 I 問 12)

コンピュータの利用者にとって有害なソフトウェアの総称を「マルウェア」という。ボットはマルウェアの一種で，マルウェアに感染したコンピュータなどの機器を，ネットワークを通じて外部から遠隔操作するために送り込まれるプログラムである。また，ボットネットとは，ボットに感染したコンピュータや機器で構成されたネットワークのことであり，ボットネットの構成機器に対して外部から指令を与えるサーバが C&C サーバ（Command and Control server）である。C&C サーバは，感染したコンピュータネットワーク内の情報を攻撃元のサーバへ送信する命令を出して情報を盗む攻撃や，データを暗号化して復号するための金銭を要求するランサムウェアの攻撃，攻撃先を指定してボットネットの構成機器に一斉に攻撃命令を出す DDos 攻撃（Distributed Denial of service attack）などに用いられる。したがって，（ア）が正解である。

問 13　イ　　　　デジタルフォレンジックスの手順に含まれるもの (R5 春·高度 午前 I 問 13)

デジタルフォレンジックス（Digital Forensics）は，不正アクセスなどのコンピュータに関する犯罪の法的な証拠性を確保できるように，情報の完全性を保護し，データの厳密な保管，引渡し管理を維持しながら，データの識別，収集，検査，科学的手法を適用した分析，報告を行う一連の活動である。サーバのハードディスクを解析し，削除されたログファイルを復元することによって，不正アクセスの痕跡を発見することは，デジタルフォレンジックスの分析の手順に該当する。したがって，（イ）が正しい。

その他の（ア），（ウ），（エ）は，攻撃に対する監視や予防に関する手順で，いずれもセキュリティインシデントが発生する前に実行される。デジタルフォレンジックスは，発生したセキュリティインシデントに対して実行する活動なので，これらは手順に含まれない。

問 14　エ　　　　サブミッションポートを導入する目的 (R5 春·高度 午前 I 問 14)

サブミッションポート（ポート番号 587）は，プロバイダが実施しているスパムメール対策の OP25B（Outbound Port25 Blocking）と合わせて導入され，SMTP-AUTH（SMTP-Authentication）を使ってメール送信者を認証するので，（エ）が正解である。

OP25B は，プロバイダのメールサーバを経由せずにインターネットへ送信される SMTP（Simple Mail Transfer Protocol）通信（ポート番号 25）を遮断するセキュリティ対策である。なお，アウトバウンド（outbound）通信とは，インター

ネットへ向かう通信を意味する。

OP25B を導入した場合,プロバイダの会員はプロバイダのメールサーバを経由したメールは送信できる。一方,インターネット接続だけの目的でプロバイダを利用し,他のメールサーバからメールを送信しようとすると,SMTP が遮断されてメールを送信できないという不都合が生じる。そこで,サブミッションポートを使用して,インターネット経由で自分のメールサーバへ接続する仕組みが使われる。そして,サブミッションポートへの接続時には,SMTP-AUTH によるメール送信者の認証を行い,不正なメール送信を防止している。

ア:送信ドメイン認証の SPF(Sender Policy Framework)では,受信側のメールサーバが,送信側の DNS サーバに登録されている SPF レコードを問い合わせて,送信側メールサーバの IP アドレスの適切性を検証する。

イ:送信ドメイン認証の DKIM(Domain Keys Identified Mail)では,受信側のメールサーバが,送信側の DNS サーバに登録されている公開鍵を用いて,メールに付与されたデジタル署名を検証する。

ウ:POP before SMTP は,メールサーバがメール送信者を認証する仕組みである。SMTP は,当初,送信者認証機能をもっていないことから,認証機能のある POP(Post Office Protocol)を使って送信者を認証する,POP before SMTP が使用された。しかし,POP の認証単位は,メールの送信者単位ではなく,IP アドレス単位に行われるので,例えば,NAPT(Network Address Port Translation)ルータ配下にある端末は,最初の端末が認証されると,それ以外の端末は,認証されることなく,メールを送信できるという問題点があった。その後,メールサーバもメールクライアントも SMTP-AUTH をサポートするようになったので,POP before SMTP は,あまり利用されなくなっている。

問 15 エ　特定の IP セグメントからだけアクセス許可するセキュリティ技術（R5 春・高度 午前 I 問 15）

フリーアドレス制の座席を採用している業務環境において,特定の PC に対して特定の IP セグメントの IP アドレスを割り当て,一部のサーバへのアクセスをその IP セグメントからだけ許可するために利用する技術は,認証 VLAN である。したがって,(エ)が正しい。

VLAN(Virtual LAN)は,物理的な LAN の接続構成と論理的な LAN の構成とを分離する技術で,認証 VLAN では,認証結果に基づいて VLAN を動的に割り当てる。認証 VLAN には複数の方式があるが,その一つであるネットワークスイッチへの接続時に IEEE802.1X による認証を行い,ネットワークスイッチが DHCP サーバ機能をもつ方式について,認証 VLAN を利用するサーバアクセスの例を図に示す。

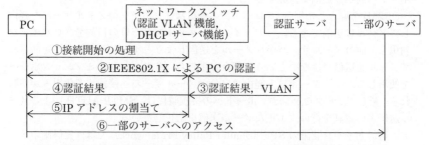

図　認証 VLAN を利用するサーバアクセスの例（図は簡略化している）

① PC は，有線 LAN ポートに接続されると，ネットワークへの接続を開始する。
② PC は，ネットワークスイッチ経由で認証サーバと通信を行い，IEEE802.1X によって認証される。
③，④　認証サーバは，認証結果と当該 PC 用の VLAN-ID を応答する。ネットワークスイッチは，当該 PC の接続ポートの VLAN を動的に設定し，認証結果を PC に通知する。
⑤　ネットワークスイッチの DHCP サーバ機能によって，当該 VLAN-ID に対応する特定の IP セグメントの IP アドレスが割り当てられる。
⑥　PC は，ネットワークスイッチのアクセス制御の設定に従って，許可された一部のサーバにアクセスする。

　その他は次のとおりで，本問の要件の実現において，いずれも利用されない。
ア：IDS（Intrusion Detection System；侵入検知システム）は，ネットワーク経由の攻撃を検知する技術である。
イ：IP マスカレードは，NAPT（Network Address and Port Translation）と同様で，IP アドレスとポート番号の組みを変換する技術である。
ウ：スタティック VLAN は，ネットワークスイッチのポートに VLAN を静的に設定する技術であり，PC によって異なる IP セグメントを使うフリーアドレス制の業務環境では利用できない。

問 16　ウ　　　　モジュール結合度が最も低い情報の受渡し方法（R5 春·高度 午前 I 問 16）

　モジュール結合度はモジュール間の関連性の尺度で，七つのタイプに分類される。一般に結合度は低いほどよいとされている。高いもの（つまり，よくないもの）から順に並べると，次のようになる。(7)の非直接結合とは，モジュール間に何の関係もないというものであり，理想的な結合ではあるが，現実的にはほとんどあり得ないので，(1)〜(6)の六つのタイプに分類して考えるのが一般的である。

(1) 内容結合　　　　　　（モジュール結合度が高い）よくない

(2) 共通結合

(3) 外部結合

(4) 制御結合

(5) スタンプ結合

(6) データ結合

(7) 非直接結合　　　　　（モジュール結合度が低い）よい

　このうち，モジュール結合度の最も低い(6)のデータ結合は「データ項目だけを
モジュール間の引数として渡す」結合形態であるので，（ウ）が正解である。

　その他の選択肢は，それぞれ次のとおりである。

ア：「共通域に定義したデータを関係するモジュールが参照する」結合形態は(2)
　　の共通結合に当たる。

イ：「制御パラメータを引数として渡し，モジュールの実行順序を制御する」形態
　　は(4)の制御結合である。この形態では，相手のモジュールの内部ロジックを意
　　識する必要があるため，モジュール結合度は高くなる。

エ：「必要なデータを外部宣言して共有する」形態は(3)の外部結合に当たる。

　選択肢にないものとして，(1)の内容結合とは，呼出元（先）のモジュール内部
を直接参照・更新するような結合形態，(5)のスタンプ結合は，構造体のポインタ
を引数にして渡す場合などで，受け取る側がこのデータ構造を意識して，必要な
データを利用するという結合形態である。

問17　エ　　　　　　　　　サーバプロビジョニングツールを使用する目的（R5春・高度 午前Ⅰ問17）

　プロビジョニング（provisioning）は，利用者からの要求など，必要に応じて
ネットワーク設備やシステムリソースを提供することである。サーバプロビジョ
ニングツールとは，ネットワークを使用するために必要なサーバ設定をするため
のツールであり，ソフトウェアを備えたサーバを準備し，ネットワーク操作の準
備を整えることを目的として使用される。サーバプロビジョニングツールを使用
すると，企業にとって適切なシステムやデータ，システム構成をあらかじめ記述
しておくことによって，サーバを自動的に構成することができる。したがって，
（エ）が正解である。

ア：「サーバ上のサービスが動作しているかどうかを，他のシステムからリモート
　　で監視する」のは，ネットワークを使用するために必要なサーバ設定に該当し
　　ない。

イ：「サーバにインストールされているソフトウェアを一元的に管理する」のは，
　　ネットワークを使用するために必要なサーバ設定に該当しない。

ウ：「サーバを監視して，システムやアプリケーションのパフォーマンスを管理す
　　る」のは，ネットワークを使用するために必要なサーバ設定に該当しない。

問 18 エ プロジェクトの立上げプロセスで作成する"プロジェクト憲章" (R5 春·高度 午前 I 問 18)

　プロジェクト憲章は，プロジェクトを正式に許可するために作成される文書で，プロジェクトマネージャを特定し，プロジェクトマネージャの責任と権限が記述される。この他，ビジネスニーズ，プロジェクトの目標，成果物，概算の予算，前提や制約などが文書化されるので，（エ）が正解である。
ア：プロジェクトマネジメント計画書の説明である。スケジュール，リスクの他に，課題，変更管理，コスト，コミュニケーション，構成管理，品質，健康，環境などに関するマネジメントの役割・責任・組織などが記述される。
イ：プロジェクトスコープ規定書（又は記述書）の説明である。スコープを明確に定義することを目的としている。
ウ：WBS（Work Breakdown Structure）の説明である。WBS では階層が下がるごとに作業が詳細に記述される。

問 19 イ 作業配分モデルにおける完了日数の算出 (R5 春·高度 午前 I 問 19)

　作業配分モデルはプロジェクト全体を 1 として，各工程に対する工数と期間の比率を示したものである。問題では作業に掛かった日数が示されているので，期間比を使って計算する。
　システム要件定義からシステム内部設計までをモデルどおりに進めたことから，これらの期間比は 0.25＋0.21＋0.11＝0.57 となる。これを 228 日で完了したということから，プロジェクト全体の完了までに掛かる全体の日数を求めると，
　　　228／0.57＝228／(57／100)＝228×(100／57)＝400（日）
となる。
　現時点でプログラム開発は，200 本のうちの 100 本を完了し，残りの 100 本が未着手という状況である。プログラム開発の期間比は 0.11 なので，掛かる日数は 400×0.11＝44（日）となるが，現時点では 100／200（本）を完成させた状態なので，ここまでに掛かった日数は，
　　　44×(100／200)＝22（日）
である。
　以上から，プロジェクトの完了までに掛かる残りの日数は，全体の 400 日からシステム内部設計までの 228 日と途中までのプログラム開発の 22 日を引いて，
　　　400－(228＋22)＝400－250＝150（日）
となる。
　したがって，（イ）が正解である。

問 20 イ JIS Q 20000-1 におけるレビュー実施時期に関する規定 (R5 春·高度 午前 I 問 20)

　JIS Q 20000-1:2020 では，サービス提供者に対する要求事項が規定されてい

る。要求されている事項は，サービスマネジメントシステムの計画，確立，導入，運用，監視，レビュー，維持及び改善である。

　この規格の「8.3.3 サービスレベル管理」では，組織として，一つ以上の SLA を顧客と合意しなければならないとしており，レビューについては，「あらかじめ定めた間隔で，組織は，次の事項を監視し，レビューし，報告しなければならない」として，次の事項を挙げている。

・サービスレベル目標に照らしたパフォーマンス
・SLA の作業負荷限度と比較した，実績及び周期的な変化

したがって，（イ）が正解である。

ア，エ：レビューのタイミングとしては望ましいが，規格の中での要求事項としては規定されていない。

ウ：規格では定期的なレビューが求められているので，適切ではない。

問 21　イ　システム監査基準における予備調査（R5 春・高度 午前 I 問 21）

　システム監査基準（平成 30 年）によると，「Ⅳ. システム監査実施に係る基準」の「【基準 8】 監査証拠の入手と評価」の＜解釈指針＞2.(1)前段に「予備調査によって把握するべき事項には，例えば，監査対象（情報システムや業務等）の詳細，事務手続やマニュアル等を通じた業務内容，業務分掌の体制などがある」と記載されている。したがって，（イ）が正解である。

ア：「監査対象の実態を把握するために，必ず現地に赴いて実施する」わけではない。システム監査基準によると，「Ⅳ. システム監査実施に係る基準」の「【基準 8】 監査証拠の入手と評価」の＜解釈指針＞2.(2)に「予備調査で資料や必要な情報を入手する方法には，例えば，関連する文書や資料等の閲覧，監査対象部門や関連部門へのインタビューなどがある」と記載されている。

ウ：「監査の結論を裏付けるために，十分な監査証拠を入手する」プロセスは，予備調査ではなく，本調査で実施する。システム監査基準によると，「Ⅳ. システム監査実施に係る基準」の「【基準 8】 監査証拠の入手と評価」の＜解釈指針＞2.に「監査手続は，監査対象の実態を把握するための予備調査（事前調査ともいう。），及び予備調査で得た情報を踏まえて，十分かつ適切な監査証拠を入手するための本調査に分けて実施される」と記載されている。

エ：「調査の範囲は，監査対象部門だけに限定する」わけではない。システム監査基準によると，「Ⅳ. システム監査実施に係る基準」の「【基準 8】 監査証拠の入手と評価」の＜解釈指針＞2.(1)後段に「なお，監査対象部門のみならず，関連部門に対して照会する必要がある場合もある」と記載されている。

問 22　ア　監査手続の実施に際して利用する技法（R5 春・高度 午前 I 問 22）

　「システム監査基準」は，情報システムのガバナンス，マネジメント又はコン

トロールを点検・評価・検証する業務の品質を確保し，有効かつ効率的な監査を実現するためのシステム監査人の行為規範である。

同基準の【基準 8】監査証拠の入手と評価では，「システム監査人は，システム監査を行う場合，適切かつ慎重に監査手続を実施し，監査の結論を裏付けるための監査証拠を入手しなければならない」と規定している。また，その＜解釈指針＞3 では「監査手続の適用に際しては，チェックリスト法，ドキュメントレビュー法，インタビュー法，ウォークスルー法，突合・照合法，現地調査法，コンピュータ支援監査技法などが利用できる」とあり，選択肢にある技法を含め七つの技法が紹介されている。その中の＜解釈指針＞3.(3)で，「インタビュー法とは，監査対象の実態を確かめるために，システム監査人が，直接，関係者に口頭で問い合わせ，回答を入手する技法をいう」とあるので，（ア）が正解である。

他の選択肢は，第三者であるシステム監査人が通常の業務時間内で効率的に実施することを考えれば常識的に誤りと分かる部分もあるが，以下，システム監査基準の記述を基に補足しておく。

イ：【基準 8】＜解釈指針＞3.(6)に，「現地調査法とは，システム監査人が，被監査部門等に直接赴き，対象業務の流れ等の状況を，自ら観察・調査する技法をいう」とあるので，選択肢の前段部分は適切であるが，「当該部門の業務時間外に実施しなければならない」という記述が不適切である。業務時間外では，対象業務の流れなどの状況を，自ら観察・調査することができない。

ウ：【基準 8】＜解釈指針＞3.(7)に，「コンピュータ支援監査技法とは，監査対象ファイルの検索，抽出，計算等，システム監査上使用頻度の高い機能に特化した，しかも非常に簡単な操作で利用できるシステム監査を支援する専用のソフトウェアや表計算ソフトウェア等を利用してシステム監査を実施する技法をいう」とあるので，専用のソフトウェアに限定されているわけではない。

エ：【基準 8】＜解釈指針＞3.(1)に，「チェックリスト法とは，システム監査人が，あらかじめ監査対象に応じて調整して作成したチェックリスト（通例，チェックリスト形式の質問書）に対して，関係者から回答を求める技法をいう」とあるので，監査対象部門がチェックリストを作成するわけではない。

問23　ア   ROI の説明（R5 春・高度　午前 I 問 23）

ROI（Return On Investment；投資利益率）は，投資価値の評価指標の一つである。情報化投資による増加利益を投資額で割った比率で，「効果金額（増加利益額）／投資額」で計算され，投下した総資本がどのくらいの利益を生みだしているかの尺度となる。したがって，（ア）が正解である。

イ：情報化投資比率を用いたベンチマーク（他社比較）の説明である。

ウ：投資価値の評価指標の一つである，NPV（Net Present Value；正味現在価値）の説明である。現金流入（将来にわたって得ることのできる金額）の現在価値から，現金流出（情報化投資額）の現在価値を引いて計算される。簡単に

いうと「回収額－投資額」の現在価値と理解してよい。

エ：プロジェクトを実施しない場合の市場競争における機会損失に関する評価結果の説明である。

問 24　エ

トレーサビリティとは追跡可能性と訳されるように，システム要件定義プロセスにおいて提示した要求が，開発工程の各段階でどのように変更され，その変更が最終的にシステムのどの部分で実装・テストされたのかを追跡できるようにし，品質を検証することである。したがって，（エ）が正解である。

ア：移行マニュアルや運用マニュアルが文書化されていることで，移行性や運用・保守性は確認できるが，トレーサビリティの確保の説明とは関係ない。

イ：調達先の管理の記述であるため，サプライチェーンマネジメントに関する説明である。内外作基準とは，各工程の設計書やプロダクトコードを社内の要員で作る（内製）か，外部委託する（外製）かの基準を定めたものであり調達先の選定に利用するが，トレーサビリティの確保の説明とは関係ない。

ウ：結合度に関する説明である。モジュール結合度には，

弱　　　　　　　　　　　　　　　　　　　　　　　　　　　　　　　　強

データ結合，スタンプ結合，制御結合，外部結合，共通結合，内容結合

があり，モジュール結合度が強いとモジュールの変更が他のモジュールにも影響を与え，修正の工数が増加するため，モジュール結合度は弱い方が良い設計とされている。モジュール間に相互依存関係が存在すると，片方のモジュールを修正するともう片方のモジュールも修正が必要となり，仕様変更が難しくなることがある。

問 25　ア

情報システムの調達の際に用いられる RFI（Request For Information）は，情報システムの調達において，システムの要件を実現するために現在の状況において利用可能な技術・製品，供給者（ベンダー）の製品・サービスの導入実績など実現手段に関する情報の提供を，調達者側から供給者候補に依頼すること，又はその依頼文書である。したがって，（ア）が正解である。

イ：RFP（Request For Proposal；提案依頼書）の説明である。

ウ：RFC（Request For Change；変更依頼書）の説明である。

エ：契約締結要請のことだが，特別な名称などはない。なお，役割分担や契約範囲などを確認するのは SOW（Statement Of Work；作業範囲記述書）であるが，通常，それは契約の締結を要請するところまでを含んではいない。

　バランススコアカードでは，財務の視点，顧客の視点，業務（内部ビジネス）プロセスの視点，学習と成長の視点の四つの視点ごとに目標や KPI（Key Performance Indicator；重要業績評価指標）などを設定する。戦略マップとは，戦略目標間の因果関係を図示するものであるが，バランススコアカードで使われる戦略マップは四つの視点ごとの課題や施策，目標の因果関係を，次のように図示するものである。

　したがって，（イ）が正解である。

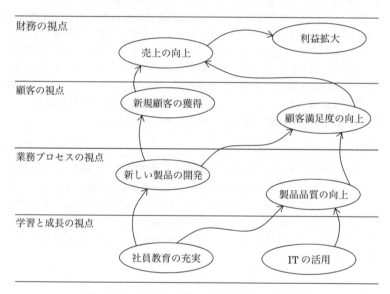

図　バランススコアカードの戦略マップの例

ア：市場における自社の位置付けを示すポジショニングマップの説明である。

ウ：市場と自社製品の関係を示すプロダクトポートフォリオマネジメント（PPM；Product Portfolio Management）の説明である。内的な自社の優位性と外的な市場分析の組合せで表す場合，投資優先度スクリーン（Investment Priority Screen）と呼ばれ，製品成長率と市場占有率の組合せで表現した図は，成長率・市場占有率マトリックスと呼ばれる。

エ：顧客層，経営資源，提供すべき製品・サービスなどを対応させて分析する図表は，ターゲットマーケティングなどを進めるために使われるものだが，特定の名称はない。

問 27　イ　　　　エネルギーハーベスティングの説明（R5 春・高度 午前 I 問 27）

　エネルギーハーベスティング（Energy Harvesting）とは，周囲の環境から太陽光，振動，温度差，風などの微小なエネルギーを収穫（ハーベスト）し，そのエネルギーを電力に変換する技術のことであり，エネルギーハーベスティングされた電力を多くの電力を必要としない IoT デバイスに供給することで，外部電源を必要とせずに IoT デバイスを動かし続けることができるようになる。したがって，（イ）が正解である。

ア：エアコンや冷蔵庫などの比較的電力使用量が多い IoT デバイスの電力使用を最適化する EMS（Energy Management System）技術のことであり，省電力化に貢献はできるが，エネルギーハーベスティングとは異なる概念である。

ウ：PoE（Power over Ethernet）給電のことである。コンセントではなく，LAN ケーブルを利用して電力を供給する技術である。Wi-Fi ルータやスイッチングハブ，ネットワークカメラの給電方法として用いられることがある。

エ：NEDO が提唱するノーマリーオフコンピューティングの説明である。ノーマリーオフコンピューティングは，処理が必要ないときは電源を OFF にして，必要なときだけ電源を ON にすることで省電力化を図る技術であり，IoT デバイスでの活用が期待されている。

問 28　ウ　　　アグリゲーションサービスに関する記述（R5 春・高度 午前 I 問 28）

　アグリゲーションとは類似するものを集めることを指す言葉である。アグリゲーションサービスとは，分散的に存在するサービスを集約したもので，利用者はこのアグリゲーションサービスを利用することで，複数のサービスを統一的に利用することができるようになる。したがって（ウ）が正解である。

ア：オムニチャネルに関する記述である。オムニチャネルとは，実店舗や EC サイトなどの様々な販売・流通チャネルを統合することで，顧客に最適な購買体験を提供し，利便性を高めるのに利用される。

イ：エスクローサービスに関する記述である。エスクロー（escrow；第三者預託）サービスとは，物品などの売買において，信頼のおける中立的な第三者（エスクローサービス提供者）に代金決済などの取引を仲介してもらい，安全性を確保するためのサービスのことである。

エ：フランチャイズ契約に関する記述である。フランチャイズ契約とは，本部（フランチャイザー）が加盟店（フランチャイジー）に対し，商標利用や販売促進，営業マニュアルなどを提供する対価として加盟料（ロイヤリティ）を支払う契約である。

　原価計算基準では，原価要素として製造原価の要素と販売費及び一般管理費の要素に分類される。製造原価の要素としては，製品の生産にかかる費用（直接費，間接費）を算入する。

ア：製品を生産している機械装置の修繕費用は，特定の製品の生産だけに利用される機械装置であれば直接経費，そうでない場合は間接経費として製造原価に算入する。

イ：製品倉庫は完成した製品（販売前）を保管しておく倉庫であるため，販売費及び一般管理費に算入する。

ウ：賃貸目的で購入した倉庫の管理費用は，賃貸を生業として行っている会社であれば販売費及び一般管理費に分類する。賃貸を生業として行っていない会社であれば営業外費用に分類する。なお，営業外費用は原価要素にも販売費及び一般管理費要素にも該当しない費用である。

エ：本社社屋建設のために借り入れた資金の支払利息は，原価の構成要素ではなく，営業外費用に分類する。

　したがって，（ア）が正解である。

　労働者派遣法において，派遣元事業主が講ずべき措置として定められているものは幾つかあるが，第三十条の七で「各人の希望，能力及び経験に応じた就業の機会及び教育訓練の機会の確保，労働条件の向上その他雇用の安定を図るために必要な措置を講ずることにより，これらの者の福祉の増進を図るように努めなければならない」と定められている。その他は派遣先事業主の講ずべき措置などとして定められているものである。したがって，（エ）が正解である。

ア：派遣先管理台帳は労働者派遣法第四十二条にて派遣先で作成するものとされている。派遣先管理台帳には，就業した日や始業・終業の時刻や休憩した時間を記載する必要があり，3 年間保存しなければならない。

イ：派遣先責任者は労働者派遣法第四十一条にて派遣先で選任しなければならないものとされている。

ウ：労働者派遣法第四十一条の一にて派遣先で派遣労働者の業務の遂行を指揮命令する職務上の地位にある者その他の関係者に周知することとされている。

●令和 5 年度春期

午前 II 問題 解答・解説

問 1　ウ　　IPv6 アドレスから MAC アドレスを取得するためのプロトコル（R5 春・NW 午前 II 問 1）

　IPv4 アドレスに対応する MAC アドレスを解決するため，ARP が用いられてきたが，ARP は宛先アドレスとしてブロードキャストアドレスを用いる。しかし，IPv6 では，ブロードキャストアドレスが定義されていないので，マルチキャストアドレスを用いる必要がある。そのため，IPv6 では，ICMPv6 の情報メッセージのうち，近隣要請メッセージと近隣広告メッセージを使用して，IPv6 アドレスに対応する MAC アドレスを取得するようにしている。したがって，（ウ）が正しい。なお，ICMPv6 は RFC 4443 として規定されているが，特に ICMPv6 の情報メッセージには，近隣要請，近隣広告のほか，ルータ要請，ルータ広告，リダイレクトなどのタイプがあることから，NDP（Neighbor Discovery Protocol）としてまとめられ，RFC 4861（Neighbor Discovery for IP version 6（IPv6））として規定されている。

　その他の用語の意味は，次のとおりである。

ア：ARP（Address Resolution Protocol）……IPv4 アドレスに対応する MAC アドレスを取得するために用いられるプロトコルである。

イ：DHCPv6……IPv6 アドレスなどのネットワーク情報を自動的に取得するためのプロトコルである。RFC 3315（Dynamic Host Configuration Protocol for IPv6（(DHCPv6)）として規定されている。

エ：RARP（Reverse Address Resolution Protocol）……MAC アドレスから自装置に割り当てられている IPv4 アドレスを取得するために用いられるプロトコルである。

問 2　ウ　　高速無線通信における多重化方式（R5 春・NW 午前 II 問 2）

　高速無線通信で使われている多重化方式には，幾つかの方式がある。このうち，データ信号を複数のサブキャリアに分割し，各サブキャリアが互いに干渉しないように配置する方式を OFDM（Orthogonal Frequency Division Multiplexing；直交周波数分割多重）という。したがって，（ウ）が正しい。OFDM は，IEEE 802.11a 及び IEEE 802.11n，IEEE 802.11ac などで採用されている。IEEE 802.11ac では，最大 6.9 G ビット／秒の伝送速度を実現している。

　その他の用語の意味は，次のとおりである。

ア：CCK（Complementary Code Keying）……4 相偏移変調と拡散符号を組み

合わせることによって 1 シンボル（伝送データの最小単位）当たり複数ビットの割当てを行う変調方式。IEEE 802.11b の無線 LAN で採用されており，最大 11 M ビット／秒の伝送速度を実現する。

イ：CDM（Code Division Multiplexing）……携帯電話で主に使用されている方式である。複数の送信者が同一の周波数を共有し，それぞれの信号に異なった符号を掛け合わせて多重化し，受信者は送信者に対応した符号を掛け合わせることによって送信者の信号だけを抽出する方式

エ：TDM（Time Division Multiplexing）……時間をごく短い一定時間に分割し，それを複数の通信に割り当てて，1 本の伝送路を複数通信で同時に使用する方式

問3　ア

OSPF（Open Shortest Path First）の経路選択方式は，エリアの概念を採り入れ，ルータなどのネットワーク機器を接続する回線（リンク）速度をコストに換算し，コスト最小のルートを選択する方式であることから，リンクステート方式と呼ばれている。したがって，（ア）が正しい。

その他の記述には，次のような誤りなどがある。

イ：OSPF は，AS（Autonomous System；自律システム）内でやり取りされるルーティングプロトコルのため，IGP（Interior Gateway Protocol）に分類される。EGP（Exterior Gateway Protocol）は，AS 間においてやり取りされるルーティングプロトコルであり，EGP に分類されるものは，BGP（Border Gateway Protocol）である。

ウ：この記述は，静的経路制御方式の説明であり，動的経路制御方式である OSPF は該当しない。

エ：OSPF は，コストに基づく経路制御方式である。

問4　ア

TCP の輻輳制御は，当初，ネットワーク機器におけるパケット損失の発生を前提にして，送信するパケット数を調整することなどによって行われてきたが，通信速度の高速化などに伴い，伝送遅延が大きくなるなどの問題が顕在化してきた。そこで，2016 年に Google は，BBR（Bottleneck Bandwidth and Round-trip propagation time）と呼ばれる新しい輻輳制御アルゴリズムを開発し発表した。したがって，（ア）が正しい。

BBR は，どのくらいのペースでネットワークにデータを送り出すかを決めるに当たって，そのネットワークがどれくらいの速さでデータを送り届けているかを考慮し，ネットワークの転送速度とラウンドトリップ時間の測定値を用いて，その接続の帯域幅の上限と最小のラウンドトリップ遅延の両方を含むモデルに基づ

いて，データの送信速度とネットワークに流し込むデータ量の上限を常に制御しているといわれている。

その他の用語の意味は，次のとおりである。

イ：HMAC（Hash-based Message Authentication Code）……送信者と受信者が共有している認証鍵を用いて作成されるメッセージ認証コードのことで，メッセージの完全性を保証するために用いられる。

ウ：RSA（Rivest-Shamir-Adleman cryptosystem）……非常に大きい数の素因数分解が極めて困難であるという性質を利用した公開鍵暗号方式である。

エ：SPF（Shortest Path First）……ルータなどのネットワーク機器が転送経路を決める際に用いられるアルゴリズムの一つで，リンクコストなどが最も小さい経路を選択する方式である。

問5　ウ　　　　　　　　　TCPでフラグメント化されることなく送信できる最大長 (R5 春·NW 午前 II 問 5)

ネットワークの MTU（Maximum Transmission Unit）とは，ノードが隣接したネットワークに対して，1 回の通信で転送可能な最大のデータグラムサイズのことである。つまり，一つの IP パケットの最大長となる。図の構成で IP パケットに該当するところは，IP ヘッダーの 20 オクテット，TCP ヘッダーの 20 オクテット，データである。これらの合計がネットワークの MTU（1,500 オクテット）になるので，IP パケットがフラグメント化されることなく送信できるデータの最大長を x オクテットとすると，次の関係式が成り立つ。

$$20+20+x=1,500$$

x を求めると，x＝1,460 となる。したがって，（ウ）が正しい。この 1,460 オクテットは，TCP セグメント（アプリケーションのデータ）の最大長を示し，一般に MSS（Maximum Segment Size）といわれる。

一方，イーサネットにおける最大フレーム長は，ネットワークの MTU（1,500 オクテット）に加え，MAC ヘッダーの 14 オクテットと FCS（Frame Check Sequence）の 4 オクテット分の長さが必要になるので，それらを合計すると 1,518 オクテットになる。このため，1,518 オクテットが，イーサネットフレームの最大長となる。

問6　エ　　　　　　　　　　　　　　　誤りが発生する電文の個数 (R5 春·NW 午前 II 問 6)

平均ビット誤り率が $1×10^{-5}$ の回線を用いて，200,000（＝$2×10^5$）バイトのデータを伝送するときに発生するビット誤りの個数は，

$$個数＝1×10^{-5}×2×10^5×8（ビット）＝16$$

となる。この 16 個のビット誤りが，2,000（＝200,000÷100）電文の中にランダムに発生すると考えられるので，誤りが発生する電文の個数は，約 16 電文となる。したがって，（エ）が正しい。

BGP-4 (Border Gateway Protocol 4) は，AS (Autonomous System；自律システム) 間におけるルーティング情報をやり取りするためのプロトコルである。経路選択のアルゴリズムは，基本的に経由する AS の数が最少となるようにパスを選択する。また，最初に，BGP ルータ同士が経路情報の全てを相互にやり取りした後は，ルーティング情報に変更が生じたときにだけ，その差分を通知する。したがって，(イ) が正しい。

その他の記述が示すものは，次のとおりである。

ア：サブネットマスクの情報を通知できないという記述から，RIP-1 の説明である。なお，RIP-2 では，サブネットマスクを通知できる。

ウ：米シスコシステムズ社の EIGRP (Enhanced Interior Gateway Routing Protocol) の説明である。

エ：OSPF (Open Shortest Path First) の説明である。

CoAP (Constrained Application Protocol) は，IoT 向けのアプリケーション層のプロトコルの一つで，HTTP をより簡素化し，M2M (Machine-to-Machine) の通信環境に適用できるようにした Web ベースのプロトコルである。そして，エンドポイントに設置される IoT 機器は，低電力で動作するため，通常，通信アダプタとの通信には ZigBee などが用いられ，CSMA/CA によってアクセス制御が行われる。そのため，特徴としては，パケット損失が発生しやすいネットワーク環境での，小電力デバイスの通信に向いている点が挙げられる。したがって，(エ) が正しい。

その他の記述が示すものは，次のとおりである。

ア：RTP (Real-time Transport Protocol) や RSTP (Real-Time Streaming Protocol) の説明である。

イ：FTP (File Transfer Protocol) などの TCP (Transmission Control Protocol) に関する説明である。

ウ：IoT 機器を対象にした publish/subscribe 型のメッセージ通信プロトコルの MQTT (Message Queuing Telemetry Transport) の説明である。

IPsec (IP Security Protocol) の ESP (Encapsulating Security Payload) は，IP パケットを暗号化して送受信するためのプロトコルである。また，暗号化する場合，IP パケットのペイロード (データ部) だけを暗号化する方式 (トランスポートモード) と，IP パケット全体を暗号化する方式 (トンネルモード) という二

つのモードがある。このうち，トンネルモードでは，IP ヘッダー（オリジナル IP ヘッダー）を含め IP パケット全体を暗号化する。そして，DES などのブロック暗号方式を使う場合，ESP トレーラにはブロック単位に調整するためのパディングデータなどが入れられるので，ESP トレーラも暗号化する必要がある。したがって，暗号化される範囲は，オリジナル IP ヘッダーから ESP トレーラまでとなるので，（ウ）が正しい。

なお，（ア）の ESP ヘッダーから ESP トレーラまでの範囲は，ESP 認証の対象となる範囲である。つまり，この範囲にあるデータに対するハッシュ値を求め，それを ESP 認証データのフィールドに格納して，通信相手に送信する。また，ESP では，暗号化を行った後，ESP の認証データを計算するので，ESP 認証データは暗号化されない。このため，（イ），（エ）とも暗号化の範囲として ESP 認証データを含んでいるので，誤りとなる。

問 10　ウ　　複数の VLAN ごとにスパニングツリーを実現するプロトコル (R5 春-NW 午前 II 問 10)

VLAN は，論理的に独立したレイヤー 2 のネットワークである。このため，VLAN 単位にルートブリッジを決めることができるので，VLAN ごとにスパニングツリーを作成することができる。こうした仕組みを実現するプロトコルを MSTP（Multiple Spanning Tree Protocol）と呼ぶ。したがって，（ウ）が正しい。その他の用語の意味は，次のとおりである。

ア：BPDU（Bridge Protocol Data Unit）……スパニングツリーを構成するために用いられる制御情報をやり取りするメッセージである。

イ：GARP（Gratuitous Address Resolution Protocol）……IP アドレスの重複検査などを行うために用いられるプロトコルである。

エ：RSTP（Rapid Spanning Tree Protocol）……STP ではスパニングツリーを再構成する時間に 30〜50 秒要していたが，それを数秒程度に短縮するためのプロトコルである。

問 11　イ　　VLAN タグが挿入される位置 (R5 春-NW 午前 II 問 11)

IEEE 802.1Q では，VLAN タグを挿入する位置は，イーサネットフレーム中の送信元 MAC アドレスと，タイプ又は長さとの間（図中の②）に置くように規定されている。したがって，（イ）が正しい。

問 12　ウ　　IP アドレスの集約化 (R5 春-NW 午前 II 問 12)

"10.8.64.0/20" などの表示方法は，CIDR（Classless Inter-Domain Routing）によるアドレス表示であり，"/" 以降の数値がサブネットマスク長を示す。つまり，"/20" とは，先頭のビットから 20 ビット目までがサブネットマスクである

ことを示す。

まず，64，80，96，112 をそれぞれ 2 進表示すると，

$64＝2^6$	01000000
$80＝64＋16＝2^6＋2^4$	01010000
$96＝64＋32＝2^6＋2^5$	01100000
$112＝64＋32＋16＝2^6＋2^5＋2^4$	01110000

これらのビットパターンから，集約できる範囲を探すと，左端の"0"（先頭から 17 ビット目）又は次の"1"（先頭から 18 ビット目）までとなる。この問題では，最も集約範囲が狭いものを答えるので，サブネットマスク長には 18 ビット長を用いる必要がある。したがって，"10.8.64.0/18"（ウ）が正しい。

問 13　イ
WebDAV の特徴（R5 春·NW　午前 II 問 13）

WebDAV は，RFC 4918（HTTP Extensions for Web Distributed Authoring and Versioning（WebDAV））として規定されている。RFC の表題が示すように，WebDAV は，HTTP を拡張したプロトコルで，サーバ上のファイルの参照や作成，削除及びバージョン管理が行える。したがって，（イ）が正しい。WebDAV のポート番号は，HTTP と同じなので，ファイアウォールの設定変更が不要になるなどのメリットがある。

その他の記述が示すものは，次のとおりである。

ア：他のコンピュータ上のサービスを呼び出すプロトコルである SOAP を利用して，インターネット上に分散したアプリケーションプログラムを連携させる Web サービスの説明である。

ウ：IMAP を利用した Web メールの説明である。

エ：URL のスキーム名に ftp を指定した際の説明である。

問 14　エ
ローカル 5G の特徴（R5 春·NW　午前 II 問 14）

総務省の令和 4 年度版 情報通信白書において，「ローカル 5G の概要」に「ローカル 5G は，携帯電話事業者による 5G の全国サービスと異なり，地域や産業の個別ニーズに応じて，地域の企業や自治体などの様々な主体が自らの建物内や敷地内でスポット的に柔軟に構築できる 5G システムであり，様々な課題の解決や新たな価値の創造などの実現に向け，多様な分野，利用形態，利用環境で活用されることが期待されている」と記載されている。このため，ローカル 5G の特徴としては，「土地や建物の所有者は，電気通信事業者ではない場合でも，免許を取得すればローカル 5G システムを構築することが可能である」が該当する。したがって，（エ）が正しい。

その他の記述には，次のような誤りがある。

ア：ローカル 5G は，携帯電話事業者が 5G 移動無線サービスエリアを拡大する

ためのものではない。

イ：ローカル5Gは，携帯電話事業者による5G移動無線サービスの一つでもない。

ウ：ローカル5Gの割当枠は，4.5 GHz帯と28 GHz帯である。また，ローカル5Gは高速無線LANでもない。

問15 ウ 無線LANの周波数帯の組合せ（R5春·NW 午前Ⅱ問15）

代表的な無線LANの規格に関して，日本国内において使用される周波数帯と，最大伝送速度を次に示す。

規格	使用される周波数帯	最大伝送速度
IEEE 802.11b	2.4 GHz帯	11 Mbps
IEEE 802.11g	2.4 GHz帯	54 Mbps
IEEE 802.11a	5 GHz帯	54 Mbps
IEEE 802.11n	2.4 GHz帯，5 GHz帯	600 Mbps
IEEE 802.11ac	5 GHz帯	6.93 Gbps

IEEE 802.11nの使用周波数帯は2.4 GHz帯と5 GHz帯であり，IEEE 802.11acでは5 GHz帯である。したがって，問題に示された表の組合せの中では（ウ）が該当することが分かる。

問16 イ ポリモーフィック型マルウェアの説明（R5春·NW 午前Ⅱ問16）

ポリモーフィック（polymorphic；多様性，多態性）型マルウェアは，感染ごとに自身のコードを異なる鍵で暗号化するなどのステルス技術を用いて，過去に発見されたマルウェアのパターンでは検出されないようにするマルウェアである。したがって，（イ）が正しい。

ポリモーフィック型マルウェアは，ミューテーション（mutation；突然変異）型マルウェアとも呼ばれる。また，ステルス技術を用いるマルウェアには，感染のたびに命令コードを変化させるメタモーフィック（metamorphic；変形）型マルウェアなどがある。

その他の記述が示すものは，次のとおりである。

ア：ボットやRAT（Remote Administration Tool）などの遠隔操作型マルウェアの説明である。

ウ：複数のOS上で動作する，クロスプラットフォーム対応のマルウェアの説明である。マルチプラットフォーム対応のマルウェアとも呼ばれる。

エ：ルートキット（rootkit）の説明である。ルートキットは，マルウェアで使用

午前Ⅱ解答

される技術の一つで，ファイル，プロセス，ディレクトリ，その他のシステムオブジェクトなどの存在を隠蔽するために，OS のルート（管理者）権限を奪ったり，カーネル内部を操作したりする様々な技法やツールのことをいう。

問 17　ア
NTP サーバの踏み台攻撃に対する対策（R5 春·NW 午前Ⅱ問 17）

　NTP（Network Time Protocol）サーバを踏み台にする，増幅型の DDoS（Distributed Denial of Service；分散型サービス妨害）攻撃では，NTP サーバの状態確認機能（monlist）を悪用する手口が使われている。この攻撃では，多数の攻撃元から，送信元 IP アドレスを標的ホストに詐称した状態確認の問合せパケットを NTP サーバへ送信する。NTP は通常，トランスポート層のプロトコルとして UDP を使うので，送信元 IP アドレスが詐称された場合，NTP サーバは応答パケットをそのまま送信元に送信するので，踏み台になってしまう。また，状態確認の応答パケットサイズは，問合せパケットよりも大きくなるので，増幅型の攻撃になる。対策の一つとしては，NTP サーバの設定変更によって，状態確認機能を無効にする方法がある。したがって，（ア）が正しい。

　その他の記述には，次のような誤りがある。

イ：組織内の NTP サーバは，正確な時刻を取得するため，自ネットワーク外の上位の NTP サーバへ時刻を問い合わせる必要があるので，問合せを制限することはできない。また，踏み台攻撃の対策にもならない。

ウ：あるネットワークのブロードキャストアドレス宛てにパケットを送りつける攻撃は smurf 攻撃の特徴であり，NTP サーバを踏み台にする攻撃の対策にはならない。

エ：自ネットワーク外からの NTP を許すと，NTP サーバが踏み台にされる危険性がある。

問 18　エ
インラインモードで動作するシグネチャ型 IPS の特徴（R5 春·NW 午前Ⅱ問 18）

　IPS（Intrusion Prevention System；侵入防止システム）の動作モードと検知方法を整理すると，次のように分けられる。

動作モード	インラインモード （Inline）	監視対象の通信を通過させるように通信経路上に設置される方式
	受動型 （Passive）	通信経路を流れる通信パケットを経路外からキャプチャする方式。例えば，通信経路上のスイッチのミラーポートに接続する。
検知方法	シグネチャ型	定義した異常な通信のルールやパターンを用いて不正を判断する方式
	アノマリ型	通常時の通信から外れた通信を不正と判断する方式

インラインモードで動作するシグネチャ型 IPS は,「IPS が監視対象の通信を通過させるように通信経路上に設置され,定義した異常な通信と合致する通信を不正と判断して遮断する」という特徴をもつ。したがって,(エ)が正しい。

その他の記述が示すものは,次のとおりである。

ア,イ：受動型の動作モードである。なお,受動型では,IPS は通信経路上に設置されないので,不正な通信を直接遮断することはできない。

ウ：インラインモードで動作するアノマリ型 IPS の特徴である。

問 19　ウ　認証にクライアント証明書を必要とするプロトコル (R5 春・NW 午前 II 問 19)

認証にクライアント証明書（クライアントの公開鍵証明書のこと）を必要とするプロトコルは,EAP-TLS (Extensible Authentication Protocol - Transport Layer Security) である。したがって,(ウ)が正しい。

解答群の認証方式について,サーバ認証とクライアント認証で使用される認証情報を整理すると,次のようになる。

	EAP-FAST	EAP-MD5	EAP-TLS	EAP-TTLS
サーバ認証	PAC による相互認証	なし	サーバ証明書	
クライアント認証	ID, パスワード	ID, パスワード	クライアント証明書	ID, パスワード

なお,EAP-MD5 は,ハッシュ関数の MD5 (Message Digest Algorithm 5) を用いてチャレンジレスポンス方式によるワンタイムパスワード認証を行う。サーバ認証機能がないこと,MD5 を用いるワンタイムパスワード認証には脆弱性があることから,その利用は推奨されていない。一方,EAP-FAST (EAP - Flexible Authentication via Secure Tunneling) と EAP-TTLS (EAP - Tunneled TLS) については,クライアントとサーバ間に確立されたトンネルを利用してクライアントの ID とパスワードを送信するので,安全である。EAP-FAST はシスコ社独自の PAC (Protected Access Credential) と呼ばれる情報を用いて相互認証を行った後,トンネルを確立するのに対し,EAP-TTLS はサーバ証明書を用いて TLS のトンネルを確立するので,この点が異なる。

問 20　イ　OP25B の例 (R5 春・NW 午前 II 問 20)

OP25B (Outbound Port 25 Blocking) とは,迷惑メールなどのスパムメール対策の一つで,ISP 管理下にあるクライアントパソコンなどが,ISP のメールサーバを経由することなく,インターネット上にある任意のメールサーバに対して,直接 SMTP コネクションを確立しようとするアクセスを遮断するものである。ISP 管理下における接続環境では,接続の都度,ISP から IP アドレスの配布を受

けることが多く，こうした動的 IP アドレスが使用されると，身元の確認が難し
くなるという問題がある。そこで，スパムメールの送信者などは，ISP 管理下の
動的 IP アドレスから ISP 管理外のネットワークへ直接，TCP ポート番号 25 へ
の通信を行い，スパムメールを送信するようになったことから，OP25B という対
策が採られるようになったのである。したがって，（イ）が正しい。

　その他の記述は，次のようなスパムメールの判定方法に関するものである。

ア：シグネチャによって判定する方法

ウ：DNS の逆引きができるかどうかによって判定する方法

エ：RBL（Realtime Blackhole List）に登録されているかどうかによって判定す
　　る方法

問 21　ア

IEEE 802.1X が定めているもの（R5 春·NW 午前II問 21）

　IEEE 802.1X（Port-Based Network Access Control）は，クライアント，オー
センティケーター（レイヤー 2 スイッチ，無線アクセスポイント），認証サーバと
いう 3 要素から構成される通信モデルを規定し，認証プロトコルとしては様々な
認証方式が利用できるように EAP（Extensible Authentication Protocol）を用い
る。この IEEE 802.1X は，クライアント（利用者）からの認証情報をアクセス
ポイントが受け取ると，それを認証サーバに送信して接続の可否を判断してもら
うという仕組みを提供する。このため，選択肢の中では，「アクセスポイントが
EAP を使用して，クライアントを認証する枠組み」という記述が該当する。した
がって，（ア）が正しい。

　その他の記述には，次のような誤りなどがある。

イ：アクセスポイントが，パスワードをセッションごとに生成するのは，クライ
　　アントとアクセスポイントとの間で行われ，アクセスポイントが認証局と連携
　　するわけではない。

ウ：WPS（Wi-Fi Protected Setup）は，Wi-Fi アライアンスが策定した無線 LAN
　　の接続設定を簡単に行うための規格であり，IEEE 802.1X の規定範囲ではな
　　い。

エ：CSMA/CD 方式は有線 LAN で使用され，IEEE 802.3 で規定されたものであ
　　り，IEEE 802.1X の規定範囲ではない。

問 22　エ

メモリインタリーブの説明（R5 春·NW 午前II問 22）

　メモリインタリーブは，次の図のように主記憶を複数の領域（バンク）に分け，
CPU からのアクセス要求を並列的に処理できるようにして，メモリアクセスの高
速化を図る技術である。したがって，（エ）が正しい。

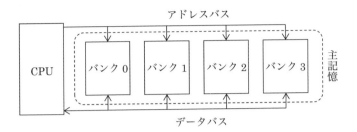

メモリインタリーブでは，連続したアドレスのメモリ内容が，それぞれ別のバンクに配置されるように，バンク間をまたがってアドレスを割り当てる。これは，CPUによるメモリアクセスの多くが，ある程度まとまった範囲，つまり，連続したアドレスに対して行われるためであり，連続したアドレスを別のバンクに割り当てることで，一連のアクセスが複数のバンクに分割され，並列的に処理することができるようになる。

その他の記述が示すものは，次のとおりである。

ア：仮想記憶方式の説明である。

イ：ディスクキャッシュの説明である。

ウ：DMA（Direct Memory Access）制御方式やチャネル制御方式の説明である。

問23　エ
クラウドサービスで提供されるFaaSに関する記述（R5春・NW 午前Ⅱ問23）

FaaS（Function as a Service）とは，クラウド環境におけるサービス提供の一つであり，利用者は，クラウド側が提供するサーバを管理することなく，アプリケーション開発を行える実行環境の提供が受けられるような形態のサービスのことをいう。したがって，「利用者は，プログラムの実行環境であるサーバの管理を意識する必要がなく，その実行環境を使用することができる」と記述された（エ）が正しい。

その他の記述が示すものは，次のとおりである。

ア：IaaS（Infrastructure as a Service）

イ：DaaS（Desktop as a service）

ウ：SaaS（Software as a Service）

問24　イ
SysMLの説明（R5春・NW 午前Ⅱ問24）

SysML（Systems Modeling Language）は，非営利のコンソーシアム OMG（Object Management Group）が仕様を策定した，グラフィカルなモデリング言語である。UML仕様の一部を流用しており，システムの分析や設計，検証などに利用される。したがって，（イ）が正しい。UMLからは，ユースケース図やシーケンス図などが流用されており，アクティビティ図などには拡張が加えられて

いる。そして，システムに対する要求を記述する要求図と，制約条件などを記述するパラメトリック図の二つが SysML で新たに仕様化されている。

その他の記述が示すものは，次のとおりである。

ア：MathML（Mathematical Markup Language）

ウ：SpecC や SystemC

エ：VHDL（VHSIC Hardware Description Language）や Verilog

問25 エ マッシュアップの例（R5春-NW 午前Ⅱ問25）

　Web コンテンツにおけるマッシュアップとは，他のサイトが提供するコンテンツを含む，既存の複数のコンテンツサービスを組み合わせて新たな Web コンテンツを作成することをいう。このため，（エ）のように「店舗案内の Web ページ上に，他のサイトが提供する地図検索機能を利用して得た情報を表示する」ことなどが該当する。したがって，（エ）が正しい。

　マッシュアップ（mash up）とは「混ぜ合わせる」というような意味で，音楽の世界で，DJ などが既存の複数の曲を合わせて新しい曲を作ることを意味するところから使われ始めた用語である。

　その他の記述が示すものは，次のとおりである。

ア：一般的な Web ブラウザは，動画やアニメーションなどのコンテンツを表示する機能をもっていないが，プラグイン（plug-in）と呼ばれるプログラムを組み込むことによって，こうしたコンテンツを表示するなどの機能拡張が可能な仕組みになっている。マッシュアップによるコンテンツ上に動画などを表示するために，プラグインが必要になることもあるが，プラグインは，Web ブラウザなどの機能拡張の仕組みや，そのために組み込むプログラムのことであり，コンテンツを作成するための技術（手法）であるマッシュアップとは異なる概念である。

イ：「Web ページを切り替えずにスクロール表示する」ということから，ページのリロードを伴わないスクロールのことと考えられる。こうしたスクロール動作には，表示している Web ページをリロードすることなくサーバと通信するために Ajax（Asynchronous JavaScript + XML）や WebSocket という技術が利用される。

ウ：マッシュアップを利用した Web コンテンツでは，関連情報を提供する「Web ページへのリンクを表示する」のではなく，そのページの情報（コンテンツ）自体を表示する。

●令和 5 年度春期
午後 I 問題　解答・解説

問 1	Web システムの更改	(R5 春·NW　午後 I 問 1)

【解答例】

[設問 1]　a：リバース　　　b：権威　　　c：キャッシュ　　　d：ストリーム

　　　　　e：:method　　f：TLS

[設問 2]　(1)　リクエストを受けたのと同じ順序でレスポンスを返す必要がある。

　　　　　(2)　通信開始時に TCP の上位のプロトコルを決定するため。

[設問 3]　(1)　(d)，(e)

　　　　　(2)　クライアントが利用可能なアプリケーション層のプロトコル

[設問 4]　(1)　ア：172.21.10.0/24　　イ：172.21.11.2　　　ウ：172.21.11.1

　　　　　(2)　動作モード：アプリケーションモード

　　　　　　　理由：HTTP/2 リクエストを HTTP/1.1 に変換して負荷分散するから。

【解説】

　本問は，Web システムの更改に伴うシステムの構成変更に当たって，システムの一部をクラウドサービスに移行するとともに，通信の効率化のために HTTP/2 プロトコルを導入することを題材にしたものである。出題の中心は HTTP/2 であり，HTTP/1.1と HTTP/2 の互換性に関することに加え，HTTP/2 の特徴的な機能，TLS を用いた暗号化コネクション上で HTTP/2 通信を行う方式などに関する知識が要求される。このため，HTTP/2 に関する知識の有無によって，どれだけ得点できるかが大きく左右されると思われる。

[設問 1]

　空欄 a は，「Web サーバでは HTTP サーバが稼働しており，静的コンテンツは Webサーバから直接配信される。一方，AP サーバの動的コンテンツは，Web サーバで中継して配信される。この中継処理の仕組みを　　a　　プロキシと呼ぶ」という記述の中にある。この記述から，Web サーバは，利用者からの HTTP リクエストが静的コンテンツの場合には，Web サーバから直接配信できるが，動的コンテンツの場合には，Web サーバから AP サーバにアクセスして，動的コンテンツを取得していることが分かる。つまり，Web サーバが外部の利用者からのリクエストを受け付けて，内部のセグメントにある AP サーバからコンテンツを取得する動作は，内部の利用者からのリクエストを受け付けて，インターネット側にあるサーバにアクセスするプロキ

シサーバ（フォワードプロキシ）における動作と，逆の関係にあることから，一般に
リバースプロキシと呼ばれる。したがって，空欄 a には"リバース"が入る。

空欄 b，c は，「DMZ の DNS サーバは，G 社のサービス公開用ドメインに対する
　　b　　DNS サーバであると同時に，サーバセグメントのサーバがインターネッ
トにアクセスするときの名前解決要求に応答する　　c　　DNS サーバである」と
いう記述の中にある。公開用ドメインに対する名前解決要求に応答する DNS サーバ
は，権威 DNS サーバと呼ばれ，内部セグメントにあるサーバなどが，インターネッ
トにアクセスするときの名前解決要求を受け付けて応答する DNS サーバは，キャッ
シュ DNS サーバと呼ばれる。したがって，空欄 b には"権威"，空欄 c には"キャッ
シュ"が入る。

空欄 d は，「HTTP/1.1 には，同一の TCP コネクション内で通信を多重化する方式
として HTTP パイプラインがあるが，HTTP/2 では，TCP コネクション内で複数の
リクエストとレスポンスのやり取りを　　d　　と呼ばれる仮想的な通信路で多重
化している」，「　　d　　ごとのフロー制御によって，一つの　　d　　がリソー
スを占有してしまうことを防止する」という記述のほか，図 3 中にもある。同一の TCP
コネクション内で通信を多重化する方式として，HTTP/1.1 はパイプラインという仕
組みを導入したが，HTTP/2 はストリームという仕組みを導入し，複数のリクエスト
が送信された際，同時に処理を開始し完了すれば，個別にレスポンスを返すように改
善している。したがって，空欄 d には"ストリーム"が入る。

空欄 e は，「HPACK と呼ばれるアルゴリズムによって，HTTP ヘッダー情報がバイ
ナリフォーマットに圧縮されている。ヘッダーフィールドには，　　e　　，:scheme,
:path といった必須フィールドがある」という記述の中にある。HTTP/2 ヘッダーの
うち，:method, :path, :scheme の三つが必須とされており，このほかのヘッダーフ
ィールドには，:authority がある。したがって，空欄 e には":method"が入る。な
お，HPACK は，RFC 7541（HPACK：Header Compression for HTTP/2）として規
定されている。

空欄 f は，「HTTP/2 は，HTTP/1.1 と互換性が保たれるように設計されている。一
般的に HTTP/2 は，HTTP/1.1 と同じく"https://"の URI スキームが用いられる。
そのため，通信開始処理において　　f　　プロトコルの拡張の一つである②ALPN
（Application-Layer Protocol Negotiation）を利用する」という記述の中にある。
ALPN は，TLS 拡張であり，TLS ハンドシェイクを行った後のアプリケーションレ
イヤーのプロトコルを，サーバとクライアントで折衝するために使用される。したが
って，空欄 f には"TLS"が入る。

［設問 2］
(1) この設問は，下線①について，複数のリクエストを受けたサーバは，それぞれの
　　リクエストに対するレスポンスをどのような順序で返さなければならないかを，35
　　字以内で答えるものである。なお，下線①を含む記述は，「HTTP/1.1 には，同一の
　　TCP コネクション内で通信を多重化する方式として HTTP パイプラインがあるが，

HTTP/2 では，TCP コネクション内で複数のリクエストとレスポンスのやり取りを
ストリーム (d) と呼ばれる仮想的な通信路で多重化している。①HTTP パイプラ
インは，複数のリクエストが送られた場合にサーバが返すべきレスポンスの順序に
制約があるが，HTTP/2 ではその制約がない」である。

　　HTTP パイプラインは，同一の TCP コネクションを使い，複数の HTTP リクエ
ストを送信することによって，サーバからの応答性能を向上させる機能である。し
かし，HTTP パイプラインでは，複数の HTTP リクエストを同時に送信しても，サ
ーバからのレスポンスは，リクエストの順序どおりに処理されるので，リクエスト
を受け付けた順に返されるという制約がある。したがって，解答としては「リクエ
ストを受けたのと同じ順序でレスポンスを返す必要がある」旨を答えるとよい。

　　なお，こうした制約は，HoL（Head of Line）ブロッキングと呼ばれており，先
頭のリクエストの処理に時間が掛かると，後続のレスポンスは全てブロックされて
しまい，応答性能の改善に寄与しないという問題である。この問題を解決するため
に，HTTP/2 では，ストリームと呼ばれる仮想的な通信路を構成し，ストリーム単
位に，リクエストの処理を行い，処理が完了すればレスポンスを返すようにしてい
る。

(2) この設問は，下線②について，ALPN を必要とする目的を，30 字以内で答えるも
　　のである。なお，下線②を含む記述は，「互換性：HTTP/2 は，HTTP/1.1 と互換性
　　が保たれるように設計されている。一般的に HTTP/2 は，HTTP/1.1 と同じく
　　"https://" の URI スキームが用いられる。そのため，通信開始処理において TLS
　　(f) プロトコルの拡張の一つである ALPN（Application-Layer Protocol Negotia-
　　tion）を利用する」である。

　　　一般に，URI（Uniform Resource Identifier）のスキームによって，HTTP や FTP，
　　SMTP などの TCP の上位プロトコル（アプリケーションプロトコル）を識別する
　　ことができる。しかし，HTTP/2 は，HTTP/1.1 と同じ "https://" の URI スキーム
　　が用いられる。https スキームは，HTTP over TLS を示すため，クライアントとサ
　　ーバは，事前に HTTP/2 か HTTP/1.1 のどちらのプロトコルを使用するかを，通信
　　開始処理において TLS プロトコルの拡張の一つである ALPN を使って，決めるこ
　　とが必要になる。したがって，ALPN を必要とする目的としては，「通信開始時に
　　TCP の上位のプロトコルを決定するため」などのように答えるとよい。

［設問 3］
(1) この設問は，下線③について，h2 のネゴシエーションが含まれるシーケンス部分
　　を，図 3 中の(a)～(i)の記号で全て答えるものである。なお，下線③を含む記述は，
　　「HTTP/2 の通信を開始するときに，ALPN を用いてクライアントとサーバとの間
　　でネゴシエーションを行う」である。
　　　図 3（h2 の通信シーケンス（抜粋））は，次のとおりである。

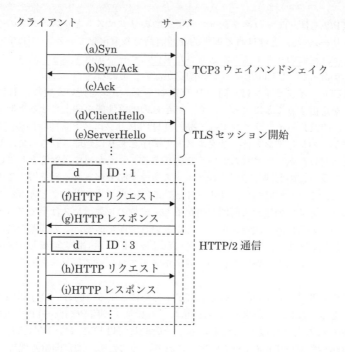

クライアント　　　　　　サーバ

(a)Syn

(b)Syn/Ack　　　　　　TCP 3 ウェイハンドシェイク

(c)Ack

(d)ClientHello

(e)ServerHello　　　　　TLS セッション開始

d　　ID：1

(f)HTTP リクエスト

(g)HTTP レスポンス

d　　ID：3　　　　　　HTTP/2 通信

(h)HTTP リクエスト

(i)HTTP レスポンス

　　設問 2 (2)で述べたように，HTTP/2 か HTTP/1.1 のどちらのプロトコルを使用す
るかをネゴシエーションするためには，TLS プロトコルの拡張の一つである ALPN
が使われる。図 3 では，TCP 3 ウェイハンドシェイクの後に，TLS のセッションが
開始されるが，クライアントがもつ情報と，サーバがもつ情報を相互にネゴシエー
ションして決めるためには，(d)の ClientHello と，(e)の ServerHello が用いられ，
その後，HTTP/2 通信が行われる。したがって，解答は "(d)，(e)" になる。

(2)　この設問は，下線③について，ネゴシエーションでクライアントから送られる情
　　報を，35 字以内で答えるものである。なお，下線③を含む記述は，「HTTP/2 の通
　　信を開始するときに，ALPN を用いてクライアントとサーバとの間でネゴシエーシ
　　ョンを行う」である。

　　　TLS の ClientHello では，通常，クライアントの TLS バージョン，クライアント
　　でサポートしている暗号スイートなどを送信するが，ALPN では，HTTP/2 や
　　HTTP/1.1 などのクライアントがサポートしているアプリケーション層のプロトコ
　　ルを送信する。したがって，解答としては「クライアントが利用可能なアプリケー
　　ション層のプロトコル」などのように答えるとよい。

［設問 4］
(1)　この設問は，表 1 中の空欄ア～空欄ウに入れる適切な IP アドレスを答えるもの
　　である。表 1（静的経路設定）は，次のとおりであるが，これは，G 社データセン

ターと J 社クラウドとの間で通信できるように，L3SW 及び仮想ルータに設定され
た静的経路情報である。

機器	宛先ネットワーク	ネクストホップ
L3SW	ア	イ
仮想ルータ	0.0.0.0/0	ウ

　図 4 の新 Web システム構成に関する H さんの考えの 1 点目と 2 点目に，
・J 社クラウドの VPC サービスを用いて，G 社用 VPC を確保する。G 社用 VPC
　セグメントでは IP アドレスとして，172.21.10.0/24 を用いる。
・G 社用 VPC セグメントの仮想ルータと G 社データセンターの L3SW との間を，
　J 社が提供する専用線接続サービスを利用して接続する。専用線接続の IP アドレ
　スとして，172.21.11.0/24 を用い，L3SW の IP アドレスを 172.21.11.1 とし，仮
　想ルータの IP アドレスを 172.21.11.2 とする。
と説明されている。このため，G 社データセンターと J 社クラウドとの間で通信で
きるようにするには，G 社用 VPC セグメントの IP アドレス（172.21.10.0/24）を
L3SW が受信した際には，L3SW から仮想ルータ（IP アドレスは 172.21.11.2）に
中継する必要がある。そして，仮想ルータは，L3SW と専用線接続，つまり，L3SW
以外にパケットを中継することはないので，宛先ネットワークが 0.0.0.0/0 のネク
ストホップに L3SW の IP アドレス（172.21.11.1）を設定するとよい。したがって，
空欄アには“172.21.10.0/24”，空欄イには“172.21.11.2”，空欄ウには“172.21.11.1”
が入る。

(2) この設問は，下線④（H さんは，今回のシステム構成の変更内容を考慮して仮想
　LB で設定すべき動作モードを決めた）について，H さんが決めた動作モードと，
　その理由を“HTTP/2”という字句を用いて 35 字以内で答えるものである。

　　表 2 の仮想 LB の動作モードは，アプリケーションモード（レイヤー7 で動作し
　て負荷分散処理を行う）とネットワークモード（レイヤー4 で動作して負荷分散処
　理を行う）の二つである。

　　図 2（Web ブラウザからサーバへのリクエスト）を見ると，システム構成の変更
　後において，仮想 LB は，Web ブラウザからのリクエストを HTTP/2 で受け，Web
　サーバや AP サーバに対しては，HTTP/1.1 によってリクエストを送信している。
　このため，仮想 LB では，HTTP/2 で要求のあったリクエストを HTTP/1.1 に変換
　して負荷分散するには，レイヤー7 の情報を見て判断する必要がある。したがって，
　動作モードは“アプリケーションモード”になる。理由としては「HTTP/2 リクエ
　ストを HTTP/1.1 に変換して負荷分散する」旨を答えるとよい。

【解答例】

[設問1] 　ア：フラッディング　　イ：IGMP　　ウ：マルチキャスト

　　　　　エ：ツリー　　オ：PIM-SM　　カ：SSM　　キ：復号

[設問2] 　(1) 配信先のレシーバの数に応じてソースの通信量が増加する。

　　　　　(2) 160

　　　　　(3) 全てのIPカメラに個別のIPアドレス及び個別のグループアドレス
　　　　　　　を使用する。

[設問3] 　(1) グループアドレスの設計が容易になる。

　　　　　(2) ① グループアドレス

　　　　　　　② インタフェース

　　　　　(3) Ⅰ：カメラ管理サーバ

　　　　　　　Ⅱ：443

[設問4] 　(1) (a)：L3SW11，L3SW21

　　　　　　　(b)：L2SW11，L2SW21

　　　　　　　(c)：IGMPv3

　　　　　(2) Webページを改修するだけで対応完了できる。

【解説】

　本問は，河川などに設置したIPカメラから市庁舎の大型モニターへリアルタイム
に配信する映像配信システムを題材に，IPv4マルチキャスト通信の方式を考察するも
のである。このため，マルチキャストパケットにおけるソースのIPアドレス，宛先
となるグループアドレスの考え方，マルチキャストプロトコルのIGMPと，PIM-SM
をはじめ，IGMPv2とIGMPv3との違いなどの専門的な知識が要求される。このた
め，マルチキャスト通信に関する専門的な知識の有無によって，正解できる設問に差
がつくと考えられる。

[設問1]

　空欄アは，「L2SWでは，マルチキャストフレームを受信した際，同一セグメント
上の受信インタフェース以外の全てのインタフェースへ　　ア　　するので，通信
帯域を無駄に使用し，接続先のインタフェースへ不必要な負荷を掛けてしまう」とい
う記述の中にある。L2SWが，受信したフレームを同一セグメント上の受信インタフ
ェース以外の全てのインタフェースに転送することを，フラッディングと呼ぶ。した
がって，空欄アには"フラッディング"が入る。

　空欄イは，「この対策機能として，　　イ　　スヌーピングがある。L2SWのこの
機能は，⑤レシーバから送信されるJoinやLeaveのパケットを監視し，マルチキャ
ストフレームの配信先の決定に必要な情報を収集する」といった記述などの中にある。
通常，L2SWが，宛先にマルチキャストMACアドレスが設定されたマルチキャスト

フレームを受信すると，L2SW の MAC アドレステーブルに，該当するマルチキャスト MAC アドレスが登録されていないため，受信したフレームを同一セグメント上の受信インタフェース以外の全てのインタフェースに転送（フラッディング）してしまう。一方，IGMP スヌーピングという機能を使うと，L2SW は，レシーバから送信される IGMP の Join や Leave のパケットをのぞき見て（snooping），IGMP パケットの受信インタフェースと，IGMP パケットに含まれるグループアドレス（マルチキャスト IP アドレス）から導出されるマルチキャスト MAC アドレスを対応付けるように MAC アドレステーブルに登録することができる。このため，受信インタフェース以外の全てのインタフェースへフラッディングすることなく，特定のインタフェースに対してだけ転送するようにできる。したがって，空欄イには "IGMP" が入る。

空欄ウは，「(c) レシーバ 11 は，IGMPv3 メンバーシップレポートの (S, G) Join を作成し，IGMP 用に割り当てられた IP ［　ウ　］ アドレス宛てに送信する」という記述の中にある。IGMPv1，IGMPv2 ではメンバーシップレポートの宛先 IP アドレスとしては，参加するグループのマルチキャストアドレス（グループアドレス）が使用されていたが，IGMPv3 では "224.0.0.22" という IGMP 用に割り当てられた IP マルチキャストアドレスを使用する。したがって，空欄ウには "マルチキャスト" が入る。

空欄エは，「(d) L3SW11 は，(S, G) Join を基に (S, G) エントリを作成し，ユニキャストルーティングテーブルに基づき，ソースの方向である FW01 へ PIM の (S, G) Join を送信する。これによってディストリビューション ［　エ　］ が作成される」という記述の中にある。PIM（Protocol Independent Multicast）は，映像の送信元（ソース）と配信先であるレシーバとの間において，マルチキャストパケットを転送するための経路表を作成するためのプロトコルである。レシーバは，地域的に散らばったところに存在する可能性があるので，マルチキャストパケットは，ソースの方向からレシーバが存在するところに対してだけ，配送されることが必要になる。つまり，PIM によって作成される配送経路は，ソースを頂点として，レシーバが存在するところに向けてツリー状に構成されるため，ディストリビューションツリーと呼ばれる。したがって，空欄エには "ツリー" が入る。

空欄オ，カは，「FW01，L3SW11 及び L3SW21 では，マルチキャストルーティングを有効化し，全てのインタフェースにおいて ［　オ　］ を有効化する」，「L3SW11 及び L3SW21 では，マルチキャストルーティング用のプロトコルとして ［　カ　］ を有効化し，レシーバが接続された L2SW と接続するインタフェースにおいて，IGMPv3 を有効化する」という記述の中にある。

〔ネットワーク構成〕の「(3) IP マルチキャスト」に「マルチキャストルーティング用のプロトコルとして，PIM-SM（Protocol Independent Multicast-Sparse Mode）及び PIM-SM の派生型である SSM（Source-Specific Multicast）を用いる」と記述されている。そして，図 2 中の(b)の説明に「PIM-SM が有効化されたインタフェースでは，定期的に PIM hello が送信される。FW01 及び L3SW11 は，PIM hello を受信することで PIM ネイバーの存在を発見する」と説明されているように，FW01 及び

L3SW11 のインタフェースにおいては，PIM-SM を有効化する必要がある。また，FW01 及び L3SW21 も同様の構成であるため，L3SW21 のインタフェースにおいても PIM-SM を有効化する必要がある。したがって，空欄オには "PIM-SM" が入る。

次に，図2中の(c)で「レシーバ11は，IGMPv3 メンバーシップレポートの (S，G) Join を作成し，IGMP 用に割り当てられた IP マルチキャスト（ウ）アドレス宛てに送信する」，(d)で「L3SW11 は，(S，G) Join を基に (S，G) エントリを作成し，ユニキャストルーティングテーブルに基づき，ソースの方向である FW01 へ PIM の (S，G) Join を送信する。これによってディストリビューションツリー（エ）が作成される」と説明されている。IGMPv2 と PIM-SM を用いて，マルチキャストパケットの配送経路を作成する際には，ソースの IP アドレスが分かっていない前提なので，ランデブーポイント（RP）と呼ばれるルータをあらかじめ決めておき，最初はこの RP を経由してマルチキャストパケットを配送する。この場合，レシーバは，IGMPv2 メンバーシップレポートの (*，G) Join を作成し，L3SW は (*，G) Join を基に (*，G) エントリを作成して，RP の方向へ PIM の (*，G) Join を送信する必要がある。しかし，本問のように，ソースの IP アドレスが分かっている場合は，IGMPv3 と SSM を使用することによって，図2のように，レシーバ11が，IGMPv3 メンバーシップレポートの (S，G) Join メッセージを作成し，送信することができる。そして，L3SW11 では，SSM を有効化しておくことによって，(S，G) Join を基に (S，G) エントリを作成し，ユニキャストルーティングテーブルに基づき，ソースの方向である FW01 へ PIM の (S，G) Join を送ることができる。その結果，ソースを頂点としたディストリビューションツリーが作成され，FW01 は，このディストリビューションツリーに従って，例えば，IP カメラ11からの映像データを L3SW11 に配信することができる。このように，最初から (S，G) エントリを作成して，PIM の (S，G) Join を送信するために，L3SW11 及び L3SW21 では，マルチキャストルーティング用のプロトコルとして SSM を有効化しておく必要がある。したがって，空欄カには "SSM" が入る。

空欄キは，「PC には，IGMPv3 に対応し，映像データから映像へ ［　キ　］する機能をもつソフトウェア製品を新たに導入する」という記述の中にある。

〔ネットワーク構成〕の3点目に「配信先であるレシーバは，マルチキャストパケットの映像データを映像へ復号し，大型モニターへ表示する」とあるので，レシーバがマルチキャストパケットの映像データを映像へ復号していることが分かる。そして，図1を見ると，L2SW12 にレシーバのほか PC も接続されている。このため，PC はレシーバを介していないので，PC にマルチキャストパケットの映像データを映像へ復号する機能をもつソフトウェア製品を導入することが必要になる。したがって，空欄キには "復号" が入る。

〔設問2〕

(1) この設問は，下線①について，IP マルチキャストを用いずユニキャストで配信を行う場合の欠点を "ソース" と "レシーバ" という字句を用いて 35 字以内で答え

るものである。なお，下線①を含む記述は，「N 主任は，IP カメラの導入によって
増加する通信量に着目し，通信帯域を効率良く使用するため，IP マルチキャストを
用いて配信を行う構成を検討した」である。

　IP マルチキャスト通信は，ソースが宛先 IP アドレスにマルチキャスト IP アドレ
スを設定したパケットをレシーバに向けて送信するのに対し，ユニキャスト通信で
は，ソースは配信するレシーバごとにパケットを送信しなければならない。つまり，
マルチキャストでは，ソースは，配信するレシーバの数によらず，一つのパケット
を送信すればよいが，ユニキャストでは，レシーバごとにパケットを送信しなけれ
ばならないので，ソースの通信量が増加することが分かる。したがって，解答とし
ては「配信先のレシーバの数に応じてソースの通信量が増加する」旨を答えるとよ
い。

(2)　この設問は，下線②について，L2SW91 から FW01 へ流入するマルチキャストパ
ケットの伝送レートの理論的な最大値を，M ビット／秒で答えるものである。なお，
下線②は，「レシーバ及び大型モニターは，各 6 台新設する。レシーバは，最大四
つの映像データを同時に受信し，大型モニターへ 4 分割で表示する」である。

　　図 1 （N 主任が考えた K 市のネットワーク構成（抜粋））を見ると，L2SW91 に
は，IP カメラ 11 から IP カメラ 14 までの 4 台が接続されているほか，L2SW92（IP
カメラ 4 台），L2SW93（IP カメラ 4 台），L2SW94（IP カメラ 4 台），L2SW95（IP
カメラ 4 台）も接続されている。このため，L2SW91 から FW01 へ流入するパケッ
トは，20 台分の IP カメラからのデータが送られる。

　　また，IP カメラは，1 台当たり 8 M ビット／秒で映像データを含むパケットを送
信するので，L2SW91 から FW01 へ流入するマルチキャストパケットの伝送レート
の理論的な最大値は，

　　　　最大値＝20（台）×8 M（ビット／秒）＝160 M（ビット／秒）

となる。したがって，解答は "160" になる。

(3)　この設問は，下線③について，IGMPv3 ではなく IGMPv2 を使用するとした場
合，考えられる IP カメラのアドレス設計を 45 字以内で答えるものである。なお，
下線③は，「全ての IP カメラに個別の IP アドレス及び同一のグループアドレスを
使用する」である。

　　IP マルチキャスト通信では，ソースとレシーバの組みによって一つのグループが
構成される。K 市のように，複数台の IP カメラが存在するケースでは，IGMPv2
を使用する場合には，図 A に示すように，IP カメラ 11，IP カメラ 12 といったソ
ースの個別 IP アドレスごとに，グループ 11，グループ 12 などといった単位に個別
のグループアドレスを割り当てて，マルチキャストグループが構成される。

図A　マルチキャストグループの組み方（例）

　つまり，全ての IP カメラに対して個別の IP アドレスを使用し，個別のグループアドレスを使用することが必要になる。したがって，解答としては「全ての IP カメラに個別の IP アドレス及び個別のグループアドレスを使用する」旨を答えるとよい。

［設問3］
(1)　この設問は，下線④について，IGMPv2 と比較して，IGMPv3 がソースの IP アドレスとグループアドレスの二つを用いることによる利点を，"グループアドレス"という字句を用いて 25 字以内で答えるものである。なお，下線④を含む記述は，「IGMPv3 を使用する場合，レシーバはソースの IP アドレス及びグループアドレスを指定して IP マルチキャストの配信要求を行う」である。

　設問2(3)でも述べたように，IGMPv2 では，IP カメラ（ソース）に個別の IP アドレスを割り当てた上で，そのグループごとに個別のグループアドレスを割り当てる必要がある。一方，IGMPv3 では，ソースは個別アドレスが割り当てられるが，同じグループアドレスを用いることができるので，グループアドレスの設計が容易になることが分かる。したがって，解答としては「グループアドレスの設計が容易になる」旨を答えるとよい。

(2)　この設問は，下線⑤について，配信先の決定に必要な情報を二つ挙げ，本文中の字句で答えるものである。なお，下線⑤を含む記述は，「L2SW のこの機能は，レシーバから送信される Join や Leave のパケットを監視し，マルチキャストフレームの配信先の決定に必要な情報を収集する」である。

　L2SW の IGMP スヌーピング機能は，レシーバから送信される IGMP の Join パケットや Leave パケットを監視し，レシーバがどのグループアドレスに属しているかと，ソースから送られてきたマルチキャストパケットを，そのレシーバに対して転送するように，L2SW の接続インタフェース（接続ポート）を見極めることである。したがって，解答は "グループアドレス"，"インタフェース" の二つになる。

(3)　この設問は，表1中の空欄Ⅰ，空欄Ⅱに入れる適切な字句について，空欄Ⅰは図1中の機器名で，空欄Ⅱはウェルノウンポート番号で答えるものである。

　表1（ユニキャスト通信の許可ルール）は，次のとおりである。

項番	通信経路	送信元	宛先	プロトコル/宛先ポート番号
1	サーバ室→河川・沿岸	I	IP カメラ	(省略)
2	執務エリア 1, 2→サーバ室	PC	I	TCP / II

　項番 1 は，通信経路が「サーバ室→河川・沿岸」，宛先が「IP カメラ」である。図 1 を見ると，サーバ室にあるのは，カメラ管理サーバだけである。そして，〔ネットワーク構成〕の「(2) 新設機器」の 4 点目に「カメラ管理サーバは，IP カメラの死活監視，遠隔制御を行い，Web サーバ機能をもつ。PC とは HTTPS で，IP カメラとは独自プロトコルでそれぞれ通信を行う」と説明されている。したがって，空欄 I には "カメラ管理サーバ" が入る。

　項番 2 は，通信経路が「執務エリア 1, 2→サーバ室」，送信元が「PC」，宛先が「カメラ管理サーバ」である。前述した「カメラ管理サーバは，PC とは HTTPS で通信を行う」とあるので，TCP ポート 443 番を使用していることが分かる。したがって，空欄 II には "443" が入る。

〔設問 4〕
(1) この設問は，下線⑥について，(a)設定を追加する機器名，(b)設定を追加するインタフェースの接続先機器名，(c)プロトコル名を，機器名は図 1 中の字句で，プロトコル名は本文中の字句で答えるものである。なお，下線⑥を含む記述は，「既設機器には，IP マルチキャストの設定を追加する」である。

　〔追加指示への対応〕の 2 点目に「PC には，IGMPv3 に対応し，……」とあるので，PC は IGMPv3 を使用することが分かる。また，図 1 を見ると，映像を表示する PC は L2SW11，L2SW12，L2SW21，L2SW22 の四つに接続されている。これらのうち，L2SW12，L2SW22 については，既にレシーバが接続されているので，L3SW11 の L2SW12 が接続されているインタフェースには，IGMPv3 の設定がされている。同様に，L3SW21 の L2SW22 が接続されているインタフェースには，既に IGMPv3 の設定がされている。一方，L2SW11 及び L2SW21 にはレシーバが接続されていないため，L3SW11 の L2SW11 が接続されているインタフェースと，L3SW21 の L2SW21 が接続されているインタフェースに新たに IGMPv3 の設定を追加する必要がある。

　したがって，(a)の設定を追加する機器名は "L3SW11，L3SW21"，(b)の設定を追加するインタフェースの接続先機器名は "L2SW11，L2SW21"，(c)のプロトコル名は "IGMPv3" になる。

(2) この設問は，下線⑦について，Web ブラウザ方式の利点を 25 字以内で答えるものである。なお，下線⑦を含む記述は，「N 主任は，デスクトップアプリケーション方式と Web ブラウザ方式とを比較して，IP カメラの追加や更新における利点から Web ブラウザ方式を採用することにした」である。

　下線⑦の前の段落に「デスクトップアプリケーション方式では，PC 上でソフト

ウェア製品を起動し，ソフトウェア製品に IP カメラを登録すること及び登録済みの IP カメラを選択して映像を表示することができる」と説明されているので，ソフトウェア製品に IP カメラを登録する処理や，登録済みの IP カメラを選択して映像を表示する処理を行うプログラムを追加したりすることが必要になる。

　これに対して，Web ブラウザ方式は，「PC の Web ブラウザからカメラ管理サーバの Web ページを開き，カメラ管理サーバに登録された IP カメラを選択することによってソフトウェア製品が起動され，映像を表示することができる」ことから，カメラ管理サーバの Web ページにおいて，カメラ管理サーバに登録された IP カメラを選択するといった，Web ページを改修するだけで対応可能であると判断できる。したがって，解答としては「Web ページを改修するだけで対応完了できる」旨を答えるとよい。

| 問3 | 高速無線 LAN の導入 | (R5 春·NW 午後 I 問 3) |

【解答例】

[設問1] a：トライバンド　　b：アンテナ　　c：パスワード　　d：チャネルボ
ンディング　　e：PoE++　　f：マルチギガビットイーサネット
g：スタック　　h：DHCP リレーエージェント

[設問2] (1) 周波数帯：① W52/W53
② W56
利点：より多くの WLAN 端末が安定して通信できる。

(2) 周波数帯：① W53
② W56
動作：検知したチャネルの電波を停止し，他のチャネルに遷移して
再開する。
影響：AP との接続断や通信断が不定期に発生する。

[設問3] (1) 800

(2) 区間：(ii)
理由：平常時にリンク本数分の帯域を同時に利用できるから。

(3) 機器：① フロア L2SW
② AP
③ 動画コンテンツサーバ
作業ミス：ループ状態になるような誤接続や設定ミス

【解説】

　本問は，新校舎ビルに高速無線 LAN 規格の Wi-Fi 6 を採用したシステムを導入す
るケースを題材にしたものである。IEEE 802.11n（Wi-Fi 4）以降に採用された無線
LAN の高速通信技術の MIMO やチャネルボンディング，トライバンドに関する技術
用語，電波干渉を回避する対策のほか，無線アクセスポイントのバックボーン回線シ
ステムの構成についての問題が出題されている。無線 LAN に関する問題は，平成 29
年度（2017 年度）午後 II 問 2 として出題されたのが最後であり，今回までに一度も
出題されたことがなかったので，対策が十分にできていない分野と思われる。しかし，
NW 試験では，もう出題されることがないと思われる分野から出題されることがよく
あるので，日ごろから幅広い分野に対する理解を深めていくことを忘れないようにし
たい。

[設問1]

　空欄 a は，「また，Wi-Fi 6 では 2.4 GHz 帯と 5 GHz 帯の二つの周波数帯によるデ
ュアルバンドに加え，①5 GHz 帯を二つに区別し，2.4 GHz 帯と合わせて計三つの周
波数帯を同時に利用できる 　　a　　 に対応した AP が多く登場している」という
記述の中にある。無線 LAN における 5 GHz 帯は，5,180，5,200，5,220，5,240 MHz

という中心周波数 (W52)，5,260, 5,280, 5,300, 5,320 MHz という中心周波数 (W53) に加え，2007 年に追加された W56（中心周波数 5,500〜5,700 MHz）と呼ばれる周波数帯がある。このため，2.4 GHz 帯と 5 GHz 帯（W52/W53）の二つの周波数帯を使用する場合をデュアルバンド，2.4 GHz 帯と 5 GHz 帯（W52/W53），5 GHz 帯（W56）という三つの周波数帯を使用する場合をトライバンドと呼ぶ。したがって，空欄 a には "トライバンド" が入る。

　空欄 b は，「Wi-Fi 6 では，送受信側それぞれ複数の ⬛ b ⬛ を用いて複数のストリームを生成し，複数の WLAN 端末で同時に通信する MU-MIMO が拡張されている」という記述の中にある。MIMO（Multiple Input and Multiple Output）は，送信と受信に複数のアンテナを用いてデータを送受信することをいう。したがって，空欄 b には "アンテナ" が入る。なお，送信アンテナ 1 本と受信アンテナ 1 本で構成される通信経路のことをストリーム，又は空間ストリームと呼ぶ。また，MU（Multi-User）-MIMO は，ストリームを複数の WLAN 端末（無線 LAN 端末）が使用できるようにする技術のことで，複数の WLAN 端末を同時接続しても，AP における通信の切替え時間が発生しないことや，WLAN 端末ごとに異なる周波数を使用できることなどの特徴をもつ。

　空欄 c は，「個人向けの WPA3-Personal では，PSK に代わって SAE（Simultaneous Authentication of Equals）を採用することで WPA2 の脆弱性を改善し，更に利用者が指定した ⬛ c ⬛ の解読を試みる辞書攻撃に対する耐性を強化している」という記述の中にある。辞書攻撃は，利用者がパスワードに設定する文字列として，辞書にある文字列を設定することが多いということに着目した攻撃手法である。したがって，空欄 c には "パスワード" が入る。

　空欄 d は，B 主任の「はい，20 MHz 帯域幅チャネルを ⬛ d ⬛ によって二つ束ねた 40 MHz 帯域幅チャネルによって，要件を満たす目途がついています」という発言の中にある。20 MHz 帯域幅チャネルを二つ束ねた 40 MHz 帯域幅チャネルとして使用する技術は，最初に IEEE 802.11n で採り入れられたもので，チャネルボンディングと呼ばれている。したがって，空欄 d には "チャネルボンディング" が入る。

　空欄 e は，B 主任の「AP はフロア L2SW に接続し，PoE でフロア L2SW から AP へ電力供給します。PoE の方式は PoE+ と呼ばれる IEEE 802.3at の最大 30W では電力不足のリスクがありますので，⬛ e ⬛ と呼ばれる IEEE 802.3bt を採用します」という発言の中にある。PoE（Power of Ethernet）のうち，最大 30W の給電ができる規格が IEEE 802.3at であるが，802.3bt は，PSE（Power Sourcing Equipment；給電側機器）から PD（Power Device；受電側機器）に供給する電力量を最大 71.3W（PSE から 90W を給電）にする規格であり，通常，PoE++ と呼ばれている。したがって，空欄 e には "PoE++" が入る。なお，PoE+ では給電に使用するケーブルは 4 本（2 対）であったが，PoE++ は 8 本（4 対）のケーブルを全て使用する。

　空欄 f は，B 主任の「確かにその可能性はあります。それではフロア L2SW と AP との間には ⬛ f ⬛ と呼ばれる 2.5 GBASE-T か 5 GBASE-T を検討してみます」という発言の中にある。1 GBASE-T は，一般にギガビットイーサネットと呼ばれる

が，2.5 GBASE-T や 5 GBASE-T は，マルチギガビットイーサネットと呼ばれる。したがって，空欄 f には "マルチギガビットイーサネット" が入る。

空欄 g は，B 主任の「基幹 L3SW とサーバ L2SW はそれぞれ 2 台を ▢g▢ 接続して論理的に 1 台とし，⑤サーバ，FW，WLC 及びフロア L2SW を含む全てのリンクを，スイッチをまたいだリンクアグリゲーションで接続する構成です」という発言の中にある。L3SW あるいは L2SW を 2 台接続して論理的に 1 台として動作させる構成を，スタック接続と呼ぶ。したがって，空欄 g には "スタック" が入る。

空欄 h は，B 主任の「WLAN 端末への IP アドレス配布は DHCP サーバを使用しますので，基幹 L3SW には ▢h▢ を設定します」という発言の中にある。図 1（新校舎ビルの LAN システム提案構成（抜粋））を見ると，例えば，フロア L2SW（1F）にある WLAN 端末は，AP11→フロア L2SW（1F）→基幹 L3SW1→サーバ L2SW1 →DHCP サーバという経路によって，DHCP サーバにアクセスする。DHCP DISCOVER パケットは，ブロードキャスト通信のため，基幹 L3SW1 までしか行き渡らない。そこで，基幹 L3SW1 が DHCP DISCOVER パケットを受信した際には，DHCP サーバに対してユニキャスト通信によって送信することが必要になる。このように，L3SW やルータが DHCP パケットを DHCP サーバに中継する機能を，DHCP リレーエージェントと呼ぶ。したがって，空欄 h には "DHCP リレーエージェント" が入る。

[設問 2]

(1) この設問は，下線①について，5 GHz 帯を二つに区別したそれぞれの周波数帯を表 1 中から二つ答えるとともに，三つの周波数帯を同時に利用できることの利点を，デュアルバンドと比較して 30 字以内で答えるものである。なお，下線①を含む記述は，「また，Wi-Fi 6 では 2.4 GHz 帯と 5 GHz 帯の二つの周波数帯によるデュアルバンドに加え，5 GHz 帯を二つに区別し，2.4 GHz 帯と合わせて計三つの周波数帯を同時に利用できるトライバンド（a）に対応した AP が多く登場している」である。

5 GHz 帯は，設問 1 で述べたように，W52/W53 と W56 の二つに区分される。また，W52 は，中心周波数が 5,180，5,200，5,220，5,240 MHz であり，20 MHz 帯のチャネルが四つ使用できる。同様に，W53 は，中心周波数が 5,260，5,280，5,300，5,320 MHz であり，20 MHz 帯のチャネルを四つ使用できる。一方，W56 は，中心周波数が 5,500〜5,700 MHz であるため，20 MHz 帯のチャネルを 11 チャネル確保できる。つまり，デュアルバンドでは，20 MHz 帯のチャネルが W52/W53 の 8 チャネルと，2.4 GHz 帯の 3 チャネル（2.4 GHz 帯のチャネルは 5 MHz 幅ごとに配置されるので，複数のチャネルを使用して 20 MHz 帯を確保すると，同時には 3 チャネルしか利用できない）の合計 11 チャネルが利用できる。これに対してトライバンドでは，デュアルバンドの 11 チャネルに加え，W56 の 11 チャネルが使用できるので，合わせて 22 チャネルが使用できる。このため，AP に多くの WLAN 端末を収容しても，安定的に無線通信を行うことができる。

したがって，周波数帯は“W52/W53”と“W56”の二つを，利点としては「より多くの WLAN 端末が安定して通信できる」旨を答えるとよい。

(2) この設問は，下線②について，気象観測レーダーや船舶用レーダーと干渉する可能性がある周波数帯を表 1 中から二つ答え，気象観測レーダーや船舶用レーダーを検知した場合の AP の動作を 40 字以内で，その時の WLAN 端末への影響を 25 字以内で，それぞれ答えるものである。

　無線チャネルのうち，W53 と W56 は，地域気象観測システム「アメダス」の気象レーダーで使う電波と重なるため，無線 LAN の AP は，通信中に気象レーダーの電波を検知した場合には，通信を中断してチャネルを変える必要がある。このため，アクセスポイントは，DFS (Dynamic Frequency Selection) と TPC (Transmit Power Control) という電波の制御機能を実装している。DFS は，気象レーダーの電波を検出すると，AP のチャネルを切り替える。このため，AP では，検知したチャネルの電波を停止し，他のチャネルに遷移して再開するが，この切替えには 1 分程度の時間がかかるので，AP と接続できなくなったり，通信が途切れたりすることがある。

　したがって，周波数帯としては，“W53”と“W56”の二つを，動作としては「検知したチャネルの電波を停止し，他のチャネルに遷移して再開する」旨を，影響としては「AP との接続断や通信断が不定期に発生する」旨を答えるとよい。

　なお，TPC は，干渉を回避するために AP が出す電波の出力を低減させる機能である。

［設問 3］

(1) この設問は，下線③について，フロア L2SW と AP との間の最大トラフィック量を，Mbps で答えるものである。なお，下線③を含む B 主任の発言は，「ノート PC の台数と動画コンテンツの要件に従ってフロア L2SW と AP との間のトラフィック量を試算してみたところ，1 Gbps 以下に収まると判断しました」である。

　計算を行うに当たっての条件は次のとおりである。

・1 教室当たり 50 人分のノート PC を無線 LAN に接続し，4K UHDTV 画質（1 時間当たり 7.2 G バイト）の動画を同時に再生できること

・通信の各レイヤーにおけるヘッダー，トレーラー，プリアンブルなどのオーバーヘッドは一切考慮しないものとすること

　これらの条件から，最大トラフィック量 (T) を計算すると，

$$T = 50 (人) \times 7.2 \text{ G バイト／時間}$$

$$= \frac{50 \times 7.2 \times 10^9 \times 8 (ビット)}{3.6 \times 10^3 (秒)}$$

$$= 800 \times 10^6 (bps) = 800 (Mbps)$$

となる。したがって，解答は“800”になる。

(2) この設問は，下線④について，C 課長がボトルネックを懸念した接続の区間はど

こかを，図 1 中の(i)～(v)の記号で答え，下線⑤について，リンクアグリゲーションで接続することでボトルネックが解決するのはなぜかを，30 字以内で答えるものである。

　最初に，下線④について考える。下線④を含む C 課長の発言は，「スパニングツリーと VRRP では，高負荷時に 10 GbE リンクがボトルネックになる可能性がありますし，トラフィックを平準化するには設計が複雑になりませんか」である。

　この C 課長の発言は，B 主任の「まず，基幹部分及び高負荷が見込まれる部分は 10 GbE リンクを複数本接続します。そして，レイヤー 2 ではスパニングツリーを設定してループを回避し，レイヤー 3 では基幹 L3SW を VRRP（Virtual Router Redundancy Protocol）で冗長化する構成にしました」という発言を受けたものである。このため，図 1 中において，L2SW と L3SW の接続がループ構成になる区間を探すと，(ii)と(iii)に限られる。

　(iii)の区間は，基幹 L3SW とフロア L2SW との間であるが，基幹 L3SW からフロア L2SW に流れるトラフィック量は，フロア L2SW には三つの AP が接続されているので，一つのリンクには最大 2.4 Gbps（＝800 Mbps×3 教室）のトラフィックが流れる。このトラフィック量では，10 GbE リンクが高負荷時にボトルネックになる可能性は低いといえる。

　これに対して，(ii)の区間は，基幹 L3SW とサーバ L2SW との間である。サーバ L2SW と基幹 L3SW との間でスパニングツリーが構成されているので，動画コンテンツサーバからのデータは，全てのトラフィックが，例えば，サーバ L2SW1 から基幹 L3SW1 のリンクに流れることになる。そして，基幹 L3SW1 から，三つあるフロア SW にデータが送られるので，サーバ L2SW1 から基幹 L3SW1 のリンクに流れるトラフィック量は，最大 12 Gbps（＝800 Mbps×15 教室）のトラフィックが流れる。このため，10 GbE の一つのリンクでは，そこがボトルネックになる可能性がある。したがって，区間は "(ii)" になる。

　次に，下線⑤について考える。下線⑤を含む B 主任の発言は，「おっしゃるとおりですので，もう一つの案も考えました。基幹 L3SW とサーバ L2SW はそれぞれ 2 台をスタック（g）接続して論理的に 1 台とし，⑤サーバ，FW，WLC 及びフロア L2SW を含む全てのリンクを，スイッチをまたいだリンクアグリゲーションで接続する構成です」である。

　基幹 L3SW とサーバ L2SW はそれぞれ 2 台をスタック接続すると，ループを構成しないので，スパニングツリーや VRRP を設定する必要がなくなる。このため，基幹 L3SW とサーバ L2SW を接続するリンクをはじめ，それぞれの機器間を接続するリンクにリンクアグリゲーションを設定できる。つまり，リンクアグリゲーションによって接続すれば，平常時には，複数のリンクを全て使ってトラフィックを流すことができる。スパニングツリーと VRRP による冗長構成の場合，下線④の解説で述べたように，一つのリンクに流れる 12 Gbps のトラフィック量を，リンク本数分の帯域を同時に利用して，トラフィックを分散させることができる。例えば，10 GbE リンクを 2 本使えば，20 Gbps の帯域を確保できるので，12 Gbps のトラ

フィックが流れても，リンクがボトルネックになる可能性がほとんどなくなる。したがって，解答としては「平常時にリンク本数分の帯域を同時に利用できる」旨を答えるとよい。

(3) この設問は，下線⑥について，A専門学校の職員が故障交換作業と設定復旧作業を行う対象の機器を，図1中の機器名を用いて3種類答え，どのような作業ミスによってブロードキャストストームが発生し得るかを25字以内で答えるものである。なお，下線⑥を含むC課長の発言は，「このLANシステム提案構成では，職員が保守を行った際にブロードキャストストームが発生するリスクがありますね。作業ミスに備えてループ対策も入れておいた方が良いと思います」である。

　A専門学校の職員が故障交換作業と設定復旧作業を行う対象の機器を確認すると，問題前文の3点目と7点目に

・フロアL2SWとAPはシングル構成とし，A専門学校の職員が保守を行う前提で，予備機を配備し保守手順書を準備すること
・1教室当たり50人分のノートPCを無線LANに接続し，4K UHDTV画質（1時間当たり7.2Gバイト）の動画を同時に再生できること。なお，動画コンテンツはA専門学校が保有する計4台のサーバ（学年ごとに2台ずつ）で提供し，A専門学校がサーバの保守を行っている。

と記述されている。このため，図1では，フロアL2SW，AP，動画コンテンツサーバがA専門学校の職員が故障交換作業と設定復旧作業を行う対象の機器になることが分かる。したがって，機器名としては"フロアL2SW"，"AP"，"動画コンテンツサーバ"の三つを答えるとよい。

　次に，ブロードキャストストームが発生するリスクがあるということは，A専門学校の職員が機器の交換を行ったときなどに，設定ミスや誤接続によって，ループを構成するようなネットワークにしてしまうことである。ループを構成するネットワークになるのは，機器間に接続するリンクが複数ある場合などが該当する。まず，フロアL2SWとスタック接続された基幹L3SWとの間は，交換したフロアL2SWから基幹L3SW1と基幹L3SW2にそれぞれ接続するリンクに対して，リンクアグリゲーションの設定をしていないとループが発生する。また，スタック接続されたサーバL2SWと動画コンテンツサーバとの間も，交換した動画コンテンツサーバからサーバL2SW1とサーバL2SW2にそれぞれ接続するリンクに対して，リンクアグリゲーションの設定をしていないと，ループを構成してしまう。APについては，フロアL2SWとAPは，1対1に接続されているため，ループ状態となってしまう作業ミスは発生しにくいと考えられる。したがって，作業ミスとしては「ループ状態になるような誤接続や設定ミス」などのように答えるとよい。

●令和 5 年度春期
午後 I 問題　IPA 発表の解答例

問 1

出題趣旨
企業システムにおいて，自社データセンターのオンプレミスシステムとクラウドサービスの組合せは一般的である。こうしたシステムにおいて，新たなネットワーク構成への変更や，新たな技術やプロトコルの導入といった事項は，企業ネットワークにおける重要な取組の一つである。 　このような状況を基に，本問ではオンプレミスシステムの一部をクラウドサービスへ移行することと，通信の効率化のために新たなプロトコルを導入することを要件とする Web システム更改の事例を取り上げた。 　本問では，HTTP/2 プロトコルとその下位プロトコルとしての TLS プロトコル，部分的なクラウドサービス導入に伴う経路設定を題材として，受験者の習得した技術と経験が実務で活用可能な水準かどうかを問う。

設問			解答例・解答の要点	
設問 1		a	リバース	
		b	権威	
		c	キャッシュ	
		d	ストリーム	
		e	:method	
		f	TLS	
設問 2	(1)		リクエストを受けたのと同じ順序でレスポンスを返す必要がある。	
	(2)		通信開始時に TCP の上位のプロトコルを決定するため	
設問 3	(1)		(d)，(e)	
	(2)		クライアントが利用可能なアプリケーション層のプロトコル	
設問 4	(1)	ア	172.21.10.0/24	
		イ	172.21.11.2	
		ウ	172.21.11.1	
	(2)	動作モード	アプリケーションモード	
		理由	HTTP/2 リクエストを HTTP/1.1 に変換して負荷分散するから	

問1では，HTTP/2 プロトコルとその下位プロトコルとしての TLS プロトコル，部分的なクラウド導入に伴う経路設定を題材に，HTTP/2 プロトコルの概要と特徴，通信開始時のシーケンス及びネットワーク機器に対する経路設定や仮想負荷分散装置の負荷分散設定などについて出題した。全体として正答率は平均的であった。

設問1では，d, e, f の正答率が低かった。HTTP/2 プロトコルは広く普及してきており，これからも多く使われる重要なプロトコルである。その基本については正しく理解してほしい。

設問2では，(2)の正答率が低く，ALPN を暗号化処理プロトコルと誤った解釈をしているような誤答が目立った。ALPN は HTTP/2 プロトコルでは必須の技術であり，HTTP/2 に限らず，TCP/443 番ポートを複数のサービスで共用する場合によく使われる技術なので理解を深めてほしい。

設問3では，(1)，(2)の正答率が低く，暗号アルゴリズムの交換といった誤答が散見された。HTTP/2 プロトコルの通信開始シーケンスについても，その意味や内容について十分に理解しておいてほしい。

問2

高解像度映像のリアルタイム配信では，大量のデータを常時伝送する必要がある。IP カメラとレシーバ（デコーダ）の数がそれぞれ少なければ，ユニキャストで配信したとしても必要な通信帯域を確保できることも多い。しかし，それぞれを数多く運用する組織においては，通信帯域がボトルネックとなることがあるので，IP マルチキャストの導入によって通信帯域を効率良く使用し，設計や運用の柔軟性を確保する必要がある。

このような状況を基に，本問では，自営ネットワークに IP マルチキャストを導入する事例を取り上げた。

本問では，IP マルチキャストに関連するプロトコルである PIM-SM，SSM，IGMPv3 を題材として，ネットワークの設計，構築に携わる受験者の知識，経験を問う。

設問		解答例・解答の要点
設問1	ア	フラッディング
	イ	IGMP
	ウ	マルチキャスト
	エ	ツリー
	オ	PIM-SM
	カ	SSM
	キ	復号
設問2	(1)	配信先のレシーバの数に応じてソースの通信量が増加する。
	(2)	160
	(3)	全ての IP カメラに個別の IP アドレス及び個別のグループアドレスを使用する。
設問3	(1)	グループアドレスの設計が容易になる。
	(2)	① ・グループアドレス ② ・インタフェース

設問 3	(3)	I	カメラ管理サーバ
		II	443
設問 4	(1)	(a)	L3SW11, L3SW21
		(b)	L2SW11, L2SW21
		(c)	IGMPv3
	(2)		Web ページを改修するだけで対応完了できる。

採点講評

　問 2 では，IP マルチキャストによる映像配信の導入を題材に，マルチキャストルーティング及び関連するプロトコルの特徴や仕組みについて出題した。全体として正答率は平均的であった。

　設問 1 では，エの正答率が低かった。ディストリビューションツリーは，IP マルチキャストの中で重要な用語である。IP マルチキャストは，映像配信に限らず株価情報の配信など，最新データを多数の宛先へ配信する用途において有用なプロトコルなので，ネットワークの基礎知識の一つとして学習しておいてほしい。

　設問 2 では，(3)の正答率が低かった。IP カメラのアドレス設計を本文中のものからどのように変えるべきか，下線部だけを読んで解答するのではなく，IGMPv2 と IGMPv3 との違いを本文全体からしっかり読み取り，正答を導き出してほしい。

　設問 4 では，(1)の正答率が低かった。ネットワーク構成と通信プロトコルとの関係を正しく理解し，必要となる変更作業を導き出してほしい。

問3

出題趣旨

　無線 LAN デバイスは今や社会に広く浸透しており，企業や家庭では有線に代わって端末接続方法として利用されることが多い。今後もリッチコンテンツの増加や IoT デバイスの普及などに伴って，無線 LAN 技術の進化が想定される。無線 LAN の設計・導入には，電波周波数帯やセキュリティ対策などの無線 LAN 特有の知識を必要とし，さらに，無線 LAN 利用を前提とした場合に考慮すべき有線 LAN 設計の注意点も存在する。

　本問では，新校舎ビル建設における LAN 商談を題材として，無線 LAN の知識及び LAN 全体の設計能力が実務で活用できる水準かどうかを問う。

設問		解答例・解答の要点
設問 1	a	トライバンド
	b	アンテナ
	c	パスワード
	d	チャネルボンディング
	e	PoE++
	f	マルチギガビットイーサネット
	g	スタック
	h	DHCP リレーエージェント

午後 I 解答

設問2	(1)	周波数帯	①	・W52/W53	
			②	・W56	
		利点		より多くのWLAN端末が安定して通信できる。	
	(2)	周波数帯	①	・W53	
			②	・W56	
		動作		検知したチャネルの電波を停止し，他のチャネルに遷移して再開する。	
		影響		APとの接続断や通信断が不定期に発生する。	
設問3	(1)	800			
	(2)	区間		(ii)	
		理由		平常時にリンク本数分の帯域を同時に利用できるから	
	(3)	機器	①	・AP	
			②	・フロアL2SW	
			③	・動画コンテンツサーバ	
		作業ミス		ループ状態になるような誤接続や設定ミス	

採点講評

　問3では，新校舎ビル建設におけるLAN導入を題材に，無線LAN技術の基礎知識，及び有線も含めたLANの概要設計について出題した。全体として正答率は平均的であった。

　設問1では，正答率は全体的にやや低く，特にaとfが低かった。本設問の内容のほとんどは無線LAN製品に実装されている技術仕様であり，公開されている情報である。提案時における方式選択の際に必要となるので，是非知っておいてもらいたい。

　設問2は，全体的に正答率は高かったものの，(1)ではトライバンドの利点に関する理解が不十分な解答が散見された。無線LANの設計において，端末の接続性及び通信の安定性を確保するためには，電波周波数帯の種類と特性を理解して適切に利用することが重要なので，是非とも理解を深めてほしい。

　設問3では，(1)の正答率がやや低く，桁の誤りも散見された。端末当たりのスループットや，認証やDHCPも含めたトラフィックの流れと流量を把握することは，LANの全体設計に必要である。計算式自体は単純なので，落ち着いて計算してもらいたい。

●令和 5 年度春期
午後II問題 解答・解説

| 問1 | マルチクラウド利用による可用性向上 | (R5 春·NW 午後II問 1) |

【解答例】

[設問1]
- (1) DNS ラウンドロビン
- (2) プロキシサーバのアプリケーションプロセスが停止した場合に検知できないから。
- (3) 192.168.2.145
- (4) キャッシュ DNS サーバがキャッシュを保持する時間を短くするため。
- (5) 方法：プロキシ自動設定機能を利用する。
  制限事項：対応する PC やサーバでしか利用できない。

[設問2]
- (1) a：AS　　b：ピア　　c：UPDATE　　d：KEEPALIVE
  e：ルーティングテーブル　　f：大きい
- (2) 自身の IP アドレス
- (3) タイプ：4
  動作：BGP 接続を切断し，経路情報がクリアされる。
- (4) VRRP マスターになった R13 が経路情報を保持していないと受信したパケットを転送できないから。
- (5) 確認すべき内容：パケットロスが発生しないこと
  ① 送信元：R13　　宛先：FW10（又は，送信元：FW10　　宛先：R13　又は，送信元：R13　　宛先：R11　又は，送信元：R11　宛先：R13）
  ② 送信元：R13　　宛先：R14（又は，送信元：R14　　宛先：R13）
- (6) 経路情報は，BGP と比較して静的経路制御の方が優先されるから。
- (7) ① R11
  ② R13
  ③ R11 と R12 とを接続する回線
  ④ R13 と R14 とを接続する回線
  ⑤ R11 と L2SW10 とを接続する回線
  ⑥ R13 と L2SW10 とを接続する回線

[設問3]
- (1) ルーティングのループが発生する。
- (2) 送信元 IP アドレスが変わるから。
- (3) 送信元 IP アドレスがプロキシサーバ A で宛先 IP アドレスがインタ

ーネットであった場合にネクストホップを R10 とする設定
(4) SaaS の送信元 IP アドレスによるアクセス制限の設定変更

【解説】

本問は，IaaS 事業者をもう 1 社追加してマルチクラウド環境にする場合のネットワーク構成の検討を題材にしたものである。設問 1 は，プロキシサーバの利用方法に関するもので，利用するプロキシサーバを DNS の機能によって制御する方法や，プロキシサーバの監視については TCP 監視が必要になること，リソースレコードの TTL の値を小さくする目的，PAC ファイルなどについて問われている。設問 2 は，BGP を利用してマルチホーミング接続を検討するもので，BGP の用語や経路制御の仕組みのほか，BGP の導入を行った後に VRRP の導入を行うべき理由，ping コマンドの試験で確認すべき事項，想定される障害の発生箇所などを答えるものである。設問 3 は，インターネット接続を本社経由から D 社閉域 NW 経由に切り替える方法を検討するもので，やや実務的な知識が要求されるものである。BGP に関する知識を十分に有していれば，取り組みやすい問題であるといえる。

［設問 1］

(1) この設問は，表 2 中の案 2 の初期設定について，負荷分散を目的として一つのドメイン名に対して複数の IP アドレスを割り当てる方式名を答えるものである。

表 2（プロキシサーバに関する DNS ゾーンファイルの記述内容）の案 2 の初期設定は，次のとおりである。

	DNS ゾーンファイルの記述内容
案2の初期設定	proxy.a-sha.co.jp.　　IN A　192.168.1.145　；従業員が指定するホスト proxy.a-sha.co.jp.　　IN A　192.168.2.145　；従業員が指定するホスト proxya.a-sha.co.jp.　　IN A　192.168.0.145　；プロキシサーバ A のホスト proxyb.a-sha.co.jp.　　IN A　192.168.1.145　；プロキシサーバ B のホスト proxyc.a-sha.co.jp.　　IN A　192.168.2.145　；プロキシサーバ C のホスト

案 2 の初期設定では，従業員が指定するホスト（proxy.a-sha.co.jp.）の A レコードには，192.168.1.145，192.168.2.145 という二つの IP アドレスが登録されている。このため，proxy.a-sha.co.jp.という名前の A レコードの問合せがあると，DNS サーバは，最初に 192.168.1.145 を応答し，次は 192.168.2.145 を応答するようにして，名前解決の結果を順番に応答する機能のことを DNS ラウンドロビンと呼ぶ。したがって，解答としては "DNS ラウンドロビン" と答えるとよい。

(2) この設問は，下線①について，ping 監視では不十分な理由を 40 字以内で答えるものである。なお，下線①を含む記述は，「監視サーバで利用できる ping 監視では不十分だと考え，新たに TCP 監視機能を追加し，プロキシサーバのアプリケーションプロセスが動作するポート番号に TCP 接続可能か監視することにした」である。

ping 監視は，ICMP のエコー要求を送信し，その応答があるかどうかによって，IP レベルでの送達確認を行うものであり，プロキシサーバで動作しているアプリケーションプロセスの稼働状況については，監視できない。そこで，プロキシサーバのポート 80 番や 443 番に接続し，HTTP や HTTPS のアプリケーションプロセスが動作しているかどうかを監視することが必要になる。つまり，ping 監視では，プロキシサーバのアプリケーションプロセスが停止していることを検知できないのである。したがって，ping 監視では不十分な理由としては，「プロキシサーバのアプリケーションプロセスが停止した場合に検知できない」旨を答えるとよい。

(3) この設問は，下線②について，表 2 の案 1 の初期設定を対象に，ドメイン名 proxy.a-sha.co.jp.の書換え後の IP アドレスを答えるものである。なお，下線②を含む記述は，「次に，監視サーバでプロキシサーバ B の異常を検知した際に，従業員がプロキシサーバの利用を再開できるようにするための復旧方法として，②DNS ゾーンファイルの変更内容を案 1，案 2 それぞれについて検討した」である。

表 2 の案 1 の初期設定は，次のとおりである。

	DNS ゾーンファイルの記述内容
現在の設定	proxy.a-sha.co.jp.　IN A　192.168.0.145　；従業員が指定するホスト proxya.a-sha.co.jp.　IN A　192.168.0.145　；プロキシサーバ A のホスト
案 1 の初期設定	proxy.a-sha.co.jp.　IN A　192.168.1.145　；従業員が指定するホスト proxya.a-sha.co.jp.　IN A　192.168.0.145　；プロキシサーバ A のホスト proxyb.a-sha.co.jp.　IN A　192.168.1.145　；プロキシサーバ B のホスト proxyc.a-sha.co.jp.　IN A　192.168.2.145　；プロキシサーバ C のホスト

表 1（プロキシサーバの利用方法の案）の案 1 の概要は，「平常時はプロキシサーバ B を利用し，プロキシサーバ B に障害が発生した際にはプロキシサーバ C を利用するように切り替える」である。プロキシサーバ B に障害が発生した際にはプロキシサーバ C を利用するように切り替えるので，障害時には，従業員が利用するプロキシサーバは，プロキシサーバ C だけが利用される。表 2 を見ると，プロキシサーバ C の A レコードには 192.168.2.145 が登録されていることが分かる。したがって，解答は "192.168.2.145" になる。

(4) この設問は，下線③について，TTL の値を小さくする目的を 40 字以内で答えるものである。なお，下線③を含む記述は，「また，平常時から proxy.a-sha.co.jp に関するリソースレコードの TTL の値を小さくすることにした」である。

TTL（Time to Live）は，キャッシュ DNS サーバがキャッシュとして保持する時間であるが，これは，権威 DNS サーバ（コンテンツ DNS サーバ）が，個々のリソースレコード，又は$TTL によって指定する時間（秒）である。そして，(3)項で述べたように，プロキシサーバ B に障害が発生した際には，コンテンツ DNS サーバは，proxy.a-sha.co.jp に関するリソースレコードの IP アドレスを，プロキシサーバ B からプロキシサーバ C に変更する。

しかし，キャッシュ DNS サーバは，コンテンツ DNS サーバが指定した時間だけ，キャッシュとして保持するため，キャッシュ DNS サーバはキャッシュに情報があれば，プロキシサーバ B の IP アドレスを応答するので，切り替えられたプロキシサーバ C にはアクセスできない。このため，TTL の値を小さくし，キャッシュ DNS サーバがキャッシュを保持する時間を短くすることが必要になる。したがって，解答としては「キャッシュ DNS サーバがキャッシュを保持する時間を短くするため」などのように答えるとよい。

(5) この設問は，下線④について，DNS とは異なる方法を 20 字以内で答え，その方法の制限事項を，プロキシサーバを利用する側の環境に着目して 25 字以内で答えるものである。なお，下線④を含む記述は，「さらに，E さんは，自動でプロキシサーバを切り替えるために，DNS とは異なる方法で従業員が利用するプロキシサーバを切り替える方法も検討した。プロキシサーバを利用する側の環境に依存することから，DNS ゾーンファイルの書換えによる切替えと併用することにした」である。

プロキシサーバを切り替える方法としては，プロキシサーバの利用情報を定義した PAC（Proxy Auto-Configuration；プロキシ自動設定）ファイルを Web サーバに登録し，その登録場所の URL を PC の Web ブラウザに設定する方法がある。PAC ファイルは，プロキシサーバの IP アドレスを指定できるほか，Web ブラウザのリクエスト（HTTP，HTTPS など）を宛先に直接転送するのか，プロキシサーバに転送するのかなどといった定義を JavaScript 関数によって記述したものである。したがって，DNS とは異なる方法としては，「プロキシ自動設定機能を利用する」旨を答えるとよい。

そして，PAC ファイルを Web サーバから取得する設定は，利用者側の設定によるが，基本的に，プロキシ自動設定に対応する PC やサーバでしか利用できないという制限がある。したがって，プロキシ自動設定機能を利用する方法の制限事項としては，「対応する PC やサーバでしか利用できない」旨を答えるとよい。

［設問 2］

(1) 空欄 a，b は，「RFC 4271 で規定されている BGP は，　　a　　間の経路交換のために作られたプロトコルで，TCP ポート 179 番を利用して接続し，経路交換を行う。経路交換を行う隣接のルータを　　b　　と呼ぶ」という記述の中にある。BGP（Border Gateway Protocol）は，AS（Autonomous System；自律システム）間の経路情報を交換するために作られたプロトコルである。したがって，空欄 a には "AS" が入る。そして，BGP では，経路交換を行う隣接のルータのことをピアと呼ぶ。したがって，空欄 b には "ピア" が入る。一方，OSPF（Open Shortest Path First）では，経路交換を行う隣接のルータのことはネイバーと呼ばれる。

空欄 c，d は，次の表 3（BGP で交換されるメッセージ）中にある。

タイプ	名称	説明
1	OPEN	BGP接続開始時に交換する。 自AS番号，BGPID，バージョンなどの情報を含む。
2	c	経路情報の交換に利用する。 経路の追加や削除が発生した場合に送信される。
3	NOTIFICATION	エラーを検出した場合に送信される。
4	d	BGP接続の確立やBGP接続の維持のために交換する。

空欄cは，タイプ2の名称であり，「経路情報の交換に利用する。経路の追加や削除が発生した場合に送信される」と説明されていることから，UPDATEメッセージが該当する。また，「経路制御は，　c　メッセージに含まれるBGPパスアトリビュートの一つであるLOCAL_PREFを利用して行うとの説明をD社担当者から受けた」という記述の中にもあり，ここもUPDATEが当てはまる。したがって，空欄cには"UPDATE"が入る。

空欄dは，タイプ4の名称であり，「BGP接続の確立やBGP接続の維持のために交換する」と説明されていることから，KEEPALIVEメッセージが該当する。したがって，空欄dには"KEEPALIVE"が入る。

空欄e, fは，「BGPでは，ピアリングで受信した経路情報をBGPテーブルとして構成し，最適経路選択アルゴリズムによって経路情報を一つだけ選択し，ルータの　e　に反映する。LOCAL_PREFの場合では，最も　f　値をもつ経路情報が選択される」という記述の中にある。BGPは，最適経路選択アルゴリズムによって経路情報を一つだけ選択し，それをルータのルーティングテーブル（経路表）に反映するようにしている。したがって，空欄eには"ルーティングテーブル"が入る。ルータのルーティングテーブルには，BGPやOSPFなどの動的経路制御に加え，静的経路制御などに関する情報のエントリが登録されることになる。

BGPパスアトリビュート（パス属性）には，LOCAL_PREFのほか，AS_PATH，MED（MULTI_EXIT_DISC）などの属性があり，それぞれの属性の値によって，優先順位が決められている。LOCAL_PREF属性は，最も大きい値をもつ経路情報が選択される。したがって，空欄fには"大きい"が入る。

(2) この設問は，下線⑤について，next-hop-self設定を行うと，iBGPで広告する経路情報のネクストホップのIPアドレスには何が設定されるかを，15字以内で答えるものである。なお，下線⑤を含む記述は，「R11とR12との間，R13とR14との間はeBGPで接続する。R11とR13との間はiBGPで接続し，あわせてnext-hop-self設定を行う」である。

図3（D社担当者から説明を受けたマルチホーム接続構成（抜粋））を次に示す。

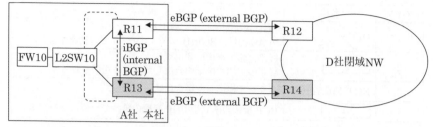

←→ : BGP (Border Gateway Protocol) 接続　　: VRRP (Virtual Router Redundancy Protocol)
注記　網掛け部分は，追加する機器を示す。

　この図にあるように，BGPは，異なるAS間で経路情報を交換するeBGP（external BGP）と，同一のAS内で経路情報を交換するiBGP（internal BGP）に分けられる。そして，R11がR13に経路情報を広告する際にはiBGPが用いられる。

　R11が，R12からデフォルトルート（0.0.0.0）のネクストホップがR12という経路情報を受け取ると，R11は，iBGPを用いてR13に広告するので，経路情報をそのままR13に転送する。すると，R13は，ルーティングテーブルのデフォルトルートのネクストホップをR12とするエントリを作成する。そして，R13が，A社本社内のPCなどから，D社閉域NW内にあるIPアドレス宛てのパケットを受信すると，デフォルトルートのネクストホップがR12になっているので，R11に転送することができない。そこで，R11がiBGPを用いて，R13に経路情報を広告する際には，next-hop-self設定によってデフォルトルートのネクストホップを，R11自身のIPアドレスにして広告することが必要になる。したがって，解答としては「自身のIPアドレス」などのように答えるとよい。

(3) この設問は，表3について，BGPピア間で定期的にやり取りされるメッセージを一つ選び，タイプで答えるとともに，そのメッセージが一定時間受信できなくなるとどのような動作をするかを，30字以内で答えるものである。

　BGPピア間で定期的にやり取りされるメッセージは，表3のタイプ4のKEEPALIVEメッセージである。KEEPALIVEメッセージは，OPENメッセージで折衝した生存確認タイマ値の3分の1の間隔で相手の生存を確認する。通常，タイマ値は90秒なので，30秒間隔でKEEPALIVEメッセージが送信される。このため，相手側から90秒以上このメッセージが送信されてこなくなると，相手側の故障と判断する。つまり，BGP接続を切断し，BGPピアの関係を解除するため，経路情報をクリアするという動作を行う。したがって，タイプは"4"，そのメッセージが一定時間受信できなくなるとどのような動作をするかについては，「BGP接続を切断し，経路情報がクリアされる」旨を答えるとよい。

(4) この設問は，下線⑥について，BGPの導入を行った後にVRRPの導入を行うべき理由を，R13が何らかの理由でVRRPマスターになったときのR13の経路情報の状態を想定し，50字以内で答えるものである。なお，下線⑥を含む記述は，「ま

た，Eさんは，D社担当者から静的経路制御からBGPによる動的経路制御に構成
変更する手順の説明を受けた。この時，BGPの導入を行った後にVRRPの導入を
行う必要があるとの説明だった」である。

R13及びR14を増設した後，BGPの設定の前にVRRPの設定をしてしまうと，
BGPを設定する前に，R13が何らかの理由でVRRPマスターになると，R13は経
路情報をもっていないので，D社閉域NW内にあるIPアドレス宛ての通信ができ
なくなってしまう。つまり，VRRPマスターになったR13が経路情報を保持してい
ないと受信したパケットを転送できないことが分かる。そこで，R13とR14との間
で，BGPの導入を行った後に，VRRPの導入を行うことが必要になる。したがって，
解答としては「VRRPマスターになったR13が経路情報を保持していないと受信し
たパケットを転送できない」旨を答えるとよい。

(5) この設問は，下線⑦について，pingコマンドの試験で確認すべき内容を20字以
内で答えるとともに，pingコマンドの試験で確認すべき送信元と宛先の組合せを二
つ挙げ，図3中の機器名で答えるものである。なお，表4（Eさんが説明を受けた
手順）中の下線⑦は，「増設した機器や回線に故障がないことを確認するためにping
コマンドで試験を行う」である。

まず，増設した機器や回線を確認する。図3を見ると，R13，R14，及びR13と
R14を接続する回線の三つがあることが分かる。また，表4の項番3には「R13及
びR14のインタフェースにIPアドレスを設定する」とあるので，例えば，図3中
のFW10から，R13に対して，pingコマンド（ICMPパケット）を発行すること
ができる。例えば，100個のICMPパケットをFW10からR13に連続的に送信し
て，100個のICMPパケットを受け取れば，正常と判断できるが，一つでも欠ける
と，増設したR13までの経路のどこかに故障があることが疑われる。したがって，
pingコマンドの試験で確認すべき内容としては，「パケットロスが発生しないこと」
などのように答えるとよい。

次に，pingコマンドの試験で確認すべき送信元と宛先の組合せを二つ考える。確
認する必要があるのは，R13のLAN側（L2SW10側）インタフェースとWAN側
（R14側）インタフェース，R14のWAN側（R13側）インタフェースの三つであ
る。項番4の時点では，まだR13及びR14にはBGPの設定がされていないため，
R13を経由した通信を行うことはできない。このため，各インタフェースの確認を
行うには，同じセグメント内にある機器からpingコマンドによる確認を行うとよ
い。まず，R13のLAN側インタフェースについては，同じセグメント内にあるFW10
もしくはR11との間で確認することができる。FW10との間の場合は，送信元が
FW10，宛先がR13，もしくは，送信元がR13，宛先がFW10となる。R11との間
の場合は，送信元がR11，宛先がR13，もしくは，送信元がR13，宛先がR11とな
る。したがって，一つ目としては，"送信元がFW10，宛先がR13"，"送信元がR13，
宛先がFW10"，"送信元がR11，宛先がR13"，"送信元がR13，宛先がR11"のい
ずれかを答えるとよい。

そして，R13のWAN側インタフェースとR14のWAN側インタフェースの確認

については，この二つのインタフェースが，同じセグメント内にあることから，R13
とR14の間でpingコマンドによる確認を行うとよい。この場合には，送信元がR13，
宛先がR14になるが，逆方向である送信元がR14，宛先がR13を答えてもよい。
したがって，二つ目としては，"送信元がR13，宛先がR14"，"送信元がR14，宛
先がR13"のどちらかを答えるとよい。

(6) この設問は，下線⑧について，R11及びR12では静的経路制御の経路情報を削除
することで同じ宛先ネットワークのBGPの経路情報が有効になる理由を40字以内
で答えるものである。なお，表4中の下線⑧は，「R11及びR12の不要になる静的
経路制御の経路情報を削除する」である。

　表4の項番7の時点のR11及びR12のルーティングテーブル内には，同じ宛先
ネットワークに対して，静的経路情報とBGPの動的経路情報の二つのエントリが
存在する。同じ宛先ネットワークに対して複数の経路情報が存在する場合には，そ
れぞれの経路情報に対して優先度が設定され，その優先度に従って経路情報が選択
される。静的経路情報とBGPの動的経路情報を比較すると，静的経路情報が優先
されるので，静的経路を削除すれば，BGPの動的経路制御に切り替えることができ
る。したがって，同じ宛先ネットワークのBGPの経路情報が有効になる理由とし
ては，「経路情報は，BGPと比較して静的経路制御の方が優先される」旨を答える
とよい。

(7) この設問は，下線⑨について，R12とR14についてはD社で障害試験実施済み
とする条件の下で，想定する障害を六つ挙げ，それぞれの障害発生箇所を答えるも
のである。なお，下線⑨を含む記述は，「Eさんは，設計どおりにマルチホームによ
る可用性向上が実現できたかどうかを確認するための障害試験を行うことにし，想
定する障害の発生箇所と内容を障害一覧としてまとめた」である。

　図3を次に示す。

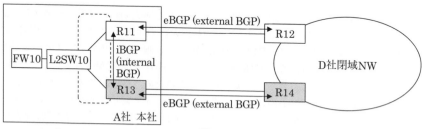

◀━━▶：BGP (Border Gateway Protocol) 接続　　┆⌐¬┆：VRRP (Virtual Router Redundancy Protocol)
注記　網掛け部分は，追加する機器を示す。

　マルチホームによる可用性向上が実現できたかどうかを確認するための障害試験
としては，A社本社とD社閉域NWとの間に，有効な接続回線が2本実現できて
いるかどうかを確認する必要がある。例えば，R11側で障害が発生した際に，R13
側に切り替わり，正常に通信ができることを確認しなければならない。

　図を見ると，R11 側の障害としては，R11 の障害のほか，R11 と R12 とを接続する回線，R11 と L2SW10 とを接続する回線の三つが考えられる。同様に，R13 側の障害としては，R13 の障害のほか，R13 と R14 とを接続する回線，R13 と L2SW10 とを接続する回線の三つがある。

　したがって，想定する障害発生箇所としては，"R11"，"R13"，"R11 と R12 とを接続する回線"，"R13 と R14 とを接続する回線"，"R11 と L2SW10 とを接続する回線"，"R13 と L2SW10 とを接続する回線"の六つを答えるとよい。

[設問 3]

(1) この設問は，下線⑩について，D 社閉域 NW の設定変更より前に FW10 のデフォルトルートの設定変更を行うとどのような状況になるかを，25 字以内で答えるものである。なお，下線⑩を含む記述は，「E さんは，設定変更の作業影響による通信断時間を極力短くするために，FW10 の設定変更は D 社閉域 NW の設定変更とタイミングを合わせて実施する必要があると考えた」である。

　D 社閉域 NW の設定変更前の時点では，例えば，A 社営業所にある PC が，SaaS にアクセスする場合のパケットの流れは，図 1 (現在の A 社のネットワーク構成 (抜粋)) から，PC→R20→R21→D 社閉域網→R12→R11→FW10→R10→SaaS となるが，ここで，FW10 のデフォルトルートを R10 から R11 (VRRP の仮想 IP アドレス) に変更すると，PC→R20→R21→D 社閉域網→R12→R11→FW10→R11 という経路になる。つまり，FW10 と R11 との間でルーティングのループが発生することになってしまう。したがって，解答としては「ルーティングのループが発生する」旨を答えるとよい。

　なお，この現象は，A 社本社にある PC からも同様である。つまり，D 社閉域 NW 網にある FW40 の設定が行われていないので，R12 や R11 には FW40 を経由したインターネット宛の経路が広告されておらず，インターネット宛のパケットを FW10 に送信しようとするからである。

(2) この設問は，下線⑪について，業務に影響が発生する理由を 20 字以内で答えるものである。なお，下線⑪を含む記述は，「E さんは，⑪インターネット接続の切替えを行うと一部の部門で業務に影響があると考えた。対策として，全てのインターネット宛ての通信は FW40 経由へと切り替えるが，一定期間，プロキシサーバ A からのインターネット宛ての通信だけは既存の R10 経由になるようにする」である。

　図 1 の概要の 9 点目に「A 社の一部の部門では，担当する業務に応じてインターネット上の SaaS を独自に契約し，利用している。これらの SaaS では送信元 IP アドレスによってアクセス制限をしているものもある。これらの SaaS も HTTPS 通信を用いている」と記述されている。このため，送信元 IP アドレスによってアクセス制限をしている SaaS には，送信元 IP アドレスが A 社の FW10 の IP アドレスを許可するように申請していると考えられる。

　インターネット接続の切替えによって，許可されている送信元 IP アドレスを FW10 から FW40 に変更しなければ，SaaS に接続できないので，一部の部門で業

務に影響が出てしまう。したがって，業務に影響が発生する理由としては，「送信元IPアドレスが変わるから」などのように答えるとよい。

(3) この設問は，下線⑫について，FW10にどのようなポリシーベースルーティング設定が必要かを，70字以内で答えるものである。なお，下線⑫を含む記述は，「Eさんは，インターネット接続の切替えを行うと一部の部門で業務に影響があると考えた。対策として，全てのインターネット宛ての通信はFW40経由へと切り替えるが，⑫一定期間，プロキシサーバAからのインターネット宛ての通信だけは既存のR10経由になるようにする」である。

　前述したように，SaaSが行う送信元IPアドレスによるアクセス制限は，FW10からFW40へ切り替えられるので，切替え後はFW40のIPアドレスが使用されるようになる。一方，送信元IPアドレスの設定変更は，SaaS側で実施されるので，切替えのタイミングは，SaaSでまちまちになり，FW10のIPアドレスで制限をかけるSaaSが一定期間，存在すると考えられる。そこで，FW10では，送信元IPアドレスがプロキシサーバAで宛先IPアドレスがインターネット宛てのパケットのネクストホップをR10にすれば，プロキシサーバAからのインターネット宛ての通信だけを既存のR10経由になるようにすることができる。このように，ルーティングテーブルに従って転送するのではなく，送信元や宛先のIPアドレスなどの条件に一致したパケットのネクストホップを指定して転送する方式をポリシーベースルーティング（PBR；Policy-Based Routing）と呼ぶ。したがって，解答としては「送信元IPアドレスがプロキシサーバAで宛先IPアドレスがインターネットであった場合にネクストホップをR10とする設定」などのように答えるとよい。

(4) この設問は，下線⑬について，どのような設定変更を依頼すればよいかを，40字以内で答えるものである。なお，下線⑬を含む記述は，「あわせて，Eさんは，業務に影響がある一部の部門には切替え期間中はプロキシサーバAが利用可能なことを案内するとともに，⑬恒久対応として設定変更の依頼を事前に行うことにした」である。

　(3)項でも触れたように，切替え期間中は，送信元IPアドレスとして，FW10のIPアドレスも利用できるので，SaaSの送信元IPアドレスは，FW10とFW40の二つのIPアドレスが許可された状態になっている。しかし，切替えが完了した後も，FW10のIPアドレスを許可していると，FW10のIPアドレスを使って，不正アクセスされる危険性がある。そこで，切替えが完了した後における恒久対策としては，SaaSの送信元IPアドレスによるアクセス制限を，FW40のIPアドレスだけとする設定変更を依頼する必要がある。したがって，解答としては「SaaSの送信元IPアドレスによるアクセス制限の設定変更」などのように答えるとよい。

問 2　EC サーバの増強

【解答例】

[設問 1]　a：NS　　b：MX　　c：$100.\alpha.\beta.1$　　d：$100.\alpha.\beta.3$　　e：192.168.1.1

　　　　　f：192.168.1.3

[設問 2]　(1)　コモン名と URL のドメインとが異なるから。

　　　　　(2)　L3SW, FWz, L2SW

[設問 3]　(1)　g：アップ　　h：アウト

　　　　　(2)　1 台故障時にも, EC サイトの応答速度の低下を発生させないため。

　　　　　(3)　i：$100.\alpha.\beta.2$　　j：192.168.1.2　　k：192.168.1.4

[設問 4]　(1)　どの機器：LB

　　　　　　　　IP アドレスの呼称：仮想 IP アドレス

　　　　　(2)　(自身の) IP アドレス

　　　　　(3)　FWz (から) LB (に変更)

　　　　　(4)　EC サーバに, アクセス元 PC の IP アドレスを通知するため。

　　　　　(5)　既設 EC サーバにインストールされているサーバ証明書と秘密鍵の
　　　　　　　　ペアを, LB に移す。

[設問 5]　(1)　TCP コネクションが再設定されるたびに, ポート番号が変わる可能
　　　　　　　　性があるから。

　　　　　(2)　サーバからの応答に含まれる Cookie 中のセッション ID が, セッシ
　　　　　　　　ョン管理テーブルに存在しない場合

　　　　　(3)　サービスが稼働しているかどうか検査しないから。

[設問 6]　(1)　アクセス元の購買担当者が所属している会員企業の情報

　　　　　(2)　IdP の公開鍵証明書

　　　　　(3)　IdP の鍵を所有していないから。

　　　　　(4)　① 信頼関係のある IdP が生成したものであること

　　　　　　　　② SAML アサーションが改ざんされていないこと

【解説】

　本問は, 問題のテーマが示すように, EC サーバを 1 台から 3 台に増強する事例を題材としたものである。設問 1 は, DNS のゾーン情報に関する穴埋め問題, 設問 2 は, サーバ証明書の検証方法と, パケットが流れる経路を答えるものである。設問 3 は, サーバの増強策の方式名, 2 台ではなく 3 台構成にする目的, LB でソース NAT を行う場合と行わない場合において, 観測される IP アドレスを答えるものである。設問 4 では, LB で使用される仮想 IP アドレス, HTTP ヘッダーの X-Forwarded-For フィールドを利用する目的, 増設サーバにサーバ証明書をインストールするための方法などが問われている。設問 5 では, LB のセッション維持機能とヘルスチェック機能について, 設問 6 では, SAML 2.0 による認証連携に関して様々なことが問われている。全体的に基本的な設問が多いので, ネットワーク全般に関する技術知識を十分

身に付けていれば，合格基準点をクリアすることは，比較的容易であるといえる。

[設問1]
空欄a〜fは，図2（DNSサーバに設定されているゾーン情報（抜粋））中にある。

項番			ゾーン情報			
1	@	IN	SOA	ns.example.jp.	hostmaster.example.jp. （省略）	
2		IN	a	ns.example.jp.		
3		IN	b	10	mail.example.jp.	
4	ns	IN	A	c		
5	ecsv	IN	A	（省略）		
6	mail	IN	A	d		
7	@	IN	SOA	ns.y-sha.example.lan.	hostmaster.y-sha.example.lan. （省略）	
8		IN	a	ns.y-sha.example.lan.		
9		IN	b	10	mail.y-sha.example.lan.	
10	ns	IN	A	e		
11	ecsv	IN	A	（省略）		
12	mail	IN	A	f		

　空欄aは，ns.example.jp.及びns.y-sha.example.lan.に関するリソースレコードの
タイプが入り，空欄bには，mail.example.jp.及びmail.y-sha.example.lan.に関する
リソースレコードのタイプが入る。図1（ECサイトに関連するシステムの構成(抜粋)）
を見ると，nsは，DNSサーバのホスト名であり，mailは，メールサーバのホスト名
である。DNSサーバのホスト名を登録するリソースレコードのタイプはNS（Name
Server）であり，メールサーバのホスト名を登録するリソースレコードのタイプは
MX（Mail eXchange）である。したがって，空欄aには"NS"，空欄bには"MX"
が入る。
　空欄c〜fは，Aレコードに登録されるデータなので，IPv4アドレスが入る。図2
の項番1〜6は，ECサイトのインターネット向けドメインexample.jp.のゾーン情報
である。そして，FWzには，表1（FWzに設定されている静的NATの内容（抜粋）
に示す静的NATが設定されているので，表1を確認する。表1から，UDP/53を使
用してDNSサーバにアクセスする際，ECサイトの利用者は，NAT変換前のIPアド
レスである $100.\alpha.\beta.1$ を用いてアクセスする必要があることが分かる。つまり，DNS
サーバであるホスト名nsのAレコードのデータには $100.\alpha.\beta.1$ を登録する必要があ
る。同様に，表1から，TCP/25を使用してメールサーバにアクセスする際には，NAT
変換前のIPアドレスである $100.\alpha.\beta.3$ を用いる必要がある。つまり，メールサーバ
であるホスト名mailのAレコードのデータには $100.\alpha.\beta.3$ を登録する必要がある。
したがって，空欄cには"$100.\alpha.\beta.1$"，空欄dには"$100.\alpha.\beta.3$"が入る。

一方，図 2 の項番 7〜12 は，社内向けドメイン y-sha.example.lan.のゾーン情報である。Y 社と z-DC（Z 社のデータセンター）との接続は，広域イーサ網によって接続されているので，IP アドレスの変換を必要とせず，運用 PC は，プライベート IP アドレスを用いて DNS サーバやメールサーバにアクセスできる。表 1 から DNS サーバの IP アドレスは 192.168.1.1，メールサーバの IP アドレスは 192.168.1.3 であることが分かる。したがって，空欄 e には "192.168.1.1"，空欄 f には "192.168.1.3" が入る。

[設問 2]

(1) この設問は，URL を https://ecsv.y-sha.example.lan/ に設定して EC サーバにアクセスすると，TLS のハンドシェイク中にエラーメッセージが Web ブラウザに表示される理由を，サーバ証明書のコモン名に着目して，25 字以内で答えるものである。

　　〔EC サイトに関連するシステムの構成，運用及びセッション管理方法〕の 1 点目と 3 点目に，次のように記述されている。

・会員企業の事務用品購入の担当者（以下，購買担当者という）は，Web ブラウザで https://ecsv.example.jp/ を指定して EC サーバにアクセスする。

・EC サーバに登録されているサーバ証明書は一つであり，マルチドメインに対応していない。

　　この二つの記述から，EC サーバのサーバ証明書に記載されているコモンネーム（コモン名）は，ecsv.example.jp であると判断できる。TLS のハンドシェイクでは，サーバ証明書が改ざんされていないこと，ルート CA から発行されたものであること，失効されていないことのほか，アクセスに利用された URL のドメイン（この設問では，ecsv.y-sha.example.lan）と，サーバ証明書のコモン名（ecsv.example.jp）が一致することを確認し，一つでも一致しないものがあれば，エラーメッセージが Web ブラウザに表示される。したがって，理由としては「コモン名と URL のドメインとが異なる」旨を答えるとよい。

(2) この設問は，下線①でアクセスしたとき，運用 PC が送信したパケットが EC サーバに届くまでに経由する機器を，図 1 中の機器名で全て答えるものである。なお，下線①を含む記述は，「(4) ssh コマンドで ecsv.y-sha.example.lan にアクセスして CPU 使用率を調べたところ，設計値を大きく超えていた」である。

　　ecsv.y-sha.example.lan でアクセスすると，運用 PC は DNS サーバから "192.168.1.2" という IP アドレスを得るので，この IP アドレスによってアクセスする。そのため，図 1 から，運用 PC→L3SW→FWz→L2SW→EC サーバという経路をたどる。したがって，経由する機器は "L3SW, FWz, L2SW" になる。

[設問 3]

(1) 空欄 g, h は，「EC サーバの増強策としてスケール ［　　g　　］ 方式とスケール ［　　h　　］ 方式を比較検討し，EC サイトを停止せずに EC サーバの増強を行える，

スケール h 方式を採用することを考えた」という記述の中にある。

　サーバの処理能力を向上させる方法には，スケールアップとスケールアウトという方法がある。スケールアップは，サーバ自身の処理能力を高める方法で，現用のサーバの CPU やメモリーなどの増設などを伴うので，EC サイトを一時的に停止することが必要になる。一方，スケールアウトは，システムを構築するサーバの台数を増やし，処理能力や可用性を高める方法なので，EC サイトを停止せずに EC サーバの増強を行うことができる。したがって，空欄 g には "アップ"，空欄 h には "アウト" が入る。

(2) この設問は，下線②について，2 台ではなく 3 台構成にする目的を，35 字以内で答えるものであるが，将来のアクセス増加については考慮しないという条件が付けられている。なお，下線②を含む記述は，「X 主任は，EC サーバを 2 台にすれば EC サイトは十分な処理能力をもつことになるが，2 台増設して 3 台にし，負荷分散装置（以下，LB という）によって処理を振り分ける構成を設計した」である。

　2 台構成にした場合には，1 台が故障すると，1 台でサービスを提供する必要があるので，サーバの処理能力がひっ迫し，EC サイトの応答速度の低下という問題を解決できない。そこで，3 台構成にすれば，1 台故障時にも，2 台でサービス提供ができるので，EC サイトの応答速度の低下という問題を発生させないようにすることが期待できる。したがって，解答としては「1 台故障時にも，EC サイトの応答速度の低下を発生させない」旨を答えるとよい。

(3) 空欄 i～k は，表 2（図 5 中の (i) ～ (vi) での IP ヘッダーの IP アドレスの内容）中にある。

図 5 中の番号	LB でソース NAT を行わない場合		LB でソース NAT を行う場合	
	送信元 IP アドレス	宛先 IP アドレス	送信元 IP アドレス	宛先 IP アドレス
（i）	200.a.b.c	i	200.a.b.c	i
（ii）	200.a.b.c	j	200.a.b.c	j
（iii）	200.a.b.c	192.168.1.5	k	192.168.1.5
（iv）	192.168.1.5	200.a.b.c	192.168.1.5	k
（v）	j	200.a.b.c	j	200.a.b.c
（vi）	i	200.a.b.c	i	200.a.b.c

　そして，図 5（既設 EC サーバに振り分けられたときのパケットの転送経路）を次に示すが，これは，EC サーバ増強後，購買担当者が Web ブラウザで https://ecsv.example.jp/ を指定して EC サーバにアクセスし，アクセス先が既設 EC サーバに振り分けられたときのパケットの転送経路である。

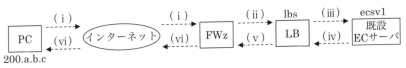

200.a.b.c

------▶ : パケットの転送方向
注記　200.a.b.cは, グローバルIPアドレスを示す。

　購買担当者が Web ブラウザで https://ecsv.example.jp/ を指定した場合, スキームが https であるため, Web ブラウザは, TCP/443 を使ってアクセスする。表 1 から, インターネット側から TCP/443 でアクセスした場合の, FWz の静的 NAT の変換前 IP アドレスは 100.α.β.2, 変換後 IP アドレスは 192.168.1.2 である。したがって, 空欄 i には "100.α.β.2", 空欄 j には "192.168.1.2" が入る。

　そして, 空欄 k は, 図 5 中の番号 (iii) において LB でソース NAT を行う場合の送信元 IP アドレスであるので, LB のもつ IP アドレスが設定される。そこで, LB のもつ IP アドレスを確認すると, 図 4 (DNS サーバに追加する社内向けドメインのリソースレコード) にホスト名 lbs の A レコード (LB の IP アドレス) として, 192.168.1.4 が登録されていることが分かる。したがって, 空欄 k には "192.168.1.4" が入る。

[設問 4]
(1) この設問は, 下線③について, どの機器を示すことになるかを, 図 3 中の機器名で答えるとともに, 下線③の特別な IP アドレスは何と呼ばれるかを, 本文中の字句で答えるものである。なお, 下線③を含む X 主任の発言は, 「そうです。EC サーバの増強後も, 図 2 で示したゾーン情報の変更は不要ですが, 図 2 中の項番 5 と項番 11 のリソースレコードは, 図 3 の構成では図 1 とは違う機器の特別な IP アドレスを示すことになります」である。

　図 2 中の項番 5 と項番 11 のリソースレコードは, ホスト名 ecsv の A レコードである。図 2 のゾーン情報は, EC サーバが 1 台のときであるが, 図 3 は EC サーバを増強したときの構成であり, 既設 EC サーバに加え, LB と増設サーバ 1, 増設サーバ 2 が設置されている。このため, 図 1 では, EC サーバにアクセスするためには, ecsv の IP アドレスを応答するだけでよかったが, 図 3 では, LB にアクセスした後, 3 台の EC サーバに負荷を分散させる構成になっている。このため, 購買担当者が Web ブラウザで https://ecsv.example.jp/ を指定した場合には, LB の IP アドレスを応答し, LB にアクセスさせることが必要になる。その際, 外部からは, LB のもつ物理 IP アドレスではなく, 仮想 IP アドレスによってアクセスさせるようにする。したがって, 機器名としては "LB", IP アドレスの呼称としては "仮想 IP アドレス" と答えるとよい。

(2) この設問は, 下線④について, ホスト名のほかに変更する情報を答えるものである。なお, 下線④を含む X 主任の発言は, 「また, 図 4 のリソースレコードの追加

午後II解答

に対応して，既設 EC サーバに設定されている二つの情報を変更します」である。

　図1では，EC サーバのホスト名は ecsv であり，IP アドレスは 192.168.1.2 を使用している。図3を見ると，この既設 EC サーバのホスト名は ecsv1 に変更されており，図4を見ると，ecsv1 の IP アドレスは 198.168.1.5 になっている。このため，自身の IP アドレスを，198.168.1.2 から 198.168.1.5 に変更することが必要になる。したがって，解答としては"自身の IP アドレス"，又は"IP アドレス"と答えるとよい。

(3) この設問は，本文中の下線⑤について，どの機器からどの機器の IP アドレスに変更するのかを，図3中の機器名で答えるものである。なお，下線⑤を含む X 主任の発言は，「現在の EC サーバの運用を変更しないために，ソース NAT は行わない予定です。この場合，パケットの転送を図5の経路にするために，既設 EC サーバでは，デフォルトゲートウェイの IP アドレスを変更します」である。

　LB でソース NAT を行うと，既設 EC サーバからの応答パケットは NAT を行った LB に必ず戻されてくるが，ソース NAT を行わない場合には，購買担当者が送信してきたパケットの送信元 IP アドレス（図5では，200.a.b.c）宛てになるので，既設 EC サーバに設定されているデフォルトゲートウェイに送られる。そのため，既設 EC サーバが，LB に応答パケットを送信するために，既設 EC サーバがもつルーティングテーブルのデフォルトゲートウェイを，LB に変更することが必要になる。図1の EC サイトにおいては，レイヤー3で動作する機器は，FWz に限られるので，既設 EC サーバのデフォルトゲートウェイは FWz になっているはずである。したがって，解答は"FWz（から）LB（に変更）"になる。

(4) この設問は，下線⑥について，X-Forwarded-For フィールドを追加する目的を，35 字以内で答えるものである。なお，下線⑥を含む X 主任の発言は，「うっかりしていました。導入予定の LB はルータとしては動作しませんから，ご指摘の問題が発生してしまいます。対策方法として，EC サーバに設定するデフォルトゲートウェイを図1の構成時のままとし，LB ではソース NAT を行うとともに，EC サーバ宛てに送信する HTTP ヘッダーに X-Forwarded-For フィールドを追加するようにします」である。これは，W 課長の「X 主任が考えている設定では，運用 PC から EC サーバとは通信できないと思いますが，どうでしょうか」という発言を受けたものである。

　まず，X 主任は，「はい。まず，メンテナンスを行う EC サーバを負荷分散の対象から外し，その後に，運用 PC から当該 EC サーバにアクセスして，メンテナンス作業を行います」と発言しているので，運用 PC から EC サーバへの通信が，どのような経路をたどるかを確認する。例えば，運用 PC が既設 EC サーバのメンテナンスを行う際には，LB のホスト名ではなく，既設 EC サーバのホスト名（ecsv1）で名前解決を行うので，図4から，IP アドレスの 192.168.1.5 を得る。そのため，パケットが送られる経路は，運用 PC→L3SW→広域イーサ網→FWz→L2SW→既設 EC サーバとなり，既設 EC サーバが受け取る送信元 IP アドレスは，運用 PC（仮に，IP アドレスを 192.168.0.1 とする）である。既設 EC サーバは，宛先 IP アド

レスに 192.168.0.1 を設定するため，既設 EC サーバでは，デフォルトゲートウェイの LB へ送信する。しかし，LB はルータとして動作しないので，192.168.0.1 宛てのパケットは，どこにも送信されず，通信ができなくなってしまう。

　この問題を解決する方法として，X 主任は，「EC サーバに設定するデフォルトゲートウェイを図 1 の構成時のまま（FWz）とし，LB ではソース NAT を行うとともに，EC サーバ宛てに送信する HTTP ヘッダーに X-Forwarded-For フィールドを追加する」ことを考えている。

　EC サーバに設定するデフォルトゲートウェイを図 1 の構成時のままとすれば，運用 PC と EC サーバとの通信は，従来どおり，LB を通過せずに行うことができるので，運用 PC から EC サーバとは通信できないという問題を解決できる。しかし，LB でソース NAT を行うと，購買担当者からのアクセスの送信元 IP アドレスは LB の IP アドレスに変換され，EC サーバは，アクセス元の IP アドレスをログとして記録することができなくなってしまう。また，〔EC サイトに関連するシステムの構成，運用及びセッション管理方法〕の 4 点目に「EC サーバは，アクセス元の IP アドレスなどをログとして管理している」と記述されており，EC サーバで，アクセス元の IP アドレスなどをログとして管理する目的が達成できなくなる。このため，LB において，HTTP ヘッダーの X-Forwarded-For フィールドに変換前の送信元 IP アドレスを格納して EC サーバに送信すれば，EC サーバは，購買担当者の PC の IP アドレスをログに記録できるようになる。

　このように，X-Forwarded-For フィールドを追加する目的は，EC サーバに，アクセス元の運用 PC の IP アドレスを通知することにあるといえる。したがって，解答としては「EC サーバに，アクセス元 PC の IP アドレスを通知するため」などのように答えるとよい。

　LB から複数のサーバに負荷を振り分ける場合は，LB でソース NAT が行われることが多いが，その目的は，サーバからの応答を LB に戻すようにして，要求パケットと応答パケットの IP アドレスに不整合が発生しないようにしているためである。しかし，LB で NAT を行うと，NAT のための処理が大きくなるため，サーバからの応答パケットを，LB を経由することなく，直接，要求元に返すこと（この方法を DSR（Direct Server Return）と呼ぶ）が多くなっている。

(5)　この設問は，下線⑦について，対応するための作業内容を，50 字以内で答えるものである。なお，下線⑦を含む X 主任の発言は，「いいえ。増設 EC サーバにはインストールせずに既設 EC サーバ内のサーバ証明書の流用で対応できます」であるが，これは，W 課長の「それで良いでしょう。ところで，図 3 の構成では，増設 EC サーバにもサーバ証明書をインストールすることになるのでしょうか」という発言を受けたものである。

　図 3 の構成では，LB がアクセスを受けて，その後，3 台の EC サーバに負荷を分散するようになるので，購買担当者の Web ブラウザからの HTTPS 通信は，LB で終端される。このため，既設 EC サーバにインストールされているサーバ証明書と，サーバ証明書の公開鍵に対応する秘密鍵を LB に移すことが必要になる。したがっ

て，解答としては「既設 EC サーバにインストールされているサーバ証明書と秘密鍵のペアを，LB に移す」旨を答えるとよい。

［設問 5］

(1) この設問は，下線⑧について，セッション維持ができなくなる理由を，50 字以内で答えるものである。なお，下線⑧は「IP アドレスとポート番号との組合せでアクセス元を識別する場合は，TCP コネクションが切断されると再接続時にセッション維持ができなくなる問題が発生する」である。

　TCP コネクションが切断された場合，新しく TCP コネクションを確立する必要がある。すると，そのコネクションの送信元ポート番号は，切断される前に使用されていたポート番号ではなく，新しい番号が用いられる。このため，TCP コネクションを再設定すると，ポート番号が変わる可能性があるので，IP アドレスとポート番号との組合せでアクセス元を識別する場合には，再接続時にはセッション維持ができなくなる。したがって，解答としては「TCP コネクションが再設定されるたびに，ポート番号が変わる可能性がある」旨を答えるとよい。

(2) この設問は，下線⑨について，LB がセッション管理テーブルに新たなレコードを登録するのは，どのような場合かを，60 字以内で答えるものである。なお，下線⑨を含む記述は，「そこで，Cookie 中のセッション ID と振分け先のサーバから構成されるセッション管理テーブルを LB が作成し，このテーブルを使用してセッションを維持する方式を利用する」である。

　下線⑨の記述から，LB が作成するセッション管理テーブルは，Cookie 中のセッション ID と振分け先のサーバのレコードで構成されていると判断できる。このため，LB は，サーバからの応答に含まれるセッション ID が，セッション管理テーブルに存在するかどうかを，その都度チェックし，存在しない場合には，セッション管理テーブルに新たに登録するようにしていると考えられる。したがって，解答としては，「サーバからの応答に含まれる Cookie 中のセッション ID が，セッション管理テーブルに存在しない場合」などのように答えるとよい。

(3) この設問は，下線⑩について，レイヤー3 及びレイヤー4 方式では適切な監視が行われない理由を，25 字以内で答えるものである。なお，下線⑩を含む記述は，「振分け先のサーバの稼働状態を定期的に監視し，障害が発生したサーバを負荷分散の対象から外す機能である。ヘルスチェックは，レイヤー3，4 及び 7 の各レイヤーで稼働状態を監視する方式があり，ここではレイヤー7 方式を利用する」である。

　LB は，振分け先のサーバのハードウェアや OS レベルだけでなく，アプリケーションプロセスの障害まで監視するために，レイヤー7 で稼働状態を監視する必要がある。それは，レイヤー3 及びレイヤー4 方式では，アプリケーションプロセスのサービスが稼働しているかどうかについては検査しないからである。したがって，解答としては「サービスが稼働しているかどうか検査しない」旨を答えるとよい。

［設問6］

(1) この設問は，下線⑪について，ログイン要求を受信したECサーバがリダイレクト応答を行うために必要とする情報を，購買担当者の認証・認可の情報を提供するIdPが会員企業によって異なることに着目して，30字以内で答えるものである。なお，下線⑪を含む記述は，「(ii) SPであるECサーバは，SAML認証要求（SAML Request）を作成しIdPである認証連携サーバにリダイレクトを要求する応答を行う」である。

　図7（e社内のPCからECサーバにSSOでアクセスするときの通信手順（抜粋））を確認すると，(iii)のIdPに認証を要求するSAML Requestは，会員企業e社のIdPに送られている。このため，(i)のログイン要求を受信したECサーバが，(ii)のリダイレクト応答を行う際に，アクセス元の購買担当者が所属している会員企業で使用しているIdPのURLをリダイレクト先として設定する必要がある。つまり，ログイン要求を受信したECサーバがリダイレクト応答を行うためには，事前に，購買担当者が所属している会員企業をログイン時に識別するなんらかの情報と，その会員企業で使用しているIdPのURLの情報が必要になる。したがって，解答としては「アクセス元の購買担当者が所属している会員企業の情報」などのように答えるとよい。

(2) この設問は，下線⑫について，図7の手順の処理を行うために，ECサーバに登録すべき情報を，15字以内で答えるものである。なお，下線⑫を含む記述は，「(ii) ここで，ECサーバには，IdPが作成するデジタル署名の検証に必要な情報などが設定され，IdPとの間で信頼関係が構築されている」である。

　「ECサーバには，IdPが作成するデジタル署名の検証に必要な情報などが設定され，」とあるので，ECサーバが，IdPが作成するデジタル署名の検証を行うことが分かる。IdPのデジタル署名は，IdPの秘密鍵を用いて作成されるので，秘密鍵とペアになっているIdPの公開鍵証明書を，ECサーバに登録する必要がある。したがって，解答としては「IdPの公開鍵証明書」などのように答えるとよい。

(3) この設問は，下線⑬について，取り出したSTをPCは改ざんすることができない理由を，20字以内で答えるものである。なお，下線⑬を含む記述は，「(vii) PCは，受信した情報の中からSTを取り出し，ケルベロス認証向けのAPIを利用して，STをIdPに提示する」である。

　(vi)の説明は「KDCは，TGTを基に，購買担当者の身元情報やセッション鍵が含まれたSTを発行し，IdPの鍵でSTを暗号化する。さらに，KDCは，暗号化したSTにセッション鍵などを付加し，全体をPCの鍵で暗号化した情報をPCに払い出す」である。このため，STは，IdPの鍵で暗号化されていることが分かる。つまり，PCは，IdPの鍵をもっていないので，STを取り出すことはできない。したがって，解答としては「IdPの鍵を所有していない」旨を答えるとよい。

(4) この設問は，下線⑭について，受信したSAMLアサーションに対して検証できる内容を二つ挙げ，それぞれ25字以内で答えるものである。なお，下線⑭を含む記述は，「(ix) PCは，SAML ResponseをSPに転送する。SPは，SAML Response

に含まれる⑭デジタル署名を検証し，検証結果に問題がない場合，SAML アサーションを基に，購買担当者が正当な利用者であることの確認，及び購買担当者に対して提供するサービス範囲を定めた利用権限の付与の，二つの処理を行う」である。

　(viii)の説明は「IdP は，ST の内容を基に購買担当者を認証し，デジタル署名付きの SAML アサーションを含む SAML 応答（SAML Response）を作成して，SP にリダイレクトを要求する応答を行う」である。この記述から，デジタル署名付きの SAML アサーションを作成するのは，IdP であることが分かる。IdP が SAML アサーションにデジタル署名を付けることによって確認できることは，送信元の真正性，SAML アサーションの完全性である。

　IdP の真正性については，(ii)で「ここで，EC サーバには，IdP が作成するデジタル署名の検証に必要な情報などが設定され，IdP との間で信頼関係が構築されている」と説明されている。したがって，一つ目の送信元の真正性については，「信頼関係のある IdP が生成したものであること」などのように答えるとよい。

　二つ目の SAML アサーションの完全性については，「SAML アサーションが改ざんされていないこと」などのように答えるとよい。

●令和5年度春期
午後Ⅱ問題　IPA　発表の解答例

問1

出題趣旨
オンプレミスからクラウドサービスへの移行が進み，クラウドサービスを利用する企業はますます増えている。業務環境の可用性についてクラウド事業者に依存する傾向が強くなり，事業継続性の観点から対策が必要となっている。また，企業の情報システム部門が，企業内部のクラウドサービス利用を全て把握することが困難なケースも想定される。 　本問では，マルチクラウド利用による可用性向上を題材として，BGPやVRRPを利用した可用性向上，これらを組み合わせたネットワーク構成の考慮点及びインターネット接続の変更に伴うグローバルIPアドレスの変更による影響と対策について問う。

設問		解答例・解答の要点
設問1	(1)	DNSラウンドロビン
	(2)	プロキシサーバのアプリケーションプロセスが停止した場合に検知できないから
	(3)	192.168.2.145
	(4)	キャッシュDNSサーバがキャッシュを保持する時間を短くするため
	(5)	**方法**　プロキシ自動設定機能を利用する。
		制限事項　対応するPCやサーバでしか利用できない。
設問2	(1)	a　AS
		b　ピア
		c　UPDATE
		d　KEEPALIVE
		e　ルーティングテーブル
		f　大きい
	(2)	自身のIPアドレス
	(3)	**タイプ**　4
		動作　BGP接続を切断し，経路情報がクリアされる。
	(4)	VRRPマスターになったR13が経路情報を保持していないと受信したパケットを転送できないから

		確認すべき内容		パケットロスが発生しないこと			
設問2	(5)	①	送信元 R13		宛先	FW10	①と②は順不同
			又は				
			送信元 FW10		宛先	R13	
			又は				
			送信元 R13		宛先	R11	
			又は				
			送信元 R11		宛先	R13	
		②	送信元 R13		宛先	R14	
			又は				
			送信元 R14		宛先	R13	
	(6)	経路情報は，BGP と比較して静的経路制御の方が優先されるから					
	(7)	① ・R11 ② ・R13 ③ ・R11 と R12 とを接続する回線 ④ ・R13 と R14 とを接続する回線 ⑤ ・R11 と L2SW10 とを接続する回線 ⑥ ・R13 と L2SW10 とを接続する回線					
設問3	(1)	ルーティングのループが発生する。					
	(2)	送信元 IP アドレスが変わるから					
	(3)	送信元 IP アドレスがプロキシサーバ A で宛先 IP アドレスがインターネットであった場合にネクストホップを R10 とする設定					
	(4)	SaaS の送信元 IP アドレスによるアクセス制限の設定変更					

採点講評

　問1では，マルチクラウド利用による可用性向上を題材に，BGP や VRRP を利用した可用性向上，これらを組み合わせたネットワーク構成及びインターネット接続方法の変更による影響と対策について出題した。全体として正答率は平均的であった。

　設問1では，(5)の正答率が低かった。従業員が行う業務において，Web アプリケーションソフトウェアを利用する機会は増えており，Web 閲覧の可用性向上は重要である。プロキシ自動設定機能は是非知っておいてもらいたい。

　設問2では，(4)の正答率がやや低かった。BGP や VRRP といったプロトコルを導入する過程において，ルータの経路情報がどのように変化するか，具体的にイメージできるようしっかり理解をしてほしい。

　設問3では，(1)の正答率がやや低かった。設定変更に伴うネットワークに対する影響を問う問題であるが，インターネットが利用不可になるなどの解答が散見された。ネットワーク技術者として根本の原因を突き止め，インターネットが利用不可になるのはなぜなのか，技術的な内容を解答してほしい。

問2

	出題趣旨

　インターネット上でサービスを提供するシステムは，顧客数の変化に対応して適切な処理能力をもつ構成を維持することが重要である。また，登録する顧客数の増加によって，顧客のアカウント情報の管理負荷も増大するので，異なるドメイン間で認証，認可情報の交換が可能な認証連携技術の活用も求められる。

　このような状況を基に，本問では，サーバ負荷分散装置（以下，LB という）によってシステムの処理能力を増強させる構成設計と，SAML2.0 を利用するための方式検討を事例として取り上げた。

　本問では，EC サーバの増強を題材として，LB 導入に伴う構成設計及び SAML2.0 を利用するための方式検討において，受験者が習得した技術が活用できる水準かどうかを問う。

設問			解答例・解答の要点
設問1		a	NS
		b	MX
		c	100.α.β.1
		d	100.α.β.3
		e	192.168.1.1
		f	192.168.1.3
設問2	(1)		コモン名と URL のドメインとが異なるから
	(2)		L3SW，FWz，L2SW
設問3	(1)	g	アップ
		h	アウト
	(2)		1 台故障時にも，EC サイトの応答速度の低下を発生させないため
	(3)	i	100.α.β.2
		j	192.168.1.2
		k	192.168.1.4
設問4	(1)	**どの機器**	LB
		IP アドレスの呼称	仮想 IP アドレス
	(2)		（自身の）IP アドレス
	(3)		FWz から LB に変更
	(4)		EC サーバに，アクセス元 PC の IP アドレスを通知するため
	(5)		既設 EC サーバにインストールされているサーバ証明書と秘密鍵のペアを，LB に移す。
設問5	(1)		TCP コネクションが再設定されるたびに，ポート番号が変わる可能性があるから
	(2)		サーバからの応答に含まれる Cookie 中のセッション ID が，セッション管理テーブルに存在しない場合

午後II解答

設問5	(3)	サービスが稼働しているかどうか検査しないから
設問6	(1)	アクセス元の購買担当者が所属している会員企業の情報
	(2)	IdP の公開鍵証明書
	(3)	IdP の鍵を所有していないから
	(4) ①	・信頼関係のある IdP が生成したものであること
	②	・SAML アサーションが改ざんされていないこと

採点講評

　問2では，EC サーバの増強を題材に，サーバ負荷分散装置（以下，LB という）を導入するときの構成設計と，SAML2.0 を利用するための方式検討について出題した。全体として正答率は平均的であった。

　設問3では，(3) j の正答率が低かった。図5の構成では，PC は LB に設定された仮想 IP アドレス宛てにパケットを送信するが，ファイアウォールに設定された NAT は変更されないことから，表1を基に正答を導き出してほしい。

　設問4では，(5)の正答率が低かった。サーバ証明書は，サーバの公開鍵の正当性を CA が保証するものであり，秘密鍵とサーバ証明書とが一緒に管理されることで，TLS では，サーバの認証及びデータの暗号化に用いられる共通鍵の安全な配送が可能になることを理解してほしい。

　設問5では，(2)の正答率が低かった。本文中の記述から，サーバがセッション ID を生成する条件，cookie にセッション ID を書き込む条件，及び導入予定の LB がセッション管理テーブルを作成する条件が分かるので，これら三つの条件を基に，セッション管理テーブルに新たなレコードが登録される場合を導き出してほしい。

出題分析

出題傾向を知ることで，効率的に学習を進めることができます

- 午前問題出題分析で試験の傾向を知ることができるので，学習する際の強い味方になります。

ネットワークスペシャリスト試験

　令和3年度春期・令和4年度春期・令和5年度春期に行われた高度午前Ⅰ（共通知識）試験，ネットワークスペシャリスト午前Ⅱ試験を分析し，問題番号順と，3年分を合わせた「午前の出題範囲」の出題分野順にまとめた表を掲載します。

　ネットワークスペシャリスト試験を受験する際に，出題の分析は重要な資料になります。

（1）午前問題出題分析

・問題番号順

　　令和3年度春期　高度午前Ⅰ（共通知識）試験

　　令和3年度春期　ネットワークスペシャリスト　午前Ⅱ試験

　　令和4年度春期　高度午前Ⅰ（共通知識）試験

　　令和4年度春期　ネットワークスペシャリスト　午前Ⅱ試験

　　令和5年度春期　高度午前Ⅰ（共通知識）試験

　　令和5年度春期　ネットワークスペシャリスト　午前Ⅱ試験

・高度午前Ⅰ（共通知識）試験の出題範囲順

　　（令和3年度春期，令和4年度春期，令和5年度春期）

・ネットワークスペシャリスト　午前Ⅱの出題範囲順

　　（令和3年度春期，令和4年度春期，令和5年度春期）

（2）午前の出題範囲

（3）午後Ⅰ・午後Ⅱ問題　予想配点表

（1）午前問題出題分析

・問題番号順

令和3年度春期 高度午前Ⅰ（共通知識）試験

問	問題タイトル	正解	分野	大	中	小	難易度
1	排他的論理和の相補演算	ア	T	1	1	1	3
2	スタックのデータ出力順序	ウ	T	1	2	1	2
3	アルゴリズム設計としての分割統治法	ウ	T	1	2	2	3
4	キャッシュメモリの書込み動作	イ	T	2	3	2	3
5	稼働率の傾向を表すグラフ	エ	T	2	4	2	4
6	ページアクセス時に発生する事象の回数	エ	T	2	5	1	3
7	RFIDの活用事例	エ	T	2	6	1	2
8	XMLで記述された画像フォーマット	ウ	T	3	8	1	3
9	データレイクの特徴	エ	T	3	9	5	3
10	サブネットマスクでホストアドレスを求める式	ウ	T	3	10	3	3
11	SDNの説明	エ	T	3	10	4	3
12	ハッシュ関数における原像計算困難性	ア	T	3	11	1	3
13	サイバーセキュリティ経営ガイドラインの説明	ア	T	3	11	2	3
14	JPCERTコーディネーションセンターの説明	ウ	T	3	11	2	2
15	セッションの乗っ取りの機会を減らすために行うべき処理	イ	T	3	11	5	3
16	命令網羅で実施する最小のテストケース数	ア	T	4	12	5	3
17	スクラムチームにおけるプロダクトオーナの役割	ア	T	4	13	1	3
18	計画のプロセス群に属するプロセス	ア	M	5	14	2	3
19	計画変更によるスケジュール短縮日数	ア	M	5	14	6	3
20	顔合わせ会の延べ時間	エ	M	5	14	11	2
21	可用性に該当するシステム監査項目	ア	M	6	16	1	2
22	システム監査人が行う改善提案のフォローアップ	ウ	M	6	16	1	3
23	エンタープライズアーキテクチャの"四つの分類体系"	ウ	S	7	17	1	2
24	RFIの説明	ア	S	7	18	3	3
25	レベニューシェア契約	ウ	S	7	18	3	3
26	プロダクトポートフォリオマネジメント	ウ	S	8	19	1	2
27	"超スマート社会"実現への取組み	イ	S	8	21	1	3
28	アグリゲーションサービスに関する記述	ウ	S	8	21	3	3
29	バランススコアカードの四つの視点	イ	S	8	19	3	2
30	電子署名法	イ	S	9	23	2	2

・分野の「T」はテクノロジ系,「M」はマネジメント系,「S」はストラテジ系を表しています。
・大,中,小は,「午前の出題範囲」に対応しています。(2) 午前の出題範囲をご確認ください。

・問題番号順
令和3年度春期 ネットワークスペシャリスト 午前II試験

問	問題タイトル	正解	分野	大	中	小	難易度
1	Automatic MDI/MDI-X の説明	エ	T	3	10	2	3
2	DNS の MX レコード	イ	T	3	10	3	3
3	IEEE 802.11a/g/n/ac で用いられる多重化方式	エ	T	3	10	2	3
4	最大論理回線数の算出	ウ	T	3	10	1	3
5	CSMA 方式の LAN 制御	ア	T	3	10	2	2
6	QoS のトラフィック制御方式	ア	T	3	10	2	4
7	TCP でフラグメント化されることなく送信できる最大長	ウ	T	3	10	3	3
8	自律システム間の経路制御プロトコル	ア	T	3	10	3	2
9	DNS でのホスト名と IP アドレスの対応付け	イ	T	3	10	3	3
10	サブネットアドレスの割り当て	ウ	T	3	10	3	3
11	MPLS の説明	エ	T	3	10	2	3
12	IoT で利用される通信プロトコル	ウ	T	3	10	5	3
13	TCP と UDP 両方に存在するヘッダ情報	エ	T	3	10	3	3
14	ブロードキャストアドレス	イ	T	3	10	3	3
15	無線 LAN の周波数帯域の組合せ	ウ	T	3	10	1	3
16	ポリモーフィック型マルウェアの説明	イ	T	3	11	1	3
17	リフレクタ攻撃に悪用されることの多いサービス	イ	T	3	11	1	3
18	前方秘匿性の性質	ア	T	3	11	1	3
19	IEEE 802.1X が定めているもの	ア	T	3	11	4	3
20	OP25B の例	イ	T	3	11	4	3
21	不正にシェルスクリプトを実行させる攻撃	イ	T	3	11	1	3
22	クロック周波数から計算する実行時間	イ	T	2	3	1	3
23	M/M/1 の待ち行列モデルにおける平均時間の計算	ウ	T	2	4	2	4
24	FTA の説明	イ	T	2	12	1	3
25	リバースエンジニアリングに該当するもの	ア	T	4	13	1	2

令和4年度春期 高度午前Ⅰ（共通知識）試験

問	問題タイトル	正解	分野	大	中	小	難易度
1	ハミング符号の誤りビット訂正	ア	T	1	1	3	3
2	リストを配列で実現した場合の特徴	ア	T	1	2	1	3
3	等しい文字数の字下げを用いる特徴をもつプログラム言語	エ	T	1	2	4	2
4	キャッシュメモリと主記憶の実効アクセス時間比較	イ	T	2	3	2	2
5	アムダールの法則に基づいた，性能向上へ及ぼす影響	ウ	T	2	3	1	4
6	タスクを排他的に制御するリアルタイムOSの機能	イ	T	2	5	1	3
7	アクチュエータの説明	ウ	T	2	6	1	2
8	第1，第2，第3正規形とリレーションの特徴の組合せ	ウ	T	3	9	2	3
9	ビッグデータの利用におけるデータマイニング	ア	T	3	9	5	3
10	UDPを使用しているもの	イ	T	3	10	3	2
11	OpenFlowを使ったSDNの説明	エ	T	3	10	4	3
12	メッセージの送受信における署名鍵の使用	ア	T	3	11	1	3
13	複数のWebサーバにシングルサインオンを行うシステム	エ	T	3	11	1	3
14	VDIサーバのセキュリティ効果を生み出す動作	ウ	T	3	11	4	4
15	ファジングに該当するもの	ウ	T	3	11	5	3
16	判定条件網羅（分岐網羅）を満たすテストデータ	イ	T	4	12	1	3
17	リバースエンジニアリングで仕様書を作成し直す保守の分類	ア	T	4	12	6	3
18	アーンドバリューマネジメントによる完成時総コスト見積り	エ	M	5	14	7	3
19	全ての作業を完了させるために必要な最短日数	ウ	M	5	14	6	3
20	ITIL®における保守性を表す指標	エ	M	6	15	2	2
21	データ管理者の役割	イ	M	6	15	4	3
22	システム監査基準に照らした監査証拠の入手と評価	ア	M	6	16	1	3
23	BPOの説明	イ	S	7	17	2	3
24	投資によるキャッシュアウトをいつ回収できるかを表す指標	ウ	S	7	18	1	3
25	業務要件定義で業務フローを記述する際に使用するUMLの図	ア	S	7	18	2	2
26	PPMで投資用の資金源として位置付けられる事業	ウ	S	8	19	1	2
27	ファウンドリ企業のビジネスモデルの特徴	エ	S	8	19	3	3
28	XBRLで主要な取扱いの対象とされている情報	ウ	S	8	21	1	3
29	リーダシップ論におけるPM理論の特徴	イ	S	9	22	1	3
30	プログラム著作権の原始的帰属	エ	S	9	23	1	2

・問題番号順

令和4年度春期 ネットワークスペシャリスト 午前Ⅱ試験

問	問 題 タ イ ト ル	正解	分野	大	中	小	難易度
1	呼量の計算	エ	T	3	10	1	3
2	光ファイバの伝送特性に関する記述	ア	T	3	10	1	3
3	AS間における経路制御プロトコル	ア	T	3	10	3	3
4	スパニングツリープロトコルに関する記述	エ	T	3	10	2	3
5	DNSのリソースレコード	ア	T	3	10	3	2
6	IPv4のICMPメッセージの説明	イ	T	3	10	3	3
7	マルチキャストプロトコル	イ	T	3	10	3	2
8	SMTPのセッション開始を表すコマンド	イ	T	3	10	3	3
9	IPアドレスの集約化	ウ	T	3	10	3	3
10	イーサネットパケットヘッダの意味	ウ	T	3	10	3	3
11	サブネットマスクを交換しないプロトコル	ウ	T	3	10	3	3
12	ホストのIPアドレスとして使用できるもの	イ	T	3	10	3	3
13	IPv4のマルチキャストに関する記述	イ	T	3	10	3	3
14	SNMPを使って管理装置にデータを送信する仕組み	イ	T	3	10	4	3
15	IP電話の音声品質を表す指標	イ	T	3	10	5	3
16	RLOを利用した手口	エ	T	3	11	1	3
17	暗号化装置内部の秘密情報を推定する攻撃	イ	T	3	11	1	3
18	プライマリDNSサーバの設定	ウ	T	3	11	4	3
19	VLANによるセグメント分けの効果	イ	T	3	11	5	4
20	デジタルフォレンジックスに該当するもの	エ	T	3	11	4	3
21	DNSのサービス妨害攻撃の対策	ア	T	3	11	5	3
22	量子アニーリング方式の量子コンピュータの説明	エ	T	2	3	1	3
23	通信回線のアベイラビリティ計算	ア	T	2	4	2	3
24	正しい入力を促しシステムを異常終了させない設計	ア	T	4	12	2	2
25	ステージング環境の説明	エ	T	4	13	3	3

令和 5 年度春期 高度午前 I （共通知識）試験

問	問題タイトル	正解	分野	大	中	小	難易度
1	定義された関数と等しい式	ア	T	1	1	1	3
2	正規分布のグラフ	ア	T	1	1	2	2
3	クイックソートによる分割	ア	T	1	2	2	4
4	シングルコア CPU の平均 CPI	イ	T	2	3	1	2
5	スケールインの説明	イ	T	2	4	2	3
6	ハッシュ表の探索時間を示すグラフ	エ	T	2	5	3	2
7	NAND 素子を用いた組合せ回路	イ	T	2	6	1	2
8	コンピュータグラフィックスに関する記述	ウ	T	3	8	2	3
9	UML を用いて表した図のデータモデルの多重度	エ	T	3	9	1	3
10	イーサネットフレームに含まれる宛先情報の送出順序	ウ	T	3	10	3	3
11	接続を維持したまま別の基地局経由の通信に切り替えること	イ	T	3	10	5	2
12	ボットネットにおいて C&C サーバが担う役割	ア	T	3	11	1	2
13	デジタルフォレンジックスの手順に含まれるもの	イ	T	3	11	4	2
14	サブミッションポートを導入する目的	エ	T	3	11	5	4
15	特定の IP セグメントからだけアクセス許可するセキュリティ技術	エ	T	3	11	5	4
16	モジュール結合度が最も低い情報の受渡し方法	ウ	T	4	12	4	3
17	サーバプロビジョニングツールを使用する目的	エ	T	4	13	3	3
18	プロジェクトの立上げプロセスで作成する "プロジェクト憲章"	エ	M	5	14	2	4
19	作業配分モデルにおける完了日数の算出	イ	M	5	14	6	3
20	JIS Q 20000-1 におけるレビュー実施時期に関する規定	イ	M	6	15	3	3
21	システム監査基準における予備調査	イ	M	6	16	1	2
22	監査手続の実施に際して利用する技法	ア	M	6	16	1	3
23	ROI の説明	ア	S	7	17	1	3
24	システム要件定義プロセスにおけるトレーサビリティ	エ	S	7	18	2	3
25	RFI の説明	ア	S	7	18	3	3
26	バランススコアカードで使われる戦略マップの説明	イ	S	8	20	1	2
27	エネルギーハーベスティングの説明	イ	S	8	21	1	3
28	アグリゲーションサービスに関する記述	ウ	S	8	21	3	3
29	製造原価の経費に算入する費用	ア	S	9	22	3	2
30	労働者派遣法において派遣元事業主の講ずべき措置	エ	S	9	23	3	3

・問題番号順

令和5年度春期 ネットワークスペシャリスト 午前Ⅱ試験

問	問 題 タ イ ト ル	正解	分野	大	中	小	難易度
1	IPv6アドレスからMACアドレスを取得するためのプロトコル	ウ	T	3	10	3	3
2	高速無線通信における多重化方式	ウ	T	3	10	2	3
3	OSPF に関する記述	ア	T	3	10	3	3
4	TCP の輻輳制御アルゴリズムに該当するもの	ア	T	3	10	2	3
5	TCP でフラグメント化されることなく送信できる最大長	ウ	T	3	10	3	3
6	誤りが発生する電文の個数	エ	T	3	10	1	3
7	BGP-4 の説明	イ	T	3	10	3	3
8	CoAP の特徴	エ	T	3	10	5	3
9	ESP のトンネルモード	ウ	T	3	10	3	3
10	複数のVLAN ごとにスパニングツリーを実現するプロトコル	ウ	T	3	10	3	3
11	VLAN タグが挿入される位置	イ	T	3	10	3	3
12	IP アドレスの集約化	ウ	T	3	10	3	3
13	WebDAV の特徴	イ	T	3	10	5	3
14	ローカル 5G の特徴	エ	T	3	10	5	3
15	無線 LAN の周波数帯の組合せ	ウ	T	3	10	1	3
16	ポリモーフィック型マルウェアの説明	イ	T	3	11	1	3
17	NTP サーバの踏み台攻撃に対する対策	ア	T	3	11	4	4
18	インラインモードで動作するシグネチャ型IPS の特徴	エ	T	3	11	4	3
19	認証にクライアント証明書を必要とするプロトコル	ウ	T	3	11	5	3
20	OP25B の例	イ	T	3	11	4	3
21	IEEE 802.1X が定めているもの	ア	T	3	11	4	3
22	メモリインタリーブの説明	エ	T	2	3	2	3
23	クラウドサービスで提供される FaaS に関する記述	エ	T	2	4	1	3
24	SysML の説明	イ	T	4	12	1	4
25	マッシュアップの例	エ	T	4	13	1	2

・高度午前Ⅰ（共通知識）試験の出題範囲順

令和３年度春期，令和４年度春期，令和５年度春期

期	問	問題タイトル	正解	分野	大	中	小	難易度
R3 春	1	排他的論理和の相補演算	ア	T	1	1	1	3
R5 春	1	定義された関数と等しい式	ア	T	1	1	1	3
R5 春	2	正規分布のグラフ	ア	T	1	1	2	2
R4 春	1	ハミング符号の誤りビット訂正	ア	T	1	1	3	3
R3 春	2	スタックのデータ出力順序	ウ	T	1	2	1	2
R4 春	2	リストを配列で実現した場合の特徴	ア	T	1	2	1	3
R3 春	3	アルゴリズム設計としての分割統治法	ウ	T	1	2	2	3
R5 春	3	クイックソートによる分割	ア	T	1	2	2	4
R4 春	3	等しい文字数の字下げを用いる特徴をもつプログラム言語	エ	T	1	2	4	2
R4 春	5	アムダールの法則に基づいた，性能向上へ及ぼす影響	ウ	T	2	3	1	4
R5 春	4	シングルコア CPU の平均 CPI	イ	T	2	3	1	2
R3 春	4	キャッシュメモリの書込み動作	イ	T	2	3	2	3
R4 春	4	キャッシュメモリと主記憶の実効アクセス時間比較	イ	T	2	3	2	2
R3 春	5	稼働率の傾向を表すグラフ	エ	T	2	4	2	4
R5 春	5	スケールインの説明	イ	T	2	4	2	3
R3 春	6	ページアクセス時に発生する事象の回数	エ	T	2	5	1	3
R4 春	6	タスクを排他的に制御するリアルタイム OS の機能	イ	T	2	5	1	3
R5 春	6	ハッシュ表の探索時間を示すグラフ	エ	T	2	5	3	2
R3 春	7	RFID の活用事例	エ	T	2	6	1	2
R4 春	7	アクチュエータの説明	ウ	T	2	6	1	2
R5 春	7	NAND 素子を用いた組合せ回路	イ	T	2	6	1	2
R3 春	8	XML で記述された画像フォーマット	ウ	T	3	8	1	3
R5 春	8	コンピュータグラフィックスに関する記述	ウ	T	3	8	2	3
R5 春	9	UML を用いて表した図のデータモデルの多重度	エ	T	3	9	1	3
R4 春	8	第1, 第2, 第3正規形とリレーションの特徴の組合せ	ウ	T	3	9	2	3
R3 春	9	データレイクの特徴	エ	T	3	9	5	3
R4 春	9	ビッグデータの利用におけるデータマイニング	ア	T	3	9	5	3
R3 春	10	サブネットマスクでホストアドレスを求める式	ウ	T	3	10	3	3
R4 春	10	UDP を使用しているもの	イ	T	3	10	3	2
R5 春	10	イーサネットフレームに含まれる宛先情報の送出順序	ウ	T	3	10	3	3

期	問	問 題 タ イ ト ル	正解	分野	大	中	小	難易度
R3 春	11	SDN の説明	エ	T	3	10	4	3
R4 春	11	OpenFlow を使った SDN の説明	エ	T	3	10	4	3
R5 春	11	接続を維持したまま別の基地局経由の通信に切り替えること	イ	T	3	10	5	2
R3 春	12	ハッシュ関数における原像計算困難性	ア	T	3	11	1	3
R4 春	12	メッセージの送受信における署名鍵の使用	ア	T	3	11	1	3
R4 春	13	複数のWebサーバにシングルサインオンを行うシステム	エ	T	3	11	1	3
R5 春	12	ボットネットにおいて C&C サーバが担う役割	ア	T	3	11	1	2
R3 春	13	サイバーセキュリティ経営ガイドラインの説明	ア	T	3	11	2	3
R3 春	14	JPCERT コーディネーションセンターの説明	ウ	T	3	11	2	2
R4 春	14	VDI サーバのセキュリティ効果を生み出す動作	ウ	T	3	11	4	4
R5 春	13	デジタルフォレンジックスの手順に含まれるもの	イ	T	3	11	4	3
R3 春	15	セッションの乗っ取りの機会を減らすために行うべき処理	イ	T	3	11	5	3
R4 春	15	ファジングに該当するもの	ウ	T	3	11	5	3
R5 春	14	サブミッションポートを導入する目的	エ	T	3	11	5	4
R5 春	15	特定のIPセグメントからだけアクセス許可するセキュリティ技術	エ	T	3	11	5	4
R4 春	16	判定条件網羅(分岐網羅)を満たすテストデータ	イ	T	4	12	4	3
R5 春	16	モジュール結合度が最も低い情報の受渡し方法	ウ	T	4	12	4	3
R3 春	16	命令網羅で実施する最小のテストケース数	ア	T	4	12	5	3
R4 春	17	リバースエンジニアリングで仕様書を作成し直す保守の分類	ア	T	4	12	6	3
R3 春	17	スクラムチームにおけるプロダクトオーナの役割	ア	T	4	13	1	3
R5 春	17	サーバプロビジョニングツールを使用する目的	エ	T	4	13	3	3
R3 春	18	計画のプロセス群に属するプロセス	ア	M	5	14	2	3
R5 春	18	プロジェクトの立上げプロセスで作成する"プロジェクト憲章"	エ	M	5	14	2	4
R3 春	19	計画変更によるスケジュール短縮日数	ア	M	5	14	6	3
R4 春	19	全ての作業を完了させるために必要な最短日数	ウ	M	5	14	6	3
R5 春	19	作業配分モデルにおける完了日数の算出	イ	M	5	14	6	3
R4 春	18	アーンドバリューマネジメントによる完成時総コスト見積り	エ	M	5	14	7	3
R3 春	20	顔合わせ会の延べ時間	エ	M	5	14	11	2
R4 春	20	ITIL® における保守性を表す指標	エ	M	6	15	2	2
R5 春	20	JIS Q 20000-1 におけるレビュー実施時期に関する規定	イ	M	6	15	3	3

期	問	問題タイトル	正解	分野	大	中	小	難易度
R4 春	21	データ管理者の役割	イ	M	6	15	4	3
R3 春	21	可用性に該当するシステム監査項目	ア	M	6	16	1	2
R3 春	22	システム監査人が行う改善提案のフォローアップ	ウ	M	6	16	1	3
R4 春	22	システム監査基準に照らした監査証拠の入手と評価	ア	M	6	16	1	3
R5 春	21	システム監査基準における予備調査	イ	M	6	16	1	2
R5 春	22	監査手続の実施に際して利用する技法	ア	M	6	16	1	3
R3 春	23	エンタープライズアーキテクチャの"四つの分類体系"	ウ	S	7	17	1	2
R5 春	23	ROI の説明	ア	S	7	17	1	3
R4 春	23	BPO の説明	イ	S	7	17	2	3
R4 春	24	投資によるキャッシュアウトをいつ回収できるかを表す指標	ウ	S	7	18	1	3
R4 春	25	業務要件定義で業務フローを記述する際に使用する UML の図	ア	S	7	18	2	2
R5 春	24	システム要件定義プロセスにおけるトレーサビリティ	エ	S	7	18	2	3
R3 春	24	RFI の説明	ア	S	7	18	3	3
R3 春	25	レベニューシェア契約	ウ	S	7	18	3	3
R5 春	25	RFI の説明	ア	S	7	18	3	3
R3 春	26	プロダクトポートフォリオマネジメント	ウ	S	8	19	1	2
R4 春	26	PPM で投資用の資金源として位置付けられる事業	ウ	S	8	19	1	2
R3 春	29	バランススコアカードの四つの視点	イ	S	8	19	1	3
R4 春	27	ファウンドリ企業のビジネスモデルの特徴	エ	S	8	19	3	3
R5 春	26	バランススコアカードで使われる戦略マップの説明	イ	S	8	20	1	2
R3 春	27	"超スマート社会"実現への取組み	イ	S	8	21	1	3
R4 春	28	XBRLで主要な取扱いの対象とされている情報	ウ	S	8	21	1	3
R5 春	27	エネルギーハーベスティングの説明	イ	S	8	21	1	3
R3 春	28	アグリゲーションサービスに関する記述	ウ	S	8	21	3	3
R5 春	28	アグリゲーションサービスに関する記述	ウ	S	8	21	3	3
R4 春	29	リーダシップ論における PM 理論の特徴	イ	S	9	22	1	3
R5 春	29	製造原価の経費に算入する費用	ア	S	9	22	3	3
R4 春	30	プログラム著作権の原始的帰属	エ	S	9	23	1	2
R3 春	30	電子署名法	イ	S	9	23	2	2
R5 春	30	労働者派遣法において派遣元事業主の請ずべき措置	エ	S	9	23	3	3

・ネットワークスペシャリスト　午前II試験の出題範囲順

令和3年度春期，令和4年度春期，令和5年度春期

期	問	問 題 タ イ ト ル	正解	分野	大	中	小	難易度
R3 春	22	クロック周波数から計算する実行時間	イ	T	2	3	1	3
R4 春	22	量子アニーリング方式の量子コンピュータの説明	エ	T	2	3	1	3
R5 春	22	メモリインタリーブの説明	エ	T	2	3	2	3
R5 春	23	クラウドサービスで提供される FaaS に関する記述	エ	T	2	4	1	3
R3 春	23	M/M/1 の待ち行列モデルにおける平均時間の計算	ウ	T	2	4	2	4
R4 春	23	通信回線のアベイラビリティ計算	ア	T	2	4	2	3
R3 春	24	FTA の説明	イ	T	2	12	1	3
R3 春	4	最大論理回線数の算出	ウ	T	3	10	1	3
R3 春	15	無線 LAN の周波数帯域の組合せ	ウ	T	3	10	1	3
R4 春	1	呼量の計算	エ	T	3	10	1	3
R4 春	2	光ファイバの伝送特性に関する記述	ア	T	3	10	1	3
R5 春	6	誤りが発生する電文の個数	エ	T	3	10	1	3
R5 春	15	無線 LAN の周波数帯の組合せ	ウ	T	3	10	1	3
R3 春	1	Automatic MDI/MDI-X の説明	エ	T	3	10	2	3
R3 春	3	IEEE 802.11a/g/n/ac で用いられる多重化方式	エ	T	3	10	2	3
R3 春	5	CSMA 方式の LAN 制御	ア	T	3	10	2	2
R3 春	6	QoS のトラフィック制御方式	ア	T	3	10	2	4
R3 春	11	MPLS の説明	エ	T	3	10	2	3
R4 春	4	スパニングツリープロトコルに関する記述	エ	T	3	10	2	3
R5 春	2	高速無線通信における多重化方式	ウ	T	3	10	2	3
R5 春	4	TCP の輻輳制御アルゴリズムに該当するもの	ア	T	3	10	2	3
R3 春	2	DNS の MX レコード	イ	T	3	10	3	3
R3 春	7	TCP でフラグメント化されることなく送信できる最大長	ウ	T	3	10	3	3
R3 春	8	自律システム間の経路制御プロトコル	ア	T	3	10	3	2
R3 春	9	DNS でのホスト名と IP アドレスの対応付け	イ	T	3	10	3	3

期	問	問題タイトル	正解	分野	大	中	小	難易度
R3 春	10	サブネットアドレスの割り当て	ウ	T	3	10	3	3
R3 春	13	TCP と UDP 両方に存在するヘッダ情報	エ	T	3	10	3	3
R3 春	14	ブロードキャストアドレス	イ	T	3	10	3	3
R4 春	3	AS 間における経路制御プロトコル	ア	T	3	10	3	3
R4 春	5	DNS のリソースレコード	ア	T	3	10	3	2
R4 春	6	IPv4 の ICMP メッセージの説明	イ	T	3	10	3	3
R4 春	7	マルチキャストプロトコル	イ	T	3	10	3	2
R4 春	8	SMTP のセッション開始を表すコマンド	イ	T	3	10	3	3
R4 春	9	IP アドレスの集約化	ウ	T	3	10	3	3
R4 春	10	イーサネットパケットヘッダの意味	ウ	T	3	10	3	3
R4 春	11	サブネットマスクを交換しないプロトコル	ウ	T	3	10	3	3
R4 春	12	ホストの IP アドレスとして使用できるもの	イ	T	3	10	3	3
R4 春	13	IPv4 のマルチキャストに関する記述	イ	T	3	10	3	3
R5 春	1	IPv6 アドレスから MAC アドレスを取得するためのプロトコル	ウ	T	3	10	3	3
R5 春	3	OSPF に関する記述	ア	T	3	10	3	3
R5 春	5	TCP でフラグメント化されることなく送信できる最大長	ウ	T	3	10	3	3
R5 春	7	BGP-4 の説明	イ	T	3	10	3	3
R5 春	9	ESP のトンネルモード	ウ	T	3	10	3	3
R5 春	10	複数の VLAN ごとにスパニングツリーを実現するプロトコル	ウ	T	3	10	3	3
R5 春	11	VLAN タグが挿入される位置	イ	T	3	10	3	3
R5 春	12	IP アドレスの集約化	ウ	T	3	10	3	3
R4 春	14	SNMP を使って管理装置にデータを送信する仕組み	イ	T	3	10	4	3
R3 春	12	IoT で利用される通信プロトコル	ウ	T	3	10	5	3
R4 春	15	IP 電話の音声品質を表す指標	イ	T	3	10	5	3
R5 春	8	CoAP の特徴	エ	T	3	10	5	3

期	問	問 題 タ イ ト ル	正解	分野	大	中	小	難易度
R5 春	13	WebDAV の特徴	イ	T	3	10	5	3
R5 春	14	ローカル 5G の特徴	エ	T	3	10	5	3
R3 春	16	ポリモーフィック型マルウェアの説明	イ	T	3	11	1	3
R3 春	17	リフレクタ攻撃に悪用されることの多いサービス	イ	T	3	11	1	3
R3 春	18	前方秘匿性の性質	ア	T	3	11	1	3
R3 春	21	不正にシェルスクリプトを実行させる攻撃	イ	T	3	11	1	3
R4 春	16	RLO を利用した手口	エ	T	3	11	1	3
R4 春	17	暗号化装置内部の秘密情報を推定する攻撃	イ	T	3	11	1	3
R5 春	16	ポリモーフィック型マルウェアの説明	イ	T	3	11	1	3
R3 春	19	IEEE 802.1X が定めているもの	ア	T	3	11	4	3
R3 春	20	OP25B の例	イ	T	3	11	4	3
R4 春	18	プライマリ DNS サーバの設定	ウ	T	3	11	4	3
R4 春	20	デジタルフォレンジックスに該当するもの	エ	T	3	11	4	3
R5 春	17	NTP サーバの踏み台攻撃に対する対策	ア	T	3	11	4	4
R5 春	18	インラインモードで動作するシグネチャ型IPS の特徴	エ	T	3	11	4	3
R5 春	20	OP25B の例	イ	T	3	11	4	3
R5 春	21	IEEE 802.1X が定めているもの	ア	T	3	11	4	3
R4 春	19	VLAN によるセグメント分けの効果	イ	T	3	11	5	4
R4 春	21	DNS のサービス妨害攻撃の対策	ア	T	3	11	5	3
R5 春	19	認証にクライアント証明書を必要とするプロトコル	ウ	T	3	11	5	3
R5 春	24	SysML の説明	イ	T	4	12	1	4
R4 春	24	正しい入力を促しシステムを異常終了させない設計	ア	T	4	12	2	2
R3 春	25	リバースエンジニアリングに該当するもの	ア	T	4	13	1	2
R5 春	25	マッシュアップの例	エ	T	4	13	1	2
R4 春	25	ステージング環境の説明	エ	T	4	13	3	3

（2）午前の出題範囲

IPA 発表の「午前の出題範囲」に準じています。

大分類	中分類	小分類	項目名
1	0	0	**基礎理論**
1	1	0	基礎理論
1	1	1	離散数学
1	1	2	応用数学
1	1	3	情報に関する理論
1	1	4	通信に関する理論
1	1	5	計測・制御に関する理論
1	2	0	アルゴリズムと プログラミング
1	2	1	データ構造
1	2	2	アルゴリズム
1	2	3	プログラミング
1	2	4	プログラム言語
1	2	5	その他の言語
2	0	0	**コンピュータシステム**
2	3	0	コンピュータ構成要素
2	3	1	プロセッサ
2	3	2	メモリ
2	3	3	バス
2	3	4	入出力デバイス
2	3	5	入出力装置
2	4	0	システム構成要素
2	4	1	システムの構成
2	4	2	システムの評価指標
2	5	0	ソフトウェア
2	5	1	オペレーティング システム
2	5	2	ミドルウェア
2	5	3	ファイルシステム
2	5	4	開発ツール
2	5	5	オープンソース ソフトウェア
2	6	0	ハードウェア
2	6	1	ハードウェア
3	0	0	**技術要素**
3	7	0	ヒューマン インタフェース

大分類	中分類	小分類	項目名
3	7	1	ヒューマン インタフェース技術
3	7	2	インタフェース設計
3	8	0	マルチメディア
3	8	1	マルチメディア技術
3	8	2	マルチメディア応用
3	9	0	データベース
3	9	1	データベース方式
3	9	2	データベース設計
3	9	3	データ操作
3	9	4	トランザクション処理
3	9	5	データベース応用
3	10	0	ネットワーク
3	10	1	ネットワーク方式
3	10	2	データ通信と制御
3	10	3	通信プロトコル
3	10	4	ネットワーク管理
3	10	5	ネットワーク応用
3	11	0	セキュリティ
3	11	1	情報セキュリティ
3	11	2	情報セキュリティ管理
3	11	3	セキュリティ技術評価
3	11	4	情報セキュリティ対策
3	11	5	セキュリティ実装技術
4	0	0	**開発技術**
4	12	0	システム開発技術
4	12	1	システム要件定義・ ソフトウェア要件定義
4	12	2	設計
4	12	3	実装・構築
4	12	4	統合・テスト
4	12	5	導入・受入れ支援
4	12	6	保守・廃棄
4	13	0	ソフトウェア開発 管理技術
4	13	1	開発プロセス・手法
4	13	2	知的財産適用管理

大分類	中分類	小分類	項　目　名
4	13	3	開発環境管理
4	13	4	構成管理・変更管理
5	0	0	プロジェクトマネジメント
5	14	0	プロジェクトマネジメント
5	14	1	プロジェクトマネジメント
5	14	2	プロジェクトの統合
5	14	3	プロジェクトのステークホルダ
5	14	4	プロジェクトのスコープ
5	14	5	プロジェクトの資源
5	14	6	プロジェクトの時間
5	14	7	プロジェクトのコスト
5	14	8	プロジェクトのリスク
5	14	9	プロジェクトの品質
5	14	10	プロジェクトの調達
5	14	11	プロジェクトのコミュニケーション
6	0	0	サービスマネジメント
6	15	0	サービスマネジメント
6	15	1	サービスマネジメント
6	15	2	サービスマネジメントシステムの計画及び運用
6	15	3	パフォーマンス評価及び改善
6	15	4	サービスの運用
6	15	5	ファシリティマネジメント
6	16	0	システム監査
6	16	1	システム監査
6	16	2	内部統制
7	0	0	システム戦略
7	17	0	システム戦略
7	17	1	情報システム戦略
7	17	2	業務プロセス
7	17	3	ソリューションビジネス

大分類	中分類	小分類	項　目　名
7	17	4	システム活用促進・評価
7	18	0	システム企画
7	18	1	システム化計画
7	18	2	要件定義
7	18	3	調達計画・実施
8	0	0	経営戦略
8	19	0	経営戦略マネジメント
8	19	1	経営戦略手法
8	19	2	マーケティング
8	19	3	ビジネス戦略と目標・評価
8	19	4	経営管理システム
8	20	0	技術戦略マネジメント
8	20	1	技術開発戦略の立案
8	20	2	技術開発計画
8	21	0	ビジネスインダストリ
8	21	1	ビジネスシステム
8	21	2	エンジニアリングシステム
8	21	3	e-ビジネス
8	21	4	民生機器
8	21	5	産業機器
9	0	0	企業と法務
9	22	0	企業活動
9	22	1	経営・組織論
9	22	2	OR・IE
9	22	3	会計・財務
9	23	0	法務
9	23	1	知的財産権
9	23	2	セキュリティ関連法規
9	23	3	労働関連・取引関連法規
9	23	4	その他の法律・ガイドライン・技術者倫理
9	23	5	標準化関連

（3）午後Ⅰ・午後Ⅱ問題　予想配点表

　IPA によって配点比率が公表されています。それに基づき，アイテックでは各設問の配点を予想し，配点表を作成しました。参考資料として利用してください。

■令和３年度春期　午後Ⅰ問題　（問１～問３から２問選択）

問番号	設問	設問内容	小問数	小問点	配点	満点
問1	1	(1)	1	3	3	50
		(2)	1	4	4	
		(3)	1	6	6	
	2	(1)	1	6	6	
		(2)	1	3	3	
		(3)	1	3	3	
		(4)	1	6	6	
	3	(1)a	1	3	3	
		(2)b, c	2	3	6	
		(3)	1	6	6	
		(4)	1	4	4	
問2	1	a～e	5	2	10	50
	2		1	6	6	
	3	(1)	1	6	6	
		(2)	1	3	3	
		(3)	1	3	3	
		(4)f, g	2	3	6	
	4	(1)	1	4	4	
		(2)機器①，機器②	2	1	2	
		設定内容	1	4	4	
		(3)機器	1	2	2	
		設定内容	1	4	4	
問3	1	a～d	4	2	8	50
	2	(1)	1	3	3	
		(2)	1	6	6	
	3	(1)	1	3	3	
		(2)	1	6	6	
	4	(1)	1	6	6	
		(2)	1	2	2	
		(3)	1	6	6	
		(4)ア，イ	2	2	4	
		(5)	1	6	6	
				合計		100

■令和 3 年度春期　午後 II の問題　（問 1，問 2 から 1 問選択）

問番号	設問	設問内容	小問数	小問点	配点	満点
問1	1	(1)a，b	2	3	6	100
		(2)	1	3	3	
	2	(1)比較対象	1	2	2	
		サブネット	1	4	4	
		(2)c〜e	3	2	6	
	3	(1)f	1	3	3	
		(2)①，②	2	6	12	
	4	(1)	1	6	6	
		(2)	1	3	3	
	5	技術①，②	2	3	6	
		理由	1	6	6	
	6	(1)送信元MACアドレスをもつ機器	1	2	2	
		宛先MACアドレスをもつ機器	1	2	2	
		(2)送信元MACアドレスをもつ機器	1	2	2	
		宛先MACアドレスをもつ機器	1	2	2	
		(3)	1	4	4	
		(4)	1	6	6	
		(5)変更内容	1	6	6	
		経由する機器	1	4	4	
		(6)①，②	2	3	6	
		(7)g	1	3	3	
		(8)	1	6	6	
問2	1	(1)	1	4	4	100
		(2)	1	6	6	
		(3)	1	3	3	
	2	(1)	1	8	8	
		(2) a，b	2	3	6	
		(3)	1	6	6	
		(4)ア〜キ	7	3	21	
		(5)	1	6	6	
	3	(1)ク〜サ	4	2	8	
		(2)シ	1	3	3	
		(3)	1	6	6	
		(4)	1	6	6	
		(1)①，②	2	4	8	
		(2)ス	1	2	2	
		(3)データ	1	3	3	
		検知内容	1	4	4	
				合計	100	

■令和4年度春期　午後Ⅰ問題　（問1～問3から2問選択）

問番号	設問	設問内容	小問数	小問点	配点	満点
問1	1	(1) a～c	3	3	9	50
		(2)	1	4	4	
	2	(1)	1	3	3	
		(2)	1	3	3	
		(3)認証	1	4	4	
		認可	1	4	4	
	3	(1)d	1	3	3	
		(2)	1	6	6	
		(3)	1	3	3	
		(4)モード	1	3	3	
		フレーム	1	4	4	
		(5)	1	4	4	
問2	1	(1)	1	3	3	50
		(2) a	1	2	2	
		(3)b～d	3	2	6	
		(4)VRF識別子	1	2	2	
		宛先ネットワーク	1	2	2	
		(5)	1	6	6	
		(6)	1	3	3	
	2	(1) e～h	4	2	8	
		(2)①，②	2	3	6	
	3	(1)	1	6	6	
		(2)	1	6	6	
問3	1	(1)	1	6	6	50
		(2)①，②	2	3	6	
		(3)ア，ウ，エ，オ，カ	5	2	10	
		(4)イ	1	2	2	
	2	(1)	1	6	6	
		(2)	1	3	3	
		(3)	1	4	4	
	3	(1)	1	4	4	
		(2)	1	3	3	
		(3)	1	6	6	
				合計		100

■令和４年度春期　午後Ⅱの問題　（問１, 問２から１問選択）

問番号	設問	設問内容	小問数	小問点	配点	満点
問１	1	ア～カ	6	3	18	100
	2	(1)①, ②	2	3	6	
		(2)	1	3	3	
	3	(1)	1	6	6	
		(2)	1	4	4	
		(3)	1	6	6	
		(4)	1	6	6	
		(5)署名に用いる鍵	1	2	2	
		署名の検証に用いる鍵	1	2	2	
		(6)	1	3	3	
	4	(1)	1	6	6	
		(2)情報	1	6	6	
		タイミング	1	2	2	
	5	(1)	1	6	6	
		(2)経路数	1	3	3	
		コスト	1	3	3	
		(3)	1	6	6	
		(4)	1	6	6	
		(5)	1	6	6	
問２	1	(1)ア～エ	4	3	12	100
		(2)	1	6	6	
		(3)	1	6	6	
	2	(1)	1	6	6	
		(2)	1	3	3	
		(3)オ, カ	2	2	4	
		(4)宛先IPアドレス	1	3	3	
		宛先ポート番号	1	3	3	
	3	(1)①, ②	2	3	6	
		(2)	1	6	6	
	4	(1)キ～ケ	3	3	9	
		(2)	1	3	3	
		(3)	1	3	3	
	5	(1)	1	6	6	
		(2)	1	6	6	
		(3)	1	6	6	
		(4)①, ②	2	6	12	
				合計	100	

■令和5年度春期　午後Ⅰ問題　（問1〜問3から2問選択）

問番号	設問	設問内容	小問数	小問点	配点	満点
問1	1	a〜f	6	2	12	50
	2	(1)	1	6	6	
		(2)	1	6	6	
	3	(1)	1	4	4	
		(2)	1	8	8	
	4	(1) ア〜ウ	3	2	6	
		(2) 動作モード	1	2	2	
		理由	1	6	6	
問2	1	ア〜キ	7	2	14	50
	2	(1)	1	4	4	
		(2)	1	4	4	
		(3)	1	4	4	
	3	(1)	1	4	4	
		(2) ①，②	2	2	4	
		(3) Ⅰ，Ⅱ	2	2	4	
	4	(1) (a)，(b)	2	3	6	
		(c)	1	2	2	
		(2)	1	4	4	
問3	1	a〜h	8	2	16	50
	2	(1) 周波数帯①，②	1	2	2	
		利点	1	4	4	
		(2) 周波数帯①，②	1	2	2	
		動作	1	4	4	
		影響	1	4	4	
	3	(1)	1	2	2	
		(2) 区間	1	2	2	
		理由	1	4	4	
		(3) 機器①〜③	3	2	6	
		作業ミス	1	4	4	
				合計		100

■令和 5 年度春期　午後Ⅱの問題　（問 1，問 2 から 1 問選択）

問番号	設問	設問内容	小問数	小問点	配点	満点
問 1	1	(1)	1	3	3	100
		(2)	1	4	4	
		(3)	1	3	3	
		(4)	1	6	6	
		(5) 方法	1	4	4	
		制限事項	1	4	4	
	2	(1) a〜f	6	2	12	
		(2)	1	4	4	
		(3) タイプ	1	2	2	
		動作	1	4	4	
		(4)	1	6	6	
		(5) 確認すべき内容	1	4	4	
		送信元と宛先①，②	2	2	4	
		(6)	1	4	4	
		(7) ①〜⑥	6	2	12	
	3	(1)	1	6	6	
		(2)	1	6	6	
		(3)	1	6	6	
		(4)	1	6	6	
問 2	1	a〜f	6	2	12	100
	2	(1)	1	6	6	
		(2)	1	4	4	
	3	(1) g, h	2	2	4	
		(2)	1	6	6	
		(3) i〜k	3	2	6	
	4	(1) どの機器	1	2	2	
		IP アドレスの呼称	1	2	2	
		(2)	1	3	3	
		(3)	1	3	3	
		(4)	1	6	6	
		(5)	1	6	6	
	5	(1)	1	6	6	
		(2)	1	6	6	
		(3)	1	6	6	
	6	(1)	1	6	6	
		(2)	1	4	4	
		(3)	1	4	4	
		(4) ①，②	2	4	8	
				合計	100	

総仕上げ問題集

第3部

実力診断テスト

★解答用紙と解答・解説のダウンロードのご案内は P.11,12 を
　ご覧ください。

午前Ⅰ（共通知識）の問題

注意事項

1. 解答時間は，**50分**です（標準時間）。

2. 答案用紙（マークシート）の右上の所定の欄に**受験者番号，氏名，団体名**及び**送付先コード**などが記載されています。答案用紙が自分のものであることを確認してください。

3. **問1～問30**の問題は，**全問必須**です。

4. 解答は，ア～エの中から一つ選んでください。
   次の例にならって，答案用紙の所定の欄に記入してください。
   (例題)

   問1　日本の首都は次のうちどれか。
   　　　　ア　東　京　　　イ　大　阪　　　ウ　名古屋　　　エ　仙　台
   正しい答えは「ア　東　京」ですから，答案用紙には，

   のように，該当する欄を鉛筆で黒くマークしてください。

5. 解答の記入に当たっては，次の点に注意してください。
   (1)　濃度B又はHBの鉛筆又はシャープペンシルを使用してください。
   (2)　解答を修正する場合や解答以外に印をつけた場合には，「消しゴム」であとが
   　　残らないようにきれいに消してください。

6. 電卓は使用できません。

7. 問題冊子の余白などは，適宜利用して構いません。ただし，問題冊子を切り離して
   利用することはできません。

これらの指示に従わない場合には採点されませんので，注意してください。

指示があるまで開いてはいけません。

本書を無断複写複製（コピー）すると著作者・発行者の権利侵害になります。　　ⓒ ㈱アイテック
https://www.itec.co.jp/

問1 次の〔前提条件〕から，論理的に導くことができる結論はどれか。

(830449)

〔前提条件〕

　Aさんは，朝6時までに起きられた日は，朝のラジオ体操に必ず行く。朝6時までに起きられなかった日は，夜のジョギングに必ず行く。

　ア　Aさんが朝6時までに起きられなかった日に，朝のラジオ体操に行くことはない。
　イ　Aさんが夜のジョギングに行かなかった日は，朝6時までに起きられた日である。
　ウ　Aさんが夜のジョギングに行った日は，朝6時までに起きられなかった日である。
　エ　Aさんは，朝のラジオ体操に行った日の夜にジョギングに行くことはない。

問2 正方形の中に一様乱数によって多数の点をとり，その個数と内接する円の中にある点の個数の比によって円周率の近似値を求める。この求め方は，どの手法を応用したものか。

(823631)

　ア　シンプソン法　　　　　　　　イ　ニュートン法
　ウ　掃き出し法　　　　　　　　　エ　モンテカルロ法

問3 B木の説明として適切なものはどれか。

(729928)

　ア　節の追加や削除があっても，左部分木と右部分木の深さの差が最高でも1であるようにする。
　イ　常に根のデータが全ての要素の中で最も大きな(又は，小さな)値になるように再構成する。
　ウ　データの挿入や削除を行うごとに，深さを一定に保つようにする。
　エ　どの節も，その左部分木に含まれる節の値はその親よりも大きく，右部分木に含まれる節の値はその親より大きい。

問4　メモリインタリーブに関する記述として，適切なものはどれか。

(729935)

ア　アーキテクチャとしてメモリインタリーブを採用すると，プロセッサのクロック
　　周波数を上げることができる。

イ　区分されたバンクは，それぞれ独立してアクセスできるように，別々のバスで
　　CPU とつながっている。

ウ　主記憶の連続するアドレス領域をバンクとしてまとめ，該当するデータのあるバ
　　ンクをまとめて読み込むことで高速化を図る。

エ　主記憶を n 個のバンクに分割すると，アクセス時間は n 分の 1 になる。

問5　あるサーバは，これまで平均 190 時間に 1 回の割合で故障が発生しており，1 回の
　　修理に平均 10 時間を要していた。このサーバの稼働率を向上させるために，同機種
　　のサーバを予備機としたコールドスタンバイ運用にすることによって，1 回の修理時
　　間を平均 1 時間に短縮することができた。このサーバの稼働率は，おおよそ幾ら向上
　　したか。なお，コールドスタンバイ運用にした後も，サーバに故障が発生する間隔は
　　変わらないものとする。

(821779)

　　ア　0.01　　　　　　イ　0.02　　　　　　ウ　0.03　　　　　　エ　0.04

問6　主記憶への 1 回のアクセスが 100 ナノ秒で，ページフォールトが発生すると 1 回当
　　たり 50 ミリ秒のオーバヘッドを伴うコンピュータがある。ページフォールトが主記
　　憶アクセスの 200 万回中に 1 回発生する場合，ページフォールトは 1 秒当たり最大何
　　回発生するか。ここで，ページフォールトのオーバヘッド以外の要因は考慮しないも
　　のとする。

(821021)

　　ア　3　　　　　　　　イ　4　　　　　　　　ウ　5　　　　　　　　エ　6

問7 エネルギーハーベスティングの適用例として適切なものはどれか。

(822728)

ア 停電時に情報機器に対して電力を供給する無停電電源装置

イ 動作していない回路ブロックへの電源供給を遮断する CPU

ウ 発電量や送電量を消費に合わせて最適に制御する電力網

エ 歩行時の振動によって発電した電力によって動作する歩数計

問8 3次元グラフィックス処理におけるレンダリングの説明はどれか。

(821024)

ア CG 映像作成における最終段階として，物体のデータをディスプレイに描画できるように映像化する処理である。

イ 画像表示領域にウィンドウを定義し，ウィンドウ内の見える部分だけを取り出す処理である。

ウ モデリングされた物体の表面に柄や模様などを貼り付ける処理である。

エ 立体感を生じさせるため，物体の表面に陰付けを行う処理である。

問9　"売上"表と"得意先"表に対して〔問合せ〕の SQL 文を実行した。この出力結果と同じ出力結果となる SQL 文はどれか。

(823636)

売上

受注番号	得意先コード	売上金額
2304001	0256	30,000
2304002	0348	20,000
2304003	0475	40,000

得意先

得意先コード	得意先名
0138	A社
0256	B社
0348	C社
0475	D社

〔問合せ〕
```
SELECT 得意先.得意先コード, 得意先.得意先名, 売上.売上金額
  FROM 売上 FULL OUTER JOIN 得意先
    ON 売上.得意先コード ＝ 得意先.得意先コード
```

ア
```
SELECT 得意先.得意先コード, 得意先.得意先名, 売上.売上金額
  FROM 売上 INNER JOIN 得意先
    ON 売上.得意先コード ＝ 得意先.得意先コード
```

イ
```
SELECT 得意先.得意先コード, 得意先.得意先名, 売上.売上金額
  FROM 売上 LEFT OUTER JOIN 得意先 USING(得意先コード)
```

ウ
```
SELECT 得意先.得意先コード, 得意先.得意先名, 売上.売上金額
  FROM 売上 RIGHT OUTER JOIN 得意先 USING(得意先コード)
```

エ
```
SELECT 得意先.得意先コード, 得意先.得意先名, 売上.売上金額
  FROM 売上, 得意先 WHERE 売上.得意先コード ＝ 得意先.得意先コード
```

問10　ビッグデータなどの大量データを高速に処理することができる NoSQL に分類されるデータベースのデータ管理方法として，適切なものはどれか。

(822873)

　　ア　カラムの値を組み合わせたタプルとしてデータを管理する。
　　イ　キーに様々な形式のデータを対応付けて管理する。
　　ウ　多対多の関連を含むネットワーク構造として管理する。
　　エ　データ間の親子関係による階層構造として管理する。

問11　IPv4 ヘッダにある TTL に関する説明はどれか。

(714576)

　　ア　IP の上位層に当たるトランスポート層のプロトコル種別を示す。
　　イ　パケットの生存時間を表し，ゼロになったパケットはその時点で破棄される。
　　ウ　ヘッダ部分の誤りを検出するためのヘッダチェックサムのことである。
　　エ　優先制御などに用いるサービスタイプを表す。

問12　モバイルシステムに関する記述として，適切なものはどれか。

(823638)

　　ア　キャリアアグリゲーションとは，契約している通信事業者のサービスエリア外において，提携先の通信事業者が提供するサービスである。
　　イ　テレマティクスとは，移動中の自動車に情報提供を行うなど，モバイル通信網を利用して移動体向けに行うサービスである。
　　ウ　フェムトセルとは，スマートフォンなどのモバイル端末をアクセスポイントとして，インターネットに接続することである。
　　エ　ローミングとは，宅内や店舗内といった狭い範囲だけに限定した小規模なモバイル通信基地局である。

問13 偽口座への送金を促す"ビジネスメール詐欺"(BEC；Business E-mail Compromise)対策として，**有効でないもの**はどれか。

(823625)

ア　ウイルス対策ソフトのウイルス定義ファイルを最新に保つ。

イ　送金手続の二重チェックなど，社内規定の整備を行う。

ウ　認証を強化してメール配信システムへの不正アクセスを防ぐ。

エ　メール中の連絡先に電話をかけ，担当者に直接確認する。

問14 サイバーキルチェーンの説明はどれか。

(823119)

ア　一般的な Web ブラウザからはアクセスできない Web 上の空間で，サイバー攻撃に関する情報やツールが取引されている。

イ　攻撃者の種類の一つで，高度な技術はもたずに，公開されているツールなどを使ってサイバー攻撃を実行する。

ウ　サイバー攻撃の手順を複数の段階に分けてモデル化したもので，攻撃への対策の計画立案に利用される。

エ　政治的な信条などを共有するクラッカが結び付いた集団で，自らの信条を主張するためにサイバー攻撃を行う。

問15 コードサイニング証明書で実現できることとして，適切なものはどれか。

(823626)

ア　Web サイトの運営者の実在確認と暗号化通信

イ　システムやサービスの利用者の認証

ウ　電子メールの差出人の確認と内容に対する改ざんの検知

エ　配布されたソフトウェアに対する改ざんの検知

問 16 情報システム内の複数のサーバやネットワーク機器などのログを収集して分析するセキュリティ対策はどれか。

(822856)

 ア HIDS   イ IPFIX   ウ SIEM   エ WAF

問 17 基底クラスと派生クラスの関係にあるものはどれか。

(714571)

 ア "イヌ"と"ネコ"   イ "自動車"と"バス"
 ウ "テレビ局"と"アナウンサー" エ "パソコン"と"キーボード"

問 18 ソフトウェアの再利用技術に関する記述として，適切なものはどれか。

(714159)

 ア コンカレントエンジニアリングによって，共通モジュールを部品化し再利用する。
 イ フォワードエンジニアリングによって，既存のソースプログラムからプログラムの仕様を導き出す。
 ウ リエンジニアリングによって，あるプログラム言語で作成した既存のプログラムから他の言語のプログラムを自動生成する。
 エ リバースエンジニアリングによって，設計したクラス図からソースプログラムを自動生成する。

問19　プロジェクトにおけるステークホルダとして，顧客，プロジェクトスポンサ，プロジェクトマネージャ及びプロジェクトマネジメントオフィスなどが規定される。JIS Q 21500:2018 "プロジェクトマネジメントの手引" によれば，プロジェクトスポンサの役割や責任に含まれるものはどれか。

(822737)

ア　標準化，プロジェクトマネジメントの教育訓練，プロジェクトの監視

イ　プロジェクトの活動の指揮，プロジェクトの完了に関わる説明義務

ウ　プロジェクトの許可，経営的決定，プロジェクトマネージャの権限を越える問題の解決

エ　プロジェクトの要求事項の明確化，プロジェクト成果物の受入れ

問20　プロジェクトの予備費に関する記述として，最も適切なものはどれか。

(823639)

ア　コンティンジェンシー予備費は，三点見積り法における最頻値をベースとした予備費である。

イ　想定外の事態が発生した場合，プロジェクトマネージャの判断でマネジメント予備費から対策費用を支出する。

ウ　想定されるリスクのための予算がコンティンジェンシー予備費であり，想定外のリスクのための予算がマネジメント予備費である。

エ　マネジメント予備費は，想定される個々リスクに対して想定されるコストを積み上げて見積もる。

問21 JIS Q 20000-1:2020 のサービスレベル管理における SLA 及びその扱いに関する記述のうち，最も適切なものはどれか。

(823640)

ア　SLA の記載内容には，合意したサービスとサービス目標だけでなく，作業負荷の特性や例外の合意内容も含まれる。

イ　SLA は組織と顧客の間の合意のためのものであり，組織と内部供給者との間では SLA ではなく，OLA を締結する。

ウ　組織と顧客との間で提供するサービスについての合意を行うためには，正式な合意文書を取り交わす必要がある。

エ　組織は，SLA で合意したサービス目標に照らしたパフォーマンスを定期的に監視し，その状況について顧客とともにレビューする。

問22 システム管理基準（平成 30 年）における IT ガバナンスに関する記述として，適切なものはどれか。

(822863)

ア　情報システムのあるべき姿を示す情報システム戦略の策定及び実現に必要となる組織能力である。

イ　情報システムの企画，開発，保守，運用といったライフサイクルを管理するためのマネジメントプロセスである。

ウ　情報システムの企画，開発，保守，運用に関わる IT マネジメントとそのプロセスに対して，プロジェクトマネージャが評価・指示し，モニタすることである。

エ　組織を構成する全ての人が，ステークホルダのニーズに応じて組織の価値を高めるために実践する行動である。

問 23　進行中のプロジェクトのうち，目的が同じなどの関係性がある複数のプロジェクト
をまとめて管理して，プロジェクト間の調整などを行う手法はどれか。

(823641)

　ア　EPM（Enterprise Project Management）　　イ　プログラムマネジメント
　ウ　プロジェクト統合マネジメント　　　　　　　エ　ポートフォリオマネジメント

問 24　投資効果の評価指標の一つである EVA に関する記述として，適切なものはどれか。

(823630)

　ア　利益額から，資本費用（投資額×資本コスト率）を減じて算出する。
　イ　利益額の現在価値から，投資額を減じて算出する。
　ウ　利益額を分子に，自己資本を分母にして算出する。
　エ　利益額を分子に，投資額を分母にして算出する。

問 25　戦略立案のための分析手法に関する記述のうち，適切なものはどれか。

(821845)

　ア　SWOT 分析では，外部環境における脅威と機会，自社の技術や製品の強み，弱み
という四つの観点で分析を行う。
　イ　アンゾフの成長マトリックスでは，市場成長性と市場占有率という 2 軸によって，
花形，金のなる木，問題児，負け犬のいずれかに分類する。
　ウ　バリューチェーン分析では，購買，生産，販売及び物流を結ぶ一連の業務を，企
業間で全体最適の視点から見直すことで，納期短縮や在庫削減を図る。
　エ　プロダクトポートフォリオ分析では，市場と製品についての新規と既存の別に，
市場浸透，市場開拓，製品開発，多角化という戦略を割り当てる。

問26 優れた技術によって市場で大きなシェアをもつ大企業が，既存製品を改良した新製品の投入を繰り返しているうちに，全く新しい技術による新興企業などの製品に市場シェアを奪われたり，市場自体を失ったりしてしまう現象はどれか。

(823155)

ア イノベーションのジレンマ 　　　イ キャズム
ウ コモディティ化 　　　　　　　　エ ダーウィンの海

問27 企業が，投資家向けに情報を開示する活動はどれか。

(704296)

ア CSR（Corporate Social Responsibility）
イ IR（Investor Relations）
ウ PR（Public Relations）
エ ROI（Return On Investment）

問28 OODA ループに関する記述として，適切なものはどれか。

(823628)

ア 観察・調査，情勢判断，対応の意思決定，対応の実行を繰り返す。
イ 計画，実行，評価，見直し・改善を繰り返す。
ウ 実行，評価，見直し・改善，計画をスピーディに繰り返す。
エ 標準化，実行，検証，是正処置を繰り返す。

問29　ゲーム理論では，他者の採る戦略を仮定したときに，自分の戦略の中で最も大きな利得をもたらす戦略を採ることを最適反応，また，各自が採っている戦略が，互いに他者の戦略に対して最適反応になっている戦略の組合せをナッシュ均衡と呼ぶ。A社とB社がそれぞれ3種類の戦略を採る場合の市場シェアが表のように予想されるとき，ナッシュ均衡になっている戦略の組合せは幾つあるか。ここで，表の各欄において，左側の数値がA社のシェア，右側の数値がB社のシェアとする。

(830466)

単位　%

		B社		
		戦略 b1	戦略 b2	戦略 b3
A社	戦略 a1	40, 50	20, 30	10, 20
	戦略 a2	30, 20	30, 20	20, 40
	戦略 a3	20, 40	40, 50	30, 30

　ア　0　　　　　　　イ　1　　　　　　ウ　2　　　　　　エ　3

問30　プリペイド式の電子マネーなど，前払式決済サービスを規制対象とする法律はどれか。

(823629)

　ア　割賦販売法　　　　　　　　　　イ　銀行法
　ウ　金融商品販売法　　　　　　　　エ　資金決済法

ネットワークスペシャリスト
午前IIの問題

注意事項

1．解答時間は，**40分**です（標準時間）。

2．答案用紙（マークシート）の右上の所定の欄に**受験者番号，氏名，団体名**及び**送付先コード**などが記載されています。答案用紙が自分のものであることを確認してください。

3．**問1～問25**の問題は，**全問必須**です。

4．解答は，ア～エの中から一つ選んでください。
　次の例題にならって，答案用紙の所定の欄に記入してください。
　（例題）
　　問1　日本の首都は次のうちどれか。
　　　　ア　東　京　　　イ　大　阪　　　ウ　名古屋　　　エ　仙　台
　　正しい答えは「ア　東　京」ですから，答案用紙には，

　のように，該当する欄を鉛筆で黒くマークしてください。

5．解答の記入に当たっては，次の点に注意してください。
　（1）　濃度B又はHBの鉛筆又はシャープペンシルを使用してください。
　（2）　解答を修正する場合や解答以外に印をつけた場合には，「消しゴム」であとが残らないようにきれいに消してください。

6．電卓は使用できません。

7．問題冊子の余白などは，適宜利用して構いません。ただし，問題冊子を切り離して利用することはできません。

これらの指示に従わない場合には採点されませんので，注意してください。

指示があるまで開いてはいけません。

本書を無断複写複製（コピー）すると著作者・発行者の権利侵害になります。　　　Ⓒ ㈱アイテック
https://www.itec.co.jp/

問1　無線 LAN の高速化技術の一つである OFDM の説明として，適切なものはどれか。

(880617)

ア　4 相偏移変調と拡散符号を組み合わせることによって，1 シンボル当たり複数ビットを割り当てて変調を行う方式である。

イ　20 MHz 幅の周波数を八つ束ね，160 MHz 幅のチャネルとして使用してデータ伝送を行う方式である。

ウ　送信アンテナ 8 本と受信アンテナ 8 本を同時に使って，最大 8 ストリームによるデータ伝送を行う方式である。

エ　データ信号を複数のサブキャリアに分割して，各サブキャリアが互いに干渉しないように配置する方式である。

問2　ルータのインタフェースにおける OSPF コストが図に示すような場合，ルータ 1 からサーバセグメントに至る経路の最小コストは幾らか。また，そのコストをもつ経路は幾つあるか。コストと経路数の組みとして，適切なものはどれか。

(880708)

	コスト	経路数
ア	60	4
イ	60	8
ウ	110	4
エ	110	8

問3　シェーピングに関する説明として，適切なものはどれか。

(880709)

ア　ウィンドウサイズで指定されたパケット数を送信することで，ネットワークの輻
輳^{ふくそう}をできるだけ回避すること

イ　規定された最大帯域を超過しないように，パケットの送出間隔を調整し，トラフ
ィックを平準化すること

ウ　通信を開始する前にネットワークに対して帯域などのリソースを要求し，確保の
状況に応じて通信を制御すること

エ　入力されたトラフィックが規定された最大帯域を超過しないか監視し，超過分の
パケットを廃棄するか優先度を下げるように制御すること

問4　スパニングツリーの再構成に要する時間を短縮するために，ポートの種類として代
替ポートやバックアップポートを追加したものはどれか。

(880710)

　ア　BPDU　　　　　　イ　RSTP　　　　　　ウ　RSVP　　　　　　エ　RTSP

問5　IPv4 のマルチキャストアドレスに関する記述のうち，適切なものはどれか。

(880479)

ア　IPv4 で使用されるマルチキャストのアドレス空間は，224.0.0/24 と定義されて
いる。

イ　IPv4 のマルチキャストアドレスは，"FF-FF-FF-FF-FF-FF"という MAC アドレ
スに変換される。

ウ　IPv4 のマルチキャストアドレスは，宛先として用いられるが，送信元には用いら
れない。

エ　IPv4 のマルチキャストアドレスは，そのグループに属する個々のホストがもつ
MAC アドレスに変換され 1 対 1 の通信が行われる。

問6　GARP（Gratuitous ARP）に関する説明として，適切なものはどれか。

(880711)

　ア　ARP要求パケットに対し，ルータが代理でARP応答パケットを返すものである。

　イ　ターゲットIPアドレスフィールドに自身のIPアドレスを設定したARP要求パ
　　　ケットをブロードキャストするものである。

　ウ　ターゲットIPアドレスフィールドに設定されたIPアドレスに対するMACアド
　　　レスを応答するものである。

　エ　ターゲットMACアドレスフィールドに設定されたMACアドレスに対するIPア
　　　ドレスを応答するものである。

問7　DHCPリレーエージェントを設定したレイヤ3スイッチによって構成されるネット
　　　ワークにおいて，あるLAN（ネットワークアドレスを192.168.0.0/26とする）にク
　　　ライアントPCを接続し，このPCがDHCPサーバからIPアドレスなどのネットワ
　　　ーク情報の配布を受けるためには，最初にDHCPDISCOVERパケットを送信する。
　　　その際に使用される宛先IPアドレスはどれか。

(880712)

　ア　192.168.0.63　　　　　　　　　イ　192.168.0.127

　ウ　192.168.0.255　　　　　　　　　エ　255.255.255.255

問8　IPv6に関する記述のうち，適切なものはどれか。

(880437)

　ア　IPv4ヘッダにあるフィールドは，全てIPv6ヘッダに継承されている。

　イ　IPv6アドレスは，ユニキャストアドレス，マルチキャストアドレス，ブロードキ
　　　ャストアドレスの3種類に分けられている。

　ウ　IPv6におけるアドレス解決は，IPv4と同様にARPを使って行われる。

　エ　IPv6ヘッダは，40バイト固定長のヘッダと拡張ヘッダに分けられている。

問9 DNS のリソースレコードのうち，そのドメインにおけるプライマリ DNS サーバの名前のほか，そのドメインの管理者のメールアドレス，ゾーンファイルを管理するための情報を登録するものはどれか。

(880713)

ア　MX　　　　　　イ　NS　　　　　　ウ　SOA　　　　　　エ　TXT

問 10　図のようなルータ 6 台から成るネットワークにおいて，宛先 IP アドレス 10.192.100.10 の IP パケットをルータ Y から受け取ったルータ Z は，どのルータに転送するか。ここで，ルータ Z は次に示すルーティングテーブルを用い，最長一致法（longest-match algorithm）によってルーティングするものとする。

(880530)

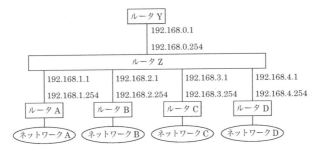

〔ルータ Z のルーティングテーブル〕

宛先アドレス	サブネットマスク	ネクストホップ
10.0.0.0	255.0.0.0	192.168.1.254
10.64.0.0	255.224.0.0	192.168.2.254
10.96.0.0	255.252.0.0	192.168.3.254
10.128.0.0	255.128.0.0	192.168.4.254
0.0.0.0	0.0.0.0	192.168.0.1

ア　ルータ A　　　　イ　ルータ B　　　　ウ　ルータ C　　　　エ　ルータ D

問11 TCP ヘッダにあるウィンドウサイズに関する記述のうち，適切なものはどれか。

(880714)

ア　ウィンドウサイズは，受信可能なバッファサイズを示し，TCP のコネクション確立時に通知されたサイズから変更されることはない。

イ　確認応答番号が n であった場合，送信側は n バイト目からウィンドウサイズ一杯のデータを一括送信できる。

ウ　確認応答番号が n であった場合，送信側は (n+1) バイト目からウィンドウサイズ一杯のデータを一括送信できる。

エ　シーケンス番号を m，確認応答番号を n とした場合，(m+n) バイトのデータを一括送信できる。

問12 MQTT の説明として，適切なものはどれか。

(880715)

ア　IoT で利用され，パブリッシュ／サブスクライブ型のモデルを採用した通信プロトコルである。

イ　Web サーバへファイルをアップロードし，コンテンツの作成や参照，削除及びバージョン管理などを行うプロトコルである。

ウ　特定小電力無線と呼ばれる 920 MHz 帯を使用し，電力会社のスマートメータと家庭内 HEMS（Home Energy Management System）間の通信などに採用されている無線通信規格である。

エ　トランスポート層プロトコルに UDP を使用し，Machine-to-Machine の通信環境に適用される HTTP を簡素化した通信プロトコルである。

問13 RFC 5321 で規定されている SMTP コマンドのうち，メール受信者のメールアドレスを指定するものはどれか。

(880716)

ア　DATA　　　　イ　MAIL FROM　　ウ　MAIL TO　　　エ　RCPT TO

問14　SNMP の PDU（Protocol Data Unit）に関する記述のうち，適切なものはどれか。

(880717)

ア　GetRequest-PDU と，SNMPv2-Trap-PDU で使用されるウェルノウンポートには，異なる番号が割り当てられている。

イ　GetRequest-PDU や InformRequest-PDU などは，SNMP マネージャから SNMP エージェントに対して通知されるものである。

ウ　Get 系 PDU はトランスポート層プロトコルに TCP を使用し，SNMPv2-Trap-PDU は UDP を使用する。

エ　ping コマンドは，SetRequest-PDU に含まれる一つのメッセージである。

問15　WebSocket に関する記述のうち，適切なものはどれか。

(880625)

ア　HTTP 上の SOAP によってソフトウェア同士が通信して，ネットワーク上に分散したアプリケーションを連携させる仕組みである。

イ　HTTP を拡張したプロトコルを使って，サーバ上のファイルの参照や作成，削除及びバージョン管理が行える。

ウ　URI のスキームに http 又は https を使用し，HTTP や HTTPS と同じポート番号で通信する。

エ　ハンドシェイクとデータ転送という二つのプロトコルから構成され，双方向の通信を行える。

問 16 DoS 攻撃に関する記述のうち，適切なものはどれか。

ア　IP スプーフィングでは，ブロードキャストアドレス宛ての IP パケットを送信する。

イ　Ping Flood 攻撃では，送信元 IP アドレスを詐称した ICMP パケットを送信する。

ウ　Smurf 攻撃では，送信元 IP アドレスを詐称した SYN パケットを送信する。

エ　マルチベクトル型 DDoS 攻撃では，毎回異なるサブドメインに対する DNS 問合せを送信する。

問 17 TLS の暗号スイートとして使用される鍵交換方式のうち，PFS の性質をもつものはどれか。

ア　DHE　　　　　イ　ECDH　　　　　ウ　RSA　　　　　エ　SHA-256

問 18 オープンリダイレクトを悪用される被害の例はどれか。

ア　DNS キャッシュサーバが，不正なリソースレコードをキャッシュする。

イ　正規サイトにアクセスしている利用者が，罠サイトへ誘導される。

ウ　プロキシサーバが，外部からのリクエストを中継する。

エ　メールサーバが，自ドメインと無関係の攻撃メールを転送する。

問 19　TLS ハンドシェイクプロトコルにおいて，Web サーバのサーバ証明書を受信した
　　　ブラウザが行う一連の処理のうち，適切なものはどれか。

(840676)

　　ア　Web サーバの公開鍵を用いて，署名を除くサーバ証明書部分を復号する。
　　イ　Web サーバの秘密鍵を用いて，サーバ証明書の検証を行う。
　　ウ　サーバ証明書に記載されているコモンネームとブラウザの接続先を照合する。
　　エ　サーバ証明書の有効期間を認証局に問い合わせる。

問 20　スパムメールの転送を抑制するために用いられる SPF の手法又は SPF レコードに
　　　関する記述として，適切なものはどれか。

(880532)

　　ア　加入者の回線から，他社のメールサーバの TCP25 番ポートに対して行われる接
　　　　続を遮断する手法
　　イ　スパムメールの送信が確認された IP アドレスをブラックリストに掲載し，利用
　　　　する手法
　　ウ　特定のドメインを受けもつメールサーバの IP アドレスを示す DNS サーバ上のレ
　　　　コード
　　エ　特定のドメインを受けもつメールサーバのホスト名を示す DNS サーバ上のレコ
　　　　ード

問 21　SSH の説明はどれか。

(840721)

ア　IPsec における折衝プロトコルで，通信方式の折衝や鍵交換，相手認証などを行う。

イ　r 系コマンド群を代替して，リモートサーバへのログインやファイル転送を安全に行う。

ウ　電子メールのセキュリティメカニズムで，電子メールの暗号化や送信者認証を行う。

エ　リモートホストを操作するためのプロトコルで，認証情報を含めて平文（ひらぶん）で通信を行う。

問 22　メイン処理，及び表に示す三つの割込み A，B，C の処理を行うプログラムにおいて，多重割込みが許可され，優先度に基づいて処理される。メイン処理の実行中に割込み A，B，C が図のタイミングで発生するとき，割込み B が発生してから，割込み B の処理が完了するまでに必要な時間は何ミリ秒か。ここで，割込み処理の呼出し及び復帰に伴うオーバヘッドは無視できるものとする。

(822849)

割込み	割込み処理時間（ミリ秒）	割込みの優先度
A	1.0	高
B	1.5	中
C	2.0	低

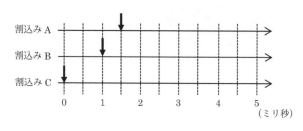

ア　1.5　　　　　　イ　2.5　　　　　　ウ　3.5　　　　　　エ　4.5

問 23　ストレージの信頼性を向上させるために，3 台のディスク装置からなる RAID5 の
　　　ディスクアレイを，さらに RAID1 構成にする。装置単体の容量が 2T バイトのディス
　　　ク装置を 6 台使用する場合，ユーザが使用できる実効データ容量は何 T バイトか。

(822599)

　　ア　4　　　　　　　イ　6　　　　　　　ウ　8　　　　　　　エ　12

問 24　ソフトウェアのレビュー手法の一つであるパスアラウンドに関する記述として適
　　　切なものはどれか。

(821443)

　　ア　作業成果物の作成者が主体となって実施するレビューで，関係者の前で作業成果
　　　　物の内容を説明し，誤りなどについての指摘を受ける。
　　イ　電子メールやグループウェアなどを活用し，作業成果物を複数の人に配付し，コ
　　　　メントなどのフィードバックを受ける。
　　ウ　一人がプログラミングのソースコード入力を行い，もう一人がその内容のチェッ
　　　　クやアドバイスを行う。
　　エ　レビューの構成メンバが持ちまわりで責任者を務めながら，レビューのためのミー
　　　　ティングを運営していく。

問25 アジャイル開発の一つであるエクストリームプログラミング（Extreme Programming）のプラクティスに関する説明のうち，適切なものはどれか。

ア　YAGNI とは，今後，必要となると予想した機能をプログラムに実装して，将来の機能追加に備えることである。

イ　テスト駆動開発（test-driven development）とは，プログラムを書いたら直ちにテストケースを書くスタイルである。

ウ　ペアプログラミングとは，一人が実際のプログラミングを行い，もう一人はそのプログラムの単体テストを行うことである。

エ　リファクタリングとは，完成済みのコードであっても，外部から見た動作は変更せずに，内部構造を分かりやすく，保守性の高いものになるように改善することである。

ネットワークスペシャリスト
午後Ⅰの問題

注意事項

1．解答時間は，**1時間30分**です（標準時間）。

2．答案用紙の受験者番号欄に，**受験者番号，氏名**をていねいに記入してください。

3．**選択問題（問1〜問3）**のうち，**2問**選択して解答してください。選択した問題については，次の例に従って，答案用紙の問題選択欄の問題番号を○印で囲んでください。
　〔問1，問3の2問を選択した場合の例〕

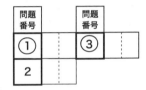

　　なお，○印がない場合は，採点の対象になりません。
　　3問とも○印で囲んだ場合は，はじめの2問について採点します。

4．答案用紙の備考欄は採点に使用しますので，記入しないでください。

5．答案用紙の解答欄に解答を記入する際には，問題番号をよく確かめてから記入してください。

6．解答は，はっきりした字できれいに記入してください。読みにくい場合は，減点の対象となりますので，注意してください。

7．電卓は使用できません。

8．問題冊子の余白などは，適宜利用して構いません。ただし，問題冊子を切り離して利用することはできません。

これらの指示に従わない場合には採点されませんので，注意してください。

指示があるまで開いてはいけません。

本書を無断複写複製（コピー）すると著作者・発行者の権利侵害になります。

© ㈱アイテック
https://www.itec.co.jp/

問1 ネットワークの冗長化に関する次の記述を読んで，設問1～3に答えよ。

(880533)

　X社は従業員数200人の建築設計会社である。現在X社では，自社ビル内で勤務する従業員にデスクトップPC（以下，PCという）を貸与し，従業員は自席に設置されたPCを利用して設計業務を行っている。設計図などの重要なファイルは，部署ごとに設置されたファイルサーバに保存しているが，作業途中のファイルはPC内のハードディスクに保存していることもある。PCは老朽化しており，PCの性能不足によって設計業務に支障をきたしたり，PCの故障によって作業途中のファイルが失われるインシデントが発生したりしている。また，自社ビル内のLANは冗長化されておらず，老朽化も進んでいる。そのため，PCとファイルサーバ間の通信が遅かったり，LANの故障によって業務に影響するインシデントが発生したりしている。

　そこで，X社では，ネットワーク環境の性能と可用性の向上を図って，快適な業務環境を提供するために，仮想デスクトップ基盤（以下，VDIという）の導入と，自社ビル内のLANを新ネットワークとして更改することを決めた。新ネットワークの設計は情報システム部のYさんが担当することになった。

〔ネットワーク冗長化方式の検討〕

　Yさんは，新ネットワークの可用性を向上させる冗長化方式の調査と評価を行った。レイヤ2の冗長化方式として検討したのがスパニングツリー（以下，STPという）とリンクアグリゲーション（以下，LAGという）である。

　STPや，収束時間の短縮を実現してSTPの欠点を改良したIEEE 802.1Wとして標準化されている　　ア　　は，冗長化構成したネットワークを制御する仕組みである。複数のレイヤ2スイッチ（以下，L2SWという）同士を物理的にループ構成にしても，一部のポートでフレームの送受信をブロックすることによって，論理的にループしないように動作する。L2SW間で送受信される　　イ　　と呼ばれる制御フレームの情報からトポロジを構築し，ブロックするポートを決定する。リンクやL2SWにおいて障害が発生すると，正常なリンクで送受信される　　イ　　の情報からトポロジを再構築する。

　LAGは，IEEE 802.1AX（旧規格はIEEE 802.3ad）として標準化されており，L2SW同士を接続する際に，複数の物理ポートを束ねて一つの論理ポートとして扱う方式で

ある。リンク障害に対する冗長性を提供するだけでなく，複数のリンクを使ってデータ転送を分散することで帯域を拡大できるという利点がある。LAG の構成例を図 1 に示す。

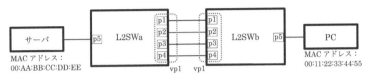

注記 1　p1～p5 は，機器の物理ポート番号を示す。
注記 2　点線で囲った vp1 は，LAG を設定した論理ポート番号を示す。

図 1　LAG の構成例

図 1 は，L2SWa と L2SWb 間で，p1～p4 の四つの物理ポートを利用して LAG を構成する例である。p1～p4 は一つの論理ポートとして動作する。L2SWa と L2SWb がもつ MAC アドレステーブルでは，論理ポートで MAC アドレスを学習する。そのため，L2SWa が学習する MAC アドレステーブルは表 1 のようになる。

表 1　L2SWa の MAC アドレステーブル

MAC アドレス	ポート番号
ウ	p5
00:11:22:33:44:55	エ

LAG では，　オ　　と呼ばれるプロトコルによって対向機器とのネゴシエーションや，対向側の機器が正常に動作しているかを確認する。　オ　　を利用しないスタティック LAG という方式もあり，この場合は対向側の機器の状態をレイヤ 1 でのリンク状態で判断する。

データ転送を分散させるためには，複数ある物理ポートのうち，どの物理ポートからフレームを出力するかをフレームごとに決定する必要があり，決定するためのアルゴリズムは機器の実装や設定に依存する。LAG における負荷分散アルゴリズムを表 2 に示す。多くの機器では，表 2 中の出力フレーム内の値をハッシュ演算し，ハッシュ値を物理ポート数で除算した剰余の値によって出力する物理ポートを決定する。

表2 LAGにおける負荷分散アルゴリズム

項番	出力フレーム内の値	備考
1	宛先IPアドレス	
2	送信元IPアドレス	
3	宛先IPアドレスと送信元IPアドレス	宛先IPアドレスと送信元IPアドレスを組み合わせた値のハッシュ値を計算する。
4	宛先ポート番号	
5	送信元ポート番号	
6	宛先ポート番号と送信元ポート番号	宛先ポート番号と送信元ポート番号を組み合わせた値のハッシュ値を計算する。

いずれの値を使った場合も，①一つの TCP コネクションのパケットは特定の物理ポートに出力されるため，受信側のホストでは②TCPパケットの到着順序が入れ替わりにくい。

なお，対向のスイッチ側の設定によっては，一つの TCP コネクションのフレームであっても，往路と復路で異なる物理ポートを経由することがある。その場合，設定が不適切だと MAC アドレステーブルに関する処理において不都合が発生する可能性がある。しかし，LAG を適切に設定していれば③往路と復路で異なる物理ポートを経由したとしても適切に動作する。

Yさんは，負荷分散と冗長化の両方が実現できる点を重視して，レイヤ2の冗長化方式として LAG を採用することにした。

スイッチの冗長化は，2台のスイッチを専用のスタックケーブルで接続し，論理的に1台として管理できるスタック機能を用いる。今回導入を検討しているスイッチでは，スタック機能を使うと筐体をまたいで LAG を構成できる。

〔VDI の検討〕

続いてYさんは，PC 単位のプログラム実行環境（以下，仮想 PC という）をソフトウェアで実現する VDI と，従業員が仮想 PC を操作するために使うシンクライアント（以下，TC という）について調査した。

VDI は物理サーバ上に，仮想化機構を動作させるための OS を必要としない　カ　をインストールし，　カ　上に仮想 PC を TC と1対1で生成する。仮想 PC がもつ仮想ネットワークインタフェースカード（以下，仮想 NIC という）には IP アドレスを静的に割り当てる。

　仮想 PC と TC との通信は，画面転送プロトコル（以下，RDP という）を利用する。RDP を使った通信では，仮想 PC の画面を TC に表示したり，TC 側で操作したキーボードやマウスの入力情報を仮想 PC に送信したりする。RDP は仮想 PC が特定の TCP ポートで待ち受けを行い，TC の利用開始時に TC から TCP コネクションを確立し，TC の利用終了まで同一の TCP コネクションを利用する。また，TC から仮想 PC への通信量は少ないが，仮想 PC から TC への通信は画面の情報を送信するため通信量が多い。

　仮想 PC は，　　カ　　内に設定された仮想スイッチ（以下，仮想 SW という）に接続される。仮想 SW は，外部接続用のアップリンクポートに物理サーバのネットワークインタフェースカード（以下，物理 NIC という）を使用する。アップリンクポートでは，複数の物理 NIC を論理的に束ねて一つに見せる　　キ　　を設定することができる。

　　　キ　　を設定した場合，どの物理 NIC からパケットを出力するのかを決定する負荷分散アルゴリズムには，表3に示すような方式がある。

表3　物理 NIC におけるパケット出力時の負荷分散アルゴリズム

項番	分散のための情報
1	IP ヘッダ内の送信元 IP アドレスと宛先 IP アドレスの組合せ
2	仮想 NIC の MAC アドレス
3	仮想 NIC が接続されている仮想 SW のポート ID
4	仮想 NIC ごとに，使用する物理 NIC を明示的に指定

注記　項番1〜3の方式では，分散のための情報をハッシュ演算し，ハッシュ値を物理 NIC 数で除算した剰余の値によって，出力する物理 NIC を決定する。

〔新ネットワーク構成の設計〕
　Y さんはさらに検討を進め，図2に示すネットワーク構成を作成した。

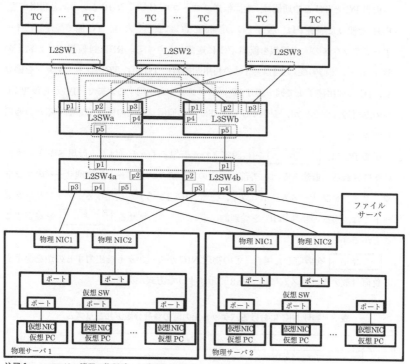

注記1　p1～p5は，機器の物理ポート番号を示す。

注記2　━━━ はスタック構成であることを示す。

注記3　点線で囲った物理ポートは，LAGを設定する物理ポートの組合せである。L3SWでは，p1 ポート，p2 ポート，p3 ポート，p5 ポート同士で設定する。L2SW4では，p1 ポート同士で設定する。

注記4　物理サーバ1台当たり，約25台の仮想PCを収容する。

図2　ネットワーク構成（抜粋）

　L3SWa と L3SWb（以下，この組合せを L3SW という），L2SW4a と L2SW4b（以下，この組合せを L2SW4 という）では，冗長化のためにスタック構成を組む。

　L2SW4 と物理サーバの物理 NIC の接続に　キ　を利用する場合，④表3で示す負荷分散アルゴリズムの設定によっては，MAC アドレステーブルが頻繁に切り替わることを防ぐために L2SW4 側に LAG の設定が必要である。

　また，⑤L3SW と L2SW4 の接続は LAG を使用する。このとき，表2で示される LAG の負荷分散アルゴリズムの選択によっては，一部のリンクにトラフィックが偏ってしまうことがあり，性能上の問題につながる可能性があるので，設定には注意が必

要である。

　ファイルサーバは L2SW4 に接続し，表 3 の項番 1 に相当する　　キ　　設定を行う。ファイルサーバへのアクセスは，仮想 PC から TCP を使って通信する。

　Y さんは，その後これらの点を考慮しながら設計を完了した。

設問1　本文中の　　ア　　～　　キ　　に入れる適切な字句を答えよ。

設問2　〔ネットワーク冗長化方式の検討〕について，(1)～(3)に答えよ。

　(1)　本文中の下線①について，一つの TCP コネクションのパケットを特定の物理ポートだけに出力できる理由を，TCP コネクションの性質に着目して 35 字以内で答えよ。

　(2)　本文中の下線②について，到着順序が入れ替わったパケットが増大した場合，受信側のホストでどのような問題が発生するか。TCP による制御に着目して，問題の例を二つ挙げ，それぞれ 25 字以内で答えよ。

　(3)　本文中の下線③について，往路と復路で異なるリンクを経由したとしても，受信側のスイッチで適切に処理できる理由を，50 字以内で答えよ。

設問3　〔新ネットワーク構成の設計〕について，(1)，(2)に答えよ。

　(1)　本文中の下線④について，表 3 の負荷分散アルゴリズムのうち，L2SW4 側でLAG の設定が必要になる項番を答えよ。また，その理由を 40 字以内で答えよ。なお，ネットワークの構成要素に障害などの異常は発生していないものとする。

　(2)　本文中の下線⑤について，表 2 の負荷分散アルゴリズムのうち，選択すべきではない項番と対象の機器名を答えよ。また，トラフィックが偏ってしまう理由を，RDP の通信特性に着目して 30 字以内で答えよ。

問2 仮想デスクトップ環境の構築とネットワークの見直しに関する次の記述を読んで，設問1〜3に答えよ。

(880443)

A社は社員数300名の精密機器の輸入販売業者で，東京本社の他に，大阪，仙台，福岡の三つの支店（以下，拠点という）をもっている。社員の半数が営業職で，外出して顧客を訪問する機会が多い。

〔現在のシステム構成〕

現在のA社のシステム構成の概要を図1に示す。

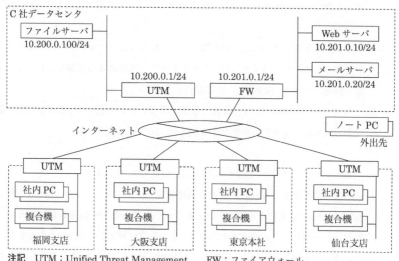

注記　UTM：Unified Threat Management　FW：ファイアウォール

図1　A社のシステム構成（現状）

ファイルサーバ，Webサーバ及びメールサーバは，委託先のC社データセンタに設置されており，Webサーバは，A社のWebサイトを公開するために置かれている。メールサーバは，A社ドメインのメールサーバである。

各拠点とデータセンタ間は，UTM装置を利用したインターネットVPNによって接続されている。ネットワーク機器には，表1に示すようにIPアドレスが割り当てられている。

表1　ネットワーク機器用のIPアドレスの割当て（現状）

データセンタ／拠点	インターネット側 IP アドレス	LAN 側 IP アドレス	DHCP 割当て範囲
データセンタ UTM	a.b.c.d	10.200.0.1/24	－
データセンタ FW	a.b.c.e	10.201.0.1/24	－
東京本社 UTM	a.b.c.f	172.16.0.1/16	172.16.0.2 ～ 172.16.254.255
仙台支店 UTM	a.b.c.g	192.168.10.1/24	192.168.10.2 ～ 192.168.10.239
大阪支店 UTM	a.b.c.h	192.168.20.1/24	192.168.20.2 ～ 192.168.20.239
福岡支店 UTM	a.b.c.i	192.168.30.1/24	192.168.30.2 ～ 192.168.30.239

注記　本社と支店の UTM 装置では DHCP サーバ機能を有効にして，PC に IP アドレスを割り当てている。

　社内で利用している PC（以下，社内 PC という）では，インターネット上の Web 閲覧，メールの送受信，ファイルサーバへのアクセスを行う。営業職の社員は，顧客訪問の頻度が高いため，外出先でも利用できるノート PC を使用している。ただし，現在は外出先から社内ネットワークにアクセスすることはできず，外出前に必要なファイルをノート PC にコピーして利用している。

　各拠点には複数台の複合機が設置されており，コピー機能やファックス機能の他，プリント機能やスキャナ機能を利用している。プリント機能は，社内 PC 並びにノート PC（以下，業務用 PC という）からの TCP/IP 通信を用いる他，スキャナ機能ではファイルサーバに対するファイル共有プロトコルが利用されており，スキャンした画像はファイルサーバ上の共有フォルダに格納される。複合機には，表2に示すように固定 IP アドレスが割り当てられている。

表2　複合機用の IP アドレスの割当て

拠点	設置場所	固定 IP アドレス
東京本社	営業部	172.16.255.248/16
	管理部	172.16.255.249/16
	情報システム部	172.16.255.250/16
	技術サポート部	172.16.255.251/16
仙台支店	営業部／管理部	192.168.10.248/24
	技術サポート部	192.168.10.249/24
大阪支店	営業部／管理部	192.168.20.248/24
	技術サポート部	192.168.20.249/24
福岡支店	営業部／管理部	192.168.30.248/24
	技術サポート部	192.168.30.249/24

〔システム管理上の課題と仮想デスクトップ環境の導入計画〕

　現在Ａ社では，システムを管理している情報システム部員が東京本社だけに在席している。このため，業務用PCの更新や設定の変更などへの対応を行う際には，機器の配送をするか，部員の出張が必要となっており，対応の作業負荷が問題になっている。また，各拠点及びデータセンタのUTM装置におけるインターネットアクセスに関わるファイアウォール（以下，FWという）の設定の管理負荷が問題になっている。今後支店をさらに増やす計画があることもあり，部員からは懸念の声が出ている。

　これらの課題を議論した結果，情報システム部では，仮想デスクトップ環境の導入を軸としたシステムの見直しを決定した。この検討に当たって，プロジェクトチームを立ち上げ，次の方針に従って検討を開始した。

・業務用PCを仮想デスクトップ環境に移行して，業務用PCの導入及び運用管理の負荷を低減する。

・仮想デスクトップ環境は，現在ファイルサーバ等のサーバ群を運用しているデータセンタにて運用する。

・拠点とデータセンタ間の接続を広域イーサネットに移行して，インターネット接続経路を一元化する。

・営業職のノートPCは外出先からも仮想デスクトップ環境を利用可能にする。

〔テレビ会議システムの導入〕

　さらに，検討の過程において，仮想デスクトップ環境の構築と時期を合わせて，本社と支店，あるいは支店間での打合せの効率化のために，テレビ会議システムの導入を行うことが決定された。

　テレビ会議システム用の装置は，通信相手の装置のIPアドレスが導入時に登録され，装置間で直接のIP通信を行う独自のプロトコルを採用している。そのため表3のように固定IPアドレスの割当て範囲を定めた。

表3　テレビ会議システム用のIPアドレスの割当て

設置場所	固定IPアドレス範囲
東京本社のテレビ会議システム	172.16.255.240 ～ 172.16.255.247
仙台支店のテレビ会議システム	192.168.10.240 ～ 192.168.10.243
大阪支店のテレビ会議システム	192.168.20.240 ～ 192.168.20.243
福岡支店のテレビ会議システム	192.168.30.240 ～ 192.168.30.243

〔通信経路の変更〕

　社外からの仮想デスクトップ環境への通信は，インターネット VPN によって行う。使用するプロトコルとしては，PPP フレームのカプセル化に GRE を用いる　　ア　　や，PPP フレームのカプセル化に　　イ　　と UDP を用いて，さらに ESP でカプセル化する　　イ　　/ IPsec などがある。なお，　　イ　　は　　ア　　と L2F を統合したプロトコルである。これらのプロトコルの利用においては，GRE や ESP がポート番号をもたないので，外出先で利用するネットワークの上位ルータが　　ウ　　に対応している必要がある。A 社では，利用環境を考慮した結果，これらのプロトコルではなく，FW に対して SSL-VPN で接続する方式を採用することになった。

　拠点とデータセンタ間の接続を，インターネット VPN から広域イーサネットを用いたものに移行するために，UTM 装置を L3SW に交換する。なお，広域イーサネットは，必要な通信帯域を充足できるサービスを選定した。これらの変更を踏まえたシステム構成を図 2 に示す。また，各拠点とデータセンタのネットワーク機器に割り当てる IP アドレスを表 4 に示す。

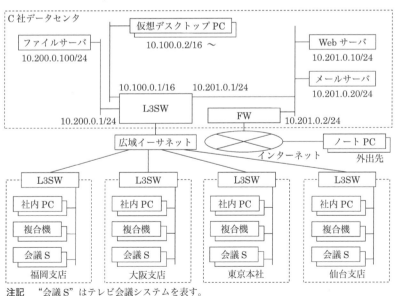

注記　"会議 S"はテレビ会議システムを表す。

図2　A社のシステム構成（変更案）

表4 ネットワーク機器用の IP アドレスの割当て（変更案）

データセンタ／拠点	広域イーサネット側 IP アドレス	LAN 側 IP アドレス	DHCP 割当て範囲
データセンタ L3SW	10.0.0.1/24	－	－
東京本社 L3SW	10.0.0.172/24	172.16.0.1/16	172.16.0.2 　～ 172.16.254.255
仙台支店 L3SW	10.0.0.10/24	192.168.10.1/24	192.168.10.2 ～ 192.168.10.239
大阪支店 L3SW	10.0.0.20/24	192.168.20.1/24	192.168.20.2 ～ 192.168.20.239
福岡支店 L3SW	10.0.0.30/24	192.168.30.1/24	192.168.30.2 ～ 192.168.30.239

注記 本社と支店の L3SW では DHCP サーバ機能を有効にして，PC に IP アドレスを割り当てる。

業務用 PC の機能を仮想デスクトップ環境として提供するので，社外の Web 閲覧のために利用している①インターネット通信は，全てデータセンタを経由して行うように変更する。

〔ネットワーク機器のルーティング設定の検討〕

続いて，各拠点やデータセンタに設置されるルータや，L3SW のルーティング設定について検討した。

広域イーサネットへの接続に際して新たに導入する L3SW では，宛先となる IP アドレス範囲だけでなく，②送信元の IP アドレス範囲も指定したルーティング設定が可能である。今回のネットワーク構成変更に際しては，この機能を利用することによって，セキュリティにも配慮した必要最小限のルーティング定義を行うことにした。

データセンタの L3SW には，各拠点から仮想デスクトップマシンに接続するためのルーティングの他，仮想デスクトップマシンからインターネット及び社内サーバ群に接続するための静的ルートを設定する。

〔拠点間の通信〕

現在，各拠点間では通信の必要性がないため，相互に通信を行うための設定はしていない。今回，インターネットから広域イーサネットに回線を変更するタイミングで，全体計画の要件に基づいて，各拠点とデータセンタの通信及び本支店間の相互通信が可能となるようにルーティング設定を行う。

これらの検討を踏まえて，A 社ではシステム構成の変更を行い，営業部員の IT 活用を強化するとともに，システム管理の運用負荷低減を進めた。

設問1　〔通信経路の変更〕について，(1)，(2)に答えよ。

(1)　本文中の　　ア　　～　　ウ　　に入れる適切な字句を答えよ。

(2)　本文中の下線①による利点を一つ，懸念点として考えられるものを二つ挙げ，それぞれ 35 字以内で具体的に答えよ。ただし，セキュリティに関する利点及び懸念点は対象外とする。

設問2　〔ネットワーク機器のルーティング設定の検討〕について，(1)，(2)に答えよ。

(1)　本文中の下線②を実現するルーティング方式の名称を答えよ。

(2)　本文の内容を踏まえて作成したルーティング設定内容を示した表 5 の　　エ　　に入れる IP アドレスを答えよ。さらに，　　オ　　に入れる説明を 40 字以内で答えよ。

表5　データセンタの L3SW のルーティング設定内容（抜粋）

送信元	宛先	ゲートウェイ	説明
10.100.0.0/16	0.0.0.0/0	エ	仮想デスクトップ PC のインターネットアクセス用ルーティング設定
10.100.0.0/16	172.16.0.0/16	10.0.0.172	
10.100.0.0/16	192.168.10.0/24	10.0.0.10	
10.100.0.0/16	192.168.20.0/24	10.0.0.20	
10.100.0.0/16	192.168.30.0/24	10.0.0.30	
10.200.0.100	172.16.255.248/30	10.0.0.172	オ
10.200.0.100	192.168.10.248/31	10.0.0.10	
10.200.0.100	192.168.20.248/31	10.0.0.20	
10.200.0.100	192.168.30.248/31	10.0.0.30	

注記　網掛け部分は設問の都合上表示していない。

設問3　〔拠点間の通信〕について，(1)，(2)に答えよ。

(1)　拠点間の通信が必要になる理由を 40 字以内で答えよ。

(2)　各拠点のネットワーク機器のルーティング設定内容のうち，東京本社のネットワーク機器に設定するルーティング設定内容を記した表 6 の　　カ　　，　　キ　　に入れるネットワークアドレスあるいは IP アドレスを答えよ。なお，宛先 IP アドレスは，集約して設定することとする。

表6 東京本社の L3SW のルーティングテーブル (抜粋)

送信元	宛先	ゲートウェイ	説明
172.16.255.240/29	カ		大阪支店へのルーティング設定
172.16.255.240/29		キ	福岡支店へのルーティング設定
172.16.255.240/29			仙台支店へのルーティング設定

注記 網掛け部分は設問の都合上表示していない。

問3　セキュリティ機能の強化に関する次の記述を読んで，設問1～4に答えよ。

(880718)

　M社は，レジャー施設の運営会社である。Webサーバを用いて，レジャー施設の総合案内やイベント情報の発信などのサービスを提供している。利用者のPCやスマートフォン（以下，利用者端末という）は，DMZに設置されているWebサーバにアクセスする。WebサーバにアクセスするためのURLは，"https://www.m-sha.co.jp"である。

　現在のM社のシステム（以下，Mシステムという）の構成を図1に示す。

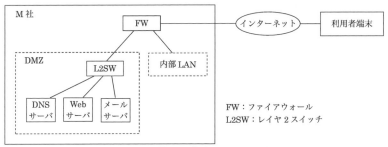

注記1　DNSサーバはM社のドメインを管理する権威DNSサーバである。
注記2　内部LAN内のPCやサーバの表記は省略している。

図1　Mシステムの構成

　M社では，顧客サービスの向上を目的として，チケットの事前購入やグッズ購入などのオンライン販売と，会員制の導入を計画している。そのため，Webサーバ上で稼働しているWebアプリケーション（以下，Webアプリという）にEC機能と会員管理機能を追加する開発と，会員情報を保管するDBサーバの構築を行う開発プロジェクト（以下，Aプロジェクトという）が開始された。なお，DBサーバはセキュリティの観点から，内部LANへ設置する。

〔M社のセキュリティ対策〕

　Mシステムにおけるセキュリティ対策としては，ステートフルパケットフィルタリング機能をもつFWを設置し，アンチマルウェアソフトを全てのPCで動作させることなどを実施している。

　インターネットからWebサーバへのアクセスは，FWによってHTTPリクエスト

（80 番ポートと 443 番ポート）だけを許可している。また，Web サーバでは，送信元 IP アドレスをアクセスログとして取得している。

情報システム部の G さんは，M システムのセキュリティ対策担当として，FW 及びアンチマルウェアソフトの運用管理を行っている。

〔セキュリティ強化の検討〕

A プロジェクトで機能追加を予定している Web アプリに関しては，脆弱性の発生や新たな攻撃手法による脅威の増大に伴って，リスクが大きくなる可能性がある。また，企業ネットワークに対する脅威の動向を考慮すると，現在の M システムにおけるセキュリティ対策は不十分と考えられた。

そこで，情報システム部では，A プロジェクトの進行と並行して，M システムのセキュリティ強化と，Web アプリのセキュリティ強化を検討することとした。そして，これらのセキュリティ強化プロジェクト（以下，B プロジェクトという）のリーダとして，G さんが任命され，検討に着手した。

(1) M システムのセキュリティ強化

セキュリティ強化の機能の例としては，受信するメールに対して，受信者の意向を無視して一方的に送りつけられる迷惑メールを監視するアンチスパムや，ネットワークへの異常な通信や不正アクセスを検知，防御する IDS，IPS，インターネット上の不正な Web サイトへのアクセスを制限する Web ┃　ア　┃ などがある。

これらを個別の対策として導入・管理するには運用管理負荷が大きく，コストへの影響も大きなものとなる。そこで，複数のセキュリティ対策機能を搭載している UTM（Unified Threat Management）の導入を検討することにした。

(2) Web アプリのセキュリティ強化

EC 機能，会員管理機能を追加する Web アプリのセキュリティについて，Web アプリに対する攻撃が悪用する脆弱性には，次のようなものがある。

・データベースを不正に操作する攻撃が悪用する，CWE-89（共通脆弱性タイプ-89）に分類される，SQL 文の組立て処理に関わる SQL インジェクション脆弱性

・悪意のあるスクリプトを Web ブラウザに実行させる攻撃が悪用する，CWE-79 に分類される，HTML 出力処理に関わる ┃　イ　┃ 脆弱性

・任意のヘッダの追加や任意のボディの作成を行う攻撃が悪用する，CWE-113 に分類される，HTTP レスポンスヘッダの出力処理に関わる　　ウ　　脆弱性

　これらの脆弱性は，Web ブラウザから受信したデータを適切に処理することで防げることが多い。しかし，考慮漏れから脆弱性が発生するリスクや，新たな攻撃手法による被害の可能性がある。そこで，WAF（Web Application Firewall）の導入を検討することにした。

〔UTM に関する検討〕

　UTM は，複数のセキュリティ機能を統合し，様々な脅威を対象として，防御する仕組みである。UTM には，専用ハードウェア製品を外部とのネットワーク境界に設置するアプライアンス型と，インターネットを経由してクラウドサービスを利用するクラウド型がある。クラウド型には，導入や運用管理面におけるメリットがあるが，運用管理レベルがサービス提供側に依存することや，インシデント発生時の即時対応が困難なケースが想定されるといった留意点がある。

　G さんは，UTM が複数のセキュリティ機能を搭載していることを考慮し，クラウド型に関する留意点が大きな課題になると考えた。そして，①将来的に拠点が増える計画がないこと，UTM は FW 機能も搭載しているため現在の FW の代替として設置できることから，アプライアンス型を採用することとした。

　また，耐障害性への対応として，UTM は Active-Standby の冗長構成とし，主系に障害が発生した際，フェールオーバにより直ちに副系が処理を引き継ぎ，処理を続行できるようにした。②マルチホーミング構成も検討したが，将来的な検討事項とし，今回は不要と判断した。

〔WAF に関する検討〕

　WAF は，利用者端末から Web サーバへの通信を解析し，脆弱性を悪用する攻撃を検知，防御するセキュリティ機能である。

　調査した WAF の種類には，ソフトウェア型，アプライアンス型，クラウド型の三つがある。ソフトウェア型は，Web サーバにソフトウェアを直接インストールする方式である。アプライアンス型は，専用ハードウェア製品として設置する方式である。

クラウド型は，インターネットを経由してクラウドサービスを利用する方式である。

G さんが複数の観点から作成した，WAF の種類の比較を表 1 に示す。

表1　WAF の種類の比較（抜粋）

	ソフトウェア型	アプライアンス型	クラウド型
導入方式	Web サーバへインストールする。	専用ハードウェア製品を設置する。	インターネット上のクラウドサービスを利用する。
ネットワーク構成の変更	不要	必要	不要
複数 Web サーバの保護	Web サーバごとにインストールする。	1 台で複数の Web サーバを保護できる。	一つのサービス利用で複数の Web サーバを保護できる。
運用管理	専門的な知識やノウハウが必要となる。	専門的な知識やノウハウが必要となる。	サービス提供者が運用する。検知精度はサービスに依存する。

WAF の運用には専門的な知識やノウハウが必要なこと，UTM の導入を計画していること，③A プロジェクトに影響すること，などを考慮して，WAF についてはクラウド型を採用することとした。

G さんは，SaaS 型の WAF を提供する複数の事業者を調査し，今後のサービス拡張を踏まえて最適だと思われる P 社の SaaS 型の WAF（以下，WAF サービスという）を選択した。

WAF サービスの HTTP リクエストに対する主な処理は次のとおりである。

(1) リバースプロキシ型として動作し，HTTP 及び HTTPS の通信を検査する。利用者端末は，WAF サービスにアクセスするための IP アドレス（以下，IP-w1 という）宛てに HTTP リクエストを送信する。

(2) 利用者端末からの通信が HTTP の場合，WAF サービスは，通信内容を検査後，Web サーバに HTTP リクエストを送信する。WAF サービスから Web サーバへの通信は，HTTP で行われる。

(3) 利用者端末からの通信が HTTPS の場合，WAF サービスは，通信内容を復号し，検査後に，Web サーバに HTTP リクエストを送信する。WAF サービスから Web サーバへの通信は，HTTPS で行われる。

(4) Web サーバへの HTTP リクエストに XFF ヘッダ（X-Forwarded-For ヘッダ）を挿入し，利用者端末の IP アドレスをセットする。Web サーバへの HTTP リクエストの送信元 IP アドレスは IP-w2 に変更する。

(5) 攻撃と判断された通信及び攻撃の可能性がある通信は，Web サーバへのアクセスを制御する。

　処理(3)を実現するために，Web サーバのサーバ証明書と　　エ　　を WAF サービスに設定する必要がある。また，WAF サービスでは，IP-w1 を変更する場合があるので，WAF サービスで割り当てられる FQDN の "www.m-sha.safe.p-sha.co.jp." を設定することを推奨している。

　M システムの構成の変更への対応として，④利用者端末からの HTTP リクエストを WAF サービス宛てに変える設定変更と，⑤Web サーバにおける設定変更を行う。

〔システムの切替え〕

　UTM 及び WAF サービス導入後のシステム構成を図 2 に示す。

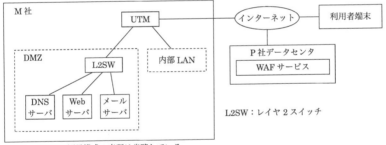

注記1　UTM の冗長構成の表記は省略している。
注記2　DB サーバを含めた内部 LAN 内の PC やサーバの表記は省略している。

図 2　UTM 及び WAF サービス導入後のシステム構成

　現在の FW に替えて設置する UTM のファイアウォール機能については，⑥現在の FW のアクセス制御ルールの一部を変更し，新たなルールを追加する。

　その後，A プロジェクトの開発と並行して，B プロジェクトも計画どおりに実施され，M システム及び Web アプリに対するセキュリティ強化が完了した。

設問1　本文中の　ア　～　エ　に入れる適切な字句を答えよ。

設問2　〔UTM に関する検討〕について，(1)，(2)に答えよ。
　(1)　本文中の下線①について，仮に将来的に拠点が増えることを想定した場合に，アプライアンス型と比較したクラウド型のメリットを，30字以内で答えよ。
　(2)　本文中の下線②の構成は，どのような構成か。30字以内で答えよ。

設問3　〔WAF に関する検討〕について，(1)～(4)に答えよ。
　(1)　表1中の WAF の種類のうち，アプライアンス型を導入する場合，現在の M システムの構成における最も適切な設置場所はどの経路上か。図1中の字句を用いて，"～と～の間"という形式によって20字以内で答えよ。
　(2)　本文中の下線③について，仮にソフトウェア型を採用することとした場合に，A プロジェクトのスケジュールに影響が発生する理由を，30字以内で答えよ。
　(3)　本文中の下線④について，WAF サービスの推奨方法に基づき，M 社の DNS サーバに新たに設定するリソースレコードの内容を具体的に答えよ。ここで，ホスト名は FQDN で指定し，TTL の指定は省略するものとする。
　(4)　本文中の下線⑤について，変更内容を30字以内で答えよ。

設問4　本文中の下線⑥について，Web サーバへのアクセスに関して変更した内容と，A プロジェクトに関して追加した内容を，それぞれ35字以内で答えよ。

ネットワークスペシャリスト
午後IIの問題

注意事項

1．解答時間は，2時間です（標準時間）。

2．答案用紙の受験者番号欄に，**受験者番号，氏名**をていねいに記入してください。

3．**選択問題（問1，問2）**のうち，1問選択して解答してください。選択した問題については，次の例に従って，答案用紙の問題選択欄の問題番号を○印で囲んでください。
　〔問2を選択した場合の例〕

問題 番号		問題 番号	
1		②	

　なお，○印がない場合は，採点の対象になりません。
　2問とも○印で囲んだ場合は，はじめの1問について採点します。

4．答案用紙の備考欄は採点に使用しますので，記入しないでください。

5．答案用紙の解答欄に解答を記入する際には，問題番号をよく確かめてから記入してください。

6．解答は，はっきりした字できれいに記入してください。読みにくい場合は，減点の対象となりますので，注意してください。

7．電卓は使用できません。

8．問題冊子の余白などは，適宜利用して構いません。ただし，問題冊子を切り離して利用することはできません。

これらの指示に従わない場合には採点されませんので，注意してください。

指示があるまで開いてはいけません。

本書を無断複写複製（コピー）すると著作者・発行者の権利侵害になります。　© ㈱アイテック　https://www.itec.co.jp/

問1 IPv4 と IPv6 の共存環境に関する次の記述を読んで，設問 1〜5 に答えよ。

(880719)

K 社は従業員数 4,000 名の玩具販売会社である。インターネット販売用の Web システム（以下，Web 販売システムという）を利用する商品の販売や，電子メールを用いる問合せ対応を行っている。

各 ISP（Internet Service Provider）では，IPv4 グローバルアドレスの不足に備えるための IPv6 対応を進めている。K 社では，情報システム部の N 部長と D さんが対応を検討している。

〔IPv4 グローバルアドレス不足に備えた検討〕

IPv4 グローバルアドレスが枯渇する問題に対しては，NAPT の技術を用いて，複数の PC が一つの IPv4 グローバルアドレスを共有することによって，IPv4 アドレスの延命が図られてきた。

現在，複数の家庭で一つの IPv4 グローバルアドレスを共有する CGN（Carrier Grade NAT）が導入されつつある。これは ISP 内で NAPT を適用するという仕組みであり，家庭のルータと ISP 側で NAPT を 2 回適用する。

CGN を実現する技術として NAT444 があり，家庭内で使われている "10.0.0.0/8"，"172.16.0.0/12"，"192.168.0.0/16" といったプライベートアドレスを，各家庭のルータの NAPT によって①RFC 6598 で新たに定義された "ISP Shared Address"（100.64.0.0/10）に変換する。このアドレスは，ISP 内だけで有効なアドレスとして，従来のプライベートアドレスと重複しないように導入された。そして，このアドレスを ISP 側の NAPT によって IPv4 グローバルアドレスに変換する。

しかし，CGN を経由すると，アプリケーションによっては正常に動作しなくなったり，セッション数が制限されることによって性能上の問題が発生したりする可能性がある。このため，各 ISP では IPv6 への対応を進めており，将来は，IPv6 でしかアクセスできなくなる顧客も増えてくると予想される。そこで，K 社でも，根本的な対策として IPv6 への対応を検討することとした。

IPv4 では ┃ a ┃ ビット長のアドレスを使用するが，IPv6 では ┃ b ┃ ビット長のアドレスを使用する。そのアドレス空間は IPv4 とは比較にならないほど広

大なので，アドレス不足の問題が解決されると期待されている。

　現行の K 社のネットワークは，全て IPv4 だけで構成されており，十分な数の IPv4 グローバルアドレスを保有している。しかし，IPv4 グローバルアドレスが不足し，顧客が IPv6 グローバルアドレスからアクセスする場合，K 社の Web サーバが IPv6 に対応しないと，Web サーバにアクセスできない顧客が他社に乗り換える可能性がある。このため，Web 販売システムを優先的に IPv6 に対応させる必要がある。

　また，将来，従業員が社内の PC からインターネット上の IPv6 にだけ対応している Web サーバにアクセスすることも想定されるため，社内ネットワークの IPv6 対応についても検討した。そして，②社内の機器から外部への全てのアクセスはプロキシサーバなどのゲートウェイ経由となっており，これらのゲートウェイを IPv6 対応させることで対応できると判断した。さらに，社員がテレワークを行うためのリモートアクセス VPN 環境においては，自宅のインターネット環境からアクセスするための IPv6 対応が必要となる。ゲートウェイ及びリモートアクセス VPN 環境の IPv6 対応は，Web 販売システムの後に実施することとした。

〔Web 販売システムの構成〕

　現在の Web 販売システムのネットワーク構成を図 1 に示す。

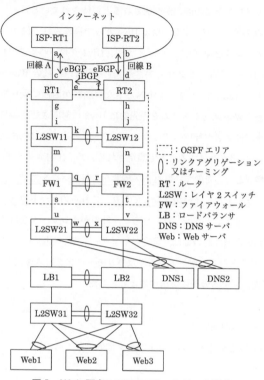

図 1　Web 販売システムのネットワーク構成

　ISP に接続する回線やネットワーク機器は，全て冗長化されている。2 台の DNS サーバは，外部からの名前解決用の権威 DNS サーバである。FW は，ステートフルインスペクション型であり，IPS 機能によって外部からの不正アクセスを検知・遮断する。

　3 台の Web サーバに負荷分散を行う 2 台の LB は，Web サーバ宛ての HTTPS（HTTP over TLS）通信を終端し，WAF 機能によって不正アクセスを検知・遮断する。LB では，HTTP リクエストを Web サーバに転送する際に，送信元 IP アドレスを HTTP の X-Forwarded-For ヘッダ（以下，XFF ヘッダという）に格納する。Web サーバでは，XFF ヘッダに格納された IP アドレスを送信元 IP アドレスとしてアクセスログに記録する。

　K 社側のルータである RT1 及び RT2 は，ISP 側のルータである ISP-RT1 及び ISP-RT2 と専用線で接続されている。ISP とは BGP4 を用いる動的経路制御を実施しており，ISP-RT1 の a インタフェースと RT1 の c インタフェースの間，ISP-RT2 の b インタフェースと RT2 の d インタフェースの間で eBGP ピアをそれぞれ設定し，RT1 の e インタフェースと RT2 の f インタフェースの間で iBGP ピアを設定している。ISP-RT1 及び ISP-RT2 では，RT1 及び RT2 に対してデフォルトルートだけを広告している。

　表 1 の BGP 属性値のように，③RT1 では，ISP-RT1 から受け取った経路に対して，ローカルプリファレンス値に 200 を設定している。また，RT2 では，ISP-RT2 に対して AS-PATH 値にダミーの AS 番号として，自 AS 番号の"64496"を 1 個余計に付加して広告している。なお，ローカルプリファレンスのデフォルト値は 100 である。

表 1　BGP 属性値

属性	機器	相手側機器	値
ローカルプリファレンス	RT1	ISP-RT1	200
	RT2	ISP-RT2	100
AS-PATH	RT1	ISP-RT1	64496
	RT2	ISP-RT2	64496 64496

　また，RT1 の g インタフェース，RT2 の h インタフェース，FW1 の o インタフェース及び s インタフェース，FW2 の p インタフェース及び t インタフェースでは，OSPFv2 のエリア 0 を構成し，動的に経路情報の交換を行っている。そして，FW1 の s インタフェースと FW2 の t インタフェースは，OSPF の Hello パケットを送信しない［　c　］インタフェースとしている。

　RT1 と RT2 では，OSPF と eBGP の間で経路情報の再配布を行っているが，④eBGP から OSPF に再配布された経路を，eBGP へ再配布しないように設定している。⑤各インタフェースに設定している OSPF コスト値及び eBGP から再配布する経路に付与する OSPF コスト値を表 2 に示す。

表2　各インタフェースに設定している／再配布する経路に付与する OSPF コスト値

機器	インタフェース／再配布元	OSPF コスト値
RT1	eBGP	1
	g インタフェース	10
RT2	eBGP	10
	h インタフェース	10
FW1	o インタフェース	10
	s インタフェース	1
FW2	p インタフェース	10
	t インタフェース	10

　FW1 の s インタフェース及び FW2 の t インタフェースでは，VRRP グループを構成している。VRRP の設定内容を表3に示す。マスタルータは1秒ごとに VRRP 広告を送信する。バックアップルータは，一定の時間，受信できなくなると，マスタルータがダウンしたと判断し，マスタルータに昇格してパケットの転送処理を行う。

表3　VRRP の設定内容

設定項目	設定内容
VRID	1
FW1 のプライオリティ値	255
FW2 のプライオリティ値	100
広告（アドバタイズメント）間隔	1 秒
仮想 IPv4 アドレス	x.y.z 1

　FW1 の q インタフェースと FW2 の r インタフェースの間の接続はステート同期用であり，FW1 又は FW2 を通過するトラフィックは流れない。
　また，FW1 の o インタフェース及び s インタフェース，FW2 の p インタフェース及び t インタフェースでリンク障害をトラッキングするように VRRP を設定している。そして，Preempt を有効にしており，マスタルータが復活すると自動的にバックアップルータからマスタルータに切り戻される。
　これらの設定によって，各機器で障害が発生した場合でも，迂回経路を用いて通信することが可能となる。表4は，各機器で障害が発生した場合に，L2SW21 及び L2SW22 の両方にチーミング接続している DNS サーバ（DNS1）が，インターネット宛てに通信する経路を示したものである。なお，チーミング接続はアクティブ・ス

タンバイ構成となっており，L2SW21 との接続をアクティブ，L2SW22 との接続をスタンバイとしている。

表4　障害が発生した場合の経路

項番	故障箇所	経路
1	RT1	DNS1→L2SW21→（設問のため省略）
2	L2SW11	DNS1→　　ア
3	FW1	DNS1→L2SW21→（設問のため省略）
4	L2SW21	DNS1→L2SW22→（設問のため省略）
5	g-i 間のケーブル	DNS1→　　イ
6	m-o 間のケーブル	DNS1→L2SW21→（設問のため省略）
7	s-u 間のケーブル	DNS1→L2SW21→（設問のため省略）

〔Web 販売システムの IPv6 対応〕

　N 部長と D さんは，Web 販売システムの IPv6 対応の検討に着手した。

　まず，ISP と IPv6 接続の契約を行う必要がある。多くの ISP では通常の IPv4 インターネット接続サービスのオプションとして，IPv6 トンネル接続サービスや IPv6 デュアル接続サービスを提供しており，現在の契約にこれらのオプションを追加することになる。

　IPv6 トンネル接続サービスでは，Web 販売システムと接続する ISP 側ネットワークは IPv4 ネットワークであり，そのままでは IPv6 パケットを流すことができない。そこで，IPv6 over IPv4 のトンネル技術を使って，ISP の IPv6 ネットワークまで，IPv6 パケットを運ぶようにする。

　IPv6 デュアル接続サービスでは，Web 販売システムと接続する ISP 側ネットワークは IPv4 と IPv6 の両方に対応するため，そのまま IPv6 パケットを流すことができる。

　どちらのサービスでも IPv4 と IPv6 の両方が利用できるが，⑥トンネル接続サービスでは，IPv6 パケットを流した場合に，ある問題が発生するため，K 社では，IPv6 デュアル接続サービスを契約することとした。この契約では，/48 のプレフィックスが割り当てられるので，2 の　　d　　乗個のグローバルアドレスを利用することができる。

　D さんは，次に，ISP 接続用のルータや FW，LB といったネットワーク機器，Web

サーバ，DNS サーバの IPv6 対応について検討した。

調査の結果，ネットワーク機器については，ファームウェアをアップデートすることによって，ダイナミックルーティングやフィルタリングなどの基本的な IPv6 処理に対応できることが分かった。

Web サーバについては，Web サーバ宛ての IPv6 でのアクセスを LB が受信し，背後の Web サーバとは IPv4 で通信をすることができる。そのため，Web サーバ自身を IPv6 に対応させなくても，顧客からの IPv6 でのアクセスを受信できることが分かった。ただし，⑦この方法であっても Web サーバ側で必要となる対応があり，別途，動作検証を実施して問題がないことを確認した。

DNS サーバについては，⑧当面は IPv6 対応しなくても問題はないが，将来のことを考え，同時に IPv6 対応することとした。DNS サーバの OS とサーバソフトウェアは，設定の変更によって IPv6 に対応できることを確認した。

さらに，IP アドレス設計を検討した。IPv6 では，アドレスを [e] と RA(Router Advertisement) の二つの方式を使って自動で設定することが可能である。⑨RA は IPv6 で新たに導入された方式で，ルータがアドレスの上位のネットワーク部（プレフィックス）を広告し，その広告を受信したホストが下位のホスト部を生成することによって，自動的に IPv6 アドレスを作成する。Web 販売システムでは，IPv4 アドレスと同様に，手動で IPv6 アドレスを設定することとした。検討した IP アドレス設計を表 5 に示す。

表 5　IP アドレス設計

サーバ	IPv4 アドレス	IPv6 アドレス
DNS1	x.y.z.10	2001:0db8:0000:0001:0000:0000:0000:0010
DNS2	x.y.z.11	2001:0db8:0000:0001:0000:0000:0000:0011
LB の仮想 IP アドレス	x.y.z.20	2001:0db8:0000:0001:0000:0000:0000:0020
Web1	192.168.0.21	なし
Web2	192.168.0.22	なし
Web3	192.168.0.23	なし

D さんは，次に，IPv6 のルーティング方式について検討した。IPv4 では，ダイナミックルーティングプロトコルとして，RIP (RIPv1/RIPv2) や OSPF (OSPFv2)

などがある。IPv6 では，対応するプロトコルとして，RIP を IPv6 に対応させた [　f　] や，OSPF を IPv6 に対応させた OSPFv3 がある。

OSPFv3 の動作は OSPFv2 とほぼ同じであるが，Hello パケットなどでは IPv6 パケットを使用し，送信元は各ルータの IPv6 リンクローカルアドレス，宛先は IPv6 マルチキャストアドレスである ff02::5 と ff02::6 を用いる。なお，ネットワーク機器の冗長化に用いる VRRP については，VRRPv3 において IPv4 と IPv6 の両方に対応している。

D さんは，IPv6 のルーティングは，IPv4 と同じ動作となるように設定することとした。具体的には，ISP との間は IPv4 用の BGP4 に加えて，IPv6 用の BGP4+を使用する。そして，OSPF の部分は，IPv4 用の OSPFv2 と合わせて IPv6 用の OSPFv3 を動作させる。

また，VRRPv3 は IPv6 にも対応しているため，IPv6 の仮想 IP アドレスとして，"[　g　] ::/10" で始まる IPv6 リンクローカルアドレスを新たに設定する。VRRPv3 における IPv6 の動作は，IPv4 とほぼ同じであるが，VRRP 広告に IPv6 パケットを使用し，送信元は各ルータの IPv6 リンクローカルアドレス，宛先は IPv6 マルチキャストアドレスである ff02::12 を用いる。各サーバには，IPv6 のデフォルトゲートウェイとして，仮想 IP アドレスとして設定した IPv6 リンクローカルアドレスを手動設定する。

DNS サーバに各サーバの IPv6 アドレスを登録する作業も必要になる。表 6 は，DNS サーバに登録されている Web サーバの IPv4 アドレスの正引きレコードと逆引きレコードである。

表 6　DNS サーバに登録されている Web サーバの IPv4 用レコード

正引きレコード	www.k-sha.com. IN A x.y.z.20
逆引きレコード	20.z.y.x.in-addr.arpa. IN PTR www.k-sha.com.

これに加えて，⑩Web サーバの IPv6 アドレスの正引きレコードと逆引きレコードを登録する。なお，RFC 5952 では，IPv6 アドレスの表記を統一するための次のルールが規定されている。

・16 ビットフィールド内（":"で囲まれたフィールド）の先頭の 0 は省略すること

・"::"を使用して可能な限り省略すること

・全て 0 の 16 ビットフィールドが一つだけの場合，"::"を使用して省略しないこと

・"::"を使用して省略可能なフィールドが複数ある場合，最も多くの 16 ビットフィールドを省略できるフィールドを省略すること

・"a"〜"f"は小文字を使用すること

次に，D さんが検討した，IPv6 対応のための FW のフィルタリングルールを表 7 に示す。

表 7　FW のフィルタリングルール

送信元 IP アドレス	宛先 IP アドレス	プロトコル
ANY	x.y.z.10 x.y.z.11 2001:0db8:0000:0001:0000:0000:0000:0010 2001:0db8:0000:0001:0000:0000:0000:0011	53/TCP，53/UDP
ANY	x.y.z.20 2001:0db8:0000:0001:0000:0000:0000:0020	80/TCP，443/TCP

D さんは，N 部長の指摘を受け，IPv6 において IPv4 の ARP の代わりに使われる ICMPv6 を用いる 　　h　　 のパケットを FW のインタフェースで遮断しない設定を追加した。また，このルールでは IPv6 の機能である 　　i　　 に失敗する可能性があるため，ICMPv6 の Packet too Big メッセージを許可する設定を追加した。

さらに，⑪Web 販売システムに IPv6 でアクセスできるようになると，IPv6 を使用した攻撃を受ける可能性があるため，対策を検討することとした。

〔社内ネットワークの IPv6 対応〕

次に D さんは；K 社の社内ネットワークの IPv6 対応について検討した。社内ネットワークの構成を図 2 に示す。

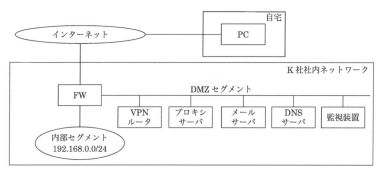

図2　社内ネットワークの構成（抜粋）

　従業員の自宅にある会社貸与の PC から，DMZ セグメントにある VPN ルータの間に IPsec によるインターネット VPN を構築し，内部セグメントにアクセスできるようにしている。また，内部セグメントの PC から，DMZ セグメントのプロキシサーバやメールサーバ経由で Web アクセス及びメールの送受信を行っている。DNS サーバはフルサービスリゾルバであり，DMZ セグメント上のサーバがインターネット上のサーバの名前解決に利用する。

　IPv6 対応のために，インターネットとの接続に IPv6 デュアル接続サービスを契約し，FW 及び DMZ セグメントの VPN ルータ，プロキシサーバ，メールサーバ，DNSサーバを IPv4 と IPv6 の両方に対応させる。ただし，内部セグメントはプライベートIPv4 アドレスを使用しており，IPv6 対応はしないこととした。そして，⑫DMZ セグメントのサーバの稼働状況を監視する監視装置の対応も必要となるため，ソフトウェアをバージョンアップして対応することとした。

　IPsec によるインターネット VPN では，これまでは，IPv4 over IPv4 の IPsec トンネルを使っていた。しかし，途中の経路のインターネットが IPv6 になり，宛先である社内ネットワークは IPv4 のままであるため，　　j　　の IPsec トンネルを使う必要がある。調査の結果，現在使用している製品の最新バージョンは，このトンネル方式に対応していることが分かった。D さんは，別環境にて十分検証をしてから導入することを N 部長に説明し，承認を得た。

設問1　本文中の　 a 　～　 j 　に入れる適切な字句を答えよ。

設問2　〔IPv4 グローバルアドレス不足に備えた検討〕について，(1)，(2)に答えよ。

(1) 本文中の下線①について，従来のプライベートアドレスが利用できない理由を，家庭に設置されるルータの機能に着目して 40 字以内で答えよ。

(2) 本文中の下線②の理由を，通信区間に着目し，プロキシサーバの動作を例に挙げて 60 字以内で答えよ。

設問3　〔Web 販売システムの構成〕について，(1)～(4)に答えよ。

(1) 本文中の下線③について，ローカルプリファレンス値と AS-PATH 値の設定において差をつける目的を，それぞれ 40 字以内で答えよ。

(2) 本文中の下線④について，eBGP から OSPF に再配布された経路を，eBGP に再配布しない目的を 20 字以内で答えよ。

(3) 本文中の下線⑤について，FW1 の s インタフェースと FW2 の t インタフェースのコストに差をつける目的を，経由させる機器名及びその機器の役割を含めて 35 字以内で答えよ。

(4) 表 4 中の　 ア 　，　 イ 　に入れる適切な経路を，図 1 中の機器名を用いて答えよ。ただし，経路は ISP-RT1 又は ISP-RT2 までを記述すること。

設問4　〔Web 販売システムの IPv6 対応〕について，(1)～(6)に答えよ。

(1) 本文中の下線⑥について，トンネル接続サービスではどのような問題が発生するか。理由を含めて 50 字以内で答えよ。なお，処理時間の問題は発生しないものとする。

(2) 本文中の下線⑦について，LB で IPv6 を IPv4 に変換した場合に，Web サーバ側で動作検証が必要となる内容を 40 字以内で答えよ。

(3) 本文中の下線⑧について，DNS サーバでは IPv6 アドレス用のレコードを追加すればよく，IPv6 対応が当面は必要ない理由を 35 字以内で答えよ。

(4) 本文中の下線⑨について，同じセグメントに RA を広告するルータが 2 台存在した場合に，ホストにおいて発生する事象を，30 字以内で答えよ。

(5) 本文中の下線⑩について，Web サーバの IPv6 アドレスの正引きレコードと逆

引きレコードを表 6 の表記に従って答えよ。ただし，正引きレコードでの表記は RFC 5952 のルールに従うこと。

(6) 本文中の下線⑪について，対策としてまず確認すべきことは何か。機器名とその機能を含めて 40 字以内で答えよ。

設問 5　本文中の下線⑫について，監視装置のソフトウェアにおいて新たに必要となる機能を 20 字以内で答えよ。

問2 IoT ネットワークの設計と構築に関する次の記述を読んで，設問1〜5に答えよ。

(880585)

I 社は，システムインテグレータである。IoT システム部では，IoT を活用するシステムのコンサルティングから設計，構築，運用，保守といった，ライフサイクル全体を対象として業務を行っている。業務は，ネットワーク担当，IoT 端末（以下，デバイスという）担当，データ分析担当などの異なるスキルをもつ技術者が協業して遂行される。これらの技術者は，案件ごとにプロジェクトチームを編成する。

〔IoT 向け無線通信の選定〕

中堅技術者の O 主任は，表1に示す IoT システムの案件を抱えていた。

表1 IoT システムの案件

案件	概要（用途）	固定／移動体	通信頻度	1回の送信データ長	デバイス数（想定）	備考
A	製造業 A 社の工場向け IoT システム（製造装置のセンシング）	固定	1日に48回	800バイト	200台（増加予定）	電池駆動（大容量）通信コストの削減
B	スポーツ用ウェアラブルデバイス（スマートフォンとの連動）	移動体	1秒間に10回	10バイト	1台	小型蓄電池（充電可）
C	首都圏交通インフラの設備管理用（高架橋などの歪みと温度のセンシング）	固定	1日に24回（送信だけ）	16バイト	200台	電池駆動（3年間交換無し）
D	建設用機器レンタル業（重機の位置情報と状態の送信）	移動体	1日に数〜数10回	120バイト	5,000台	重機から給電全国を移動

先日，O 主任の元へ，若手技術者の N 君がネットワーク運用部から異動となり配属された。O 主任は，IoT システムの設計で重要な，用途やデバイスの要件に応じた通信方式の選定について N 君に説明することにした。

設計工程における誤りは，データ伝送の不具合，通信コストの増大，省電力性の悪化など，様々な問題の原因になるため，慎重な検討が必要である。そこで，O 主任は，N 君の OJT を兼ねて，表1の案件ごとに，表2に示す I 社で実績のある無線通信の方式のどれが適切であるかを検討する課題を与えた。

表2　I社で実績のある無線通信の方式

方式	規格	最大伝送距離	伝送速度	1フレームで伝送可能なデータ長	省電力性	通信事業者への料金発生	備考
ZigBee	IEEE 802.15.4（物理層）	100m程度	250Kbps	最大127バイト	優	無	自営で設置
BLE	IEEE 802.15.1	10m程度	1Mbps	最大251バイト	優	無	自営で設置
無線LAN	IEEE 802.11g	100m程度	54Mbps	最大2312バイト	低	無	自営で設置
	IEEE 802.11a	100m程度	54Mbps	最大2312バイト	低	無	自営で設置 W52，W53
Sigfox	独自規格	数km	100bps	最大12バイト	優	有	原則的に送信（上り）140回／日だけ
LTE	3GPP Release.8	数100m〜数km	上り最高5Mbps	（可変）	低	有	カテゴリ1 全国各地で使用可能

　次は，無線通信の方式に関する，O主任とN君の会話である。

N君　：案件Bは，ウェアラブルデバイスに省電力性が求められることや，スマートフォンでの標準機能で実現できることを考慮すると，　　ア　　が適切です。また，案件Dは，デバイスが移動体であることやサービス提供エリアを考慮すると，　　イ　　が適切です。重機のバッテリから電源を取れるので，　　ウ　　性が低くても大きな問題にはなりません。その他に関しては，無線通信の知識が不足しています。

O主任：案件Bと案件Dは適切です。表2の方式について補足しますね。ZigBeeは，古くからあるM2M向けの近距離通信規格で，スマートメータなどの数10バイト程度の短いデータを伝送する目的で作られました。ただし，国内では2.4GHz帯でしか使えないため，伝送距離が短く使いにくいです。米国では，1GHz以下の　　エ　　と呼ばれる伝送距離が長い周波数帯の電波がよく使われています。国内では，920MHz帯の周波数を使う国内版のZigBeeといえる　　オ　　と呼ばれる規格が登場して，電力会社のスマートメータで普及しています。BLEと無線LANの説明は省略して，次のSigfoxが，一般的に　　カ　　と呼ばれる，省電力長距離無線通信の一種です。

N君　：これも，920MHz帯の電波ですね。伝送距離は長いですが，速度が非常に遅く，上り方向の通信だけですね。どのような用途がありますか。

O主任：ケーススタディとして，Sigfoxが適しているのは，表1のどの案件か考えて

みましょう。

N君 ：固定のデバイスであること，通信頻度，$\boxed{\quad ウ \quad}$ 性に注目すると案件 C となりますが，問題は 1 回の送信データ長が 1 フレームのデータ長を超えていることです。通信頻度に注目すると，1 日当たりの通信回数の制約に対して余裕があるので，$\boxed{\quad キ \quad}$ すればよいですね。

O主任：データを 1 回で送信したいのであれば，データを文字列ではなく，バイナリデータにしたり，ビットごとに意味をもたせたりする方法があります。バイナリ変換に関しては，例えば，案件 C の場合，要求仕様書の送信データのフォーマットは図 1 のとおりです。

カッコ内の数値は，データ長（バイト）

ひずみセンサの データ(5)	温度データ (3)	デバイス ID (4)	ステー タス(2)	電池残量 (2)

注記 1　ひずみセンサのデータの範囲は，アスキーコードの文字列で"00000"～"65535"
注記 2　温度データの範囲は，符号付きの 3 桁の文字列で"－80"～"＋80"

図1　案件 C の送信データのフォーマット

ひずみセンサのデータが 5 桁の文字列，温度データが符号付きの 3 桁の文字列で，残りの三つの付加情報も送信する必要があります。ここで，ひずみセンサのデータと温度データの二つのデータをアスキーコードの文字列でなく，バイナリ変換するとどうなるでしょうか。

N君 ：案件 C の送信データ合計で $\boxed{\quad ク \quad}$ バイトになるので，Sigfox でも，データを 1 回で送信できます。

O主任：IoT 通信では，工夫が大切です。

N君 ：残る案件 A では，通信コストの削減が課題なので，通信料金の発生しない自営の無線通信が向いています。BLE は，伝送距離が適さないので，ZigBee あるいは無線 LAN になると思います。

O主任：送信データの量に注目してみましょう。ZigBee の場合は，1 回で伝送できるデータ長が短いので，大きなデータの場合は，複数回のパケットに分割して伝送する必要があります。そのため，スループットが規格上の物理的な速度に比べて 1／10 程度に低下する場合がよくあります。

N君 ：1／10 に低下した場合，1 台のデバイスにおける通信時間は $\boxed{\quad ケ \quad}$ ミ

リ秒になります。大きな工場では 800 台のデバイスを使うことが想定されているということなので，800 台が競合せずに理想的に送信できたとして，全てのデバイスのデータ送信が完了するまでの通信時間は，　コ　秒になります。

O 主任：実際には，多数のデバイスが同時に送信すると，競合が発生して伝送効率が極端に悪くなります。そのため，データ量を考えると，ZigBee は適切とはいえません。

N 君　：無線 LAN は消費電力が大きいものの，案件 A では，デバイスの電源として大容量の電池が使用できるので，無線 LAN が適切ですね。工場の機器が対応している，IEEE 802.11a と IEEE 802.11g のどちらを選定しますか。

O 主任：全てのデバイスが建屋内に設置される本社工場では問題がないですが，将来的に導入予定の一部の工場では，屋外にも製造機器があります。そのため，登録局の申請手続を行わない前提では，①電波法の省令によって，IEEE 802.11a の利用には制限が生じます。

　検討の結果，案件 A では，IEEE 802.11g を使う方針となった。N 君は，過去に無線 LAN を扱った経験があるので，案件 A の IoT システム（以下，A システムという）の設計と構築を担当することになった。そこで N 君は，再度，A システムの概要や要求仕様を確認した。

〔A システムの概要〕

　A 社は，中堅の製造業であり，全国に複数の工場がある。インダストリ 4.0 の流れを受けて，A 社でも工場の IoT 化を推進する経営方針が決まった。そこで，製造装置や屋外のプラント（以下，生産設備という）に，センサを取りつけ，製造現場の稼働データを収集するシステムの構築を目指している。

　A システムで使用するデバイスは，センサ，マイコン，無線モジュール（以下，通信機能という）から構成されている。A 社の構想では，第一段階として，本社工場の建屋内の生産設備に，約 200 台のデバイスを取り付け，センサによるセンシングを行い，システムの検証と評価を行う。そして，第一段階の評価を踏まえて改良を行い，第二段階において全社の工場へ展開する予定である。

A社では8台のデバイスからなるPoC（概念実証）モデルの構築を済ませており，それをたたき台として，I社とともにシステムの再設計を行い，第一段階のシステムを構築する方針である。図2にAシステムのPoCモデルを示す。

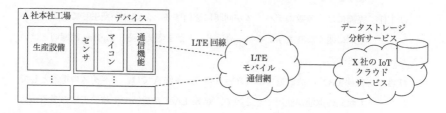

図2　AシステムのPoCモデル

〔Aシステムの要求仕様〕

各デバイスからは，30分に1回の頻度（毎時00分と30分の規定時刻）で，1回当たり800バイトのデータを，X社のクラウド上の製造業向けIoTサービス（以下，クラウドサービスという）へ送信して，データを蓄積する。

送信データの中には，センシングを行った時刻情報は含まれず，代わりにクラウドサービスのサーバがデータを受信したときに自動的に付加されるタイムスタンプを用いて，時刻情報とする。デバイスからは，無線通信を介してクラウドへデータを伝送する。

PoCモデルでは，デバイスの台数が少ないため，通信機能には，LTE通信モジュールを用い，通信事業者のLTE接続サービスを使用して，クラウドサービスへ接続する構成とする。PoCモデルにおけるデバイスは外部から電源供給を行う仕様であるため，省電力に対する要求は低い。しかし，第一段階以降では，デバイスが電池駆動となるため，省電力性も要求される。また，A社には本社工場よりも規模が大きい工場が全国に複数あり，第二段階において全社の工場に展開した場合，全社では約5,000台のデバイスを使用することが想定される。PoCモデルと同じ通信の方式では，通信料金が肥大化するため，第一段階以降では，通信コストがかからない無線通信を使用することを要望している。そこで，省電力モードをもつ組込み用無線LANモジュールを採用する方針となった。

〔デバイスと無線 LAN アクセスポイントとの接続〕

　デバイスは，規定時刻になるまでは，省電力モードで休止している。同モードでは，マイコンの CPU と無線 LAN モジュールの動作が停止している。規定時刻になるとデバイスが起動し，無線 LAN モジュールが無線 LAN アクセスポイント（以下，AP という）とのアソシエーションと認証を行い，レイヤ 2 の接続を確立後，IP パケットの送受信を開始する。通信が完了後，AP との接続を切断し，省電力モードに移行する。

〔無線 LAN の検討〕

　N 君は，IEEE 802.11g の無線 LAN を使用する方針であることを踏まえて，デバイスを無線 LAN で収容する方法を検討した。A 社本社工場の建屋は広いので，複数の AP を設置し，AP の負荷を分散する。無線 LAN とネットワークの構成を図 3 に示す。

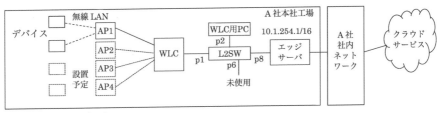

L2SW：レイヤ 2 スイッチ
WLC ：無線 LAN コントローラ
注記 1　デバイスには 10.1.1.1/16〜10.1.1.254/16 の範囲から IP アドレスを割り当てる。
注記 2　p1, p2, p6, p8 は L2SW のポート番号で，その他のポート番号は省略している。

図 3　無線 LAN とネットワークの構成

　複数の AP を使用するため，WLC を使用する。WLC には，AP の集中管理機能や統計情報の収集機能，AP への PoE による給電機能がある。WLC は，専用アプリをインストールした WLC 用 PC から，監視及び操作ができる。WLC 用 PC は，マルチキャストを使用した SSDP で WLC を発見し，HTTP を使用して WLC と接続する。

　エッジサーバは，デバイスからのデータを受信し，A 社社内ネットワークを介して，クラウドサービスへデータを中継する。

　O 主任は，AP の設置に関する注意事項について，次のように N 君に説明した。一般のオフィスなどの用途では，常時接続で一定レベルのスループットの確保が必要な

ので，1台の AP に接続する端末の数を 20〜30 台ぐらいを目安に設計する。製品もそのように最適化されたものが多い。しかし，A システムのような IoT 用途で無線 LAN を使用する場合は，②異なる要件を満たす製品が求められる。また，工場では，建屋の天井が高く，AP の電源確保が難しいので，PoE を使った給電が望ましい。

O 主任は，A システムに適した AP と WLC の選定と，本社工場の図面を基にした AP の設置場所の検討を指示した。

N 君は，PoE に対応した AP と WLC を調査し，O 主任に結果を次のように報告した。Y 社製の AP と WLC の候補の機種は，1台の AP で 200 台の端末の接続実績がある。そのため，スペック的には本社工場に設置予定のデバイスを1台の AP で収容できる。余裕をもたせるために4台の AP を使い，WLC で接続数やトラフィックの負荷分散を行い，AP 当たりの接続数を 50 台程度にする。PoE に関しては，建屋が広く天井が高いことから，WLC から AP3 及び AP4 までの LAN ケーブルの長さが 150m 程度になる見込みである。そのため，③対策を考える必要がある。

O 主任は，2台の AP を対象とする対策について，図4の PoE 延長器（以下，PE という）の構成を示して説明した。

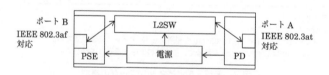

図4　PoE 延長器の構成

PoE では，給電機能をもつ機器を PSE，受電機能をもつ機器を PD と呼ぶ。利用する PoE の規格は，最大 15.4W の電力の供給ができる IEEE 802.3af と，PoE+と呼ばれる最大 30.0W の電力の供給ができる IEEE 802.3at である。

PE は，PoE パススルー機能付きの2ポート L2SW といえる。PoE パススルー機能とは，PSE からの給電で動作し，かつ PD に給電する機能である。A システムでは，WLC の PSE からの電力供給を，PE の PD で受電し，さらに，PE の PSE から AP の PD へ給電することになる。

N 君は，WLC の仕様書で，ポート1とポート2が IEEE 802.3af と IEEE 802.3at

の両方に対応しており，残りのポートは IEEE 802.3af だけに対応していることを確認した。そして，供給可能な電力を考慮して，AP と WLC 間の LAN ケーブルの配線を図5のように示した。

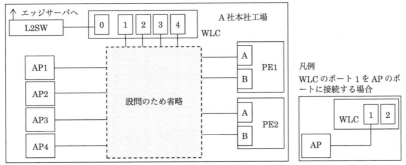

注記　PE1及び PE2 は延長器，A はポート A，B はポート B を表す。

図5　WLC と AP の接続

〔アプリケーションプロトコルの検討〕

　続いて，デバイスとエッジサーバ間，及びエッジサーバとクラウドサービス間のアプリケーションプロトコルについて検討した。N 君が検討したアプリケーション層の通信を図6に示す。

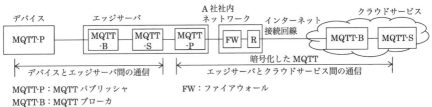

MQTT-P：MQTT パブリッシャ　　　　　FW：ファイアウォール
MQTT-B：MQTT ブローカ
MQTT-S：MQTT サブクライバ
注記　FW では HTTPS（HTTP over TLS）だけが許可されている。

図6　アプリケーション層の通信

　デバイスとエッジサーバ間は，HTTP に比べて軽量なアプリケーションプロトコルである MQTT を用いる。MQTT は，配信元のパブリッシャが発行したメッセージを，

ブローカと呼ばれるサーバが，必要に応じて配信先のサブスクライバへ中継する。デバイスがパブリッシャ，エッジサーバがブローカに相当する。

　また，エッジサーバとクラウドサービス間も MQTT を用いるが，インターネットを経由するために，暗号化が不可欠である。そこで，デバイスとエッジサーバ間の MQTT の通信をエッジサーバでいったん終端し，エッジサーバとクラウドサービス間は，別の暗号化された MQTT で接続する。そのため，エッジサーバは，デバイス側のブローカとサブスクライバとして動作し，かつクラウド側のパブリッシャとして動作する。エッジサーバからクラウドサービスへの通信は，A 社社内ネットワークを介してインターネットへの接続を行うため，A 社のネットワークを確認する必要がある。

N 君　　：確認の結果，MQTT を暗号化する MQTTS（MQTT over TLS）は使用できません。MQTTS は，TCP のポート 8883 番を使いますが，A 社内の FW にてフィルタリングされてしまいます。

O 主任：A 社に変更依頼できる見込みはどうでしょうか。

N 君　　：残念ながら，A 社のセキュリティポリシによって，当該通信は認めておらず，ルールの変更には相当の時間が必要とのことです。

O 主任：それでは，RFC 7301 で定義されている TLS の拡張の④ALPN（Application -Layer Protocol Negotiation）を確認してみてください。ALPN では，TLS ハンドシェイクの ClientHello メッセージの中に，ALPN 拡張情報を追加し，その中の ProtocolNameList に MQTT を指定する文字列を含めておきます。この ProtocolNameList とは，クライアントが使用したいアプリケーションプロトコルのリストのことですね。サーバが対応できる場合は，ClientHello メッセージに対応するメッセージに含まれる ALPN 拡張情報の中で，サーバが選択したプロトコルが MQTT であることが記されます。

N 君　　：MQTT 接続で ALPN が使用できるか，仕様を確認します。

O 主任：それから，IoT の場合は，サーバの認証以外にも，クライアントのなりすましを防止することも必要です。それを踏まえて，エッジサーバ側で⑤TLS を使うために必要な情報も調査してください。

その後，調査結果を踏まえてエッジサーバの構築を行い，デバイスとエッジサーバ間の通信，及びエッジサーバとクラウドサービス間の通信が正常にできるようになった。また，本社工場の建屋に設置予定のAPの内，AP1が先行して使用できるようになったので，段階的にデバイスを設置してフィールドテストを開始した。

〔フィールドテストのトラブル〕

デバイスの数を，25台，50台と増やしながらフィールドテストを実施していたところ，75台の段階でクラウド担当のS氏から，次の不具合の報告があった。

（不具合の報告）

・クラウド側で全てのデバイスからのデータを収集できているが，受信時刻のタイムスタンプのバラツキが大きくなっている。エッジサーバのデバイス側におけるデータの受信処理で遅延が発生していると推測される。

N君はエッジサーバに接続して，調査したところ，デバイス側のインタフェースで，TCPの接続異常が多発していることが判明した。O主任はN君に，AP1とエッジサーバ間の通信について，PC上で動作するパケット収集・解析ソフト（以下，解析ソフトという）を使用し，パケットを収集して分析するように指示した。

N君は，解析ソフトを入れた調査用ノートPCを図3のL2SWのp6ポートに接続し，パケットの収集を試みた。しかし，目的とする通信のパケットは⑥一部を除いて収集できなかった。N君は，その原因に気付き，⑦L2SWのある機能を有効にして，必要な設定を行ったところ，目的のパケットを収集することができた。次に，大量のパケットから特定のパケットを抽出するために，⑧解析ソフトのフィルタを設定した。設定後のパケットの解析結果を図7に示す。

番号	送信元IP	宛先IP	プロトコル	概要
304	10.1.1.18	10.1.254.1	MQTT	Connect Command
306	10.1.254.1	10.1.1.18	MQTT	Connect Ack
311	10.1.254.1	10.1.1.44	TCP	TCP Retransmission
315	10.1.1.22	10.1.254.1	MQTT	Publish Message
319	10.1.254.1	10.1.1.61	TCP	TCP Retransmission
321	10.1.1.31	10.1.254.1	MQTT	Publish Message
323	10.1.254.1	10.1.1.55	TCP	TCP Retransmission

図7　パケットの解析結果（抜粋）

O 主任は，パケットの解析結果を見て，WLC 用 PC の統計機能を使って AP1 の統計情報を表示させるように指示した。N 君が表示させた WLC が収集した AP1 の統計情報を図 8 に示す。

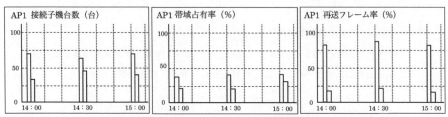

図8 WLC が収集した AP1 の統計情報

N 君は，帯域占有率の割には再送フレーム率が高く，接続子機台数に関しても，実績のある 200 台よりも少ないことから原因をつかめなかった。

O 主任は，規定時刻におけるデバイスや無線 LAN のモジュールの動作を踏まえて，AP への接続を再検討する必要があると説明した。また，A システムの要求仕様とはいえ，通信の偏りが大きいことを指摘した。

N 君は，A システムの要求仕様やこれまでの状況と合わせて，今回の不具合を Y 社に報告し，調査を依頼した。調査の結果，問題が発生している AP は，1 台当たりの端末接続数に十分な余裕があっても，A システムのような⑨特殊な使い方の場合，一時的に処理能力が不足することが判明した。そして，AP における対策のためには，ファームウェアのアップデートが必要で，時間を要するとの回答があった。

O 主任と N 君は，この現象に関して，未設置の AP2〜AP4 の工事が完了し，運用を開始することによって解消できると判断した。しかし，同様の不具合の発生を防止するために，第二段階以降では，デバイスから伝送するデータ項目の追加とデータ伝送の見直しについて，⑩A システムの仕様変更を A 社に提言することにした。

設問1　本文中の　ア　～　カ　に入れる適切な字句を答えよ。

設問2　〔IoT 向け無線通信の選定〕について，(1) ～ (5) に答えよ。

(1) 本文中の　キ　に入れる適切な字句を，10 字以内で答えよ。

(2) 本文中の　ク　に入れる適切なバイト長を答えよ。ただし，付加情報は圧縮しないものとする。

(3) 本文中の　ケ　に入れる適切な数値を答えよ。なお，送信データ長は 800 バイトとする。

(4) 本文中の　コ　に入れる適切な数値を，小数第 1 位を切り上げて整数で答えよ。

(5) 本文中の下線①について，AP（無線 LAN アクセスポイント）の利用に関してどのような制限が生じるか。25 字以内で答えよ。

設問3　〔無線 LAN の検討〕について，(1) ～ (3) に答えよ。

(1) 本文中の下線②について，A システムの AP にはどのような要件が求められるか。デバイス数とデータ通信の特性を考慮して，40 字以内で答えよ。

(2) 本文中の下線③について，理由を 35 字以内で答えよ。

(3) 図 5 中の接続の省略部分について，IEEE 802.3af と IEEE 802.3at の違いを考慮し，凡例に倣って接続を完成させよ。なお，PE は必要な場合だけに使用することとする。

設問4　〔アプリケーションプロトコルの検討〕について，(1) ～ (4) に答えよ。

(1) 本文中の下線④の ALPN を採用する目的を，具体的なポート番号を含めて 35 字以内で答えよ。

(2) TLS のハンドシェイクにおいて，ClientHello メッセージに対して応答されるメッセージ名を答えよ。

(3) HTTPS と TLS で暗号化した MQTT を識別できる理由を，ClientHello メッセージの内容に着目して 45 字以内で具体的に答えよ。

(4) 本文中の下線⑤について，エッジサーバ側で用意する情報を答えよ。

設問5 〔フィールドテストのトラブル〕について，(1) ～ (6) に答えよ。

(1) 本文中の下線⑥について，収集できたパケットの宛先の MAC アドレスの種類を二つ答えよ。

(2) 本文中の下線⑦について，L2SW に対して行った設定の内容を，図3中の L2SW のポート番号を含めて 40 字以内で答えよ。

(3) 本文中の下線⑧について，解析ソフトに対して行った設定内容を，50 字以内で具体的に答えよ。

(4) 図7について，デバイスからエッジサーバへの通信において，IP パケットにどのような現象が多発していると判断できるか。15 字以内で答えよ。

(5) 本文中の下線⑨について，A システムの特殊な使い方に伴う接続動作の特徴を，40 字以内で答えよ。

(6) 本文中の下線⑩の提言について，追加するデータ項目を 7 字以内で答え，データ伝送の仕様をどのように変更するかを 30 字以内で答えよ。

＜午前Ⅰ（共通知識）の問題　内容と解答一覧＞

☆得点は各問 3.4 点で計算（上限は 100 点），100 点満点

番号	問 題 内 容	答	番号	問 題 内 容	答
問1	前提条件から論理的に導ける結論	イ	問21	JIS Q 20000 における SLA とその扱い方	ア
問2	一様乱数を使って近似値を求める手法	エ	問22	システム管理基準における IT ガバナンス	ア
問3	B 木の説明	ウ	問23	関連性のある複数のプロジェクトをまとめて管理する手法	イ
問4	メモリインタリーブ	イ	問24	EVA（経済付加価値）	ア
問5	コールドスタンバイによる稼働率の向上	エ	問25	戦略立案のための分析手法	ア
問6	ページフォルト発生回数の計算	イ	問26	新しい技術によって製品に市場シェアを奪われてしまう現象	ア
問7	エネルギーハーベスティングの適用例	エ	問27	投資家向け情報開示活動	イ
問8	3 次元グラフィックス処理におけるレンダリング	ア	問28	OODA ループ	ア
問9	表の結合で同じ出力結果となる SQL 文	ウ	問29	ゲーム理論におけるナッシュ均衡	ウ
問10	NoSQL のデータ管理方法	イ	問30	決済サービスを規制する法律	エ

番号	問 題 内 容	答
問11	IPv4 ヘッダの TTL の説明	イ
問12	モバイルシステムに関する記述	イ
問13	ビジネスメール詐欺の対策	エ
問14	サイバーキルチェーンの説明	ウ
問15	コードサイニング証明書	エ
問16	複数の通信機器のログを収集して分析する手法	ウ
問17	基底クラスと派生クラス	イ
問18	ソフトウェアの再利用技術	ウ
問19	プロジェクトスポンサの役割や責任	ウ
問20	プロジェクトの予備費	ウ

＜ネットワークスペシャリスト　午前Ⅱの問題　内容と解答一覧＞

☆1問4点，100点満点

番号	問　題　内　容	答
問 1	OFDM の説明	エ
問 2	OSPF のコストと経路数	ア
問 3	シェーピングに関する説明	イ
問 4	スパニングツリーの再構成に要する時間を短縮するプロトコル	イ
問 5	IPv4 のマルチキャストアドレス	ウ
問 6	GARP に関する説明	イ
問 7	DHCPDISCOVER パケットで使用される宛先 IP アドレス	エ
問 8	IPv6 に関する記述	エ
問 9	DNS のリソースレコード	ウ
問10	ルーティングテーブルに基づく転送先	エ

番号	問　題　内　容	答
問21	SSH の説明	イ
問22	割込み処理に必要な時間	イ
問23	ディスクアレイの実効データ容量	ア
問24	レビューにおけるパスアラウンド	イ
問25	アジャイル開発関連	エ

番号	問　題　内　容	答
問11	TCP ヘッダのウィンドウサイズに関する記述	イ
問12	MQTT の説明	ア
問13	メールの受信者を指定する SMTP コマンド	エ
問14	SNMP の PDU に関する記述	ア
問15	WebSocket に関する記述	エ
問16	DoS 攻撃に関する記述	イ
問17	PFS の性質をもつ鍵交換方式	ア
問18	オープンリダイレクトを悪用される被害の例	イ
問19	サーバ証明書を受信したブラウザの処理	ウ
問20	SPF の手法又は SPF レコードに関する記述	ウ

＜ネットワークスペシャリスト　午後Ⅰの解答例＞

(880533)
■公 18ANWP Ⅰ 1

問1　ネットワークの冗長化

【解答例】

[設問1]　ア：RSTP（又は，Rapid Spanning Tree Protocol）

　　　　　イ：BPDU（又は，Bridge Protocol Data Unit）

　　　　　ウ：00:AA:BB:CC:DD:EE

　　　　　エ：vp1

　　　　　オ：LACP（又は，Link Aggregation Control Protocol）

　　　　　カ：ハイパーバイザ

　　　　　キ：チーミング

[設問2]　(1)　ハッシュ対象の値が変化せず，ハッシュ値が常に同じになるから（又は，送信元・宛先IPアドレス及び送信元・宛先ポート番号が変化しないから）

　　　　　(2)　①　順序制御のための処理負荷が増大する。

　　　　　　　　②　再送制御によって通信品質が劣化する。

　　　　　(3)　MACアドレスの学習は論理ポートで行われ，送受信ともに同一の論理ポートを使用するから

[設問3]　(1)　項番：1

　　　　　　　　理由：仮想PCから送信するフレームが，複数のリンクに分散されることがあるから

　　　　　(2)　項番：5

　　　　　　　　機器名：L2SW4　（項番，機器名は完答）

　　　　　　　　理由：仮想PCが特定のTCPポートで待ち受けを行うから

(880443)
■公 16ANWP Ⅰ 2

問2　仮想デスクトップ環境の構築とネットワークの見直し

【解答例】

[設問1]　(1)　ア：PPTP　　イ：L2TP　　ウ：VPNパススルー

　　　　　(2)　利点：FW機能が一元化されるために管理負荷を低減できること

　　　　　　　　懸念点：①　データセンタ内の機器の故障が，全拠点の通信障害につながること

　　　　　　　　　　　　②　FWからのインターネットアクセス回線の帯域が不足すること

[設問2]　(1)　ポリシベースルーティング（又は，PBR，Policy-Based Routing）

　　　　　(2)　エ：10.201.0.2

オ：東京本社の複合機のファイルサーバアクセスの応答用ルーティング設定

[設問3]　(1)　テレビ会議システムが拠点間の相互通信を必要としているから

　　　　　(2)　カ：192.168.20.240/30　　キ：10.0.0.30

| 問3 | セキュリティ機能の強化 | (880718)
■公 23HNWP 1 3 |

【解答例】

[設問1]　ア：フィルタリング

　　　　　イ：クロスサイトスクリプティング（又は，XSS）

　　　　　ウ：HTTP ヘッダインジェクション

　　　　　エ：秘密鍵

[設問2]　(1)　拠点ごとに専用ハードウェア製品を設置する必要がない。

　　　　　(2)　複数の ISP と接続するインターネット回線の冗長構成

[設問3]　(1)　L2SW と Web サーバの間

　　　　　(2)　追加開発が必要な Web サーバへの導入となるから

　　　　　(3)　www.m-sha.co.jp. IN CNAME www.m-sha.safe.p-sha.co.jp.

　　　　　(4)　XFF ヘッダの IP アドレスをアクセスログに記録する。

[設問4]　変更した内容：IP-w2 を送信元とする HTTP リクエストだけを許可する。

　　　　　追加した内容：Web サーバから DB サーバへのリクエストを許可する。

問番号	設問番号	配点	小計	得点
問1	[設問1]	ア～キ：2 点×7	50 点	
	[設問2]	(1) 6 点，(2) 4 点×2，(3) 6 点		
	[設問3]	(1) 項番：2 点，理由：5 点 (2) 項番，機器名（完答）：3 点，理由：6 点		
問2	[設問1]	(1) ア～ウ：3 点×3，(2) 利点：5 点， 懸念点：6 点×2	50 点	2 問解答＝ 100 点
	[設問2]	(1) 3 点，(2) エ：4 点，オ：5 点		
	[設問3]	(1) 4 点，(2) カ，キ：4 点×2		
問3	[設問1]	ア～エ：2 点×4	50 点	
	[設問2]	(1) 6 点，(2) 6 点		
	[設問3]	(1) 5 点，(2) 5 点，(3) 5 点，(4) 5 点		
	[設問4]	変更した内容：5 点，追加した内容：5 点		
			合　計	100 点

＜ネットワークスペシャリスト　午後 II の解答例＞

| 問 1 | IPv4 と IPv6 の共存環境 | (880719)
■公 23HNWP II 1 |

【解答例】

[設問 1]　a：32　　　b：128　　　c：パッシブ　　　d：80　　　e：DHCPv6　　　f：RIPng

　　　　　g：fe80　　　h：NDP　　　i：経路 MTU 探索（又は，Path MTU Discovery）

　　　　　j：IPv4 over IPv6

[設問 2]　(1)　外側と内側のネットワークアドレスが重複するとルーティングできないから

　　　　　(2)　社内の PC とプロキシサーバ間は IPv4 で通信し，プロキシサーバと外部の Web サ
　　　　　　　ーバ間は IPv6 で通信するから

[設問 3]　(1)　ローカルプリファレンス値：Web 販売システムから ISP への通信経路について回線
　　　　　　　　　　A を優先させるため

　　　　　　　AS-PATH 値：ISP から Web 販売システムへの通信経路について回線 A を優先させ
　　　　　　　　　　るため

　　　　　(2)　経路ループの発生を防ぐため

　　　　　(3)　VRRP でマスタルータである FW1 への経路を優先させるため

　　　　　(4)　ア：L2SW21→L2SW22→FW2→L2SW12→RT2→RT1→ISP-RT1

　　　　　　　イ：L2SW21→FW1→L2SW11→L2SW12→RT2→RT1→ISP-RT1

[設問 4]　(1)　IPv6 パケットがカプセル化されるので，送信できるパケットのサイズが小さくなる
　　　　　　　問題

　　　　　(2)　XFF ヘッダに記載された IPv6 アドレスをアクセスログに記録できること

　　　　　(3)　DNS サーバは ISP などの DNS サーバからアクセスされるから

　　　　　(4)　二つのデフォルトゲートウェイが付与される。

　　　　　(5)　正引きレコード：www.k-sha.com. IN AAAA 2001:db8:0:1::20

　　　　　　　逆引きレコード：0.2.0.0.0.0.0.0.0.0.0.0.0.0.0.0.1.0.0.0.0.0.0.0.8.b.d.0.1.0.0.2.ip6.
　　　　　　　　　　arpa. IN PTR www.k-sha.com.

　　　　　(6)　FW の IPS 機能と LB の WAF 機能が IPv6 の攻撃を遮断できること

[設問 5]　IPv6 を使用する稼働監視の機能

■公 19ANWP Ⅱ 1

【解答例】

[設問1]　ア：BLE　　　イ：LTE　　　ウ：省電力

　　　　　エ：サブギガ　　オ：Wi-SUN　　カ：LPWA

[設問2]　(1)　キ：データを分割して送信

　　　　　(2)　ク：11

　　　　　(3)　ケ：256

　　　　　(4)　コ：205

　　　　　(5)　屋外には AP を設置できないという制限

[設問3]　(1)　多数のデバイスを収容でき，小容量データ通信向けに最適化されていること

　　　　　(2)　PoE による給電の距離が規格の最大距離を超えているから

　　　　　　　　（又は，PoE による給電の距離が規格の最大距離の 100m を超えているから）

　　　　　(3)

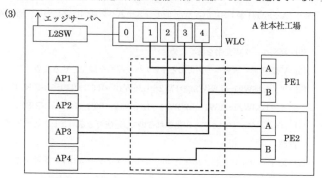

[設問4]　(1)　TCP のポート 443 番を使用して A 社の FW を通過させるため

　　　　　(2)　ServerHello メッセージ

　　　　　(3)　ALPN 拡張情報の ProtocolNameList で MQTT を指定して折衝するから

　　　　　(4)　クライアント証明書

[設問5]　(1)　①ブロードキャストアドレス

　　　　　　　　②マルチキャストアドレス

　　　　　(2)　L2SW の p6 ポートを p1 ポートのミラーポートとして設定する。

　　　　　　　　（又は，L2SW の p6 ポートを p8 ポートのミラーポートとして設定する。）

　　　　　(3)　送信元 IP アドレス又は宛先 IP アドレスが 10.1.254.1 のパケットだけを抽出する。

　　　　　(4)　パケットの欠落（又は，パケットの再送）

　　　　　(5)　多数のデバイスが同時に AP とのアソシエーションと認証手続を行う。

(6) データ項目：時刻情報

　　伝送の仕様：デバイスごとに異なるタイミングでデータを送信する。

問番号	設問番号	配点	小計	得点
問1	［設問1］	a, b：2点×2, c：3点, d〜h：2点×5, i：3点, j：2点	100点	1問解答＝100点
	［設問2］	(1) 6点, (2) 6点		
	［設問3］	(1) ローカルプリファレンス値：3点, AS-PATH値：3点, (2) 6点, (3) 6点, (4) ア, イ：3点×2		
	［設問4］	(1) 6点, (2) 6点, (3) 6点, (4) 6点, (5) 正引きレコード：3点, 逆引きレコード：3点, (6) 6点		
	［設問5］	6点		
問2	［設問1］	ア〜カ：2点×6	100点	
	［設問2］	(1) キ：3点, (2) ク：3点, (3) ケ：3点, (4) コ：3点, (5) 6点		
	［設問3］	(1) 6点, (2) 6点, (3) 8点		
	［設問4］	(1) 6点, (2) 3点, (3) 6点, (4) 3点		
	［設問5］	(1) 2点×2, (2) 6点, (3) 6点, (4) 4点, (5) 6点, (6) データ項目：2点, 伝送の仕様：4点		
		合　計		100点

■執 筆

長谷　和幸

アイテックIT人材教育研究部
　石川　英樹
　山本　森樹
　小口　達夫
　山本　明生

2024　ネットワークスペシャリスト　総仕上げ問題集

編著■アイテックIT人材教育研究部
制作■山浦　菜穂子　　田村　美弥子
DTP・印刷■株式会社ワコー

発行日　2023年10月18日　第1版　第1刷
発行人　土元　克則
発行所　株式会社アイテック
　　　　〒143-0006
　　　　東京都大田区平和島6-1-1　センタービル
　　　　電話　03-6877-6312
　　　　https://www.itec.co.jp/

本書を無断複写複製（コピー）すると著作者・発行者の権利侵害になります。
落丁本・乱丁本はお取り替えいたします。

© 2023 ITEC Inc. 703510-10WP
ISBN978-4-86575-312-7 C3004 ¥2980E

ITEC の書籍のご案内 | *表示の価格は全て税抜きの価格です。

● 総仕上げ問題集シリーズ

703492	2023 データベーススペシャリスト　総仕上げ問題集	¥2,980	978-4-86575-295-3
703493	2023 エンベデッドシステムスペシャリスト　総仕上げ問題集	¥3,600	978-4-86575-296-0
703494	2023 プロジェクトマネージャ　総仕上げ問題集	¥2,980	978-4-86575-297-7
703495	2023 システム監査技術者　総仕上げ問題集	¥3,600	978-4-86575-298-4
703508	2024春 応用情報技術者　総仕上げ問題集 ※1	¥2,700	978-4-86575-310-3
703509	2024春 情報処理安全確保支援士　総仕上げ問題集 ※1	¥2,700	978-4-86575-311-0
703510	2024 ネットワークスペシャリスト　総仕上げ問題集	¥2,980	978-4-86575-312-7
703511	2024 IT ストラテジスト　総仕上げ問題集	¥3,600	978-4-86575-313-4
703512	2024 システムアーキテクト　総仕上げ問題集	¥3,600	978-4-86575-314-1
703513	2024 IT サービスマネージャ　総仕上げ問題集	¥3,600	978-4-86575-315-8

※1　2023 年 11 月刊行予定

● 重点対策シリーズ

703169	2022 システム監査技術者 「専門知識＋午後問題」の重点対策	¥3,700	978-4-86575-250-2
703344	2023-2024 ネットワークスペシャリスト 「専門知識＋午後問題」の重点対策	¥3,700	978-4-86575-277-9
703345	2023-2024 IT ストラテジスト 「専門知識＋午後問題」の重点対策	¥3,700	978-4-86575-278-6
703346	2023-2024 システムアーキテクト 「専門知識＋午後問題」の重点対策	¥3,700	978-4-86575-279-3
703347	2023-2024 IT サービスマネージャ 「専門知識＋午後問題」の重点対策	¥3,700	978-4-86575-280-9
703507	2023-2024 基本情報技術者 科目Bの重点対策	¥2,400	978-4-86575-307-3
703421	2023-2024 データベーススペシャリスト 「専門知識＋午後問題」の重点対策	¥3,700	978-4-86575-289-2
703422	2023-2024 エンベデッドシステムスペシャリスト 「専門知識＋午後問題」の重点対策	¥3,700	978-4-86575-290-8
703423	2023-2024 プロジェクトマネージャ 「専門知識＋午後問題」の重点対策	¥3,700	978-4-86575-291-5
703523	2024 応用情報技術者 午後問題の重点対策 ※2	¥3,400	978-4-86575-316-5
703524	2024 情報処理安全確保支援士 「専門知識＋午後問題」の重点対策 ※2	¥3,700	978-4-86575-317-2

※2　2023 年 11 月刊行予定

● 予想問題シリーズ

703127	極選分析 基本情報技術者 予想問題集 第4版	¥2,000	978-4-86575-233-5

● 試験対策書シリーズ

703377	IT パスポート試験対策書　第 6 版	¥2,000	978-4-86575-287-8
703132	情報セキュリティマネジメント　試験対策書　第 4 版	¥2,500	978-4-86575-232-8
703506	2023-2024　基本情報技術者　科目 A 試験対策書	¥2,400	978-4-86575-306-6
703498	2024　高度午前 I・応用情報　午前試験対策書	¥2,700	978-4-86575-301-1

● 合格論文シリーズ

703129	プロジェクトマネージャ　合格論文の書き方・事例集　第 6 版	¥3,000	978-4-86575-235-9
703130	システム監査技術者　合格論文の書き方・事例集　第 6 版	¥3,000	978-4-86575-236-6
703499	IT ストラテジスト　合格論文の書き方・事例集　第 6 版	¥3,000	978-4-86575-302-8
703500	システムアーキテクト　合格論文の書き方・事例集　第 6 版	¥3,000	978-4-86575-303-5
703501	IT サービスマネージャ　合格論文の書き方・事例集　第 6 版	¥3,000	978-4-86575-304-2
703657	エンベデッドシステムスペシャリスト　合格論文の書き方・事例集 [※3]	¥3,000	978-4-86575-318-9

※3　2024 年 3 月刊行予定

● その他書籍

703341	セキュリティ技術の教科書　第 3 版	¥4,200	978-4-86575-274-8
703171	ネットワーク技術の教科書　第 2 版	¥4,200	978-4-86575-305-9
702720	データベース技術の教科書	¥4,200	978-4-86575-144-4
703139	IT サービスマネジメントの教科書	¥4,200	978-4-86575-237-3
703157	コンピュータシステムの基礎　第 18 版	¥4,000	978-4-86575-238-0
703547	アルゴリズムの基礎　第 3 版	¥3,000	978-4-86575-308-0
703517	わかりやすい！　IT 基礎入門　第 4 版	¥1,800	978-4-86575-309-7
702790	PMP® 試験合格虎の巻　新試験対応	¥3,200	978-4-86575-229-8
702546	PMBOK® ガイド問題集　第 6 版対応	¥1,700	978-4-86575-141-3

★書籍のラインナップなどは，予告なく変更となる場合がございます。アイテックの書籍に関する最新情報は，アイテックホームページの書籍ページでご確認ください。

https://www.itec.co.jp/howto/recommend/

プロ講師の解法テクニック伝授で合格を勝ち取る！

２０２４春　アイテックオープンセミナー
情報処理技術者試験対策講座『合格ゼミ』

https://www.itec.co.jp/howto/seminar/#a02

高いスキルと豊富な経験を誇るベテラン講師の解説で，テキストで学ぶ以上の知識や
テクニックを習得できます。最新の試験傾向をいち早く分析し対応している，
アイテックと講師のノウハウが詰まった，最善のカリキュラムを提供します。
『合格ゼミ』で合格を勝ち取りましょう！

試験区分	略号	セミナー名	価格	第１回	第２回	第３回
基本情報技術者	FE	試験対策講座	¥44,000	2/10(土)	2/24(土)	3/16(土)
		一日対策講座	¥16,980	3/30(土)	—	—
応用情報技術者	AP	テクノロジ系午後対策講座	¥47,000	2/11(日)	2/25(日)	3/17(日)
		マネジメント系 / ストラテジ系午後対策講座	¥18,980	3/9(土)	—	—
		直前対策講座	¥18,980	3/23(土)	—	—
情報処理安全確保支援士	SC	午後対策講座	¥57,000	2/11(日)	2/25(日)	3/17(日)
		直前対策講座	¥19,980	3/24(日)	—	—
ネットワークスペシャリスト	NW	午後対策講座	¥57,000	2/10(土)	3/2(土)	3/23(土)
		直前対策講座	¥19,980	3/30(土)	—	—
ITストラテジスト	ST	午後対策講座(論文添削付き)	¥81,000	2/10(土)	3/2(土)	3/23(土)
		直前対策講座	¥20,980	3/30(土)	—	—
システムアーキテクト	SA	午後対策講座(論文添削付き)	¥81,000	2/10(土)	2/24(土)	3/16(土)
		直前対策講座	¥20,980	3/23(土)	—	—
ITサービスマネージャ	SM	午後対策講座(論文添削付き)	¥81,000	2/10(土)	2/24(土)	3/16(土)
		直前対策講座	¥20,980	3/23(土)	—	—

※表示の価格はすべて税抜きの価格です。本内容は予告なく変更となる可能性がございます。
　　詳細はWebにてご確認ください。